Otto-von-Freising-Tagungen
der Katholischen Universität Eichstätt-Ingolstadt

Herausgegeben von der
Geschichts- und Gesellschaftswissenschaftlichen
Fakultät der Katholischen Universität
Eichstätt-Ingolstadt

Band 4

Leske + Budrich, Opladen 2003

**Siegfried Lamnek / Manuela Boatcă (Hrsg.)**

# Geschlecht – Gewalt – Gesellschaft

Leske + Budrich, Opladen 2003

Die Deutsche Bibliothek - CIP-Einheitsaufnahme

Geschlecht – Gewalt – Gesellschaft / Siegfried Lamnek/Manuela Boatcă (Hrsg.) – Opladen: Leske und Budrich, 2003
(Otto-von-Freising-Tagungen der Katholischen Universität Eichstätt-Ingolstadt, Bd. 4)
ISBN 3-8100-3949-7



Satz: Katholische Universität Eichstätt-Ingolstadt; Beate Silber
Gesamtherstellung: Kräck + Demler, Eichstätt

ISBN 3-8100-3949-7

# Inhaltsverzeichnis

## III Genderperspektiven auf Gewaltdiskurse



## IV Jugendgewalt im Geschlechterverhältnis

## V Gewalt in und außerhalb von (Intim-) Partnerschaften

**VI Prävention und Praxis**

# Vorwort

Gewaltakzeptanz, Gewaltbereitschaft und Gewalttätigkeit in unseren Gegenwartsgesellschaften sind Gegenstand publizistischer, politischer, wissenschaftlicher und nicht zuletzt alltäglicher Diskussionen, die in Teilen kontrovers, in Teilen aber ausgesprochen harmonisch-konsensuell verlaufen. Zu letzteren gehört die beeindruckende Eintracht darüber, dass Gewalt ein typisch männliches Phänomen und permanent im Steigen begriffen wäre. Solche – insbesondere massenmedial verbreitete – Stereotype, denen eine Interessen gebundene (um nicht zu sagen: ideologische Komponente) eigen ist, werden in konsequenter Fortentwicklung der Stereotype zu Vorurteilen und als solche handlungsrelevant und bestimmen die zukünftige Gestaltung unserer Gesellschaft. Die damit einsetzende Spirale von „immer mehr" und „immer schlimmer" kann nur durchbrochen werden, wenn wissenschaftliche Arbeit theoretisch und/oder empirisch in ergebnisoffener, disziplinübergreifender Weise die Phänomene analysiert und die daraus resultierenden Erkenntnisse öffentlichkeitswirksam verbreitet.

Dies tun zu können, setzt Ressourcen voraus, die die Unabhängigkeit wissenschaftlicher Arbeit und ihren Erfolg eröffnen und garantieren. Die Geschichts- und Gesellschaftswissenschaftliche Fakultät der Katholischen Universität Eichstätt-Ingolstadt ist in der glücklichen Lage, die Otto von Freising-Zustiftung zu haben, die es ermöglicht, z. B. Symposien zu organisieren und zu realisieren.

Da der Lehrstuhl für Soziologie II sich mit den oben apostrophierten Fragestellungen seit Jahren beschäftigt und im Sommersemester 2003 die Otto von Freising-Mittel ihm zur Verfügung standen, wurde vom 3. bis 5. Juli 2003 eine interdisziplinäre Fachtagung zum Thema „Geschlecht – Gewalt – Gesellschaft" veranstaltet. Die Interdisziplinarität – mindestens die Transdisziplinarität – des durchgeführten Symposiums kann daran festgemacht werden, dass die Referentinnen und Referenten sich folgenden Disziplinen (in alphabetischer Folge) zuordnen lassen: Geschichte, Jurisprudenz, Kriminologie, Medizin, Pädagogik, Psychiatrie, Psychologie, Sozialarbeit und Soziologie.

Dass dieses Thema aktuell, interessant und brisant war (und ist), kann an der überwältigenden Resonanz auf unser „call for papers" abgelesen werden: Hätten wir alle Anmeldungswünsche interessierter Referentinnen und Referenten berücksichtigt, hätten wir einen weiteren Tagungstag anhängen müssen. Bei all denen, die nicht vortragen konnten, bitten wir um Nachsicht und Verständnis. Dieser Tagungsband bietet ihnen und allen anderen Interessierten jedoch die Möglichkeit, den Verlauf der Tagung nachzuvollziehen und ihren Ertrag zu beurteilen.

Vorbereitung, Durchführung und Nachbereitung solcher Tagungen sind bekanntermaßen kein „Ein-Mann-Unternehmen“, weshalb an dieser Stelle Danksagungen angebracht sind: Mein Dank geht an die Otto von Freising-Stiftung, ohne deren Mittel die Tagung nicht hätte stattfinden können, und an die Geschichts- und Gesellschaftswissenschaftliche Fakultät, die mein Vorhaben unterstützt hat. Zu danken ist auch dem Landratsamt Eichstätt, das uns den Großen Sitzungssaal als Tagungsraum zur Verfügung gestellt hat.

Ein besonders herzliches Dankeschön gilt meiner Mitarbeiterin, Frau Dr. Manuela Boatcă, die mit mir zusammen die Tagung inhaltlich vor- und nachbereitet hat. Zu danken ist auch den Mitarbeitern PD Dr. Marek Fuchs und PD Dr. Jens Luedtke, die sich zusammen mit Frau Boatcă erfolgreich als Moderatoren der Diskussion betätigt haben. Last but not least danke ich besonders herzlich Frau Beate Silber, die nicht nur die Organisation der Tagung in Händen hatte, sondern die auch in zum Teil sehr mühevoller Arbeit den Tagungsband druckfertig gestaltet hat.

Dank schulde ich auch den Soziologie-Studierenden, die doch recht zahlreich die Tagung besucht und die Diskussionen verfolgt haben, wenngleich ihre aktive Teilnahme „naturgemäß“ etwas lebhafter hätte ausfallen dürfen.

Wenn zwischen Tagungsende und Veröffentlichung des Tagungsbandes nur etwa ein Monat liegt, so ist dies Frau Boatcă, Frau Silber und den Referentinnen und Referenten geschuldet. Ohne die Kooperationsfreudigkeit letzterer und deren Bereitschaft, sich meinem Termindiktat zu unterwerfen – sozialwissenschaftliche Befunde veralten meist schnell und beziehen ihre Qualität nicht zuletzt auch aus deren Aktualität – wäre dies nicht möglich gewesen. Ein herzliches Dankeschön also an alle, die termingerecht Beiträge für diesen Band geliefert haben.

Es wäre vermessen, wenn der Tagungsleiter eine qualitative Würdigung des Ergebnisses des Symposiums vor(weg)nehmen würde. Die ihm gegenüber noch während der Tagung abgegebenen positiven Wertungen der Teilnehmer sind wohl auch höfliche Komplimente. Doch wenn nur die Hälfte davon zuträfe, wäre dies in meinen Augen schon ein Erfolg. Und wenn es mit Tagung und Tagungsband gelungen wäre, eine Perspektivenerweiterung der wissenschaftlichen Bearbeitung des Gegenstandes „Geschlecht – Gewalt – Gesellschaft“ zu initiieren, wäre eine wichtige Zwecksetzung der Tagung erfüllt.

Eichstätt, Ende Juli 2003 — Siegfried Lamnek

# I Zur Einführung

# Gegenwartsdiagnosen zu Gewalt im Geschlechterverhältnis

*Manuela Boatcă / Siegfried Lamnek*

## 1. Zum Entstehungskontext der Ausgangsfrage

Die Auseinandersetzung mit dem Phänomen Gewalt steht seit über zwanzig Jahren im Mittelpunkt wissenschaftlicher wie öffentlicher Debatten. Unabhängig davon, wo die Ursachen für Gewalt gesucht werden, ob der immer wieder thematisierte Anstieg der Gewalt in der heutigen Gesellschaft als Tatsache oder als sozial(politisch)e, massenmediale oder pseudowissenschaftliche Konstruktion gesehen wird und ob Lösungen für Gewalt als soziales Problem oder eher für die Relativierung ihrer skandalisierten und skandalisierenden Ausmaße im Bewusstsein der Öffentlichkeit angestrebt werden – ein gegenwärtiger Trend ist ihnen allen gemeinsam: Sozial- wie kulturwissenschaftliche, juristische und medizinische Theorien zum gesamtgesellschaftlichen Phänomen Gewalt beziehen immer öfter in ihre Analysen die Kategorie „Geschlecht" mit ein.

Die Definition und Perzeption von Gewalt als männlich (obgleich sie grammatikalisch weiblich ist) gehört zu den tradierten Stereotypen, die Alltagstheorien zu Gewalt kennzeichnen und die die öffentliche und mediale Diskussion nach wie vor prägen. Rückblickend haben zahlreiche wissenschaftliche Ansätze zur Erklärung der geschlechtsspezifischen Aufteilung in Täter und Opfer, Gewalttätige und Gewaltlose im Laufe der lang anhaltenden Gewaltdebatte einander konfrontiert und/oder abgelöst: von den biologisch-psychologischen Theoriemodellen, die geschlechtsspezifische Unterschiede hinsichtlich gewalttätigen/kriminellen Verhaltens für (partial) genetisch bedingt erklärten, über sozialisationstheoretische Überlegungen zur Bedeutung von Geschlechtsrollenerwartungen, bis hin zum Autoaggressionsansatz („weibliche Gewalthandlungen sind nach innen gerichtet") und konstruktivistischen Erklärungsmodellen feministischer Kriminologie (für einen Überblick siehe Bruhns/Wittmann 1999). Erst in den letzten Jahren ist die „männliche" Form der Gewaltausübung durch Frauen, speziell mit Blick auf Vorfälle häuslicher Gewalt, verstärkt zum Gegenstand massenmedialer Berichterstattung und – vorwiegend in den USA – wissenschaftlicher Aufmerksamkeit geworden.

Mit dem breit angelegten Titel „Geschlecht – Gewalt – Gesellschaft" hat die vom Lehrstuhl Soziologie II der Katholischen Universität Eichstätt-Ingolstadt veranstaltete Tagung dieses neu aufgekommene Interesse für die Analyse von Gewalt im Geschlechterverhältnis zum Ausgangspunkt für eine kritische Würdigung des aktuellen Diskussionsstandes zu diesem Thema sowie für eine Auseinandersetzung mit den gegenwärtigen gesellschaftlichen Entwicklungen in diesem Bereich gemacht. Da allein die Problematisierung einer systematisch auftretenden Form von „männlicher" Gewaltausübung durch Frauen tradierten Stereotypen von Gewalt als ausschließlich männliches Phänomen widerspricht, standen neben der Beschäftigung mit aktuellen gesellschaftlichen Entwicklungen auch Fragen grundsätzlicher Art im Zentrum des Interesses, darunter: Was ist die gesellschaftliche Funktion der „traditionellen" Aufteilung in männliche Täter und weibliche Opfer und wie hat sich diese gewandelt? Schafft Emanzipation weibliche Verbrecher? Ist die weibliche Delinquenz mitverantwortlich für den vielfach beklagten Anstieg der (Jugend) Kriminalität oder ist Gewalttätigkeit nach wie vor ausschließlich männlich besetzt? Wird mit der Perpetuierung einseitiger Zuordnungen des Typs „Gewalt ist männlich" ein (frauen-) politischer Zweck verfolgt? International führende Gewalt- und Genderforscher aus der Soziologie, Kriminologie, Pädagogik, Psychologie, Psychiatrie, Rechtswissenschaft, Geschichte und Sozialarbeit haben mit Hilfe ihrer Forschungsergebnisse, Theoriemodelle und Erfahrungen aus der Praxis die Möglichkeiten und Kernfragen einer inter- und transdisziplinären geschlechtsspezifischen Herangehensweise an das Gewaltphänomen im Kontext gesamtgesellschaftlichen sozialen Wandels aufgezeigt.

Wenngleich ihre Antworten auf die vorangestellten Diskussionspunkte mehr als einmal konvergierten, so wurden darin wiederholt Dimensionen des Themenbereichs „Geschlecht und Gewalt" angesprochen, deren Ausarbeitung als notwendige Voraussetzung für eine noch zu schaffende, gemeinsame Grundlage der Analyse des Phänomens angesehen werden muss. Diesen Dimensionen gilt es im Folgenden – unter Rekurs auf die Tagungsbeiträge und über diese hinaus – nachzugehen, ohne jedoch den Anspruch zu erheben, sämtliche Problemfelder des Forschungsgebietes um Geschlecht und Gewalt umfassend behandelt zu haben.

## 2. Der Gewaltbegriff

Die zunehmende Beschäftigung mit geschlechtstypischer Gewalt ist Teil eines umfassenderen Prozesses von Sensibilisierung gegenüber der Gewalt allgemein, der sich – in Form von Enttabuisierung und Kriminalisierung früher gebilligter Gewaltarten einerseits und Aufnahme neuer Verhaltensweisen in das Definitionsfeld der Gewalt andererseits – ab den 80er Jahren beobachten lässt (vgl. Boatcă/Lamnek 2003: 124). Während sich die strafrechtliche Definition von Gewalt bereits seit den 60er Jahren vom Kriterium der physischen Kraftanwendung weg entwickelte und stufenweise zur physischen und letztlich psychischen Zwangseinwirkung überging (vgl. Menzel 1998: 33f.), nahm die Ausweitung des Gewaltbegriffes in den Sozialwissenschaften innerhalb kurzer Zeit eine Entwicklung, die über die Einteilung in physische, psychische, verbale Gewalt (gegen Personen) und Gewalt gegen Sachen weit hinausging und die strukturelle, kulturelle (Galtung 1975, 1990), verdeckte (Albrecht/Backes 1990) oder symbolische Gewalt (Bourdieu/Passeron 1973) hinzufügte. Von den Massenmedien wegen seiner emotionalen Geladenheit und seiner politischen Instrumentalisierbarkeit dankbar aufgenommen, sorgte der dadurch inflationär gewordene Gewaltbegriff besonders dann für „Thematisierungsfallen" (Heitmeyer/Hagan 2002: 21), wenn nicht nur die körperliche Züchtigung von Kindern, die Zwangsprostitution oder die Verbrechen gegen die Menschlichkeit als „neue" Gewaltformen gelten durften, sondern auch Sitzblockaden, Pornografie (als eine Form von sexueller Belästigung/Ausbeutung) und Verstöße gegen die Sicherheit im Straßenverkehr.

Diesen Enttabuisierungsbewegungen verdankt sich auch der Stellenwert, den die Kategorie „Geschlecht" innerhalb der Gewaltproblematik eingenommen hat. Die Veröffentlichung der einst als „Privatangelegenheit" definierten und von Betroffenen wie von Kontrollinstanzen als solche hingenommenen Gewalt in der Familie bildete im Kontext der Frauenbewegung, die das Private für politisch erklärte, den ersten Schritt. Somit richtete sich die Aufmerksamkeit allerdings auf *Männer*gewalt als gesamtgesellschaftliches Problem, wovon die Familiengewalt nur als ein Teilaspekt erschien. Spätestens als auch die (von Männern ausgehende) Misshandlung und der sexuelle Missbrauch von Kindern als Bestandteil von häuslicher Gewalt in die Öffentlichkeit gerückt wurden, etablierte sich im Bewusstsein der Allgemeinheit eine Definition von Gewalthandeln, mit der eine geschlechtsspezifische Aufteilung in Täter und Opfer unlösbar verknüpft war. Die aus dieser Perspektive erfolgte Ausweitung des Erkenntnisinteresses auf „date rape", Frauenhandel oder die Gewalt gegen Frauen in der Prostitution bekräftigte nur die Richtigkeit der „vergeschlechtlichten" Täter-Opfer-Konstellation: Gewalt geht von Männern aus und ihre Opfer sind Frauen, Kinder und ältere Menschen.

Gleichzeitig bedeutete dies, dass die Erweiterung des Gewaltbegriffes auf dem Gebiet der Familien- und Geschlechterforschung, die parallel zu dessen Politisierung, Entgrenzung und „Immaterialisierung" (Menzel 1998: 38) im allgemeinen Gewaltdiskurs verlief, eine einseitige Entwicklung in Richtung der Zuordnung zu einem dem männlichen Geschlecht nahm. Dem Alltagswissen nach zu beurteilen, wurde (und wird) Gewalt in ihren physischen wie in den verdeckten oder strukturellen Ausdrucksformen entweder direkt von Männern ausgeübt oder sie verwies indirekt auf eine auf Männerherrschaft gründende – und somit gewaltgetränkte – soziale und institutionelle Struktur.

Weibliche Gewalt (gegen Männer, Kinder oder Alte) findet sich konzeptionell und terminologisch nicht darin wieder. Sowohl die Geschlechtsrollenerwartung, als auch das Vokabular sind in dieser Hinsicht bereits (männlich) besetzt (vgl. auch Stangl 1998: 160; Cremer-Schäfer 1992: 29).

Aus diesem Grunde rekurrieren immer mehr neue Forschungsansätze zu Gewalt im Geschlechterverhältnis auf einen „engen" Gewaltbegriff, in dem Bestreben, dadurch den „unverzichtbaren Kern" (Trotha 1997: 14) von Gewalt zu erfassen und somit den Begriff zu „objektivieren", um ihn schließlich zum Zwecke der Vergleichbarkeit der Befunde im Blick auf das Gewalthandeln der beiden Geschlechter leichter operationalisierbar zu machen. Friedhelm Neidhardts und Heinrich Popitz' Verständnis von Gewalt als einer „physische(n) Zwangseinwirkung von Personen mit physischen Folgen für Personen" (Neidhardt 1986: 123) bzw. als „Machtaktion, (...) die zur absichtlichen körperlichen Verletzung anderer führt" (Popitz 1992: 48), stellt diesbezüglich das meist verwendete Modell von Begriffseinengung dar. Dem wird allerdings, analog zur Diskussion in der allgemeinen Gewaltdebatte (für eine Übersicht s. Fuchs et al. 2001: 88ff.) entgegengehalten, dass sich erstens dadurch der Forschungsgegenstand seinerseits mit verengt, indem bestimmte Handlungen, die zum Kontext von Gewalt gehören, nicht mehr erfasst werden (vgl. Popp 1997: 218); und zweitens die grundsätzliche Kritik an der Objektivierbarkeit eines historisch und kulturell konstituierten Gewaltbegriffs, dessen Abhängigkeit von sozialen und normativen Kontexten selbst durch die Anbindung an die Materialität von Schmerz und Verletzung nicht aufgehoben werden kann (vgl. Liell 2002: 7).

Dieses Spektrum von Definitions(ver)suchen, das von der „minimalistischen" Vorstellung von Gewalt als *Aktionsmacht* bis hin zur Gewalt als „gesellschaftliche Konstruktion von Wirklichkeit" (Berger/Luckmann 1971) auf der mikro- wie auf der makrosozialen Ebene – und somit als *Definitionsmacht* – reicht, findet sich auf jedem Gebiet der Gewaltforschung *in nuce* wieder, wie die diesbezüglich unterschiedlichen Standpunkte der Tagungsteilnehmer gezeigt haben: Wenn der Begriff der Aktionsmacht aus Gründen seiner Ungebundenheit an dauerhafte Machtmittel und (Alters-, Geschlechts- und Herrschafts-) Privilegien für die soziologische Analyse verwendet wird (s. den Beitrag von *Hans-Günter Heiland* in diesem Band), wird aus historischer Perspektive die im „somatischen Gewaltbegriff" enthaltene Reduzierung der narrativen Dimension und damit der Bedeutung von Gewalttaten bemängelt (s. den Beitrag von *Michael Riekenberg*). Aus empirischer Sicht lautet der Einwand, dass die Fokussierung auf physische, strafrechtlich relevante Gewalt den Ausdrucksformen weiblicher Aggression (wie Mobbing, Stalking, psychische und verbale Gewalt) nicht gerecht wird und insofern ungeeignet ist, das Geschlechterverhältnis im Hinblick auf Gewaltausübung zu erfassen (vgl. den Beitrag von *Ulrike Popp* in diesem Band). Andererseits ist womöglich gerade

Gewalt als Definitionsmacht für das Geschlechterverhältnis kennzeichnend, wie der „Kampf der Geschlechter" im gegenwärtigen Gewaltdiskurs deutlich macht (vgl. hierzu den Beitrag von *Ralf Ottermann*), so dass sich der Kreis der Versuche, Gewalt für die Geschlechterforschung „richtig" zu definieren, wieder schließt, ohne dass ein Konsens erreicht wurde.

Vor diesem Hintergrund erscheint es notwendig, zugleich aber auch als unzureichend, das Phänomen der häuslichen Gewalt mit Hilfe von neutraleren Begriffen zu analysieren, bei denen das Geschlecht des Täters oder das des Opfers nicht vordergründig ist. „Männergewalt" oder „Gewalt gegen Frauen" durch „Gewalt in Partnerschaften" zu ersetzen (vgl. den Beitrag von *Jürgen Gemünden* in diesem Band) muss deshalb ein reines Begriffsmanöver bleiben, solange es nicht in Verbindung mit einer Präzisierung der Reichweite des Gewaltbegriffs gebracht wird, auf dessen Grundlage Vergleiche zwischen der männlichen und der weiblichen Gewalttätigkeit angestellt werden sollen oder dürfen.

## 3. Funktionen von Gewalthandeln

Die auch im Rahmen unserer Tagung als zentral erwiesene Frage nach dem situativen Kontext von Gewalt (einschließlich ihres Prozesscharakters, ihrer Intensität und ihrer Folgen) stellt sich erneut im Falle der Auseinandersetzung mit den Funktionen von Gewalthandeln. An einer noch nicht definierten Schnittstelle zwischen der Soziologie abweichenden Verhaltens, der Familien- und der Geschlechtersoziologie verortet, weist das als „Gender-Perspektive auf Gewalt" (Hagemann-White 2002) bezeichnete Forschungsfeld Merkmale aller angrenzenden Wissenschaftsbereiche auf. Zum einen konzentriert sich die wissenschaftliche wie die öffentliche Diskussion über Gewalt im Geschlechterverhältnis auf Gewalt gegen Frauen und produziert damit einen „Betroffenheitsdiskurs" (Imbusch 2002: 53), der die Kehrseite(n) der Medaille – Gewalt gegen Männer und Gewalt durch Frauen – weitgehend ausblendet[1]. Zum zweiten, und für ein Verständnis der Funktionen von Gewalt relevant, operieren der öffentliche und in weiten Teilen auch der devianzsoziologische Gewaltdiskurs mit einem ausschließlich negativ besetzten Gewaltkonzept, dessen Konsequenzen für die Analyse gesamtgesellschaftlicher Zusammenhänge sowie des Handelns individueller Akteure erst in jüngster Zeit Gegenstand sozialwissenschaftlicher Überlegungen geworden sind.

1 Auf das Fehlen des Dialogs im Sinne einer echten „Genderperspektive" auf dieses Thema wird im nächsten Abschnitt näher eingegangen.

Ausgehend von der Vorstellung eines idealisierten „Normalzustandes" von Gesellschaften als integriert, normkonform und mithin gewaltfrei, wird die Ursache von Gewalt in sozialen Deprivations- und Desintegrationsprozessen verortet, werden die Motive für Gewalthandeln als rational kalkulierend vorausgesetzt (vgl. Liell 2002: 10f.). Während gesamtgesellschaftliche Strukturveränderungen (insbesondere Pluralisierungsprozesse) als potenzieller Zusammenbruch sozialer Ordnung begriffen werden, dienen die Subkulturen, in deren Zentrum sich Gewalthandeln befindet (z.B. Jugendszenen), als Beweis für das Kohäsionsproblem der in Auflösung begriffenen Institutionen und Organisationen (vgl. Heitmeyer 1997: 60). Dementsprechend wird Gewalthandlungen auf der individuellen Ebene eine kompensatorische Funktion innerhalb der Bewältigung einer fragilen (männlichen) Geschlechtsidentität zugeschrieben, die ebenfalls mit der Deprivationsthese im Einklang steht (vgl. den Beitrag von *Michael Meuser* in diesem Band).

Zugleich blendet die Defizitperspektive auf allen diesen Ebenen die produktive und ordnungsbildende Funktion aus, die in der von Hannah Arendt (1970) postulierten „Ambivalenz von Gewalt" mit enthalten ist: Gesamtgesellschaftlich werden die Prozesse der Umformung und Neubildung sozialer Ornung, die parallel zu deren Auflösung verlaufen, als feste Bestandteile des sozialen Wandels außer Acht gelassen (vgl. Liell 2002: 11). Durch die Betonung des Zusammenhangs zwischen Desintegration und Devianz wird die gemeinschafts- und kohäsionsstiftende Funktion von Gewalt in (Jugend-) Subkulturen vernachlässigt, in denen Gewalthandeln als Mittel der Herstellung sozialer Ordnung fungiert und somit eher eine (re)integrierende als eine desintegrierende Wirkung besitzt (vgl. Liell 2002: 11). Schließlich bedeutet die Monopolstellung des negativ besetzten Gewaltkonzeptes, dass Gewaltakte, denen kein kompensatorisches Motiv zugrunde liegt, nicht berücksichtigt werden, und dass dadurch die binnengeschlechtliche Dimension von Gewaltinteraktionen, die als rituelles Instrument der Ab- und Ausgrenzung wie der geschlechtlichen Vergemeinschaftung eingesetzt wird, aus dem Blickfeld der Analyse gerät (vgl. hierzu den Beitrag von *Michael Meuser* in diesem Band).

Auf der Suche nach einem Ausweg aus diesen eingelaufenen Forschungspfaden muss einmal mehr die Frage nach dem Kontext von Gewalt in den Mittelpunkt gerückt werden (siehe auch den Beitrag von Peters in diesem Band). Wie Trutz von Trotha (1997) warnte, dürfen einem hochdynamischen Geschehen wie dem des Gewaltprozesses keine statischen Gewaltanalysen gegenübergestellt werden, die diesen Prozess mit Hilfe von (sozialen, ökonomischen oder kulturellen) Ursachen zu verstehen versuchen, die jenseits der Gewalt liegen. Vielmehr muss die vorherrschende ätiologische Perspektive einer historischen Sicht weichen, die den sozialen Akteuren und dem sozialen Handeln, sowie der Frage nach dem subjektiv gemeinten Sinn von Gewalt Vorrang in der soziologischen Analyse einräumt. Das Verstehen von Gewalt wäre damit, im Sinne Max Webers, „deutendes Verstehen des relevanten Sinns von relevanten Zusammenhängen menschlichen Handelns" (Trotha 1997: 23) und gleichzeitig Grundlage für eine „Phänomenologie der Gewalt" (vgl. Trotha 1997: 20), die sich an der „dichten Beschreibung" des Geschehens statt an externen Faktoren orientiert.

## 4. Gewaltkultur vs. Gewaltdiskurse

Die „Erfolgskarriere" eines einseitigen, weil undifferenzierten, negativen Gewaltkonzeptes erklärt sich nicht zuletzt daraus, dass die Kriminalstatistiken, in denen männliche Täter weitaus überrepräsentiert, weibliche dagegen kaum vertreten sind, mit herkömmlichen, patriarchalen Bildern von Männlichkeit und Weiblichkeit übereinstimmen (vgl. Kersten 1986: 241) und sich deshalb von Medien und Wissenschaft zugleich leicht transportieren lassen.

Männergewalt, insbesondere im sozialen Nahbereich, wird hauptsächlich als Gewalt gegen Frauen *und Kinder* dargestellt, eine Nuancierung, die den Schutz einer (vermeintlich homogenen) Gruppe, nämlich „schutzbedürftige, und somit gewaltlose Frauen" gegenüber einer anderen – „gewalttätige Männer" – in besonderer Weise hervorhebt. Diese geschlechtsspezifische – nicht geschlechts*typische* – Rollenverteilung steht im Einklang mit den patriarchalen Stereotypen von der „Normalität" und zu einem gewissen Grade Legitimität der männlichen Gewaltausübung, deren Missbrauch in Form von häuslicher Gewalt es nunmehr zu skandalisieren und zu bestrafen gilt, und von der bedrohten Frau als Opfer dieser Gewalt. Gleichzeitig wird aber damit ein Bild von Gewalt konstruiert, das davon abweichende Phänomene – die männlichen Opfererfahrungen und die weibliche Täterschaft in gleicher Weise wie die oben angesprochene ordnungsbildende Gewalt – systematisch ausklammert.

Zum einen wird der Gewalt durch Frauen von *beiden* Geschlechtern mehr Akzeptanz entgegengebracht als der Gewalt durch Männer (vgl. Straus 1997: 216), so dass die gesellschaftlichen Reaktionen darauf – vom Anzeigeverhalten der Bevölkerung bis hin zur Behandlung durch das Strafrecht – diesem „doppelten Maß" entsprechend ausfallen: Während Frauengewalt bagatellisiert oder als legitime Gegenwehr dargestellt wird, steht männliche Gewalt nicht selten am Anfang einer bereits vorgezeichneten kriminellen Karriere. Prozesse der Stigmatisierung als „gewalttätig" oder „kriminell" durch staatliche Kontrollinstanzen, die Medien und die allgemeine Öffentlichkeit gelten somit in erster Linie Männern und reproduzieren als solche immer wieder die tradierten Geschlechterbilder (s. auch den Beitrag von *Jürgen Mansel* in diesem Band).

Zum anderen werden männliche Opfererfahrungen – in starkem Gegensatz zu den weiblichen, deren ausdrückliche Erwähnung in diesem Kontext fast pleonastisch wirkt – tabuisiert und im Falle ihrer Bekanntmachung (bei Hilfeeinrichtungen oder vor Gericht) der sekundären Viktimisierung – dem „Verlust einer achtbaren männlichen Identität vor sich selbst und ihren Bezugspersonen“ (Bock 2001: 6f.) – ausgesetzt. Es sind derartige Stereotype, die nicht nur zu einer selektiven Wahrnehmung des Gewaltphänomens führen, sondern ebenfalls zu einer selektiven Forschung(sförderung) und Berichterstattung. Das Konstrukt der geschlechtsspezifischen Verteilung der Gewalt in unserer Gesellschaft prägt sich dem öffentlichen Bewusstsein kraft medialer Wiederholung wirksam ein und wird schließlich in familienpolitischen Forderungen und Entscheidungen entsprechend wirksam.

Wenngleich die Raten weiblicher im Vergleich zur männlichen Gewalt eine „quantité négligeable“ darstellen und damit das Geschlecht eine gewichtige Variable im Kontext von Gewaltausübung bleibt (vgl. Lamnek 2002: 1383), stellt Gewalt, entgegen dem vorherrschenden politischen und medialen Diskurs, kein Monopol von Männern dar. Es besteht daher die Notwendigkeit, das damit propagierte Bild von Männern als ausschließlich Täter und Frauen als (ausschließlich) Opfer um zwei bedeutende Dimensionen zu erweitern: die Täter-Opfer-Homologie von Gewalthandlungen und das Vorhandensein weiblicher Gewalt.

Obwohl die Merkmalshomogenität von Tätern und Opfern im Hinblick auf das Geschlecht (sowie auf das Alter, die Nationalität und die Täter-Opfer-Relation selbst) laut Kriminalstatistik und zahlreicher empirischer Untersuchungen einen der gesichertsten Befunde der Gewaltforschung darstellt, gilt die geschlechtersoziologische und die massenmediale Aufmerksamkeit kaum der Gewalt, die sich unter Männern abspielt und mehr als zwei Drittel der Gewaltkriminalität in Deutschland ausmacht (vgl. Lamnek 2000: 255). Die Fokussierung von Medien und Wissenschaft auf die Ausschließlichkeit männlicher Täterschaft und die damit einhergehende Konstruktion des Ausnahmecharakters weiblicher Täterschaft tragen zwar zu einer erheblichen Verzerrung der sozialen Wirklichkeit bei, doch sind die „richtigen“ Ergebnisse in diesem Fall zumindest vorhanden. Dagegen erlaubt die gegenwärtige Datenlage für Deutschland nur wenige Aussagen über die Verteilung von Gewalttätigkeit auf die beiden Geschlechter, so dass das Ausmaß der weiblichen Gewalt, die dabei ignoriert wird, unbekannt ist.

Doch es ist gerade das Fehlen von Daten über die Geschlechterdifferenzierung von (häuslicher) Gewalt, die auf die möglichen Faktoren, die zu dieser einseitigen Ausrichtung der öffentlichen und wissenschaftlichen Aufmerksamkeit geführt haben, schließen lässt. Eine systematische Verzerrung des bisher bestehenden Bildes traditioneller Geschlechterverhältnisse durch die Problematisierung weiblicher Gewalt schürt nicht nur Ängste in Bezug auf die

Bestandsgefährdung einer androzentrisch verpflichteten, „male stream"-Kriminologie (Lamott 1995: 29), für die weibliche Gewalttätigkeit in erster Linie eine Abweichung von der Weiblichkeitsnorm und erst dann eine strafrechtliche Devianz darstellt; auch in feministischen Kreisen wird die Relativierung der mühsam aufgedeckten häuslichen Verhältnisse mit klar aufgeteilten Täter-Opfer-Dichotomien als Bedrohung der Interessen von Frauen empfunden, wie die in den USA ausgetragenen Kontroversen der 70er und 80er Jahre und die in Deutschland (vgl. hierzu die Beiträge von *Michael Bock* und *Joachim Müller* in diesem Band) und Frankreich (vgl. Badinter 2003) gegenwärtig stattfindenden gesellschaftspolitischen Kämpfe zwischen feministischen und „maskulinistischen" Positionen zeigen.

Es stellt sich somit die Frage, ob es sich bei den „Gewaltdiskursen", auf die auch im Rahmen unserer Tagung vielfach (und kritisch) Bezug genommen wurde, samt ihrer „Aufspaltung" in geschlechtsbezogene und lokale oder kulturelle Varianten (Hagemann-White 2002: 145) nicht um einen Konflikt um die gültige „Gewaltkultur" handelt (vgl. den Beitrag von *Michael Riekenberg* in diesem Band). In dem aus historischer Sicht wieder entdeckten, ursprünglich kriminalsoziologischen Konzept der „Gewaltkultur"[2] wird die narrative Dimension von Gewalt betont, die sich im Zentrum von Erzählkonstrukten befindet und die den Gewaltakt, einschließlich der darin enthaltenen Geschlechterstereotype und Rollenverteilungen bei der Ausübung von Gewalt, in die zeitlich längere Dimension von Macht und Herrschaft transferiert (vgl. *Riekenberg* in diesem Band). Die narrative Organisation von Gewalterzählungen trägt somit zur Vergemeinschaftung der durch das gemeinsame Erleben verbundenen Akteure bei – sie ist also Sozialisationsmoment und Sozialisationsmilieu zugleich. Jedoch im Unterschied zu vorstaatlichen Gesellschaften, in denen Gewaltkulturen meist einen sakralen – d.h. unveränderlichen – Charakter besaßen (vgl. ebenda), unterliegen die Narrationen von Gewalt in westlichen Industriegesellschaften zahlreichen Versuchen der Umformung und Institutionalisierung durch verschiedene soziale Trägergruppen mit unterschiedlichen infrastrukturellen Möglichkeiten, sich Gehör zu verschaffen. Im Falle der konfligierenden Diskurse über die Gewalt im Geschlechterverhältnis haben wir es also mit Erzählkonstrukten von Gewalt zu tun, die, im Gefolge der oben erwähnten Sensibilisierungsprozesse, einen soziokulturellen Wandel im Hinblick auf die narrative Organisation von Gewalttaten markieren und als solche einen Kampf um die Deinstitutionalisierung der alten Gewaltkultur

2 „Gewaltkulturen (...) sind keine sozialen Systeme oder Institutionen, in denen Gewaltkompetenzen angehäuft werden. Auch sind sie keine Gefüge besonders intensiver Gewaltpraxis, zumindest nicht notwendigerweise. In erster Linie sind sie vielmehr Narrationen, Erzählkonstrukte, wenngleich diese Erzählgefüge natürlich sozialer Trägergruppen, der Materialisierung von Kommunikation und dazu gehöriger Infrastrukturen bedürfen, um Verbreitung zu finden und „gehört" zu werden" (*Riekenberg* in diesem Band).

durch die (noch) nicht institutionalisierte Gegenkultur austragen. Dabei ist das ausschließlich negativ besetzte Gewaltkonzept der „maskulinistischen“ *und* der feministischen Erzählstruktur von Gewaltakten gemeinsam, doch können beide auch als Anleitung, Legitimation und Handlungsstruktur für neue Gewaltakte fungieren und deshalb die Grundlage von Gewaltkulturen mit unterschiedlichen narrativen Strukturen bilden.

Die Prognosen über den Ausgang des „Geschlechterkampfes“ und dessen Konsequenzen für eine umfassende und im Einklang mit rechtsstaatlichen Gleichheits- und Gleichbehandlungsgrundsätzen stehenden Gewaltprävention sind indes unterschiedlich. Sie reichen von der Diagnose der Unerschütterlichkeit von institutionalisierten, geschlechtsspezifischen Dividenden über die Feststellung eines kompletten Demokratie*versagens* der Geschlechterdebatte bis hin zur Hoffnung auf den schließlichen *Sieg* derselben (vgl. dazu die Beiträge von *Ralf Ottermann, Michael Bock* bzw. *Jürgen Gemünden* in diesem Band). Fest steht nur, dass ein Gegeneinander von Gewaltdiskursen, die um die Feststellung geschlechtsspezifischer Unterschiede bemüht sind, nichts zum Verständnis der Gewaltwirklichkeit, sei es im häuslichen oder im gesamtgesellschaftlichen Bereich, beiträgt. Für eine Überwindung der gegenwärtigen westlichen Gewaltkultur, wie für diejenigen unter ihren Gewalterzählern, denen sich die Thematisierung von Geschlecht und Gewalt überhaupt verdankt – den Feministinnen – stellt die vorherrschende Tendenz, eine neue moralische Ordnung einzuführen, die die alten (Geschlechter-) Grenzen wieder errichtet, die „fausse route“ (vgl. Badinter 2003), den falschen Weg in Richtung Gleichheit dar.

## 5. Antwortversuche

Antworten, Modellvorschläge und Alternativszenarien zu vielen der oben genannten Fragestellungen und Wissenslücken fanden sich in den Beiträgen der Tagungsteilnehmer. Unser Hauptinteresse galt dabei der Verortung und Problematisierung derjenigen „blinden Flecken“ der Gewaltforschung, die in Verbindung mit der Kategorie „Geschlecht“ und den damit einhergehenden Aspekten sozialen Wandels in der heutigen Gesellschaft stehen, und nicht etwa der Umkehrung geschlechtsspezifischer Etikettierungen, der Verharmlosung oder gar der Legitimierung von Gewalt durch das eine oder das andere Geschlecht. Diese Unparteilichkeit unsererseits sollte deshalb nicht nur in dem durch die Redner (fast) beliebig zu füllenden Titel „Geschlecht–Gewalt–Gesellschaft“ und in der „politisch korrekten“ Verteilung der Herausgebertätigkeit auf zwei Geschlechter zum Ausdruck kommen, sondern auch und vor allem in der inhaltlichen Gestaltung des Tagungsprogramms und des vorliegenden Sammelbandes. Die Struktur des Tagungsbandes verdankt sich insofern ausschließlich den thematischen Priorisierungen und Akzentsetzungen der Autoren und weicht gleichzeitig von der groben Einteilung in Theorie, Empirie und Prävention, der der Ablauf der Tagung folgte, ab. Die endgültige Gliederung spiegelt somit sowohl die bereits erwähnte Betonung des Kontextes von Gewalt in verschiedenen theoretischen Beiträgen, die Auseinandersetzung mit den aus der Sicht beider Geschlechter sich konstituierenden Gewaltdiskursen als auch die Differenzierung zwischen der Geschlechtslogik von Gewalt in Jugendszenen gegenüber ihrer Ausprägung und Bedeutung in Partnerschaften wider.

## *5.1 Zum kulturellen Kontext von Gewalt*

Gegenstand des Beitrags von *Michael Meuser* (Essen) ist die *Gewalt als Modus von Distinktion und Vergemeinschaftung*. Ausgehend von einer Kritik an der „Geschlechtsblindheit" der (Jugend-) Gewaltforschung durch die Fokussierung auf Männergewalt gegen Frauen, macht *Meuser* darauf aufmerksam, dass Geschlechterverhältnisse eine heterosoziale und eine homosoziale Dimension haben und die Konstruktion von Männlichkeit in hohem Maße eine homosoziale Angelegenheit ist. Mit Hilfe von Bourdieus Entwurf einer Theorie der männlichen Herrschaft und Connells Konzept der hegemonialen Männlichkeit wird die Geschlechtslogik des männlichen und des weiblichen Gewalthandelns analysiert und dabei die ordnungsbildende und gemeinschaftsstiftende Funktion von Gewalt für binnengeschlechtliche Interaktionen herausgearbeitet.

Den Ausgangspunkt der Überlegungen von *Manuela Boatcă* (Eichstätt) stellen die vielfältigen Einwände gegen die essenzialistischen Annahmen und ihren ausschließlichen Wahrheitsanspruch innerhalb der gegenwärtigen Diskussion um Geschlecht und Gewalt dar. Nachdem die von unterschiedlichsten Forschungsrichtungen vorgebrachten (Gegen-) Argumente kurz skizziert werden, stellt die Autorin einen makrostrukturellen Ansatz vor, der es ermöglicht, die geschlechtsspezifisch definierte (Il-) Legitimität von Gewaltausübung als integralen Bestandteil der Vorstellungswelt zu begreifen, mit deren Hilfe das moderne Weltsystem seit seinem Aufkommen im 16. Jahrhundert die Institutionalisierung von sozialen, politischen, ökonomischen und epistemologischen Strukturen kapitalistischer Prägung legitimierte.

Auf eine Kritik der „gender blindness" der klassischen und der kritischen Kriminologie, wie auf Connells Begriff von „hegemonic masculinity", rekurriert auch *Joachim Kersten* (Villingen-Schwenningen) in seiner Analyse kulturübergreifender Ansätze zum Thema „gender and crime". Auf der Grundlage der Befunde eigener kulturvergleichender Forschungen wird die Tragweite einer kulturanthropologischen Denkweise an der Konstruktion der Maskulinität des „Versorgers" und „Beschützers" demonstriert. Die Untersuchung zugrunde liegender Orientierungs- und Verhaltensmuster zeigt, dass diese zwar diskursiv verhandelt werden können (z.B. in der Populärkultur), aber durch kulturelle und sozialstrukturelle Faktoren unterschiedliche Verbindlichkeit für Individuen, aber auch für Kollektive haben.

Der Aufsatz von *Michael Riekenberg* (Leipzig) thematisiert die Frage von Gewaltkulturen und die Rolle, die der Genderaspekt darin spielt. Empirischer Bezugspunkt seiner Überlegungen ist Lateinamerika; verwendete Perspektive ist eine historische, die bis ins „lange" 19. Jahrhundert zurückgreift. Dabei lautet die zentrale Annahme, dass der Kern einer so genannten Gewaltkultur weniger in systemischen Strukturen, dauerhaften Institutionen oder fest gefügten sozialen Gebilden als vielmehr in der narrativen Organisation von Gewalterzählungen zu suchen ist. Es wird gezeigt, dass die Rolle der Frauen als Gewalterzähler ein Teil der soziokulturellen Kodifizierungen der in einer Gesellschaft üblichen Frauenrolle ist und ihre Aufdeckung von dem zugrunde gelegten (somatischen oder narrativen) Gewaltbegriff abhängt.

An eine kontextuelle Einbindung von Gewalt, die entgegen gängiger Deutungen verläuft, knüpft auch der Beitrag von *Gerlinda Smaus* (Brno/ Tschechische Republik) an. Die Untersuchung in eingeschlechtlichen totalen Institutionen, wie z.B. Gefängnis, Internat, Armee, belegt, dass es sich bei Mann-von-Mann-Vergewaltigungen um eine systematische Erscheinung handelt, deren Sinn nicht in sexueller Gratifikation liegt, sondern in der Konstruktion eines elementaren symbolischen Universums. Das Verhalten, das fälschlicherweise als Homosexualität gedeutet wird, wird als Ritual zur Erhaltung der heterosexuellen Männlichkeit eines Teils der Insassen, die den anderen Teil zu Frauen erklären, eingesetzt. Wie im Falle gesamtgesellschaftlicher Verhältnisse bildet das weibliche Geschlecht den Boden, auf dem sich männliche Hierarchien aufbauen; Gewalt ist das Mittel, womit die Geschlechterdifferenzierung aufrecht erhalten wird.

Den Übergang zwischen theoretischen und empirischen Zugängen zur Beziehung zwischen Gewalt und Geschlecht bildet der Beitrag von *Mechthild Bereswill* (Hannover). Eine kritische Würdigung aktueller handlungs- und strukturtheoretischer Ansätze wird darin auf zwei Ebenen unternommen. Im theoretischen Teil wird das Verhältnis zwischen Struktur und Handeln sowie zwischen kulturellen und individuellen Männlichkeitsentwürfen mit Hilfe biografietheoretischer und subjektorientierter Perspektiven differenziert dargestellt. Anschließend wird anhand von ausgewählten Ergebnissen aus einer qualitativen Längsschnittstudie zu den Hafterfahrungen junger Männer, die seit 1998 am Kriminologischen Institut Niedersachsen durchgeführt wird, gezeigt, dass Gewalt in der Institution tatsächlich als eine Ressource begriffen werden kann, um bedrohte Männlichkeiten zu rekonstruieren, diese Relation jedoch im biografischen Verlauf Widersprüchen und Konflikten unterliegt.

## *5.2 Genderperspektiven auf Gewaltdiskurse*

Die Überlegungen von *Sebastian Scheerer* und *Nils Schuhmacher* (Hamburg) über das Verhältnis zwischen Witzen, Geschlecht und Gewalt am Beispiel von Terrorismus-Witzen haben die Frage zum Gegenstand, welche Mittel unsere Kultur zur Verfügung stellt, um einen Umgang mit Verwerfungen zivilisatorischer Standards, wie dem Holocaust oder den Terrorakten, zu finden. Die Analyse von Internet-Witzen über die Anschläge des 11. September ergab eine starke Dominanz von Bilderwitzen gegenüber Textwitzen. Typischerweise thematisieren die Witze nicht die konkreten, sondern allenfalls fiktive Opfer und makabre Witze über den „Kern" des Geschehens, den schrecklichen Tod zahlloser Menschen, sind extrem selten. Anhand der hohen Anzahl sexualisierter und sexistischer Witzdarstellungen im Kontext der Vergeltung kommen die Autoren zu dem Schluss, dass Sexualität eine zentrale Kategorie des feindseligen Witzes ist, der, als semantische Waffe zum Zwekke der Stigmatisierung und Statusdegradierung auch Eingang in die kriminologische Analyse finden sollte.

Ausgehend von den sozialkonstruktivistischen Grundannahmen, wonach Gesellschaften zweigeschlechtlich organisiert sind und wonach Verhalten, das von normativen Erwartungen abweicht, von Moralunternehmern mit Rückgriff auf plausible gesellschaftliche Deutungsmuster öffentlich gemacht werden muss, um zu sozialer Kontrolle zu motivieren, werden im Beitrag von *Ralf Ottermann* (Frankfurt) Gewaltdiskurse im gesellschaftspolitischen Kampf der Geschlechter um knappe Ressourcen (Rechtsgüter, Rechtsordnungen) verortet. Exemplarisch werden (1) der Maskulinismus als eine neue soziale (Männer) Bewegung, (2) konservative familienpolitische Haltungen sowie (3) chauvinistische Vorstellungen (para-) militärischer Art daraufhin geprüft, ob sie als Reaktionen auf eine definitionsmächtige Frauenpolitik verstanden werden können, die als Gefährdung männlicher oder übergeordneter Interessen begriffen werden.

Im Zentrum der Überlegungen von *Michael Bock* (Mainz) zu *„Faktenresistenz und Immunisierungsstrategien bei häuslicher Gewalt"* stehen die stark emotional und normativ aufgeladenen geschlechtsspezifischen Erwartungen, die im Zusammenhang mit häuslicher Gewalt auftreten. Diese gruppieren sich um die beiden Cluster „Mann/aggressiv/stark/Täter" und „Frau/nicht aggressiv/schwach/Opfer". Seiner These zufolge sind deshalb die Mechanismen des Enttäuschungsmanagements (Verarbeitung kognitiver Dissonanzen, Neutralisierungstechniken) im Enttäuschungsfall (z.B. Frau als Täterin) ähnlich stark aufgeladen. Es wird die – empirisch noch zu prüfende – Vermutung vorgetragen, dass sich das Erklärungspotenzial des Labeling Approachs bei geschlechtsspezifischen Differenzierungen viel stärker auswirkt als bei schichtspezifischen, um die es vor allem auch in den empirischen Arbeiten des Labeling Approachs vorwiegend gegangen war.

Für *Ulrike Popp* (Klagenfurt/Österreich) stellt das Ignorieren „weiblicher“ Gewalt eine Strategie zur Aufrechterhaltung der sozialen Konstruktion von männlichen Tätern dar. Die Autorin identifiziert im öffentlichen Gewaltdiskurs fünf Strategien, mit denen die soziale Konstruktion „Gewalt = männlich“ reproduziert und bekräftigt wird. Diese reichen von (1) einer spezifisch terminologischen Auffassung von Gewalt, die sich fast ausschließlich auf strafrechtlich relevante Delikte oder physische Gewalt mit Verletzungs- oder Todesfolgen bezieht, über (2) die Definition von Gewalthandlungen als singuläre Taten individueller Akteure mit klaren Täter-Opfer-Konstellationen und (3) die Verwendung geschlechtstypischer Legitimationsstrategien für verübte Taten, bis hin zur (4) Bagatellisierung von Gewalthandlungen von Mädchen und Frauen und (5) der geschlechtsdifferenzierten Bewertung und Begründung von Gewalttaten.

### *5.3 Jugendgewalt im Geschlechterverhältnis*

Im Mittelpunkt des 2001 abgeschlossenen, qualitativen Forschungsprojekts “Mädchen und Gewalt: Eine Untersuchung zum jugendgruppentypischen Umgang mit Gewalt” des Deutschen Jugendinstituts standen jeweils vier “gewaltauffällige” und “nicht gewaltauffällige” Jugendgruppen – zwei Mädchen- und zwei gemischtgeschlechtliche Gruppen. Die Ergebnisse der Studie hat *Kirsten Bruhns* (München) vor dem Hintergrund konstruktivistischer und sozialstruktureller Erklärungsansätze eingeordnet und zur Diskussion um die “Verflüssigung von Geschlechtergrenzen” in Beziehung gesetzt. Es zeigte sich die Tendenz, wonach Mädchen und junge Frauen in gewaltbereiten Jugendgruppen im Streben nach Anerkennung für sich Handlungsoptionen in Anspruch nehmen, die nicht mit geschlechtstypischen Verhaltenserwartungen übereinstimmen, ja sogar „typisch männlich“ sind, nämlich gewaltaffin.

Auf der empirischen Basis einer Gruppendiskussion von sieben Mädchen eines Jugendfreizeitheimes wird das von Heinrich Popitz entwickelte Konzept der „Aktionsmacht“ zur begrifflichen Differenzierung der Vielfalt von Gewalt im Alltag verwendet. Im Gegensatz zu breit angelegten Gewaltbegriffen ist Aktionsmacht Verletzungsmacht, die als ein Akt der Herstellung von Überlegenheit von Personen über andere Personen begriffen wird. Anhand der Diskussionsbeiträge der Mädchen, die zum Zeitpunkt der Gruppendiskussion bereits (als Opfer) mit Gewalt konfrontiert waren oder (als gewaltförmig Handelnde) selbst Gewalterfahrungen hatten, dokumentiert *Hans-Günter Heiland* (Bremen), dass bloße Aktionsmacht geduldete Macht ist, die sich der Zustimmung der Gruppenmitglieder gewiss ist und sich auf ein von der Gruppe geteiltes Gerüst sozialer und normativer Muster stützt.

Kausalätiologische Annahmen, als Grundlage kriminologischer Karriereforschung, insbesondere in den angloamerikanischen Ländern in die Kriminalpolitik eingegangen, haben sich empirisch kaum bewährt. Kriminelle Karrieren sind insofern weniger soziale Defizitkarrieren, sondern vornehmlich Kontroll- und Justizkarrieren. Um der Vernachlässigung von sozialstrukturellen Faktoren bei der Analyse von Delinquenzentwicklungen entgegenzuwirken, werden in dem Beitrag von *Klaus Boers* und *Andreas Pöge* (Münster) die beiden Makroebenen soziale Kontrolle und sozialstrukturelle Differenzierung in einem strukturdynamischen Analysemodell miteinander verbunden und anhand einer Panelstudie in Duisburg und Münster einige Befunde zum Zusammenhang von Jugenddelinquenz und sozialen Milieus diskutiert. Demnach sind Wertorientierungen auf der Basis von Lebensstilen, sozialen Lagen und Milieus der strukturelle Hintergrund, der – vermittelt über die Akzeptanz von Rechtsnormen bezüglich konkreter Delikte – zur Delinquenz führt.

Eine (geschlechts-) differenzierte Analyse der sozialen Bedingungen von jugendlicher Gewalt- und schwerer Eigentumsdelinquenz in unterschiedlichen sozialräumlichen Kontexten unternimmt *Dietrich Oberwittler* (Freiburg) anhand der Daten der MPI-Schulbefragung 1999/2000 von 6000 Jugendlichen in Köln, Freiburg und einer ländlichen Region. Die Ergebnisse belegen, dass nicht Gewalt, sondern schwere Eigentumsdelinquenz die charakteristische und ‚typisch männliche' Form der Devianz in den sozial benachteiligten Stadtvierteln ist. Für Mädchen ist Gewalt nur in den subkulturellen Milieus der sozialen Brennpunkte eine akzeptable Verhaltensoption; für Jungen ist sie auch darüber hinaus ‚normal'. Überraschenderweise zeigen die Jugendlichen mit Migrationshintergrund keinerlei Indizien für ähnliche sozialräumliche Kontexteffekte, sondern im Gegenteil sogar gegenläufige Tendenzen.

Der Beitrag von *Helmut Lukesch* (Regensburg) ist einer Analyse des Weltbildes des Fernsehens im Hinblick auf das darin vorkommende Geschlechterverhältnis gewidmet. Auf dem Hintergrund theoriebezogener Inhaltsanalysen wurden Kategorienschemata zur Abbildung der Botschaften des Fernsehens erarbeitet (z.B. Aggressivität, Prosozialität, soziale Beziehungen). Damit wird in genrespezifischer Weise (z.B. Soaps, Familienserien, Nachrichten, Spielfilme) eine repräsentative Stichprobe von ca. 620 gesendeten Fernsehstunden ausgewertet. In der Studie wird ein deutlicher Wandel bei der Darstellung aggressiver und prosozialer Aspekte bei weiblichen und männlichen Fernsehcharakteren deutlich. So ist z.B. die Unterrepräsentation von Frauen im Fernsehen gegenüber früher deutlich abgeschwächt. Aggressivität ist noch vermehrt an männliche Protagonisten geknüpft, die Unterschiede zu

Frauen sind aber heute wesentlich reduziert. Männer werden seltener als gewalttätig geschildert, bei Frauen nimmt dieser Anteil hingegen zu.

Anhand des Beispiels jugendlicher „Intensivtäter" setzt sich *Michael Walter* (Köln) mit den Problemen einer „kriminalpolitischen Gewalttäter-Typisierung" auseinander. Kohortenuntersuchungen und auch polizeiliche Datenaufbereitungen haben belegt, dass eine relativ kleine Gruppe von ca. 5% männlichen Jugendlichen für etwa 30-50% der von der betreffenden Altersgruppe begangenen Delikte verantwortlich sind. Die naheliegende Strategie, diesen „Kern" frühzeitig zu identifizieren und an der Begehung weiterer Delikte zu hindern, ist bislang wegen prognostischer Probleme nicht gelungen. „Intensivtäter"-Begriffe der Polizei, so das Fazit des Autors, bezeichnen eher eine Gruppe von unterschiedlichen Delinquenten, die als „Demonstranten kriminalpolitischer Hilflosigkeit angesehen werden können". Ähnlich wie Geschlechterstereotype durch die Medien und die Politik bereitwillig aufgegriffen werden, tragen diese zu einer kriminalpolitischen Diskussion mit eindeutig repressiven Vorzeichen bei.

### *5.4 Gewalt in und außerhalb von (Intim-) Partnerschaften*

Während die bei Dunkelfelduntersuchungen erhobenen Daten über Gewalt in Partnerschaften stets etwa gleiche Geschlechterraten von Partnergewalt ergeben, dominieren Frauen als Opfer bei Datenquellen aus institutionellen Zusammenhängen (Strafanzeigen, Polizeinotrufe, Scheidungen), also bei solchen, die eher die Reaktion der Gewaltopfer als die tatsächliche Verbreitung von Gewalt widerspiegeln. Die Erklärung für diese Diskrepanzen ist für *Jürgen Gemünden* (Ingelheim am Rhein) in der geschlechtsspezifisch unterschiedlichen Bewältigung von Gewalt durch Intimpartner, aber vor allem in den unterschiedlichen Geschlechtsrollen und den damit verbundenen Verhaltenszuschreibungen zu suchen. Männer bagatellisieren und tabuisieren Gewalt durch ihre Partnerinnen aus ihrem männlichen Selbstbild heraus stärker als dies Frauen im umgekehrten Fall tun.

Mit den Daten einer Dunkelfeld-Bevölkerungsbefragung (N=3.000) untersucht *Dieter Hermann* (Heidelberg) die Frage, ob Geschlechterunterschiede in Gewaltkriminalität und Gewaltorientierung auf geschlechtsspezifische Differenzen in den Wertorientierungen zurückgeführt werden können. Die Ergebnisse der Analysen bestätigen diese Vermutung. Je größer die Orientierung an modernen idealistischen Werten ist, desto größer ist die Akzeptanz von Rechtsnormen, die Gewalt verbieten, und desto geringer ist die Anzahl gewalttätiger krimineller Handlungen sowie die Bereitschaft zu gewalttätigem Handeln. Somit sind Werte und die Akzeptanz von Normen zentrale intervenierende Variablen für den Einfluss der Geschlechtszugehörigkeit auf Gewaltkriminalität. Weil Frauen – vermutlich sozialisationsbedingt – eine stärkere Bindung zu idealistischen Werten besitzen, sind sie weniger gewalttätig als Männer.

Der Beitrag von *Barbara Krahé* (Potsdam) nimmt eine (methoden-) kritische Bestandsaufnahme der vorliegenden Befunde zur Gewalt zwischen Partnern unter dem Aspekt der aktiven Rolle von Frauen als Täterinnen vor. Anhand eigener Forschungsergebnisse zur sexuellen Aggression werden darüber hinaus Unterschiede und Parallelen zwischen Männern und Frauen in Bezug auf Prävalenz und Risikofaktoren sexueller Übergriffe analysiert. Die Ergebnisse ermöglichen ein differenzierteres Bild häuslicher Gewalt: Während die Datenlage bei sexueller Gewalt eindeutig ist – Männer treten als Täter häufiger in Erscheinung als Frauen – ist dies bei physischer Partnergewalt nicht der Fall: Männliche Täter überwiegen bei strafrechtlich relevanten, Frauen dagegen bei einem breiteren Spektrum von Gewaltformen. Jedoch erleiden Frauen eher Verletzungen durch Partnergewalt als Männer durch ihre Frauen.

Anhand der Daten der PKS sowie der Ergebnisse zweier repräsentativer Befragungen geht *Jürgen Mansel* (Bielefeld) der Frage nach, inwiefern das Anzeigeverhalten und die Reaktionen der staatlichen Kontrollinstanzen zur geschlechtsspezifischen Verteilung der Kriminalitätsraten beitragen. Es stellte sich heraus, dass sich die eklatanten geschlechtsspezifischen Unterschiede im Hellfeld der Kriminalität in Dunkelfelduntersuchungen zumindest relativieren, wenngleich auch in letzteren die Mädchen deutlich häufiger Opfer der Gewalt von Jungen werden als umgekehrt. Insgesamt ist jedoch für die männlichen Jugendlichen die Entdeckungswahrscheinlichkeit, aber auch das Risiko, für ihre Delinquenz sanktioniert zu werden, gegenüber den weiblichen Jugendlichen deutlich erhöht. Damit wird erkennbar, dass über das Strafrecht und die im Strafjustizsystem agierenden Akteure klassische Vorstellungen von typischen Verhaltensweisen bei Männern und Frauen reproduziert und damit verfestigt werden.

Die Frage, ob sexuelle Gewalt schlimmer geworden ist, beantwortet *Helge Peters* (Oldenburg) mit einem Zeitvergleich von richterlichen Verurteilungen sexueller Gewalttäter. Untersucht wurden im Zeitraum 1979 bis 1996 gefällte Gerichtsurteile. Dabei wurde die Entwicklung des quantitativen Verhältnisses von Haftstrafen zu Geld-/Bewährungsstrafen als Indikatoren für die Schwereeinschätzung verglichen. Der Befund: Sexuelle Gewalt gilt im Zeitabschnitt 1979 bis 1984 als besonders schlimm, 1985 bis 1990 als recht harmlos und 1991 bis 1996 wieder als schlimmer; das Niveau des ersten Zeitabschnitts wurde aber nicht wieder erreicht. Eine differenzierte Untersuchung der Zuschreibungsrelevanz einzelner Kontexte ergab, dass im dritten Zeitabschnitt sexuelle Gewalt, die von Personen mit niedrigem Beschäftigungsstatus und „ungeregelter Lebensführung“ ausging, als besonders gravierend galt, ebenfalls die sexuelle Gewalt, die körperliche Verletzungen nach sich zieht.

Insgesamt ist aber eine Sensibilisierung gegenüber sexueller Gewalt in dem Untersuchungszeitraum nicht zu erkennen.

Vor dem Hintergrund zahlreicher stigmatisierender Mythen über Sexualstraftaten sind die in der Öffentlichkeit herrschenden und vielfach die Realität verzerrenden Vorstellungen von Tätern und Opfern Gegenstand des Beitrags von *Helmut Kury* (Freiburg). Opfer von Straftaten, vor allem Sexualstraftaten, sind in der Gefahr, nach der primären Opferwerdung im Rahmen der Strafverfolgung bzw. auch durch entsprechende Einstellungen in der Öffentlichkeit ein zweites Mal viktimisiert zu werden. Anhand mehrerer eigener Untersuchungen wird nachgewiesen, dass Opfer von Sexualstraftaten (insbesondere vergewaltigte Frauen) auch international negativer gesehen werden als Nichtopfer. Die Unterschiede können allerdings zumindest teilweise eher auf das Ereignis der Viktimisierung zurückgeführt werden, weniger auf die Persönlichkeit der Opfer im Sinne einer Ursache für die Opferwerdung.

*Karlhans Liebl* (Rothenburg) stellt in seinem Beitrag die Ergebnisse einer Untersuchung im Bereich der Polizei des Freistaates Sachsen vor, die das Bild der Polizei als potenzieller Konfliktschlichter problematisiert und den Fragen nachgeht, welchen Anteil die Handlungsweise der Polizeibeamten tatsächlich an der Entwicklung eines Konfliktes hat und ob es unterschiedliche Strategien der Konfliktlösung bei männlichen und weiblichen Polizeiangehörigen gibt. Die Analyse dokumentiert, dass die unterschiedlichen Verhaltensweisen im Konfliktschlichtungsverfahren überhaupt erst Gewalt entstehen bzw. vorhandene Gewalt eskalieren lassen. Die Einschätzungen durch die männlichen und weiblichen Polizeibeamten differierten, ebenfalls ihre Bewertung des Einflusses auf das Konfliktgeschehen.

### *5.5 Prävention und Praxis*

Vor dem Hintergrund der Konzeptionierung eines Modellprojektes gegen Frauenhandel in der Bundesrepublik Deutschland und einer Mission der Europäischen Kommission in Moldawien – „Combatting Trafficking in Women in the Republic of Moldova" – stellt *Dörte Marth* (Hamburg) Ansätze der Prävention des Frauenhandels vor und zeigt deren Grenzen kritisch auf. Die Umsetzung bereits definierter Möglichkeiten der Prävention wird aus der Sicht der Autorin durch die wirtschaftliche und finanzielle Situation und die damit verbundenen Engpässe erschwert. Die vorhandenen Regelungen zum Schutz der Opfer, die z.B. im von der Bundesregierung verabschiedeten Aktionsplan zur Bekämpfung von Gewalt gegen Frauen enthalten sind, tragen nicht zur Verbesserung der Situation ausländischer Frauen bei, da Prostitution, obwohl weitestgehend legalisiert, nach den Vorschriften des Ausländergesetzes keine Erwerbstätigkeit ist.

Die gesellschaftspolitischen und ideologischen Konsequenzen, die mit der geschlechtstypischen Verteilung von Prostitution verbunden sind, stehen im Mittelpunkt des Beitrags von *Siegfried Lamnek* (Eichstätt). Geht man davon aus, dass die Prostitution zunehmend sozial und rechtlich von der „Doppelmoral" und sozialen Stigmatisierung befreit wird, so bleibt der Tatbestand, dass Männer Frauen über diverse Mechanismen (Zuhälter, Menschenhandel etc.) zur Prostitution zwingen. Dagegen ist nicht nur repressiv, sondern gerade präventiv vorzugehen. Eine wichtige Voraussetzung hierfür wäre, ohne Doppelmoral und geschlechtsspezifische Ideologien die (freiwillige) Prostitution als legitime berufliche Betätigung ohne Wenn und Aber anzuerkennen und die männlichen Freier bei Inanspruchnahme von erzwungenen „Liebesdiensten" in die Verantwortung zu nehmen.

Die von *Ulrich Auer et al.* (Ulm) durchgeführte Untersuchung zur Gutachtenqualität bei Sexualdelikten in Mecklenburg-Vorpommern ist eine Vollerhebung aller Sexualstrafverfahren aus den Jahren 1994-1998 (über 750, davon über 150 Beschuldigte, die begutachtet wurden). Es fanden sich die bekannten geschlechtsspezifischen Verteilungen: Täter waren fast ausschließlich Männer, Opfer waren Frauen und Kinder. Den Schwerpunkt der Untersuchung bildete die Qualität der in diesem Rahmen erstellten forensisch-psychiatrischen Gutachten, deren Ergebnisse Besorgnis erregend sind. So wurde die Beurteilung der psychischen Verfassung oft nicht auf den Tatzeitpunkt abgestellt und in fast 20% der Fälle fand sich keine Sexualanamnese. Auch jugendpsychiatrische Aspekte wurden oft nicht berücksichtigt. Gleichwohl wurden die Einschätzungen des Psychiaters in den meisten Fällen vom Gericht übernommen.

Die sozialpolitischen Konsequenzen, die mit einer ideologischen, d.h. in diesem Falle „faktenresistenten" Deutung empirischer Ergebnisse einhergehen, wurden aus der Perspektive einer Väterinitiative beleuchtet. *Joachim Müller* (Marburg) betonte die Bedeutung der Überwindung von geschlechtsbezogenen Tabus und falsch verstandener „Geschlechterjustiz" bei häuslicher Gewalt im Hinblick auf eine Gleichstellung der Geschlechter vor dem Gesetz und auf das Durchbrechen des „intergenerationellen Gewaltkreises", dem gegenwärtig nicht nur Frauen, sondern auch Männer, aber vor allem Kinder ausgesetzt sind. Im Kontext von ursächlichem Gewaltschutz kommt diesem Brennpunkt der Präventionsarbeit aus der Sicht des Autors erhebliches Gewicht zu.

## 6. Fazit

Die auf der Tagung gegebenen Antworten und Ansätze auf die im „call for papers“ und in diesem Beitrag thematisierten Fragen waren jeweils von unterschiedlicher methodischer Ausrichtung, theoretischer Orientierung, von Wissenschaftlern unterschiedlicher Provenienz und nicht zuletzt unterschiedlichen Geschlechts erarbeitet und vorgetragen worden. Die Variation der Perspektiven und in der Folge der „maximalen strukturellen Variation“ (Kleining 1982) war Richtschnur für die Konzeption der Tagung. Die jeweilige „Einseitigkeit“ der eigenen (wissenschaftstheoretischen, methodologischen, methodischen, theoretischen und alltagspraktischen) Position sollte einer Relativierung und selbstkritischen Reflexion weichen. Den Blick für das „Andere“ zu schärfen und ihm gegenüber Offenheit herbeizuführen, war eine zentrale und wichtige Intention des Symposiums; die Autoren dieses Bandes haben dazu in erheblichem Maße beigetragen.

*Literatur:*

Albrecht, P.-A./Backes, O. (1990): Verdeckte Gewalt. Frankfurt a. M.

Arendt, H. (1970): Macht und Gewalt. München.

Badinter, E. (2003): Fausse route. Réflexions sur 30 années de féminisme. Paris.

Berger, P./ Luckmann, T. (1971): Die gesellschaftliche Konstruktion der Wirklichkeit. Eine Theorie der Wissenssoziologie. Frankfurt a.M.

Boatcă, M./Lamnek, S. (2003): Gewalt als Phänomen unserer Zeit. In: Sozialwissenschaften und Berufspraxis. Heft 2, S. 123-134.

Bock, M. (2001): Gutachten Zum Entwurf eines Gesetzes zur Verbesserung des zivilgerichtlichen Schutzes bei Gewalttaten und Nachstellungen sowie zur Erleichterung der Überlassung der Ehewohnung bei Trennung. unveröffentl. Manuskrip. Mainz.

Bourdieu, P./Passeron, J.-C. (1973): Grundlagen einer Theorie der symbolischen Gewalt. Frankfurt/Main 1973.

Bruhns, K./Wittmann, S. (1999): Mädchendelinquenz. In: Recht der Jugend und des Bildungswesens. Heft 3/99, S. 355-371.

Cremer-Schäfer, H. (1992): Skandalisierungsfallen. Einige Anmerkungen dazu, welche Folgen es hat, wenn wir das Vokabular „der Gewalt“ benutzen, um auf gesellschaftliche Probleme und Konflikte aufmerksam zu machen. In: Kriminologisches Journal 24, S. 23-36.

Fuchs, M./Lamnek, S./Luedtke, J. (2001): Tatort Schule. Gewalt an Schulen 1994-1999. Opladen.

Galtung, J. (Hrsg.) (1975): Strukturelle Gewalt. Beiträge zur Friedens- und Konfliktforschung. Reinbek bei Hamburg.

Galtung, J. (1990): Cultural Violence. In: Journal of Peace Research 27 (3), S. 291-305.

Hagemann-White, C. (2002): Gender-Perspektiven auf Gewalt in vergleichender Sicht. In: Heitmeyer, W./Hagan, J. (Hrsg.): Internationales Handbuch der Gewaltforschung. Wiesbaden, S. 124-149.

Heitmeyer, W. (1997): Gesellschaftliche Integration, Anomie und ethnisch-kulturelle Konflikte. In: Heitmeyer, W. (Hrsg.): Was treibt die Gesellschaft auseinander?, Frankfurt a.M. S. 629-653.

Heitmeyer, W./Hagan, J. (2002): Gewalt. Zu den Schwierigkeiten einer systematischen internationalen Bestandsaufnahme. In: Heitmeyer, W./Hagan, J. (Hrsg.): Internationales Handbuch der Gewaltforschung. Wiesbaden, S. 15-25.

Imbusch, P. (2002): Der Gewaltbegriff. In: Heitmeyer, W./Hagan, J. (Hrsg.): Internationales Handbuch der Gewaltforschung. Wiesbaden, S. 26-57.

Kersten, J. (1986): Gut und (Ge)schlecht: Zur institutionellen Verfestigung abweichenden Verhaltens bei Jungen und Mädchen. In: Kriminologisches Journal 18, S. 241-257.

Kleining, G. (1982): Umriß zu einer Methodologie qualitativer Sozialforschung. In: KZSS 42, S. 224-253.

Lamnek, S. (2000): Jugendgewalt in unserer Gesellschaft. In: Gegenwartskunde. Zeitschrift für Gesellschaft, Wirtschaft, Politik und Bildung, 49. Jg., Heft 2/2000, S. 237-264.

Lamnek, F. (2002): Individuelle Rechtfertigungsstrategien von Gewalt. In: Heitmeyer, W./Hagan, J. (Hrsg.): Internationales Handbuch der Gewaltforschung. Wiesbaden, S. 1379-1396.

Lamott, F. (1995): Konstruktionen von Weiblichkeit und die ‚male stream'-Kriminologie. In: Neue Kriminalpolitik 1/1995, S. 29-32.

Liell, C. (2002): Gewalt in modernen Gesellschaften – zwischen Ausblendung und Dramatisierung. In: Aus Politik und Zeitgeschichte, B 44, S. 6-13.

Menzel, B. (1998): Devianz im Wandel. In: Brusten, M./Menzel, B./Lautmann, R. (1998): Devianz im Wandel: Helge Peters zum 60. Geburtstag. Oldenburg, S. 29-42.

Neidhardt, F. (1986): Gewalt – soziale Bedeutungen und sozialwissenschaftliche Bestimmungen des Begriffs. In: BKA (Hrsg.): Was ist Gewalt? Auseinandersetzungen mit einem Begriff, Bd. 1. Wiesbaden, S. 113-147.

Popitz, H. (1992): Phänomene der Macht. Tübingen.

Popp, U. (1997): Geschlechtersozialisation und Gewalt an Schulen. In: Holtappels, H.-G./Heitmeyer, W./Melzer, W./Tillmann, K.-J. (Hrsg.): Forschung über Gewalt an Schulen. Weinheim, S. 207-223.

Stangl, W. (1998): Frauengewalt: von ängstlichen Männer- und blutigen Frauenphantasien. In: Lüdersen, K. (Hrsg.): Aufgeklärte Kriminalpolitik oder Kampf gegen das Böse?, Bd. II, Neue Phänomene der Gewalt. Baden-Baden, S. 159-174.

Straus, M. (1997): Physical Assaults by Women Partners: A Major Social Problem. In: Walsh, M.R. (Hrsg.): Women, Men and Gender: Ongoing Debates. New Haven, S. 210-221.

Trotha, T. von (1997): Zur Soziologie der Gewalt. In: Trotha, T. von (Hrsg.): Soziologie der Gewalt. In: KZfSS Sonderheft 37. Opladen, S. 9-56.

# II Zum sozio-kulturellen Kontext von Gewalt

# Gewalt als Modus von Distinktion und Vergemeinschaftung.
## Zur ordnungsbildenden Funktion männlicher Gewalt

*Michael Meuser*

## 1. Einleitung

Die feministische Thematisierung von Gewalt hat die Geschlechtsblindheit der meisten sozialwissenschaftlichen Gewaltdiskurse kritisiert, insbesondere der Debatte um die Jugendgewalt (Enders-Dragässer 1996). Der Vorwurf ist berechtigt oder war es zumindest bis in die jüngste Zeit. Mit der in der Frauenforschung vorherrschenden Fokussierung auf die gegen Frauen gerichtete Männergewalt ist die Geschlechtsblindheit allerdings nur zur Hälfte aufgehoben; der Blinde wird gewissermaßen zu einem Einäugigen. Eine Theorie vergeschlechtlichter Gewalt bleibt unvollständig und geschlechtlich halbiert, wenn sie nicht auch die unter Männern sich abspielende Gewalt in gleichem Maße berücksichtigt.

Für eine derartige Perspektivenerweiterung sprechen zwei Argumente, ein empirisches und ein theoretisches. Empirisch spricht die Polizeiliche Kriminalstatistik eine deutliche Sprache. Der Anteil der Männer ist nicht nur bei den Gewalttätern, sondern auch bei den Opfern von Gewalthandlungen überproportional hoch. Die jährlich präsentierte Kriminalstatistik zeigt stets aufs Neue eine nahezu perfekte Korrelation von Gewaltkriminalität und männlichem Geschlecht. Bei Körperverletzungen, Mord und Straftaten gegen die sexuelle Selbstbestimmung liegt der Anteil der männlichen Tatverdächtigen im Jahr 2001 zwischen 85 und 94 Prozent. Die Geschlechtlichkeit von Gewalt zeigt sich ebenfalls, wenn auch schwächer ausgeprägt, auf der Seite der Opfer von Gewalthandlungen. Mit einer Ausnahme, den Straftaten gegen die sexuelle Selbstbestimmung, bei denen knapp 92 Prozent der Opfer Frauen sind, sind Männer auch unter den Opfern in der Überzahl. So richten sich 65 Prozent aller Körperverletzungen gegen Männer, bei schweren und gefährlichen Körperverletzungen liegt der Anteil männlicher Opfer bei 75,5 Prozent. Gewaltkriminalität findet zu zwei Dritteln unter Männern statt (Lamnek 2000: 255). Dass diese Relation nicht nur bezüglich der amtlich erfassten Gewalttaten gegeben ist, sondern auch die (alltägliche) Gewalt kennzeichnet, die sich unterhalb der Registrierungsschwelle abspielt, zeigen Studien zur Gewalt an

Schulen (Popp/Meier/Tillmann 2001: 173). Die in doppelter Hinsicht männlich geprägte Spur der Gewalt zieht sich zudem durch die gesamte Geschichte der abendländischen Zivilisation. Bis hin zur Industrialisierung war die Ehre des Mannes eng an dessen Bereitschaft zur Gewaltanwendung geknüpft (Spierenburg 1998).

Die Problematik der Aussagekraft amtlicher Statistiken ist hinreichend bekannt und diskutiert. Dass Kriminalstatistiken vor allem ein Dokument der Kontrollpraxis der Polizei und kein getreues Abbild der gesellschaftlichen Realität Kriminalität sind, ist spätestens seit der methodenkritischen Diskussion des Labeling Approachs kriminalsoziologisches Gemeingut (vgl. Kitsuse/Cicourel 1963). Gleichwohl wird man annehmen dürfen, dass die in der Polizeilichen Kriminalstatistik in zweifacher Hinsicht dokumentierte ‚Männlichkeit' von Gewalt kein bloßes Artefakt ist. Auch wenn einerseits die Zahl weiblicher Opfer männlicher Gewalt höher sein mag (Baurmann 1987; Smaus 1994) und andererseits Frauen möglicherweise häufiger Gewalt ausüben (Steinmetz 1978; Strauss/Gelles 1990 für die USA), als dies jeweils in der Statistik ausgewiesen ist, bleibt unbestritten, dass die zwischen Männern sich ereignende Gewalt quantitativ stark ins Gewicht fällt.

Sich mit der homosozialen Dimension männlicher Gewalt zu befassen, wird zudem durch ein theoretisches Argument nahe gelegt, das die Diskussion von dem Streit um die Aussagekraft amtlicher Statistiken unabhängig macht. Geschlechterverhältnisse konstituieren sich nicht allein zwischen Männern und Frauen, sondern auch in den Beziehungen der Angehörigen der jeweiligen Genusgruppe untereinander. Geschlechterverhältnisse haben eine heterosoziale und eine homosoziale Dimension. Will man eine Geschlechtstheorie männlicher Gewalt formulieren, muss berücksichtigt werden, dass die Konstruktion von Männlichkeit in hohem Maße eine homosoziale Angelegenheit ist (Kimmel 1996: 7); sie spielt sich unter Männern ab.

Von dieser Annahme ausgehend fokussiert der Beitrag auf die Geschlechtslogik männlicher homosozialer Gewalt. Ich werde zunächst den geschlechtertheoretischen Rahmen skizzieren, der den hier vorgestellten Überlegungen zur vergeschlechtlichten Gewalt zugrunde liegt (2). Anschließend werde ich zwei Ausprägungen männlicher homosozialer Gewalt einander gegenüber stellen, die sich hinsichtlich der Verteilung von Täter- und Opferstatus unterscheiden: eine reziproke Konstellation, in der alle beteiligten Akteure sowohl in dem einen wie in dem anderen Status agieren, und eine einseitige Relation, in der Täter- und der Opferstatus deutlich unterschiedlichen Akteuren zugewiesen sind (3). Auf Basis dieser empirisch orientierten Ausführungen lässt sich dann, anknüpfend an die so genannte ‚neuere' Soziologie der Gewalt, der Stellenwert männlicher Gewalt innerhalb der Geschlechterordnung näher bestimmen (4). Dieser Stellenwert und damit die Geschlechtslogik homosozialer Männergewalt erschließen sich weiterhin in einem Vergleich mit weiblichem Gewalthandeln, das, obwohl es quantitativ weitaus weniger ins Gewicht fällt als das männliche, als Gegenhorizont bedeutsam ist, vor dem sich die Struktur des männlichen Gewalthandelns umso deutlicher abzeichnet (5).

Der in diesem Beitrag verwendete Gewaltbegriff versteht Gewalt als gegen den Körper des Anderen gerichtete Aktion. Mit dieser Engführung des Gewaltbegriffs ist nicht bestritten, dass es auch psychische Formen von Verletzungen gibt, die als Gewalt erfahren werden. Doch ist gerade für eine Analyse männlicher Gewalt der Aspekt der Körperlichkeit von entscheidender Bedeutung, da physische Aggression, anders als psychische, immer noch weitgehend ein ‚Privileg' von Männern zu sein scheint (Popp 2001).

## 2. Wettbewerb und Solidarität. Zur homosozialen Konstruktion von Männlichkeit

Der soziale Sinn *männlichen* Gewalthandelns erschließt sich, wenn man rekonstruiert, in welcher Weise sich in Gewalthandlungen und Gewaltverhältnissen der männliche Geschlechtshabitus dokumentiert. Dieser wird Bourdieu zufolge „konstruiert und vollendet (...) nur in Verbindung mit dem den Männern vorbehaltenen Raum, in dem sich, *unter Männern*, die ernsten Spiele des Wettbewerbs abspielen" (Bourdieu 1997: 203). Den Frauen ist in diesen Federn eine marginale Position zugewiesen, die gleichwohl für die Konstitution von Männlichkeit nicht unwichtig ist: Sie seien, so Bourdieu weiter, „auf die Rolle von Zuschauerinnen oder (...) von *schmeichelnden Spiegeln* verwiesen, die dem Mann das vergrößerte Bild seiner selbst zurückwerfen, dem er sich angleichen soll und will". Bourdieus Entwurf einer Theorie männlicher Herrschaft akzentuiert zwei miteinander verbundene Aspekte: die kompetitive Struktur von Männlichkeit und den homosozialen Charakter der sozialen Felder, in denen der Wettbewerb stattfindet. Dieser wird unter Männern ausgetragen, in der Politik wie in der Wirtschaft, im Sport wie im Militär, in den religiösen Institutionen wie in der Wissenschaft – und auch in den Feldern kriminellen Handelns, wie dies vor mehr als 40 Jahren bereits Albert Cohen gesehen hat: Sowohl in der Kultur der Mittelklasse als auch in der delinquenten Subkultur messe man „seine Männlichkeit durch Vergleich der Leistung, sei es nun im Stehlen, Schlagen, sportlichen Wettbewerb oder auf geistigem Gebiet, mit anderen Männern gleichen Geschlechts" (Cohen 1961: 105).

Der sozialen Konstruktion von Männlichkeit liegt eine doppelte Distinktions- und Dominanzlogik zugrunde. Männlichkeit wird konstruiert und reproduziert in einer Abgrenzung sowohl gegenüber Frauen als auch gegenüber anderen Männern. Da, wie Niklas Luhmann – mit Blick auf das Geschlechterverhältnis – bemerkt, „anschlußfähige Unterscheidungen eine (wie auch immer minimale, wie immer reversible) Asymmetrisierung erfordern" (Luhmann 1988: 49), erfolgen die Abgrenzungen im Rahmen von Dominanzverhältnissen, und dies sowohl in der heterosozialen als auch in der homosozialen Dimension. Die Über- und Unterordnungsverhältnisse zwischen Männern gehören nicht weniger als die Disparitäten zwischen Männern und Frauen zum Komplex der männlichen Herrschaft, sie sind ebenso wie diese Teil der Geschlechterordnung. Bourdieu spricht in diesem Zusammenhang von der „libido dominandi" des Mannes. Damit meint er ein Bestreben, „die anderen Männer zu dominieren, und sekundär, als Instrument des symbolischen Kampfes, die Frauen" (Bourdieu 1997: 215).

Diese doppelte Distinktions- und Dominanzstruktur von Männlichkeit ist ebenfalls in dem von Carrigan, Connell und Lee (1985; Connell 1987, 1995) entwickelten Konzept der hegemonialen Männlichkeit angesprochen, das den sozialwissenschaftlichen Männlichkeitsdiskurs in hohem Maße bestimmt. Divergenzen bestehen zwischen der Bourdieuschen und der Connellschen Analyse männlicher Dominanz hinsichtlich der Bestimmung des Stellenwertes, welcher der homosozialen Dimension zukommt. Anders als Bourdieu rückt Connell die heterosoziale Dimension in den Vordergrund. Ob die eine der beiden Dominanzstrukturen den männlichen Habitus stärker fundiert als die andere und welche das gegebenenfalls ist, ist eine empirisch zu klärende Frage und beim gegenwärtigen Stand der Forschung nicht zu beantworten. Ungeachtet dessen und ohne eine definitive Antwort geben zu müssen, lässt sich festhalten, dass eine Theorie der Männlichkeit zu kurz greift, wenn sie die homosoziale Dimension unbeachtet lässt. In der bisherigen Frauen- und Geschlechterforschung steht die Mann-Frau-Relation sowohl in der Theoriediskussion als auch in der empirischen Forschung im Vordergrund. Sehr deutlich wird dies in Patriarchatstheorien und eben auch in der Forschung über männliche Gewalt.

Geschlecht ist eine relationale Kategorie nicht nur in dem Sinne, dass Männlichkeit in Relation zu Weiblichkeit steht und vice versa, sondern ebenso in der Hinsicht, dass der geschlechtliche Status eines Individuums auch in den Beziehungen zu den Mitgliedern der eigenen Genusgruppe bestimmt wird. Was die Seite der Männer betrifft, so scheint Männlichkeit eine kompetitive, auch intern hierarchisch strukturierte und auf soziale Schließung hin angelegte Struktur zu haben. Soziale Schließung meint das Bemühen einer sozialen Gruppe, Gruppenmonopole für sich zu etablieren und zu bewahren, indem anderen der Zutritt zur Gruppe verweigert wird. Die meisten homosozialen Männergemeinschaften, insbesondere solche mit männerbündischem Charakter, basieren auf dem Prinzip der sozialen Schließung (vgl. Meuser 2003a). Ausgeschlossen sind nicht nur Frauen, sondern immer auch bestimmte Kategorien von (anderen) Männern. Über den Zutritt entscheidet eine im Einzelnen wie auch immer bestimmte soziale Ähnlichkeit.

Ab- und Ausgrenzung ist jedoch nur die eine Seite. Den Distinktionen korrespondieren Konjunktionen, zunächst einmal dergestalt, dass die Abgrenzung nach außen bekanntlich eine Stärkung der internen Kohäsion bewirkt. Die von Bourdieu erwähnten ernsten Spiele des Wettbewerbs bestimmen aber nicht nur das Verhältnis zwischen Männern unterschiedlicher sozialer Gruppen, sie kennzeichnen auch die Binnenverhältnisse innerhalb homosozialer Männergemeinschaften und erzeugen dann nicht nur Rivalitäten, sondern sind zugleich eine Quelle von Solidarität. Das lässt sich exemplarisch an den Männlichkeitsritualen demonstrieren, wie sie in studentischen Verbindungen gepflegt werden. Norbert Elias (1989: 125ff.) beschreibt die Welt der studentischen Verbindungen als ein kompetitives Leben mit hohem Konkurrenzdruck, dem es dennoch nicht an Kameradschaft und wechselseitiger Zuneigung fehlt. Wie im Brennglas wird dies in der Beschreibung des Trinkrituals deutlich: „man trank *mit- und gegeneinander* um die Wette" (Elias 1989: 132; Hervorh.: MM). Der gleichen Strukturlogik von Wettbewerb und Solidarität folgt das Ritual des Mensur-Schlagens. Der wechselseitig unternommene Versuch, den Anderen zu verletzen, stiftet Gemeinschaft. Eine ähnliche Funktion scheint in der bürgerlichen Gesellschaft das Duell gehabt zu haben. Ute Frevert beschreibt in ihrer instruktiven Studie über den Ehrenhändel, wie über den ritualisierten, die Unversehrtheit des Körpers massiv, mitunter letal bedrohenden Kampf eine Versöhnung und „Wiederannäherung miteinander verfeindeter Männer" hergestellt wurde, „die auf anderem, weniger gefährlichen Weg offenbar nicht oder nur sehr viel schwerer zu erreichen war" (Frevert 1991: 210; vgl. auch Mosse 1997: 32f.)

## 3. Varianten homosozialer Männergewalt

Die Beispiele des Mensur-Schlagens und des Duells sind nicht zuletzt deshalb aufschlussreich, weil sie zeigen, dass und in welcher Weise Gewalt in kulturelle Rituale der Männlichkeit eingelassen ist. Gewaltförmig ausgetragene Spiele des Wettbewerbs finden oder fanden nicht nur in devianten Subkulturen statt, sondern gehören bzw. gehörten zum legitimen Repertoire der Inszenierung von Männlichkeit in bestimmten ‚respektablen' sozialen Milieus. Sie sind zudem ein Medium männlicher Vergemeinschaftung. Den binnengeschlechtlichen Gewaltverhältnissen, seien sie legal oder illegal, liegt die skizzierte Strukturlogik von Männlichkeit zugrunde. Männergewalt ist nicht nur in der Hinsicht kein eindimensionales Phänmen, dass sie eine heterosoziale und eine homosoziale Ausprägung hat, auch in der homosozialen Variante ist eine Reihe von Differenzierungen vorzunehmen. Die Gewalt kann individuell oder kollektiv verübt werden, in einem privaten Raum oder öffentlich, vor einem ‚Publikum', stattfinden, in einem impulsiven Akt oder in ritualisierter Form erfolgen, einseitig oder reziprok strukturiert sein[1]. Eine Theorie vergeschlechtlichter Gewalt hätte zu klären, ob und in welcher Weise die unterschiedlichen Ausprägungen homosozialer Männergewalt bzw. Konfigurationen dieser Ausprägungen zugleich Formen von ‚doing masculinity' sind bzw. der „Bewerkstelligung von ‚Männlichkeit'" (Kersten 1997) dienen. Die verschiedenen Differenzierungslinien können hier nicht alle gleichermaßen aufgenommen werden. Die nachfolgenden Ausführungen sind auf die Unterscheidung von einseitiger und reziproker Gewalt bezogen, weil reziprok strukturierte Gewaltverhältnisse, d.h. Konstellationen, in denen es keine klare Verteilung des Täter- und des Opferstatus gibt, für einen großen Teil mannmännlicher Gewalt typisch sind.

### *3.1 Reziproke Gewaltverhältnisse*

Als Ergebnis einer Studie zur Gewalt in der Schule halten Popp, Meier und Tillmann fest, dass die überwiegend männlichen „Täter und Opfer nicht unterschiedliche Personengruppen sind, sondern dass es weite Überschneidungen gibt: Etwa 50% der Täter treten auch als Opfer in Erscheinung – und umgekehrt" (Popp et al. 2001: 173). Diese Konstellation ist nicht nur in der Schule anzutreffen, sie findet sich auch bei den Kämpfen, die Gruppen von Hooligans untereinander austragen, bei Auseinandersetzungen rivalisierender Gangs, die ihr Territorium (ihren „turf") verteidigen, bei einer Vielzahl von Schlägereien zwischen (überwiegend jungen) Männern. In der jeweiligen Gewaltinteraktion mag die eine Seite, situativ bedingt, stärker in der Position der Täter, die andere Seite in derjenigen der Opfer sein, doch diese Relation ist prinzipiell reversibel; beim nächsten Aufeinandertreffen oder auch schon im Verlaufe eines Kampfes kann sich die Verteilung der Positionen umgekehrt darstellen.

In der nach den Angaben der Polizeilichen Kriminalstatistik besonders ‚gewaltintensiven' Altersphase zwischen 14 Jahren und Mitte 20 ist der reziproke Typus homosozialer Männergewalt vermutlich am weitesten verbreitet. Gewalt ist ein Modus der in dieser Lebensphase zu leistenden Aneignung einer erwachsenen Männlichkeit. Die Aneignung kann nur erfolgen im Wechselspiel mit der Anerkennung durch andere, die wiederum als gleiche anerkannt sind. „Wirkliche Ehre" kann, so Bourdieu mit Blick auf die ‚Ehre des

---

1 Für weitere Dimensionen eines differenzierten Gewaltbegriffs vgl.Lamnek 2000: 240.

Mannes', nur die Anerkennung eintragen, die von einem Mann gezollt wird, „der als ein Rivale im Kampf um die Ehre akzeptiert werden kann" (Bourdieu 1997: 204). So suchen beispielsweise Hooligans nach ‚würdigen' Gegnern; Anerkennung erfahren sie, wenn es sich bei dem Gegner „um eine in Hooligankreisen angesehene, starke Gruppe handelt" (Matthesius 1992: 200). An deren Stelle kann auch, wenn andere Hooligangruppen nicht zur Verfügung stehen, die Polizei treten. Die Konfrontation mit der Polizei „ist (antizipierbarer) Bestandteil einer Verstrickung in situative Aktionismen und zugleich weitere Gelegenheit ‚seinen Mann zu stehen', eine Haltung, die ja gerade in der Auseinandersetzung mit einem prinzipiell überlegenen Gegner zum Tragen kommen kann" (Bohnsack et al. 1995: 221; vgl. auch Findeisen/Kersten 1999: 132).

Gewalt kann nicht thematisiert werden, ohne auf deren Körperlichkeit einzugehen (Nedelmann 1997; Trotha 1997b)[2]. In reziproken Relationen ist die körperliche Unversehrtheit nicht nur des ‚Opfers' bedroht, sondern auch diejenige des ‚Täters'. Alle aktiv Beteiligten – und potenziell auch die in vielen Situationen anwesenden Zuschauer – riskieren ihren Körper. Der eigene Körper ist der Einsatz, den die Akteure in die ernsten Spiele des Wettbewerbs einbringen. Er ist ihr Kapital. Spuren, die gewaltsame Auseinandersetzungen am Körper hinterlassen (das blaue Auge, das gebrochene Nasenbein), zeugen *im Fall reziproker Relationen* weniger von einer Niederlage als davon, dass sich der Betreffende dem Kampf ‚mannhaft' gestellt hat, ihm nicht ausgewichen ist. Wichtiger als das Siegen ist das Standhalten. Verletzungen können als demonstratives Zeichen der eigenen Männlichkeit bzw. der ‚männlichen Ehre' präsentiert werden[3].

Wettbewerb erzeugt nicht nur Rivalitäten, der Wettbewerb ist auch, wie erwähnt, ein Modus von Vergemeinschaftung. Das gilt für gewaltsame Auseinandersetzungen, sofern sie reziprok strukturiert sind, nicht minder als für sonstige Formen des Wettbewerbs. Charakteristisch für die meisten Formen reziproker Gewalt ist die Kollektivität des Gewalthandelns. Es findet als kollektiver Aktionismus im Gruppenkontext statt. Im kollektiven Aktionismus entstehen Kameradschaft und Solidarität, wie dies ebenfalls in gesellschaftlich geförderten Institutionen der Männlichkeit geschieht. „Aus der nicht antizipierbaren Entwicklung der Situation des Kampfes, die sich verlaufskurvenförmig entwickelt, resultiert ein situatives Aufeinanderangewiesensein, das

2 Für eine ausführliche Darstellung des Verhältnisses von vergeschlechtlichter Gewalt und Körperlichkeit vgl. Meuser 2003b.

3 In ähnlicher Weise konnte der Paukant seine Männlichkeit dadurch unter Beweis stellen, dass er „den Mensurplatz ohne ein Zeichen der Furcht betrat und auch während des Kampfes nichts von sich gab, das als Indiz für Schwäche und Feigheit gedeutet werden konnte." (Frevert 1991: 150) Auf Homologien zwischen heutigen Gang-Kulturen und den Kulturen von Gewalt und Ehre vergangener Jahrhunderte weist auch Spierenburg (1998: 25f.) hin.

man in ähnlicher Weise im Sport findet oder in der erzwungenen Schicksalsgemeinschaft von Soldaten" (Bohnsack et al. 1995: 87). Gewalt hat in diesem Sinne nicht nur destruktive Potenziale, sondern ist insofern eine Form sozialer Ordnung, als sie, in ein- und derselben Bewegung, auch ein Modus der Vergemeinschaftung ist. Indem sie gegen andere gerichtet ist, stärkt sie zunächst einmal die interne Kohäsion (beispielhaft Tertilt 1996: 181ff.). Die vergemeinschaftende Funktion kann allerdings auch gewissermaßen ‚grenzüberschreitend' wirksam sein. Nicht selten bringt Gewalt diejenigen einander nahe, die zunächst gegeneinander gekämpft haben, sind z.B. „Schlägereien ein Selektionsmechanismus für Freundschaftsbeziehungen" (Matt 1999: 265). Dieses Zueinanderfinden über Körperverletzungen, das sich ja auch bei legalen Ritualen männlichen Gewalthandelns, wie etwa dem des Mensurschlagens, beobachten lässt, ist möglich, weil die Kombattanten sich wechselseitig als Männer, mithin als Gleiche anerkennen[4].

### *3.2 Einseitige Gewaltverhältnisse*

Eine wechselseitige Anerkennung als Mann findet freilich nicht in jeder Form mann-männlicher Gewalt statt. Der Gegenpol zu reziproker Gewalt sind einseitige Gewaltrelationen, in denen die Positionen des Täters und des Opfers deutlich voneinander geschieden und den Akteuren relativ dauerhaft zugewiesen sind. Zum Zwecke einer maximalen Kontrastierung seien einseitige mannmännliche Gewaltverhältnisse am Beispiel sexualisierter Gewalt in der totalen Institution des Gefängnisses expliziert.

Die dort nicht selten stattfindenden Vergewaltigungen von Mitgefangenen stellen eine extreme Ausprägung „bindender Aktionsmacht" dar. Unter „bindender Aktionsmacht" versteht Popitz eine Macht, die „zu einer dauerhaften (...) Unterwerfung führen soll. Darin unterscheidet sie sich von der „bloßen Aktionsmacht", die, so Popitz, „ihren Sinn im Vollzug selbst hat" (Popitz 1992: 48). Während die im kollektiven Aktionismus verübte Gewalt sich insoweit dem Typus der bloßen Aktionsmacht zurechnen lässt, als die körperliche Sinnlichkeit des Gewalthandelns Motiv genug ist und vielfach keine darüber hinaus gehenden Intentionen verfolgt werden, werden mit der Vergewaltigung von Mitinsassen dauerhafte Herrschaftsansprüche verfolgt, was nicht ausschließt, dass auch hier Gewalt in ihrer sinnlichen Qualität erfahren wird.

Sexualisierte Gewalt gegen Mitgefangene wird gezielt als Mittel zur Unterwerfung eingesetzt (Duerr 1993: 269ff.; Human Rights Watch 2001; Sabo

---

4 Die solidarisierende, Gemeinschaft stiftende Funktion des (Box) Kampfes haben auch neue Formen einer männertherapeutischen Arbeit erkannt (Haindorff 1997; Scheskat 1994).

et al. 2001; Toch 1998: 176ff.). Sie ist ein Machthandeln, das deutliche strukturelle Homologien zur Vergewaltigung von Frauen aufweist. In hohem Maße gefährdet, Opfer zu werden, sind neue, junge und unerfahrene Gefangene, welche die Spielregeln der Insassen-Subkultur nicht beherrschen. Die Zuweisung des Opferstatus ist gewöhnlich dauerhaft, sie besteht zumindest so lange, wie der Gefängnisaufenthalt andauert. „Once subject to sexual abuse, (...) a prisoner may easily become trapped into a sexually subordinate role. Prisoners refer to the initial rape as 'turning out' a victim (...) Through the act of rape, the victim is defined as an object of sexual abuse." (Human Rights Watch 2001: Kap. V) Nicht selten wird dieser Status auch bei einer Verlegung in ein anderes Gefängnis ‚mitgenommen'.

Im Unterschied zu reziproker Männergewalt wird bei dieser Form einseitiger Gewalt die gemäß der kulturellen Konstruktion der Geschlechterdifferenz üblicherweise angenommene Verletzungsmächtigkeit des männlichen Körpers in eine dauerhafte Verletzungsoffenheit transformiert. Dadurch wird dem vergewaltigten Mann eine wesentliche Ressource männlicher Selbstidentifikation entzogen, wie das so fundamental in einer anderen Weise kaum möglich ist. „Die Erfahrung physischer Unterlegenheit nach zugefügter körperlicher Verletzung ist ein Kernerlebnis zur Relativierung der Position des Selbst gegenüber dem anderen" (Nedelmann 1997: 75). Die Berichte vergewaltigter Gefangener zeigen, dass im Fall der Vergewaltigung von dieser Relativierung auch die geschlechtliche Identität betroffen ist. Mit der Zuschreibung von Verletzungsoffenheit qua Vergewaltigung ist eine allgemeine Statusdegradierung verbunden. Der vergewaltigte Mann wird als homosexuell stigmatisiert und wie eine Frau behandelt. „He has been proven to be weak, vulnerable, 'female' in the eyes of other inmates. Regaining his 'manhood' – and respect of other prisoners – can be nearly impossible" (Human Rights Watch 2001: Kap. V).

Der Vergewaltiger begreift den Akt als eine heterosexuelle Aktivität, ihm wird auch von den Mitgefangenen nicht der Status eines Homosexuellen zugeschrieben, seine Maskulinität wird nicht in Frage gestellt, sie wird durch den sexuellen Akt vielmehr bekräftigt (Smaus 1999: 44). Die Vergewaltigung dient so einer Vergewisserung der eigenen Männlichkeit durch Unterwerfung des anderen, dem die Männlichkeit aberkannt wird. Das geschieht in einem institutionellen Setting, in dem alle Insassen in der Position einer strukturellen Machtlosigkeit sind (Smaus 1999: 37f.). Die Vergewaltigung ist ein Mittel der Ausübung bindender Aktionsmacht in einer ansonsten von Machtlosigkeit geprägten Situation.

### *3.3 Zwischenfazit*

Beide Ausprägungen homosozialer Männergewalt repräsentieren auf unterschiedliche Weise vergeschlechtlichte Gewalt. Bei der einseitigen Gewalt werden Hierarchien und Subordinationsverhältnisse konstituiert, wie sie Connell (1987, 1995) als typisch für die binnengeschlechtliche Dimension hegemonialer Männlichkeit beschrieben hat. In der Gefängnissubkultur stehen Täter und Opfer, Vergewaltiger und Vergewaltigter, im Verhältnis von hegemonialer und marginalisierter Männlichkeit zueinander. Die erfolgreiche Reklamierung der hegemonialen Position fungiert als Instrument der Validierung von Männlichkeit, die umso stärker ausfällt, je rigoroser dem Opfer ein positiver Bezug auf die eigene Männlichkeit verwehrt wird.

Unterwerfung des anderen ist freilich nur ein Modus der Konstruktion und Inszenierung von Männlichkeit. Reziprok strukturierte Gewaltverhältnisse repräsentieren einen anderen Modus: die wechselseitige Anerkennung über den Wettbewerb von mehr oder minder Gleichen. In diesem Modus kann die Gewalt auch Medium von Vergemeinschaftung sein. Damit umfassen mannmännliche Gewaltverhältnisse das gesamte Spektrum der in homosozialen Feldern möglichen Modi der Konstruktion von Männlichkeit. Die hier in exemplarischer Absicht dargestellten empirischen Erscheinungen von Männergewalt markieren die Pole, zwischen denen vergeschlechtlichte homosoziale Männergewalt sich abspielt.

## 4. Männliche Gewalt und soziale Ordnung

Eine derartige Betrachtung vergeschlechtlichter Gewalt geht über eine Motivforschung hinaus, die bislang den populären wie den sozialwissenschaftlichen Gewaltdiskurs dominiert. Das Geschlechtliche an der Gewalt erschließt sich allenfalls partiell, wenn man die Frage nach dem subjektiv gemeinten Sinn stellt, den der Täter oder die Täterin mit dem Gewalthandeln verbindet. Es gilt die von der „neueren" Gewaltforschung formulierte Kritik an der den Mainstream der Gewaltforschung kennzeichnenden Ursachenforschung aufzunehmen (vgl. Trotha 1997b, 2000), ohne allerdings die Frage nach dem Sinn von Gewalt gänzlich auszuklammern. Gewiss gibt es die von Popitz (1992), von Trotha und anderen beschriebene Anlasslosigkeit und Eigendynamik von Gewalt, doch folgt daraus nicht, dass Gewalt jeglichen Sinns entbehrt. Die Frauge nach dem Sinn ist, gerade wenn man den Zusammenhang von Geschlecht und Gewalt erklären will, in einer Weise zu stellen, die an

Mannheims (1970) Unterscheidung von intendierten Ausdrucksinn und dokumentarischen Sinn anschließt[5]. Zu untersuchen ist, wie sich im Gewalthandeln Geschlechtliches, genauer die Position des Akteurs in der Geschlechterordnung, dokumentiert und wie dies unabhängig von den wie auch immer gearteten Intentionen der gewalttätig Handelnden geschieht. Der Blick richtet sich auf die geschlechtliche Sozio-Logik und den sozialen Sinn von vergeschlechtlichter Gewalt.

Das impliziert, Gewalt nicht nur als ein soziales Problem zu begreifen, als ein Handeln, das Leiden, Beschädigungen der Opfer an Leib und Seele erzeugt und gesellschaftliche Folgekosten verursacht, sondern darüber hinaus die von der neueren Gewaltforschung betonte Ambivalenz von Gewalt in den Vordergrund zu rücken. Gewalt ist, wie bereits Hannah Arendt (1970) gesehen hat, (auch) eine Tätigkeit, mit der soziale Ordnung hergestellt wird. Sie ist zugleich ein Ordnungsproblem und eine Form sozialer Ordnung (Trotha 1997b: 20).

Legt man diese Perspektive an, dann zeigt sich die Begrenztheit des vorherrschenden Diskurses über Männergewalt, der diese Gewalt allein in Defizitkategorien fasst und als ein kompensatorisches Handeln beschreibt: als Reaktion auf Frustration, auf Versagensängste, auf Zurückweisung, auf Minderwertigkeitsgefühle, auf einen Mangel an Anerkennung; auch als Mittel zur Kompensation von Unsicherheiten in der Interaktion mit Frauen. Über Gewalt demonstrierte Stärke erscheint so als eine angstreduzierende Abwehrstrategie (Heiliger/Permien 1995). Gewalt wird als ein Ersatzhandeln verstanden, mit dem eine fragile männliche Geschlechtsidentität zu bewältigen versucht wird (für eine genauere Skizzierung dieses Diskurses vgl. Meuser 2002).

Der Defizitdiskurs entbehrt gewiss nicht einer empirischen Basis. Doch liegt zum einen nicht jeder männlichen Gewalttat ein kompensatorisches Motiv zugrunde[6], noch ist der soziale Sinn kompensatorisch veranlasster Ge-

---

5 Neben diesen beiden Sinndimensionen führt Mannheim noch die des objektiven Sinns auf. Die Dimension des dokumentarischen Sinngehalts kennzeichnet die Sinnstruktur, die Bourdieu mit seiner Kategorie des Habitus avisiert; es ist der soziale, von den Akteuren in ihrem Handeln realisierte Sinn der durch ihre Position im sozialen Raum bestimmten Dispositionen, über den sie nur in begrenztem Maße reflexiv verfügen (Bohnsack 1999: 173ff.; Meuser 1999a, 2001)

6 In sozialen Milieus, in denen Männlichkeit in hohem Maße über physische Stärke definiert ist, dürfte eher die Weigerung, bei bestimmten Anlässen wie z.B. einer Beleidigung Konflikte auch mittels Androhung und Ausübung von Gewalt zu regulieren, als Ausdruck einer mangelnden männlichen Identifikation gesehen werden. Ein instruktives Beispiel einer engen habituellen und sozial positiv sanktionierten Verknüpfung von (freilich auf bestimmte typische Anlässe begrenzter) Gewaltbereitschaft und Männlichkeit gibt Bohnsack (2001). Er zeigt, wie in einer Teilpopulation junger türkischstämmiger, in Deutschland lebender Männer Androhung und Anwendung als zumindest in der Männergemeinschaft sozial akzeptierte Mittel zur Verteidigung der „männlichen Ehre“ fungieren.

walt mit der Identifikation des Motivs erschöpfend beschrieben. Einer Sichtweise, die Gewalthandeln ausschließlich als eine defizitäre Form des Mannwerdens und männlicher Identitätsbildung begreift, geraten die im Sinne der Konstitution von sozialer Ordnung ‚produktiven' Funktionen von Gewalt leicht aus dem Blick. Diese gilt es ebenfalls zu erfassen, will man die Geschlechtslogik männlichen Gewalthandelns verstehen.

Männliches Gewalthandeln verstößt zwar, sofern es sich um illegale, strafbewehrte Formen von Gewalt handelt, gegen die Rechtsordnung, bewegt sich aber mit der skizzierten doppelten Distinktions- und Dominanzstruktur, welche auch außerhalb von Gewaltverhältnissen homosoziale Interaktionen und Beziehungen unter Männern bestimmt, innerhalb der Geschlechterordnung. Trotha (1997b: 18) bezeichnet Gewalt im Anschluss an die Popitz'sche These von deren Ubiquität als eine „Jedermanns-Ressource" und formuliert dies im Sinne einer anthropologischen Grundannahme. Mit Blick auf die vorangehenden Ausführungen zur vergeschlechtlichten Männergewalt ist hinzuzufügen, dass das „Jedermann" insoweit geschlechtstypisch verstanden werden muss, als Gewalt eine *im Bezugsrahmen der Geschlechterordnung* legitime „Jedermanns-Ressource" ist. Die ‚Legitimität' männlicher Gewalt erweist sich nicht zuletzt an der Akzeptanz und Anerkennung, die insbesondere bestimmte Formen reziproker Gewalt mehr oder minder explizit erfahren. So ist es nicht unüblich, dass ältere Männer Verständnis für die Schlägereien unter männlichen Jugendlichen zeigen, und auch wird vielfach in der retrospektiven Sicht des erwachsenen Mannes auf seine Jugendschlägereien die damit bewirkte Bewährung als Mann akzentuiert und von Geschlechtsgenossen bestätigend zur Kenntnis genommen (vgl. Dubet 1997). Die Anerkennung gilt der bei aller sonstigen Verwerflichkeit des Handelns erfolgreich bewerkstelligten Behauptung als Mann.

## 5. Gegenhorizont: Frauen als Gewalttäterinnen

Gewalt als eine im Bezugsrahmen der Geschlechterordnung legitime „Jedermanns-Ressource" zu begreifen[7] wirft die Frage auf, ob sie in gleicher Weise eine legitime „Jedefrau-Ressource" ist. Die Beantwortung der Frage erfordert einen Blick auf weibliche Gewalt, die gewissermaßen als empirischer Gegen-

7 Eine differenzierende Betrachtung müsste allerdings fragen, ob diese Ressource Männern aus unterschiedlichen sozialen Milieus in unterschiedlichem Umfang zur Verfügung steht und von ihnen in unterschiedlichem Maße genutzt wird. Diese, an die in der rezenten Geschlechterforschung geführte „race-class-gender-debate" anschließende, Perspektive kann hier allerdings nicht aufgenommen werden.

horizont fungiert, vor dem sich die Geschlechtstypik der männlichen Gewalt umso deutlicher abzeichnet. Diese heuristische Funktion kommt der von Frauen verübten Gewalt unabhängig davon, wie stark sie quantitativ ins Gewicht fällt, insofern zu, als Geschlecht eine relationale Kategorie ist und das jeweils Geschlechtstypische sich vollends nur einer komparativen Betrachtung erschließt.

Da die Spezifik weiblichen Gewalthandelns in anderen Beiträgen dieses Bandes ausführlich behandelt wird, ist dieser Abschnitt recht kurz gehalten. Zudem liegen bislang nur wenige empirische Studien zur Phänomenologie weiblicher Gewalt vor. Die kriminalstatistisch gestützte Beobachtung, dass Gewalt ‚männlich' ist, ist vermutlich ein Grund dafür, dass es nur eine spärliche Forschung zu weiblicher Gewalt gibt. Die vorliegenden Untersuchungen befassen sich überwiegend mit öffentlicher weiblicher, gruppenförmig organisierter Gewalt.

Anders als männliches verstößt weibliches Gewalthandeln sowohl gegen die Rechts- als auch gegen die Geschlechterordnung. Es entspricht nicht dem Muster der „emphasized femininity", das Connell (1987: 183) als das der hegemonialen Männlichkeit komplementäre Weiblichkeitsideal bezeichnet, und steht somit außerhalb zumindest der bürgerlichen Geschlechterordnung. Das lässt sich vorab jeder Empirie feststellen und kann am Beispiel weiblicher öffentlicher Gewalt zumindest ansatzweise verdeutlicht werden[8].

Forschungen zu weiblichen gewaltaffinen Gruppen und zu gewalttätigen Mädchen in gemischtgeschlechtlichen Gruppen lassen ein weibliches Gewalthandeln erkennen, das sich wenig von dem männlichen unterscheidet. Anne Campbells (1984: 106ff.) Etnografie einer weiblichen Gang in der Bronx zeigt große Ähnlichkeiten des Gewalthandelns der „Sex Girls" (so der Name der Gang) mit dem der „Sex Boys", einer männlichen Gang, mit deren Mitgliedern die Frauen in vielfältiger Weise verbunden sind (u.a. durch private

8 Allenfalls werden *bestimmte For*men weiblicher ‚Beziehungsgewalt', vornehmlich solche, die sich gegen Familienangehörige richten, *unter bestimmten Bedingungen* als kompatibel mit gängigen Weiblichkeitszuschreibungen gesehen, nämlich dann, wenn die Gewalt in einem Kontext von Hilfe und Fürsorge situiert ist. Eine Studie von Stammermann und Gransee (1997) über die Presseberichterstattung zu Frauen, die ihre Kinder getötet haben, mag dies an einem extremen Beispiel verdeutlichen. Eine Frau, die einen gescheiterten Selbstmordversuch unternimmt und zuvor ihr Kind tötet, wird in den Presseberichten als „gute Mutter" dargestellt, deren Gewalttat nicht egoistisch motiviert ist, sondern einer Sorge um das Wohl des Kindes entspringt; sie will ihr Kind nicht allein zurücklassen, sondern in den Tod ‚mitnehmen'. Das Handeln dieser Frau wird in der Berichterstattung *in gewissem Sinne* als nachvollziehbar dargestellt, indem es auf der Folie verbreiteter Weiblichkeitsstereotype als ein von fürsorglichen Motiven bestimmtes Handeln interpretiert wird. Einer anderen Frau, die als Prostituierte arbeitet und die ebenfalls ihr Kind tötet, wird hingegen das der ersten Frau entgegen gebrachte Verständnis verweigert, da ihre gesamte Lebensweise dem widerspricht, was als einer Frau angemessen gilt.

Beziehungen). Initiationsrituale, Bestrafungsaktionen, Gewalteinsatz zur Verteidigung gegen territoriale Übergriffe durch andere Gangs, verabredete Kämpfe innerhalb der Gang, Gewalt als Gemeinschaftsressource, Statusgewinn durch Gewalthandeln, fatalistische Akzeptanz des ständigen Todesrisikos – all das kennzeichnet gleichermaßen die Welt der „Sex Girls" und der „Sex Boys" (Campbell 1984: 143ff.). Obschon solche Verhaltensweisen in einer kriminellen Subkultur, in der Gewalt ein zentrales Mittel für den Erwerb von Reputation ist, Anerkennung erfahren, werden sie bei den Frauen als geschlechtsuntypisch wahrgenommen. Die Männer respektieren die Frauen, aber dieser Respekt wird in einer Weise ausgedrückt, die ein Befremden über die Abweichung von üblichen Weiblichkeitsmustern erkennen lässt. In den Worten einer der Frauen: „They don't call us girls. They call us wise guys." (Campbell 1984: 155) Damit sind diese Frauen einerseits in die subkulturelle Gemeinschaft inkludiert, andererseits ist ihre Weiblichkeit in Frage gestellt.

In den Gewaltaktivitäten der Frauen kommt eine Verknüpfung von Distinktion und Gewalt zum Ausdruck, die derjenigen gleicht, welche die homosoziale Männergewalt kennzeichnet. Gleichwohl bleibt die bezeichnete ‚ordnungspolitische' Differenz zwischen homosozialer Frauen- und Männergewalt. Die Gewalt der Frauen lässt sich, wie dies Kirsten Bruhns und Svendy Wittmann (2002) in ihrer Studie über gewaltbereite und -tätige Mädchen nahe legen, als eine „Protestweiblichkeit" (Kersten 1997: 111) begreifen, die gegen tradierte Weiblichkeitszuschreibungen opponiert bzw. sich dem Ansinnen der „emphasized femininity" zumindest in bestimmten Handlungsfeldern verweigert[9]. Wittman und Bruhns (2001: 13) interpretieren das Gewalthandeln der Mädchen als „neue Elemente von Weiblichkeitskonzepten". Das Gewalthandeln der Männer stellt hingegen keine vergleichbare Opposition gegen tradierte Männlichkeitsbilder dar. Es steht vielmehr in vollem Einklang mit diesen, orientiert sich an der Logik hegemonialer Männlichkeit[10]. Insofern steht nur das weibliche Gewalthandeln in Widerspruch zur (tradierten) Geschlech-

9 Die von Campbell beobachteten „Sex Girls" agieren in privaten Handlungsfeldern, insbesondere in partnerschaftlichen und familiären Beziehungen, nachgerade bruchlos im Rahmen der tradierten Geschlechterordnung.

10 Anders als Messerschmidt (1993: 97ff.) begreife ich subkulturelle homosoziale Männergewalt nicht als „Oppositionsmännlichkeit", wie dies Messerschmidt z.B. mit Blick auf die von Willis (1979) porträtierten ‚Lads' tut. Diese Jugendlichen aus der englischen Arbeiterklasse richten ihre Gewalt vornehmlich gegen Mitschüler aus der Mittelklasse. Der Begriff „Oppositionsmännlichkeit" suggeriert, hier würde das Muster der hegemonialen Männlichkeit in Frage gestellt. Die Opposition der ‚Lads' richtet sich jedoch nicht dagegen, sondern gegen das Schulsystem und die von diesem vermittelten bürgerlichen Werte. Die gewaltförmigen Männlichkeitsinszenierungen sind Teil dieser Opposition. Eine Oppositions*männlichkeit* ist eher in den seltenen Fällen gegeben, in denen Männer sich dem hegemonialen Anspruch verweigern oder entziehen, und dies impliziert gewöhnlich eine Absage an Gewalt.

terordnung. Obschon im Sinne einer anthropologischen Bestimmung Gewalt eine Ressource ist, die beiden Geschlechtern prinzipiell zur Verfügung steht, macht die geschlechtliche Sozio-Logik, wie sie durch die Geschlechterordnung definiert ist, Gewalt zu einer illegitimen „Jedefrau-Ressource".

## 6. Schluss

Dass männliche Gewalt in dem beschriebenen Sinne eine legitime „Jedermanns-Ressource" ist und insofern innerhalb der Geschlechterordnung steht, trifft auf deren heterosoziale Ausprägung nicht minder zu als auf die homosoziale. Die feministische Skandalisierung der gegen Frauen gerichteten Männergewalt hat dies nachdrücklich betont – und die Kritik mit der These vom Mann als „potenziellem Vergewaltiger" radikal zugespitzt – sowie patriarchatstheoretisch erklärt (vgl. Teubner 1988). Der patriarchatstheoretischen Analyse von Männergewalt fehlen freilich die begrifflichen Mittel, um die homosoziale Männergewalt ebenfalls als eine geschlechtlich konnotierte Gewalt zu erfassen (vgl. Meuser 1999b). Bourdieus Entwurf einer Theorie der männlichen Herrschaft und Connells Konzept der hegemonialen Männlichkeit ermöglichen es, *beide* Ausprägungen von Gewaltverhältnissen geschlechtertheoretisch zu analysieren, d.h. die gegen Männer gerichtete Männergewalt genauso wie die an Frauen verübte als Teil der auf männlicher Dominanz gründenden Geschlechterordnung zu begreifen.

### *Literatur:*


Arendt, H.(1970): Macht und Gewalt. München.

Baurmann, M.C. (1987): Männergewalt. Erscheinungsformen und Dimensionen von Gewalt gegen Frauen und Mädchen. In: Vorgänge 26. Nr. 90, S. 50-60.

Bohnsack, R. ([3]1999): Rekonstruktive Sozialforschung. Opladen.

Bohnsack, R. (2001): Der Habitus der „Ehre des Mannes". Geschlechtsspezifische Erfahrungsräume bei Jugendlichen türkischer Herkunft. In: Döge, P./Meuser, M. (Hrsg.): Männlichkeit und soziale Ordnung. Neuere Beiträge zur Geschlechterforschung. Opladen, S. 49-71.

Bohnsack, R./Loos, P./Schäffer, B./Städtler, K. /Wild, B. (1995): Die Suche nach Gemeinsamkeit und die Gewalt der Gruppe. Hooligans, Musikgruppen und andere Jugendcliquen. Opladen.

Bourdieu, P. (1997): Die männliche Herrschaft, In: Dölling, I./Krais, B. (Hrsg.): Ein alltägliches Spiel. Geschlechterkonstruktion in der sozialen Praxis. Frankfurt a.M, S. 153-217.

Bruhns, K./Wittmann, S. (2002): „Ich meine, mit Gewalt kannst Du Dir Respekt verschaffen“. Mädchen und junge Frauen in gewaltbereiten Jugendgruppen. München.

Campbell, A. (1984): The Girls in the Gang. A Report From New York City. Oxford.

Carrigan, T. R./Connell, R.W./Lee, John (1985): Toward a New Sociology of Masculinity. In: Theory and Society 14, S. 551-604.

Cohen, Albert K. (1961): Kriminelle Jugend. Zur Soziologie jugendlichen Bandenwesens. Reinbek.

Connell, R.W. (1987): Gender and Power. Society, the Person and Sexual Politics. Cambridge.

Connell, R.W.( 1995): Masculinities, Cambridge/Oxford.

Dubet, F. (1997): Die Logik der Jugendgewalt. Das Beispiel der französischen Vorstädte. In: Trotha 1997a, S. 220-234.

Duerr, H.-P. (1993): Obszönität und Gewalt. Der Mythos vom Zivilisationsprozess. Frankfurt a.M.

Elias, N. (1989): Studien über die Deutschen. Machtkämpfe und Habitusentwicklung im 19. und 20. Jahrhundert. Frankfurt a.M.

Enders-Dragässer, U. (1996): Gewalt in der Schule als Ausdruck des Geschlechterverhältnisses. In: Kaiser, A. (Hrsg.): FrauenStärken – ändern Schule. 10. Bundeskongreß Frauen und Schule. Bielefeld, S. 51-59.

Findeisen, H.-V. / Kersten, J. (1999): Der Kick und die Ehre. Vom Sinn jugendlicher Gewalt. München.

Frevert, U. (1991): Ehrenmänner. Das Duell in der bürgerlichen Gesellschaft. München.

Haindorff, G. (1997): Auf der Suche nach dem Feuervogel. Junge Männer zwischen Aggression, Eros und Autorität. In: Möller, K. (Hrsg.): Nur Macher und Macho? Geschlechtsreflektierende Jungen- und Männerarbeit. Weinheim/München, S. 109-146.

Heiliger, A./Permien, H. (1995): Männliche Gewalt und Prävention. In: Diskurs 5. Heft 1, S. 33-41.

Human Rights Watch (2001): No Escape. Male Rape in U.S. Prisons. New York. >www.hrw.org/reports/2001/prison/index.htm<

Kersten, J. (1997): Risiken und Nebenwirkungen: Gewaltorientierung und die Bewerkstelligung von „Männlichkeit“ und „Weiblichkeit“ bei Jugendlichen der *underclass*. In: Krassmann, S./Scheerer, S. (Hrsg.): Die Gewalt in der Kriminologie. In: Kriminologisches Journal. 6. Beiheft, S. 103-114.

Kimmel, M. (1996): Manhood in America. A Cultural History. New York.

Kitsuse, J. I./Cicourel, A. V. (1963): A Note on the Uses of Official Statitstics. In: Social Problems 11, S. 131-139.

Lamnek, S. (2000): Jugendgewalt in unserer Gesellschaft. In: Gegenwartskunde 49, S. 237-263.

Löschper, G./Smaus, G. (Hrsg.) (1999): Das Patriarchat und die Kriminologie. 7. Beiheft des Kriminologischen Journals. Weinheim.

Luhmann, N. (1988): Frauen, Männer und George Spencer Brown. In: Zeitschrift für Soziologie 17, S. 47-71.

Mannheim, K. ($^2$1970): Wissenssoziologie. Neuwied/Berlin.

Matt, E. (1999): Jugend, Männlichkeit und Delinqunez. Junge Männer zwischen Männlichkeitsritualen und Autonomiebestrebungen. In: Zeitschrift für Soziologie der Erziehung und Sozialisation 19, S. 259-276.

Matthesius, B. (1992): Anti-Sozial-Front. Vom Fußballfan zum Hooligan. Opladen.

Messerschmidt, J.W. (1993): Masculinities and Crime. Critique and Reconceptualization of Theory. Lanham.

Meuser, M. (1999a): Subjektive Perspektiven, habituelle Dispositionen und konjunktive Erfahrungen. Wissenssoziologie zwischen Schütz, Bourdieu und Mannheim. In: Hitzler, R./Reichertz, J./Schröer, N. (Hrsg.): Hermeneutische Wissenssoziologie. Standpunkte zur Theorie der Interpretation. Konstanz, S. 121-146.

Meuser, M. (1999b): Gewalt, hegemoniale Männlichkeit und „doing masculinity". In: Löschper/Smaus 1999, S. 49-65.

Meuser, Michael (2001): Repräsentation sozialer Strukturen im Wissen. Dokumentarische Methode und Habitusrekonstruktion. In: Bohnsack, R./Nentwig-Gesemann, I./Nohl, A.M. (Hrsg.): Die dokumentarische Methode und ihre Forschungspraxis. Grundlagen qualitativer Sozialforschung. Opladen, S. 207-221.

Meuser, M. (2002): „Doing Masculinity" – Zur Geschlechtslogik männlichen Gewalthandelns. In: Dackweiler, R.-M./Schäfer, R. (Hrsg.) (2002): Gewaltverhältnisse. Feministischen Perspektiven auf Geschlecht und Gewalt. Frankfurt a.M. / New York, S. 53-78.

Meuser, M. (2003a): Male Bonding. In: Aronson, A./Kimmel, M. (Hrsg.): Encyclopedia on Men and Masculinities. Santa Barbara, Cal. (im Erscheinen).

Meuser, M. (2003b): Gewalt, Körperlichkeit, Geschlechtlichkeit. Überlegungen zur gewaltförmigen Konstruktion von Männlichkeit. In: Kriminologisches Journal, Heft 3/2003 (im Erscheinen).

Mosse, G.L. (1997): Das Bild des Mannes. Zur Konstruktion der modernen Männlichkeit. Frankfurt a.M.

Nedelmann, B. (1997): Gewaltsoziologie am Scheideweg. Die Auseinandersetzungen in der gegenwärtigen und Wege der künftigen Gewaltforschung. In: Trotha 1997b: S. 59-85.

Popitz, H. ($^2$1992): Phänomene der Macht. Tübingen.

Popp, Ulrike (2001): Gewalt als „Interaktionsprodukt" der Geschlechter. In: Mansel, J./Schweins, W./Ulbrich-Herrmann, M. (Hrsg.): Zukunftsperspektiven Jugendlicher. Wirtschaftliche und soziale Entwicklungen als Herausforderung und Bedrohung für die Lebensplanung. Weinheim/München, S. 241-255.

Popp, U./Meier, Ulrich/Tillmann, K.-J. (2001): Es gibt auch Täterinnen: Zu einem bisher vernachlässigten Aspekt der schulischen Gewaltdiskussion. In: ZSE 21, S. 170-191.

Sabo, D./Kupers, T. A./London, Willie (Hrsg.) (2001): Prison Masculinities. Temple.

Scheskat, T. (1994): Der innenverbundene Mann. Männliche Selbstwahrnehmung und körperorientierte Therapie. Göttingen.

Smaus, G. (1994): Physische Gewalt und die Macht des Patriarchats. In: Kriminologisches Journal 26. Heft 2, S. 82-104.

Smaus, G. (1999): Geschlechtsidentität als kontextabhängige Variable – dargestellt am Beispiel der ‚eingeschlechtlichen' Institution des Gefängnisses. In: Löschper/Smaus 1999, S. 29-48.

Spierenburg, P. (1998): Masculinity, Violence, and Honor: An Introduction. In: Ders. (Hrsg.): Men and Violence. Gender, Honor, and Rituals in Modern Europe and America. Ohio, S. 1-29.

Stammermann, U./Gransee, C. (1997): Zur Reproduktion von Normalitätsvorstellungen von Weiblichkeit durch Kriminalisierungsprozesse – Eine Rekonstruktion von Medienwirklichkeiten. In: Frehsee, D./Löschper, G./Smaus, G. (Hrsg.): Konstruktion der Wirklichkeit durch Kriminalität und Strafe. Baden-Baden, 435-455.

Steinmetz, S. (1978): The battered husband syndrome. Victimology 2, S. 499-509.

Straus, M.A./Gelles, R.J. (1990): Physical Violence in American Families. New Brunswick.

Tertilt, H. (1996): Turkish Power Boys. Ethnographie einer Jugendbande. Frankfurt a.M.

Teubner, Ulrike (1988): Männerleid und Männerfreud. Zu einigen Aporien von Macht und Individuum. In: Hagemann-White, C./Rerrich, M.S. (Hrsg.): FrauenMännerBilder. Männer und Männlichkeit in der feminstischen Diskussion. Bielefeld, S. 26-40.

Toch, H. (1998): Hypermasculinity and Prison Violence, In: Bowker, Lee H (Hrsg.): Maculinities and Violence. Thousand Oaks/London/New Delhi, S. 168-178.

Trotha, T. von (Hrsg.) (1997a): Soziologie der Gewalt. Opladen/Wiesbaden.

Trotha, T. von (1997b): Zur Soziologie der Gewalt. In: Trotha 1997a, S. 9-56.

Trotha, T. von (2000): Gewaltforschung auf Popitzschen Wegen. In: Mittelweg 36, 9, Heft 6, S. 26-36.

Willis, P. (1979): Spaß am Widerstand. Gegenkultur in einer Arbeiterschule. Frankfurt a.M.

Wittmann, S./Bruhns, K. (2001): Mädchen in gewaltbereiten Jugendgruppen – kein Thema für die Jugendarbeit? In: DJI Bulletin. Heft 56/57, S. 8-13.

# Kulturcode Gewalt

*Manuela Boatcă*

## 1. Die essenzialistische Annahme

Es heißt, die Geschichte wird von den Siegern geschrieben, doch wurde im westlichen Kulturkreis in den letzten zwanzig Jahren ein systematischer Umkehrprozess dieses Prinzips zunehmend erkennbar. Nicht Siegeszügen, sondern Leidenswegen galt immer mehr öffentliche Aufmerksamkeit und die „Versuchung der Unschuld" (Bruckner 1995) – die Beanspruchung einer Opferstellung in individueller, sozialgruppenspezifischer oder weltpolitischer Hinsicht – wurde zur Grundlage einer inflationären gesellschaftlichen Viktimisierung, die gerichtlich geltend und wieder gut gemacht werden musste.

Nicht nur, aber insbesondere für das wissenschaftliche Gebiet, das in erster Linie Täter-Opfer-Konstellationen zum Gegenstand hat – die Gewaltforschung, bedeutete dies, dass sich im Zuge dieser Entwicklung ein auf der Opferperspektive basierender Betroffenheitsdiskurs als dominant etablierte, in dessen Zentrum sich die Gewalt gegen Frauen befand. Somit wurde eine „Geschichte der Besiegten" begründet, an deren maßgeblichem Einfluss bei der Durchsetzung sozialpolitischer und präventiver Maßnahmen die anwachsende, vehemente Kritik von Seiten unterschiedlicher Forschungsrichtungen nicht viel ändern konnte.

Durchgesetzt wurde die polarisierende Sichtweise vornehmlich durch den radikalen Feminismus amerikanischer Prägung. Nach der Problematisierung von häuslicher und sexueller Gewalt als hauptsächlich männliche Gewalt gegen Frauen in Folge der Frauenbewegung der 70er Jahre, die das Private für politisch erklärt hatte, bewirkte die Fokussierung auf die Kategorie Geschlecht auch einen gleichzeitigen „Kontextverlust" (Hagemann-White 2002: 127) der Gewaltforschung. In dem Maße, in dem die Verallgemeinerung und Universalisierung der „Gewalt-ist-männlich"-These an Terrain gewannen, sank das Interesse für die historische Dimension der Machtverhältnisse sowie für deren kontextuellen politisch-ökonomischen Faktoren. Biologisch-essenzialisierende Ansätze hingegen, die sich dazu eigneten, den als universell geltenden Opferstatus der Frauen durch ein System allgegenwärtiger männlicher Gewaltherrschaft zu erklären, fanden immer mehr Eingang in die sozialwissenschaftlichen Analysen. Der Ausgangspunkt des Patriarchats als primäre Ursache vorherrschender Gewaltverhältnisse wurde nicht nur in Institutionen wie der (ahistorisch definierten) Familie oder dem Haushalt allgemein verortet (vgl. Mitchell 1971), sondern auch aus der geschlechtsspezifischen Arbeitsteilung oder dem „natürlichen“ männlichen Autoritätsanspruch gegenüber den primär mit der Kindererziehung beschäftigten Frauen abgeleitet (vgl. Choderow 1978). Skandalisierbar und in höchstem Maße politisierbar wurde dieser – im Grunde einheitlicher – Argumentationsstrang jedoch erst mit der Dramatisierung der sexuellen Gewalt als anthropologische Grundlage für die Unterdrückung des weiblichen Geschlechts: „From prehistoric times to the present (...) rape has played a critical function. It is nothing more or less than a conscious process of intimidation by which all men keep all women in a state of fear" (Brownmiller 1975: 14). Die Theorie, die den Ursprung männlicher Dominanz – verfestigt und reproduziert durch einen Komplex von gegen Frauen gerichteter Gewalt – in der Sexualität verortete (vgl. Dworkin 1981; MacKinnon 1987), samt ihrer fast unmittelbaren juristisch-politischen Umsetzung, hatten Gesetzesverordnungen zur Folge, die aus der Pornografie eine Verletzung der Zivilrechte, aus der sexuellen Belästigung eine Art von Vergewaltigung und aus der Prostitution eine der häuslichen Gewalt vergleichbare Form männlicher Gewaltanwendung machten oder zu machen versuchten[1].

Die gleichzeitig von mehreren Seiten geäußerten Einwände gegen diese radikale Position können als Essenzialismus-Kritik zusammengefasst werden. Drei der prominentesten und gezielt gegen essenzialisierende Annahmen argumentierende Ansätze, die feministische Kritik aus dem Feminismus heraus, die kognitionswissenschaftliche Evolutionstheorie und die sozialwissenschaftliche Gewaltforschung, werden im Folgenden kurz skizziert.

### *1.1. Feministische Stimmen*

Aus feministischer Sicht führt die Verallgemeinerung der weiblichen Opferstellung, der notwendigerweise die männliche Täterschaft gegenübersteht, zu der gleichen Infantilisierung des Weiblichen zurück, gegen die sich die Frauenbewegung unter anderem gerichtet hatte:

1 Der so genannte „MacKinnon-Dworkin“-Gesetzesentwurf gegen die Pornografie, der jede Art von Bild-, Ton- oder Textmaterial mit sexuellem Inhalt (einschließlich der Klassiker der Belletristik), als potenzielle Übertretung von Zivilrechten ansah, gegen die gerichtlich vorgegangen werden konnte, ist (nach anfänglichem Erfolg in zwei U.S.-Städten) unter Bezugnahme auf das First Amendment der amerikanischen Verfassung (die Garantie der Redefreiheit), für verfassungswidrig erklärt worden; die Anerkennung der sexuellen Belästigung als eine Form von sexueller Diskriminierung hat Catharine MacKinnon 1986 beim Obersten Gerichtshof der USA durchgesetzt. 2002 hat das Europäische Parlament in Anlehnung an das amerikanische Modell ein Gesetz gegen die als „unerwünschtes, verbales, nicht-verbales oder physisches Verhalten mit sexueller Konnotation“ definierte sexuelle Belästigung erlassen.

„La femme prend peu à peu le statut de l'enfant: faible et impuissant. (...) On en revient aux stéréotypes de jadis – au temps du vieux patriarcat – quand les femmes, éternelles mineures, en appelaient aux hommes de la famille pour les protéger. A ceci près qu'aujourd'hui il n'y a plus d'hommes pour les protéger. Le 'viriarcat' s'est substitué au patriarcat. Tous les hommes sont suspects, et leur violence s'exerce partout. La femme-enfant doit s'en remettre à la justice comme l'enfant qui demande protection a ses parents" (Badinter 2003: 49f.).

Durch die derart konstruierte Übereinstimmung von Gewalt und Männlichkeit wird andererseits auch das „mediale Schweigen" (Badinter 2003: 95) produziert, das die (vereinzelte) Diskussion über das Vorhandensein weiblicher Gewalttätigkeit – ob im Alltag, in der Familie, in Kriegssituationen oder gar im Zusammenhang mit Massenverbrechen – umgibt. Wenn die Frage nach der Gewalttätigkeit von Frauen gestellt wird, dann entweder mit der Konnotation ihrer Legitimität, weil sie auf Provokation durch oder Gegenwehr gegen Männergewalt geschieht oder im Kontext einer symbolischen, zahlenmäßig vernachlässigbaren Teilnahme an männlich dominierter, legaler Gewalt oder männlichen Gewaltexzessen. Vor dem Hintergrund der konstanten massenmedialen Dramatisierung der Ausmaße häuslicher Gewalt, der nur Frauen zum Opfer gefallen sein sollen, verschaffen sich wissenschaftliche Befunde zu aktuellen oder historischen weiblichen Gewalthandlungen nur sehr mühsam Gehör. So die Veröffentlichung von Archivdaten über die Gewaltakte der Frauen während der Französischen Revolution (vgl. Godineau 1999), die Beteiligung der 10% weiblichen KZ-Aufseher an Gewaltausschreitungen in Auschwitz und Maidanek (vgl. Schwarz 1997) oder die Zahl von 3,5% weiblicher Angeklagter im Prozess um den 1994er Massenmord in Ruanda (vgl. Hogg 2003).

Einerseits stehen solche Befunde mit der geschichtswissenschaftlichen These im Einklang, gemäß derer das Auftreten von Mädchen oder Frauen als besonders enthemmte Gewaltanwender ebenfalls Bestandteil einer männlich geprägten Gewaltkultur sein kann, deren soziokulturelle Geschlechterstereotype die männliche Gewalt gegen Frauen begünstigen (vgl. den Beitrag von Michael Riekenberg in diesem Band). Andererseits deutet die Polarisierung von massenmedialen und öffentlichen Reaktionen auf Berichte von Frauengewalt darauf hin, dass sich die Gewaltlosigkeit des Weiblichen als Gegenstück zur Gewalt"lizenz" des Männlichen – zumindest im westlichen Kulturraum – zu einem Kulturcode herausgebildet hat, der sämtliche Lebensbereiche und Ebenen des sozialen Handels durchtränkt. Dafür sprechen z.B. ethnologische Analysen von bildlichen Darstellungen bewaffneter Frauen, die belegen, dass das Motiv der Waffe in Frauenhand Gegenstand von Karikaturen, heroisierender Idealisierung oder unglaubwürdiger Dämonisierung bildet(e) (vgl. Rolshoven 1994). Ob es sich dabei um die „klassische" Figur der Ehefrau mit dem Nudelholz in der Hand, um die höchstens symbolisch bewaffnete Nationalheroine wie die Helvetia oder die französische Liberté, die Amazonin oder die Partisanin handelt – ihre Darstellungen wirken in karikierender oder hyperbolisierender Eigenschaft immer entwirklichend:

„Die bedrohliche Frau ist am vehemenstesten ausformuliert. Die Imaginierung ihrer Grausamkeit oder auch ihre Karikierung lassen sich als Statusumkehrung interpretieren im Interesse der Aufrechterhaltung der gewünschten sozialen Ordnung. Als Gegenteilsdarstellung bestätigt sie die Geschlechterhierarchie. Das Umkehrbild der Bedrohenden (der bewaffneten Frau) wäre demzufolge die in Wirklichkeit bedrohte, die waffenlose Frau; ebenso wie die *Bedrohte* als Bild (…) oder als Diskurs eine wirkliche Bedrohung der auf männlicher Dominanz beruhender Ordnung durch Frauen verkehren, sie also negieren, verschwinden machen will" (Rolshoven 1994: 569).

Letztendlich verhindern also essenzialistische Annahmen über den Universalcharakter geschlechtsspezifischer Eigenschaften in gleichem Maße wie die ahistorisch gehaltenen Konstrukte „männliche Herrschaft" oder „sexuelle Arbeitsteilung" eine differenzierte Wahrnehmung der langfristigen gesellschaftlichen Entwicklung von allgemeinen Gewalt- und Geschlechterverhältnissen zugleich (vgl. Pelizzon 2002: 201). Wenn das also der „falsche Weg" (Badinter 2003: 68) feministischer Analyse ist, der zurück zur Aufstellung der alten Geschlechtergrenzen führt, was sind die Alternativen?

## *1.2 Evolutionstheoretische Einwände*

Bezeichnenderweise sprachen sich Evolutionstheoretiker, die ihrerseits die Differenzen zwischen den Gewaltraten der beiden Geschlechter auf die unterschiedliche elterliche Investition von Männern und Frauen in Nachkommen zurückführen (vgl. Trivers 1972), nicht weniger resolut gegen den radikalen Feminismus aus.

Evolutionsgeschichtlich wird das Geschlecht, das mehr (Zeit, Energie, Verminderung der weiteren Reproduktionschancen) in die Nachkommen investiert als „wertvoller", d.h. als knappe Ressource angesehen, was Anlass zum Konkurrenzkampf innerhalb des anderen Geschlechts gibt. Die weitaus höhere Gewalttätigkeit von Männern, insbesondere die sexuelle Gewalt, wäre aus dieser Sicht das evolutionäre Resultat des männlichen Wettbewerbs um die weibliche Reproduktionsfähigkeit[2]. Der Essenzialismus-Vorwurf richtet

2 Gegen das feministische Argument, dass nur wenige Fälle von Vergewaltigung eine Schwangerschaft zur Folge haben, so dass Vergewaltigung nicht als evolutionäre Überlebensstrategie selektiert worden sein kann, bringen Evolutionstheoretiker vor, dass Vergewaltiger in Situationen tätig werden, in denen alternative Paarungsstrategien noch weniger erfolgsversprechend sind: „ongoing consensual mating is not an option for every male,

sich in diesem Falle vornehmlich gegen die – der feministischen „Gewalt-ist-männlich"-These innewohnenden – Theorie der menschlichen Natur, die einerseits Macht als alleiniges Motiv menschlichen Handelns voraussetzt, andererseits die Beweggründe *individueller* sozialer Interaktion ausschließlich durch die *Gruppen*interessen der beiden Geschlechter erklärt (vgl. Pinker 2002: 341).

Die bloße Dekonstruktion gewalttätiger Maskulinität(en) und sexistischer Haltungen durch gezielte strafrechtliche Verfolgung und feministische Politik wird demnach nichts an der Funktionalität von gewalttätigen männlichen Kulturen in bestimmten soziokulturellen Kontexten ändern können, noch wird eine auf dieser Grundlage vorgenommene „naturhafte" Dichotomisierung in teuflische Männer und engelhafte Frauen zum Verständnis der Gewaltphänomene beitragen:

„As for cultural norms of masculinity and sexism, Spain has its machismo, Italy its braggadoccio, and Japan its rigid gender roles, yet their homicide rates are a fraction of that of the more feminist-influenced United States (…) Cultures of honor spring up all over the world because they amplify universal human emotions like pride, anger, revenge, and the love of kith and kin, and because they appear at the time to be sensible responses to local conditions" (Pinker 2002: 311, 327).

## *1.3. Diagnosen der Gewaltforschung*

Wie umstritten auch immer eine auch nur partiell biologisierende Erklärung für Gewalt sein mag, die übrigen Argumente von Evolutions- und Gewaltforschern stimmen in mehr als einem Punkt überein.

Neuere kulturanthropologische Untersuchungen, die neben sozialstrukturellen und kulturellen Faktoren auch die Geschlechtslogik männlicher Gewalt in den Blick nahmen, fanden in einem Vergleich zwischen Maskulinitätsentwürfen sehr unterschiedlicher Kulturräume – Australien, Deutschland und Japan – keinen kausalen Zusammenhang zwischen Männlichkeit und Kriminalität (vgl. Kersten 1997). Vielmehr ließen sich kulturspezifische Konstrukte männlicher Identitäten auf bestimmte soziale Funktionen für das Gemeinwesen oder die Familie zurückführen (vgl. Kersten in diesem Band). Im Einklang mit der evolutionstheoretischen Annahme, dass Gewalt das fast unvermeidbare Ergebnis der Dynamik rationaler, sozialer Organismen mit eigenen Interessen darstellt (vgl. Pinker 2002: 329) und in deutlichem Gegensatz zu vorherrschenden Defizitperspektiven auf das Gewaltphänomen, die Gewalt

---

and dispositions that resulted in hit-or-miss sex could be evolutionarily more successful than dispositions that resulted in no sex at all" (Pinker 2002: 368).

geschlechtsneutral als Folge von Desintegrationsprozessen moderner Gesellschaften betrachten, erwies sich die männliche Gewalttätigkeit als sinnhaftes, kontextgebundenes Handeln: von hegemonialer Männlichkeit (vgl. Connell 1999) ausgeschlossene, untergeordnete Männer verschaffen sich dadurch die Möglichkeit, an der „patriarchalen Dividende“ teilzuhaben (Connell 1999: 100). Die „Verweiblichung des Opfers“ (Kersten 2002: 18) mittels Gewalt ist dabei ein bedeutender Bestandteil der Wiederherstellung bedrohter maskuliner Identitäten, die in bewusster Abgrenzung von dem „Anderen“ erfolgt.

Ähnliche Funktionen von Gewalt, die über materielle Interessen oder individuelle Rivalitäten hinaus mit dem Prinzip männlicher Ehre verbunden waren, belegen auch historische Studien über den lateinamerikanischen Raum im „langen“ 19. Jahrhundert (vgl. Riekenberg in diesem Band). Die im „machismo“ verkörperten Muster reziproker Gewaltorganisation spiegelten sich nicht nur in privaten Auseinandersetzungen wider, sondern flossen mit in die mit interfamiliärer Gewalt eng verbundenen politischen Machtkämpfe ein. Dabei erfüllte die sexuelle Dimension von Gewaltausübung, ebenfalls in der Definition des „machismo“ enthalten, auch auf der politischen Ebene die Funktion, „Zeichen der Macht“ gegenüber dem (männlichen!) Gegner zu setzen, dessen Frau vergewaltigt wurde (vgl. ebenda). Als Mittel zur Erhaltung oder Herstellung hegemonialer Männlichkeit war sie also Teil einer Strategie der Erniedrigung eines männlichen Widersachers und somit in ihrer symbolischen Funktion homosoziale Gewalt, d.h., Ausdruck von Machtkämpfen unter Männern, obwohl sie sich als Gewalt gegen Frauen vollzog.

Andererseits, wie von Feministinnen bereits signalisiert, steigt die Zahl der Befunde zur Gewalttätigkeit von Frauen. Die Rede ist nicht (nur) von vereinzelten Belegen aus historisch überlieferten und schwer nachprüfbaren Quellen oder von medienträchtigen ethnologischen Beispielen aus entlegenen Teilen der Welt, sondern von interkulturell weitestgehend übereinstimmenden Untersuchungsergebnissen (für eine Übersicht vgl. Fiebert 2002), die auf Fälle weiblicher Gewalt in der Partnerschaft, gegen andere Frauen, gegen Neugeborene und Kinder oder gegen alte Menschen hinweisen und die sich vermutlich als solche dazu eignen, zusammen mit den diesbezüglichen historischen und ethnologischen Nachweisen ein Kontinuum zu bilden. Die bisher vorhandenen Studien zur weiblichen Gewalt in modernen Industriegesellschaften belegen jedoch keine vergleichbaren Ausmaße des Gewalthandelns von Männern und Frauen, so dass die Geschlechtszugehörigkeit nach wie vor ihren Stellenwert bei der Analyse von Gewalt beibehält. Bei der Fokussierung der Aufmerksamkeit auf die Kategorie Geschlecht geht es also nicht darum, auch im Hinblick auf Devianz eine Gleichstellung zu erreichen; wichtig ist vielmehr, durch Existenzaussagen des Typs „Es gibt auch Täterinnen“ (Popp et al. 2001) die essenzialistische Annahme einer durch Gewalt definierten Männlichkeit zu relativieren, um der Komplexität der Faktoren, die bei der

Ausübung von Gewalt eine Rolle spielen, besser gerecht werden zu können. Es wird somit deutlich, dass eine differenzierte Analyse von geschlechtstypischer Gewalt die historische Dimension, die kulturellen und sozialstrukturellen Faktoren sowie die politischen Verhältnisse, unter denen sich die Geschlechterbeziehungen herausgebildet haben, parallel einbeziehen muss. Die Entwicklung von Gewalt im Geschlechterverhältnis ist als Indikator und gleichzeitig als Bestandteil sozialen Wandels zu betrachten, aus dem heraus sich sowohl die Frauengewalt als auch die Gewalt gegen Frauen erklären lassen sollten. Die nachstehenden Ausführungen stellen den Versuch dar, einen Analyserahmen zu bilden, der diesen Ansprüchen genügt.

## 2. Die Weltsystemperspektive

Ein Ansatz, der die Geschlechterungleichheit aus dem Zusammenhang mit kapitalistischen Produktionsverhältnissen heraus erklärt, ist längst nicht mehr neu. Bereits in den 70er und 80er Jahren hatten marxistisch orientierte Feministinnen mit dem Modell eines dualen Systems der Ausbeutung von Frauen – durch kapitalistische Verhältnisse am Arbeitsplatz und patriarchalische Strukturen in der Familie – einen Konsens zwischen feministischer und orthodox-marxistischer Theorie zu erzielen versucht (vgl. Hartmann 1981). Der Entstehungszusammenhang der sozialen Ordnung, auf der das Patriarchat in dieser Sicht basierte, wurde jedoch weder zeitlich eingegrenzt noch näher beschrieben, was der Patriarchatsthese einerseits einen Allgemeingültigkeitsanspruch verlieh, andererseits ihr Erklärungspotenzial – in Ermangelung einer Theorie des sozialen Wandels, mit der sich die historische Kontinuität des Systems erläutern ließe – drastisch minderte.

Die ebenfalls marxistisch ausgerichtete, jedoch ausdrücklich als historische Sozialwissenschaft konzipierte Weltsystemanalyse Immanuel Wallersteins (2000a) ist hingegen in der Lage, einen Ausgangspunkt für eine Art von Frauenforschung zu bieten, die mehr ist als „an ahistorical focus on people carrying two X chromosomes" (Pelizzon 2002: 202), gleichzeitig aber auch die limitierte Aussagekraft von partikularistischen Erklärungsansätzen durch einen zeitlich und räumlich umfangreichen Analyserahmen zu kompensieren. Die Kategorien von Rasse und Geschlecht sind aus der Sicht des Weltsystemansatzes zentrale Kriterien der universalistischen Ideologie, dank derer Durchsetzung das – ab dem 16. Jahrhundert sich ausbreitende – kapitalistische System europäischen Ursprungs innerhalb weniger Jahrhunderte zu einer kapitalistischen Weltwirtschaft wurde, die alle anderen wirtschaftlichen Organisationsformen eliminierte.

Während in früheren historischen Systemen[3] die Logik der Xenophobie den Ausschluss des Fremden, Andersartigen oder "Barbaren" aus der Gemeinschaft diktierte, wenn nicht sogar ihren Tod, war die kapitalistische Weltwirtschaft – von der Logik der endlosen Anhäufung von Kapital geleitet (vgl. Wallerstein 2000b: 260) – stets darauf angewiesen, mit allen verfügbaren Mitteln das Kontingent an vorhandener Arbeitskraft zu erweitern. Da somit der Ausschluss der Nicht-Weißen, der Frauen und der alten Menschen – die „Anderen" des modernen Weltsystems – mit einem Verlust von Arbeitskraft einhergegangen wäre, musste ihre Ausgrenzung auf einer ideologischen Grundlage legitimiert werden, die es erlaubt hätte, die Produktionskosten und die Kosten politischen Umbruchs für diese sozialen Gruppen zu minimieren, während sie weiterhin zur Maximierung des Systemprofits beitrugen. Die „Ethnisierung der Arbeitskraft" – die Grundlage für Rassismus – und die Erklärung der Subsistenzproduktion zur Naturressource, und deshalb zur „Nicht-Arbeit" – die Grundlage für Sexismus – waren die Strategien, mittels derer ungleiches Arbeitsentgelt auf dem Weltmarkt bzw. unbezahlte Hausarbeit gegenüber einem als universalistisch und meritokratisch definierten System gerechtfertigt wurden (vgl. Wallerstein 2000a: 350f.).

Die Assoziation zwischen Lohnarbeit und einer hegemonialen Position im modernen Weltsystem, die sich primär über Rasse und Geschlecht definierte, war indessen Teil eines globalen Prozesses der Etablierung hierarchischer Strukturen, der zwar mit der wirtschaftlichen Logik des expandierenden europäischen Kapitalismus einher-, über diese aber hinausging. Das bedeutet, dass mit der Kolonisierung der Welt ab dem Ende des 15. Jahrhunderts nicht nur ihre Aufteilung in wirtschaftliche Zentren, Halbperipherien und Peripherien mit ihren jeweiligen Systemen der Arbeitskontrolle erfolgte, sondern auch ein Mechanismus der „symbolischen Produktion" (Castro-Gómez 2000: 148) in Gang gesetzt wurde, mit dessen Hilfe die europäische Rationalität als universelles Modell durchgesetzt werden sollte. Die Idee des Fortschritts und die damit verbundene Vorstellung, dass die Menschheit eine lineare Entwicklung von einem ursprünglichen Naturzustand bis zur westlichen Zivilisation durchlaufen hatte, dienten als „Gründungsmythen" (Quijano 2001: 556) der europäischen Modernität und gleichzeitig als Grundlage der „zivilisatorischen Mission" in kolonisierten Gebieten.

Wenn jedoch mit Hilfe der damit aufgestellten Dichotomien – primitiv und zivilisiert, irrational und rational, Natur und Kultur, Magie und Wissen-

3 Wallerstein definiert historische Systeme als Einheiten mit einer einzigen Arbeitsteilung und mehrereren kulturellen Systemen (vgl. Wallerstein 2000c: 75). Gemäß seiner Definition waren also frühere Hochzivilisationen, wie das chinesische oder byzantinische Reich Weltsysteme, nicht aber Großbritannien oder Frankreich im 19. Jahrhundert, die als Nationalstaaten mit kolonialen „Anhängen" Teil eines anderen Weltsystems waren, der kapitalistischen Weltwirtschaft.

schaft, Körper und Geist – ganze Völker nach dem Grad ihrer „Verwestlichung“ auf einem zeitlichen Kontinuum verortet wurden, an dessen Ende sich das moderne Europa befand, so galt das nicht nur für die peripheren Zonen des Weltsystems. Derselbe Paternalismus, der es erlaubte, Nicht-Europäer als „Vor-Europäer“ (Quijano 2001: 556) zu behandeln, die mit Hilfe von erzieherischen und Disziplinarmaßnahmen „modernisiert“ werden sollten, richtete sich (innerhalb des Zentrums und umso mehr an den Peripherien) gegen die mit Natur, Körperlichkeit und Magie in Verbindung gebrachten Frauen. Die anschließende Konstruktion ihrer, von der Vernunftnorm abweichenden, Identität als kindlich, kontrollbedürftig und naturgebunden (weil gebärend) rückte sie in die Nähe der ebenfalls „naturalisierten“, unterlegenen Rassen und lieferte somit eine Begründung für die Verlegung ihrer Arbeit hinter die Kulissen der kapitalistischen Weltwirtschaft.

## *2.1 Gendering*

Aus der epistemologischen Organisation der kapitalistischen Vorstellungswelt rund um die Kategorien von Rasse und Geschlecht resultierte eine wechselseitige Interdependenz zwischen den jeweiligen Positionen in der internationalen Arbeitsteilung und den konstruierten Rassen- und Geschlechtsidentitäten. Dieses Muster reziproker Verfestigung hatte langfristige Auswirkungen auf die Form der Institutionalisierung von Kontrollmechanismen, die für die Reproduktion der damit verbundenen sozialen Rollen verantwortlich waren.

In diesem Zusammenhang haben feministische Autorinnen die Kategorie „gender“ als formale Grundlage für die ökonomische Machtverteilung und die soziale Klassifizierung im „modernen/kolonialen Weltsystem“ (Mignolo 2000) thematisiert. „Gendering“ als „a socially created division that carried a notion of hierarchy that transcended all social domains and classes of people“ (Pelizzon 2002: 202), wird somit als eine der Strukturen betrachtet, auf denen das System gründet und über die es sich im Laufe der Zeit reproduziert:

“In the modern world-system women and, by extension, the work that they do are classified as inferior, not only physically or socially but intelectually as well. They, together with children, the elderly, poor people, people of the periphery, non-Whites, animals, and nature in general, have been gendered – that is to say, sorted – as unreliable, incompetent, weak, fearful, inadequate, in need of control, and, therefore, legitimately exploitable and unworthy of reward. Conversely, (White) men have generally been gendered as the opposite of these characteristics – smart, strong, capable (…)” (Pelizzon 2002: 202f.).

Während die Bedeutsamkeit von Rasse als Strukturprinzip der europäisch dominierten Kolonialwelt gegenüber der Hierarchisierung auf der Basis von Geschlechtszugehörigkeit in der Literatur zur Herausbildung der kapitalistischen Weltwirtschaft unterschiedlich priorisiert wird, erweist sich die weltsystemische Perspektive auf Gendering insbesondere für ein sozialgeschichtliches Verständnis der Frauen-Rolle in den Zentren des Systems als relevant.

Die These, dass Gendering eine spezifisch kapitalistische Erscheinung, und nicht eine hinüber gerettete, vorkapitalistische Struktur darstellt, wird unter Heranziehung sozialhistorischer Daten zur Rolle, die Frauen in den zahlreichen Unruhen, Aufständen und Widerstandsbewegungen des ausgehenden Mittelalters gespielt hatten, untermauert. Doch obwohl sich Frauen wie Männer an den bäuerlichen Rebellionen beteiligt und Frauen sogar die einflussreicheren Häretikerfiguren abgegeben hatten,

> „it may have been in small ways that women were more damaging to the ability of elites to extract surplus. For example, by insisting on, and manipulating, customary widows' rights in land or bearing children out of wedlock, peasant women undercut the power of lords to control landholdings, collect rents, or extract entry fines, death and inheritance fees, and labor services. (...) [W]hile customs varied from region to region, city to city, and even village to village, in Western Europe overall, ordinary women had relative equality with men in terms of wages, access to occupations, making contracts, rights in land and inheritances, heads of households, and so on" (Pelizzon 2002: 204).

Vor dem Hintergrund des zu diesem Zeitpunkt bereits eingetretenen Rückgangs des Realeinkommens von herrschenden Klassen, ihres allmählichen Verlustes von Klassenprivilegien sowie der bereits erwähnten lokalen und überregionalen Unruhen, waren die Aufrechterhaltung der bestehenden Hierarchien, die regelmäßige Einnahme von Zollgebühren und die allgemeine Disziplinierung der Massen zunehmend wichtig geworden. Die wirtschaftliche Benachteiligung von Frauen, die Verlagerung weiblicher Tätigkeitsfelder in den Hintergrund öffentlichen Geschehens, sowie die Konstruktion einer weiblichen Geschlechtsidentität, in deren Zentrum Naturhaftigkeit und Kontrollbedürftigkeit standen, boten die Möglichkeit, soziale Spannungen von der Klassenebene auf die Geschlechterebene herunter zu brechen und sie von politisch in privat umzudefinieren.

Insofern kann die allmähliche Etablierung von "Gendering" während der Expansion des europäischen Kapitalismus als eine der Strategien gedeutet werden, mittels derer die Feudalaristokratie die „Krise des Feudalismus" zu überwinden und eine Basis für den Übergang in eine neue Form der wirtschaftlichen und politischen Organisation zu institutionalisieren versuchte[4].

4 Entgegen der sowohl in marxistischen wie in liberalen Geschichtsdeutungen vorhandenen Theorie, gemäß derer die bürgerliche Revolution die Abschaffung der Aristokratie zum Gegenstand hatte, vertritt Wallerstein die These, dass es sich dabei um einen Prozess der

Zur Illustration dieses geschichtlichen Prozess werden nachstehend drei Hauptmomente von „Gendering“ und ihre Relevanz für das sozioökonomische Geschehen exemplarisch vorgestellt.

## *2.2 Von der Hexenverfolgung zur „Hausfrauisierung“[5]: Die Konstruktion von Gewaltlosigkeit*

Die Krise des Feudalismus stimmte zeitlich mit einer anderen, moralisch-religiösen Krise überein: der Hexenverfolgung.

Im ausgehenden 15. Jahrhundert trat die christlich geprägte Assoziation des Bösen/Dämonischen mit der Figur der Hexe an die Stelle der früheren Deutung von Hexerei als weit verbreitete, volkstümliche Art, eine magische Erklärung für Leben, Krankheit und Tod zu liefern (vgl. Muchembled 1991). Die Praktik wurde demnach als Gefahr für die Gemeinschaft und die soziale Ordnung stigmatisiert und als solche der Autorität der Inquisition untergeordnet. Mit dem Aufkommen aufklärerischen Gedankenguts bekam die „dämonologische“ Theorie der Hexerei jedoch einen erhöhten Stellenwert bei der Durchsetzung eines auf Rationalität gründenden, modernen Selbstverständnisses und die Hexenverfolgung nahm daraufhin verheerende Ausmaße in ganz Europa an. Dank des kartesianischen Prinzips des Dualismus von Seele und Körper, aus dem die radikale Gegenüberstellung von Subjekt, Kultur, Vernunft und Wissenschaftlichkeit einerseits und Objekt, Natur, Unvernunft und Mythos/Zauberei andererseits folgte, erfuhr das Verbrechen der Hexerei schließlich seine definitive Vergeschlechtlichung, und galt fortan als weiblich. Demzufolge wurden Frauen zwischen der Mitte des 16. und dem Ende des 17. Jahrhunderts „nur“ drei- bis viermal öfter als Männer Gegenstand der Hexenverfolgung (vgl. Muchembled 1991) und anschließend als körpergebundenes, naturnahes und deshalb zähmbares *Geschlecht* stereotypisiert.

Die Tatsache, dass die dämonologische Deutung bald aus dem öffentlichen Bewusstsein verschwand, magische Praktiken hingegen in vielen ruralen Gegenden Europas überlebten (vgl. Muchembled 1991), deutet gleichzeitig darauf hin, dass das Massenphänomen der Hexenverfolgung nicht nur eine langfristig ideologische, sondern in erster Linie eine politische Funktion erfüllte. Ähnlich wie die im frühneuzeitlichen Europa zunehmenden Ketzerverbrennungen und Folterungen durch die Justiz war die Hexenverfolgung Teil

Umstrukturierung von Produktionsverhältnissen handelte, der jedoch einer nach wie vor an der Macht sich befindenden Elite zu Gute kam: "The genesis of capitalism was not in the triumph of a new group, the urban burghers, over the new feudal nobility. Rather it should be seen as the reconversion of seignior into capitalist producer, an essential continuity of the ruling families" (Wallerstein 1979a: 161).

5 vgl. Mies 1983.

einer Strategie der symbolischen Gewaltausübung (vgl. Hanagan 2002: 163), mit deren Hilfe dem Widerstand der Volksgruppen gegen die Oberherren Einhalt geboten werden sollte. Die Mobilisierung der Massen gegen die zur Gefahr für die öffentliche Ordnung hochstilisierte Hexerei legitimierte die Einmischung der staatlichen Autorität in das Leben der Dorfgemeinschaft und trug wesentlich zur Entsolidarisierung der Bauern bei, indem es Dorfeliten Anlass bot, durch die Unterstützung der neuentstandenen staatlichen Macht die eigene Statusverbesserung innerhalb der zukünftigen sozialen Ordnung zu sichern. Neben einem parallel verlaufenen Prozess der Verstaatlichung der Polizeiarbeit in urbanen Gegenden stellte die Hexenverfolgung insofern ein wirksames Mittel dar, eine Politik sozialer Polarisierung (vgl. Pelizzon 2002: 205) auf dem Land durchzusetzen.

Als Symptom der Veränderungen in den Formen öffentlicher, privater und alltäglicher Gewalt, die mit der sich vollziehenden staatlichen Transformation einhergingen (vgl. Hanagan 2002: 156), ebnete die Hexenverfolgung aber auch den Weg für zwei weitere, miteinander verknüpfte Momente in der Verlagerung sozialer Spannungen auf die Ebene privater Konflikte. Die Rede ist von der Monopolisierung legitimer physischer Gewaltsamkeit durch den modernen Staat (vgl. Weber 1972: 822) und von der Institutionalisierung des bürgerlichen Familienmodells als dessen Voraussetzung.

Im Gegensatz zu früheren Prozessen staatlicher Zentralisierung, bei denen der Anspruch auf legitime Gewaltausübung von den Eliten in die Hände des Staates überging, spielte die Herausbildung des staatlichen Gewaltmonopols im Kontext der Errichtung einer kapitalistischen Weltwirtschaft im frühneuzeitlichen europäischen Raum nicht nur eine politische, sondern vor allem eine wirtschaftliche Rolle. Parallel zur der Gründung von Kolonialreichen im Übersee entstanden, beruhten zentralisierte Staaten wie ihre Kolonien auf einem Machtmodell, das die Koordinierung wirtschaftlicher Produktivität mittels der Hierarchisierung sozialer Beziehungen anstrebte. Der Nationalstaat wurde zur Hauptinstanz, von der aus Mechanismen sozialer Ausgrenzung generiert (vgl. Castro-Gómez 2000: 152) und auf das Ziel der Herstellung eines produktiven, rationalen Individuums abgestimmt werden konnten. Der Erwerb der Staatsbürgerschaft und die Geschlechterbeziehungen innerhalb Europas bzw. eine Kumulierung von Staatsbürgerschaft, Schreibkundigkeit (nach westlichen Normen), Rasse und Geschlecht in den europäischen Kolonien bildeten die Grundlage für die Fremdbilder, die für die Moderne konstitutiv wurden.

Die Erhebung des Geschlechterverhältnisses in den Rang eines Vorbildes für alle anderen hierarchischen Beziehungen wurde indes erst im Anschluss an die französische Revolution deutlich. Der „konsolidierte" (Hanagan 2002: 166), d.h. zentralisierte, differenzierte und Gewaltmonopol ausübende Staat, den die Revolution hervorbrachte, war ein „Männerbund" (Knauf 1990: 13), der nur die Teilnahme von Bürgern, jedoch nicht von Bürgerinnen am politischen Entscheidungsprozess erlaubte. Die Geschlechtszugehörigkeit wurde somit ihrerseits in Verbindung mit legitimer Gewaltausübung gebracht:

„Die Ausweitung der Bürgerrechte auf das Volk stand im Zusammenhang mit der Kriegsführung. Die Wehrpflicht der Männer war einer der wichtigsten Gründe dafür, dass das Konzept der Staatsbürgerschaft für die Geschlechter unterschiedlich war. Die Einberufung galt zum einen als Tribut, den die Orte an die Regierung leisteten, zum anderen aber auch als Ausdruck der Mitgliedschaft im Gemeinwesen. (…) Die Revolution vereinfachte den gesetzlichen Status von Untertanen des französischen Staates ganz erheblich, indem diese in ‚Aktiv-' und ‚Passivbürger' eingeteilt wurden. (…) Die vom Militär ausgeschlossenen Frauen waren nur vermittels ihrer Beziehung zu Männern Mitglieder des Gemeinwesens" (Hanagan 2002: 167).

Der Ausschluss von Frauen aus der öffentlichen Sphäre legitimierte auf der einen Seite ihre systematische Verbannung in die private Haushaltssphäre, auf der anderen Seite definierte er, in Übereinstimmung mit dem bereits etablierten weiblichen Identitätskonstrukt der Naturnähe und Kontrollbedürftigkeit, die Geschlechterbeziehungen in Beschützer und Beschützte[6] um. Das staatlich propagierte, bürgerliche Familienmodell, in dem Frauen die ausschließliche Rolle der Hausfrau und Mutter zukam[7], verband somit die Erfindung der Subsistenzproduktion mit ihrer Stigmatisierung als „Nicht-Arbeit", aber auch mit einer „territorialen Lizenz für Gewalt innerhalb des Haushalts" (Taylor 2000: 555), die dem staatlichen Gewaltmonopol auf dem Nationalgebiet entsprach. Dass die häusliche Gewalt hauptsächlich die Form von Männergewalt

---

6 Im Einklang mit diesem Bild steht auch die These der Ethnologin Johanna Rolshoven in Bezug auf die Ungültigkeit Waffen tragender Frauen als gesellschaftliche Norm und ihre bildliche Umdefinition als „Übertretungsfiguren". Im Falle ihrer Idealisierung als Nationalheroine werden sie „nicht nur als *nicht* Offensive konzipiert, doppelt entschärft treten sie auch niemals in Masse in Erscheinung. Einzeln, unumstritten jungfräulich und somit auch sexuell ungefährlich dürfen sie Hehres verkörpern wie die Nation, denn ihre Sexualität wurde im ikonografisch reibungslosen Verfahren zur Vaterlandsliebe sublimiert" (Rolshoven 1994: 569). Offensive und als grausame Kriegerinnen dämonisierte Frauen, die Waffen benutzen, sind hingegen hauptsächlich durch ihre Ehelosigkeit oder Bindungslosigkeit gekennzeichnet, „d.h. sie sind nicht familial, am Ende nicht sozial" (ebenda).

7 Bezeichnend für die hier vertretene These über einen engen Zusammenhang zwischen der kapitalistischen Weltwirtschaft und der Frauen-Rolle, inklusive ihrer Definition als gewaltlos, ist die Tatsache, dass es der Sozialismus war, der sowohl mit der Tradition des ausschließlich männlichen Militärs als auch mit der ausschließlichen Verortung der Frau im Haushalt brach. Obwohl sozialistische Länder nie die wirtschaftliche Unabhängigkeit vom kapitalistischen System erlangten, die der Selbstdefinition des Regimes innewohnte, so kontrastierte die Frauen-Rolle im Sozialismus zumindest auf den ersten Blick stark mit dem kapitalistischen Modell.

gegen Frauen annahm, ist angesichts der Tatsache, dass die „Züchtigung" von Frauen bis in das 20. Jahrhundert hinein als legal galt, mehr als wahrscheinlich. Jedoch machte das staatlich sanktionierte männliche Gewaltmonopol im Haushalt das Vorkommen weiblicher Gewalt – bezeichnenderweise als „Verrat" („petty treason") (Davidson, in: Taylor 2000: 555) eingestuft – weder erforschbar noch legitim. Die Privilegierung der Männer durch die Möglichkeit der Partizipation am wirtschaftlichen Produktions- und am politischen Entscheidungsprozess sowie die Autoritätsstellung innerhalb des Haushaltes verfestigte insofern die Geschlechtsidentität gegenüber der sozioökomischen Positionierung und förderte die soziale Polarisierung zwischen den Geschlechtern bzw. zwischen Erwachsenen und Kindern (vgl. Pelizzon 2002: 205).

Auf diese Weise hatte sich bereits am Ende des 18. Jahrhunderts ein Machtmodell durchgesetzt, das durch eine beispiellose Einheitlichkeit und die gegenseitige Interdependenz seiner zentralen Institutionen und Kontrollinstanzen gekennzeichnet war und das bis zum Anfang des 20. universelle Gültigkeit erlangt hatte. In historischer Sicht ist es das erste Modell, bei dem

> „each structure of each sphere of social existence is under the hegemony of an institution produced within the process of formation and development of that same model of power. Thus, in the control of labor and its resources and products, it is the capitalist enterprise; in the control of sex and its resources and products, the bourgeois family; in the control of authority and its resources and products, the nation-state; in the control of intersubjectivity, Eurocentrism (Quijano 2001: 544f.)

Rasse, Nationalität, Geschlecht und Religionszugehörigkeit sind also keine zeitlosen Analysekategorien, sondern historisch gewachsene Strukturprinzipien dieses 500 Jahre alten Machtmodells, mittels derer die Kultur eines gesamten Weltsystems codiert wurde und nach wie vor wird. Bei der Analyse von Ungleichheitsverhältnissen wie von Gewaltbeziehungen ist es deshalb wichtig, die historische Dimension der Enstehung der sozialen Zusammenhänge, in die sie eingebettet sind, zu berücksichtigen als auch sich des Komplexes von politischen, ökonomischen und sozialen Faktoren, die bei ihrer Herausbildung eine Rolle gespielt haben, bewusst zu werden, um ihre Funktion innerhalb der heutigen Strukturzusammenhänge zu *de*codieren. Im Falle der Gewalt von und gegen Frauen bewirkt deshalb das Beharren auf essenzialistischen Annahmen keine ausgleichende Gerechtigkeit, sondern verschleiert ein weiteres Mal den Konstruktcharakter von Geschlechtsidentitäten und verurteilt Alternativen zum herrschenden ideologischen Modell dazu, „fehlende Denkbarkeiten" (Rolshoven 1994: 559) in einem geschichtsfreien Raum zu bleiben.

## *Literatur:*


Badinter, E. (2003) : Fausse route. Paris.

Brownmiller, S. (1975): Against Our Will: Men, Women and Rape. New York.

Bruckner, P. (1995): La tentation de l'innocence. Paris.

Castro-Gómez, S. (2000): Ciencias sociales, violencía epistémica y el problema de la 'invención del otro', in: Lander, E. (Hrsg.): La colonialidad del saber: eurocentrismo y ciencias sociales. Perspectivas latinoamericanas. Buenos Aires, S. 145-161.

Choderow, N. (1978): The Reproduction of Mothering. Berkeley.

Connell, R. (1999): Der gemachte Mann. Opladen.

Dworkin, A. (1981): Men Possessing Women. New York.

Fiebert, M. (2002): References Examining Assaults By Women On Their Spouses Or Male Partners: An Annotated Bibliography, unter: http:// www. csulb. edu/~ mfiebert/assault.htm.

Godineau, D. (1999): Citoyennes, boutefeux et furies de guillotine. In: Dauphin, C./Farge, A. (Hrsg.): De la violence des femmes, S. 33-49.

Hagemann-White, Carol (2002): Gender-Perspektiven auf Gewalt in vergleichender Sicht. In: Heitmeyer, W./Hagan, J. (Hrsg.): Internationales Handbuch der Gewaltforschung. Wiesbaden, S. 124-149.

Hanagan, M. (2002): Gewalt und die Entstehung von Staaten. In: Heitmeyer, W./Hagan, J. (Hrsg.): Internationales Handbuch der Gewaltforschung. Wiesbaden, S. 153-176.

Hartmann, H. (1981): The Unhappy Marriage of Marxism and Feminism. In: Sargent, L. (Hrsg.): Women and Revolution. London.

Hogg, N. (2003): Women Accused of Genocide in Rwanda, unter: http:// www. ichrdd.ca/english/commdoc/publications/women/bulletin/vol4no1/womenAccusedOfGenocideRwanda.html.

Kersten, J. (1997): Gut und (Ge)Schlecht. Männlichkeit, Kultur und Kriminalität. Berlin/New York.

Kersten, J. (2002): Jugendgewalt und Gesellschaft. In: Aus Politik und Zeitgeschichte. B44, S. 14-20.

Knauf, E.A. (1990): Der Staat als Männerbund – Religionsanthropologische Aspekte der politischen Evolution. In: Völger, G./Welck, K. (Hrsg): Männerbande, Männerbünde. Zur Rolle des Mannes im Kultuvergleich, Ethnologica NF, Band 15. Köln, S. 11-22.

MacKinnon, C. (1987): Feminism Unmodified: Discourses on Life and Law. Boston

Mignolo, W. (2000): Local Histories/Global Designs. Coloniality, Subaltern Knowledge, and Border Thinking. Princeton.

Mis, Maria (1983): Subsistenzproduktion, Hausfrauisierung, Kolonisierung. In: Beiträge zur feministischen Theorie und Praxis 9/10, S. 115-124.

Mitchell, J. (1971). Women's Estate. New York.

Muchembled, R. (1991): La sorcière au village, XVe-XVIIIe siècle. Paris.

Pelizzon, S. (2002): Writing on Gender in World-Systems Perspective. In: Grosfoguel, R./Cervantes-Rodríguez, A.M. (Hrsg.): The Modern/Colonial Capitalist World-System in the Twentieth Century. Westport, S. 212.

Pinker, S. (2002): The Blank Slate. The Modern Denial of Human Nature. New York

Popp, U./Meier, U./Tillmann, K.-J. (2001): Es gibt auch Täterinnen: Zu einem bisher vernachlässigten Aspekt der schulischen Gewaltdiskussion. In: Zeitschrift für Soziologie der Erziehung und Sozialisation, 21. Jg., H.2, S. 170-191.

Quijano, A. (2001): Coloniality of Power, Eurocentrism, and Latin America. In: Nepantla: Views from South, 1.3, S. 533-574.

Rolshoven, J. (1994): „Der Revolver meiner Großmutter". Von wehrhaften Frauen und der Angst in der Kultur. In: Brednich, R.W./Hartinger, W. (Hrsg.): Gewalt in der Kultur, Bd. II,.Passau, S. 559-58.

Schwarz, G. (1997): Les femmes SS, 1939-1945. In: Kandel, L. (Hrsg.): Féminismes et Nazisme. Paris, S. 86-95.

Taylor, P. (2000): Havens and Cages: Reinventing States and Households in the Modern World-System. In: Journal of World-Systems Research, VI, 2, Summer/Fall, S. 544-562.

Trivers, R. (1972): Parental Investment and Sexual Selection. In: Campbell, B. (Hrsg.): Sexual Selection and the Descent of Man. Chicago, S. 136-179

Wallerstein, I. (2000a): The Ideological Tensions of Capitalism: Universalism versus Racism and Sexism. In: Immanuel Wallerstein: The Essential Wallerstein. New York, S. 344-352.

Wallerstein, I. (2000b): The Three Instances of Hegemony in the History of the Capitalist World-Economy. In: Immanuel Wallerstein: The Essential Wallerstein. New York, S. 253-263.

Wallerstein, I. (2000c): The Rise and Future Demise of the World Capitalist System: Concepts for Comparative Analysis. In: Immanuel Wallerstein: The Essential Wallerstein. New York, S. 71-105.

Wallerstein, I. (1979): A World-System Perspective on the Social Sciences. In: Immanuel Wallerstein: The Capitalist World-Economy. Cambridge, England, S. 152-164.

Weber, M. (1972): Wirtschaft und Gesellschaft, Studienausgabe der 5. Auflage. Tübingen.

# "Gender and Crime".
Die Tragweite kulturübergreifender Ansätze

*Joachim Kersten*

## 1. Visibilität: J. Butler und die Bedeutung der Bilder

Zweifellos hat die frühe feministische Forschung im Kontext der sozialen Bewegungen, die praktisch mit männlich dominierter Gewaltausübung in der Gesellschaft und im sozialen Nahraum befasst waren, für unser Thema entscheidende Impulse gegeben. Mit der Trennung der politisch-praktischen und der akademischen Bewegung, also mit der Etablierung von Frauenforschung, jetzt *gender*-Forschung an universitären Lehrstühlen, hat sich die Situation jedoch verändert. Während von Frauen (und einigen Männern) initiierte Praxisprojekte weiterhin mit den alltäglichen und praktischen Auswirkungen der männlichen Dominanz in Politik, "Kulturindustrie" (vor allem in den Medien), Recht, Religion, Kriminaljustiz und auch gesellschaftlich ausgegrenzten Bereichen hadern (und natürlich auch nach Erklärungsansätzen suchen), hat sich an Universitäten unter der subtilen Fuchtel des Elfenbeinturms eine *gender* Forschung etabliert, die mit der Praxis geschlechtsspezifischer Viktimisierung und Dominanz nur noch am Rande zu tun hat. Was in den 70er Jahren mit Julia Kristeva und Luce Irigaray begann, nämlich die Ausrichtung an Sprache und an abstrakten Problemen, prägt heute den vom weißen Mittelschichtsfeminismus stark dominierten akademischen *gender* Diskurs. Theoriebildung und Forschungsschwerpunkte haben mit wenigen Ausnahmen kaum mit dem zu tun, was einmal den Ausgangspunkt für das Interesse an *gender* als sozialer Kategorie bildete.

Judith Butlers Arbeit *Gender Trouble* (1990) gilt als das einflussreichste Werk des universitären Feminismus und verfolgt eine Strategie des radikalen Dekonstruktivismus. Darin wird postuliert, dass die Realisierung von *gender* auf Performanz gegründet sei, nicht auf Identitäten. Veränderungen könnten nur durch eine subversive Strategie erreicht werden, die die *gender*-Dichotomie unterlaufen würde und ihre Normen obsolet werden ließe. Die Orientierungs- und Handlungsmuster, die im Kontext von Abweichung und Kriminalität (und zum Teil auch ihrer Kontrolle) zu beschreiben sind, können wohl als das exakte Gegenteil solcher Strategie bezeichnet werden. Gewaltorientierte junge Männer richten ihr Erscheinungsbild und ihren Handlungsstil an

Maskulinitätsentwürfen aus, die Geschlechterdifferenz betonen und "Identität" (wie auch immer verstanden), oft auch kollektive "Identität" aus den ehemals "unentbehrlichen" Maskulinitätsbeweisen körperlicher Bewährung bei der Lohnarbeit und beim Prügeln mit Konkurrenten zu destillieren suchen. Auch beim abweichenden Verhalten von Frauen ist *gender* von erheblicher Bedeutung, wie verschiedene Beiträge in diesem Band belegen.

Die elegante *coolness* ihrer Analysen und die Betonung der Relevanz von Visibilität, der Bilder von *gender* (mit denen sich auch Goffman beschäftigt hat), verleiht Judith Butler und ihrer Forschung für unser Thema herausragende Bedeutung, insbesondere die Ausrichtung auf den *performance* Aspekt von *gender*. Eine Erforschung kulturvergleichender Daten über geschlechtsspezifische Phänomene der Kriminalität und ihrer Kontrolle ist aber bisher mit poststrukturalistischen Theorieansätzen kaum erfolgt: Zu weit klafft die Schere zwischen den abstrakten Forschungsthemen des akademischen Mittelschichtsfeminismus und den greifbaren *gender* Problemen in den Niederungen der sozialen Wirklichkeit (vgl. Connell 2002: 130).

## 2. Hegemonic masculinity

Die nachfolgenden Überlegungen stützen sich im Wesentlichen auf die theoretischen Vorarbeiten von Robert W. Connell (1987; 1995; 2002), insbesondere auf sein Konzept der *hegemonic masculinity*. Zusätzlich beziehe ich mich auf die Forschung von James W. Messerschmidt (1993; 1997), der Connells *Gender and Power* auf geschlechtsspezifische Phänomene der Kriminalität angewendet hat. Letztere kann demnach als eine für männliche und weibliche Gesellschaftsmitglieder bestehende Möglichkeit des *situational accomplishment of gender* verstanden werden, also als situationsbedingtes, kontextbezogenes Ausführen und Herstellen von *gender* durch kriminelles Handeln. Das englische *accomplishment* kann man etwas freier als "Bewerkstelligung" übersetzen. In diesem Ausdruck kommt der aktive und gestaltende Anteil der sozial Handelnden besser zum Ausdruck. Das Konzept *situational accomplishment of gender* erfasst Vorgänge wie Straßenraub durch Cliquenjugendliche, öffentliche "rechte Aufmärsche" (genau wie Teile des dagegen gerichteten Protests der "Autonomen"/Antifa) und kann auch *White Collar/ Corporate Crime* oder Eskalationsprozesse bei der "zwischenmännlichen Gewalt" oder bei Konflikten zwischen Intimpartnern erklären (vgl. Polk 1995).

Genau diese gestaltende Komponente, der aktive Anteil der gewaltmäßig oder widerrechtlich handelnden jungen oder älteren Männer fehlt in den klassischen Ansätzen, in der kritischen Kriminologie und auch in der sozialpädagogischen Theoriebildung. Wer Kriminalität im Wesentlichen als ausschließliche Folge von Täterpersönlichkeit oder von gesellschaftlichen Definitionsprozessen, von sozialer Kontrolle und sozialer Deprivation definieren will, macht die in diesem Kontext Handelnden zu "Reaktionsdeppen" wie Trutz von Trotha (1996) anmerkte. Zwecks einer stringenten Theoriebildung werden gerade *underclass*-Akteure verobjektiviert, ihrer Subjektivität, und wenn man so will, auch ihres Geschlechts beraubt, indem man den geschlechtsspezifischen Sinn ihres Handelns notorisch unbeachtet lässt.

Ein weiterer Vorteil des Konzepts "Bewerkstelligung" von *gender* liegt in der Betonung der situativen Faktoren, also des Handlungskontextes, der in vielen Studien zur Jugendgewalt unberücksichtigt bleibt. Ob man den Gewaltausübenden unaufgefordert eine Opferrolle (Opfer der kapitalistischen Gesellschaft, der Modernisierung/Individualisierung/Desintegration) aufdrückt oder Männer (mitunter auch alle Männer) als Täter aufgrund von Bosheit, Charakterschwäche, Machtlust etc. sieht, bleibt letztlich gleichgültig: Es sind normative Setzungen, die mit Wissenschaft nicht viel zu tun haben.

R.W. Connell gilt in der *gender*-Forschung über *masculinities* inzwischen als der meistzitierte Autor. Seine Arbeiten, speziell zur *hegemonic masculinity* und *emphasized femininity* erschienen Mitte der 80er Jahre als geeignetes Gerüst, um Daten aus qualitativen Untersuchungen zum Thema "Geschlossene Unterbringung" zu interpretieren (Wolffersdorff-Ehlert et al. 1997). Insbesondere ging es dabei um die *gender regimes* in geschlossenen Heimgruppen von Jungen und Mädchen. Diese Untersuchungen hatten zum Ergebnis, dass die geschlechtsspezifischen Orientierungsmuster im Netzwerk der Normen, Regeln und Kommunikationsformen der Jugendlichen untereinander und auch zwischen Jugendlichen und Personal durch ihre Ausrichtung auf scheinbar konforme Geschlechterbilder von *hegemonic masculinity* beziehungsweise *emphasized femininity*, pointiert ausgedrückt, die Abweichung der ihnen anvertrauten Jugendlichen eher verlängerten und verstärkten als erzieherisch veränderten.

Methodisch analoge Feldstudien in entsprechenden Einrichtungen für männliche und weibliche Jugendliche, die zusammen mit Studierenden der University of Melbourne in australischen *Youth Training Centers* und mit Studierenden der Rikkyo Universität in Tokio in japanischen *Shonen-in* erhoben wurden, ergaben ein ähnliches Bild: Im Rahmen der jeweiligen Kultur eher traditionelle, für die entsprechenden Jungen und Mädchen wenig erfolgversprechende Entwürfe von *gender* standen im Mittelpunkt des offiziellen und inoffiziellen Lehrplans der Erziehungseinrichtungen für auffällig gewordene Jugendliche (vgl. Wolffersdorff-Ehlert et al. 1997). Man konnte somit zu der Schlussfolgerung gelangen, dass zum einen geschlechtsspezifische Orientierungs- und Handlungsmuster bei Jungen und Mädchen, fast immer kombiniert mit sozialen und ethnischen Herkunftsfaktoren, dieselben in den

Bereich von Maßnahmen der Kriminaljustiz und des *welfare*-Systems bringen und dass gleichzeitig die Strukturen des institutionellen und subkulturellen *gender regimes* in den entsprechenden Erziehungs- und Besserungsheimen diese Muster zementieren. Die Folge: Statt der Kriminalität Einhalt zu gebieten, produzieren bereits erlernte und in der Institution verstärkte *gender* Orientierungen neue Kriminalität, machen sie stellenweise sogar attraktiv.

*Gender* in den Institutionen der *Criminal Justice* **macht** *Crime*, eine wenig optimistisch stimmende Einsicht, die sich schon in den 70er Jahren bei einer Untersuchung in bayerischen Jugendstrafanstalten abzeichnete, für die aber kein theoretisches Gerüst zur Verfügung stand. Bei den Gesprächen mit Gruppen junger und heranwachsender Strafgefangener zeigte sich, dass *gender* zwar Machtansprüche gegenüber anderen Männern wie Mitgefangenen/Spezln/"Kanacken" sowie gegenüber Frauen und Vertretern der sozialen Kontrolle erklären kann, dass aber soziale Lage/Umwelt und Biografie sowie Ethnizität der jungen Männer sowie konkrete Ereignisse im Leben der Individuen stets kontextuell einbezogen werden müssen, um spezifische Repräsentationen von Maskulinität zu verstehen. Warum muss der aus der Haft entlassene junge Mann seine Partnerin schlagen, um eine Erektion zustande zu bringen? Warum kann ein anderer Gefangener seine Geliebte romantisch-madonnenhaft überhöhen und wenige Minuten später ankündigen, dass er sie wahrscheinlich auf den Strich schicken werde, um mit ihr seine Karriere als Zuhälter fortzusetzen? Warum wird das ehemalige Cliquenmitglied zum Gegenstand unbarmherzigen Gespötts, weil er im sonntäglichen Gottesdienst der Vollzugsanstalt als Ministrant dem Pfarrer zur Hand geht? Woher rührt der Hass der randständigen jungen Männer auf die noch randständigeren aus ethnischen Minderheiten (vgl. Kersten/Wolffersdorff 1980)? Mit der die Geschlechterdifferenz betonenden Theorie der Geschlechterrollen, die letztlich trotz sozialwissenschaftlicher Methodik biologistische Grundannahmen zementiert (vgl. Messerschmidt 1993), ließ sich der komplizierte Verlauf der Linien von Herrschaftsanwendung und Herrschaftsunterworfenheit im Gefängnis ebensowenig erklären wie mit der vorwurfsvollen "Männergewalt"-Rhetorik des sich damals entwickelnden Zweigs des *cultural feminism* ("radikaler Feminismus"). Der Erklärungswert der damals gängigen Theorien ergab sich aus dem Etikettierungsansatz und der Theorie der totalen Institution, blieb aber ansonsten noch weiter hinter Geschlechtsrollenansatz und radikaler Frauentheorie zurück. Völlig unbrauchbar erschienen die Fantasien von der Kriminalität als solidarischem jungproletarischem Widerstand ("Jugendkultur als Widerstand"), die damals in der akademischen Sozialpädagogik hohe Buchauflagen brachten.

## 3. Gender, Kriminalität und Kultur

Mit der Untersuchung “Masculinities and Crime” von James Messerschmidt, die 1993 herauskam und eine Kritik der – man möchte fast sagen: vorsätzlichen – gender blindness der klassischen und kritischen Kriminologie vorlegte und dies mit der Zurückweisung der essenzialistischen Erklärungsansätze von Brownmiller, Daly und MacKinnon (1975) kombinierte, konnte männlich dominierte Kriminalität und ihre Kontrolle durch die Kriminaljustiz mit Hilfe eines gendertheoretischen Ansatzes als state of play zwischen hegemonialen und subordinierten Maskulinitätsansprüchen verstanden werden. Allerdings sind bei diesem state of play die Karten ungleich verteilt, die schlechtesten werden fast immer an die subordinated masculinities verteilt. Mithilfe dieses Ansatzes und unter Heranziehung kulturanthropologischer Forschung zum Thema masculinities konnte die von Kultur zu Kultur unterschiedliche Sichtbarkeit von männlich dominierter Gewaltkriminalität gendertheoretisch erklärt werden (vgl. Kersten 1997). Die historisch entwickelten Maskulinitätsentwürfe der frontier society Australiens (ein Kontinent mit hoher Sichtbarkeit männlich dominierter Gewaltvergehen) ließen sich mit den konventionellen, aber aus westlicher Sicht eher androgyn definierten Maskulinitätsnormen Japans (eine Kultur mit deutlich weniger sichtbarer “Männergewalt”) konfrontieren. Mythologisierte, legendäre Entwürfe wie digger oder samurai ließen sich auf soziale Funktionen für das jeweilige Gemeinwesen zurückführen und die Definition abweichender, gefährlicher Maskulinitäten zeichnet den diametralen Gegensatz solcher nützlicher und scheinbar unverzichtbarer männlich dominierten Leistung für das Gemeinwesen und die Familie. Zusammengefasst ergab sich kein kausaler Zusammenhang zwischen “Männlichkeit” und Kriminalität. Die Sichtbarkeit bestimmter, vor allem ängstigender Gewalttaten hing eher mit Krisen in den jeweiligen Kulturen zusammen. Das Ergebnis der kulturvergleichenden Studien von abweichend definierten Maskulinitätsentwürfen, aber auch die gendertheoretischen Studien gewaltbereiter Gruppierungen männlicher Jugendlicher in verschiedenen Ländern verweisen auf die Brauchbarkeit des von Alfred Adler zur Zeit des Ersten Weltkrieges geprägten Ausdrucks des “männlichen Protests” (protest masculinity; vgl. Connell 2002: 121) für die Krisenerscheinungen in den Geschlechterverhältnissen des 20. und 21. Jahrhunderts.

Connell entwickelt vier Dimensionen für die Analyse der Geschlechterverhältnisse und ihrer Veränderungen: Zunächst geht es um Herrschaftsverhältnisse (*power relations*), die aber auch Verwerfungen zeigen. Messerschmidt argumentiert, dass ein arbeitsloser Mann eine wohlhabende Frau vergewaltigen kann. Gleichzeitig können weiße Siedlerfrauen die Unterdrükkung schwarzer Frauen und Männer betreiben. Für die Aufrechterhaltung der *hegemonic masculinity* in unseren Kulturen ist dabei die Visibilität von spezifischen *subordinated masculinities* (z.B.: kriminelle junge Männer der *underclass*, Skinheads, jungen Türken) als Risikoträgern ein entscheidender Faktor, und nicht nur die subtilen und offenen Benachteiligungs- und Unterdrückungformen, die in der männlich dominierten Gesellschaft gegenüber Mädchen und Frauen verwendet werden. Das Problem ist:

a) Es gibt kein Patriarchatshauptquartier (*Patriarchy Central*), dem man dies alles nachweisen und das man gezielt angreifen könnte; die Geschlechtermacht ist auch nicht total, sie erzeugt Gegenbewegungen (Connell 2003: 59f.).
b) Frauen beteiligen sich in gewisser Weise an der Reproduktion von *hegemonic masculinity* (vgl. Mentrup 2003): Sie unterdrücken sich mitunter gegenseitig und manchmal auch ihre männlichen Partner.

Die zweite Dimension betrifft Produktionsverhältnisse und hierbei speziell die Auswirkungen der geschlechtsspezifischen Arbeitsteilung. Für unser Thema ist hier der tertiäre Sektor interessant. Dieser hat jedoch aus der Sicht junger Männer, für die der Dienstleistungssektor ihre einzige Chance wäre, einen zutiefst widerwärtigen, weil femininen Charakter. Pflegen, putzen, sauber machen, freundlich und aufmerksam sein: Keine Chance für das Muskelspiel des männlichen Körpers, für seine masochistische Beschädigung und letztlich Zerstörung, kein Risiko. Arbeitsmarktbezogene *gender*-Normen beschneiden Chancen bei denen, die ohnehin kaum welche haben. Die "männliche Ehre", eine wichtige Ressource beim *accomplishment of gender* in den randständigen Zonen der Kultur, wirkt bei diesen Jugendlichen in mehrfacher Hinsicht als Falle.

Die dritte Dimension nennt Connell *emotional relations* oder *cathexes* und diese scheint mir für die umfassendere Betrachtung von *gender & crime* von herausragender Bedeutung. Das Entstehen von Hass und positiven Affekten beim Individuum und in der Kultur sind ohne diese Ebene nicht berücksichtigt. Hier ist auch die Verbindung zur Visibilität gegeben. Visibilität, speziell Medienvisibilität von Kriminalität beeinflusst den Umgang mit Kriminalitätsfurcht, Vergeltungsbedürfnissen, kriminalpolitischen Versprechungen und Schuldzuschreibungen. Die Konstruktion des "bösen Täters" im ARD-Tatort, im Pamphlet sozialer Bewegungen oder im Programm populistischer Politiker braucht Bilder, um Gefühle auszulösen.[1]

---

1 Die Gestalt des abweichenden Manns, der für die – wie auch immer – gerechte oder lohnende Sache der gewalttätigen Maskulinität steht, ist jedoch zutiefst ambivalent. Der Film, z.B. Clint Eastwoods *Perfect World* mit Kevin Costner als Straftäter und gleichzeitig Ersatzvater für den entführten Jungen oder (ohne direkten Bezug zu *gender & crime*)

*Cathexes* ist eine essenzielle Dimension für das Verständnis der geschlechtsspezifischen Konstruktion der gehassten Anderen, ohne die man die Konstruktionsmerkmale situativ hergestellter *hegemonic masculinity* bei Skinheads aber auch bei Ghetto- oder Spätaussiedlerkids nicht nachvollziehen kann.

"A major arena of emotional attachment is sexuality (...) The main axis on which contemporary Western sexuality is organized is gender: the division between cross-gender (heterosexual) and same-gender (homosexual) relations. This distinction is so important that we treat it as defining different kinds of people ('homosexuals', 'heterosexuals')" (Connell 2002: 63).

Im Kulturvergleich zeigt sich, dass viele menschliche Gesellschaften diese Unterscheidungslinie nicht oder anders ziehen. Die Zwanghaftigkeit dieser Differenzziehung ist wohl kaum irgendwo so ausgeprägt wie bei jungen Migranten mit moslemischer Herkunft, Spätaussiedler- und deutschen Unterschichtsjugendlichen. Dies kommt nicht nur als Verbalinjurie "Du schwule Sau" daher, sondern lässt sich auch am Hellfeld der entsprechenden tätlichen Angriffe an Klappen oder in Parks ablesen. *Gender*-Devianz wird durch die Maskulinitätsbeweise der Randständigen bestraft. Die Jugendlichen agieren als selbsternannte *gender*-Polizei. Eine andere Ausdrucksform der *gendered cathexis* sind geschlechtsspezifische Nationalismen: Bei uns gilt dies für die "stolzen Deutschen" der rechten Szene, aktuell verdeutlicht wird dies aber auch durch das Zelebrieren von *gendered nationalism* der Bush Administration (der Auftritt auf dem Flugzeugträger, die Inszenierung "Rettung der jungen Frau aus dem Würgegriff des Feindes"). Beispiele gibt es auch in Teilen des ehemaligen sowjetischen Imperiums (vgl. Connell 2002: 64 f.).

Die symbolische Bedeutung von *gender* (*symbolic relations*) zeigt sich auf nahezu allen Ebenen menschlicher Kommunikation und auf vielen des Handelns. Kontext muss hier nahezu immer berücksichtigt werden, um diese Bedeutung zu erschließen. "Gymnasiast", "Pfadfinder", "Schülerlotse", "Zivi(ldienstleistender)", sind jeweils Bezeichnungen für junge Männer, aber die Visibilität von Maskulinität, die Performanz maskuliner Potenz und männlichen Risikoverhaltens entsteht nahezu automatisch bei den Bezeichnungen "türkischer Jugendlicher" (Gelfrisur, "konkrete" Sprache, Hiphophosen, Kette um Oberarm, Handy), Hooligan (Bomberjacke, Designerjeans, New Balance Runners, Handy), "Russenkid" (fremde Sprache, Cliquenauftreten, Bier- oder

---

*About Schmidt* (Alexander Payne) mit Jack Nicholson als Pensionär Schmidt, dessen Identität als amerikanischer Mann durch Verlust der Position, dann der Frau und respektive auch der Tochter, in eine Krise gerät, bringt dies besser zum Ausdruck als viele *gender studies*-Bücher, und zwar genau deshalb, weil Bilder diese Ambivalenz besser zeigen können als Texte. Insofern ist die Filmversion von *About Schmidt* (Holden 2002; Kniebe 2003) für eine *gender* Analyse ertragreicher als der in gewisser Weise natürlich wesentlich komplexere Roman von Louis Begley (1996).

Wodkaflasche in der Hand), "Skinhead" (Glatze, Grölen von fremdenfeindlichen Parolen, Aggressives Verhalten, Baseballschläger in der Hand). Der jeweilige Kontext ist mehr als nur Staffage: So wie Klassenzimmer, Lagerfeuer, Zebrastreifen, Krankenhaus Kontext für die unauffälligen jungen Männer sind, so werden Straßenecke, ethnische Stadtteile, Innenstadt-Fußgängerzone, Autobahnrastplätze, Spielplätze, Schulhöfe und Parks, Tankstellen, rechte Kneipen, NPD-Parteitage oder Protestdemos gegen die Wehrmachtsausstellung mit den gefährlichen Maskulinitäten assoziiert.

Meine gegenwärtigen Feldstudien beim Streifendienst der städtischen Schutzpolizei liefern Beispiele für das, was Connell mit seiner Dimension der *symbolic relations* zu erfassen sucht: Wir fahren am sonnigen Nachmittag mit einem Dienstfahrzeug (Polizei-VW Bus) durch das Revier in einer Großstadt. An einer Verkehrsampel hält neben uns ein kleiner, aber aufgedonnerter 4WD mit geöffnetem Sonnendach, darin sitzen zwei mit Sonnenbrillen, gegeltem Haar ausgestattete einheimische junge Männer. "Na Mädels, alles in Ordnung?", ruft der Fahrer des Polizeifahrzeugs. Die Jungs nicken brav, lächeln verkrampft und fahren bei Grün weiter.

In der darauf folgenden Nachtschicht – etwa ein Uhr morgens – fahren wir in der gleichen Besetzung durch die Innenstadt aus einer Querstrasse auf die Hauptstrasse zu. Auf dieser huscht von rechts kommend ein schwarzer 3er-BMW an uns vorbei, vorne leuchtet es blau. Der Fahrer des Dienstfahrzeugs gibt Gas, folgt dem BMW und hält ihn an. In ihm sitzen vier türkischstämmige junge Männer. Auf der Innenseite der Windschutzscheibe sind an allen vier Ecken blaue Strahler angebracht, die nach vorne leuchten. Dies ist laut Straßenverkehrsordnung untersagt, wie die Polizisten dem Fahrer mitteilen. "Das ist eine Frage des Geschmacks", sagt einer von der Hinterbank. "Nein", sagt der Polizist, "das ist es nicht, dazu sieht es auch noch echt Scheiße aus." Der Fahrer lenkt ein, macht sein Blaulicht aus, akzeptiert die Verwarnung und der BMW rollt weiter auf der Suche nach Abenteuern in der großstädtischen Nacht.

Bei der Nachtschicht des zweiten Umlaufs in diesem Revier sitze ich hinten im Mercedes-Kombi. Der Dienstgruppenführer, ein Hauptkommissar, hält nach kurzer Verfolgungsfahrt einen großen BMW an. Der Fahrer ist gleichfalls türkischer Herkunft, macht auf mich aber einen anderen Eindruck als die Migrantenkids in den 3er BMWs, aus denen der Ghettosound donnert. Er spricht perfektes Deutsch, sein Auto ist voller teurer Geräte, Notebook, Ledertaschen. Er ist mit kurzer Hose und Poloshirt sommerlich gekleidet. Er wirft den Polizisten indirekt Fremdenfeindlichkeit vor und sie würden stets die Falschen verfolgen. In seinem Kofferraum findet sich unter Decken ein Blaulicht. "Na, Polizei spielen wollen?", kommentiert der Hauptkommissar lakonisch. Er findet die Drogen nicht, die er im Auto sucht. Der Drogenhund ist auf Urlaub (ironischerweise in der Türkei). Der Fahrer zeigt dem Polizisten dann noch weitere Seitenablagen im Kofferraum mit der verdeckten Botschaft, dass dieser sich offensichtlich mit 5er BMWs nicht auskenne (weil er immer nur 3er kontrolliert). Der Polizist regiert nicht darauf und schickt den Kontrollierten ohne weitere Maßnahmen weg. Sein Kollege hat inzwischen Fahrzeug- und Personendaten überprüft. PAD (Personalauskunftsdatei) vermeldet fast dreißig Treffer für den BMW-Fahrer. Aus dem geöffneten Seitenfenster ruft der Hauptkommissar dem jungen Mann ein grollendes "Wir sehen uns wieder" zu. "Das hoffe ich nicht", antwortet der. "Ich bin mir sicher, wir sehen uns". Der Polizist behält das letzte Wort, denn er gibt Gas und schließt das Fenster.

Zur Interpretation könnte man auf das erwähnte *state of play* zwischen *hegemonic* und *subordinated masculinity* rekurrieren. Die Maskulinität des polizeilichen Gegenübers wird verhohnepiepelt, ihre Kompetenz wird bezweifelt, sie wird verweiblicht oder als die von Banausen und Dilettanten etikettiert. Anders der letzte Fall. Hier handelt es sich um einen gewieften Gegner. Deshalb ärgert sich der Polizist. Über die anderen lacht er. Weiterhin lässt sich anmerken, dass für junge Männer aus dem Migrantenmilieu trotz ihrer täglichen und nächtlichen Probleme mit Streifenbeamten, die zum erheblichen Teil auch Konfrontationen mit sich bringen, die Symbolik des maskulinen Polizistentypus wohl von großer Attraktivität zu sein scheint.[2]

Die Masse der rassistischen und ausländerfeindlichen Angriffe in unserem Land wird von männlichen Jugendlichen und jungen Männern begangen. Der kleinste gemeinsame Nenner ist dabei „action“. Solche antagonistischen Konfrontationen und Überfälle können, wie auch andere Formen der Körperverletzung oder der Beschädigung von Eigentum als *accomplishment of gender* gelten. Diese tiefere Bedeutung abweichenden Verhaltens gilt für Skinheads und "Rechte" wie für Migrantenjugendliche. Der situative Anspruch auf *hegemonic masculinity* bezieht sich auf das Abstecken von Territorium, auf den Schutz der einheimischen Frauen, auf den Nationalstolz und auf "Ehre" beziehungsweise "Respekt". Dies verbindet sich mit risikohaftem Verhalten, einer aggressiven *front* sowie mit häufigen verbalen und auch körperlichen Angriffen auf andere. Connells Buch *Masculinities* illustriert die Bedeutung von *front* und *display* im Rahmen der Risikosuche junger Männer.

Obwohl die jungen Männer sich so betont als Vertreter des dominanten Geschlechts darstellen, haben sie praktisch so gut wie nichts von der "patriarchalischen Dividende" (Connell 2002: 112). Sie sind nicht heiratsfähig, sie können kein *Pater familias* werden. Es gibt kein regelmäßiges Einkommen und ihren Status müssen sie durch äußere Merkmale demonstrieren, weil die ökonomische und soziale/kulturelle Substanz von Status nicht vorhanden ist.

---

2 Das Blaulicht erscheint – so gesehen – als homoerotisches Gegenüber des heterosexuellen Rotlichts (natürlich im ensprechenden Bezirk, nicht an der Ampel).

So bleibt ihnen nur das aggressive Einklagen des "Respekts" und der "Ehre", der ewige Beweis der Risikobereitschaft an der Straßenecke, beim Autofahren, bei der Konfrontation mit Lehrern, Meistern oder mit der Ordnungsmacht und natürlich die hohe Affinität zum Rausch. Dies alles muss öffentlich stattfinden, die peer group und möglichst die ganze Nachbarschaft sollen zuschauen.[3]

Ein *loser*-Status wird in den des rebellischen Helden transformiert, ein Mann, der wegen seiner *front* und seiner Bereitschaft zu echter *action* Respekt verdient beziehungsweise gefürchtet wird. Nur so kann sich die Protestmaskulinität zeigen, ohne ihre Sichtbarkeit ist sie nichts. *Becoming a good boy by being a bad boy*, so hieß die für westliche Industriegesellschaften gültige Formel noch zu Talcott Parsons Zeiten. Das Schicksal der Rebellion der *working class boys* hat zuletzt Paul Willis beschrieben. Aber mit dem Niedergang des sekundären Sektors und der *working class culture* garantiert der Industriebetrieb nicht mehr das Erlernen der maskulinen Disziplin. Die Fabrik bestimmt nicht mehr die Lebenswelt junger Männer aus den unteren sozialen Schichten oder aus dem Migrantenmilieu. Es gibt sie kaum noch, die Fabrikwelt, aber die kulturellen Merkmale der Gratifikation nach dem harten Arbeitstag werden stets noch gepflegt: Bier, echte Männerfreundschaft, Fußball, das Ganze kombiniert mit Frauenverachtung und Schwulen- bzw. Fremdenhass. Für nicht wenige Skinheads, besonders die, die sich "nicht für Politik interessieren", ist der Mythos einer Arbeiterkultur des 19. und frühen 20. Jahrhunderts immer noch "Identitäts"-stiftend, aber nur als die Kneipenversion ohne die Disziplin der Fabrikarbeiterkultur. Weshalb dies in den Neuen Bundesländern, dem ehemaligen "Arbeiter- und Bauern-Paradies", ausgeprägter der Fall zu sein scheint, dürfte aus dieser Sicht kaum Fragen aufwerfen.

## 4. Die Verlockungen des Essenzialismus

Jock Young hat mit seinem Werk *The Exclusive Society* (1999) eine umfassende Auseinandersetzung mit den zentralen Argumenten der postmodernen Kriminalitätsdebatte vorgelegt. Er geht auf das Medienbild der Kriminalität ein, auf die kriminalpolitische Verwendung des "Unsicherheitsgefühls", auf die Begeisterung für Zero Tolerance und auf die Verlockungen des Essenzialismus. Young beschreibt die Jahrzehnte nach dem Ende des Zweiten Welt-

3 Besonders wichtig erscheint dies den selbst ernannten Beschützern von Frauen, Rasse und Nation und wie Hoyerswerda und Rostock-Lichtenhagen gezeigt haben, gelingt dies mitunter auch.

kriegs als eine Phase des Versuchs der Inklusion der sozialen Abweichung und benutzt dafür die Metapher des Kannibalismus. Das Abweichende wird verschlungen, man will seine magische Stärke dadurch brechen, zum Teil vielleicht sogar übernehmen.[4]

Die sich anschließende Periode kennzeichnet Young mit “Bulimie”, also das Unerwünschte muss man verschlucken und danach erbrechen und somit loswerden. Die 50er, 60er und ein guter Teil der 70er Jahre können als Inklusionsphase beschrieben werden. Jetzt gilt Exklusion als normaler Umgang mit Kriminalität, insbesondere natürlich in den punitiven Kulturen der USA, mit Unterschieden auch in Großbritannien.

Modernisierung, insbesondere als die beschriebene Auflösung der verarbeitenden Industrie, Einwanderung und andere Entwicklungen haben den monokulturellen Charakter der ehemaligen Industrienationen verwandelt. Vormals in den “Es ging uns noch nie so gut wie heute”-Gesellschaften

- wurden Bürgerrechte und Bürgerschaft ausgeweitet (auf vorher Ausgeschlossene);
- intervenierte der Staat im Interesse einer gerechten Verteilung für alle;
- galt das Modell des *rational conforming citizen*, also des konformen Bürgers demgegenüber der *determined deviant*, also ein zweckbestimmt handelnder Abweichler stand (Ausnahme: Berufskriminelle und psychische und soziale Außenseiter);
- galt der Familienhintergrund des Täters als hauptsächliche Ursache für Probleme;
- assimilierte der Staat die Abweichung und beschäftigte dafür Experten, Therapeuten, Sozialarbeiter und positivistische Sozialwissenschaft. Der Deviante wurde als Bürger betrachtet und er musste resozialisiert und rehabilitiert werden, bis er wieder **so wie wir** war.

Das Konzept des sozialen Kontrakts der Bürgergesellschaft, die auf Gerechtigkeit beruht, wird aufgegeben. Heutige Gesellschaften, in denen Inklusion und Exklusion zu einer chronischen relativen Deprivation bei den Armen geführt hat, weisen einen bedenklichen Angstzustand bei den etwas Bessergestellten auf. Die Betonung der Unterschiede (zwischen den Menschen) und der Vielfalt (*difference & diversity*) werden zur Norm, ja zur Tugend erhoben. Intoleranz sowie Strafbedürfnisse gegenüber Abweichlern werden selbstverständlich. Der gegenseitige Blick grenzt ab: Die relativ Deprivierten “da unten” blicken auf zu den etwas Bessergestellten und verlangen ähnliche Lebensqualität. Die etwas oberhalb Situierten schauen nach unten, und sie

4 Der Film *One flew over the Cuckoo's Nest* (wiederum mit Jack Nicholson) beleuchtet die dramatischsten Formen dieser Zwangsintegration und ihrer therapeutischen Methoden.

sehen die Deprivierten als Träger unberechtigter Privilegien. Es geht ihnen zu gut, wenn auch nicht ganz so gut wie einem selbst (vgl. Young 1999: 9).

Folge der wirtschaftlichen, sozialen und kulturellen Wandlungsprozesse ist die Sichtbarkeit einer fast ausschließlich aus jungen Männern bestehenden "Treibholzkaste". Kennzeichnend für ihre Lage ist strukturelle Arbeitslosigkeit sowie der Ausschluss vom Heiratsmarkt. Das Treibholz nutzt gelegentlich das Kehrwasser: Dort fließt es gegen den Strom und wird besser sichtbar als in der Flussmitte. Durch solche Sichtbarkeit werden die Angehörigen der Treibholzkaste zum Träger eines – der faktischen Situation nicht entsprechenden – Bildes von Machismo, z.B. im von Kriminologen verwendeten Ausdruck "Macho-Türken". Sie, aber auch die monolithisch konstruierten Skinheads repräsentieren negativ gepolte ("unangenehme") Maskulinitäten mit extremen Ausprägungen sexistischer, rassistischer (ethnozentrischer/ fundamentalistischer, jedenfalls intoleranter) und anti-intellektueller Haltungen. Kurzum sie erscheinen als unzivilisiert und gefährlich (Young 1999: 12).

Diese Treibholzkaste, so Jock Young, genauer ihre über ihr zahlenmäßiges Vorhandensein hinaus gehende, **heraus ragende** Visibilität und die ihrer Bedrohlichkeit, wird im Exklusions-Zeitalter zum Hauptantrieb für die Veränderungen von Verhalten und Einstellungen der Öffentlichkeit:

- Es entsteht ein Vermeidungsverhalten, verbindlich für Frauen und Mädchen, aber häufig auch für Alte und Jugendliche beiderlei Geschlechts mit *no-go zones*, wo man zu bestimmten Nacht- oder Tageszeiten (oder beides) nicht hingehen kann.
- In Institutionen entwickelt sich eine Routine von Exklusion durch Bestrafung.
- Im öffentlichen Raum oder in Konsumzonen entwickelt sich eine kommerzielle Routine von Exklusion durch *private security* (Young 1999: 18).
- Es entsteht eine Selektivität polizeilicher Kontrolle. Es werden soziale Kategorien kontrolliert (Young 1999: 44).

Zum Thema *gender & crime* kommt Young zur der Einsicht, dass weit verbreitete Gewalt eher das Zusammenbrechen von Hegemonie ankündigt und kein Beleg einer funktionierenden Hegemonie sein kann und dass *gendered crime* aufgrund von *exclusion* und *inclusion* auftreten wird. Dementsprechend spielt die Kategorie *gender* im Abschnitt über "Die Attraktivität des Essenzialismus" (*the appeal of essentialism*) eine wichtige Rolle. Hier unterscheidet Young zwischen Trends der Selbstessenzialisierung (*self-essentialism*) und einer Strategie der Essenzialisierung der "Anderen" (*essentializing the other*). Im Wissenschaftsdiskurs wird das ehemalige Anliegen, nämlich die Differenz zwischen den Geschlechtern nicht nur **nicht** zu betonen, sondern diese Differenz in Frage zu stellen, abgelöst durch das Zelebrieren von

Grenzziehung, schreibt Young in Anlehnung an Lynn Segal. Während in der Inklusionsphase Schwarze, Weisse, Männer, Frauen, "Normale" und "Abweichende" als prinzipiell gleich angesehen werden, wird nun die Differenz zur essentiellen, bei einigen Strömungen sogar zur heiligen Größe: Sie muss anerkannt und respektiert werden.

Die Existenz der Unterschiede wird auf essenzielle Eigenschaften zurückgeführt und diese, so Young (1999: 103) sind anscheinend festgelegt und zeitlos. Darin läge ihr Reiz, ihr *appeal*. Die Attraktivität der Strategien des *essentialism*, ob sie sich nun auf Geschlechtszugehörigkeit, ethnische Herkunft oder *main stream*-Zugehörigkeit, auf Religion oder wissenschaftliche Denktraditionen bezieht, operiert auf der normativen Ebene mit einem selbstverliehenen Opferstatus. Dieser erzeugt Sicherheit auf der ontologischen Ebene, bestätigt die eigene Überlegenheit, legitimiert Privilegien und weist gleichzeitig den Anspruch auf Eigenverantwortlichkeit zurück. Man kann die Schuld immer den anderen geben. Sie bilden die Projektionsfläche für die negativen Aspekte des Eigenen, die man so nach außen verlagert. Man kann Einigkeit der Interessen behaupten und das Unakzeptierbare akzeptabel machen: antisexistische Zwangskurse für Unterschichtsjungen, Kopftuchzwang für Mädchen, Kopftuchverbot für Lehrerinnen, Legitimation des Beschneidungszwang für Mädchen und Frauen nicht nur in entlegenen Teilen der Welt, sondern auch in den Einwanderungsländern, Ausschluss von Mädchen im Sportunterricht, Abtreibungsverbote, "Männergewalt"-Kampagnen, die die Wirklichkeit bis zur Unkenntlichkeit verbiegen (und Präventionspreise gewinnen), Zensurgebote wären Beispiele aus der letzten Zeit.[5]

In unserem eigenen Behuf wären die Konzepte der "Männergewalt" auf der einen und der "Anti-Männer-Verschwörung" auf der anderen Seite, sowie die Rede von "**der** Jugendgewalt" und von den "Macho-Türken" lohnende Gegenstände eines Essenzialismus-Tests.

## *Literatur:*

Begley, L. (1996): About Schmidt. New York.

Brownmiller, S. (1975): Against Our Will: Men, Women, and Rape. New York.

Butler, J (1990): Gender-Trouble: Feminism and the Subversion of Identity. Routhledge.

Connell, R. W. (1987): Gender and Power. Sydney.

Connell, R. W. (1995): Masculinities. Cambridge.

Connell, R. W. (2002): Gender. Cambridge.

5 Die momentane US-Politik kann hier aus Platzgründen nicht berücksichtigt werden. Dort erleben Strategien der Selbst- und Fremdessenzialisierung eine Eskalation, die durchaus zu historischen Vergleichsfragen verleiten könnte (vgl. dazu J. Kersten (2002)).

Daly, M. (1990): Gyn/Ecology. Boston.

Holden, S. (2002): "An Uneasy Rider on the Road to Self-Discovery". In: New York Times, September 27.

Kersten, J./Wolffersdorff-Ehlert, C. v. (1980), Jugendstrafe – Innenansichten aus dem Knast. Frankfurt.

Kersten, J. (1997): Gut und (Ge-)Schlecht. Männlichkeit, Kultur und Kriminalität. Berlin/ New York.

Kersten, J. (2002), "Bin Lachen – Comedy und Entdämonisierung" Zwischen Herrschaft und Befreiung -Politische, kulturelle und wissenschaftliche Strategien (Festschrift für Heinz Steinert), hrsg. von Oliver Brüchert und Christine Resch. Westfälisches Dampfboot: Münster: 274-284.

Kersten, J. (2003): "Youth Groupings, Identity, and the Political Context - On the Significance of Extremist Youth Groupings in Unified Germany". In: von Hagedorn, J. (Hrsg.) Gangs in the Global City. University of Illinois Press: Champaign, Il. (in print).

Kniebe, T. (2003): "Ein abgesessenes Leben – Jack Nicholson ist auf wunderbare Weise nicht er selbst in dem Film ,About Schmidt'", Süddeutsche Zeitung (26. Februar).

Lamnek, S./Schwenk, O. (1995): Die Marienplatz-Rapper. Zur Soziologie einer Großstadt-Gang.

Lamnek, S. (1998): "Jugendkriminalität: Erscheinungen – Entwicklungen – Erklärungen". In: Zeitschrift für Gesellschaft, Wirtschaft, Politik und Bildung 47. Jahrgang, Heft 3 (1998), S 379-412.

MacKinnon, C.A. (1987): Feminism Unmodified. Discourses on Life and Law. Cambridge, Mass.

Mentrup, A. (2003): "Böse Mädchen – Der alltägliche Stutenbiss: Rachel Simmons hat genug davon." Süddeutsche Zeitung (27. Juni). S. 16.

Messerschmidt, J. (1993): Masculinities and Crime. Rowman and Littlefield.

Messerschmidt, J. (1997): „Von der Analyse der Männerherrschaft zur Forschung über Geschlechterverhältnisse". In: Kersten J./Steinert H. (Hrsg.) Jahrbuch für Rechts- und Kriminalsoziologie. Baden Baden 1996, S. 13–36.

Polk, K. (1995), When Men kill-Scenarios of Masculine Violence. Cambridge.

Trotha, T. v. (1977): „Ethnomethodologie und abweichendes Verhalten. Anmerkungen zum Konzept des ‚Reaktionsdeppen'". In: Kriminologisches Journal 9, S. 98-115.

Trotha, T. v. (Hrsg.) (1996): Politischer Wandel, Gesellschaft und Kriminalitätsdiskurse. Baden-Baden.

Wolffersdorff-Ehlert, C./Sprau-Kuhlen, V./Kersten, J. (1997): Geschlossene Unterbringung in Heimen. DJI Verlag: München, 2. veränderte und erweiterte Auflage.

Young, J. (1999): The Exclusive Society – Social Exclusion, Crime and Difference in Late Modernity. London/ Thousand Oaks/ New Delhi.

# Stichworte über Gewaltkulturen und Narrativität in Lateinamerika

*Michael Riekenberg*

1. Das Thema des folgenden Beitrags sind so genannte Gewaltkulturen und die Frage, welche Rolle der Genderaspekt darin spielt. Dazu werden einige kurze, thesenhafte Aussagen vorgestellt, in deren Zentrum die Annahme steht, daß der Kern einer so genannten Gewaltkultur weniger in systemischen Strukturen, dauerhaften Institutionen oder festgefügten sozialen Gefügen als vielmehr in der narrativen Organisation von Gewalterzählungen zu suchen ist. Dies soll näher erläutert und an Beispielen ausgeführt werden, wobei die besondere Aufmerksamkeit der Frage nach den Geschlechterverhältnissen in diesen so genannten Gewaltkulturen gilt. Der empirische Bezugspunkt der folgenden Überlegungen ist Lateinamerika. Es wird eine historisch-kulturanthropologische Perspektive eingenommen, die ins „lange" 19. Jhd. zurückgreift, das in den großen Ländern Lateinamerikas bis 1930, in den kleinen Ländern im zentralamerikanischen Raum noch länger dauerte.

2. Ausgangspunkt der folgenden Betrachtungen ist die Feststellung, dass in Lateinamerika gegenwärtig viel von „Gewaltkulturen" die Rede ist (vgl. Riekenberg 1999). In Peru etwa machte eine Senatskommission, deren Aufgabe es war, die Ursachen und Formen der Gewalt im Land und insbesondere das Aufkommen und den vorübergehenden Erfolg der Guerillagruppe „Leuchtender Pfad" (*Sendero Luminoso*) zu untersuchen, in ihrem Abschlussbericht im Jahr 1989 eine historisch gewachsene Gewaltkultur dafür verantwortlich und in einem Literaturbericht zu Kolumbien wurde die Gewaltkultur vor wenigen Jahren zum wichtigsten Aufgabengebiet der Gewaltforschung in Lateinamerika erklärt (vgl. Peñaranda 1992: 312). Dabei ist die Ansicht verbreitet, dass die Gewaltkulturen, von denen die Rede ist, u.a. auch Geschlechterstereotype bzw. geschlechtsspezifische Zuordnungen bei der Ausübung und Organisation der physischen Gewalttat einschließen würden. Gewaltkulturen gelten als männlich dominiert, wenngleich dies keineswegs ausschließt, dass auch Frauen oder Mädchen als aktive Gewalttäter, mitunter auch als besonders skrupellose und enthemmte Gewaltanwender, auftreten.

Zwangsläufig geraten im Konzept der Gewaltkultur die kulturellen Ressourcen der Gewaltanwendung in den Blickpunkt. Viel genannt für Lateinamerika ist in diesem Zusammenhang der so genannte *machismo,* der im Verdacht steht, auf der Grundlage patriarchaler Systeme und überbetont maskuliner Mentalitäten die Gewalttat gegen Frauen zu fördern und zu begünstigen. Empirische Belege dafür scheinen genügend vorhanden: Bereits aus der Kolonialgeschichte Lateinamerikas wird überliefert, dass das Ausmaß, in dem Frauen in der Ehe misshandelt wurden, die Beobachter „erstaunt" und die „Archive der Gerichte gefüllt" (Bernand/Gruzinski 1997: 243) habe.[1] Auch die Ausübung sexueller Gewalt fügt sich in das Bild des *machismo*, wenngleich sie sich nicht darin erschöpft (vgl. z.B. Piccato 2001). Ein wesentlicher Bestandteil des *machismo*, wie er in der Literatur umschrieben wird, ist dabei das Prinzip männlicher Ehre, das sich in Lateinamerika wie in den in kultureller Hinsicht verwandten mediterranen Gesellschaften im „ritualisierten Austausch von Beleidigungen und physischen Provokationen" (Johnson 2000: 11) materialisiert und beträchtlichen Einfluss auf die Gewaltanwendung nicht nur in familiären Auseinandersetzungen oder privaten Streitereien, sondern auch auf die in und zwischen sozialen Gruppen oder zwischen politischen Gegnern auszuüben vermag. Vor allem in den gesellschaftlichen Räumen Lateinamerikas, in denen soziale Beziehungen fernab vom Staat reguliert wurden (und wieder oder weiterhin werden), spielten Regeln und Muster reziproker Gewaltorganisation eine bedeutsame Rolle in den sozialen, aber auch in den im engeren Sinn politischen Auseinandersetzungen. Nicht allein Interessen, Rivalitäten oder die Gier und das Beutestreben, sondern mehr noch Vorstellungen der Ehre und der Rache leiteten zur Gewalttat an und politische Gewalt vollzog sich nicht selten in Gestalt der *vendetta* und war in vielen Fällen untrennbar mit der interfamiliären Gewalt verflochten. Die wechselseitigen Verletzungen männlicher Ehre umfassten in der Absicht, auf diese Weise den männlichen Widersacher zu demütigen, dabei auch das Bestreben, die Vorherrschaft über die Frau des Gegners zu erreichen oder aber die Frau als Integrationsymbol der gegnerischen Familie zu verletzen bzw. nachhaltig zu schwächen. Vergewaltigungen und körperliche Verletzungen der Frau waren deshalb nicht allein gegen ihre Opfer gerichtet, sondern zugleich Zeichen der Macht, die Männer über andere Männer auszuüben gewillt waren.

Nun gehen in den Kulturwissenschaften die Meinungen darüber teils weit auseinander, was von diesen Vorstellungswelten der Gewaltkultur und des *machismo*, wie sie hier in groben Zügen umrissen wurden, genau zu halten ist.[2] Handelt es sich dabei, so die Frage, um kulturelle Schöpfungen von Men-

1 Es ist nichts über Gewalt gegen Männer in häuslichen Gemeinschaften damals bekannt, so dass völlig unklar ist, ob es diese in den patriarchalen Milieus nicht gab oder aber ob Beschämungsrituale und der selbst auferlegte Zwang, das Gesicht zu wahren, dem Mann verboten, sich gegebenenfalls als Opfer weiblicher Gewalt zu outen.

2 Zusätzlich kompliziert wird dies durch die Frage, ob der *machismo* sich komplementäre Frauenbilder schuf, im katholisch-synkretistisch geprägten Lateinamerika konkret eine Synthese idealisierter Frauenbilder mit religiösen Mythen (Stevens 1994: 10), in denen die

schen, in die diese zugleich selbst versetzt sind, so dass diese Bilder zu festen Einstellungen, zum „vergeschlechtlichten und vergeschlechtlichenden Habitus“ (Bourdieu 1997: 167) geronnen sind? Oder aber haben wir es nur mehr mit Klischees zu tun, die lange schon in ihrer gesellschaftlichen Wirkmächtigkeit zweifelhaft waren und heutzutage aufgrund des Wandels der Erwerbstätigkeit der Frauen, höheren Bildungsniveaus für Mädchen und Frauen oder auch der zunehmenden politischen Aktivität von Frauen (vgl. Rott 1996) ohnehin längst einem schleichenden Prozess der Selbstironisierung unterliegen? Das Konzept der Gewaltkultur selbst ist zudem auch aus konzeptionellen und begrifflichen Erwägungen umstritten und nicht wenige Forscher lehnen es ganz ab. Kulturelle Erklärungen der Gewalt würden das Gewaltphänomen einseitig interpretieren oder ganze Kulturen als gewalttätige Gebilde ins Abseits stellen, ist von Kritikern zu lesen. In der Kulturanthropologie trifft ein Kulturkonzept auf Kritik, das als „massive Kausalkraft“ zur Erklärung der Gesellschaft benutzt wird (Geertz 1997: 55). Auch neigt der Gewaltkulturenbegriff dazu, „Kultur“ als umschlossenen Gegenstandsbereich zu betrachten, nicht als Bedeutungsnetz, wie es in der neueren Kulturantropologie favorisiert wird. Sind „Gewaltkulturen“ letztlich also nur eine Klischeevorstellung, zumindest ein begrifflicher Irrgarten?

3. Befasst man sich mit dem Konzept der Gewaltkultur näher, so fällt bei einem Blick in die Literatur auf, dass nicht immer klar ist, wovon genau die Rede ist. Vielmehr taucht der Begriff Gewaltkultur in der Literatur in ganz verschiedenen Varianten auf, so im engsten Sinn als Ästhetisierung der Gewalt oder zur Beschreibung kultisch-zeremonialer Funktionen der Gewalthandlung, wie sie in vorstaatlichen Gesellschaften und Häuptlingstümern vorkommen[3], wodurch Gewaltkulturen einen sakralen Charakter gewinnen. Im Andenraum kommt bis heute eine ritualisierte Gewalttat vor, deren Funktion es ist, den Bestand der kosmologischen Ordnung symbolisch zu sichern. Im Denken andiner Bevölkerung herrscht ein dichotomes Weltbild, in dem der Bestand der Welt durch die Integration gegensätzlicher Pole gewährleistet wird. Die ritualisierte Gewaltausübung wie die blutigen Kämpfe zwischen zwei Dörfern, die an festgelegten Festtagen ausgetragen werden, symbolisiere demnach in diesem kulturellen Kontext die Absicht, Gegensätze in einer neuen Einheit zu verbinden und auf diese Weise zum Erhalt der kosmologi-

---

Frau das leidende Opfer, zugleich aber auch die permissive Figur ist, die Gewalt verzeiht, ähnlich einer gütigen Mutter.

3 Diese Gewaltkultur ist Gegenstand der Ethnologie. Ein Beispiel sind die Untersuchungen über die Idee des Krieges bei den Plains-Indianern in den USA (Schuster 1984). Jedoch ist zu bedenken, dass der Begriff Gewaltkultur gerade unter Ethnologen im Verdacht steht, nicht nur Aussagen zur Sache zu treffen, sondern Wertungen vorzunehmen, die ganze Kulturen in Misskredit bringen können.

schen Ordnung beizutragen, weshalb Gewalt weder als gut noch als schlecht bewertet, sondern als natürlich interpretiert wird (Bornhütter 1987/Orlove 1994). Schließlich kann der Begriff der Gewaltkultur in der Soziologie auch zur Bezeichnung umgrenzter Gewalt erzeugender Sozialisationsmilieus verwendet werden, denen wir gegenwärtig in den *banlieues* der Großstädte in besonders gewaltbereiten „Subkulturen" von Jugendlichen begegnen. Was also „ist" eine „Gewaltkultur" überhaupt bzw. wie lässt sich dieser Begriff für die Fragestellung dieses Beitrags umschreiben?[4]

Für eine Erörterung dieser Frage ist es sinnvoll, mit einer kurzen Betrachtung des Gewaltbegriffs selbst zu beginnen. In der neueren Literatur und konkret in der anthropologisch orientierten Soziologie ist ein körpergerichteter, somatischer Gewaltbegriff verbreitet. Nach Heinrich Popitz kann Gewalt als die absichtsvolle Verletzung eines feindlichen Körpers umschrieben werden, wobei Popitz sich insbesondere für die, wie er es nennt, Aktionsmacht des Menschen interessiert (Popitz 1992: 48f.). Nun besteht jedoch, ohne dass dies allerdings in der Literatur immer kenntlich gemacht oder näher erörtert würde, eine Eigentümlichkeit des somatischen Gewaltbegriffs darin, dass er die Gewalttat als einen *Vorgang der Kontraktion* begreift. Dies rührt daher, dass der Mensch sich im Moment der unmittelbaren Gewalttat ganz auf die Bewältigung dieses Augenblicks konzentriert. Grundsätzlich gilt dies sowohl für den Täter wie für das Opfer der Gewalthandlung, wenngleich der Täter als der Aktionsmächtigere die Chance besitzt, sich erfolgreich von dieser Überwindung des Selbst durch die unmittelbare Gewalthandlung zu distanzieren. Distanz zur und Kontrolle der Gewalthandlung stehen dabei in einem wechselseitigen Verhältnis zueinander. Für das Opfer der Gewalttat gilt dies nicht; es ist dem Gewalterlebnis ausgeliefert und kann sich ihm nicht entziehen.

Im Erlebnis der Gewalttat zieht sich der Körper auf elementare Überlebensstrategien und -funktionen zusammen. Die Begleiterscheinungen der Gewalttat, wie das Angstempfinden oder das Schmerzerleben, unterdrücken die anderen Sinneswahrnehmungen, so dass im Gewaltereignis alles, was außerhalb dieses Moments liegt, verblasst. Vor allem der körperliche Schmerz hat daran Anteil: „Im Tatbestand des körperlichen Schmerzes ist die Übermacht

4 In der Wissenschaft lässt sich der Begriff Gewaltkultur auf die ältere Kriminalsoziologie in den USA zurückführen (vgl. Bordua 1974). Sucht man einen Anfang, so trifft man auf die Untersuchung von Frederic Thrasher in den 1920er Jahren über Jugendgangs in Chicago. Vereinfacht formuliert machten Thrasher und seine Nachfolger in der später Chicago School genannten Soziologie kulturelle Überlieferungen von Werten für (kriminelle) Gewalthandlungen verantwortlich. Daraus ging die Subkulturtheorie hervor. Besonders einflussreich wurde die von Marvin Wolfgang und Franco Ferracuti entwickelte Variante. Die Subkultur der Gewalt wurde darin als ein Sozialisationsmilieu definiert, das das Erlernen von Aggressionen und Gewaltdispositionen begünstigen würde.

seines Einschneidens und die Ohnmacht des Ausgeliefertseins an ihn evident. Schmerz ist wehrloses Zurückgeworfensein auf den eigenen Körper, so zwar, dass kein Verhältnis mehr zu ihm gefunden wird, ist eine in bodenlose Tiefe einstrudelnde Gewalt“ (Plessner 1970: 143). Bewusstsein geht vorübergehend verloren, ebenso die Sprache, die zu bloßen Lauten wird. Schmerz zerrüttet Sprache. Welt wird reduziert, schreibt Elaine Scarry in ihrer eindringlichen Analyse physischer Folter (Scarry 1992: 21f.).

Aber so wie die körperliche Gewalttat ein Vorgang der Kontraktion ist, so besitzt sie zugleich eine andere Dimension, die der Überwindung des zerstörerischen Augenblicks und der *Diffusion in der Zeit*. Welt wird wieder hergestellt, indem der Gewalt ein Sinn unterlegt, d.h. Gewalt erzählt wird, wodurch sie sich wiederum in Raum und Zeit ausweitet. In erster Linie ist dieses Erzählen zwar eine Funktion der Sprache. Jedoch erzählt bereits der Körper selbst Gewalt: Indem der Körper verwundet, verstümmelt und gezeichnet wird, produziert er eine „Narben-Schrift“ (Öhlschläger/Wiens 1997: 11), die Aufschluss gibt über erlittene Gewalt und diese einem Publikum vor Augen führt. Vermutlich war diese Narben-Schrift der Gewalt in älteren Kulturen von größerer Bedeutung als ihre sprachliche Übermittlung. Erst die wachsende Dichte und Komplexität gesellschaftlicher Räume und die zunehmende Länge und Ausdifferenzierung der Kommunikationswege sorgen dafür, dass die Bedeutung der Sprache als Erzähler der Gewalt zunimmt, während die Bedeutung, die ihr unmittelbar körperlicher Nachweis besitzt, über die Distanz der Kommunikation verloren geht oder aber nur mehr medial „gezeigt“ werden kann.

Erst durch die Sprache wird die unmittelbare Gewalttat in das kulturelle Gedächtnis größerer Gemeinschaften, deren Aufbau das Niveau einer face-to-face-Interaktion überschreitet, überführt. Das Erzählen ist ein elementares Mittel, um aus einem „verwirrenden, verunsichernden, gefährlichen Erlebnis“, wie es u.a. auch die feindselige Gewalttat darstellt, eine sinnhafte Geschichte erwachsen zu lassen (Bendix 1996: 170). Dies gilt für das individuelle Gewalterleben ebenso wie für kollektive Gewalterinnerungen. Die Bedeutung der Gewalt wird in erinnernden Erzählungen neu erzeugt, die im Übrigen, wie neuere Ergebnisse der Gedächtsnis- und Kognitionspsychologie zeigen, keineswegs konstant und gleichbleibend sind, sondern sich ständig verändern. Paul Ricoeur (1998: 99f.) hat auf den großen „Anteil der Gewalt“ an der Bildung kollektiver Identitäten hingewiesen, seien die „Gründungsereignisse“ sozialer Gemeinschaften doch „im wesentlichen gewaltsame Akte“, die nachträglich in der Narration erinnert und legitimiert würden, wobei Ricoeur vor allem die Nationen der Neuzeit vor Augen hatte. Erst durch das erinnernde Erzählen wird die Gewalttat aus dem unmittelbaren Erleben des Körpers und dem meist schnell vorübergehenden Moment des Schmerzes in die zeitlich längere Dimension von Macht und Herrschaft transferiert. In der Narration dehnt sich die Erfahrung der Gewalt aus und trägt zur Vergemeinschaftung von Menschen bei. Erlebnisse werden zu Strukturen. Es ist ein Manko des somatischen Gewaltbegriffs mit seiner kontraktilen Semantik, dass er diese narrative Dimension der Gewalttat nicht oder nicht ausreichend berücksichtigt und die Gewalttat damit in ihrer Bedeutung reduzieren muss.

4. Für die Frage, was Gewaltkulturen sind, ist es zweckmäßig, an der Unterscheidung in die somatische und die narrative Dimension der Gewalttat anzuknüpfen. Gewaltkulturen, so die These dieses Beitrags, sind keine sozialen Systeme oder Institutionen, in denen Gewaltkompetenzen angehäuft werden. Auch sind sie keine Gefüge besonders intensiver Gewaltpraxis, zumindest nicht notwendigerweise. In erster Linie sind sie vielmehr Narrationen, Erzählkonstrukte, wenngleich diese Erzählgefüge natürlich sozialer Trägergruppen, der Materialisierung von Kommunikation und dazu gehöriger Infrastrukturen bedürfen, um Verbreitung zu finden und „gehört" zu werden. Typisch für Gewaltkulturen ist, dass ihre maßgeblichen Erzähler die Gewalttat in den Kern der Sätze rücken, die von der eigenen Vergemeinschaftung berichten. Oftmals werden in diesen Erzählungen der Stolz einer Gemeinschaft auf die von ihr begangene Gewalttat geschürt und die Identität einer Gemeinschaft auf der Erinnerung an die gemeinsam begangene Gewalttat begründet.

Bevor ich diese These anhand einer Beschreibung, die die Anthropologin Deborah Poole (1994) von der Provinz Chumbivilcas im Süden Perus gegeben hat, illustrieren möchte, sind zwei Erläuterungen notwendig. Zum einen handelt es sich bei der Trennung in die somatische Dimension erzählter Gewalt und die narrative Dimension des Erzählens von Gewalt natürlich um eine insoweit künstliche Trennung, als beide Dimensionen in der Gewaltpraxis ineinander übergehen oder gar, wie im Fall der Narben-Schrift, fast völlig identisch sind und weil überdies das Erzählen von Gewalt zu neuer Gewalttat anleiten und diese organisieren kann. Dennoch bleibt daran festzuhalten, dass zum Zweck der Analyse und begrifflichen Differenzierung beides auseinanderzuhalten ist und dass der Erzählvorgang der Gewalt uns nicht, wie die positivistische Geschichtswissenschaft weismachen will, in erster Linie etwas über vergangene Gewalt erzählt, sondern dass er vielmehr in erster Linie ein Vorgang der Vergemeinschaftung derjenigen ist, die sich über Gewalt, Geschichte, Sieg und Niederlage verständigen. Zum anderen ist nicht jedes Erzählen über Gewalt bereits Teil, Zeichen oder Indiz einer „Gewaltkultur", weil der Begriff dann inflationär würde und jede Trennschärfe verloren ginge. In der Gegenwart z.B. findet sich in Kolumbien eine Vielzahl ineinander verflochtener Gewaltsituationen, Gewaltabläufe und Gewaltakteure. Zahlreiche dieser Konstellationen können aber mit genaueren, „besseren" Begriffen als dem der Gewaltkultur umschrieben werden. Hier stellen sich also begriffliche Abgrenzungsprobleme, die vermutlich immer nur im jeweiligen konkreten kulturellen Kontext zu klären sind, um festzuhalten, wann es sich in analytischer Hinsicht lohnt, von Gewaltkulturen zu reden, wann nicht, und um festzustellen, wann das Erzählen über Gewalt zur narrativen Konstituierung einer so genannten Gewaltkultur führt. Plausibel scheint dabei, dass sich Gewaltkulturen erst dann konstituieren,

- wenn die Erzählsituationen durch andauernde Wiederholungen zur Institution im Sinn der phänomenologisch begründeten Wissenssoziologie werden (*Institutionalisierung*);
- wenn spezifische Symbol- bzw. Zeichenkomplexe immer wieder auftauchen (*Ritualisierung*);
- und wenn es spezifische Erzählerfiguren gibt, denen besondere Kompetenzen beim Erzählen der Gewalt (*Habitualisierung*) zugestanden werden.

Wie die Bildung einer Gewaltkultur aus der Erzählung erfolgen kann, illustriert die Provinz Chumbivilcas im Süden Perus. Bis heute gilt Chumbivilcas als eine Region der Gewaltkultur. Diese Gewaltkultur ist theatralisch inszeniert und auf maskuline Werte bezogen: Im Zentrum stehen der Stierkampf und die Figur des *qorilazo*, des Stierkämpfers. Die heutige Gewaltkultur in Chumbivilcas geht auf das späte 19. Jhd. zurück. Im vom Staat weitgehend verlassenen Hochland Perus schwangen sich damals Kriegsbanden, die *pandillas*, das waren Gruppen bewaffneter Reiter von fünfzig oder sechzig Mann, zu den mächtigsten Gruppen in den lokalen Gesellschaften auf. Die Anführer der *pandillas* waren nicht selten Mitglieder der eingesessenen Oligarchien. Anfangs waren sie selbst besonders aktive Gewalttäter. Im Verlauf der Zeit nahmen sie aber von der persönlichen Gewaltausübung Abstand und konzentrierten sich stattdessen in dem Maße, wie der Staat im Hochland wieder an Einfluss gewann, auf die Eroberung und Ausübung ziviler Ämter. Ihre Kriegsbanden regierten sie fortan nur mehr aus der Distanz. Auch ihren Kindern muteten die Bosse der *pandillas* alsbald die direkte Teilhabe an der Gewalttat nicht mehr zu. Sie schickten ihre Söhne und später auch Töchter auf Schulen und Provinzuniversitäten. Eine Gruppe von Provinzintellektuellen, darunter viele Dorfschullehrer, entstand, die von der Gewalt erzählten. Diese Gruppe bildete die soziale und narrative Infrastruktur, die notwendig war, um die Gewalttat der *pandillas*, an der die Väter und Großväter noch direkt und an führender Stelle mitgewirkt hatten, in der Erinnerung in Folklore zu verwandeln.[5] Bilder der Gewalt, die Sprache maskuliner Stärke sowie

---

5 Bei diesen Provinzintellektuellen, Schöpfer einer regionalen Gewaltkultur, handelte es sich um Typen von Intellektuellen, die Dienste für „ihre" Stadt und „ihr" Hinterland erbringen, nicht um „Kosmopoliten", die sich an fernen Zentren orientieren (vgl. zu dieser Unterscheidung Schiffauer 1997: 103).

nostalgische Reminiszenzen an das Leben der Viehtreiber, Bauern und indigenen Bevölkerung im Hochland vermengten sich darin und es entstand eine Gewaltkultur, ein Erzählkonstrukt, das sich gegen die Stadt wie das Fremde richtete und stattdessen lokale Traditionen, den Brauch des Stierkampfs, den männlichen Mut sowie die Auseinandersetzung mit einer unbeugsamen Natur als typische Charaktereigenschaften des *chumbivilcano* folklorisierte.

5. Welche Rolle spielen Frauen in diesen Gewaltkulturen? Ich bin nicht in der Lage, dazu auch nur annähernd generalisierte Aussagen zutreffen. Meine empirischen Beispiele sind der Sekundärliteratur entnommen und beziehen sich nur auf das „lange" 19. Jhd. in Lateinamerika. Überdies sind sie auch für diesen Zeitraum und diese Region bruchstückhaft.

Mit diesen Einschränkungen und aus einer historischen Perspektive betrachtet hat es den Anschein, als seien Frauen als Gewalterzähler besonders einflussreich in somatischen Kulturen. Der Begriff der somatischen Kultur ist einer Arbeit der Anthropologin Nancy Hugh-Schepers (1992) über Brasilien entnommen. Er bezieht sich auf das Ausgesetztsein der Menschen gegenüber unwirtlichen Naturbedingungen und kargen Lebensweisen, in Brasilien konkret auf die Mischungen aus Ruralität, Analfabetismus und Oralität der Erinnerung in bäuerlichen Gesellschaften. Charakteristisch für somatische Kulturen ist, dass Menschen die Welt in ihrer Körperlichkeit denken und Kommunikationen in starkem Maße körpergebunden und an die körperliche Präsenz der Interaktionspartner gebunden sind, weshalb Körperzeichen in ihrer Bedeutung sehr hoch anzusiedeln sind.

Somatische Kulturen erzeugen ihre eigenen Erzählertypen. In somatischen Kulturen, in denen in wenig komplexen sozialen Gruppen die Nähe die Distanz überwiegt und wo die Bedeutung einer auf Dokumente und Monumente begründeten Schrift- und Gedächtniskultur wenig gilt, ist die Zeichnung des Körpers ein bedeutsames Mittel der Kommunikation. Dem Körper der Frau kann dabei als Zeichenträger eine besonders große Bedeutung zukommen, auch im positiven Sinn, etwa als Träger und Repräsentant von Fruchtbarkeitsvorstellungen in bäuerlichen Gesellschaften, wobei offen ist, ob dies für alle somatischen Kulturen gilt und welche Unterschiede es z.B., um nur einen Aspekt zu nennen, zwischen bäuerlichen und nomadischen Gemeinwesen gibt. Auch die Gewalttat gegen die Frau dient in diesen kulturellen Kontexten der Zeichnung ihres Körpers, wenngleich sich die Bedeutung der Gewalt darin nicht erschöpft. Jedoch bedienen sich Männerbünde der Gewalttat, wenn sie sich untereinander bekämpfen, des Körpers der Frau zu symbolischen Zwekken. Die männlich bestimmte Gewalttat transformiert den Frauenkörper zur Botschaft von Macht, Schrecken und Angst.

6. Illustrieren lässt sich dies wiederum anhand der patriarchalisch geprägten Hochlandgesellschaften des Andenraums. Im Hochland Perus herr-

schten im „langen“ 19. Jhd. segmentäre Gewaltbeziehungen vor, in denen die Gewalt eine Gewalt zwischen Gleichen war. Vieles spricht dafür, dass Gewalttaten eher dort vorkommen, wo sich ungefähr gleich starke Gegner in symmetrischen Beziehungen gegenüberstehen, nicht dort, wo eine eindeutige Überlegenheit des Einen über den Anderen besteht (zum Folgenden ausführlich Riekenberg 2003). Denn dann lohnt sich die Gewalttat nicht, weil der völlig Überlegene sie nicht benötigt und der gänzlich Unterlegene sie nicht anzuwenden wagt. In den meisten Fällen, schreibt Norbert Elias in seinen soziologischen Betrachtungen (vgl. Riekenberg 2003: 22f.), sei es nicht die eindeutige Übermacht der einen Seite über die andere, sondern vielmehr gerade die relative Verringerung der „Machtdifferentiale“ zwischen den verschiedenen Gruppen, die gewaltfördernd wirke. Stehen sich ungefähr gleich starke Gegner gegenüber, die bewaffnet sind und durch keine überlegene Zwangsgewalt zurückgehalten werden, so ist eine beständige „Verstärkung der Furcht vor anderen Gewalten“ (Elias) die Folge. Diese Ängste und deren Organisation bilden zentrale Quellen der Macht, auf deren Grundlage sich Herrschaft entwickelt. Aus dieser Warte steht in segmentären Gewaltbeziehungen nicht das Begehren oder die Beuteabsicht am Anfang der Gewalttat, ebenso wenig eine Mentalität der Gewalt. Überhaupt wird aus dieser Perspektive nicht nach den Motiven der Gewalttat gefragt, zumal „Motiv“ ein individualpsychologisches Konzept ist, das wenig über das Handeln von Gruppen aussagt, in denen jeder einzelner Gewalttäter seine ureigenen Gewaltmotive haben mag und dennoch ein gemeinsames Handeln aller stattfindet. Ausschlaggebend ist laut Elias vielmehr das Beziehungsgeflecht der Gewalttäter, in diesem Fall die Furcht, die darin entsteht, die Furcht, selbst Opfer einer Gewalthandlung zu werden, weil niemand den Anderen von der Gewaltausübung abzuhalten vermag. Aus der Sicht der Ethnologie hat Jürg Helbling (1996) dieses Modell der Gewalterzeugung anhand der Entstehung lokaler Kriege in vorstaatlichen Gemeinwesen erörtert. Gibt es keine übergeordnete Machtinstanz, die die verschiedenen Konfliktpotenziale zwischen den verschiedenen ungefähr gleich starken „Lokalgruppen“ reguliert, und haben diese Gruppen aufgrund ihrer beschränkten Mobilität keine Möglichkeit, den Konflikten auszuweichen, etwa durch Migrationen, so kann es zu Kriegen kommen, schreibt Helbling. Der Grund ist die labile Kräftebalance, das mangelnde Vertrauen in den Anderen und das daraus resultierende Bestreben, eine „Abschreckungsreputation“ zu gewinnen. Damit ist gemeint, dass in von der wechselseitigen Furcht besetzten Konstellationen jede Seite versucht, „als erste zu attackieren, um der Gewalt der anderen zuvorzukommen“. Benachbarte Gruppen greifen zum Mittel des Kriegs, weil friedliche Verhaltensstrategien „zu riskant wären“. Die eigene Gewalttat muss der des Anderen zuvorkommen.

Dieser Zustand schafft eine ständige Spannung, eine Erregtheit, die eine eigentümliche Nervosität der Gewalt zu erzeugen vermag. Weil zwischen den

Gewaltsegmenten die beständige Furcht herrscht, selbst zum Opfer eines Gegners zu werden, der im Moment überlegen ist oder überraschend angreift, erscheint die eigene Gewaltanwendung als das einzige Mittel, zumindest ein geringes Maß an Sekurität zu erlangen. Gewalttäter fühlen sich erst dann sicher, wenn das Leben des Anderen in der eigenen Hand ist. Segmentäre Gewaltbeziehungen sind angstbesetzte Konstellationen. Die Gewaltakteure legen deshalb großen Wert auf den demonstrativen Gewaltgebrauch, weil dessen Inszenierung die eigene Schwäche und die Begrenztheit der eigenen Gewaltressourcen übertüncht. Ist einmal eine brüchige Überlegenheit gegenüber einem Gegner erreicht, so muss diese gebührend zur Schau gestellt werden, um sie dadurch für den Aufbau und Erhalt von Macht „richtig" zu nutzen. Gewalt wird zu einem Spektakel, das Aufsehen erregen und von der eigenen Stärke und Überlegenheit, die tatsächlich nicht existiert, Zeugnis ablegen soll. Der Aufbau der Gewalttat wird zu einer Handlung, die zeremoniale oder theatralische Effekte besitzt, wodurch im Übrigen schnell der Eindruck entstehen kann, hier wären „traditionale" Gewaltakteure am Werk, die sich in ihrer Gewaltpraxis nach hergebrachten kulturellen Regeln der Gewaltausübung richten würden. Die in der Literatur verbreitete Neigung, Gewaltsegmente als archaische Relikte „vormoderner" Gesellschaftszustände anzusehen, fördert diese Deutung und verleiht ihr zusätzlich Plausibilität. Aber es ist ein Irrtum, die Gründe für die Schauspiele der Gewalt, von denen später noch die Rede sein wird, in erster Linie in der Tradition suchen und die Gewaltsegmente ins Reich des Archaismus stellen zu wollen, wenngleich kulturelle Erinnerungen bei der Organisation der Gewalttat natürlich bedeutsam sind. Vielmehr handelte es sich bei diesen Strategien der Gewaltorganisation auch um aus der Not geborene Verhaltensweisen. Die szenische Inszenierung der Gewalthandlung kompensiert die Schwäche derjenigen, die in der Gewaltaktion die Regie führen.

In den segmentären Gewaltbeziehungen und den angstbeherrschten Gewaltgemeinschaften im Hochland Perus war die Gewalttat im „langen" 19. Jhd. direkt, körpergerichtet, zweikampforientiert und hochgradig sichtbar. Anders hätte sie unter den gegebenen Bedingungen ihre sozialen Funktionen nicht erfüllen,insbesondere Herrschaft nicht begründen und auf Dauer stellen können. „Je stärker ein Mann in der Öffentlichkeit als mächtig und gefährlich angesehen wurde, desto weniger wahrscheinlich war, dass er und seine Familie bedroht würden, und um so sicherer war seine Position" (Nugent 1997: 30). Absichtlich machte die Gewalt deshalb auch vor der Ehre der angesehensten Familien nicht Halt. Im Gegenteil: In den Kämpfen der *vendetta* war diese ein bevorzugtes Ziel feindlicher Gewalthandlung, wobei die Gewaltakteure, weil sie in den segmentären Gewaltbeziehungen des Hochlands dazu genötigt waren, ihr Augenmerk auf die Sichtbarkeit der Gewalt richteten. Frauen und Mädchen wurden deshalb nicht allein vergewaltigt, sondern auch verstümmelt (vgl. Taylor 1980), ohne dass wir allerdings wüssten, wie oft dies – gemessen an der Gesamtzahl der gegen Frauen gerichteten Gewalttaten – genau vorkam. Durch die Vergewaltigung und das anschließende Verstümmeln der Frauen und Mädchen, die dadurch öffentlich gezeichnet waren, wurde versucht, das Ansehen befeindeter Familien für alle sichtbar zu zerstören und diese zugleich als Rivalen auszuschalten, indem man in aller Öffentlichkeit demonstrierte, dass eine Familie nicht einmal zum Schutz ihrer engsten und schwächsten Angehörigen – und um wieviel weniger dann ihrer bäuerlichen Klientel? – in der Lage war. Der verstümmelte Körper der Frau wurde auf diese Weise zum Erzähler von Macht, Gewalt und Geschichte. Allerdings bleibt mit Blick auf das Thema dieses Beitrags zu beachten, dass die Form der Gewalt, hier: die Verstümmelung, sich eher aus dem segmentären Charakter der Gewaltbeziehungen, nicht jedoch aus den Konventionen der Geschlechterverhältnisse erklärt.

7. In somatischen Kulturen wurden Frauen aber auch mit der sprachlichen Narration der Gewalt befasst, wovon Michael Schroeder aus dem Konstitutionalistischen Krieg in Nicaragua 1926/27 (Schroeder 1996) erzählt. Damals bildeten sich im Norden des Landes, in den Grenzgebieten zu Honduras, aus Soldaten, die den Übergang in das Zivilleben nicht vollziehen wollten, politische Banden. Ähnlich wie im Hochland Perus wurden solche Banden von den mächtigen Familien in der Region benutzt, um ihre Rivalen und Widersacher zu terrorisieren. Die Gewalt der Banden richtete sich gegen die Teile der Bauernbevölkerung, die auf der „anderen" Seite standen. Die Banden entfalteten große Gewaltspektakel. Eine der berühmtesten Banden damals war die Hernandez-Gang, die die Gewalttat einem Theaterspektakel gleich zu inszenieren verstand. Menschen wurden gefoltert oder mit einer Machete zu Tode gehackt, während gleichzeitig dazu das Akkordeon gespielt und getanzt und gesungen wurde, so dass der Gewaltakt den Totentänzen ähnelte, den *dances macabres*, wie sie im Europa der großen Pestepidemien um sich griffen. Tod, Leid und Scherz verbanden sich in der Gewalttat der Banden – wie im Übrigen auch in der frühen sandinistischen Guerilla, die damals entstand – in einer Weise, die Fremden, auch uns, anstößig anmutet. Gewalt trat, wie Norbert Elias in seiner Zivilisationstheorie schreibt, unverhohlener zutage, der Schutz vor ihr fiel geringer aus, die Kontraste der Emotionen waren schärfer und die offene Lust an der Qual Anderer unterlag nicht dem Tabu.

Wir finden in dieser Gewalttat noch das Übergewicht einer auf die Körperlichkeit von Kommunikation und Erinnerung gerichteten Kultur. In Nicaragua waren die Erzähler der Gewalt die Frauen, die zusehen mussten, wie ihre Männer oder Söhne zum Klang eines Akkordeons zerstückelt oder wie deren abgeschlagene Köpfe in einer Spelunke auf den Holztisch gelegt wurden, um den herum die Frauen bei Musik und Alkoholgenuss tanzen mussten.

Diese Frauen sollten ihren Freunden und Verwandten, der kleinen Öffentlichkeit der Dörfer, von der Gewalt erzählen, die sie sahen und begleiteten, um auf diese Weise das, wie Michael Schroeder schreibt, dem Terror eigene paralysierende Gefühl der Angst unter Dritten zu verbreiten. Die Banden waren Veranstalter der Gewalt und sie sorgten dafür, dass Zuschauer anwesend waren und dadurch zu Zeugen und Erzählern wurden. Dieses Erzählen, auch das damit verbundene Erinnern der Gewalt, hatte eminent politische Funktionen. Vor allem hatte es Anteil daran, die kleinen politischen Öffentlichkeiten der Dörfer zu schaffen, von deren Bestand und Kontrolle die Dauerhaftigkeit lokaler Herrschaft in der Region unter der Obhut eines so genannten Nationalstaates abhing.

8. Fassen wir zusammen:

- Der somatische Gewaltbegriff, der in der anthropologisch gerichteten Soziologie wie in der neueren Kulturgeschichte verbreitet ist, neigt mit seiner kontraktilen Semantik dazu, bei der Betrachtung der Geschlechterverhältnisse und ihrer Beziehung zur Gewalttat die Frau vorrangig als Opfer physischer Gewalthandlungen zu sehen. Der narrative Gewaltbegriff, der in diesem Beitrag dem Konzept der Gewaltkultur zugrunde liegt, erweitert das Bild. Er zeigt, dass die Frau vieles sein kann, Zeichenträger, Bote oder folklorisierender Erzähler der Gewalt.
- Aus der Erzählperspektive lassen sich verschiedene Typen von Gewaltkulturen unterscheiden, solche, die auf Narben-Schriften beruhen und die wir im Übrigen als besonders roh und grausam wahrzunehmen geneigt sind, solche, die durch teilnehmende Beobachtung konstituiert werden, oder solche, die zur Folklore gerinnen. Die zeitliche Distanz des Erzählers zur Gewalttat ist dabei das wichtigste, wenngleich nicht einzige Differenzierungsmerkmal, die Komplexität des Gesellschaftsaufbaus und der kulturelle Bedeutungskontext sind die bestimmenden Variablen der Unterscheidung. Ob es sich bei diesen Typen von Gewaltkulturen auch um „Entwicklungstypen“oder „Entwicklungsstufen“ handelt, ist eine müßige Frage. Eine kulturanthropologisch orientierte Geschichtsschreibung muss sich vielmehr ohnehin die Frage stellen, ob „Entwicklung“ überhaupt noch ein Begriff ist, den es zu verfolgen gilt, oder ob er nicht vielmehr den Blick auf die Sache verstellt. Auch spricht wenig dafür, Gewaltkulturen künstlich archaisieren zu wollen. Als Erzählgefüge könen sie in ganz unterschiedlichen gesellschaftlichen Kontexten auftauchen.
- Zwar wird in der Literaturwissenschaft die Frage aufgeworfen, ob es eine „women’s language“ des Erzählens (Lanser 1992: 5) gibt, z.B. eine besonders emotionale Erzählweise oder einen weiblichen BetroffenheiDiskurs über erlittene oder gehörte Gewalt. Auch wird erörtert, ob Frauen Gewalt anders erinnern als Männer (vgl. Schmidlechner 1999). Nun han-

delt es sich bei einer solchen *women's language*, sofern es sie denn gibt, aber wohl weniger um naturwüchsige weibliche Erzählqualitäten als vielmehr um Erzählkonventionen, die geschlechtsspezifisch konnotiert sind. In den neueren Kulturwissenschaften wird ja bekanntlich ohnehin davon ausgegangen, dass es sich bei der Bildung und Kodifizierung von Geschlechterdifferenzen nicht einfach um natürliche Vorgänge handelt, die nur von der biologischen Verfasstheit des Körpers abhängen würden, sondern dass die Geschlechteridentitäten vielmehr erst durch kulturelle Deutungen hergestellt werden. Auf die Frage, warum und wie Frauen Gewalt erzählen, erhalten wir insofern weniger Aufschlüsse über geschlechtsspezifische Erzählweisen als vielmehr Einblicke in das Frauenbild, das in *männlich* geprägten Gewaltgemeinschaften kursiert, wobei die Attribute, die an die Frau als Erzähler der Gewalttat geheftet werden, wiederum einen Teil der sozio-kulturellen Kodifizierungen der in einer Gesellschaft üblichen Frauen-Rolle darstellen. Auch die Erzählkonventionen der Gewalttat stellen sich in dieser Sicht als symbolische Bestandteile primär männlich bestimmter Gewaltgemeinschaften (vgl. Archer 1994) dar. Zumindest gilt dies für die „Gewaltkulturen" in Lateinamerika im „langen" 19. Jhd.

## *Literatur:*


Alvarez, Sonia (1998): Latin American Feminisms Go Global. In: dies./ Dagnino, Evelina (Hrsg.): Cultures of Politics, Politics of Cultures. Boulder, S. 293-324.

Archer, John (Hrsg.) (1994): Male Violence, London.

Bendix, Reinhard (1996): Zur Ethnographie des Erzählens im ausgehenden 20. Jahrhundert. In: Zs. f. Volkskunde 92, S. 169-184.

Bernand, Carmen/Gruzinski, Serge (1997): Die Familie in Mittelamerika und den Anden. In: Burguière, André u.a. (Hrsg.): Geschichte der Familie, Bd. 3. Frankfurt/New York, S. 195-268.

Bordua, David J. (1974): Kritik der soziologischen Interpretationen der Bandendelinquenz. In: Lüderssen, Klaus/Sack, Fritz (Hrsg.): Seminar: Abweichendes Verhalten I. Die selektiven Normen der Gesellschaft. Frankfurt, S. 403-432.

Bornhütter, H. (1997): Die Aymara. Ein indianisches Bauernvolk in Bolivien. Köln.

Bourdieu, Pierre (1997): Die männliche Herrschaft. In: Dölling, Irene/Krais, Beate (Hrsg.): Ein alltägliches Spiel. Geschlechterkonstruktion in der sozialen Praxis. Frankfurt, S. 153-217.

Braig, Marianne/Barbieri, Teresa (1996): Geschlechterverhältnis zwischen Modernisierung und Krise. In: Briesemeister, Dietrich/Zimmermann, Klaus (Hrsg.): Mexiko heute. Frankfurt, S. 388-408.

Geertz, Clifford (1997): Spurenlesen. Der Ethnologe und das Entgleiten der Fakten. München.

Giordano, Christian (1994): Der Ehrkomplex im mediterranen Raum. In: Vogt, Ludgera/Zingerle, Arnold (Hrsg.): Ehre. Archaische Momente in der Moderne. Frankfurt, S. 172-192.

Helbling, Jürg (1996): Etwas Kritik und noch eine Theorie des Krieges. In: Zs. für Ethnologie 121, S. 55-67.

Hughes-Scheper N. (1992): Death without Weeping: The Violence of Everyday Life in Brazil. Berkeley.

Huggins, Martha K./Haritos-Fatouros, Mika (1989): Bureaucratizing Masculinities among Brazilian Torturers and Murderers. In: Lee H. Bowker (Hrsg.). Masculinities and Violence. Thousand Oaks, S. 29-54.

Johnson, Lyman (2000): Ehre und Männlichkeit im kolonialen Spanisch-Amerika. In: Österreichische Zs. f. Geschichtswissenschaft 11, S. 7-27.

Johnson, Lyman/Lipsett-Rivera, Sonya (Hrsg.) (1998): The Faces of Honor. Sex, Shame and Violence in Colonial Latin America. Albuquerque.

Lanser, Susan S. (1992): Fictions of Authority. Women Writers and Narrative Voice. Ithaca/London.

Melhuus, Marit/Stolen, Kristi (Hrsg.) (1996): Machos, Mistresses, Madonnas: Contesting the Power of Latin American Gender Imagery. London/New York.

Nugent, David (1997): Modernity at the Edge of Empire: State, Individual and Nation in the Northern Peruvian Andes 1885-1935. Stanford.

Öhlschläger, Claudia/Wiens, Birgit (Hrsg.) (1997): Körper – Gedächtnis – Schrift. Der Körper als Medium kultureller Erinnerung. Berlin.

Orlove, B. (1994): Ritual Battles. In: Poole, Deborah (Hrsg.) (1994): Unruly Order. Violence, Power, and Cultural Identity in the High Provinces of Southern Peru. Boulder, S. 133-164.

Peñaranda, Ricardo (1992): Surveying the Literature on the Violence. In: Bergquist, Charles u.a. (Hrsg.): Violence in Colombia. The Contemporary Crisis in Historical Perspective. Wilmigton, S. 293-314.

Piccato, Pablo (2001): El Chaloquero or the Mexican Jack the Ripper: The Meanings of Sexual Violence in Turn-of-the-Century Mexico City. In: Hispan. Amer. Histor. Review 81,3, S. 623-651.

Plessner, Heinrich (1970), Philosophische Anthropologie. Frankfurt.

Poole, Deborah (1994): Performance, Domination and Identity in the Tierras Bravas of Chumbivilcas. In: dies. (Hrsg.): Unruly Order. Violence, Power, and Cultural Identity in the High Provinces of Southern Peru. Boulder, S. 97-132.

Popitz, Heinrich (1992): Phänomene der Macht. Tübingen.

Ricoeur, Paul (1998): Das Rätsel der Vergangenheit: Erinnern – Vergessen – Verzeihen. Göttingen.

Riekenberg, Michael (1999): Fuzzy systems, Max Horkheimer und Gewaltkulturen in Lateinamerika. In: Ibero-Amerikan. Archiv 25, S. 309-324.

Riekenberg, Michael (2003): Gewaltsegmente. Leipzig.

Rott, Renate (1994): Zur Stellung der Frauen: Eine fesselnde Tradition. In: Junker, Detlef (Hrsg.): Lateinamerika am Ende des 20. Jahrhunderts. München, S. 149-169.

Rott, Renate (1996): Geschlechterkonstruktionen in Lateinamerika. In: asien afrika lateinamerika 24, S. 219-230.

Scarry, Elaine (1992): Der Körper im Schmerz. Die Chiffren der Verletzlichkeit und die Erfindung der Kultur. Frankfurt 1992.

Schiffauer, Werner (1997): Fremde in der Stadt. Frankfurt.

Schmidlechner, Karin (1999): Geschlechtsspezifische Erinnerungen an den Zweiten Weltkrieg. In: Hey, Barbara u.a. (Hrsg.): Krieg, Geschlecht und Gewalt. Graz, S. 149-160.

Schroeder, Michael (1996): Political Gang Violence and the State in the Western Segovias, Nicaragua, in the Time of Sandino. In: Journ. of Latin American Stud. 28, S. 383-434.

Schuster, Meinhard (1984): Angst und Aggression im kulturellen Kontext. In: Kopp, Robert (Hrsg.): Angst und Aggression, Basel 1984, S. 19-43.

Stevens, Evelyn (1994): Marianismo. In: Yeager, Gertrude (Hrsg.): Confronting Change, Challenging Tradition: Women in Latin American History. Wilmington S. 1994, S. 3-17.

Taylor, Lewis (1980): Bandits and Politics in Peru: Landlord and Peasant Violence in Hualgayoc 1900-1930. Cambridge.

Zapata Galindo (2000): Martha, Jenseits des Machismo. Die Konstruktion von Männlichkeiten. In: Lateinamerika. Analysen und Berichte 24, S: 82-95.

# Die Mann-von-Mann-Vergewaltigung als Mittel zur Herstellung von Ordnungen

*Gerlinda Smaus*

## 1. Einführung

### *1.1 Gewalt in intergeschlechtlichen Verhältnissen*

Vergewaltigungen wurden meist im Zusammenhang mit Gewalt von Männern gegenüber Frauen als ein wichtiger Bestandteil des Geschlechterverhältnisses bzw. der 'Ordnung der Geschlechter' (Honegger 1991) behandelt. So hat sich auch die vor einem Jahr stattgefundene Konferenz mit Repräsentationsformen und der Art und Weise der Codierung sexueller Gewalt im Recht, der Gerichtsmedizin und vor allem der Literatur befasst[1]. Die Beiträge bestätigten, was auch das Ergebnis meiner Untersuchung sein wird, dass Vergewaltigungen jenseits des Verhaltensaspekts Bedeutung ausschließlich über die sich wandelnden kulturellen Codierungen erhalten. Das impliziert einen besonders großen Hiatus zwischen Tat und der körperlichen Erfahrung der Betroffenen auf der einen Seite und ihren Interpretationen auf der anderen, gleich, ob es sich um elaborierte rechtliche, literarische oder schlicht alltagssprachliche 'Bearbeitungen' der Ereignisse handelt. Wie Künzel herausstellt, rekurrieren die Narrationen ihrerseits auf Geschlechterkonstruktionen und Konzepte von Sexualität und Gewalt (Künzel 2003, im Druck). Dies erklärt jeden Bezug auf Natur zur Irrelevanz und fordert stattdessen zur Analyse der unaufhörlichen Konstruktionstätigkeit der Gesellschaftsmitglieder auf. Die Frau-von-Mann-Vergewaltigung verweist symbolisch auf eine recht allgemeine soziale Struktur, nämlich auf das Patriarchat, bzw. die Männerherrschaft[2]. Das Forschungsthema 'Gewalt und Patriarchat' wurde in die Sozialwissenschaften in den

---

1 Arbeitsgemeinschaft am ZiF in Bielefeld zum Thema: Vergewaltigung – Brüche und Kontinuitäten in der kulturellen Codierung sexueller Gewalt in drei Jahrhunderten (18. bis 20. Jh.) vom 4. - 6. Juli 2002.

2 Historisch ist der Begriff Patriarchat aus der Tatsache eines sich selbst versorgenden Hauses abgeleitet und er schließt nicht nur die *Herrschaft* des Vaters, sondern auch seine *Fürsorglichkeit und Verantwortlichkeit* für das Wohlergehen der Mitglieder des Hauses ein. Seit der Industrialisierung können Männer diese Verantwortlichkeit nicht mehr eigenständig übernehmen; deshalb bleiben nur ihre, nunmehr unbegründeten, Herrschaftsansprüche übrig. Dieser Sachverhalt wird als Männerherrschaft bezeichnet (vgl. Smaus 1994).

siebziger Jahren, unspezifisch und allgemein ausgedrückt, vom 'Standpunkt der Frauen' und von weiblichen Wissenschaftlerinnen eingeführt[3]. Kein Wunder also, dass in erster Reihe die intergeschlechtliche Bedeutung von Gewalt interessierte, obwohl nicht übersehen wurde, dass Gewalt überwiegend unter Männern selbst, also intrageschlechtlich, angewandt wird[4].

In einer impliziten Arbeitsteilung wurde das Problem der intrageschlechtlichen Gewalt männlichen Forschern überlassen (beispielhaft Meuser 1999), die aber interessanterweise lange Zeit ein Thema gemieden haben, nämlich Männer als Täter und Opfer sexueller Nötigung. Dieses Problem wurde nur im Zusammenhang mit gleichgeschlechtlichen Vergewaltigungen im Gefängnis behandelt und als eine ethnographische Kuriosität dargestellt. Gefängnisberichte lesen sich wie Nachrichten aus der exotischen Welt der Verbrecher, die nichts mit der Normalität gemeinsam hat. Die vermeintliche Homosexualität wurde als Perversion etikettiert, ohne ihre Bedeutung für die Aufrechterhaltung der normativen Heterosexualität zu beachten. Die Berichte verraten zwar eine Faszination über die Argot-Rollen, diese werden aber als das absolut Andere und 'Untere' behandelt und mit einem starken Unwerturteil belegt[5]. Dass Mann-von-Mann-Vergewaltigungen eine verbreitete Praxis auch außerhalb der Gefängnisse darstellen und dass sie vergleichbare Bedeutungen wie die Frau-von-Mann-Vergewaltigungen haben, wurde dabei übersehen.

Die Bedeutung der Vergewaltigungen von Frauen besteht wohl darin, Frauen zu zeigen ('zu bedeuten'), sie mögen auf 'ihrem Platz', also in der gesellschaftlichen Organisation der Geschlechter 'unten' bleiben. Die Geschlechterstruktur ist, ganz analog wie die Schichtstruktur, als eine vertikale in der Weise zu denken, dass die Variable 'Geschlecht weiblich' die Wirkung der geschlechtsspezifischen Variablenverteilung von Bildung, Einkommen, Beruf negativ verstärkt. Man spricht von einer *ceteris-paribus-Klausel*: Denn, wenn sonst alle Merkmale gleich sind, sind Frauen den Männern *unterlegen* (vgl. Smaus 1994). Für diese jeweilige Unterlegenheit der sonst gleichen Frau ist Gewalt verantwortlich, die in die Reproduktion des Geschlechterverhältnisses gemäß Bildung, Beruf und Einkommen interveniert[6]. Wenn man Gewalt als eine der Ressourcen der Macht begreift (vgl. Weber 1956), kann die Geschlechter-, im Unterschied von der Schichtstruktur, unmittelbar als ein auf

---

3 Zusammenfassung bis 1994 vgl. Smaus 1994.

4 Vgl. Steffen, die herausgestellt hat, dass Gewaltanwendungen in Biografien von Frauen seltene Ereignisse darstellen (Steffen 1987: 47).

5 Vgl. Sykes (1958: 460 ff.), dem man freilich keine Vereinfachungen vorwerfen kann.

6 Männerherrschaft reproduziert sich 'positiv' auf allen Ebenen der geschlechtsspezifischen Differenzierungen: a) auf der Ebene des Geschlechtersymbolismus, b) der gänzlich zum männlichen Vorteil eingerichteten arbeitsteiligen Struktur und nachgeordnet, c) auf der Ebene der geschlechtsspezifischen Sozialisierung von Individuen (vgl. Harding 1990: 14 ff.).

Macht aufgebautes Verhältnis, nämlich als *Männerherrschaft* begriffen werden[7].

Man darf sich aber fragen, ob in die vertikale Schichtstruktur, in der hauptsächlich Männer (z.B. als Haushaltsvorstände bzw. Ernährer der Familie) zählen und gemäß Bildung, Beruf(sprestige), Einkommen eingeordnet sind, nicht vergleichbare Macht- bzw. Gewaltmomente eingebaut sind wie in die Geschlechterstruktur. Schließlich muss der größte Teil der Männer die binnengeschlechtliche Ungleichheit ebenso erdulden, wie Frauen die *ceteris-paribus* Überlegenheit der Männer. Eine schlichte Antwort lautet, dass Macht, die sich unter Umständen auf legitime Gewaltanwendung stützen darf, allen politischen, administrativen oder arbeitsorganisatorischen *hierarchischen* Strukturen inhärent ist. Legale Gewalt ist aber nicht unser Thema, unsere Frage lautet, ob illegale intrageschlechtliche Gewalt vergleichbare Auswirkungen wie die intergeschlechtliche Gewalt hat. Es lohnt also, auf die schon früher beschriebenen Bedeutungen, um nicht zu sagen 'Fuktionen' von Gewalt gegen Frauen einzugehen.

## *1.2 Die Frau-von-Mann-Vergewaltigungen*

Wissenschaftliche Befragungen von Tätern enthüllen, dass es bei Vergewaltigungen in erster Linie um die Befriedigung von Macht- und nicht von sexuellen Trieben geht[8]. Der Lustgewinn bestehe darin, die Unterdrückung der Frau zu genießen, die eigene Macht zu spüren, auszuprobieren und auszukosten. Den Tätern geht es um Dominanz, Durchsetzung und Unterwerfung der Frau, Sexualität wird 'lediglich' in den Dienst der Gewaltausführung genommen (vgl. Teubner 1989: 13). 'Die Instrumentalisierung des Menschen ist bei den Männern so verbreitet, dass sie das Gegenüber nicht als Mensch, sondern

7 Die bloße Feststellung bleibt ohne eine Erklärung unbefriedigend. Indessen finden wir statt Erklärungen, die nach einer Ursache suchen würden, meistens neue Beschreibungen des selben Sachverhalts. Bei Bourdieu heißt es, die bestehende Asymmetrie zwischen Subjekt (Mann) und Objekt (Frau) bzw. zwischen Akteur und Instrument ergibt sich daraus, dass Frauen symbolisches Kapital darstellen, das zwischen Männern getauscht wird. Sie stehen nicht für sich selbst, sondern haben die Bedeutung eines Zeichens, das außerhalb ihrer liegt (Bourdieu 2000: 41). Immerhin hat Luhmanns Hinweis auf eine womöglich vorgängig bestehende (soll es heißen: vorgesellschaftliche?) Asymmetrie zwischen Menschen, die sich deshalb selbst als Männer und die anderen als Frauen definierten, eine erklärende Bedeutung (Luhmann 1988). Die Mann-von-Mann-Vergewaltigung zeigt zum einen, dass es nicht notwendigerweise 'Frauen' sein müssen, die für die Asymmetrie herhalten müssen.

8 Ob es einen angeborenen 'Machttrieb' der Männer tatsächlich gibt, ist unerheblich, denn Macht wird definiert als Kontrolle von Gütern und dies erklärt die mögliche Motivation der Täter zureichend. Ähnlich verhält es sich mit dem Aggressionstrieb: Für eine soziologische Erklärung ist nicht seine schlichte Existenz, sondern sein situationeller, kaum je 'zweckfreier' Gebrauch erklärungsbedürftig.

als ein Objekt der eigenen Bedürfnisbefriedigung wahrnehmen. Nach dem Schema: Da ist 'ne Frau, da kann ich eindringen.' Vergewaltiger, besonders solche, die sich als Versager empfinden, versuchten, doch noch dem männlichen Stereotyp nahe zu kommen. Es ergebe sich für den Mann gewissermaßen von selbst, dass er sich der Frau gegenüber auf jede Weise durchsetzen muss, da jede Verweigerung im Grunde Unbotmäßigkeit und Auflehnung darstellt (vgl. z.B. Rasch 1989: 147ff.).

Eine Vergewaltigung stellt für Frauen eine traumatische Erfahrung dar, die in der Regel Folgen für ihre Identität hat. Dass die Erfahrung als 'Erniedrigung' bezeichnet wird, deutet auf eine Bestätigung der Unterwerfung der schon vorher der Männerherrschaft unterworfenen Frauen, zumal der private illegale Degradierungsakt von offizieller Seite, d.h. seitens der Ärzte, der Polizei, der Staatsanwälte und der Richter nicht etwa aufgehoben, sondern bestätigt wird. Statt sich nämlich auf die Sicht der weiblichen Opfer einzulassen, wenden Vertreter der Organe männliche Alltagstheorien an, die die Täter exkulpieren und die Opfer sekundär viktimisieren (vgl. Abel 1988: 69ff.). Wenngleich sie damit nicht unmittelbar gegen den Buchstaben des Gesetzes (*first code*) verstoßen, so bewirkt die Anwendung eines nicht neutralen, männlichen *second code* (MacNaughton-Smith 1968) in Prozessen eine vom Gesetz nicht gedeckte, gleichsam illegale Parteilichkeit für männliche Täter. Diese werden in einer Weise zuvorkommend behandelt, dass viele (potenziell alle) Männer im Glauben sind, dass ihnen physische Gewalt als Ressource zusteht (vgl. Gelles 1983: 158).

Die Bedeutung der Vergewaltigungen reicht deshalb noch weiter: Das Wissen um die Möglichkeit, Opfer zu werden und auch noch dafür verantwortlich gemacht zu werden, beeinflusst tendenziell das praktische Verhalten wiederum von allen Frauen. Sie schränken 'freiwillig' ihre Aktivitäten auf Räume und Zeiten ein, in denen ihnen, wie sie glauben, keine Gefahren drohen. Sie begrenzen nicht nur die Auswahl der möglichen Wohn-, Arbeits- und Urlaubsorte, sondern auch die in Frage kommenden Berufe (vgl. Stanko 1985: 70ff.). Frauen richten sich auf die Vulnerabilität ihres Körpers und ihres *Rufes* ein, um im Kleinem wie im Großen 'ihren Platz', wenn schon nicht innerlich zu akzeptieren, so doch äußerlich zu dulden. Die Berücksichtigung weiterer Gewaltformen gegenüber Frauen, von denen sie potenziell an allen Orten und in allen Zeiten bedroht sind, führte deshalb zu der Schlussfolgerung, dass Gewalt die *ultima ratio* der Männerherrschaft bildet (vgl. Smaus 1994). Es ist die Bedrohung bzw. die symbolische Gewalt, die die 'Welt' mit unterschiedlichen Bedeutungen für Frauen und für Männer ausstattet. Diese Forschungsrichtung blieb, wie gesagt, bei der *ceteris paribus-Klausel* stehen: alle Frauen sind, verglichen mit allen Männern, potenziell (stärker oder alleine) männlicher Gewalt ausgesetzt oder von ihr bedroht.

## 2. Intrageschlechtliche Gewalt: die Mann-von-Mann-Vergewaltigungen

Systematische Untersuchungen der Mann-von-Mann-Vergewaltigung liegen nur für das Gefängnis vor. Das ist sicherlich kein Zufall – vieles spricht dafür, dass die Mann-von-Mann-Vergewaltigung einer noch größeren Geheimhaltung als einst der Kindesmissbrauch unterliegt. Der Bekanntheitsgrad der Verhältnisse in amerikanischen Gefängnissen ist der Tatsache zu verdanken, dass sie panoptischen Beobachtungslaboratorien gleichen, in denen Forscher und andere Neugierige auf die Gefangenen von oben (herab)schauen können. Um etwas anderes handelt es sich aber, wenn potenziell Gleiche oder gar potenziell Höherstehende vergewaltigt werden, denn hier glaubten wir mit Brownmiller (1975), dass Männer niemals Gleichgestellte vergewaltigen würden. In der Belletristik wird indessen das Thema seit langem behandelt und wir erfahren, dass Männer eine Vergewaltigung nicht minder traumatisch erleben wie Frauen. Typischerweise sind für Männer Kriegsschauplätze bedrohlich: Ein bekanntes Beispiel hierfür stellt der Roman von E. T. Lawrence „Die sieben Säulen der Weisheit" (1963) dar, wo er im achtzigsten Kapitel „Erkundung des Flachlandes des Hauran, Besuch der Hauptstadt Dera" die Misshandlungen und Vergewaltigungen seitens des Befehlshabers ('Bej') und der Wachsoldaten schildert:

> „Der Korporal) (...) ließ mir die Peitsche um die Ohren pfeifen und rief höhnisch, ich würde noch vor dem zehnten Schlag um Gnade heulen und beim zwanzigsten um die Zärtlichkeit des Bejs bitten. (...) Nachdem der Korporal aufgehört hatte, begannen die Soldaten sehr bedachtsam der Reihe nach mir die gleiche Anzahl der Schläge zu geben. Dazwischen trat immer eine Pause ein, während der sie miteinander stritten, wer als nächstes drankommen sollte, um ohne jeden Zwang auf unsagbare Art ihr Wesen mit mir zu treiben".

Wilson schildert in seiner Lawrence-Biografie, dass Lawrence: „schonungslos ausgepeitscht und, als er sich nicht mehr zu wehren vermochte, sexuell missbraucht (wurde). Die ganze Tortur kann nicht sehr lange gedauert haben – einem ersten Konzept der Sieben Säulen ist zu entnehmen, dass die Auspeitschung nicht länger als zehn Minuten währte – aber sie traumatisierte ihn zutiefst". Die brutale Vergewaltigung habe Lawrence schweren seelischen Schaden zugefügt, denn er war sexuell unerfahren und das Geschehene hinterließ in ihm ein tiefes Schuldgefühl, verbunden mit dem Bewusstsein einer unauslöschlichen Schmach. Rückblickend habe Lawrence geschrieben: „In jener Nacht in Dera war die Zitadelle meiner Unversehrtheit unwiderruflich verlorengegangen" (Wilson 2000: 350f.). Aus jüngsten Kriegsberichten in der Presse wird zunehmend deutlich, dass nicht nur Vergewaltigungen von Frauen, sondern auch die Mann-von-Mann-Vergewaltigungen eine verbreitete Praktik im Umgang mit den jeweiligen Besiegten darstellen. Nicht minder aktuell sind Berichte aus eingeschlechtlichen, z.B. militärischen und polizeilichen Einrichtungen, in denen Vergewaltigungen zum Mobbing-Repertoire gehören. So wurde in der tschechischen Presse eine Serie von Berichten über sexuelle Nötigungen in der Eliteeinheit der Prager Burgwacht veröffentlicht.[9] Aufschlussreich wäre sicherlich auch die so genannte Internatsliteratur, in der enthüllt wird, dass gleichgeschlechtliche Handlungen in Erziehungsanstalten fast schon zu ihrer Binnenkultur gehören. Eine feinfühlige Behandlung von quasi-homosexuellen Nötigungen im Internat finden wir im Erstlingsroman von Robert Musil „*Die Verwirrungen des Zöglings Törless*“ (1968).[10] Freilich können literarische Behandlungen wissenschaftliche Untersuchungen im Rahmen von größeren Forschungsprojekten nicht ersetzen. Mangels Einsicht in andere Felder beziehen wir uns hier abermals auf den erforschten Kontext der sexuellen Gewalt in Gefängnissen.

## *2.1 Vergewaltigungen im Gefängnis*

Seit Jahren wird festgestellt, dass Gewalt das hervorstechendste Merkmal amerikanischer Gefängnisse, einschließlich der Einrichtungen für Jugendliche ist. Gewalt unter den Gefängnisinsassen sei endemisch, sie stelle aber nicht einen Zusammenbruch einer sozialen Ordnung, sondern ihre Grundlage dar (vgl. Silberman 1988: 79). Das *inmate social system* biete Gefangenen nur wenige Rollen an: Ein Gefangener kann gewaltsame Begegnungen zu vermeiden versuchen, deshalb als schwach gelten und in Angst leben müssen; er kann Schutz in einer Gang suchen und sich damit gefährlichen Kämpfen zwischen Gangs aussetzen; er kann einen ‘Boss heiraten’ und von ihm Schutz gegen gelegentliche Vergewaltigungen genießen – womit wir beim Thema wären. „Rape, by individuals and gangs, is a primary form of domination in the prison, and it is usually the young newcomers who are the victims“, bestätigen auch Engel/Rothman (1983: 91f.).

---

9 Die tschechische Burgwacht ist eine spezielle Polizeieinheit, die die Prager Burg, den Sitz des Präsidenten, bewacht.

10 Basini hat gestohlen, und seine Mitzöglinge Reiting und Beinberg nehmen dies zum Anlass, ihn zu sexuellen Dienstleistungen zu nötigen. Zögling Törless wird Zeuge des Vergewaltigungsaktes, der ihn zugleich abstößt und anzieht. Obwohl noch im Jugendalter, wenden Reiting und Beinberg gegen Basini Gewalt an und quälen ihn in der Folgezeit mit immer ausgefalleneren Mitteln. Sie verbrämen den sexuellen Akt mit allerlei hochtrabenden Mythen, angeblich, um sich zu beweisen, dass sie nicht homosexuell sind. Törless wird vom missbrauchten Schüler Basini in die sexuellen Dienstleistungen mit einbezogen, befreit sich aber schließlich von der Versuchung, Lust auf diese Weise zu empfinden (Musil 1968).

Die folgende Schilderung steht für viele andere Beispiele aus den Erfahrungsberichten ehemaliger Gefängnisinsassen:

„Er verließ den Untersuchungsraum und ging auf die Zellen zu. Im dunklen Raum der Zelle wurde er von einem Wirbelwind von gewaltsamen Bewegungen erfasst, die ihn so hart gegen die Wand schleuderten, dass er außer Atem kam. Eine raue, schwielige Hand umfasste seinen Hals, und unterdrückte den ansetzenden Schrei. Finger gruben sich schmerzhaft in seinen Hals ein. 'Brülle, Hure und du stirbst', warnte ihn eine raue Stimme, wobei sie die Drohung mit dem Ansätzen eines Messers an die Kehle betonte. Er schwankte, als ein Lappen in seinen Mund gedrückt wurde. Die Hand ließ den Hals los. Gedanken an den Tod bewegten sich träge in seinem gemarterten Hirn, und seine vor Angst weich gewordenen Beine drohten, unter ihm nachzugeben. Ein ängstliches Gebet formte sich in seinem Herzen und die Gesichtsmuskeln zuckten unkontrolliert. Er wurde auf den Fußboden gestoßen, und es wurde ihm die Hose runtergezogen. Und als eine Hand gemein seine Hinterbacken quetschte, fühlte er eine Wallung von Überraschung und Groll, mehr über seine eigene Schwäche zu verhindern, was kommen sollte, als über das was wirklich geschah. Seine Kehle stieß schmerzhafte Geräusche aus, ein peinliches klagendes Wimmern, welches ignoriert wurde, während seine Hinterbacken auseinandergezogen wurden. Ein brennender Schmerz raste durch seinen Körper als die Härte eines seiner Angreifer in sein Rectum drang. 'Stoß zurück, du Hure', verlangte eine Stimme. 'Beweg dich!' Sein Vergewaltiger drückte Befriedigung aus, als sein Körper zitterte und vor der brennenden Zigarette ausweichen wollte, die von anderen gierig zuschauenden Insassen in seine Seite gedrückt wurde. Ein Gefühl der Hilflosigkeit überkam ihn und er fing an zu weinen, und selbst als der letzte seiner Angreifer seinen Penis aus seinem missbrauchten und blutenden Körper zog, hat er noch geweint, überwältigt vom Wissen, dass es nicht vorbei war, dass dies nur der Anfang eines Albtraums war, der nur mit Gewalt, Tod oder Entlassung aus dem Gefängnis enden konnte" (Rideau/Sinclair 1982: 399).[11]

Diese Aussage enthält so viele Bedeutungen, dass ihre dichte Beschreibung viele Seiten füllen würde. Wir können indessen im Folgenden nur auf einige aufmerksam machen, wobei ein und derselbe Sachverhalt mehreren Kontexten zugeordnet werden müsste.

### 2.1.1 Vergewaltigung und normative Sexualität

In der älteren Forschung werden die Mann-von-Mann-Vergewaltigungen als Homosexualität beschrieben (vgl. Bowker 1977). Im Gegensatz dazu interpretieren Rideau/Sinclair die Vergewaltigung im 'ultramaskulinen Milieu' des Gefängnisses nicht als einen sexuellen Akt bzw. als Vergewaltigung, sondern als eine pure *Gewalthandlung*, als eine Darstellung im Kampf um die Macht:

---

11 Ein von Bowker interviewter Gefangener sagt aus: "All of sudden a coat was thrown over my face and when I tried to pull it off I was viciously punched in the face for around ten minutes. I fell to the floor and they kicked me all over my body including my head and my privates. They ripped my pants from me and five or six of them held me down and took turns fucking me" (Bowker 1980: 4).

"It is in prison, of course, that we find the classic thing for male aggression and rape. The issue, categorically, is not homosexuality but heterosexual brutality" (Scacco 1982, Preface). Dies bestätigen aus ihrer empirischen Untersuchung Rideau/Sinclair: In den über hundert Fällen sei nicht einer dabei gewesen, der aus Passion geschah. Es handle sich ausschließlich um eine *macho/power* Sache unter den Insassen. Es gehe um Eroberung und Demaskulinisierung, um das Rauben der Eigenschaft 'Mann'. Selbst die Verwaltung bezeichne den Akt als *turning out*, was die nicht-sexuelle Bedeutung zeige (Rideau/Sinclair 1982: 4f.).
Trotz dieser Einsicht findet sich in der gleichen Publikation die Meinung, es handle sich doch um Homosexualität:

„Es ist das Fehlen von starken positiven oder negativen Gefühlen, die die Homosexualität von Schwarzen sowohl in der Freiheit als auch im Gefängnis charakterisiert", so Buffum (1982: 104). Der schwarze Mann habe eine andere Beziehung zur Homosexualität als der weiße. Erstens lehne er sie weniger ab – zweitens schätze er die Erfahrung, falls er sie macht, auch nicht besonders positiv ein. Weiße Homosexuelle wünschten sich einen männlichen Partner, der in gewisser Weise 'anders' ist – z.B. Männer in Uniform, mit Sadomaso-Erfahrung und ähnliches – während die Motivation der Schwarzen mehr von Beherrschungsgefühlen als von starken Bedürfnissen nach affektiver Zuwendung geprägt sei (vgl. Buffum 1982: 105).

Da aber der Beobachtung nur die Tatsache zugänglich ist, dass Männer Männer vergewaltigen, muss man sich fragen, wie die Einteilung in hetero- bzw. homosexuelle Handlungen vorgenommen wird. Te Paske berichtet, dass von den Männern, die sich an den konsentierten sexuellen Beziehungen im Gefängnis beteiligen, die Hälfte heterosexuell, einige bisexuell und nur eine Minderheit ausschließlich homosexuell sei (Te Pakse 1982: 101). Damit bezieht er die Bestimmung der sexuellen Orientierung darauf, was jemand *ist*, d.h. welche Veranlagung er *hat*, und nicht darauf, was jemand *tut*. D.h., dass er nach einem unsichtbaren 'Wesen' der sexuellen Orientierung differenziert, das aber dem sichtbaren Verhalten der angeblich heterosexuellen Männer widerspricht. Aber selbst wenn Heterosexualität und Homosexualität wesenhafte Eigenschaften wären, sie müssten sich im Verhalten offenbaren, um überhaupt sozial relevant zu werden. Dann aber müsste es sich bei der Mann-von-Mann-Vergewaltigung immer um Homosexualität handeln, was aber zu recht bestritten wird.

Die adäquate Schlussfolgerung scheint zu sein, dass Zuschreibungen von Heterosexualität bzw. Homosexualität in bestimmten Situationen sinnlos werden, weil sich die Kategorien überhaupt auflösen, sei es, weil es sich bei Vergewaltigungen nicht primär um Sexualität handelt, sei es, dass sexuelle Lust nicht auf gegengeschlechtliche Körper beschränkt ist. Sexualität bzw. Erotik als von der Fortpflanzung befreites Begehren hat zunächst keine Richtung und kann vermutlich auch nach einer erfolgten 'Prägung' später im Leben noch 'umgebogen' werden[12]. In beiden Fällen bestätigt sich die Einsicht Foucaults, dass Heterosexualität bzw. Homosexualität das Ergebnis des normativen sexuellen Diskurses in den siebziger Jahren des 19. Jahrhunderts sind, in dem aus sexuellen Praktiken ontische sexuelle Veranlagungen konstruiert wurden, wovon die eine als natürlich und geboten und die andere als unnatürlich und verboten bezeichnet wurde (vgl. Foucault 1977; Spargo 1999).

Die anachronistische Rückkehr zum Begriff Homosexualität verdankt sich aber nicht schlicht einer sexuell-konservativen Haltung einiger Forscher. Vielmehr spiegelt sie auch die Angst weißer Männer vor der 'größeren sexuellen Potenz und den ungehemmten Trieben' der Afroamerikaner bzw. der *underclass-man* wider, worauf später noch eingegangen wird.

### 2.1.2 Vergewaltigung und die Sex-Gender-Unterscheidung

Bei den Vergewaltigungen handle es sich um Eroberung und Demaskulinisierung, um das Rauben der Eigenschaft 'Mann'. Die Vergewaltigung stelle die ultimative Erniedrigung eines bestimmten Mannes dar, der in die Rolle einer Frau gezwungen werde. Der Vergewaltigte muss fortan die Frauenrolle spielen, was impliziert, dass er sich als das Eigentum und Sklave seines Eroberers betrachten muss. Sklaven ersetzen Frauen, an deren Dienstleistungen ein Bedarf besteht. Als Sklaven werden sie verspielt, verliehen, feilgeboten und gegen Höchstpreis verkauft. Sie werden auch zur Prostitution gezwungen, weil sich nicht jeder Mann einen Sklaven leisten kann (vgl. Rideau/Sinclair 1982: 9). Männer stehen an der Spitze der Gefängnishierarchie: „Wer sich direkt an der Machtstruktur beteiligen kann, wer Entscheidungen treffen will, wer ein Führer sein will, ein *plotter*, ein *hustler*, der muss ein *man* sein" (Tucker 1982: 68). Zwischen *men* (*studs, wolves, jocks*) und den Sklaven (*whores, turn-outs, galboys, prisoners, kids, bitches, punks, old ladies*) werden scharfe soziale Trennlinien gezogen. Die Zuordnung geschieht entlang eines Kontinuums von 'dominant' bis 'passiv' und gemäß dem Gegensatz zwischen stark und schwach, wobei passiv und schwach gleichbedeutend ist mit 'Frau'. Ein *stud* versteht sich nicht als ein Homosexueller (vgl. auch Davis 1982: 116),

12 Die als natürlich erscheinende Verbindung zwischen Genitalien und Generativität wurde schon z.B. von Schelsky als normative Konstruktion erkannt (1955). Fortpflanzung sei eine Leistung, die sich gleichsam im Rücken von anderen Bedürfnissen erfüllt, nämlich in der Suche nach Sozialität und Lust. Lust ihrerseits ist nach Schelsky und z.B. nach Bürger-Prinz 1950: 13) keineswegs auf heterosexuelle Begegnungen angewiesen, vielmehr besteht ein Zwang zur Heterosexualität deshalb, damit die Fortpflanzung eine Chance bekommt. Sexualität sei grundsätzlich plastisch und variabel und auf Beziehungsfähigkeit angelegt.

wohl aber bezeichnet er sein Opfer als *homosexual whore*. Die Unterscheidung stützt sich zum Teil auf den Akt selber – der *stud is pitching,* die *whore is catching*. Die *whores* sind in fester Hand und kein fremder *old man* darf sich ihnen nähern; sie sind aber als untergeordnete Klasse allen *old men* Respekt schuldig (vgl. Rideau/Sinclair 1982: 9).

Bemerkenswert ist die Aussage von Rideau und Sinclair, dass die Beziehung zwischen *man* und *punk* den gewohnheitsmäßigen Umgang der Männer mit Frauen in der Freiheit reflektiere. Die Imitation gehe so weit, dass selbst Hochzeiten gefeiert werden. Der Unterschied sei nur, dass *men* auf ihre *punks* nicht in gleicher Weise wie Männer auf ihre Frauen eifersüchtig sind, denn sie verleihen sie an andere Männer (vgl. Tucker 1982: 70)[13]. Dieser Text zwingt uns geradezu dazu, die unmissverständlich negative Beschreibung von Frauen herauszustellen, und zwar sowohl in der Wiedergabe der Stimmen der Gefangenen als auch in der affirmativen Nichtbeachtung dieser heute als skandalös geltenden Meinungen seitens der Forscher: *Frauen werden mit Sklaven gleichgesetzt, die Vergewaltigten müssten sich als das Eigentum ihrer Eroberer betrachten ... was den Umgang mit Frauen in Freiheit reflektiere.*

Die Forscher nehmen es wohl deshalb als selbstverständlich hin, weil es auch ihrer Erfahrung entspricht. Dies deutet darauf, dass in der Tat der Organisation der Gesellschaft bis heute ein sexueller Kontrakt zugrunde liegt, dem gemäß der weibliche Körper Eigentum des Mannes wird, wie Pateman zum gegenwärtigen Patriarchat ausführt (1988). Pateman bezeichnet das Patriarchat als eine brüderliche Struktur, die auf der historischen Voraussetzung des *gewaltsamen* Vatermordes entstanden ist. Die moderne Gesellschaft erklärte alle Menschen zu gleichen Rechtssubjekten, diese Gleichheit bezieht sich jedoch nur auf die Gleichheit von allen Männern im Bezug auf Frauen (untereinander heben sie in allen anderen Hinsichten ihre Ungleichheit hervor). Aus dem 'brüderlichen' Vertrag unter Männern, die sich fortan die Verwaltung der öffentlichen Sphäre teilen, bleiben Frauen gemäß dem älteren 'sexuellen Vertrag' ausgeklammert[14]. Frauen verbleiben in der so genannten privaten Sphäre, in der sie 'ihren' Männern untergeben sind und nur zu ihnen wesentliche Beziehungen unterhalten. Gegenstand des impliziten Vertrags zwischen Mann und Frau ist der Austausch des weiblichen Körpers und des weiblichen Arbeitsvermögens gegen männlichen Schutz. Dieser Vertrag über die körperliche Verfügung führt dazu, dass Frauen auch die bürgerliche Errungenschaft

---

13 Die Eifersucht von Männern auf ihre Frauen hält sich allerdings dort in Grenzen, wo Männer in Freiheit das Gleiche wie die *wolves* im Gefängnis machen: Ihre Frauen gegen Entgelt anderen Männern zur Verfügung zu stellen.

14 Diese Leistung begründet die Geschlechterdifferenz als eine politische: "Die Freiheit der Männer in der öffentlichen Sphäre gewinnt ihren Sinn nicht durch den Vergleich mit einem ancien régime, sondern durch ihren ständigen Bezug auf die Unfreiheit der Frauen in der privaten Sphäre" (Dimoulis 1999: 15).

der Bewegungsfreiheit aufgeben müssen. Deshalb kann der Status der Frauen in modernen Gesellschaften mit dem Status von Sklaven verglichen werden. In der modernen Gesellschaft könne nämlich frei und souverän nur ein Mensch sein, der sich sein Unterhalt besorgen und sich gegen Eindringlinge verteidigen kann. Er muss Eigentümmer seiner Person sein, seine Arbeitskraft und nicht seinen Körper verkaufen. Frauen verharren in diesem Zustand allerdings nicht immer 'freiwillig', sondern, wie oben angemerkt, *ultima ratio* gezwungen durch Gewalt.

Die Mann-von-Mann-Vergewaltigung zeigt nun, dass es nicht die Weiblichkeit ist, die zur Unterlegenheit führt, sondern umgekehrt, Unterlegenheit wird als ein weibliches Attribut behandelt, was übrigens auch im Bezug auf andere sog. askriptive Eigenschaften, z.B. Ethnien behauptet wird. 'Frau' ist, wem bürgerliche Rechte mit illegaler Gewalt verweigert werden können. Sind keine Menschen mit weiblichen Geschlechtsorganen vorhanden, werden einige 'männliche' Körper aus der Klasse der Männer ausgeschlossen und gezwungen, weibliche Funktionen zu übernehmen. Die Kreierung von 'Frauen' ist indessen eine Bedingung dafür, dass die Kategorie der Männer erhalten bleibt, denn ohne sie würde sich die Differenz aufheben! (vgl. Luhmann 1988). Die Zuweisung von Attributen von Unterordnung ist die Ursache und nicht die Folge der Bestimmung von *sex* gemäß körperlichen Eigenschaften.

Eine besondere Rolle spielt dabei die *Penetration von Körpern*, die gemeinhin als sexuelle Handlung angesehen wird. Penetration wird dabei überwiegend mit einer gewaltsamen Verletzung der körperlichen Integrität assoziiert, im Unterschied etwa zum Ausdruck 'körperliche Vereinigung'. Die dabei notwendige Anwendung einer gewissen physischen Kraft führte häufig zu der Meinung, dass der Sexualität überhaupt ein Gewaltmoment inhärent ist. Man darf aber Gewalt, die sinnvollerweise als intentionale Verletzung verstanden wird, nicht schlicht mit physischer Kraft gleichsetzen. Körperliche Integrität und körperliche Selbstbestimmung (was dem Eigentum der Person an ihrem Körper gleichkommt) werden als die Grundvoraussetzung der Autonomie eines Menschen, der dann als *Individuum* gilt, betrachtet. Gewaltsames (also nicht 'liebevolles') Eindringen in den Körper verletzt deshalb nicht nur den Körper selbst, sondern, wie oben ausgeführt, die Selbstbestimmung und die Identität einer Person. Die früheren Forschungen über Gewalt gegen Frauen implizierten (vgl. Smaus 1994) bzw. behaupteten sogar in expliziter Weise (vgl. Lindemann 1994: 132ff.), dass nur Frauen in dieser Weise verletzbar sind. Nun sehen wir, dass auch Männer penetriert werden können, wobei die Bedeutung der Penetration damit nicht etwa abgeschwächt wird, vielmehr zeigt sich, dass sie sogar eine Geschlechterumwandlung von Mann zu Frau bewirken kann. Männer, die beteuerten, sie seien ebenso verletzlich wie Frauen, fanden bislang kein Gehör[15]. Nun ist aber die Zeit gekommen, in der Männer in der Wissenschaftlich ebenso in serielle Männlichkeiten zerlegt werden müssen, wie schon vorher das Aggregat 'Frauen' (vgl. Young 1994). Es gibt 'hegemoniale' Männer neben solchen, die in zahlreichen Kontexten Penetrationen ihres Körpers ausgesetzt sind und zur Annahme anderer Status gezwungen werden. Die Hegemonie selbst hängt von kontextabhängigen Mitteln ab, in der 'freien' Gesellschaft von den bekannten Variablen 'ökonomisches, kulturelles, soziales und symbolisches Kapital' (vgl. Bourdieu 1982). Im Gefängnis setzen die physisch gut ausgestatteten *working class guys* Gewalt ein, wobei es ihnen nicht so wichtig sei, *wen* sie im Bett haben, sondern wer was macht, *wer penetriert* und wer der *Penetrierte* ist. Sie reproduzieren damit zumindest für sich die normative Männlichkeit: Der Penetrierende ist der Normale, der andere ist *queer* (vgl. Tucker 1982: 68). In der Männerherrschaft gibt es auch außerhalb der Gefängnismauern Männer ohne Macht, was die *ceteris paribus* Klausel der Geschlechterstruktur sicherlich andeutet, aber nicht ausdrücklich herausstellt. Es 'herrschen' nicht alle Männer über alle Frauen, die Hierarchie der Geschlechter ist mit der vertikalen Hierarchie der Männer unter sich (man wird demnächst auch Hierarchien unter Frauen untersuchen müssen) verwoben und, angesichts der ungleichen Verteilung von Macht und Ressourcen, in der Regel um viele Stufen gegeneinander verschoben.

### 2.1.3 Vergewaltigung und die Komplettierung des symbolischen Universums

Das gewaltsame 'Umfunktionieren' männlicher Körper zur Übernahme weiblicher Funktionen hat noch eine weitere Bewandtnis. Offensichtlich benötigt der einseitig sozialisierte 'Mensch' (hier der Mann) in seinem Leben alle sozialen Eigenschaften, auch die, die als 'weiblich' bezeichnet werden. Findet der physisch starke Mann (mit 'Grips', was man zu erwähnen vergisst) Zuneigung und Dienstleistungen nicht wie in der Freiheit durch die (quasi) freiwillige Zuwendung einer Frau, nötigt er dazu andere, schwächere Männer. Diese fügen sich dann in die weibliche Rolle, nicht nur in Dienstleistungen wie Wäschewaschen, sondern auch im Sinne eines Heterosexes, wofür sie 'männlichen' Schutz erhalten. Dies gilt *vice versa* für Institutionen mit weiblichen Insassen (Smaus 1999). Daraus ist der Schluss zu ziehen, dass alle Menschen imstande sind, beide Geschlechterrollenparts zu spielen, und es muss sich dabei nicht einmal um extreme Situationen handeln. Das Studium der Ge-

15 Man meinte wohl, es handle sich um Missachtung gegenüber dem Leid von Frauen und/ oder um eine schnelle Abschlagsreaktion.

schlechterverhältnisse im Gefängnis bestätigt gleichsam in Laborbedingungen die Theorie des radikalen Dekonstruktivismus von Judith Butler über das *doing gender* (vgl. Butler 1991; Gildemeister/Wetterer 1992; Smaus 2001), wonach Geschlechterrollen nichts als Darstellungen ohne eine natürliche Vorlage sind. Gender wird aber überall, nicht nur im Gefängnis 'gemacht'. Es ist an der Zeit, in der Soziologie Abstand von ganzheitlichen Identitäten zu nehmen und sich zu fragen, was von den vielen 'weiblichen' und 'männlichen' Rollenparts, die alle Menschen situationsgemäß übernehmen, die so genannte Gender-Identität begründet. Offensichtlich kann sie sich nicht einmal auf die Annahme der Rollenkomplementarität im Heterosex berufen.

Indes kommen auch 'eingeschlechtliche' Institutionen nicht ohne das andere Geschlecht aus. Obschon sie offiziell nur die eine Hälfte von menschlichen Eigenschaften zulassen, hier die sog. männlichen, wie Universalität, Formalität, Rationalität, Effizienz, ist ihr Betrieb ohne 'weibliche' Eigenschaften wie Partikularismus, Empathie sowie Fürsorglichkeit nicht möglich, weil auf ihnen ein wesentlicher Teil der Gruppenkohäsion und der Leistung beruht. Deshalb wohl wird das zweigeteilte symbolische Universum aus dem vorhandenen 'Material' komplettiert, was in Männergefängnissen heißt, dass einige Individuen mit männlichen Geschlechtsorganen weibliche Funktionen übernehmen müssen (in den Frauengefängnissen umgekehrt, vgl. Smaus 1999)[16]. Die Ergänzung des fehlenden Teils schafft aus Individuen gleicher körperlicher Ausstattung eine ungeteilte Welt, in der das Bedürfnis nach ('männlicher') Individuation und nach ('weiblicher') Gemeinsamkeit befriedigt wird.[17] Diese Einsicht verdanken wir übrigens der Untersuchung der Gefängnisse der feministischen Epistemologie von Sandra Harding (1990: 14, 127).

### 2.1.4 Vergewaltigung und Schicht (bzw. Klasse)

Die Vergewaltigungen im Gefängnis weisen auch einen *Schichtaspekt*[18] auf. Denn obwohl sich die Population der Gefängnisse durch große soziale Ho-

---

16 Die Verleugnung einer Hälfte menschlicher Eigenschaften in Institutionen und ihre Komplettierung durch mehr oder weniger illegale Praktiken erklärt, warum die bisherigen Berichte über Mann-von-Mann-Vergewaltigungen fast ausschließlich aus dem Milieu von totalen Institutionen dem Militär (bzw. dem Krieg), der Marine, dem Internat, eines gehobenen Wachdienstes und aus dem Gefängnis stammen (vgl. z.B. Karner 1998).

17 Mein früherer Verdacht, dass in der Literatur über „männliche Gefängnisse" die Liebeskomponente übersehen wird, bestätigte sich anhand der neuen Lektüre, in der *wolves* wie *punks* mitunter gestehen, für einander fürsorgliche Gefühle gehegt zu haben.

18 Wir übersetzen 'class' mit Schicht, weil bekanntlich der Begriff Klasse in der deutschen Soziologie eine 'marxistische' Bedeutung hat. Die Eindeutschung des Begriffes 'class' war vor allem im Hinblick auf den Begriff 'race' erforderlich, der keineswegs als 'Rasse', sondern als 'Ethnie' in deutsche Abhandlungen eingehen kann.

mogenität auszeichnet – sie besteht überwiegend aus Angehörigen der Unterschicht – gehören die Täter (zumeist schwarzer Hautfarbe) der Unterschicht an, die Opfer der Vergewaltigungen, zumal wenn sie weiße Hautfarbe haben, sind hingegen Angehörige der Mittelschicht (vgl. Buffum 1982: 104). Ein ehemaliger Häftling namens Tucker interpretiert dies als eine Kompensation für die Schlechterstellung schwarzer Angehörigen der Unterschicht in Freiheit. Die empirischen Untersuchungen der Sexualität im Gefängnis (und in der Armee) seitens der weißen Forscher seien durch die Mittelklasse-Brille verzerrt. Die *middle class academics*, die Bücher schreiben, denken, dass das Wichtigste das Geschlecht des Partners sei, während die Insassen mehr an Machtverhältnisse denken, die mit Maskulinität verbunden sind. Die Machtstruktur im Gefängnis sei aber nichts anderes als eine verkehrte Machtstruktur in der 'freien' Gesellschaft, wo die Mittelklasse und die Oberklasse verschiedene Machtebenen, Bildung, Geld, Politik, Recht, Religion, Medien, Kultur usw. kontrollieren. Im Gefängnis setzen sie dies mittels erlaubter Gewaltanwendung seitens der Polizei und der Gefängniswärter fort. Der einzige Hebel der Armen ist die physische Gewalt, die sie dann mit dem Staat teilen, der die kontrollierenden Schichten repräsentiert (vgl. Tucker 1982: 68f.)[19].

Zwar reduziert Tucker alle Schichtmerkmale auf die unterschiedliche Verteilung von Macht, die nicht einmal unbedingt zu Merkmalen der Schicht zählt. Doch was er meint, wird ziemlich deutlich: die ungleiche Verteilung von Ressourcen, die mittels Macht abgestützt wird, womit er in ziemliche Nähe von Konflikttheorien kommt. Die Reduktion auf Macht ist auch deshalb verständlich, weil im Gefängnis die sich auf Gewalt stützende Macht unmittelbar zu der wichtigsten, wenn nicht einzigen Ressource wird. Tucker wiegt dann Gewalt gegen alle anderen Ressourcen in der Freiheit auf – ein Grund für uns, Macht an dieser Stelle im Schichtkontext zu behandeln. Tucker scheint auch die Unterscheidung zwischen legaler und illegaler Macht übersehen zu haben, vom Standpunkt eines unbeteiligten Beobachters ist es jedoch folgerichtig, die 'kommunizierenden Röhren' (bzw. Kanäle) aufzudecken, in denen legale und illegale Macht 'korrespondieren'.

Denn da sowohl Herrschaft als auch Macht auf der Chance beruhen, bei bestimmten Personen Gehorsam zu finden, gleichviel, worauf sich diese Chance begründet (Weber 1956), meint Rammstedt, dass sich Herrschaft mitunter auch auf illegale Gewalt stützt, zumal bei der Aufrechterhaltung von Ungleichheiten (Rammstedt 1974: 144f.). In Freiheit gibt sie das nicht offen

---

19 Vgl. Lawrence „Violence may provide the hope that it can change existing distributions of power in ways that place the disaffected group on more equal footing with other social groups and allow the group to become an effective participant in the institutions from which they have been previously excluded. Rather than being the unique satisfaction for an instinctual constant, violence functions as a contextually variable option for an action". (Lawrence 1973: 40f.):

zu erkennen, aber wer zuwider handelt, erfährt ihre Existenz im Gefängnis. Dort wird unter den Insassen mittels illegaler Gewalt eine auf den Kopf gestellte und zudem verzerrte, der Außenwelt nachgebildete vertikale Struktur hergestellt.

### 2.1.5 Vergewaltigung und Ethnie

Auf die Frage, warum sie vergewaltigen, antworteten die Schwarzen: „Now it is their turn“ (Scacco 1982: 91) oder, wie bei Bowker:

> „The general way of thinking it‘s ,cause we‘re confined and we‘ve got hard rocks. But that ain’t at all. It’s a way for the black man to get back at the white man. It’s one way he can assert his manhood. Anything white, even a defenseless punk, is part of what the black man hates. It’s part of what he’s had to fight all his life just to survive, just to have a hole to sleep in and some garbage to eat (...). It’s a new ego thing. He can show he’s a man by making a white guy into a girl” (Bowker 1980: 9).

Vermutlich wegen des geringen sozialen Abstandes zwischen den Häftlingen wird der Schichtaspekt seltener betont als die saliente Tatsache der interethnischen Verhältnisse, von der manche Autoren geradezu präokkupiert sind (vgl. Scacco 1982: 91ff.). Es wird eine disproportional hohe Anzahl schwarzer Aggressoren und weißer Opfer festgestellt. 56 Prozent der Vergewaltigungen wurde von Schwarzen an Weißen begangen, 29 Prozent von Schwarzen an Schwarzen und ‘nur’ 15 Prozent von Weißen an Weißen[20] (Rideau-/Sinclair 1982: 19; Scacco 1982: 92). Bei einem Anteil der Schwarzen an der Gefängnispopulation von 81 Prozent ergibt sich daraus keineswegs eine disproportionale Belastung, eine Tatsache, die einige Forscher als unwesentlich abtun. Die Vergewaltigungen seien keine Folge sexueller Deprivation,[21] sondern Ausdruck von Ärger und Verdruss, von ‘tief sitzenden Ressentiments’ (Davis 1982: 117). Die Schwarzen rächten sich im Gefängnis an Weißen für ihre Machtunterlegenheit in der Freiheit. Deshalb bringe Sex mit Weißen mehr Prestige ein als Sex mit schwarzen *sissies;* in Freiheit würden schwarze Strafgefangene weiße Frauen bevorzugen (Rideau/Sinclair 1982: 19).[22] Mitglieder von Subkulturen, die in Freiheit keinen Zugang zu nichtsexuellen Bestätigungen der Maskulinität – wie Berufserfolg, Unterhaltung

20 Die Bezeichnungen Weiße und Schwarze, weiß und schwarz bzw. später Afroamerikaner wurden wörtlich der zitierten Literatur entnommen.

21 Nichtsdestotrotz ist die sexuelle Deprivation ein Bestandteil der Strafe (Tucker 1982: 68).

22 Dies weist auf die Stellung afroamerikanischer Frauen hin, die in der Hierarchie des zur Schau gestellten Begehrens hinten anstehen. Die Konstruktion der weißen Frau als des einzig möglichen und schützenswerten Opfers ist mit der sexuellen und sozialen Abwertung der schwarzen Frau verbunden, wodurch auch die lange Praxis der gewaltsamen Aneignung von schwarzen Frauen seitens weißer Männer verdeckt wird (vgl. Gunning 1996: 10).

einer Familie, konstruktive emotionale Beziehungen, individuelle Kreativität und Respekt vor anderen Männern – haben, die würden sich auf sexuelle und physische Macht und Kraft stützen (vgl. Davis 1982: 117).

Aus dieser Aufzählung der Kriterien eines vollwertigen gesellschaftlichen Status eines Mannes wird deutlich, dass sich die ethnische Zugehörigkeit fast vollständig mit dem Schichtaspekt deckt: Die Statusausstattung der weißen Männer ist besser als die der schwarzen, sie sind ihnen überlegen. Mit einer Ausnahme: weiße Männer unterstellen schwarzen Männern eine größere physische[23], vor allem *sexuelle Kraft*. Weiße kontrollieren zwar die Produktion von Kapital, doch fürchten sie, dass Schwarze stattdessen die natürliche Produktion auf 'ungehemmte' Weise kontrollieren. Obwohl sehr zu bezweifeln ist, dass man sexuelle Potenz überhaupt messen könnte,[24] dienen die Zuschreibungen dazu, interethnische Machtkämpfe zwischen 'Weißen' und 'Schwarzen' auszutragen. In der Tat finden wir in der Literatur den Hinweis darauf, dass das 'ultramaskuline' Verhalten der Afroamerikaner im Gefängnis ein Pendant zu den Ritualen weißer Männer in Freiheit darstellt, die sich ihrer Maskulinität durch das Lynchen von schwarzen Männern versichern würden. Den typischen Anlass für das Lynchen stelle die Vergewaltigung einer weißen Frau (unerheblich, ob tatsächlich oder fingiert) seitens eines Afroamerikaners dar. Afroamerikanische Männer würden dabei bis zum Tode gequält, wobei sich die sexuelle Komponente darin zeige, dass das Abtrennen der Genitalien zum festen Programm des Lynchens gehöre (vgl. Messerschmidt 1998: 145ff.).[25] Während weiße Männer den Machtkampf in Freiheit gewinnen, und schwarze Männer, wenn nicht buchstäblich, so doch symbolisch töten oder kastrieren[26], indem sie sie einschließen, so gewinnen schwarze Männer den Machtkampf im Gefängnis, allerdings nur gegenüber solchen weißen Männern, die selbst Verlierer im Kampf um Status in der Freiheit sind.

23 Die für Angehörige der Mittelschicht bedrohende physische Gewalt wird im Allgemeinen der 'classe dangereuse' zugeschrieben, d.h. nicht nur Afroamerikanern, sondern auch Mitgliedern weißer Unterschicht (vgl. Smaus 1994).

24 Die Unterstellung, dass schwarze Männer über eine größere physische und sexuelle Kraft verfügen, ordnet sie dem Bereich der 'Natur' zu. Hingegen schreiben sich weiße Männer größere geistige Kraft zu, was ihnen gleichsam als Legitimation für die Besetzung des Bereichs der 'Kultur' dient.

25 „Die Idee der Männlichkeit, die im amerikanischen politischen Denksystem sehr lange eine Rolle gespielt hat, wurde nun bei weißen Männern mit Sexualität von Schwarzen, insbesondere mit sexuellen Übertritten im Bezug auf weiße Frauen, konnotiert", schreibt Gunning (1996: 7).

26 Die Analyse der Vergewaltigungen im Krieg durch feindliche Soldaten ergab, dass sie als Erniedrigungsgesten gegenüber der besiegten männlichen Eigentümern galten. Deshalb wurde das Leiden von Frauen nicht anerkannt und die Verarbeitung gemäß männlichen Deutungsmustern individualisiert (vgl. Brownmiller 1975). In der Literatur über das Lynchen wird aber auch herausgestellt, dass die Vergewaltigung von Frauen als stellvertretende Vergewaltigungen, d.h. symbolische Kastrationen von besiegten Männern, gelten.

### 2.1.6 Vergewaltigung und Hierarchie

Typischerweise sind eingeschlechtliche Institutionen sehr stark hierarchisiert. Dies bedeutet, dass zwischen den einzelnen Stufen nur eine einseitige Kommunikation besteht, eine Befehlsstruktur von oben nach unten, die inhaltlich nur auf die Organisationsziele ausgerichtet ist. Zwischen Mitgliedern auf einzelnen Stufen soll es keine andere Beziehung als die der Über- und Unterordnung geben, weil freundschaftliche oder gar Liebesbeziehungen die formale hierarchische Struktur aufweichen würden. Das ist der Grund dafür, warum auf der einen Seite eingeschlechtliche Liebe beim Militär, der Marine etc. streng geahndet wird – und auf der anderen Seite nirgends so häufig vorkommt. In der Literatur über weibliche Gefängnisse wird in Bezug auf die eingeschlechtliche Liebe überwiegend der Aspekt der Abhängigkeit betont, während in Berichten über männliche Einrichtungen hauptsächlich entweder der 'animalische' Sex oder der Machtaspekt hervorgehoben wird.

Niemand wird bezweifeln, dass Vergewaltigungen verwerflich sind. Unter dem Eindruck der Lektüre unterscheiden sie sich jedoch nicht wesentlich von der Unwertsstufe der hierarchischen Kommunikation selbst, bei der es auch nicht auf den Willen des Zu-Gehorchenden, sondern nur auf den des Herrschers ankommt. Die hierarchische Befehlsstruktur ist das Gegenteil einer konsensualen Kommunikation, in der gemeinsame Entscheidungen ausgehandelt werden. Die Befehlsstruktur mag legitim sein und sich auf Ressourcen wie das Recht stützen, im Falle des Militärs und des Gefängnisses handelt es sich aber bereits um Anwendungen legaler physischer Gewalt. Selbst im 'Schatten des Leviathan' stehend können dann Machtinhaber auch illegale Befehle durchsetzen, z.B. dass außer offiziellen Pflichten auch sexuelle Dienstleistungen erbracht werden müssen, wie das die Fälle der geschilderten arabischen Militäreinheiten und der tschechischen Burgwacht andeuten.[27] Tucker geht so weit, die Vergewaltigung als einen Bestandteil der gesamten Macht- und Kontrollstruktur im Gefängnis zu betrachten: Von der legalen Kontrolle unterscheide sich die Vergewaltigung nur durch die besonders gewalttätige Art und Weise (Tucker 1982: 68f.). In der Tat muss sich den Insassen der Gefängnisse und Angehörige niedriger Ränge die Unterscheidung zwischen legaler und illegaler Gewalt als unerheblich darstellen, zumal aus dem Gefängniskontext bekannt ist, dass die Verwaltungen Vergewaltigungen nicht nur dulden, sondern sie auch strategisch einsetzen:

> "(...) the inmate power structure at Angola was very, very powerful. And anytime that happens and a high level of homosexual rapes and enslavements is taking place, there has

27 Hierzu würden auch die Vergewaltigungen von tschetschenischen Kriegsgefangenen gehören, über die in der Presse berichtet wird.

to be a tacit trade-off between the inmate power structure and the administration" (Phelps in Rideau/Sinclair 1982: 13).[28]

Die hierarchischen Strukturen *unter den Insassen* bilden deshalb eine *Extension* der formalen Gefängnisstruktur. Sie stützen sich auf vorhandene Ressourcen, wozu in geschlossenen Institutionen in erster Reihe die physische Überlegenheit einiger Männer gehört. Um Max Weber zu paraphrasieren: Männer mit physischer Kraft (und Verstand, und sei es 'nur' Schläue) erzwingen die Befolgung ihrer Befehle auch gegen den Willen einiger anderer schwächerer Männer, deren Körper sie sich aneignen (Weber 1956; vgl. Davis 1982: 117). Die gewaltsame Machtstruktur rechtfertigt sich durch eine Ideologie, die besagt, dass kein Mann gezwungen werden kann, etwas zu tun, was ihm nicht gefällt. Die Schwachen, die diesem Standard nicht genügen können, seien einfach keine Männer und würden deshalb ihr Los verdienen. Auch die Gefängnisverwaltungen gehen meist davon aus, dass die passiven Männer die Beziehungen freiwillig eingehen, dass es sich folglich um konsensuale Aktivitäten handelt (vgl. Rideau/Sinclair 1982: 11). Bemerkenswert ist, dass die Anwendung physischer Gewalt nicht nur symbolische, sondern faktische Ordnungen herstellt, sie stellt nicht nur *dar*, sondern *her*.

### 2.1.7 Initiationsriten

Die vordergründigste aller Funktionen der Mann-von-Mann-Vergewaltigung behandeln wir zum Schluss: Sie wird häufig als ein *Ritual* bezeichnet. Angesichts der Qual der Opfer ruft diese Zuschreibung beim Leser zunächst Widerwillen hervor. In der Tat wurden aber sexuelle Handlungen zwischen Männern als Riten des Übergangs in einen 'höheren' Status schon von Kulturanthropologen beschrieben. Zu den Übergangs- bzw. Initiationsriten gehören nicht selten gleichgeschlechtliche sexuelle oder quasi sexuelle Handlungen, die das unbestimmte sexuelle Verlangen in ein bestimmtes umformen sollen.[29] Wie abscheulich die Gewalthandlungen auch erscheinen mögen, wir begreifen, dass sie neben der Einführung in die Sexualität überhaupt auch eine Einführung in die rudimentärste Form der Männlichkeit, so wie sie Männer verstehen, nämlich in die intrageschlechtliche Machtstruktur, darstellen (vgl. Te Paske 1982: 72). Wegen dieses Machtaspektes ist es abermals schwierig, Ini-

---

28 Die Insassen könnten nämlich streiken und deshalb duldet die Verwaltung den Missbrauch. Ihre Alltagstheorien besagen sogar, dass der regelmäßige Verkehr die gefährlichen wolves befriedet; sie seien so passiv, wie in der Freiheit die Ehemänner (vgl. Rideau/Sinclair 1982: 16).

29 Die gleichgeschlechtliche Liebe unter den jungen Männern als Homosexualität zu bezeichnen, wäre unsinnig, weil dies eine wesenhafte Eigenschaft meint, während es sich hier im Internat gleichsam um Statuspassagen und Initiationsriten handelt.

tiationsriten getrennt von der oben behandelten Machtstruktur zu betrachten, doch erfassen sie einen anderen Aspekt, eben den kulturanthropologischen, der noch mit keinen unmittelbaren Zwecken verbunden ist. Rituale reproduzieren ein bestimmtes, macht besetztes symbolisches Universum als Handlungsrahmen[30], der erst konkrete Zwecksetzungen ermöglicht. Wir wissen vergleichsweise wenig über Initiationsriten in der Armee und ähnlichen eingeschlechtlichen Institutionen, doch für das Gefängnis kann man mit Sicherheit sagen, dass die Vergewaltigung eines Neulings die offiziellen *Degradierungszeremonien*, wie sie von Goffman (1961) und Garfinkel (1956) beschrieben worden sind, besiegelt. Beim Eintritt in die totale Institution wird die bisherige Identität eines Menschen, die sich als spezifische Konstellation von Rollen, Attitüden, Wertorientierungen und Erwartungen darstellt, drastisch gebrochen (vgl. Sykes 1958). Der Insasse wird gezwungen, eine Identität anzunehmen, die auf die Bedürfnisse der totalen Institution zugeschnitten ist. Goffman bezeichnet die *Enteignung* der vorherigen Identität als *bürgerlichen Tod*, weil die in die totale Institution eingeschlossene bzw. eingetretene Person die meisten der vorherigen Rechte und Pflichten verliert, die ihren bürgerlichen Status ausgemacht haben (vgl. Goffman 1961: 6). Menschen werden zu einer Kennziffer degradiert und in einheitliche Kleidung gesteckt, was alle in Freiheit existierende Unterschiede in Selbstdarstellung, Rang und Aspirationsebenen einebnet. Die Kategorisierung nach rein formalen Kriterien ermöglicht es fortan, Menschen wie Sachen zu behandeln. Die Enthebung aller Privatheit hat zur Folge, dass Insassen kein wünschenswertes Selbstbild aufrechterhalten können. Sie werden durch die Anwesenheit anderer *kontaminiert,* weil sie laufend Geräuschen, Gerüchen und Blicken anderer ausgesetzt sind. Hinzu kommen konkrete unangenehme physische Berührungen mit Gegenständen, wozu von der institutionellen Seite her die Ausstattung von Küchen, Waschräumen und Toiletten gehören. Die offizielle Vernichtung der vorherigen Identität wird durch die Vergewaltigung seitens länger einsitzender oder dienender Mitglieder totaler Institutionen 'lediglich' vollendet. Die durch Vergewaltigung vollzogene *Demaskulinisierung* bedeutet die letzte Freiheitsberaubung und die Annahme der Identität als Sklave und als Frau.

30 Vgl. das Konzept des „frame" von Goffman (1974).

## 3. Schlussfolgerung

Mit der Mann-von-Mann-Vergewaltigung konnten wir physische Gewalt in ihrer effektivsten Form beobachten. Es zeigte sich, dass Vergewaltigung bzw. die Penetration des Körpers einen nutzbringenden Einsatz von Gewalt darstellt, weil er ihr Objekt transformiert, im Gegensatz z.B. zur Tötung, die ihr Objekt vernichtet. Illegale Gewalt schafft ebenso neue Tatsachen, wie es legale Gewalt als *ultima ratio* einer legalen Herrschaft tut (vgl. Luhmann 1988). Im untersuchten Falle bewirkte illegale Gewalt der Reihe nach: eine neuartige Definition von Sexualität, die auch gleichgeschlechtliche Betätigung als Heterosexualität definiert. Sie schaffte es, Menschen mit männlichen Geschlechtsorganen ihre Männlichkeit abzusprechen und sie der sozialen Genderkategorie 'Frauen' zuzuweisen. Der Einsatz illegaler Gewalt stellte eine Hierarchie unter den Gefangenen her, mit sehr realen Folgen für die Verteilung von Gütern einschließlich des persönlichen Schutzes. Diese illegale Hierarchie bekräftigte die legale Gewalt, zumal sie den drastischsten Teil der Degradierungszeremonien bei den Neuzugängen besorgte. Lediglich der Zusammenhang zwischen Schicht und vor allem Ethnie scheint im Gefängnis eher eine symbolische denn faktische Bedeutung zu haben. Wollte man dies genauer untersuchen, müsste man Gewaltverhältnisse zwischen Schichten und zwischen Ethnien außerhalb der Gefängnismauern untersuchen.

Im Bezug auf das Geschlechtervehältnis zeigte sich, dass Gewalt sich keineswegs nur gegen Frauen, sondern insgesamt gegen Menschen richtet, die in eine hierarchische Struktur gebracht werden sollen. Der Boden der Hierarchie besteht zwar nicht immer aus Menschen mit weiblichen Körpern, wohl aber werden solche Menschen als Frauen bezeichnet und vor allem behandelt. Unsere Untersuchung bestätigt Luhmanns These, dass Gewalt einen eindeutigen Modus der Erwartungssicherheit und der Enttäuschungsabwicklung darstellt, der eine Konsensfiktion der 'Beherrschten', wenn nicht ihren Konsens selbst, sichert. *Sie diene der Aufrechterhaltung der Motivation widerstrebender Einzelner.* Während die Wirkung der legalen Gewalt aber nicht auf ihrer faktischen Anwendung, sondern auf Androhung beruhe (Luhmann 1975: 61) – nimmt ihr illegaler Gebrauch im gleichen Maße zu, wie sich die illegale Hegemonie nicht auf Konsens stützen kann.

Im letzten Satz des Beitrages muss aber alles über die Macht der Gewalt Gesagte wieder auf ein richtiges Maß zurecht gestutzt werden: Physische Gewalt, die auf Unterschieden in der physischen Ausstattung der Körper mit Kraft (oder einem Zusammenschluss von Körpern) beruht, steht bereit, um in rudimentären sozialen Situationen mit rudimentären Ressourcen rudimentäre Ordnungen herzustellen. Komplexe Ordnungen schaffen und reproduzieren sich hingegen mit allen legitimen Mitteln des ökonomischen, kulturellen, sozialen und symbolischen Kapitals.

## *Literatur:*


Abel, M. H. (1988): Vergewaltigung. Stereotypen in der Rechtsprechung und empirische Befunde. Weinheim und Basel.

Bourdieu, P. (1982): Ökonomisches Kapital, kulturelles Kapital, soziales Kapital. In: Kreckel, R. (Hrsg.): Soziale Ungleichheit, Soziale Welt, Sonderband 7. Göttingen, S. 183-193.

Bourdieu, P. (2000): Nadvláda mužů, Praha. (frz. La domination masculine. Paris 1998).

Bowker, L. H. (1977): Prisoner Subcultures. Lexington, Mass.

Bowker, L. H. (1980): Prison Victimization. New York.

Bowker, L. H. (ed.) (1998): Masculinities and Violence. Thousand Oaks, London, New Delhi.

Brownmiller, S. (1975): Against Our Will: Men, Women and Rape. New York.

Bürger-Prinz, H. (1950): Motiv und Motivation. Hamburg.

Buffum, P. C. (1982): Racial Factors in Prison Heterosexuality. In: Scacco, A. M. Jr. (ed.): Male Rape. A Casebook of Sexual Aggressions. New York, NY, S. 104-106.

Butler, J. (1991): Das Unbehagen der Geschlechter. Frankfurt/M.

Carroll, L. (1982): Humanitarian Reform and Biracial Sexual Assault in a Maximum Security Prison. In: Scacco, A. M. Jr. (ed.): Male Rape, S. 121-136.

Davis, A. J. (1982): Sexual Assaults in the Philadelphia Prison System and Sheriff's Vans. In: In: Scacco, A. M. Jr. (ed.): Male Rape. A Casebook of Sexual Aggressions. New York, NY, S. 107-120.

Dimoulis, D. (1999): Das Patriarchat als Vertragspartner? Zu einigen Denkvoraussetzungen der Geschlechterbeziehungen. In: Löschper, G./Smaus, G. (Hrsg.): Das Patriarchat und die Kriminologie, Kriminologisches Journal, 7. Beiheft, S. 11-28.

Engel, K./Rothman, S. (1983): Prison Violence and the Paradox of Reform. In: Public Interest, 73, 1983, S. 91-103.

Foucault, M. (1977): Der Wille zum Wissen. Sexualität und Wahrheit, Bd. 1. Frankfurt/M.

Galtung, J. (1975): Strukturelle Gewalt. Beiträge zur Friedensforschung. Reinbek.

Garfinkel, H. (1956): Conditions of Successful Degradation Ceremonies. In: American Journal of Sociology, 61, S. 420-425.

Gelles, R. J. (1983): An Exchange/Social Control Theory. In: Finkelhor, D./Gelles, R. J./ Hotaling, G. T./Straus M. S. (eds.): The Dark Side of Families. Current Family Violence Research. Beverly Hills, S. 151-165.

Gildemeister, R./Wetterer, A. (1992): Wie Geschlechter gemacht werden. Die soziale Konstruktion der Zweigeschlechtlichkeit und ihre Reifizierung in der Frauenforschung. In: Knapp, G.-A./Wetterer, A. (Hrsg.): Traditionen Brüche. Entwicklungen feministischer Theorie. Freiburg, S. 201-254.

Goffman, E. (1961): Asylums. Essays on the Social Situation of Mental Pacients and Other Inmates.New York.

Goffman, E. (1974): Frame Analysis. An Essay on the Organization of Experience. New York.

Gunning, S. (1996): Race, Rape and Lynching. The Red Record of American Literature, 1890-1912. New York, Oxford.

Harding, S. (1990): Feministische Wissenschaftstheorie: Zum Verhältnis von Wissenschaft und sozialem Geschlecht. Hamburg.

Honegger, C. (1991): Die Ordnung der Geschlechter: Die Wissenschaft vom Menschen und das Weib. Frankfurt a.M./New York.

Karner, T. X. (1998): Engendering Violent Man. Oral Histories of Military Masculinity. In: Bowker , L.H. (ed.): Masculinities and Violence. S. 197-232.

Künzel, Ch. (Hrsg.) (voraussichtlich Herbst 2003): Vergewaltigung in drei Jahrhunderten (18. bis 20. Jh.) – Brüche und Kontinuitäten. Frankfurt a.M./New York.

Lawrence, J. (1970): Violence. In: Social Theory and Practice, 1:2, Fall, S. 31-49.

Lawrence, E. T. (1963): Die sieben Säulen der Weisheit. München.

Lindemann, G. (1994): Die Konstruktion der Wirklichkeit und die Wirklichkeit der Konstruktion. In: Wobbe, T./Lindemann, G. (Hrsg.): Denkachsen. Zur theoretischen und institutionellen Rede vom Geschlecht. Frankfurt/M, S. 115-146.

Luhmann, N. (1975): Macht. Stuttgart.

Luhmann, N. (1988): Frauen, Männer und George Spencer Brown. In: Zeitschrift für Soziologie, Jg. 17, H. 1, S. 47-71.

MacNaughton-Smith, P. (1968): The Second Code. Toward (or away from) an Empiric Theory of Crime and Delinquency. In: Journal of Research in Crime and Delinquency, 5, S. 189-197.

Messerschmidt, J. W. (1998): Men Victimizing Men: The Case of Lynching. In: Bowker, L. H. (ed.): Masculinities and Violence. S. 168-178.

Meuser, M. (1999): Gewalt, hegemoniale Männlichkeit und „doing masculinity". In: Löschper, G./ Smaus, G. (Hrsg.): Das Patriarchat und die Kriminologie, Kriminologisches Journal, 7. Beiheft. Weinheim, S. 11-28.

Musil, R. (1968): Die Verwirrungen des Zöglings Törless, Reinbek bei Hamburg.

Pateman, C. (1988): The Sexual Contract. Cambridge.

Rammstedt, O. (1974): Gewalt und Hierarchie. In: derselbe (Hrsg.): Gewaltverhältnisse und die Ohnmacht der Kritik. Frankfurt/M., S. 132-156.

Rasch, W. (1989): Motivische Hintergründe von Vergewaltigungen. In: Arbeitskreis „Sexuelle Gewalt" beim Komitee für Grundrechte und Demokratie (Hrsg.): Gewaltverhältnisse. Sensbachtal, S. 143-154.

Rideau, W./Sinclair, B. (1982): Prison: The Sexual Jungle. In: Scacco, A. M. Jr. (ed.): Male Rape. A Casebook of Sexual Aggressions. New York, NY., S. 3-29.

Scacco, A. M., Jr. (1982): Preface. In: ders. (ed.): Male Rape. A Casebook of Sexual Aggressions. New York, NY., S. vii-ix.

Scacco, A. M., Jr. (1982): The Scapegoat Is Almost Always White. In: ders. (ed.): Male Rape. A Casebook of Sexual Aggressions, New York, NY., S. 91-103.

Schelsky, H. (1955): Soziologie der Sexualität. Hamburg.

Silberman, M. (1988): Dispute Mediation in the American Prison: A New Approach to the Reduction of Violence. In: Policy Studies Journal, 16, 3.

Smaus, G. (1994): Physische Gewalt als ultima ratio des Patriarchats. In: Kriminologisches Journal, H. 2, S. 82-104.
Smaus, G. (1999): Geschlechteridentität als kontextabhängige Variable – dargestellt am Beispiel der 'eingeschlechtlichen' Institution des Gefängnisses. In: Löschper, G./Smaus, G. (Hrsg.): Das Patriarchat und die Kriminologie, Kriminologisches Journal, 7. Beiheft, Weinheim, S. 28-47.
Spargo, T. (1999): Foucault and the Queer Theory, tschechische Übersetzung Praha 2001.
Stanko, E. (1985): Intimate Intrussions. Woman´s Experience of Male Violence, London. Boston, Melbourne, Henley.
Steffen, W. (1987): Gewalt von Männern gegenüber Frauen: Befunde und Vorschläge zum polizeilichen Umgang mit weiblichen Opfern von Gewalttaten. München.
Sykes, G. M. (1958): The Society of Captives: A Study of a Maximum Security Prison. Princeton, N.J.
Te Paske, B. A. (1982): Rape and Ritual. A Psychological Study. Toronto.
Teubner, U. (1989): Gewalt gegen Frauen – Neuauflage einer Analyse von männlicher Macht. In: Arbeitskreis „Sexuelle Gewalt" beim Komitee für Grundrechte und Demokratie (Hrsg.): Gewaltverhältnisse. Sensbachtal, S. 129-136.
Tucker D. (1982): A Punk's Song: View from The Inside. In: Scacco, A. M. Jr. (ed.): Male Rape. A Casebook of Sexual Aggressions. New York, NY., S. 58-79.
Weber, M. (1956): Wirtschaft und Gesellschaft. Tübingen.
Wilson, J. (2000): Lawrence von Arabien. Die Biographie, 2. Aufl. München.
Young, I. M., (1994): Geschlecht als serielle Kollektivität: Frauen als soziales Kollektiv. In: Institut für Sozialforschung (Hrsg.): Geschlechterverhältnisse und Politik. Frankfurt/M, S. 221-262.

# Gewalt als männliche Ressource?
## Theoretische und empirische Differenzierungen am Beispiel junger Männer mit Hafterfahrungen

*Mechthild Bereswill*

Der US-amerikanische Soziologe Gresham M. Sykes schreibt 1958 in seiner Studie „The Society of Captives“: „the prison inmate can never feel safe. And at a deeper level lies the anxiety about his reactions to this unstable world, for then his manhood will be evaluated in the public view“ (1958/1974: 78). Sykes verknüpft hier den Stellenwert alltäglicher Gewalt für die soziale Ordnung im Gefängnis mit Geschlecht: Aus seiner Sicht stiftet die Gewalt in der Subkultur der Gefangenen einen dauerhaften Männlichkeitskonflikt, den der Einzelne bewältigen muß.[1] Der hohe Stellenwert alltäglicher Gewalt im Gefängnis zeigt sich auch gegenwärtig, beispielsweise in einer jüngst erschienenen Untersuchung zu „Prison Violence“ in England und Wales. Edgar Kimmett u.a. sprechen von einer „ordinary, day-to-day“ Routine-Viktimisierung zwischen Insassen und betonen den unspektakulären, profanen Charakter dieser „‘everyday‘ violence“ (Kimmett et al. 2003: 9).[2] Dies bestätigt sich

1 Sykes nimmt an verschiedenen anderen Stellen seiner Studie Bezug auf Geschlecht, wobei sich zeigt, dass er Männlichkeit mit der Männerrolle und einem Lebensentwurf als heterosexueller Mann gleichsetzt (1958/1974: 72 und 97). Zum strukturfunktionalistischen Hintergrund dieser Konzeption von Geschlecht vgl. auch die Texte anderer Autoren aus seinem Forschungszusammenhang in: Cloward 1960; Cressey 1961.

2 Kimmett et al. beziehen sich auf Frauen und Männer in Haft. Dabei streifen sie die Bedeutung von Geschlecht an verschiedenen Stellen ihres Textes, nehmen „gender“ aber nicht als eine systematische Analysekateorie auf. Gleich zu Beginn ihres Textes verweisen sie auf den möglichen Zusammenhang zwischen Gewalt und Männlichkeitsmustern (2003: 6). Hierzu ziehen sie allerdings nur eine Aussage von Joe Sim (1994) heran, die sie nicht weiter kommentieren. Am Ende ihrer Studie kommen sie zu dem Ergebnis, dass Frauen im Gefängnis anders mit Gewalt umgehen als Männer (ebenda: 202), bleiben aber deskriptiv. Das ist bedauerlich, da ihr Befund, im Gegensatz zu Männern würden Frauen Gewalt nicht als Mittel der Distinktion („settling differences“) einsetzen, grundlegende Fragen nach dem Umgang mit Differenzierungen und Hierarchisierungsprozessen in geschlechtshomogenen settings aufwirft. So vertritt Gudrun-Axeli Knapp (1995) im Zusammenhang mit geschlechtsimmanenten Differenzkonstruktionen die These, dass mehr Stereotype für die Differenzierung von Weiblichkeitszuschreibungen als für die von Männlichkeitszuschreibungen zur Verfügung stehen und fragt, ob es einen Zusammenhang zwischen Dominanz und einem stärkeren Identitätszwang für Männer gibt. Wird dies auf die Frage bezogen, warum Männer in den von Kimmett u.a. untersuchten Gefängnissen Gewalt einsetzen, um Differenz herzustellen und Frauen nicht (oder weniger), eröfffnet sich ein macht- und identi-

auch in der von mir durchgeführten qualitativen Längsschnittstudie zum gegenwärtigen Jugendstrafvollzug[3], auf die ich mich im Folgenden beziehen werde. Genau wie in der britischen Studie zeigt sich in den Interviewerzählungen von rund vierzig heranwachsenden Männern aus drei verschiedenen Vollzugsanstalten, wie dynamisch und vielschichtig Gewalt im Gefängnis ist, und wie strukturierend sie auf die sozialen Interaktionen in der gesamten Institution wirkt. Wie bereits mit dem Zitat von Sykes angedeutet sind die Positionen von Opfern und Tätern instabil, überlappen sich und unterliegen schnellen Wechseln (vgl. Kimmett et al. 2003: 29ff.; Bereswill 2001: 272ff.). Zusammenfassend lässt sich sagen, dass Gewalt im Gefängnis ein komplexes Geflecht von physischer und psychischer, von angedrohter und ausgeübter Gewalt darstellt und sich nicht auf einen tatsächlichen Angriff reduzieren lässt (vgl. Bereswill 2001; Koesling 2003; Neuber 2003; Kimmett et al. 2003: 10).[4] Dies demonstriert die Aussage eines Inhaftierten, der im Interview gefragt wird, was „Unterdrückung" aus seiner Sicht umfasse. Er meint, „aber wo genau Unterdrückung anfängt und womit sie anfängt, das kann ich Ihnen nicht sagen", um dann – auf Nachfrage der Interviewerin – doch etwas weiter auszuholen:

„Ich weiß nicht, das eh es scheint so, als wär das schon mit diesen, also mit so'n kleinen Anfangstests, sage ich jetzt mal, starten würde. Nach dem Motto ‚Wie ist er, ist er dumm, ist er schlau, ist er klug, ist er stark, ist er schwach, ist er gewaltbereit, kann er was?'. Das wird da alles zu Anfang, wenn man neu angeflogen kommt, wird da alles ausgecheckt".

Der kurze Interviewauszug ist ein typisches Beispiel für das Sprechen über Gewalt im Gefängnis. Werden die Erzählungen der Inhaftierten einer vergleichenden Betrachtung unterzogen, zeigt sich eine durchgängige Spannung zwischen einem vagen, eher gerüchtehalber erworbenen Wissen über Gewalt und der gleichzeitigen Alltagserfahrung mit dieser. Hinzu kommt natürlich die von Fall zu Fall unterschiedliche Gesprächsbereitschaft im Interview, wobei die zögerliche Zurückhaltung des Erzählers einerseits und seine Rekonstruktion prototypischer Strategien in der Gruppe andererseits exemplarisch zeigt, wie diese durchgängige Spannung zwischen vagem und Erfahrungswissen häufig artikuliert wird: In einem Wechselschritt zwischen Unsi-

---

tätstheoretischer Zugang zum Verhältnis zwischen Gewalt und Geschlecht.

3 Es handelt sich um eine Studie, die seit 1998 am Kriminologischen Forschungsinstitut Niedersachsen e.V. von mir durchgeführt wird (vgl. Bereswill 1999 und 2003). Die von der VolkswagenStiftung finanzierte Untersuchung, in deren Mittelpunkt die biografischen Verarbeitung eines Freiheitsentzugs steht, ist unter dem Titel „Die Folgen von Gefängnis" mit einer quantitativen Untersuchung verknüpft (zum quantitativen Teil vgl. Greve/Hosser 1998).

4 Entscheidend ist dabei nicht das Ausmaß oder die spektakuläre Form der Gewalt, sondern ihre dauerhafte Präsenz auf einem niedrigen Level (vgl. Kimmett et al. 2003: 9). So betont auch Hans Toch die profanen und wenig spektakulären Erscheinungsformen (Toch 1997: 168).

cherheit, Diskretion und dem starken Bedürfnis zu erzählen. In dem Zitat zeigt sich die alltägliche Anforderung, sich zu Gewalt in Beziehung zu setzen, am Beispiel der typisierten Ankunftsszene, die jeder durchlaufen muss und die Prüfungscharakter hat[5]: Hier werden Kräfte gemessen und zwar zwischen adoleszenten Männern, die sich über weite Strecken in einem „homosozialen"[6] Kontext gegenübertreten. Dabei ist immer zu bedenken, dass dieser homosoziale Zusammenhang sich unter Zwang konstituiert.

## 1. Das Gefängnis als eine „masculinity challenge" und Gewalt als Männlichkeitsressource

Ich möchte jetzt auf Sykes' Gedanken zurückkommen, wonach solche Testsituationen etwas mit Männlichkeit zu tun haben: Handelt es sich um eine Prüfungssituation, bei der die Männlichkeit des Einzelnen abgeschätzt, bewertet und in Frage gestellt wird?[7] Diese Frage legt eine Verknüpfung zwischen dem Forschungsfeld Gefängnis und neueren Arbeiten der Männerforschung nahe, vor allem mit dem handlungs- und ressourcentheoretischen Ansatz des US-amerikanischen Soziologen James W. Messerschmidt (1993), der im deutschsprachigen Kontext besonders von Joachim Kersten (1997; 1999) zur Diskussion gestellt wird. Nach Messerschmidt lässt Gewalthandeln im Gefängnis sich als eine kontextspezifische Männlichkeitsressource untersuchen – Gewalt wird eingesetzt, um Geschlecht, also Männlichkeit zu „be-

5 In den themenzentrierten Interviews mit Jugendlichen und Heranwachsenden aus verschiedenen Haftanstalten erweist sich die Ankunftssituation als eine Art Initiation für die weitere Positionierung (vgl. Bereswill 2001: 269).

6 Zum Begriff des „homosozialen" Kontexts vgl. Meuser 1999. Er argumentiert im Anschluss an Bourdieus Konzept der „ernsten Spiele des Wettbewerbs" zwischen Männnern, die sich in sozialen Räumen, aus denen Frauen ausgeschlossen sind, entfalten. Auf die homosoziale Zwangsgemeinschaft Gefängnis lässt sich diese Perspektive nicht ungebrochen übersetzen, da der Ausschluss von Frauen aus diesem Raum als Teil der Strafe und des sozialen Ausschlusses von (jungen) Männern gilt. Dies lässt sich für die Adoleszenz noch weiter zuspitzen, die gesellschaftlich als eine Entwicklungsphase begriffen wird, in der Heranwachsende lernen sollen, sich als heterosexuelle Männer und Frauen zu identifizieren und in entsprechend srukturierten sozialen Kontexten bewegen zu können. Insofern ist es fraglich, ob das Gefängnis sich als homosoziale und männerbündisch strukturierte Gemeinschaft betrachten lässt, die „eine entscheidende institutionelle Stütze hegemonialer Männlichkeit" ist (Meuser 1999: 56).

7 Ähnlich wie der zitierte Inhaftierte fragt auch Sykes typisiert nach den Fähigkeiten des Einzelnen unter dem Blickwinkel der anderen Inhaftierten: „Can he stand up and take it? Will he prove to be tough enough?" (1958/1974: 78). Die Kriterien des Durchhaltens, die der Erzähler im Interview nennt: Klugheit, Stärke und Gewaltbereitschaft, lassen sich mühelos mit dem Begriff „tough" (widerstandsfähig, zäh, hart) assoziieren.

werkstelligen“, wie Kersten (1997) den Begriff des „accomplishing masculinity“ (Messerschmidt 1993) übersetzt hat.[8] In diesem Sinn wäre Gewalt eine funktionale Ressource für die Verteidigung oder die Rekonstruktion von Männlichkeitsidealen, die in der dynamischen Gruppeninteraktion der jungen Männer bedroht sind oder tatsächlich zu Schaden kommen, wobei Männer immer dann auf Gewalt zurück greifen, wenn andere Ressourcen nicht zur Verfügung stehen. Dieser Gedanke ergibt sich aus einem Schlüsselargument von Messerschmidt, wenn er zum Zusammenhang zwischen Kriminalität und Männlichkeit schreibt, „Crime by men is a form of social practise invoked as a resource, when other resources are unavailable for accomplishing masculinity“ (1993: 5).[9]

Vor diesem Hintergrund geht er davon aus, dass Männer, wenn sie neue soziale Kontexte betreten, mit so genannten *„masculinity challenges“* (2000: 13, Hervorheb. i. Orig.), also mit Herausforderungen an ihre Männlichkeit rechnen müssen und beschreibt diese *„challenges“* als kontextgebundene Interaktionen, aus denen eine Degradierung zwischen Männern resultiert (ebenda). Gemeint sind hier sowohl Interaktionen zwischen Jungen oder Männnern, die mit Drohungen oder Beschimpfungen einhergehen, als auch Situationen, in denen jemand die kontextspezifischen Männlichkeitserwartungen nicht erfüllen kann. Beides führt zu Handlungskrisen, deren Bewältigung laut Messerschmidt einen Rückgriff auf so genannte Männlichkeitsressourcen erfordert. Mit Hilfe dieser Ressourcen versuchen Männer, auch in Form kollektiver Handlungen, die erfahrene Unterwerfung rückgängig zu machen.

Bis hierher ist deutlich geworden, welchen Zugang zu Geschlecht dieser handlungs- und interaktionstheoretisch angelegte Ansatz der Männerforschung eröffnet: Das Handeln von Männern wird milieu- und kontextspezifisch untersucht, wobei eine direkte und sichtbare Beziehung zwischen ihrem Handeln und verschiedenen Bedeutungsebenen von Geschlecht vorausgesetzt,

---

8 „Accomplishing masculinity“ kann auch als Leistung, Fähigkeit oder Fertigkeit, sich als männlich zu erweisen, übersetzt werden. Kerstens (1997) Begriff der „Bewerkstelligung“ von Geschlecht weist hingegen stärker in Richtung von „bewältigen“. Durch dies Begriffswahl tritt der Leistungsaspekt etwas in den Schatten des Krisenaspekts.

9 Auch wenn Messerschmidt sich ausdrücklich vom funktionalistischen Rollenmodell abgrenzt, was die Geschlechtsrollentheorie anbetrifft (1993: 28f.), postuliert er hier selbst eine Variante sozialen Handelns, wie sie sich auch in den funktionalistischen Ansätzen von Cohen (1955) oder von Cloward und Ohlin (1960) findet. Weiter geht er davon aus, dass verschiedene Formen von Devianz mit unterschiedlichen Männlichkeitsmustern, eingebettet in die soziale Lage von Männern, korrespondieren (vgl. auch: Messerschmidt 1993; 2000; 2001; für den deutschen Kontext: Kersten 1997, 1999; Matt 1999). Auch hierbei zeigt sich die Nähe zu den genannten kriminologischen Ansätzen, bei denen ebenfalls mit einem rational-intentionalen Handlungsmodell argumentiert wird demnach sozial benachteiligte junge Männer Delinquenz einsetzen, um ihre gesellschaftliche Marginalisierung und somit ihre Ausgrenzung aus gesellschaftlichen Modernisierungsprozessen abzuwehren.

zumeist aber nicht weiter differenziert wird. Anders gesagt: Die Frage nach der Vermittlung zwischen kulturellen Leitbildern und individuellen Selbstidentifikationen als männlich bleibt offen, während Gewalthandeln gleichzeitig mit direktem Bezug zu Männlichkeit erklärt wird (vgl. auch die Kritik bei Gadd 2002; Jefferson 1996).

Vor diesem Hintergrund werden weit reichende Aussagen zum Verhältnis zwischen Gewalt, Geschlecht und Gesellschaft getroffen. So greift Matt (1999) den Ansatz auf und interpretiert die Devianz männlicher Jugendlicher als eine adoleszenzspezifische Reaktion auf den Zusammenhang zwischen sozialer Benachteiligung und den zunehmenden Verunsicherungen im gesellschaftlichen Modernisierungsprozess.[10] Abweichendes Verhalten deutet er in diesem Zusammenhang als die Suche nach einer „stabilen männlichen Identität" und legt die gewaltbereiten Handlungsmuster junger Männer in Gruppen pauschal als patriarchale Orientierungen aus. Ähnlich argumentiert auch Kerten (1999; 2002), wenn er schreibt, dass marginalisierte junge Männer (auch) mit Hilfe von Gewalt etwas einzulösen suchen, das die Gesellschaft ihnen verwehrt – die Umsetzung eines Lebensentwurfs als Beschützer und Ernährer, der ihnen im Modernisierungsprozess entgleitet (Kersten 2002: 52).[11]

## 2. Die biografische Kontextualisierung von Gewalt und Geschlecht – eine subjekttheoretische Differenzierung sozialen Handelns

Die bisher skizzierten Analyseperspektiven haben einen längst überfälligen Diskurs eröffnet, der Fragen nach Devianz und sozialer Integration einer geschlechtsbezogenen Ausdifferenzierung unterzieht. Folge ich dem handlung-

10 Die verschiedenen Arbeiten, die in diesem Zusammenhang stehen, sind alle auch von Connells (1999; 2002) Konzept der hegemonialen Männlichkeit beeinflusst. Wird Connells Modell der hegemonialen Männlichkeit auf die weiter oben zitierte Interviewpassage bezogen, schildert der Erzähler, mit Hilfe welcher kontextspezifischer Kriterien die jungen Männer über ihre über- oder untergeordneten Positionen in der männlichen Rangordnung verhandeln. Im Kontext von Connells gesellschaftstheoretischem Blickwinkel auf konkurrierende Männlichkeiten in einer Gesellschaft betrachtet, wären die Inhaftierten als gesamte Gruppe mit untergeordneter Männlichkeit zu identifizieren (vgl. auch die Überlegungen bei Neuber 2003: 135).

11 Schon bei Cohen (1955: 104) findet sich das Argument der Modernisierung, wenn er davon ausgeht, dass die delinquenten Unterschichtjungen („delinquent boys") Formen von Männlichkeit ausagieren, die den Mittelschichtmännern mittlerweile gesellschaftlich verwehrt werden.

stheoretischen Entwurf von Männlichkeit, stellt sich für eine geschlossene Institution wie das Gefängnis die Frage, ob hier gesellschaftliche – wie unter einem Brennglas – Identitätszwänge sichtbar werden, die Männlichkeit, jenseits aller Modernisierungsprozesse, immer noch auf wenige Eigenschaften reduzieren. Dies beinhaltet zugleich die Frage, wie diese Eigenschaften mit Weiblichkeitszuschreibungen korrespondieren.

Für die mehrfach belastete und benachteiligte Gruppe der Inhaftierten und Haftentlassenen ist zu fragen, wie sie sich als heranwachsende Männer in einer Gesellschaft positionieren, deren Geschlechterbeziehungen äußerst widersprüchlich und ungleichzeitig angelegt sind: partnerschaftliche Ideale existieren zeitgleich mit dem Modell des Ernährers; Erwerbsarbeit gilt nach wie vor als identitätsstiftendes Element von Männlichkeit; gleichzeitig wird das „Ende der Erwerbsgesellschaft" eingeläutet – um nur einige der gängigen Paradoxien anzureißen. Was die Bedeutung von Erwerbsarbeit anbetrifft, spitzt sich die Widersprüchlichkeit bei einer Inhaftierung noch weiter zu: Ausbildung und Arbeit gelten im Jugendstrafvollzug als zentrale Resozialisierungsmaßnahmen und die Integration in Arbeit als langfristiges Resozialisierungsziel. Gleichzeitig wissen alle Beteiligten, wie eng die Grenzen dieses Modells faktisch sind – eine Konstellation, die die konflikthaften Seiten männlicher Normalbiographien unter den Bedingungen sozialer Benachteiligung ins Licht rückt. Vor diesem Hintergrund klingt die These, das Gewalthandeln junger Männer sei Ausdruck ihrer lebenslagenspezifischen Bewältigungsstrategien von vergeschlechtlichten Modernisierungsprozessen plausibel.

Trotzdem möchte ich die *direkte* Beziehung zwischen Männlichkeit und Gewalt, die dabei vorausgesetzt wird, in Frage stellen. Dabei orientiere ich mich an einem biografisch und subjektheoretisch angelegten Zugang. Ich gehe davon aus, dass der soziale Sinn von Gewalt biografischen Brechungen unterliegt, die das kontextspezifische Handeln von Individuen strukturieren (vgl. Sutterlüty 2001: 98, 101, 287). Das bedeutet, die interaktiv ausgehandelte und kontextspezifische Bedeutung von Gewalthandeln im Gefängnis, wie sie beispielsweise in dem Interviewausschnitt deutlich wird, erfährt im biografischen Kontext eine Bedeutungserweiterung und -verschiebung: die subjektive Dimension kollektiver Deutungsmuster von Geschlecht wird relevant. Damit ist zugleich die Frage nach der biographischen Aneignung von Geschlecht angesprochen und die unmittelbare Verknüpfung zwischen bestimmten Handlungsmustern und Männlichkeit wird lose: Die kollektiven Reproduktionen kultureller Männlicheitsstereotype, wie sie in den Selbstinzensierungen junger Männer deutlich werden, geben keine direkte Auskunft über ihre Selbstidentifikationen als männlich (vgl. Bereswill 2001: 280). Aus einer biografischen Perspektive erklären Gewalt und Geschlecht sich nicht gegenseitig. Ganz im Gegenteil: sie verschlüsseln einander in ihrer jeweiligen tieferen Bedeutung für das handelnde Subjekt.[12] Damit verliert Gewalt ihre Bedeutung als bewusst gewählte Männlichkeitsressource und Geschlecht ist nicht länger Ausdruck einer „stabilen Identität" als Mann oder Frau. Geschlecht rückt nun als „Konfliktkategorie" (Becker-Schmidt/Knapp 1987; 2000) in den Blick: Die Selbstidentifikation als Mann oder Frau beinhaltet widerstreitende Identifizierungen und Handlungsorientierungen.[13] Regina Becker-Schmidt und Gudrun-Axeli Knapp (1987) sprechen in diesem Zusammenhang von „Ambivalenz" und fassen so den subjektiven Umgang (von Frauen) mit widersprüchlichen gesellschaftlichen Erwartungen, die sich nicht ohne innere Konflikte in das eigene Selbstempfinden integrieren lassen. Damit thematisieren sie die affektive Seite von biografischen Prozessen, die mit unbewussten Konflikten, mit Abwehrhaltungen und mit paradoxen Handlungsmustern einhergeht. Biografische Identität, verbunden mit der Aneignung widersprüchlicher, kultureller Konstruktionen von Geschlecht, ist entsprechend dynamisch und in sich konflikthaft zu begreifen. Für die Untersuchung von Geschlecht und Geschlechterdifferenz bedeutet dies, nicht nach dem Eindeutigen, sondern vielmehr nach den Brüchen, Konflikten und Widersprüchen zu fragen. Diese konflikttheoretische Perspektive eröffnet auch für die Auseinandersetzung mit den Lebensentwürfen von Männern eine Möglichkeit, eingleisige Vorstellungen von Geschlecht zu überwinden und der latenten Bedeutung von Handlungsmus-tern auf die Spur zu kommen.

## 3. „Besiegen, besiegen" – Gewalt im Kontext eines biografischen Anerkennungskonflikts: ein Fallbeispiel

Im Folgenden spiele ich die bisher diskutierten theoretischen Perspektiven an einem Fallbeispiel aus der bereits erwähnten Studie durch und betrachte die Thematisierung von Gewalt im Licht zentraler biografischer Konflikte, die sich in den Interviewerzählungen eines Achtzehnjährigen niederschlagen.

Benjamin Schreiber erzählt in einem ersten Interview über seine Hafterfahrungen in einer westdeutschen Jugendvollzugsanstalt und in einem Folgeinterview eine Woche später über seine Biografie. Es handelt sich um offene, leitfadengestützte und dialogisch angelegte Interviews. Beide Gespräche finden im Gefängnis statt und ich betrachte die Interviewtexte als Ausdruck

12 Diesen Gedanken modifiziere ich mit Bezug zu einer Überlegung von Muriel Dimen (1995: 247), die davon ausgeht, dass Selbst und Geschlecht sich nicht gegenseitig erklären, sondern verschlüsseln.

13 Zu einer konflikttheoretischen und psychoanalytischen Konzeption von Geschlecht vgl. außerdem die Arbeiten von und bei Benjamin 1995 und 1993.

einer biografischen Selbstthematisierung im Kontext von sozialer Kontrolle. Die folgende Fallanalyse stellt den verdichteten Ausschnitt aus einer hermeneutischen Fallinterpretation dar, deren Tiefenschärfe sich der intensiven Zusammenarbeit mit mehreren Interpretationsgruppen verdankt.[14]

Benjamin Schreiber schildert sich als einen unabhängigen Einzelgänger, der sich aussuchen kann, zu wem er in der Inhaftiertengruppe in Beziehung treten möchte. Dieser Darstellung korrespondiert das Bild des gewaltbereiten Kämpfers, der jederzeit bereit ist, sich zu verteidigen. Gewalt im Gefängnis ist für Benjamin eine zentrale Handlungsoption, die sein Ansehen schützt. Dabei ist die eigene Ehre eng mit der seiner Familie verbunden, was in seiner Erzählung über die Inhaftierung an zwei Stellen besonders deutlich wird.

Vor seiner Verlegung in die JVA, in der die Interviews stattfinden, hat Benjamin in einer anderen Haftanstalt einen Inhaftierten gravierend verletzt. Dies begründet er damit, dieser Inhaftierte habe seinen kleinen Bruder verhöhnt, was auch zum Zeitpunkt des Interviews noch im Vordergrund der Schilderung steht: Nicht die Folgen seiner Gewalttat für das Opfer beschäftigen ihn, sondern die Beleidigung, die seinem Bruder – und damit ihm selbst – widerfahren ist. Seine Tat ist deshalb nicht nur legitim, sondern er schildert mit einem gewissen Stolz, wie schwer er den anderen mit bloßen Händen verwundet hat.

Wird an die zuvor diskutierte Handlungstheorie angeknüpft, zeigt sich Gewalt hier als eine Ressource für die Rekonstruktion eines beschädigten Ideals – der Familienehre. Beim Konstrukt der Ehre geht es im Wesentlichen um das Verweigern und Erzwingen von Respekt und, wie wir hier sehen, um die Zurückweisung von Demütigungen (vgl. Findeisen/Kersten 1999: 142). Kulturell sind Männlichkeit und Ehre eng verbunden und traditionell gedacht ist die Verteidigung der Familienehre eine Aufgabe von Männern, die Gewalt legitimiert. Für den speziellen Untersuchungskontext Gefängnis kommt hinzu, dass der Familie von den meisten Inhaftierten eine immense Bedeutung zugeschrieben wird – Benjamin selbst bezeichnet seine Familie als „heilig". Hier deutet sich schon an, dass sein Selbstbild als siegreicher Einzelkämpfer eng mit dem Wunsch nach einem emotionalen Anerkennungszusammenhang verbunden ist. Somit verweist sein aktiver Rückgriff auf ein patriarchal anmutendes Ideal auf einen tiefer liegenden Wunsch und Konflikt.

Diese affektive Seite der ehrenvollen Selbstverteidigung zeigt sich in einer Szene, die er gleich zu Beginn des Interviews schildert und bei der seine Scham der eigenen Familie gegenüber aufscheint. Beim Besuch seiner Eltern

14 Es handelt sich um die Zusammenarbeit mit studentischen Mitarbeiterinnen des KFN und die Interpretationsarbeit, die eine Gruppe von Studentinnen im Rahmen eines von mir duchgeführten Forschungs-Lern-Seminars an der Universität Hannover geleistet hat (vgl. Aragon-Quintero et al. 2001). Außerdem greife ich auf Interpretationserkenntnisse von Anke Neuber (2003) zurück.

sehen diese, wie der Beamte sich bereits die Latexhandschuhe für die anschließende Leibesvisitation überstreift: „Ja und dann natürlich, dass war ja schon peinlich genug überhaupt da, dass sie mich da sehen".

Hier wird Benjamins Ansehen in der eigenen Familie durch die soziale Kontrolle der Institution gefährdet. Er wird vor den Augen seiner Eltern bloß gestellt und das Motiv der (Familien-)Ehre korrespondiert mit dem Gefühl von Scham. Die Scham kann dabei mehrere Dimensionen haben: Benjamin schämt sich vor seiner Familie, weil seine Demütigung durch die Institution sichtbar wird; möglicherweise fürchtet er aber auch, dass er seine Familie beschämt, weil er inhaftiert ist. Deutlich wird hier jedenfalls, dass das subjektive Gefühl von Peinlichkeit in ein Geflecht sozialer Beziehungen eingebunden ist, in dem die Verweigerung von Anerkennung zur Verhandlung steht (Neckel 1991: 16). Sighard Neckel schreibt dazu: „Scham ist das Gefühl, in der erlebten Wirklichkeit seine Selbstachtung verloren zu haben" (ebenda).[15] Diese Entwertungsdynamik ist für Benjamin eng mit den institutionellen Zwängen des Freiheitsentzugs verknüpft.

So wird seine starke und unverletzliche Selbstkonstruktion als gewaltbereiter, einzelgängerischer Ehrenmann regelmäßig von Erzählungen über die peinvollen Seiten der Haft durchkreuzt. Im Mittelpunkt steht Benjamins Wut auf die Vollstrecker ihrer Regularien – die Bediensteten. Seine heftige Kritik richtet sich dabei besonders auf die Logik des behandlungsorientierten Vollzugs, dessen pädagogische Prinzipien er durchschaut: „man muss immer was leisten für was, dass man es kriegt".[16] In den wiederholten Auseinandersetzungen mit Beamten, die er empört erzählt, scheint ein biografischer Anerkennungs- und Leistungskonflikt auf.

So fällt auf, dass Benjamin, für den Familie eine zentrale Bedeutung hat, seine Erzählung im biografischen Interview mit der Schule beginnt. Die Schule ist ein konfliktgeladender Kontext und zwar – ähnlich wie das Gefängnis – in doppelter Perspektive: Einerseits hat Benjamin Konflikte mit

15 Dieser gesellschaftsbezogene Blick auf die Dynamik von Schamgefühlen lässt sich im konkreten Kontext durch eine sozialpsychologische Perspektive auf Adoleszenz erweitern. Elkind (1980: 175) weist auf die besondere Bedeutung von Scham für Adoleszente hin und betont, diese würden in Konfliktsituationen eher Scham als Schuldgefühle ausdrücken. Dieser Gedanke passt insofern gut zum hier vorgestellten Fall, als die auffällige Leerstelle auf Seiten der Thematisierung von Schuld und Verantwortung begleitet wird von der ebenso auffälligen Artikulation empfundener Bloßstellungen. Auch Hilgers (1996: 10), der im Gegensatz zu Elkinds kognitivem Ansatz psychodynamisch argumentiert, verweist auf den Zusammenhang zwischen Scham und einem verletzten Selbstwertgefühl. Scham zeigt seiner Meinung nach eine Spannung zwischen Ich und Ich-Ideal, die auch durch Gewalthandeln aufgelöst werden kann. Neckel geht ebenfalls davon aus, dass Scham das Selbstbewusstsein „ruiniert" (Neckel 1991: 17).

16 Vgl. die Interpretation auf Strafe und Erziehung fokussierte Interpretation dieses Falls bei Wieser 2003: 16ff.

dem Lernen und dem Lehrpersonal; andererseits hat er Konflikte mit Mitschülern. Wie in den Erzählungen über das Gefängnis auch, sind diese beiden Konfliktfelder in Benjamins Wahrnehmung vollkommen differente Bezugssysteme, aus denen er mal als erfolgreicher Sieger – bei Kämpfen auf dem Schulhof – und mal als gedemütigter Verlierer – im Unterricht – hervortritt. Er kompensiert seine innere Not über die Außenseiterposition im Unterricht letztlich auf dem Schulhof, wo er seine Leistungsfähigkeit durch Gewaltbereitschaft und konkretes Handeln beweisen kann. Auf die Frage, wie es war, in einem solchen Kampf zu unterliegen, führt er aus:

„Also als was weiß ich, [wie wenn man] ne Millionen gesetzt hat und die verloren hat. (beide lachen) Ja, ja. Also, man hat, also ich hab natürlich versucht ihn zu besiegen, ne. Für mich wars eigentlich immer nur der Grund besiegen, besiegen. Wenn ich dann versucht hab zu besiegen und trotzdem dann verloren hab, dann wars dann eben halt so als wenn ich gespielt hab, aber verloren hab. Also die Wunden oder so, wenn ich ´n blaues Auge hatte oder Nasen gebrochen oder irgendwas, das war für mich unwichtig so."

Diese Passage lässt sich unter verschiedenen Blickwinkeln interpretieren: Der Kampf, den Benjamin hier schildert, kann als eine Form des „doing masculinity", also der interaktiven Herstellung von Männnlichkeit, eingeordnet werden, wobei die Betonung des Wettkampfs auf die Bedeutung von Unterwerfung für solche Prozesse verweist. Im biografischen Kontext der Erzählung wird deutlich, dass die Ausübung von Gewalt eng mit Versagenskonflikten und mit der Befriedigung von Leistungsbedürfnissen verbunden ist. Im Vergleich mit dem Glücksspiel findet Benjamin ein Bild für die immense Spannung, die für ihn mit dem Kampf verbunden ist. Jenseits der Frage, ob er immer gewinnt, wird deutlich, dass er den höchsten Einsatz bietet, den er hat.

Werden beide Lesarten der Szene zusammen gebracht, rückt die Beziehung zwischen der interaktiven, intersubjektiven Aushandlung von Männlichkeitsbildern im öffentlichen Raum und den intrasubjektiven Dynamiken in den Blick. Im vorliegenden Fall ist diese Beziehung durch einen sehr konkreten Leistungs- und Anerkennungskonflikt geprägt. Entscheidend für Benjamins Verhältnis zu Gewalt ist, dass er seine Fähigkeit, Schmerzen zuzufügen und auszuhalten, als Ressource gegen Demütigungen und Schamgefühle einsetzt. Wie korrespondiert dies mit dem Motiv der Familienehre?

Benjamin idealisiert seine Familie, besonders seinen Vater. Dabei entwirft er ein Bild, das von allen Klischees abweicht, die bezüglich der Sozialisation auffällig gewordener Jugendlicher aus sozial randständigen Familien existieren: Ausgelassenes Spiel mit dem Vater, Märchenvideos, keine Gewalt in der Familie und eine harmonische Beziehung zwischen den Eltern – so lässt sich die Familie einerseits schildern. Dass es sich nicht um Stereotype handelt, wird deutlich, wenn Benjamin Erinnerungen an Familienausflüge schildert und dabei in erlebnishafter Weise die Begeisterung seines Vaters am Spiel beschreibt.

Dieses Familienideal ist brüchig: Ein Geschwisterkind von Benjamin stirbt, die Mutter zieht sich in sich selbst zurück und wird von den anderen Kindern getröstet. Genauso wenig, wie deutlich wird, was hier geschehen ist, wird nachvollziehbar, warum Benjamins Eltern sich später scheiden lassen. Er weiß es nicht – oder will es vielleicht nicht sagen, um die Familienehre zu schützen.

Seine Selbstbehauptung im Namen der Ehre ist höchst kompatibel mit Männlichkeitsklischees im Gefängnis. Im Kontext seiner biografischen Selbstdeutungen verdeckt seine Identifikation als erfolgreicher Schläger ein Bündel biografischer Konflikte, die mit Überforderungen und Verlusten zu tun haben. Benjamin selbst bringt dies auf den Punkt, wenn er sagt: „Also eigentlich wollte ich nie erwachsen werden".

Der beklagte Verlust kindlicher Unbeschwertheit verweist auf zwei Spuren, die seinen heftigen und andauernden Kampf um Anerkennung begleiten. Eine Spur führt zur Diskrepanz zwischen Familiengeschichte und Familienbild. Die soziale Anerkennung und Respektierlichkeit der Familie wird auch über ihr Zerbrechen hinweg eingeklagt und ist mit dem eigenen Selbstbild verwachsen. Eine weitere Spur sind wiederholte Überforderungsszenarien in der Schule, deren handlungsleitender Einfluss nicht zu unterschätzen ist. Gewalt wird zur Ressource einer wütenden Selbstverteidigung gegenüber den offiziellen Normen dieser Institution, deren Leistungsanforderungen Benjamin nicht erfüllt, ohne deren Anerkennung er aber schlecht auskommt. Dass er diese Anerkennung gerade durch seinen Rückgriff auf Gewalt verspielt, ist Teil seines biografischen Handlungsmusters, aber auch der institutionellen Handlungsvollzüge im Umgang mit ihm. Die interaktive Falle, die sich hier zeigt, reproduziert sich in der Haft.

## 4. Gewalt und Geschlecht – eine verdeckte Beziehung

Der Vergleich zwischen einem handlungstheoretischen und einem konflikttheoretischen, biografischen Zugang zu Männnlichkeit und Gewalt wirft die Frage auf, was eigentlich unter Männlichkeit zu fassen ist. Ist Männlichkeit einfach das, was Jungen und Männer tun (vgl. Hood-Williams 2001: 39)? Wie stehen kontextgebundenes Handeln und biografische Erfahrungskonstellationen in Beziehung zueinander? Im vorliegenden Fallbeispiel erweist die Verbindung zwischen Gewalthandeln und Männlichkeitsklischees sich zwar als starke Handlungslegitimation. Ihren biografischen Sinn bezieht Gewalt aber aus einem tief greifenden Anerkennungskonflikt, dem keine eindeutige Verbindung mit Männlichkeitsvorstellungen zugeschrieben werden kann.

Die kumulierende Wechselwirkung zwischen Versagen und Ausgrenzung in der Schule und einem ungelösten Familienkonflikt zeigt vielmehr einen heranwachsenden Jungen, der keinen Halt und keine Unterstützung findet – auch nicht in seiner positiven Identifikation mit einer Vaterfigur. Besonders interessant ist dabei außerdem, dass gerade die Vaterfigur, die der Erzähler entwirft, keine Anhaltspunkte für die Idealisierung wehrhafter Männlichkeit bietet. Ganz im Gegenteil: Die Vater-Sohn-Beziehung wird wegen ihrer verspielten, gewaltfreien Qualität idealisiert. Somit zeigt das Fallbeispiel exemplarisch, dass die Aneignung von Geschlecht ein eigensinniger und komplexer Vorgang ist, der sich nicht in der Übernahme mütterlich-weiblicher oder väterlich-männlicher Anteile und Verhaltensweisen erschöpft. So transformiert sich die Erfahrung einer verspielten Vater-Sohn-Beziehung in einem anderen Kontext in eine Siegerpose, die zugleich das faktische Zerbrechen des familiären Bezugsrahmens kaschiert.

Entsprechend führt der fortgesetzte Rückgriff auf die Pose des Kämpfers und Beschützers auch nicht zu einer stabilen Identität als Mann. Vielmehr verdeckt dieser Rückgriff eine grundlegende Unsicherheit und Ambivalenz im Hinblick auf den eigenen Lebensentwurf als heranwachsender Mann mit wenig sozialen Chancen. So wird auch das Bild des Kämpfers durch die sehnsüchtige Rückwendung zu einer verspielten und sorglosen Zeit als Kind konterkariert. Männlichkeitsklischees werden zum Ankerpunkt für einen Identitätskonflikt, der mit dem Agieren von betonter Männlichkeit nicht beigelegt, sondern eher weiter zugespitzt wird. Das Motiv der Ehre entpuppt sich schließlich als ein Container für familiäre wie institutionelle Konfliktdynamiken, deren vergeschlechtlichte Dimensionen über das offensichtliche Kämpfertum hinaus im Verborgenen bleiben.

Wie eine solche Konstellation mit gesellschaftlichen Modernisierungskonflikten korrespondiert, ist nicht zuletzt davon abhängig, ob ein biografischer Anerkennungskonflikt dauerhaft reproduziert wird oder sich Perspektiven für dessen Transformation eröffnen. Dies ist von gesellschaftlichen Integrationsprozessen ebenso abhängig wie von den biografischen Potenzialen und biografischen Bindungen des Einzelnen. Vor diesem Hintergrund lässt sich auch der Marginalisierungsaspekt weiter differenzieren: Es ist nicht seine soziale Lage allein, die den Heranwachsenden auf ein Auslaufmodell von Männlichkeit und die Ressource Gewalt Bezug nehmen lässt. Erst die spezifische Erfahrungskonstellation von vorenthaltener Anerkennung und familiärer Krise plausibilisieren sein aktives Agieren zum Schutz des eigenen Ansehens. Vor diesem Hintergrund wäre es gewagt, ihn und andere, die ähnliche Handlungsstrategien wählen, als Gralshüter überkommener Männlichkeit zu betrachten.

## *Literatur:*

Althoff, Martina/Bereswill, Mechthild/Riegraf, Birgit (2001): Feministische Methodologien und Methoden. Traditionen, Konzepte, Erörterungen. Lehrbuch zur sozialwissenschaftlichen Frauen- und Geschlechterforschung. Band 2. Opladen.

Aragon Quintero, Mareile/Bitterkleit, Saskia/Pigors, Khea; Uschmann, Katharina; Wieser, Diana (2001): Benjamin Schreiber: Anerkennung, Ehre und Gewalt. „Für mich war's eigentlich immer nur besiegen, besiegen". In: Bereswill, Mechthild (Hrsg.): Haft (er) leben. Zentrale Überlebensstrategien und biographische Selbstentwürfe männlicher Jugendlicher in Haft, KFN-Forschungsbericht Nr. 82, JuSt-Bericht Nr. 6, Hannover.

Becker-Schmidt, Regina/Knapp, Gudrun-Axeli (1987): Geschlechtertrennung – Geschlechterdifferenz. Suchbewegungen sozialen Lernens. Bonn.

Becker-Schmidt, Regina/Knapp, Gudrun-Axeli (2000): Feministische Theorien zur Einführung. Hamburg.

Benjamin, Jessica (1993): Die Fesseln der Liebe. Frankfurt am Main.

Benjamin, Jessica (Hrsg.) (1995): Unbestimmte Grenzen. Beiträge zur Psychoanalyse der Geschlechter. Frankfurt am Main.

Bereswill, Mechthild (1999): Gefängnis und Jugendbiographie. Qualitative Zugänge zu Jugend, Männlichkeitsentwürfen und Delinquenz, KFN-Forschungsbericht Nr. 78, JuSt-Bericht Nr. 4, Hannover.

Bereswill, Mechthild (2001): „Die Schmerzen des Freiheitsentzugs" – Gefängniserfahrungen und Überlebensstrategien männlicher Jugendlicher und Heranwachsender. In: Bereswill, Mechthild/Greve, Werner (Hrsg.): Forschungsthema Strafvollzug, Interdisziplinäre Beiträge zur kriminologischen Forschung, Band 21, S. 253-285.

Bereswill, Mechthild (2003) (Hrsg.): Entwicklung unter Kontrolle? Biographische Entwürfe und alltägliche Handlungsmuster junger Inhaftierter. Interdisziplinäre Beiträge zur kriminologischen Forschung, Band 25. Baden Baden.

Cloward, Richard. A. et al. (1960): Theoretical Studies in Social Organization of the Prison. Social Science Research Council, New York.

Cloward, Richard A./Ohlin, Lloyd E. (1960): Delinquency and Opportunity. A Theory of Delinquent Gangs. New York.

Cohen, Albert K. (1955): Delinquent Boys. The Culture of the Gang. London, New York.

Connell, Robert W. (1999): Der gemachte Mann. Konstruktion und Krise von Männlichkeit. Opladen.

Connell, Robert W. (2002): Gender. Cambridge.

Cressey, Donald R. (1961) (Hrsg.): The Prison. Studies in Institutional Organization and Change. New York.

Dimen, Muriel (1995): „Dekonstruktion von Differenz: Geschlechtsidentität, Spaltung und Übergangsraum". In: Benjamin, Jessica (Hg.). Unbestimmte Grenzen. Beiträge zur Psychoanalyse der Geschlechter. Frankfurt am Main. S. 244-268.

Elkind, David, (1980): Egozentrismus in der Adoleszenz. In: Döbert, Rainer (Hrsg.): Entwicklung des Ichs, Verlagsgruppe Athenäum, Hain, Scriptor, Hanstein, Königstein, S. 170-178.
Findeisen, Hans-Volkmar/Kersten, Joachim, (1999): Der Kick und die Ehre. Vom Sinn jugendlicher Gewalt. München.
Gadd, David (2002): Masculinities and Violence against Female Partners. In: Social & Legal Studies, Vol. 11 (1), 61-80.
Greve, Werner/Hosser, Daniela (1998): Psychische und soziale Folgen einer Jugendstrafe: Forschungsstand und Desiderate. Monatsschrift für Kriminologie und Strafrechtsreform 81, S. 83-103.
Hilgers, Micha, (1996): Scham. Gesichter eines Affekts. Zürich.
Hood-Williams, John (2001): Gender, masculinities and crime. From structures to psyches. In: Theoretical Criminology, Vol. 5 (1), S. 37-60.
Jefferson, Tony (1996): Introduction. In: The British Journal of Criminology, Vol. 36, Bd. 3, 337-347.
Kersten, Joachim (1997): Risiken und Nebenwirkungen: Gewaltorientierung und Bewerkstelligung von „Männlichkeit“ und „Weiblichkeit“ bei Jugendlichen der *underclass*. In: Kriminologisches Journal, 6. Beiheft, S. 103-114.
Kersten, Joachim (1999): Risiken und Nebenwirkungen. Zur geselllschaftlichen Konstruktion von Männlichkeiten. In: Scarbath, Horst/Schlottau, Heike/Straub, Veronika/Waldmann, Klaus (Hrsg.): Geschlechter. Zur Kritik und Neubestimmung geschlechterbezogener Sozialisation und Bildung. Opladen.
Kersten, Joachim (2002): Jugendgewalt und Bilder von Männlichkeiten. In: Gause, Detlev (Hg.): Jugendgewalt ist männlich. Gewaltbereitschaft von Mädchen und Jungen. Hamburg, 36-52.
Kimmett, Edgar/O'Donnell Ian/Martin, Carol (2003): Prison Violence. Cullompton, Devon.
Knapp, Gudrun-Axeli (1995): Unterschiede machen: Zur Sozialpsychologie der Hierarchisierung im Geschlechterverhältnis. In: Becker-Schmidt, Regina/ Knapp, Gudrun-Axeli (Hrsg.) (1995): Das Geschlechterverhältnis als Gegenstand der Sozialwissenschaften. Frankfurt am Main, New York, S. 163-194.
Koesling, Almut (2003): “Auf Deutsch gesagt“ – Die Sprache als Landkarte der Insassengemeinschaft. In: Bereswill, Mechthild (Hrsg.): Entwicklung unter Kontrolle? Biographische Entwürfe und alltägliche Handlungsmuster junger Inhaftierter. Interdisziplinäre Beiträge zur kriminologischen Forschung, Band 25. Baden Baden, S. 112-132.
Matt, Eduard (1999): Jugend, Männlichkeit und Delinquenz. Junge Männer zwischen Männlichkeitsritualen und Autonomiebestrebung. In: ZSE, 19. Jg., 3, S. 259-276.
Messerschmidt, James W. (1993): Masculinities and Crime: Critique and Reconceptualization of Theory. Lanham.
Messerschmidt, James W. (2000): Nine Lives. Adolescent Masculinities, the Body, and Violence. Cumnor Hill.
Messerschmidt, James W. (2001): Masculinities, Crime and Prison, In: Sabo, Don/Kupers, Terry A./London, Willie: Prison Masculinities, Philadelphia, S. 67-72.

Meuser, Michael (1999): Gewalt, hegemoniale Männlichkeit und „doing masculinity“. In: Smaus, Gerlinde/Löschper, Gaby (Hrsg.): Kriminologisches Journal, 7. Beiheft: Das Patriarchat und die Kriminologie. S. 49 - 65.

Neckel, Sighard, (1991): Status und Scham. Zur symbolischen Reproduktion sozialer Ungleichheit. Frankfurt am Main; New York.

Neuber, Anke (2003): Der Zusammenhang zwischen Gewalthandeln im Gefängnis und Männlichkeitsentwürfen aus einer subjekttheoretischen Sicht. In: Bereswill, Mechthild (Hrsg.): Entwicklung unter Kontrolle? Biographische Entwürfe und alltägliche Handlungsmuster junger Inhaftierter. Interdisziplinäre Beiträge zur kriminologischen Forschung, Band 25. Baden Baden, S. 133-154.

Sim, Joe (1994): Tougher than the rest? Men in Prison. In: Newburn, Tim/Stanko, Elizabeth A. (Hrsg.): Men, Masculinities, and Crime – Just Boys Doing Business? London, S. 100-117.

Sutterlüty, Ferdinand (2002): Gewaltkarrieren. Jugendliche im Kreislauf von Gewalt und Missachtung. Frankfurt am Main, New York.

Sykes, Gresham M. (1958/1974): The Society of Captives. A Study of Maximum Security Prison. Princeton, New Jersey.

Toch, Hans (1997): Corrections. A humanistic approach. New York.

Wieser, Diana (2003): Drinnen oder auf Bewährung draußen: Auf den Spuren subjektiver Bedeutungsdimensionen von Jugendstrafe. In: Bereswill, Mechthild (Hg.): Entwicklung unter Kontrolle? Biographische Entwürfe und alltägliche Handlungsmuster junger Inhaftierter. Interdisziplinäre Beiträge zur kriminologischen Forschung, Band 25. Baden Baden, S. 13-30.

# III Genderperspektiven auf Gewaltdiskurse

# Witz, Geschlecht, Gewalt – am Beispiel von Terrorismus-Witzen

*Sebastian Scheerer/Nils Schuhmacher*

"I think some of the jokes are funny but some people are just going way too far with it. I did hear one joke though, that I thought was sort of a good idea – if we ever catch bin Laden, we shouldn't kill him, but give him a sex change and send him back to Afghanistan so he would understand how awful the things the Taliban is doing to women are"[1]

Ob Gewalt und Witze Gegenstandsbereiche darstellen, die Teil einer gemeinsamen Geschichte werden dürfen, ist eine Frage, die immer wieder Feuilleton und Wissenschaft gleichermaßen beschäftigt. In Erinnerung mag noch die vor zwei Jahren geführte Diskussion um Roberto Benignis Film „Das Leben ist schön" sein, der mit den Mitteln der Satire eine Annäherung an den Holocaust wagte. Nicht weniger eindrucksvoll wird das Thema auch von einer wahren Flut von Witzen berührt, die im selben Jahr auf die verheerenden Anschläge vom 11. September folgte (Ellis 2001/2002, Hathaway 2002, Kuipers 2002, Reemtsma 2003, Scheerer/Schuhmacher 2003).

Beide Beispiele zielen trotz ihrer Unterschiedlichkeit auf den Kern des (Selbst-) Verständnisses der Moderne ab. Sie legen die Frage nahe, welche Mittel unsere 'Kultur', jener Fundus an Dingen, die man wissen oder glauben muss, um in einer akzeptierten Art und Weise in einer Gesellschaft zu funktionieren (Goodenough 1964: 36), zur Verfügung stellt, um einen Umgang mit solchen Verwerfungen zivilisatorischer Standards zu finden. Wie, um das letztgenannte Beispiel aufzugreifen, halten wir es mit Formen monströser Gewalt, mit Ereignissen, die wir unter den Begriff „Makrokriminalität" (Jäger 1989) rubrizieren? Welche sozialen Reaktionsmuster stellt unsere Kultur zur Verfügung und welche unter Sanktion? Was sagen die Witze über Gewalt?

1 Diskussionsbeitrag von TwiZZler2789 am 9.4.2002 zur Frage „What do you think about all the bin Laden jokes on the internet?", www.globalkids.org/ea911/dialogou/group9/11.html (abgerufen am 11.1.2003).

# 1. Witze über den '11. September'

Gewalt, so ein zentraler Gründungskonsens und -mythos der Moderne, ist als alltägliches legitimes Mittel der Durchsetzung von Interessen aus unserer Gesellschaft ausgeschlossen. Damit ist nicht nur etwas über Gewalt gesagt, sondern auch darüber, welche Reaktionen auf Gewalt in einer Gesellschaft als angemessen gelten. Als angemessen gelten in diesem Setting sozial erwünschter Haltungen und Handlungen z.B. Empörung und Trauer; Lachen hingegen genau so wenig wie Teilnahmslosigkeit.

Ein dichtes Netz an formellen und informellen Normen und Regeln garantiert nicht nur die Einhaltung dieser Erwartungen, es garantiert auch, dass sich die Erwartungen gegen die empirische Wirklichkeit behaupten können. Jeder Katastrophe, jedem Desaster, jedem Gewaltereignis zum Trotz liegt die Gewalt so immer „hinter uns" als Gründungsakt des Systems und „vor uns" als Gefahr, die droht und gerade noch abgewendet werden kann (Reemtsma 1996: 29). Hier sind eine Reihe von Problemen und Paradoxien, die den Begriff bis heute begleiten, nur angedeutet. Das eine Paradox ist: „erst in einer durch Gewalt 'befriedeten' Gesellschaft taucht das Gewaltproblem in der Form, wie wir es in unseren Diskursen finden, auf" (Kreissl 1997: 190). Das andere Paradox lautet: die Gewalt wird „eingeschlossen ausgeschlossen" (Baecker 1996: 95) und damit weniger als sozialer Tatbestand der Moderne und mehr als katastrophaler Einwand von 'außen' erlebt.

Im sozialen Nahraum generieren Katastrophen bestimmte Emotionen und Verhaltensweisen: von der Sprachlosigkeit bis zur Hilfsbereitschaft, von Tränen bis zum Trostspenden. Auch Katastrophen, die geografisch weit entfernt passieren, aber live durch das Fernsehen im Nahraum des eigenen Wohnzimmers mit zu verfolgen sind, generieren Emotionen, aber sie erlauben nicht, sie 'normal' auszuagieren. Solche 'Medienkatastrophen', in denen Akte monströser Gewalt abgebildet werden, verstören und irritieren und führen eher zu allem Anschein nach 'unpassenden' (Übersprungs-) Handlungen, oft beispielsweise zu (hilflosen) Witzeleien. Das wird häufig negativ bewertet, gelegentlich aber auch als Ausdruck eines notwendigen gesellschaftlichen Verarbeitungs-, wenn nicht Heilungsprozesses eingeschätzt.

Nun ist Witz nicht gleich Witz. Es gibt erhebliche Unterschiede in Form, Funktion und Folgen.

*Formal* betrachtet gibt es schematisierte Witze, die aus der Geschichte heraus verständlich sind, die sie erzählen („Ein Amerikaner, ein Russe und ein Deutscher ..."), und andererseits spontane Witze, zu deren Verständnis auf die gesamte soziale Situation zurückgegriffen werden muss, in der sie auftauchen; eine besondere Kategorie ist der *practical joke* oder *hoax*, bei dem jemand 'hereingelegt' wird.[2]

*Medial* betrachtet können Witze unter Anwesenden erzählt (bzw. inszeniert) oder per Schrift, Bild, Musik oder Computerspiel verbreitet werden.

Katastrophenwitze können den Kern des Geschehens thematisieren oder den Kontext. Kontextbezogene Witze behandeln Fragen der Ursachen, des Verschuldens, der Konsequenzen für die Aufrechterhaltung oder Anpassung des Erwartungsfahrplans. *In thematischer Hinsicht* gibt es also sowohl Witze über ein Ereignis als auch Witze über Deutungen eines Ereignisses – und es gibt Witze, die das Ereignis und die Deutung lediglich auf einer assoziativen Ebene aufgreifen.

Nicht zuletzt lassen sich die Witze auch nach ihrer *Funktion* für den 'Erzähler' sowie nach ihrer *Botschaft* an die jeweiligen 'Adressaten' unterscheiden. Was die Funktion angeht, so dienen Witze unter individualisierenden Gesichtspunkten der Entladung psychischer Spannung – in der gleichsam 'neutralisierten' Zone spielerischer Entgrenzung, also der Überschreitung von Normen in einer speziell dafür eingerichteten Sphäre zwischen Konvention und Vergehen. Sozial dienen sie der Vergemeinschaftung und der Exklusion, der Selbsterhöhung der In- und der Abwertung der Out-Group.

Zwischen den Kategorisierungen nach Form und nach Botschaft ist die auf Freud zurück gehende Unterscheidung zwischen *selbstbezüglichen* und *tendenziösen* Witzen angesiedelt (Freud 1961: 98). Ein selbstbezüglicher Witz spielt mit widersprüchlichen Elementen; dabei kann das aggressionsfreie Spiel mit Formen, ihren Kontrasten und unterschiedlichen Bezugsrahmen im Vordergrund stehen; er spielt z.B. mit formalen Analogien und Überraschungen, welche sich aus den Bildern selbst anbieten. Tendenziöse Witze hingegen – und dies sind im Grunde genommen alle Witze, die einen unmittelbaren sozialen und sozial erfahrbaren Kontext berühren – gehen auf Kosten eines anderen, meist eines abwesenden Dritten. Sie sind entweder feindselig ausgerichtet und dienen so unmittelbar der Aggressionsentladung und -orientierung, der Satire oder der Abwehr oder sie folgen als zynische Witze einer kritischen bzw. blasphemischen Ausrichtung (Freud 1961: 121). Besondere Arten des tendenziösen Witzes sind die – den Tod thematisierenden – makabren und die – oft sexualisierten – obszönen Witze, die häufig auch als „sick jokes", als „kranke Witze" zusammengefasst werden (vgl. Douglas 1999: 151 zu dieser speziellen „sophistication in joke forms") und direkt auf Entblößung abzielen (Freud 1961: 105).

Wie verhielt es sich nun mit den Anschlägen vom 11. September? Fernsehen allein musste den Eindruck erwecken, dass diese Katastrophe zu groß

---

2 Als besonders weit verbreitetes Motiv vom '11. September' kann der so genannte 'Tourist guy' gelten, eine Fotomontage, die einen jungen Mann auf einem Hochhausdach vor einem aus dem Hintergrund heran nahenden Flugzeug zeigt.

war, um Witze hervorzubringen. Satire- und Komödiensendungen wurden abgesetzt, sogar Sportveranstaltungen fielen eine Zeit lang aus. Zu groß war die Betroffenheit, zu stark offenbar aber auch der politisch-soziale Gefühlsdruck. In Wirklichkeit aber war der Witzdiskurs nicht völlig versiegt, sondern nur gespalten. Wie jede andere Katastrophe, so brachte auch der 11. September Witze hervor – und die folgten der Erfahrung, dass, je höher der soziale oder politische Korrektheitsdruck, desto schärfer die Spaltung in eine Zone der Abwesenheit und Tabuisierung von Witzen einerseits und einen Untergrund der informellen Witzzirkel andererseits. Am besten ist dieses Phänomen aus totalitären Systemen bekannt, aber einen Druck der öffentlichen Meinung gibt es natürlich auch in demokratischen Gesellschaften und je größer das Herrschaftsinteresse involviert ist, desto deutlicher auch hier die Spaltung.

Während die Rückkehr der Witze in den offiziösen Medien lange auf sich warten ließ, gab es außerhalb dieser Zone noch während der sich abspielenden Katastrophe die ersten Witze.[3] Wenngleich es zahlreiche Sprachwitze[4] und verschiedene Kombinationsformen bis hin zu einer Adaption des Moorhuhn-Computespiels mit Osama bin Laden in der Rolle des Moorhuhns gab,

---

3 Die Betreiber der Homepage www.netfunny.com berichteten, „That the first WTC jokes appeared in the RHF [rec.humor.funny.jokes] queue on the evening of the 11th" (RHF 2001). Tatsächlich fand sich laut Ellis (2002) bereits anderthalb Stunden nach dem Einsturz des zweiten Turms – um 9:59:29, Pacific Standard Time (PST) - auf dem Messageboard von alt.humor der erste Witz, dem eine halbe Stunde später weitere folgten. Innerhalb von 24 Stunden wurde auch der wohl erste Cybercartoon auf einer privaten Homepage gepostet. Es handelte sich um eine Milchtüte, auf der in Anlehnung an eine in den USA übliche Praxis der Suche nach vermissten Kindern unter dem Satz „Have you seen me? I'm about to get my ass off the face of the planet" das Konterfei von Bin Laden abgebildet war. Nach zwei Tagen kursierte unter dem Titel „New WTC-Design" ein Witz, der ein aus vier Türmen bestehendes, in Form eines erhobenen Mittelfingers angeordnetes, Gebäude in New York zeigte. Ereignisbezogene E-Mail-Witze begannen rund drei Wochen nach dem Anschlag auf das WTC zu kursieren. Spätestens seit dem 3. Oktober war ein Witz im Umlauf, der von der an der University of Colorado forschenden Kulturwissenschaftlerin Rosemary Hathaway (2002) dokumentiert wurde. Gleichwohl wurden auch in anderen Sphären relativ geschützter Kommunikation Witze verbreitet. Man denke an das Eingeständnis des Pulitzer-Preisträgers Art Spiegelman, er habe bereits „sechs Stunden nach der Katastrophe hässliche Witze gemacht."

4 „Since history began, the Chinese always believed in the significance of one's name. (...) Astrologers, fortune tellers, academics and monks are consulted when choosing a name for the new born. Most other cultures, however do not really believe in it and tend to brush it off as superstition. Whether you believe it nor not, however, the other cultures are not spared of this correlation.
One very good example is Lee Iacocca, whose name IACOCCA stands for: I Am Chairman Of Chrysler Corporation America. – Coincidence? Look at the following familiar examples: BUSH stands for: Beat Up Saddam Hussein. CLINTON stands for: Call Lewinsky, I Need The Oral Now. – However, no one can beat this latest casualty in bad naming: OSAMA stands for: Oh Shit, American Missiles Again". E-Mail-Witz, weitergeleitet von Dr. Robert Hand, Columbia University, N.Y., 5. Mai 2003.

so ist dabei die starke Dominanz von Bilderwitzen hervor zu heben. (vgl. Ellis 2001, 2002, Chapter 3, 4), besonders von Collagen (Kuipers 2002: 461f.). Dies hat Gründe:

Erstens hat das Bild als universales Zeichen einen relativen Vorteil gegenüber dem Text: Während der Textwitz immer ein Mindestmaß an sprachlicher und dramaturgischer Befähigung voraussetzt, arbeitet der Bilderwitz mit der verdichteten Symbolik kollektiver Ikonen, die sich heutzutage mit Hilfe weit verbreiteter PC-Bildbearbeitungsprogramme leichter herstellen lassen denn je. Das Internet vereinfacht die massenhafte Versendung solcher Bilder-Botschaften stärker denn je. Insofern hat die zunehmende Verbreitung neuer Technologien auch zu einer vertieften Kluft zwischen den beiden Symbolsprachen geführt.

Zweitens verlangt der 11. September als Bild- und Medienereignis von globaler Reichweite nach einer strukturanalogen Spiegelung im Witz: Kann er als Bildereignis auftreten, so profitiert er von der bereits etablierten Verstehenskonvention und ihrer relativen Voraussetzungslosigkeit. In der Übermacht der Bilder spiegelt sich damit sowohl der ikonographische Symbolcharakter der Anschläge selbst als auch die Globalität des Bezugsrahmens.

Doch welche Motive wurden aufgegriffen, welche Bilder der Gewalt wurden erzeugt? Die Hypothese von Bill Ellis, dass zunächst die Zwillingstürme und nicht das Pentagon die zentrale Rolle spielen würden, hat sich bekanntlich bestätigt. Damit besteht das Kernszenario aus den Elementen Türme, Flugzeuge, Einschläge, Einsturz, Todesopfer.

So thematisiert beispielsweise ein selbstbezüglicher Witz das Kerngeschehen durch die Alternativvorstellung einer Turmkonstruktion mit Löchern, groß genug zum risikolosen Hindurchfliegen. Ähnlich abstrahierte bzw. stilisierte Formen sind manchmal eher selbstbezüglich, manchmal aber auch tendenziös. Typisch ist jedenfalls, dass die Witze nicht die konkreten – sondern allenfalls fiktive – Opfer thematisieren. So wird beispielsweise in der bildlichen Kombination einer alltagssprachlichen Kommunikation mit einem im Hintergrund heran nahenden Flugzeug eine – als irreal ersichtliche – Situation kurz vor dem Einschlag konstruiert, die weniger auf die Erzeugung von Schadenfreude als auf den als bekannt voraus gesetzten Unterschied von Fiktion und Realität abzielt (Abb. 1). Oder es wird ein (Milliarden Teile umfassendes) Puzzle des World Trade Center abgebildet.

Abb. 1

Überaus selten sind dem gegenüber Witze wie jener „kranke Witz", die sich bis zum makabren Kern dessen vorwagen, was das Katastrophale am Geschehen eigentlich ausmachte: den schrecklichen Tod zahlloser Menschen. Er zeigt den Fall eines Menschen vor einer Turmfassade. Durch kleine Collagentricks wird aus dem hilflos dem Tod entgegenfallenden Menschen ein Sportler an der Spitze des Feldes bei einer freilich erfundenen Sportart, nämlich den (ausweislich der meist nahöstlichen Nationalflaggen) internationalen „Free Fall Championships" des Jahres 2001 in New York (Abb. 2). Zur Überprüfung der Hypothese von der extremen Seltenheit solcher makabrer Witze über das Kernszenario wurde eine Internet-Suche durchgeführt. Zuerst glaubten wir, bei der Eingabe der deutschen Suchworte „September 2001", „Witz" und „Feuerwehr" einen weiteren makabren Witz gefunden zu haben. Es war aber nur ein schweizerischer „Witz des Monats", der im September 2001 zufällig von einem Feuerwehrmann handelte.[5]

5 „In der Universität brennt es. Ein Feuerwehrmann rennt dazu. Da kommt ihm ein Literaturprofessor in den Weg. Dieser guckt ihn groß an und fragt: 'Wohin des Wegs, oh Mann des Feuers?' Der Feuerwehrmann antwortet: 'Zum Herd der Flammen, oh Arm des Leuchters.'"; www.tgd.ch/fun.htm, abgerufen am 9.1.2003.

Abb. 2

Ein weiterer, in vielen Witzen aufgegriffener, Aspekt verweist direkt auf die mediale Durchherrschung gesellschaftlicher Wirklichkeitskonstruktionen. Bekanntlich fiel es vielen Zuschauern schwer, den Realitätscharakter des Geschehens zu akzeptieren. Entscheidender Grund dafür war wohl, dass man Bilder wie diese nur aus Hollywood-Filmen kannte und sie reflexhaft zunächst einmal dieser Sphäre zuordnete, auch wenn man sich selbst immer wieder sagte, dass es wohl 'wirklich' passierte. Witze spielen oft mit diesem Oszillieren zwischen Virtualität und Realität. So zum Beispiel, wenn auf einem Bild eine Computerschaltfläche eines gängigen Betriebssystems den Betrachter fragt, ob er die Türme mit einem Mouseklick zerstören möchte (Abb. 3).

Abb. 3

Auffällig ist, dass die große Mehrheit der Witze nicht die Terror-Angriffe, sondern deren normative Kontextualisierung und insbesondere die erwünschten Konsequenzen in Form der Rache und Vergeltung thematisieren. In einem ersten Schritt wird der Gegner klein und lächerlich gemacht. Bevor man Afghanistan angreift, macht man sich über seine militärische Rückständigkeit lustig (Abb. 4). Man stellt sich die Taliban als „Tali"- bzw. „Terrortubbies" vor (Abb. 5). Oder man verknüpft Rachegelüste und Allmachtsphantasien wiederum mit dem bekannten Topos der Virtualität, wenn zum Beispiel eine als „Microsoft Asshole Detector" bezeichnete Computerschaltfläche unter einem Bild von Bin Laden verkündet: „This asshole has performed an illegal operation and will be terminated right fuckin shortly" „OK". Mit Beginn der Angriffe kommen Witze hinzu, die die Opfer verspotten. Unter dem Titel „Afghanistan-Marathon" wird eine Menschenmenge gezeigt, die von einem Panzer verfolgt wird. Eine als Werbeanzeige gestaltete Abbildung einer Trümmerlandschaft wird ergänzt durch den Satz: „Morgens um halb zehn in Afghanistan: 'Wo ist mein Haus?'". Oder das Opfer eines Flugzeugangriffes wird mit der Variation einer bekannten touristischen Losung karikiert, wenn es heißt: „My parents went to Afghanistan and all I got was this lousy shell fragment“. Der ‘common sense’ solcher Abbildungen ist Aggression nach außen und Konsolidierung nach innen. Dies gilt im Grunde auch für ‘kritische Witze’, die sich problematisierend auf die martialischen Reaktionen bezogen und mit zunehmendem Abstand zum Ereignis auftauchten.[6]

Abb. 4

6 „Sagt ein Fernfahrer, der seinen Lastwagen nach den Anschlägen mit fünf US-Flaggen dekoriert hat, zu einem anderen, an dessen Truck nur vier US-Flaggen hängen: ‘Geh’ doch heim nach Afghanistan’“. Als Bill Maher diesen Witz in seiner TV-Sendung „Politically Incorrect“ brachte, sprangen einige Sponsoren ab und schalteten sich einige US-Bundesstaaten aus.

Feindselige Witze verzichten interessanterweise auf viele komplexere Elemente des Witzigen, etwa auf Spannung und Überraschung. Sie sind meist, auch in formaler Hinsicht, schlicht. So etwa, wenn die Freiheitsstatue den blutenden Kopf Osama Bin Ladens in der nach oben gestreckten Hand hält oder unter der Überschrift „We're coming Motherfuckers" eine obszöne Geste macht. Nach innen symbolisiert man durch phallisch orientierte Vorstellungen eines neu zu erbauenden World Trade Centers die eigenen Herrschaftsansprüche. Nach außen finden sich komplementär sexuell degradierende Bilderwitze, die noch weit über die bekannte entsublimierte Darstellung des bereits mit dem Phallus-Symbol arbeitenden WTC-Bildes hinaus gehen (Abb. 6).[7] Ohnehin ist Sexualität eine zentrale Kategorie des feindseligen Witzes, die Anzahl sexualisierter – und sexistischer – Witzdarstellungen im Kontext der Vergeltung ist bemerkenswert hoch.[8]

Abb. 6

7 Die sehr verbreitete Fotomontage einer Penetration von George W. Bush durch Osama Bin Laden zeigt, dass dieses Schema bereits sehr früh auch in umgekehrter Orientierung Anwendung fand. Darstellungen mit dieser Ausrichtung blieben jedoch deutlich in der Minderzahl. Schwächer wird die aggressive Tendenz dann wieder dort, wo der 11. September nur noch Zitat oder Vehikel darstellt. Man denke an Witzbilder, auf denen die Gestalt von Bin Laden mit Schlagerstars wie Heino unter dem Titel „internationaler Terrorismus" zusammengeführt wird.

8 Einer der wenigen Bilderwitze, denen unter Umständen eine 'progressive' Intention unterstellt werden kann, zeigt das Bild der Freiheitsstatue mit den Worten: „You've messed with the wrong woman".

Abb. 7

Grob lassen sich die in Bildern transportierten Degradierungsgesten nach verschiedenen Gesichtspunkten differenzieren. So gibt es Witze, die vergleichsweise harmlos Osama Bin Laden als Frau oder als „Bin Ballerina“ darstellen (Abb. 7), zum anderen gibt es Witze, die direkt gegen afghanische Frauen gerichtet sind, sich über ihre Verschleierung und ihr vermeintlich nachteiliges Aussehen lustig machen (Abb. 8).

Abb.8

Die weitaus größere Gruppe der Witze aus diesem Segment jedoch handelt von sexualisierten Rachephantasien und bebildert Degradierungsmaßnahmen. In ihnen verdichtet sich der enge Zusammenhang von Gewalt, männlichen Dominanzvorstellungen und der letztlich auch libidinösen Besetzung der Anschläge vom 11. September. Zahlreiche Bilderwitze thematisieren die männliche Verwundung – und damit die dahinter liegende Kastrationsangst – und dokumentieren den auch über Witze vollzogenen Versuch, die Verwundung vom 11. September durch die symbolische Kastration des Gegners wenn nicht ungeschehen zu machen, so doch zu rächen.

Entsprechend zeigen solche Witze explizite Darstellungen von Bin Laden oder Arabern beim Geschlechtsakt mit Eseln, Ziegen, Kamelen und Schafen. Sie verweisen auf die geringe Größe von Bin Ladens Geschlechtsteil (Abb. 9) oder die unbegrenzte Verfügung über 'gut aussehende' Geschlechtspartnerinnen in der eigenen Gesellschaft, sie zeigen Penetrationen des Gegners mit Flugzeugen oder Hochhäusern (!) (Abb. 10). Solcherlei sexuelle Omnipotenzfantasien werden in den „9/11-jokes" massiv in den Dienst einer den Gegner besonders erniedrigenden Form der Vergeltung gestellt – unwillkürlich sieht man sich an Sigmund Freuds Satz erinnert: „Indem wir den Feind klein, niedrig, verächtlich, komisch machen, schaffen wir uns auf einem Umwege den Genuss seiner Überwindung, den uns der Dritte, der keine Mühe aufgewendet hat, durch sein Lachen bezeugt" (Freud 1961: 112).

Abb. 9

Abb. 10

Wichtig wäre es jedoch nicht nur, die Spezifizität der Witze unterschiedlicher 'Diskursgemeinschaften' zu untersuchen, sondern vor allem auch Veränderungen im Zeitablauf zu berücksichtigen. Eine Hypothese könnte lauten: Je mehr Zeit verging, desto stärker wurde der Anteil der schematisierten Witze, desto stärker aber auch der Anteil der tendenziösen Witze gegenüber den selbstbezüglichen. Damit dürfte eine Konventionalisierung der Inhalte und ein zunehmendes Gewicht der Rachefantasien einher gegangen sein. Wann und wie dann ein Strang auftauchte, der sich mit diesen Fantasien und den militärischen Plänen und Reaktionen kritisch auseinandersetzte, wäre ebenfalls zu untersuchen. Anzunehmen ist, dass diese kritischen Witze in der Minderheit blieben, als sich die Mehrheitsverhältnisse stabilisierten und gewisse Standardwitze sich als Diskurs beherrschend etablierten. Man kann diese Entwicklung als Entsublimierungssequenz lesen: Je größer der zeitliche Abstand, desto mehr wurde der Blick nach innen durch den nach außen und die selbstbezügliche Betrachtung durch den unverhüllten Wunschtraum der Vergeltung ersetzt – und durch Witze, die ihrerseits den Vergeltungswunsch problematisierten. Die Entwicklung ging zudem von der Thematisierung der eigenen Verwundung hin zur Thematisierung der Verwundung anderer – sowohl affirmativ als auch kritisch.

## 2. Diskussionsansätze

Zwar generiert jede Katastrophe Witze, aber vielleicht ist der 11. September in dieser Hinsicht insofern singulär, als er mehr Witze hervorbrachte – und sie schneller hervorbrachte – als jedes vergleichbare Ereignis – und vielleicht war es die Art der Attacke und die Art der durch sie in Gang gesetzten kollektiven Psychodynamik, die eine singuläre Spannung erzeugte, die sich dann bei bestimmten Individuen in der Form von Witzen entladen musste.

Wie jede starke These, so ist auch diese von vielen Seiten angreifbar. Man könnte die empirische Unterstellung („mehr und schneller") oder die 'Vergleichbarkeit' anderer Ereignisse bezweifeln. Vor allem aber könnte man den Kausalnexus zwischen inhärenten Geschehenseigenschaften, bzw. Psychodynamik und Schnelligkeit und Häufigkeit von Witzen in Frage stellen. Die Gegenthese wäre: die technische Entwicklung hat mit der Durchsetzung des Internets für die Schnelligkeit und Multiplikation gesorgt. Noch vier oder fünf Jahre früher wäre dergleichen nicht möglich gewesen. Es ist nun einmal so, dass die Gelegenheitsstrukturen und die Schnelligkeit der Kommunikation sowie die Multiplizierbarkeit privater Äußerungen im Zeitalter des Internet eine neue Dimension der Massenkommunikation erschlossen haben.[9]

9 Das bedeutet, dass man schon Minuten nach dem Anschlag eine E-Mail aus einem anderen Kontinent erhalten, eine Information oder einen Kommentar auf eine überall auf dem Globus abzurufende Homepage hochladen, einen Witz auf das Messageboard einer Newsgroup posten oder Handybotschaften per SMS verschicken konnte. Das gilt es zu berücksichtigen, wenn man den 11. September mit Ereignissen vergleichen will, die auch nur wenige Jahre vorher stattgefunden haben. In früheren Zeiten war man auf Kommunikation von Angesicht zu Angesicht, auf Briefe mit langen Laufzeiten oder auf das Festnetztelefon mit seinen sehr viel beschränkteren Möglichkeiten angewiesen. Diese Beschränkungen gelten heute – in Teilen der Erde – nicht mehr.

Gelegentlich ist auch von einer Affinität zwischen Nine-Eleven-Witzen und einer tendenziell psychopathologischen, in regressiven Omnipotenzphantasien schwelgenden Persönlichkeitsstruktur der Macher und Genießer solcher Witze die Rede (vgl. Reemtsma 2003). Man erlaubt sich gewissermaßen unter Aushebelung der Schuldgefühle ein imaginäres Ausagieren solcher Lust am Bösen oder an der simplen, aber totalen und vor allem gigantischen Destruktion. Gegebenenfalls lassen sich dann auch Affinitäten zwischen einer ähnlich imaginierten Anthropologie des islamistischen Terrorkriegers und einer solchen Witz-Gemeinschaft postulieren.

Die 'community of jokes' legt sich freilich nicht so fest wie die Terrorkrieger. Denn *strukturell* betrachtet gehören Witze eben zur Grauzone zwischen dem Konventionellen und dem Unkonventionellen, zwischen der Norm und der Abweichung, dem Diktat und der Rebellion. Zwar kollidieren bei diesem Spiel mit institutionalisierten und abweichenden Bedeutungen auch Normbereiche und -befehle; zwar gibt es ein Spannungsverhältnis, in dem ein akzeptiertes Deutungs- oder Handlungsmuster durch das Auftauchen eines anderen herausgefordert wird; zwar wird zugleich die Realität akzeptiert und ihre Irrealisierung betrieben. Doch gleichzeitig wird mit ihnen auch ein Verständigungsmodus geschaffen, der letztlich assoziierenden Charakter hat. Der Witz vernichtet nicht den sozialen Kontext, sondern kommentiert ihn.

*Diskurstaktisch* ist man mit dem Witz als einer relativ geschützten Form des Dissenses meist auf der sicheren Seite. Man überschreitet Grenzen, aber man tut es unter Gleichgesinnten oder zur Schaffung von Konsens.

Im Witz kollidieren allerdings nicht nur Gegenstands-, sondern auch Normbereiche. Menschen spielen in Witzen mit institutionalisierten Bedeutungen (Zijderveld 1983: 8). Der Begriff der Norm verweist bereits auf den sozialen Kontext des Witzeereignisses. So wie das Lachen ein sozialer Vorgang ist (Bergson 1988: 15), so ist eben der Witz in jenen Vorgang eingelassen, der ihn erst als Witz kenntlich macht. Unerlässlich dafür ist eine Verstehenskonvention zwischen Kommunikator und Rezipienten, in der die für den Witz spezifische Irrealisierung *und* rationale Aussage akzeptiert werden muss. (Lixfeld 1984: 191). Der Witz kann als Witz also nur funktionieren, wenn man sich darüber im klaren ist, 'wie es wirklich gehört'. Die für den Witz eigentümliche Spannung ergibt sich so nicht nur aus der Tatsache, dass er Gegenstandsbereiche kollidieren lässt, sondern ein Publikum voraus setzt, das eine bestimmte Deutung der Realität teilt.

Es mag also richtig sein, die Attraktivität von Katastrophenwitzen auch in der Chance zu suchen, die sie zur (kollektiven) Entladung der Spannung bieten, die aus der Kollision von Erschrecken über das Geschehen, Lust an der Katastrophe und schamhaftem Erschrecken über diese Lust entstehen kann. Legt man diese Hypothese zugrunde, dann gilt es allerdings auch die Heterogenität der Richtungen, in welche die Spannungen aufgelöst werden, zu beachten. Zwar spielen Lust an der Destruktion, infantile Allmachtsphantasien und Grenzüberschreitungen eine wichtige Rolle, nur handelt es sich bei der großen Mehrheit der tendenziösen Witze (und: je länger, desto stärker) nicht um die Anthropologie des Fundamentalisten, die hier zum Ausdruck kommt.

Die Lust am Zuschauen, die Lust am Witz über das Kerngeschehen ist so möglicherweise weniger auf den Vollzug der Gewalt gerichtet als auf den Genuss des eigenen Abstands zu Ereignissen, die in der Mediengesellschaft als ubiquitär, bedrohlich nahe wahrgenommen werden (vgl. Keppler 1997: 398). Und auch bei den Witzen, die vom Kerngeschehen abstrahieren, handelt es sich vor allem um Transgressionen mit umgekehrter Tendenz. Es sind die Rachewünsche, die sich in regressiven Omnipotenzphantasien gegen Osama bin Laden, die Taliban, Afghanistan, den Islam die Lizenz erteilen, zivilisatorische Normen, die der demütigenden und/oder vernichtenden Vergeltung entgegenstehen, im Schutze des Nicht-Ernst-Gemeinten – zumindest schon einmal virtuell – zu unterlaufen. Es handelt sich, wenn man so will, um so etwas wie die Unfähigkeit – oder die Unwilligkeit – zu trauern. Witze sind das Übungsfeld, auf denen die Konsensfähigkeit solch ganz besonders kruder, mit der Versuchung einer Rebarbarisierung der internationalen Beziehungen spielender Situationsdeutungen erprobt wird. Als man Ende des vergangenen Jahrhunderts sich an Bergson erinnerte und versuchte, die subversiven Potenziale des Witzes zum Angelpunkt seiner Rehabilitierung als eines positiv zu bewertenden sozialen Phänomens zu machen, hatte man an die oft unter Beweis gestellte Fähigkeit des Witzes zur Subversion wohltätiger und gewaltmindernder Normen nicht so recht denken wollen. Dabei stimmt es natürlich, wenn Mary Douglas sagt: „Whatever the joke, however remote its subject, the telling of it is potentially subversive“ (Douglas 1999: 159).

Die Witze über den 11. September erinnern so daran, dass Witze nicht nur ein Mittel progressiver Revolte gegen den Status quo und auch nicht nur ein Mittel sozialer Kontrolle zur diskursiven Kanalisierung und Neutralisierung radikaler Herrschaftskritik sein können, sondern auch Medien einer Vergemeinschaftung in aggressiver, gewaltgeneigter Absicht. Witze markieren nicht nur Grenzen, sie deuten auch die Situation und präparieren das Feindbild. Nur in einem solchen Sinne ist die an sich nicht unproblematische Kategorisierung von „disaster jokes“ zur Kennzeichnung einer bestimmten Form von Witzen gerechtfertigt: als Reflexion terroristischer Gewalt und als Ankündigung weiterer (Kriegs-)Gewalt.

Witze helfen dabei, die eigene Verantwortung für die künftige Gewalt gegen den Feind zu leugnen, dem Opfer die Schuld zu geben und die barbarische Tat in einen Dienst an der Menschheit umzudefinieren. Mit den meisten Witzen hat dieser Sachverhalt gemein, dass er überhaupt nicht witzig ist.

## 3. Witze als Gegenstand der Kriminologie?

Man kann sich abschließend fragen: Sind Witze über terroristische Gewalt oder Gewalt im Allgemeinen, wie sie an dieser Stelle beispielhaft an „9/11-Jokes" dargestellt wurden, überhaupt ein mögliches, ein angemessenes, ein fruchtbares Thema für die Kriminologie? Jene, die schon den Terrorismus selbst nicht für ein geeignetes Thema dieser Wissenschaft halten, weil von ihr aus „die eigentliche Kernproblematik nicht wirklich angegangen werden kann, sondern eher in den Bereich der politischen Philosophie, der Staats- und der Gesellschaftstheorie gehört" (Niggli 2002: 26), werden schon die Frage für abwegig halten. Man sollte jedoch die Eigenschaften des Phänomens mit denen des Phänomens als Gegenstand der Reflexion nicht identifizieren.

Und so besitzt selbst das scheinbar so unernste Phänomen der Witze einen begründeten Anspruch auf seriöse kriminologische Analyse. Denn man sollte nicht vergessen, dass Witze nicht selten als semantische Waffen für Zwecke der Statusdegradierung, der Stigmatisierung und Exklusion zum Einsatz kommen. Witze spielen eine Rolle als Mittel der Vergemeinschaftung – als „shortcut to consensus" (Burns 1953: 65); sie dienen der Aufwertung eigener und Abwertung fremder Identität und als Instrument zur Manipulation normativer Bewusstseinsinhalte, die es zu neutralisieren gilt, bevor z.B. so genannte Hassverbrechen begangen werden.

Die Kriminologie tut sich bekanntlich schwer, Phänomene kollektiver Gewalt – Hassverbrechen, ethnische Säuberungen, Völkermord, Angriffskriege etc. – zu erklären. Ein Grund dafür könnte sein, dass sie ihren Blick zu sehr auf die äußere Faktizität der bloßen Tatbegehungen und zu wenig auf die kulturellen, symbolischen und diskursiven Kontextphänomene richtet. Eine Perspektivenerweiterung scheint überfällig. Vielleicht sollte man die gesamte „Sinnprovinz der Kriminalität" in den Blick nehmen (vgl. Hess/Scheerer 1997), also alle Phänomene, die ihren sozialen Sinn von der Kategorie des 'crimen' ableiten. Dazu gehören auch die Medienberichte über Kriminalität, die Angst vor Kriminalität, die Unterhaltungsindustrie von Sex and Crime, und nicht zuletzt die sozialen Reaktionen, die in der einen oder der anderen Beziehung stehen zu Abweichung, Kriminalität und Kontrolle. Witze sind dann – wie jede andere soziale Geste auch – Teil einer diskursiven Verhandlung von Ereignissen als Wirklichkeit. In ihnen werden nicht nur Sachverhalte und Ereignisse vermittelt, sie bringen auch bestimmte kulturelle Sichtweisen auf Ereignisse hervor.

Das entscheidende Bindeglied zwischen einer Kultur und der von ihr hervor gebrachten Bilder von Kriminalität stellen mehr und mehr die Medien mit ihrer nachhaltigen Bild- und Wahrheitsproduktion dar. Der 11. September, der für die meisten Menschen eben auch und vor allem als mediale Katastrophe stattfand, ist in diesem Zusammenhang von Interesse, weil er das erste Mediendesaster darstellte, das einen Zyklus an 'disaster jokes' im Internet hervorbrachte (Kuipers 2002: 450, Ellis 2002). Ob damit gleich von einer Transformation alltäglicher Interaktion in Netzkommunikation und vom Übergang von 'oral culture' zu einer visualisierten Medienkultur gesprochen werden kann (Kuipers 2002: 451) sei offen gelassen. Richtig ist aber der hier angelegte Verweis auf gesellschaftliche Bereiche, die nicht in den Blick theoretischer Bemühungen geraten. Mike Presdee hat in seinem Plädoyer für eine 'Cultural Criminology' auf ein diesbezügliches Defizit hingewiesen, indem er forderte: „We need a criminology that understands that crime itself has become a valuable consumer entertainment commodity, to be enjoyed and consumed daily through modern media and communication processes. We need a criminology that grapples with the question as to where acts of hurt, harm and hate come from and how such actions have permeated contemporary culture in such a 'fun' way that we are no longer ashamed of our lust for violence.“ (Presdee 2000: 11).

Der Witz ist somit – so er denn als Teil von diskursiven Realitätsbegründungen interpretiert wird – ein wichtiges und seriöses Thema der Kriminologie. Besser gesagt: er hätte es verdient, im Jahre 104 nach Bergson (und 99 nach Freud) als solches anerkannt und für die Kriminalitätsanalyse fruchtbar gemacht zu werden. Die geringe Wertschätzung des Witzes als eines Gegenstands der kriminologischen Erkenntnis ist keineswegs den Eigenschaften des Witzes selbst oder einem inhärenten Mangel an Relevanz geschuldet. Sie ist vielmehr in hohem Maße erklärungsbedürftig. Das heißt nicht, dass die Verachtung des Witzes durch die Wissenschaft der Kriminologie auf immer rätselhaft bleiben muss. Sie kann bei Betrachtung des kulturgeschichtlichen Entstehungszusammenhangs der Kriminologie sogar eher mühelos erklärt werden (vgl. Bergson 1988 [1899], Freud 1961 [1905], Douglas 1999: 247, Zijderveld 1983: 2ff.; Bohrer/Scheel 2002). Doch das ist ein anderes Thema.

## *Literatur:*

Baecker, Dirk (1996): Gewalt im System. In: Soziale Welt 1. S. 92-109.

Bergson, Henri (1988): Das Lachen. Ein Essay über die Bedeutung des Komischen. Darmstadt. (Erstausgabe 1899).

Bohrer, Karl Heinz/Scheel, Kurt (2002): Zu diesem Heft. Merkur. Deutsche Zeitschrift für europäisches Denken, 56. S. 741-743.

Burns, Tom (1953): Friends, Enemies and the Polite Fiction. In: American Sociological Review, Nr. 18, S. 654-662.

Cmpa - Center for Media and Public Affairs: www. cmpa.com /pressrel /2001 latenightjoke.htm. (20.2.2002)

Douglas, Mary (1999): Jokes. In: Dies.: Implicit Meanings. Selected Essays in Anthropology. 2. Auflage, London/New York. S. 146-164.

Ellis, Bill (2001): A Model for Collecting and Interpreting World Trade Center Disaster Jokes. In: New Directions in Folklore (Newfolk NDiF) Issue 5, October 2001 (reine Internet-Zeitung ohne Seitenangaben, dafür Chapter), www. temple.edu /isllc/newfolk/wtchumor.html (13.03.2003).

Ellis, Bill (2002): Making a Big Apple Crumble: The Role of Humor in Constructing a Global Response to Disaster. In: New Directions in Folklore (Newfolk NDiF) Issue 6, June 2002. www.temple.edu/isllc/newfolk/journal.html (13.03.2003)

Ferrante, L.P. (2003): Laughter After 9/11. The beginning of irony: Writing comedy in the wake of tragedy. Written by L.P. Ferrante (From the April 2002 issue of 'Written By', The Magazine of the Writers Guild of America, west, WGAw), zit. n. www.wga.org/WrittenBy/0402/after911.html (13.03.2003).

Ferrell, Jeff (1995): Culture, Crime, and Cultural Criminology. In: Journal of Criminal Justice and Popular Culture, 3 (2). S. 25-42.

Freud, Sigmund (1961): Der Witz und seine Beziehung zum Unbewussten. Gesammelte Werke Band VI. 3. Auflage. Frankfurt a. M. (Erstausgabe 1905).

Goodenough, Ward H. (1964): Cultural Anthropology and Linguistics. In: Hymes, D.H. (Hrsg.): Language in Culture and Society. A Reader in Linguistics and Anthropology. New York. S. 36-39.

Hathaway, Rosemarie (2002): 9/11 jokes. www.coe.unco. edu/Rosemary Hathaway/ ENG238/Sept11archive/Jokes/. (13.03.2003)

Hess, Henner/Scheerer, Sebastian (1997): Was ist Kriminalität? Skizze einer konstruktivistischen Kriminalitätstheorie. In: Kriminologisches Journal, Nr. 29. S. 83-155.

Jäger, Herbert (1989): Makrokriminalität. Studien zur Kriminologie kollektiver Gewalt. Frankfurt.

Keppler, Angela (1997): Über einige Formen der Wahrnehmung von Gewalt. In: Trotha, Trutz v. (Hrsg.): Soziologie der Gewalt. Opladen. S. 380-400.

Kreissl, Reinhard (1997): Überlegungen zur Kritik des kriminologischen Gewaltdiskurses. In: Kriminologisches Journal, 6. Beiheft. S. 183-198.

Kuipers, Giselinde (2002): Media culture and Internet disaster jokes. Bin Laden and the attack on the World Trade Center: In: European Journal of Cultural Studies, 5. S. 450-470.

Lixfeld, Hannjost (1984): Witz und soziale Wirklichkeit. Bemerkungen zur interdisziplinären Witzforschung. In: Fabula. Zeitschrift für Erzählforschung. Nr. 25. S. 183-213.

Niggli, Marcel Alexander (2002): Terrorismus als Thema der Kriminologie .In: Schweizerische Zeitschrift für Kriminologie. Nr. 1, S. 25-26.

Presdee, Mike (2000): Cultural Criminology and the carnival of crime. London/New York.

Reemtsma, Jan Philipp (1996): Das Implantat der Angst. In: Miller, Max/Soeffner, Hans-Georg (Hrsg): Modernität und Barbarei. Frankfurt a.M. S. 28-35.

Reemtsma , Jan Philipp (2003): Terroristische Gewalt. Was klärt die Frage nach dem Motiven. In: Beuthner, Michael et al. (Hrsg.): Bilder des Terrors – Terror der Bilder? Kriegsberichterstattung am und nach dem 11. September. Köln, im Erscheinen.

Rhf - Rec.humor.fun.jokes: World Trade Center Digest. www. netfunny. com/rhf jokes/01/Sep/wtc.html (13.03.2003).

Scheerer, Sebastian/Schuhmacher, Nils: Terror, Bilder, Witze. In: Beuthner, Michael et al (Hrsg.): Bilder des Terrors – Terror der Bilder? Kriegsberichterstattung am und nach dem 11. September. Köln, im Erscheinen.

Zijderveld, Anton C. (1983): The Sociology of Humour and Laughter. Current Sociology. Nr. 31, S. 1-100.

## *Bildnachweise:*

Abb. 1 (Eh John) http://ssimon.macroware.cz/wjecy/wtc/wtc-meeting.html. Abgerufen am 10.2.2003.

Abb. 2 (Free fall) www.terror-web.ch/images/jokes/ff.jpg. Nur noch über Google Suche Bilder, Archiv. Abgerufen am 8.2.2003.

Abb. 3 (Delete) http://ssimon.macroware.cz/wjecy/wtc/wtc-delete.html. Abgerufen am 10.2.2003.

Abb. 4 (Navy) www1.deadarab.us/cgi-bin/showpicture.cgi?img=talibannavy.jpg. Abgerufen am 29.6.2003.

Abb. 5 (Talitubby) http://www.almostaproverb.com/captions.html#captions. Abgerufen am 29.6.2003.

Abb. 6 (New WTC) www.terrorwitze.de.vu. Die Seite ist nicht mehr online. 29.6.2003.

Abb. 7 (Bin Ballerina) http://www1.deadarab.us/cgi-bin/ showpicture.cgi?img = binballerina.jpg. Abgerufen am 29.6.2003.

Abb. 8 (Burka) www1.deadarab.us/cgi-bin/showpicture.cgi?img=whyburkas.jpg. Abgerufen am 29.6.2003.

Abb. 9 Very small penis: http://www1.deadarab.us/cgi-bin/ showpicture. cgi? img= verysmall.jpg. Abgerufen am 29.6.2003.

Abb. 10 (Penetration) www.joke-pages.com/picture gallery/ photo_ page. asp? picture_id=970&category_id=16&PicturePageNum=2. Abgerufen am 20.2.2003.

# Geschlechterdividenden in Gewaltdiskursen

*Ralf Ottermann*

## 1. Grundannahmen

Ausgehend von den sozialkonstruktivistischen Grundannahmen, dass (1) Gesellschaften zweigeschlechtlich organisiert sind (Kultur der Zweigeschlechtlichkeit) und dass (2) von normativen Erwartungen abweichendes Verhalten von Moralunternehmern mit Rückgriff auf plausible gesellschaftliche Deutungsmuster öffentlich, d.h. zu einem sozialen Problem gemacht werden muss, um zu sozialer Kontrolle zu motivieren (Definitionsmacht), werden (3) Gewaltdiskurse im gesellschaftspolitischen Kampf der Geschlechter um knappe Ressourcen (Rechtsgüter, Rechtsordnungen, öffentliche Zuwendungen etc.) verortet. In diesem Kampf spiegeln sich mit der jeweiligen Geschlechtszugehörigkeit verbundene, im Sozialisationsprozess vermittelte Weltanschauungsweisen und soziokulturell bedingte, geschlechtstypische Lebenslagen wider, deren (Nicht-) Problematisierung von ökonomischen Interessenkonflikten (Verteilungskonflikten) über Herrschaftsinteressen (Machtkonflikte) bis hin zu grundsätzlichen Konflikten um Lebensstile und Wertorientierungen (Kulturkonflikten) motiviert sein kann. Der Kampf der Geschlechter um die „richtige" Definition von Gewalt (als interaktivem, institutionellem, strukturellem resp. kulturellem Phänomen) bzw. um das „adäquate" Problembewusstsein erlangt unterschiedliche Bedeutung für die jeweiligen Geschlechtsangehörigen, je nachdem, ob die Deutungsmuster, auf die in Gewaltdiskursen zurückgegriffen wird, Nullsummen- oder Nicht-Nullsummenspiele suggerieren, also in den Augen der Konfliktakteure die eine Seite nur so viel gewinnen kann, wie die andere verliert, oder aber beide Seiten gewinnen können. Am Beispiel der sozialen Wahrnehmung und Kontrolle von (häuslicher) Gewalt im heutigen Deutschland werden (1) kriminalpolitische, (2) familienorientierte, (3) maskulinistische sowie (4) chauvinistische Vorstellungen und Praktiken daraufhin geprüft, ob sie als Reaktionen auf den (5) organisierten Feminismus bzw. auf eine definitionsmächtige Frauenpolitik verstanden werden können, die als Gefährdung männlicher oder übergeordneter Interessen begriffen werden. Erweist sich die Perzeption diesbezüglicher Gewaltdiskurse trotz des üblichen Rekurses auf ein allgemeines, geschlechtsneutrales Interesse als Nullsummenspiel der Geschlechter, dann müssen Versuche der Definition, der Problematisierung sowie der sozialen Kontrolle von Gewalt auf Plausibilitäts-, Sinn- und

Legitimationsgrenzen geschlechtstypischer Art stoßen und deren Durchsetzung letztlich selbst als Gewalt empfunden werden. Werden kontrollrelevante Gewaltdefinitionen als geschlechtsspezifische Dividenden perzipiert, ist ein Ende des Kampfes der Geschlechter nicht in Sicht.

## 2. Gewaltbegriffe

Unter *Gewalt als Handeln* ist der Versuch der Beeinflussung des Verhaltens (Denkens, Fühlens, Handelns) anderer mittels der Anwendung oder Androhung von physischem oder psychischem Zwang zu verstehen. Gewalt geht immer von individuellen oder kollektiven Akteuren („Tätern") aus und wird gegenüber anderen individuellen oder kollektiven Akteuren („Opfern") verübt. Gewalt kann dem Anwender, dem Zielobjekt oder Dritten als legitim (negative Sanktion) oder als illegitim (soziale Aggression) erscheinen. Die subjektive Interpretation einer Gewalthandlung als legitime negative Sanktion versus illegitime soziale Aggression ist einerseits abhängig von der Rolle (Täter, Opfer, Beobachter), die die Akteure innerhalb des Gewaltdramas spielen, sowie den entsprechenden positionsabhängigen Attributionsverzerrungen, Salienzeffekten, fundamentalen Attributionsfehlern, Handelnder-Beobachter-Biases etc. (vgl. Ottermann 2000), die dazu führen, dass das eigene Verhalten tendenziell auf (soziale) Umweltfaktoren (Attribution auf die Situation), das Handeln anderer aber der Tendenz nach auf (persönliche) Merkmale des Akteurs (Attribution auf die Person) zurückgeführt wird. Andererseits sind subjektive Sinnzuschreibungen bzw. individuelle Kausalattributionen abhängig von kollektiven, in Prozessen der (primären, sekundären und tertiären) Sozialisation vermittelten Deutungsmustern z.B. geschlechts- oder milieutypischer Art. „Deutungsmuster werden nicht als unabhängig von strukturellen Bedingungen und Lebenslagen der Akteure aufgefasst – hieraus gewinnen sie nämlich Legitimation und Schubkraft für die individuelle Mobilisierung –, noch lassen sie sich beliebig manipulieren oder (...) oktroyieren" (Karstedt 1999: 97). Plausibilitäts-, Sinn- und Legitimationsgrenzen kollektiver Deutungsmuster von Gewalt sind „seinsverbunden" (Mannheim 1985), unterliegen standortgebundenen Perspektiven bzw. Relevanzsystemen, die abhängig von den Sozialbiografien und den interaktiv sowie institutionell vermittelten Positionen der Interpreten im sozialen Raum sind. „Wer welche Handlung, welches Ereignis, welche Institution als gewalttätig definiert, hängt entscheidend vom sozialen Ort der evaluierenden Person ab. Gewaltdefinitionen sind Werturteile" (Godenzi 1994: 34).

Abb. 1: Ebenen der soziologischen Analyse von Gewalt

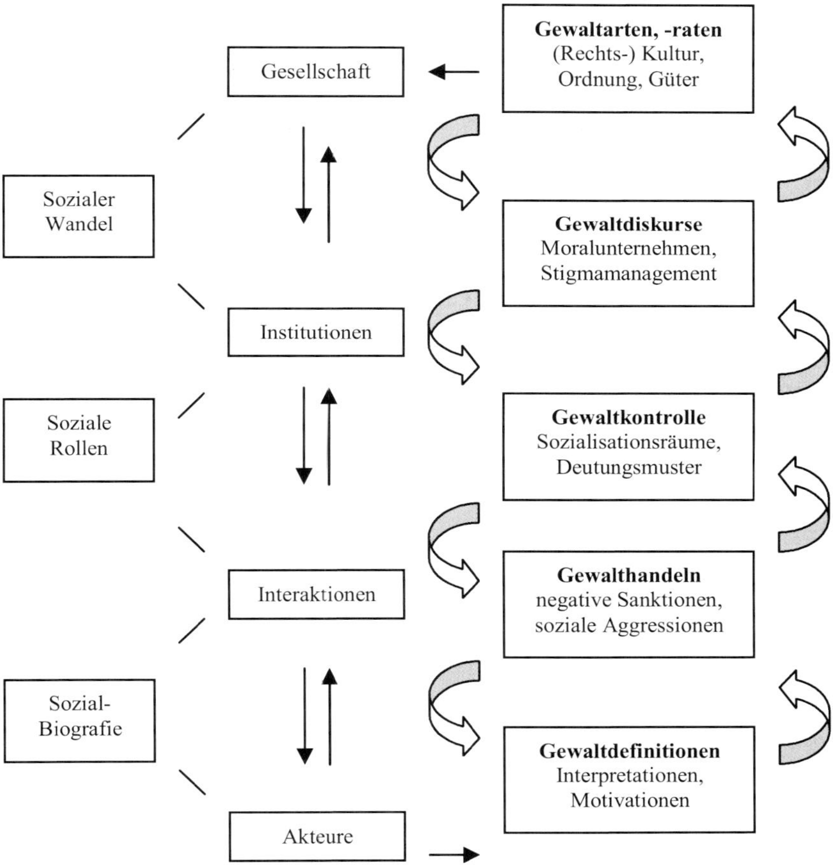


*Gewalt als soziales Problem* meint das mehr oder minder (ver)öffentlich(t)e Bewusstsein von einer Diskrepanz zwischen dem sozialen Faktum bzw. Phänomen gewaltförmigen Verhaltens (Gewalt als Handeln) und gesellschaftlichen (kulturellen, geschlechts-, milieutypischen etc.) Normvorstellungen bzw. Wertmaßstäben (kollektiven Deutungsmustern von Gewalt), die bekanntlich sozialem Wandel unterliegen. Moralunternehmer (z.B. Feministen) und Stigmamanager (z.B. Sozialarbeiter) übernehmen hierbei die Rolle der primären Definierer. Von deren gesellschaftspolitischen Bemühungen, materiellen und ideellen Ressourcen sowie Erfolgen hängt es ab, welche Formen von Gewalt (nicht) thematisiert, (ent-)problematisiert sowie (ent-)kriminalisiert werden. „Durch im Strafrecht geronnene Definitionsleistungen avancieren einige gefährdete Interessen (an der Würde eines Gottes, an der Staatsform, am Landfrieden, an Leib und Leben, an einer bestimmten Moral, an der sexuellen Selbstbestimmung, an der Volksgesundheit usw.) zu *Rechtsgütern*. Aus den Handlungen, die als Risiken für die soziale Ordnung bzw. als Verletzungen oder Gefährdungen solcher Rechtsgüter wahrgenommen werden, wird mittels dieser Definitionsleistungen *Kriminalität*" (Hess/Scheerer 1997: 99f.).

Dass zugleich nicht alle Formen von Gewalt, die als schädlich und/oder schändlich begriffen werden können, Eingang in das Strafrecht oder die funktionalen Äquivalente im (medizinisch-, psycho-, familien-) therapeutischen Bereich oder dem psychosozialer Dienste (Sozialarbeit, Frauenhäuser etc.) finden und damit nicht alle verletzten Menschen, Werte und Güter zumindest symbolischen Schutz genießen, wirft ein Licht auf strukturell angelegte gesellschaftliche Spannungen, Probleme und Konflikte und wirft Fragen auf hinsichtlich (Definitions-) Macht und Herrschaft (vgl. Ottermann 2003). „Wenn Gewalt wahrgenommen und benannt wird, werden implizit oder explizit Fragen nach sozialer Ordnung und nach Machtverhältnissen gestellt. Dies im Geschlechterverhältnis zu tun, war in den 1970er Jahren selbst schon ein Verstoß gegen die soziale Ordnung, auch in den Sozialwissenschaften" (Hagemann-White 2002: 124). In die Kritik gerieten Patriarchat bzw. männliche Hegemonie. Die auf der Kultur der Zweigeschlechtlichkeit beruhende soziale Ungleichheit zwischen den Geschlechtern wurde mit sozialer Ungerechtigkeit und diese mit *kultureller bzw. struktureller Gewalt* (Galtung 1975) als der „Diskrepanz zwischen möglicher persönlicher Entfaltung und Verwirklichung und der tatsächlichen, soweit letztere durch die Beeinflussung Dritter verursacht wird" (Lamnek 1992: 211), gleichgesetzt. Der moderne Staat als Adressat der öffentlichen Kritik sollte Frauen dabei helfen, sich von struktureller Benachteiligung, die wiederum mit männlicher Gewaltherrschaft und Unterdrückung gleichgesetzt wurde, zu befreien. Skandalisiert wurden „Rechts- und Sozialverhältnisse, wenn diese eine männliche Gewalttätigkeit sanktionsfrei gestatteten oder gar begünstigten" (Hagemann-White 2002: 125). Gemäß der Pekinger Erklärung der Vereinten Nationen ist die Bekämpfung der „Gewalt gegen Frauen" zur Sache der Staaten zu machen, die zu (Unterlassungs-) Tätern werden, wenn sie „vom Staat ausgeübte oder geduldete körperliche, sexuelle und psychische Gewalt, wo immer sie auftritt" (United Nations 1996: 36), nicht bekämpfen, d.h. negativ sanktionieren. In Deutschland wurde die feministische Problemdefinition von Seiten des Staates, aber auch von weiten Teilen der Bevölkerung im Großen und Ganzen übernommen. „Gewaltanwendung in der Heterosexualität und in der Ehe entlarvten das Beziehungsgefüge zwischen Frauen und Männern als Regelungssystem für Machtverhältnisse, die nicht mehr hinzunehmen seien. Der politischen Herausforderung folgte ein breiter Bewusstseinswandel, der die Praxis, aber auch die Forschung zu Gewalt spezifisch prägte" (Hagemann-White 2002: 124).

*Gewalt* ist nicht nur ein strafrechtliches Tatbestandsmerkmal, sondern inzwischen auch *ein gesellschaftspolitischer Kampfbegriff*: „Wird nämlich etwas Gewalt genannt, was zuvor harmloser etikettiert wurde, lässt sich eine Skandalisierung von Sachverhalten erzielen, mit der nicht nur eine Diskreditierung der Gegner verbunden ist, sondern möglicherweise auch eine Rechtfertigung von Gegengewalt. Der Erfolg der Durchsetzung eines Tatbestandes als Gewalt hängt dabei wesentlich von gesamtgesellschaftlichen Kräfteverhältnissen ab" (Imbusch 2002: 52). Gewalthandeln kann, je nach akzeptierter Breite der Definition oder Perspektive, institutionalisiert oder nicht institutionalisiert, legal oder illegal, legitim oder illegitim sein. Zum politischen Kampfbegriff wird das Wort Gewalt erst, wenn es illegale und/oder illegitime Verhaltensweisen bezeichnet. Eine Besonderheit des deutschen Gewaltbegriffs besteht nach Imbusch darin, dass das Wort „Gewalt" im internationalen Vergleich „die im Laufe der Jahrhunderte sich durchsetzende Unterscheidung von direkter persönlicher Gewalt einerseits und legitimer institutioneller Gewalt andererseits – zwischen violentia und potestas – nicht mitvollzogen hat. Nur im deutschsprachigen Raum steht das Wort Gewalt sowohl für den körperlichen Angriff wie auch für die behördliche Amts- bzw. Staatsgewalt" (Imbusch 2002: 28f.). Allerdings wird der Legitimitätsglaube in modernen, zumal multikulturellen Gesellschaften kaum ungebrochen von sämtlichen Bevölkerungskreisen übernommen, sondern die Legitimität legalisierter Staatsgewalt mittels milieutypischer, teil- bzw. subkultureller Deutungsmuster sehr wohl auch in Frage gestellt. Gesellschaftlicher Konsens hinsichtlich des staatlichen Gewaltmonopols, geltender Norm- und Wertvorstellungen bzw. der sozialen Ordnung ist weithin eine herrschaftsdienliche soziale Fiktion. „Angesichts der Vielgestaltigkeit und unterschiedlichen Qualität staatlicher Gewaltformen erscheint eine positive Voreingenommenheit gegenüber der im Staat verkörperten Gewalt, wie sie sich etwa in konservativen Staatsverständnissen findet, einseitig, weil (...) die Monopolisierung der legitimen Gewalt beim Staat die Gewalt nicht abgeschafft, sondern nur umverteilt hat" (Imbusch 2002: 50). Oder anders formuliert: die Kontrollfunktion, die in vormodernen Gesellschaften von Familie und Gemeinde wahrgenommen wurde, hat sich zu einem besonderen (welt-) gesellschaftlichen Teilsystem bzw. Funktionsbereich mit „Gewaltlizenz" (dem Recht, negative Sanktionen zu erteilen) entwickelt (Peters 1995: 167). De facto wurde und wird Männern in auf Gleichstellung bedachten Gesellschaften traditionelles Recht entzogen und die Position von Frauen mittels neuer Gesetze gestärkt (Nullsummenspiel). Allerdings bestimmt inzwischen „das Paradigma, Männergewalt diene primär der Machtsicherung, (...) nicht mehr die deutsche feministische Forschung. Selbst dort, wo die Machtdimension zentral geblieben ist, wird sie sozialisationstheoretisch gewendet: Gewalt von Männern wird aus der Überforderung durch normative Dominanzansprüche abgeleitet, die Jungen und später Männer nicht real einlösen können“ (Hagemann-White 2002: 134). Aus der sozialisationstheoretisch fundierten feministischen Sicht dient die Bekämpfung der normativen Erwartung männlicher Hegemonie somit nicht nur den Frauen, sondern auch den Männern, die den Anspruch auf Überlegenheit ohne Gewalt de facto nicht einlösen können (Nicht-Nullsummenspiel). Tatsächlich gehören nicht nur die Probleme, die gewalttätige Akteure machen, sondern auch die Probleme, die sie haben, in eine soziologische Analyse der Gewalt.

## 3. Geschlechterkämpfe

Der Kampf der Geschlechter ist nicht nur einer zwischen den Geschlechtern, sondern auch ein Kampf der Geschlechter mit sich selbst, wenn es zur Auflockerung traditioneller Rollenerwartungen, der Dekonstruktion überkommener Kulturen der Zweigeschlechtigkeit kommt. Vor dem Hintergrund heutiger normativer Erwartungen wird der Sozialisationsprozess von Jungen als problematischer, widersprüchlicher und auf Überforderungen hinauslaufend, angesehen als der von Mädchen (vgl. Zimmermann 2000). Auch sozialisationstheoretisch hat demnach ein Paradigmenwechsel stattgefunden. Nicht nur männliche Gewalt gegen Frauen, sondern (chauvinistische) Vorstellungen von Männlichkeit als solche sind zum Problem geworden. Mädchen und Frauen scheinen mit modernen, feministisch beeinflussten Geschlechtsrollenerwartungen eher fertig zu werden als zumindest patriarchalisch bzw. an männlicher Hegemonie orientierte Jungen und Männer, die ihre „Felle davonschwimmen“, ihren Selbstwert und gesellschaftlichen Status bedroht sehen (Nullsummenspiel). Historisch hat sich ein Wandel von Frauen- und Männerbild vollzogen: Galten früher die Männer im Vergleich zu den Frauen als „die besseren Menschen“, verhält es sich heute genau umgekehrt, einerlei ob dies nun biolog(ist)isch oder soziolog(ist)isch begründet wird. Im gesellschaftspolitischen, aber teils auch im sozialwissenschaftlichen Diskurs hat ein Defizitparadigma das andere abgelöst.

Spiel- und austauschtheoretische Modelle vom Kampf der Geschlechter gehen hingegen von sozialisatorisch bedingter sowie sozial potenziell nützlicher Differenz aus. Der Kampf der Geschlechter wird als ein iteratives Nicht-Nullsummenspiel gesehen, das insgesamt von beiden Geschlechtern positiv bilanziert werden kann. Zweigeschlechtlich sozialisierte, zumal heterosexuell orientierte Männer und Frauen verfügen über für die jeweils andere Seite inteteressante Ressourcen, deren Nutzung aber mit Kosten verbunden ist. Vor allem gilt es, die jeweils gegengeschlechtlichen geschlechtstypischen Interessen zu berücksichtigen, will man den anderen bzw. die unterm Strich attraktive Austauschbeziehung nicht verlieren. Um Vorzüge der Zweigeschlechtlichkeit genießen zu können, auch ohne intersexuelle Gewalt anwenden zu müssen, muss man hin und wieder Zugeständnisse im Hinblick auf Dinge machen, die dem Partner bzw. dem anderen Geschlecht, nicht aber einem selbst bzw. der Geschlechtsgenossenschaft wichtig sind. Die Geschlechter müssen sich entgegen kommen, wollen sie Nutzen aus dem gesellschaftlichen Arrangement der Geschlechter ziehen. Zu diesem Arrangement gehört in der deutschen Gesellschaft die dem Mann gestattete bzw. zugemutete „Ritterlichkeit“ in Form von Rücksichtnahme und Hilfsbereitschaft gegenüber dem anderen Geschlecht, wozu auch die Bereitschaft gehört, bei männlichen Angriffen auf Frauen einzuschreiten, Schutzfunktionen im Allgemeinen zu übernehmen sowie Wehrdienst oder ähnlich gefährliche Dienste im Besonderen zu leisten. Sowohl die (durchschnittliche) körperliche Überlegenheit und anerzogene höhere Risikobereitschaft von Männern (gegenüber Frauen) als auch ihr vermeintlich größeres Sanktions- bzw. Aggressionspotenzial gelten in bestimmten Situationen aus Frauensicht sowie insgesamt aus gesellschaftlicher Perspektive als nützliche Ressourcen. Als Gegenleistung erhalten Männer für die Demonstration ihres Machtpotenzials die Anerkennung ihrer Männlichkeit („mein Held“, „unsere Helden“).

Wenn Frauen auf diese Art geschlechtlicher Arbeitsteilung verzichten wollen, müssen sie bereit sein, die traditionell männlichen Aufgaben selbst zu erfüllen, so wie umgekehrt Männer klassisch weibliche Rollen übernehmen müssen, wenn der „Geschlechtervertrag“ aufgekündigt wird. Die emanzipatorischen Bestrebungen der Frauenbewegung scheinen auf den ersten Blick den „Geschlechtervertrag“ einseitig aufgekündigt zu haben. Tatsächlich aber profitiert die Frauenbewegung – salopp und sarkastisch formuliert – vom „Gewaltmonopol des strafenden Erziehers Vater Staat“, der im Kampf gegen männliche Gewalt bereits vor Jahren mit der „Furie Feminismus“ eine in frauenpolitischer Hinsicht fruchtbare Verbindung eingegangen ist. Wer sich auf die heute herrschende Definition von Gewalt als primär männlichem Problem einlässt, kann mit öffentlicher Unterstützung, Geldern und sozialem Ansehen rechnen (wer dies nicht tut, muss sich zumindest auf informelle negative Sanktionen gefasst machen). Politiker, Juristen, Polizisten, Sozialarbeiter und Wissenschaftler sind unter anderem auch deshalb „auf den fahrenden Zug aufgesprungen“. Von den gesellschaftspolitischen Erfolgen der Frauenbewegung profitieren auch jene Frauen, die nicht bereit sind, traditionell männliche Funktionen zu übernehmen bzw. auf „Ritterlichkeit“ zu verzichten, für die sie im Gegenzug Dankbarkeit und Anerkennung zollen. Die „Trittbrettfahrerinnen der Emanzipation“ (aber auch andere, nicht wirklich an

Emanzipation bzw. Empowerment interessierte Kontrollagenten) sozialisieren Jungen und Männer weiterhin im Sinne der herkömmlichen Kultur der Zweigeschlechtlichkeit, die von Männern ein höheres Maß an Souveränität, Durchsetzungsvermögen, Leidensfähigkeit, Potenz, mit Problemen alleine fertig zu werden, sowie Heldentum, Risiko- und Gewaltbereitschaft bzw. Wehrhaftigkeit erwartet als von Frauen. Auf diese Weise ist auch dafür gesorgt, dass den Sozialanalytikern und -technikern unserer Gesellschaft nicht die Klientel ausgeht bzw. die Einkommensquelle versiegt.

Die berühmten Baby-X-Studien belegen, dass wir, auch wenn wir das gar nicht wollen, unbewusst unterschiedlich auf Verhalten reagieren, je nachdem, ob es von (angeblich) weiblichen oder männlichen Akteuren ausgeht, und dadurch Einfluss auf deren künftige Verhaltensweisen nehmen (Zimmermann 2000: 187). Gleiches Verhalten wird unterschiedlich interpretiert, bewertet und quittiert, je nachdem, ob es von Jungen/Männern oder Mädchen/Frauen ausgeht. Gewaltrelevante Eigenschaften oder Verhaltensweisen werden als dem Geschlechtsträger angemessen oder unangemessen definiert. Je nach sozialer Situation oder Position wird von den Geschlechtsangehörigen erwartet, entweder eher aktive oder passive, initiative oder reaktive, aggressive oder defensive, tatkräftige oder erduldende Rollen im Gewaltdrama zu spielen („Der Indianer kennt keinen Schmerz", „Mädchen schlägt man nicht"). Für Frauen gibt es eine sozial anerkannte Opferrolle. Durch die Selbstdarstellung als Opfer männlicher Gewalt „können Sie ihre materielle, psychische, soziale und rechtliche Lage verbessern und deshalb wählen sie den Weg in die Öffentlichkeit, zu den ‚Experten' und zu den Gerichten" (Bock 2001a: 7). Eine derartige geschlechtstypische Tendenz wird in Studien über Kriminalitätsfurcht „in der Regel auf die größere physische und vor dem Hintergrund einer traditionellen weiblichen Rollensozialisation auch auf die größere psychische Verletzbarkeit von Frauen zurückgeführt" (Boers 2002: 1406). In unserem Kulturkreis haben Frauen im Unterschied zu Männern tendenziell wenig zu verlieren und relativ viel zu gewinnen, wenn sie in aller Öffentlichkeit Angst zugeben, Risiken meiden wollen, um Hilfe bitten und diese schließlich auch annehmen. Gleiches Verhalten von Männern hingegen gilt, zumindest den traditionellen Geschlechtsrollenerwartungen gemäß, als „unmännlich" (Goffman 1994). Und in diesem Zusammenhang lässt sich vermuten, „dass eine Kultur, in der Männer nicht als Opfer erscheinen dürfen, die Neigung zur Täterschaft vergrößert" (Hagemann-White 2002: 145), womit zugleich ein kultursoziologischer Erklärungsansatz dafür vorläge, weshalb Gewaltbereitschaft gegenüber Männern zumindest im öffentlichen Raum überwiegend von Männern (aber auch von „Emanzen") demonstriert wird. Darüber hinaus tendieren Frauen dazu, die gleichen Handlungen eher als Gewalt zu bezeichnen bzw. für gewaltsam zu halten als Männer, wobei nicht klar ist, ob die Geschlechter im Sozialisationsprozess unterschiedliche Gewaltbegriffe oder

Frauen hinsichtlich gewaltförmiger Phänomene eine höhere Sensibilität erlernen bzw. entwickeln – oder beides (Kepplinger 2002: 1425). Allerdings gehört zu den geschlechtstypisierenden Grundannahmen der Sozialisationsforschung auch die These, dass Frauen dahin tendieren, gewalttätiges Verhalten zuerst gegen sich selbst zu richten, bevor sie anderen Gewalt antun (Kaselitz/Lercher 2002: 32). Sowohl affektuell-kognitiven als auch überkommenen normativen Erwartungen entsprechend ist Gewalt gegen andere ein „Privileg" der Männer. Zumindest im Hinblick auf häusliche Gewalt ist dies aber eher eine (herrschaftsdienliche) soziale Fiktion denn familiale Realität. In Dunkelfeldstudien ergeben sich für den privaten Bereich im Unterschied zum öffentlichen Raum, in dem Gewalt tatsächlich weithin (aber nicht ausschließlich) „reine Männersache" zu sein scheint, selten signifikante Unterschiede zwischen Frauen und Männern.

Der Ansatz geschlechts*typischer* (*nicht* geschlechts*spezifischer*) Sozialisation geht davon aus, dass das Gewaltpotenzial der beiden Geschlechter nicht gravierend differiert, sondern sich (im öffentlichen Raum) aufgrund differenzieller sozialer Kontrolle tendenziell anders ausdrückt (und auszudrükken hat). Aus Gründen differenzieller Sozialisation und Kontrolle von Weib- und Männlichkeit sollten Mädchen/Frauen eher als Jungen/Männer dazu neigen, Aggressionen nach innen zu richten (Autoaggression, Depression), aggressiven Handlungen aus dem Wege zu gehen (Ängstlichkeit, Risikovermeidung) oder indirekt (verbal, psychisch, verdeckt oder unter Zuhilfenahme Dritter) aggressiv zu sein. Auf die geschlechtstypisch differierenden Gewaltformen wird wiederum gesellschaftlich der Tendenz nach unterschiedlich reagiert, so dass sich aggressive Mädchen/Frauen eher als „Patienten" und „Gewaltopfer" in psychiatrischen Kliniken, psychologischer Behandlung oder Hilfseinrichtungen und aggressive Jungen/Männer eher als „Straftäter" bzw. „Gewaltverbrecher" in Gefängnissen, Diversionsmaßnahmen oder sozialpädagogischer Betreuung wiederfinden. Diese geschlechtstypische Verteilung von „Tätern" und „Opfern" wird in Hellfeldstudien (klinischen Studien, Kriminalstatistiken etc.) erfasst, die über ihre Rezeption in der massenmedialen Berichterstattung und gesellschaftspolitischen Aufklärungsprogrammen Einfluss auf die öffentliche Meinung haben. Die (weiteren) Lebenschancen der Geschlechter verteilen sich entsprechend der differenziellen Stigmatisierung sowie geschlechtsstereotypen Wahrnehmung von Gewalt als typisch männlichem Phänomen unterschiedlich. Darüber hinaus aber ist das gesellschaftliche Bild von Gewalt zumindest auch das Resultat der sozialen Kontrolle von an bestimmten Normen und Werten interessierten, definitionsmächtigen Kreisen bzw. sozialen Milieus.

# 4. Milieukonflikte

Das öffentliche Bild von Gewalt als typisch männlich hat Einfluss auf *kriminalpolitische Vorstellungen und Praktiken*. Dabei scheint es zu einem fehlerhaften Analogieschluss außerhäuslicher Verhältnisse auf den innerhäuslichen Bereich gekommen zu sein, also auch hier eher mit männlicher als mit weiblicher Gewalt gerechnet zu werden. Innerhalb des kriminalpolitischen bzw. sozial-administrativen Diskurses wird (häusliche) Gewalt als Rechtsverstoß oder als Vernachlässigung von Pflichten verstanden. Dieser Diskurs wird größtenteils innerhalb von Justiz, Polizei, Gesundheitswesen und öffentlicher Sozialarbeit geführt und dreht sich um Richtlinien darüber, was als Tatbestand gilt und wie entsprechend straf- und sorgerechtlicher Bestimmungen oder medizinischer Diagnosen zu intervenieren ist.

Auch *feministischen Vorstellungen und Praktiken* ist zu entnehmen, dass sie von analogen Gewaltverhältnissen im öffentlichen und privaten Raum ausgehen, also typischerweise männliche Täter und weibliche Opfer erwarten (obwohl im öffentlichen Raum im Unterschied zum häuslichen Bereich nicht nur die Täter, sondern auch die Opfer zumindest physischer Gewalt überwiegend männlich sind). Innerhalb des politisierenden Diskurses der Frauenbewegung wird (häusliche) Gewalt primär als Gewalt von Männern an (ihren) Frauen (und Kindern) verstanden. Dieses gesellschaftlich dominante Verständnis lässt sich zu einem großen Teil auf die Bemühungen der Frauenhausbewegung und die Erfahrungen aus Hilfseinrichtungen für Frauen zurückführen, was wieder Einfluss auf den kriminalpolitischen Diskurs hat. Innerhalb des feministischen Diskurses rückt man aber davon ab, einzelne Straftaten als das konstitutive Merkmal von (häuslicher) Gewalt zu sehen und macht die gesellschaftliche Unterdrückung von Frauen, die „patriarchale Organisation weiblicher Lebenschancen" (Haller et al. 1998: 14), und geschlechtsspezifische Sozialisation dafür verantwortlich.

Adressat der politischen Auseinandersetzungen ist vor allem der Staat. Von dort werden rechtliche Reformen (Sanktionen) und die Finanzierung feministischer Projekte der Unterstützung für Betroffene gefordert. „Das empirische Basiswissen zur geschlechtsbezogenen Gewalt entstammt in Deutschland vorwiegend einer frauenzentrierten Praxis, die wissenschaftlich begleitet wurde" (Hagemann-White 2002: 131). Diese Begleitforschung wird mit öffentlichen Mitteln bestritten und dadurch ermöglicht, dass die Politik die feministische Problemdefinition und der Staat Verantwortung für das Problem übernommen hat. Da die Förderung „einem politischen Bekenntnis zur Bedeutung des Problems und zur staatlichen Verantwortung gleichkommt, richtet sich in praxi ein gleichsinniges Erkenntnisinteresse des finanzierenden

Ressorts und des Projektteams auf die Forschung, sie möge im Sinne des Erfolges befinden" (Hagemann-White 2002: 132).

Einen ebenso wesentlichen, dem der Frauenbewegung entsprechenden Beitrag hinsichtlich der Problematisierung und Wahrnehmung von (häuslicher) Gewalt, diesmal aber vor allem auf Gewalt gegen Kinder bezogen, hat die ursprünglich kriminalpolitisch, inzwischen aber *familienorientierte Kinderschutzbewegung* geleistet. Ausgehend davon, dass Gewalt in Familien auf familialen Problemen beruht, sollen diese durch therapeutische Behandlung und soziale Dienste behoben und Gewalttäter möglichst nicht stigmatisiert und kriminalisiert werden. „Die Kinderschutz-Bewegung sieht sich als Hilfesystem, geführt vom Leitgedanken ‚Hilfe statt Strafe' (...) Die Frauenhaus-Bewegung setzt sich speziell für die Hilfestellung für jene Frauen ein, die sich nicht alleine aus Gewaltbeziehungen befreien können – somit also nicht ausschließlich für Frauen im Frauenhaus. Sie schreiben die Gewaltsituation, in die Frauen (mitsamt ihren Kindern) gekommen sind, den Männern zu – denn sie sehen Männergewalt als ein Produkt der vorherrschenden patriarchalen Strukturbedingungen" (Cizek/Buchner 2001: 29). Die Frauenbewegung unterstellt dem Kinderschutz, „dass er der Kinder wegen Frauen immer wieder in ihre alte Rolle zurückbringen will. Der Kinderschutz wirft der Frauenhaus-Bewegung vor, dass sie die Bedeutung der Entwicklung von Kindern – auch in ihrer Beziehung zu ihren Vätern – hinter der Entwicklung der Frauen zurückstellt" (Hege 1999: 2).

Wie am Konflikt zwischen Frauen- und Kinderschutzbewegung ersichtlich, kann es „als ein typisches Merkmal sozialer Probleme angesehen werden, dass die für einen kollektiven Akteur oder eine Gruppe optimale Lösung eines sozialen Problems für einen anderen kollektiven Akteur gerade zu einem sozialen Problem wird" (Groenemeyer 1999: 44). Als Reaktion auf die kriminalpolitischen, feministischen und familienorientierten Vorstellungen und Praktiken und deren gesellschaftspraktische Folgen ist die *maskulinistische bzw. Männerbewegung* entstanden, die Jungen, Männer, Ehemänner und Familienväter in familienrechtlicher, -therapeutischer und -politischer Hinsicht als strukturell benachteiligt sieht, bislang aber noch keinen allzu großen Einfluss auf die gesellschaftliche Meinungsbildung bzw. die (ver)öffentlich(t)e Meinung hat. Vor allem im Widerspruch zum klassischen feministischen Männerbild stehend, wird darauf verwiesen, dass auch Jungen und Männer, Ehemänner und Familienväter in einem nicht unerheblichen Ausmaß Opfer häuslicher Gewalt werden und daher die gleiche öffentliche Aufmerksamkeit, den gleichen rechtlichen Schutz und vergleichbare Hilfseinrichtungen verdienen wie die weiblichen Opfer familialer Gewalt.

Vom Maskulinismus zu unterscheiden ist der *männliche Chauvinismus*. Während maskulinistische Moralunternehmer Stigmamanagement zugunsten von Jungen und Männern betreiben, handelt es sich bei Chauvinisten um Stigma*aktivisten*, die Gewalt als männlich betrachten und für sich beanspruchen, Gewalt(bereitschaft) demonstrieren und damit das negative Männerbild von Kriminalpolitikern und Feministen bestätigen, gegen das maskulinistisch und familienorientierte Akteure ankämpfen. Männlicher Chauvinismus ist ein informeller, bildungsbürgerlichen bzw. Mittelschichtstandards widersprechender und dem „Kodex der Straße" (Anderson 1999) entsprechender Kommunikationsstil. Junge Männer passen sich unter Verhältnissen, in denen sie kaum oder keine anderen Möglichkeiten (vor allem beruflicher Art) perzipieren, Achtung zu erwerben, an ihre Lebensumstände in der Weise an, dass sie übersteigerte Konzeptionen von Ehre und Respekt entwickeln. „Anderson zufolge tritt Gewalt dann auf, wenn diese armen jungen Leute ihre Ehre beschmutzt sehen, wenn sie herablassend oder verächtlich behandelt werden" (Crutchfield/Wadsworth 2002: 97). Aber auch bei Mädchen bleiben Wohnumfeld und soziale Lage nicht ohne Einfluss. Ethnografische Studien verweisen vielmehr darauf, dass sich der „Kodex der Straße" bei Mädchen in anderen Formen der Aggression äußert. Jungen wahren in sozial unterprivilegierten Milieus ihren Ruf überwiegend mittels direkter physischer Aggression, Mädchen hingegen greifen hierfür auf indirekte Mittel zurück, weil sie negativ sanktioniert werden, wenn sie sich physisch aggressiv verhalten, während Jungen gerade dann negative Sanktionen erleben, wenn sie dies nicht tun (Foster/Hagan 2002: 690).

Tatsächlich ist die geschlechtstypische Differenz hinsichtlich der präferierten Aggressionsformen in sozioökonomisch unterprivilegierten Milieus am deutlichsten ausgeprägt. Auch das Aggressionsniveau insgesamt fällt hier höher aus als in anderen sozialen Milieus (Foster/Hagan 2002). Die Sitten sind rauer, was in Anbetracht des Umfeldes – des raueren Klimas – durchaus nicht als Verhaltensdefizit zu begreifen ist, sondern als umweltadäquates Verhalten ganz im Sinne des „Kodex der Straße". Was illegale/illegitime Gewalt ist, wird aber von den primären Definierern, nicht von Subkulturen bestimmt, weshalb diese mit jenen, der übergeordneten bzw. herrschenden (Rechts-) Kultur, in Konflikt geraten. Die Präferenz von offenen und direkten Formen der Aggression führt dazu, dass aggressive „Chauvis" Beobachtern aus anderen Milieus eher negativ auffallen als die weiblichen „Pendants" (einschließlich „Emanzen") bzw. Formen versteckter und indirekter Aggression, auf die wiederum Chauvinisten empfindlich reagieren (dürften), weil sie deren Selbstwert und sozialen Status bedrohen.

## 5. Handlungsfolgen

Diejenigen Personenkreise bzw. Interessengruppen oder Moralunternehmer, die ein Problem als erste identifizieren und/oder dominant thematisieren, beeinflussen die Art und Weise, wie dieses Problem gesellschaftlich wahrgenommen, wissenschaftlich erklärt und gesellschaftspolitisch angegangen wird. Primäre Definierer, Moralunternehmer und Stigmamanager werben für die eigene Sache bzw. die Anliegen derer, die sie vertreten, um Aufmerksamkeit und Ressourcen für die eigene Arbeit oder die Lebenschancen ihrer Klientel zu erlangen – sei es nun aus ethischen, politischen, existenziellen oder beruflichen Gründen, im Namen des Rechtsstaats, der Sittlichkeit, der Volksgesundheit, der Gleichberechtigung oder was auch immer. Diesbezüglich am erfolgreichsten war und ist (nicht nur) in Deutschland die Empowermentbewegung. Begriff und Konzept des Empowerment entstammen der Frauenbewegung. Empowerment meint die Stärkung potenzieller Opfer (häuslicher Gewalt). Dieses Konzept hat sich inzwischen auch die Kinderschutzbewegung zu eigen gemacht, vor allem was den Kampf gegen sexuellen Missbrauch betrifft. Von daher soll Empowerment vor allem dazu dienen, sich männlicher Übergriffe zu erwehren bzw. sich vor diesen (in organisierter Form) zu schützen. Sowohl in ihrer frauen- als auch kinderorientierten Ausrichtung ist die Empowermentbewegung, zumindest was ihre Grundannahmen und latenten Funktionen betrifft, vorrangig ein transnationales Moralunternehmen gegen männliche Gewalt. Lokale, nationale und internationale Anstrengungen haben in zahlreichen Ländern zu neuen Gesetzen, Aufklärungsprogrammen, einer neuen Politik der Institutionen und zu Verfahren mit dem Ziel geführt, „zunächst einmal Frauen und Kindern zu helfen, aber sich gleichzeitig auch mit den gewalttätigen Männern auseinander zu setzen“ (Dobash/Dobash 2002: 933). Die Rollen sind folglich klar verteilt (Männer = Täter, Frauen/Kinder = Opfer) sowie Prävention und Intervention zweigeschlechtlich organisiert.

Bock (2001a) kann in solcher Praxis keine nachhaltige Gewaltprävention erblicken, die sich auf die Weitergabe der Muster gewalttätigen Verhaltens über die Generationen hinweg bezieht, da Gewalt in den meisten Partnerschaften wechselseitig ausgeübt werde. Daran lasse sich nur etwas verändern, wenn die gemeinsame Geschichte der konfliktreichen Beziehung gemeinsam bearbeitet werde. Die geschlechterstereotype Rollenverteilung in männliche Täter und weibliche Opfer bewirke nichts als eine verständliche Verhärtung auf Seiten des zu Unrecht als allein schuldig stigmatisierten Mannes und führe zu einer Verdrängung oder Verharmlosung des eigenen Anteils an der Gewaltgeschichte auf Seiten der allein als Opfer umsorgten Frau. Wenn in einer konfliktreichen Partnerbeziehung erst einmal das Recht (oder dessen funktionale Äquivalente) die sonstige Kommunikation ersetzt habe, werde die Fantasie der Beteiligten und ihrer Anwälte beflügelt, die insgesamt bestehenden Möglichkeiten auszureizen (Stichwort: „Missbrauch mit dem Missbrauch"). Dabei genüge schon die Drohung, man könne ggf. rechtliche Schritte einleiten, da die abschreckenden Folgen dem Mann bekannt seien. Frauenorientierte Prävention und Intervention gingen von einem „Feindbild Mann" aus, das empirisch nicht haltbar sei. Das fördere nicht den konstruktiven Dialog der Geschlechter, sondern sei ausschließlich auf Enteignung, Entmachtung, Ausgrenzung und Bestrafung von Männern gerichtet. Ziel sei nicht, häusliche Gewalt zu bekämpfen, sondern Männergewalt. „Geschützt werden sollen nicht alle in häuslicher Gemeinschaft lebenden Menschen oder gar Ehe und Familie, sondern nur Frauen" (Bock 2001a: 16). Sowohl aus maskulinistischer als auch aus familienorientierter Sicht wird demnach in Deutschland ein Nullsummenspiel auf Kosten der Männer ausgetragen.

Auch ist aus maskulinistischer und familienorientierter Perspektive die Institutionalisierung von Forschungsbereichen und Professionen problematisch, die Feminismus zu einem einträglichen Geschäft bzw. zum Beruf machen und empirisch nicht hinreichend abgesicherte Grundannahmen zu gesellschaftspraktisch relevanten „Wahrheiten" erheben, an denen zu rütteln, allein schon deshalb gefährlich, weil „politisch inkorrekt" ist. Zudem gibt es „Status, Geld und Stellen zu verteilen im Kampf gegen die häusliche Gewalt, einschließlich der notwendigen Begleitforschung. Männer sind hierfür offensichtlich ungeeignet" (Bock 2001b: 12). Sowohl Forschungsvorhaben als auch Einrichtungen zum Schutz von Frauen und Kindern werden gefördert, „während es männliche Opfer von weiblichen Übergriffen im öffentlichen Bewusstsein nicht zu geben scheint (und nicht geben darf?)" (Lamnek 2003: 116). Es gibt in Deutschland beispielsweise (noch) kein funktionales Äquivalent für Frauenhäuser, in das sich Männer mit ihren Kindern zurückziehen könnten (in Berlin werden zurzeit aber Anstrengungen unternommen, ein Männerhaus zu gründen). Für weite Teile der Gesellschaft stellt (häusliche) Gewalt von Frauen an (ihren) Männern entweder ein Tabuthema, die große Ausnahme oder einen willkommenen Anlass zur Schadenfreude, aber kein sozialer Kontrolle bedürftiges soziales Problem (vgl. Lamnek 2003: 116) dar. Dabei ist die diesen Reaktionen zugrundeliegende (feministische) Grundannahme, „häusliche Gewalt ginge fast ausschließlich von Männern aus, (..) sowohl bezüglich der Gewalt zwischen Partnern als auch bezüglich der Gewalt gegen Kinder und Senioren grob falsch. Im Bereich des Schutzes von Kindern, Senioren und Männern sind dagegen die eigentlichen Defizite bei der Bekämpfung häuslicher Gewalt zu verorten" (Bock 2001a: 16).

## *Literatur:*

Anderson, E. (1999): Code of the street: decency, violence, and the moral life of the inner city. New York.

Bock, M. (2001a): Gutachten zum Entwurf eines Gesetzes zur Verbesserung des zivilgerichtlichen Schutzes bei Gewalttaten und Nachstellungen sowie zur Erleichterung der Überlassung der Ehewohnung bei Trennung. Mainz.

Bock, M. (2001b): Wider die Nudelholzwitze. In: Frankfurter Allgemeine Zeitung, 17.02.2001, S. 12.

Boers, K. (2002): Furcht vor Gewaltkriminalität. In: Heitmeyer, W./Hagan, J. (Hrsg.), Internationales Handbuch der Gewaltforschung. Wiesbaden, S. 1399-1422.

Cizek, B./Buchner, G. (2001): Entwicklung des Gewaltverständnisses. In: Bundesministerium für Soziale Sicherheit und Generationen (Hrsg.): Gewalt in der Familie. Gewaltbericht 2001. Von der Enttabuisierung zur Professionalisierung. Wien, S. 20-35.

Crutchfield, R. D./Wadsworth, T. (2002): Armut und Gewalt. In: Heitmeyer, W./Hagan, J. (Hrsg.): Internationales Handbuch der Gewaltforschung. Wiesbaden, S. 83-103.

Dobash, R. P./Dobash, R. E. (2002): Gewalt in heterosexuellen Partnerschaften. In: Heitmeyer, W./Hagan, J. (Hrsg.): Internationales Handbuch der Gewaltforschung. Wiesbaden, S. 921-941.

Foster, H./Hagan J. (2002): Muster und Erklärungen der direkten physischen und indirekten nicht-physischen Aggression im Kindesalter. In: Heitmeyer, W./Hagan, J. (Hrsg.): Internationales Handbuch der Gewaltforschung. Wiesbaden, S. 676-706.

Galtung, J. (1975): Strukturelle Gewalt. Beiträge zur Friedens- und Konfliktforschung. Reinbek bei Hamburg.

Godenzi, A. (1994): Gewalt im sozialen Nahraum. Basel, Frankfurt am Main.

Goffman, E. (1994): Interaktion und Geschlecht. Frankfurt am Main, New York.

Groenemeyer, A. (1999): Soziale Probleme, soziologische Theorie und moderne Gesellschaften. In: Albrecht, G./Groenemeyer, A./Stallberg F. W. (Hrsg.): Handbuch soziale Probleme. Opladen, Wiesbaden, S. 13-72.

Hagemann-White, C. (2002): Gender-Perspektiven auf Gewalt in vergleichender Sicht. In: Heitmeyer, W./Hagan, J. (Hrsg.): Internationales Handbuch der Gewaltforschung. Wiesbaden, S. 124-149.

Haller, M./Höllinger, F./Pinter, A./Rainer, B. (1998): Gewalt in der Familie. Ergebnisse einer soziologischen Studie in Zusammenarbeit mit Sozialeinrichtungen, Polizei und Gericht. Graz.

Hege, M. (1999): Kinder und häusliche Gewalt – Konflikte und Kooperation. In: Carol, H.-W. (Hrsg.): Workshop „Kinder und häusliche Gewalt“. Osnabrück.

Hess, H./Scheerer, S. (1997): Was ist Kriminalität? Skizze einer konstruktivistischen Kriminalitätstheorie. In: Kriminologisches Journal, Jg. 29, Heft 2, S. 83-155.

Imbusch, P. (2002): Der Gewaltbegriff. In: Heitmeyer, W./Hagan, J. (Hrsg.): Internationales Handbuch der Gewaltforschung. Wiesbaden, S. 26-57.

Karstedt, S. (1999): Soziale Probleme und soziale Bewegungen. In: Albrecht, G/Groenemeyer, A./Stallberg, F. W. (Hrsg.): Handbuch soziale Probleme. Opladen, Wiesbaden, S. 73-110.

Kaselitz, V./Lercher, L. (2002): Gewalt in der Familie – Rückblick und neue Herausforderungen. Wien.

Kepplinger, H. M. (2002): Öffentliche Meinung und Gewalt. In: Heitmeyer, W./Hagan, J. (Hrsg.): Internationales Handbuch der Gewaltforschung. Wiesbaden, S. 1423-1440.

Lamnek, S. (1992): Strukturelle Gewalt. In: Reinhold, G. (Hrsg.): Soziologielexikon. 2. Aufl. München, Wien, S. 211-212.

Lamnek, S. (2003): „Das Wort, mit dem wir das Handeln anderer bennenen". Zur (Nicht-)Konstruktion von weiblicher Gewalt, in: Menzel, B./Ratzke, K. (2003): Grenzenlose Konstruktivität? Standortbestimmung und Zukunftsperspektiven konstruktivistischer Theorien abweichenden Verhaltens. Opladen, S. 109-124

Mannheim, K. (1985): Ideologie und Utopie. 7. Aufl., Frankfurt am Main.

Ottermann, R. (2000): Soziologie des Betrugs. Hamburg.

Ottermann, R. (2003): Kriminalität als Kulturprodukt. Zur sozialen Konstruktion abweichenden Verhaltens. MS, Eichstätt.

Peters, H. (1995): Devianz und soziale Kontrolle. Eine Einführung in die Soziologie abweichenden Verhaltens. 2. Aufl. Weinheim, München.

United Nations (Hrsg.) (1996): The Beijing Declaration and the Platform for Action, Fourth World Conference on Women Beijing, China 4-15 September 1995, New York.

Zimmermann, P. (2000): Grundwissen Sozialisation. Opladen.

# „Natürlich nehmen wir den Mann mit“.[1] Über Faktenresistenz und Immunisierungsstrategien bei häuslicher Gewalt

*Michael Bock*

## 1. Annäherungen an das Thema

### *1.1 Kognitive Dissonanz*

Unter dem Titel „When Prophecy Fails“ hat Leon Festinger 1956 mit zwei Co-Autoren den Bericht über eine teilnehmende Beobachtung veröffentlicht (Festinger et al 1956). Es ging um eine Art UFO-Sekte und die Prophezeihung eines weiblichen Mitgliedes dieser Sekte, die Welt würde zu einem bestimmten Zeitpunkt sintflutartig untergehen. Natürlich ging die Welt nicht unter, aber es war interessant, wie dieser offensichtliche Fehlschlag von den Mitgliedern der Gruppe verarbeitet wurde. Mitnichten löste sie sich auf. Die Frau, die die Prophezeihung ausgesprochen hatte, wurde nicht der Lüge bezichtigt. Statt dessen wurde der Zusammenhalt größer und neue Mitglieder kamen hinzu. Es fanden in großem Umfang intellektuelle Anpassungsleistungen statt, Versionen wurden lanciert, Fakten mit Bedeutungen, Ereignisse mit Interpretationen versehen, die es erlaubten, den Fehlschlag der Prophezeihung unschädlich zu machen. Was war geschehen? Eine kognitive Dissonanz, wie Festinger in seiner gleichnamigen Theorie (Festinger 1978) sagte, war aufgelöst worden.

Wie auch immer es um die generelle empirische Geltung dieser Theorie und ihre Reichweite bestellt sein mag, es kann kein Zweifel darüber bestehen,

---

1 Ein für polizeiliche Alltagsroutinen aufschlussreicher Ausruf einer jungen Polizistin im Rahmen einer Vortragsveranstaltung. Es ging um die Situation des Einsatzes in einer Wohnung, aus der „Krach“ gemeldet worden war. Beim Eintreffen der Polizei war jedoch schon wieder alles friedlich. Die Frau hatte das Kind auf dem Arm, was Anlass für die Polizistin war, mit folgender rhetorischer Frage fortzufahren: „Wo sollten wir denn mit dem Kind hin?“ Ein männlicher Kollege ergänzte, seit er einmal eine Frau „mitgenommen“ und deshalb „von oben“ mit inquisitorischen Fragen und hohem Begründungsaufwand drangsaliert worden sei, lasse er dies lieber. Der Polizeipräsident wiederum meinte, „natürlich“ schreibe er Frauen als Opfer und Männer als Täter in die neue Dienstanweisung, denn er wolle „seine Beamten erziehen“, schließlich schreibe er ja beim Extremismus auch nur Rechtsextremismus.

dass es Ereignisse gibt, die unsere bisherigen Auffassungen empfindlich stören und daher Mechanismen in Gang setzen, die Störung zu beseitigen, sei es, dass wir diese Ereignisse überhaupt aus- oder abblenden, sei es, dass wir sie mit allerlei interpretatorischen Beiwerk schmücken, die sie für unsere bisherigen Vorstellungen und Deutungsmuster unschädlich oder besser erträglich macht.

### *1.2 Kontrafaktisches Durchhalten normativer Erwartungen*

Hier ergibt sich dann z. B. eine Verwandtschaft zu Niklas Luhmanns Unterscheidung bezüglich der unterschiedlichen Verarbeitung der Enttäuschung empirischer und normativer Erwartungen (Luhmann 1987: 53ff.). Bei empirischen Erwartungen reagieren wir im Enttäuschungsfall normalerweise mit Lernen: die Dissonanz wird also durch eine Anpassung der Erwartungen vermindert oder aufgelöst. Bei normativen Erwartungen reagieren wir im Enttäuschungsfall normalerweise damit, dass wir die Erwartung „kontrafaktisch" durchhalten und mit geeigneten Handlungen und Interpretationen schützen. Wie böse war der Verbrecher, wie unschuldig das Kind, wie klar war es doch, dass nur eine Ausnahme vorlag.

Schon an dieser Stelle wird deutlich, dass die Wahrscheinlichkeit für unterschiedliche Mechanismen der Enttäuschungsverarbeitung beträchtlich variiert. Über dies und jenes regen wir uns nicht sonderlich auf. Da hatten wir eben nicht Recht. Was geht uns unser dummes Geschwätz von gestern an. Das lässt sich aber nicht so einfach sagen, wenn unsere Biografie zentral betroffen ist, wenn die Stützen unserer Wertorientierung angekratzt werden und wenn dabei starke Gefühle die kognitive Dissonanz begleiten, wenn uns also schlecht wird, der Kamm schwillt oder wir einen dicken Hals bekommen. Die Grenzen zu psychopathologischen Wahrnehmungssperren und Realitätstrübungen sind fließend.

### *1.3 Techniken der Neutralisierung*

Ein unter Kriminologen relativ bekanntes Konzept, das auch in unseren Zusammenhang gehört, ist das Konzept der Neutralisierungstechniken (Sykes/Matza 1979). Auch dabei geht es ja um intellektuelle Kunstgriffe, mit denen eine kognitive Dissonanz beseitigt oder abgemildert werden soll. Eigentlich bin ich doch ein „good guy". Jetzt sitze ich aber hier auf der Wache oder gar im Gefängnis und es ist klar, dass ich Straftaten begangen habe. Wie lässt sich mein Selbstbild als „good guy" durchhalten? „Es war nicht so schlimm", „es traf keinen Armen", „sie wollte es so", „die anderen sind auch nicht besser". Wer kennt sie nicht, die vielen kleinen Werkzeuge, mit denen auch kleine Kinder oder große Politiker sich selbst und anderen die Achtbarkeit ihrer Existenz kontrafaktisch versichern (vgl. auch Lamnek 2002).

Woran Sykes und Matza weniger dachten, war allerdings der Umstand, dass es entsprechende Neutralisierungstechniken auch auf Seiten des Rechtsstabes und anderer Experten gibt, die mit Kontrolle oder Hilfe befasst sind, denn die Enttäuschung von Erwartungen trifft natürlich auch bei diesen zu. Männliche Gewalt löst sie nicht aus. „So etwas“ ist einem Mann ohne weiteres zuzutrauen. Das „passt“ zu dem Bild, das von Männern verbreitet ist. Deshalb besteht weder ein Bedarf, ein solches Ereignis aus- oder abzublenden noch ein Bedarf an zusätzlichen Informationen, etwa einem kausalen Regress, der einem als singulärem Ereignis eventuell irritierenden Faktum einen anderen „Sinn“ geben könnte. Das Gegenteil ist der Fall, und zwar nicht nur im Alltag, sondern auch in der Wissenschaft. Gerade bei Gewalt- und Sexualdelikten von männlichen Tätern und weiblichen Opfern, die unter dem Aspekt der interpersonalen Dynamik von Täter und Opfer in der älteren Viktimologie eine erhebliche Rolle gespielt hatten (vgl. Schneider, 1975; Kiefl/Lamnek 1986), wird in neuerer Zeit diese Frage überhaupt nicht mehr verfolgt (vgl. dazu die einschlägigen Beiträge bei Kaiser/Jehle 1994), denn damit könnten ein „Tatbeitrag“ des weiblichen Opfers oder doch irgendwelche „Kontextvariablen“ sichtbar werden, von denen befürchtet wird, sie könnten den Täter moralisch entlasten und dem Opfer eine Mitschuld geben (bekannt als „the art of blaming the victim“). Bei Taten von Männern wird also gerade darauf bestanden, dass sie gewissermaßen das ursachlose, ahistorische und kontextlose Böse[2] sind, das im Wesen Mannes als solchem liegt.[3]

Aber bei weiblicher Gewalt fangen umso dringlicher die Fragen an: „wie sehr muss sie unter Druck gestanden haben“, „dieser Fiesling von Haustyrann hat es doch verdient“, „es war doch nur ‚reaktive‘, ‚expressive‘, ‚emanzipato-

2 Ulrike Popp schildert (in diesem Band) Mechanismen, die diese Normalitätserwartung laufend weiter verstärken: die Definition von Gewalt als physische Gewalt, ihre Erfassung als singuläre und punktuelle „Tat“ eines individuellen Täters sowohl bei den Kontrollinstanzen als auch in der Forschung sowie komplementäre Bagatellisierungs- und Dramatisierungsstrategien. Dass sie hierbei auf ihre qualitativen Forschungen zur Gewalt an Schulen rekurriert und nicht auf häusliche Gewalt, tut der Bedeutung ihrer Befunde für das vorliegende Thema keinen Eintrag, denn sie gelten ohne Einschränkung auch hier. Wegen der insgesamt bei häuslicher Gewalt noch gesteigerten emotionalen Betroffenheit ist ihre Bedeutung in diesem thematischen Feld eher noch größer als geringer einzuschätzen.

3 Es wäre eine eigene Untersuchung wert zu prüfen, ob nicht die sozialpsychologischen Mechanismen, die als „Sündenbocktheorie“ oder „Psychologie der strafenden Gesellschaft“ bekannt sind – auch die Anomietheorie Durkheims käme als Bezugsrahmen in Betracht – gerade diese Stilisierung des Normbruchs für ihre Wirksamkeit erfordern. In dem Maß, wie es keine relevante Geschichte oder Situation gibt, die ihn erklären könnte, wird der Normbruch als solcher in ungetrübter Reinheit sichtbar sowie der Normbrecher als solcher ein taugliches Objekt für Entrüstung und Bestrafung, an dem dann auch exemplarisch die Wiederherstellung der Geltung der Norm demonstriert werden kann.

rische' oder ‚erotische' Gewalt", „sie musste doch ihre Kinder schützen". Jedenfalls muss es eine „Ausnahmesituation" gewesen sein, weswegen mindestens die Prognose für die Zukunft von vornherein gut ist. Mädchen kommen auch dann nicht in den Knast, wenn sie sagen, sie seien böse Mädchen, denn das glaubt ihnen sowieso keiner – das berichten jedenfalls Jugendrichter und Jugendgerichtshelferinnen unisono (so schon die Befunde von Geißler/Marißen 1988: 519f.). Hier wird also gerade biografisches, situatives, den Kontext betreffendes, interpersonales Material herbeigeschafft, so lange, bis sich das irritierende Ereignis einordnen lässt und die kognitive Dissonanz sich verflüchtigt. Und wenn gar nichts anderes mehr möglich ist, dann war es eben keine richtige Frau oder keine richtige Gewalt (Günther 2000; Raab 1993, 62ff.).

### *1.4 Enttäuschungsmanagement ist geschlechtsspezifisch*

Was hat das alles nun mit dem Thema zu tun? Die erste Hauptthese ist, dass wir es beim Thema häusliche Gewalt mit stark a) emotional und b) normativ aufgeladenen sowie c) sozial verstärkten geschlechtsspezifischen Erwartungen zu tun haben, die dazu führen, dass im Enttäuschungsfall ähnlich stark aufgeladene und verstärkte Mechanismen ablaufen, die dann, je nach präferiertem theoretischem Kontext, als Verarbeitung kognitiver Dissonanz, als kontrafaktisches Durchhalten normativer Erwartungen oder als Neutralisierungstechnik aufgefasst werden können. Die Erwartungen sind im Zentrum der Geschlechtsrollen angesiedelt und gruppieren sich um die beiden cluster „Mann/aggressiv/stark/Täter" und „Frau/nicht aggressiv/schwach/Opfer". Je nach sozialem und situativem Kontext sind die cluster erweiterungsfähig um gut/böse, warm/kalt[4].

Die Enttäuschungsfälle können dabei rein individuelle sein. Eine Frau übt Gewalt aus, ein Mann ist Opfer. Es können aber auch wissenschaftliche Befunde sein, etwa Dunkelfeldbefunde mit irritierenden, nämlich ähnlichen Quoten männlicher und weiblicher Opfer[5], die an sich geeignet wären, die

---

4 Für weiteres Anschauungsmaterial sei hier noch einmal auf den Beitrag von Ulrike Popp in diesem Band verwiesen.

5 Die Bedeutung dieser Dunkelfeldbefunde (vgl. zusammenfassend Archer 2000) ist umstritten. Jenseits aller Methodenfragen (vgl. etwa die kontroversen Diskussionen bei Sticher-Gil 2003 und Lenz/Meyer 2002) sind die Befunde aber insgesamt so stark, dass man davon ausgehen kann, dass männliche Opfererfahrungen im Rahmen häuslicher Gewalt in einem eklatant höheren Ausmaß vorkommen als im Hellfeld und sowieso als im öffentlichen Diskurs und in der Gewaltschutzpolitik vorausgesetzt wird (vgl. hierzu im Einzelnen die Arbeiten von Jürgen Gemünden und Barbara Krahé in diesem Band, jeweils mit weiteren Nachweisen). Dies gilt vor allem auch deshalb, weil die Gewaltschutzpolitik mit ihrer z. T. schrillen Skandalisierung und Dramatisierung jeglicher Art von „Gewalt gegen Frau-

Identitäten von ExpertInnen und HelferInnen zu bedrohen oder die moralische Legitimität der Gewaltschutzpolitik von Regierungen und Präventionsräten zu untergraben, weil sie dem die Praxis steuernden „belief" (Festinger 1956: 4) handfest zuwiderlaufen und deshalb auf die eine oder andere Weise unschädlich gemacht werden müssen[6].

## 2. Regelkreise der Selbstbewahrheitung

Für alle Kriminologen und Soziologen, die sich mit Abweichung und Kontrolle befasst haben, sind die bisher vorgetragenen Zusammenhänge jedenfalls nicht grundsätzlich neu. Unwillkürlich wird man an die Etikettierungsansätze erinnert, zumindest in ihren nicht dogmatisierten Varianten[7]. Die konstruktivistische Theorie von Scheerer und Hess aus dem Kriminologischen Journal von 1997 etwa ist hervorragend geeignet, diese These in einem etwas breiteren kriminologischen Kontext zu verorten.

Ein Mikro-Makro-Mikromodell soll es sein, womit die Autoren meinen, dass die abweichenden Handlungen von Individuen und die gesellschaftliche Reproduktion normativer Erwartungen in sich selbst verstärkenden Regelkreisen miteinander verbunden sind. Das grob selektive Bild, das insbesondere

en" die Erheblichkeitsschwelle der erfassten Phänomene so weit nach unten bzw. in die Breite der „psychischen" und „strukturellen" Gewalt verlagert hat, dass nun erst recht und nach allen Regeln der empirischen Sozialforschung massenhaft auch Männer als Opfer gelten müssen. Die geschlechtsspezifische Verteilung von Partnertötungen und Vergewaltigungen hingegen mag zwar geeignet sein, die (inzwischen schon fetischisierte) so genannte „Gleichverteilungsthese" zu erschüttern, wobei es allerdings auch gute, hier nicht zu behandelnde Gründe gibt, insbesondere die Partnertötungen als etwas qualitativ Anderes und nicht als quantitative Steigerung bzw. Spitze der häuslichen Gewalt anzusehen. Doch auch wenn dadurch die „Gleichverteilungsthese" in einem formalen Sinn widerlegt wäre, würde dies nichts daran ändern, dass Männer, Kinder und Senioren als Opfer häuslicher Gewalt auch nicht annähernd angemessen wahrgenommen werden (vgl. hierzu den Beitrag von Joachim Müller in diesem Band).

6 Ein eindrucksvolles Beispiel liefert der israelische Historiker Martin van Crefeld, der ein dickes Buch veröffentlicht, in dem er viele und gute Belege dafür präsentiert, dass nicht Frauen, sondern Männer das benachteiligte Geschlecht sind (van Crefeld 2003), um dann im Interview (Focus 2003 Nr. 15, S. 124) zu sagen, dies sei auch ganz richtig, denn Männer würden nur ihre Schuld dafür abarbeiten, dass sie von ihren Müttern geboren wurden.

7 Es hat sich inzwischen geklärt, dass der Labeling Approach in Deutschland vorwiegend in einer dogmatischen Variante rezipiert worden ist, die den us-amerikanischen Klassikern nicht gerecht wird. In der Sache geht es vor allem darum, ob schon der Handelnde mit seinem Handeln einen subjektiven Sinn verbindet (was natürlich gar nicht ernsthaft zu bestreiten ist) oder ob erst durch die Zuschreibung ein sinnhaftes Geschehen entsteht (vgl. hierzu Haferkamp 1975; von Trotha 1977; Hess/Scheerer 1997; Schneider 1999; Bock 2000).

die Medien von der Kriminalität und ihrer Bekämpfung verbreiten, erzeugt danach einen „Alltagsmythos" von der Kriminalität, ihren Schwerpunkten, Gefahren sowie den Erfolgen und Defiziten der Kriminalitätsbekämpfung. Dieser Alltagsmythos muss nun mitsamt seiner Selektivität von der Politik bei Strafe des Wahlverlustes aufgenommen und bedient werden. Die Selektivität des Alltagsmythos geht über politische Prozesse in die Veränderung, evtl. auch Erneuerung der Normen ein, sie geht aber auch über kulturelle Prozesse und das Bildungssystem in die Normalitäts- und Plausibilitätsvorstellungen der Experten und des Rechtsstabes ein, so dass der erste und der zweite „code" sich tendenziell den Präferenzen und Gewichtungen des Alltagsmythos annähern. Damit konstituiert sich eine abstrakte Chance von Handlungen darauf, bei gegebenem abweichendem Verhalten und gegebener Verteilung der Definitionsmacht als „kriminell" oder „Täter" etikettiert zu werden. Diese Chance ist selektiv im Sinne des Alltagsmythos, was nun wiederum die Folge hat, dass sich diese Selektivität im Hellfeld, in den tatsächlich erfolgten Etikettierungen erneut niederschlägt. Dann schlägt die Stunde der Medien, vielleicht auch der Wissenschaft und es ist Zeit, den Alltagsmythos mit dem neuen Bild der Kriminalität aufzufrischen – und der Kreisprozess fängt von neuem an.

Spielen wir dieses Modell am Beispiel der häuslichen Gewalt durch, so zeigt es geradezu exemplarisch seine Fruchtbarkeit (Bock 2003). Der Selektive Alltagsmythos, wonach häusliche Gewalt „Männergewalt gegen Frauen und Kinder" sei, wird von den Medien schulmäßig aufbereitet, von der Politik schulmäßig in die verschiedensten Kampagnen und Gesetzgebungsverfahren eingespeist und ebenso schulmäßig von den Experten und dem Rechtsstab umgesetzt. Und wen wundert es, dass die neuen Hellfeldzahlen nun erneut und umso klarer bestätigen, dass Männer die Täter sind (vgl. etwa Schweikert 2000) und dass noch viel zu wenig getan wird, denn „immer noch", so die mythenbildenden Stereotypen von Faltblättern über Dienstanweisungen bis zu den regierungsamtlichen Verlautbarungen, wird jede dritte oder jede fünfte oder jede siebte Frau Opfer von Männergewalt. So ganz genau muss man es ja auch bei einem Alltagsmythos gar nicht wissen, wenn die Zahl nur genügend groß ist, um unvorstellbar und ungeheuerlich zu sein und damit Anschluss an archaische Emotionen zu finden.

Dieser eigendynamische Kreislauf lässt sich also sehr hübsch an der häuslichen Gewalt exemplifizieren. Vor allem wird dabei klar, dass die Enttäuschungserlebnisse, die es jeweils zu verarbeiten gilt, an ganz unterschiedlichen Stellen in diesem Kreisprozess anfallen, so dass die unterschiedlichsten Phänomene in ihrer Relevanz für das Thema erkennbar werden. Das Schweigen sehr unterschiedlicher Akteure etwa, die die Enttäuschung ihrer Interaktionspartner zu antizipieren in der Lage sind und sich in ihrem Verhalten danach richten, wird auf diese Weise in einen Zusammenhang gebracht. So ist dies bei männlichen Opfern, die lieber süchtig, krank oder tot sein wollen als zu reden und den Weg ins Hellfeld zu suchen, so ist dies aber auch bei Politikern und Verbandsfunktionären, die gewählt werden wollen und deshalb ihre Verbeugungen vor dem Zeitgeist machen, so ist das schließlich aber auch bei Marketingstrategen, die lieber nicht mit Männergewalt gegen Frauen werben, während es sich offenbar mit Frauengewalt gegen Männer zunehmend bezahlt macht.

## 3. Rechtliche Einbruchstellen

Mustert man den Kreislauf der Selbstbewahrheitung durch, den der Alltagsmythos über häusliche Gewalt durchläuft, so wird klar, dass er ein riesiges Forschungsfeld eröffnet: Kultur und Medien, politische Prozesse, Curricula der Ausbildung zur Expertin, Organisationsanalysen – und im Zentrum natürlich auch die Tätigkeit von sozialen Einrichtungen, Polizei, Staatsanwaltschaft, Anwaltschaft und Gerichten. Wenn man sich den Prozessen, von denen bisher die Rede war, empirisch nähern möchte, ist es nötig, die Mechanismen der Enttäuschungsvermeidung und -verarbeitung vor allem auch in den *professionellen Kontexten* aufzusuchen, in denen sie sozial verbindliche Konsequenzen zeitigen. Es geht also darum, die Einbruchstellen zu markieren, an denen das Enttäuschungsmanagement dingfest gemacht werden kann.

Dies sind im Rahmen rechtlicher Verfahren und Entscheidungen auf prozessrechtlicher Ebene vor allem die gerichtliche Überzeugungsbildung und die Beweiswürdigung, auf materiellrechtlicher Ebene insbesondere die Auslegung unbestimmter Rechtsbegriffe und die Ermessensausübung. Im Verwaltungsrecht werden letztere explizit als Lockerungen des Gesetzesvorbehalts bezeichnet, aber auch in den anderen Rechtsgebieten sind sie die offensichtlichen trojanischen Pferde der Alltagstheorien in der ansonsten stark durchprofessionalisierten Welt der Juristen.

In einem allerersten Zugriff sollen daher kurz die im Zusammenhang mit häuslicher Gewalt relevanten Verfahrenswege betrachtet werden. Jeweils ließen sich dabei – in Analogie zu den schicht- oder klassen- oder ethnienspezifischen Diskriminierungen, die der Labeling Approach vermutete – plausible Einzelhypothesen über die geschlechtsspezifische Handhabung von prozessualen Gestaltungsfreiräumen und eine ebenso geschlechtsspezifische Auslegung von unbestimmten Rechtsbegriffen und Ermessensnormen ableiten. Als derartige Einfallstore für ein geschlechtsspezifisches Enttäuschungsmangement im Recht sind insbesondere[8] die folgenden anzuführen:

8 Im Rahmen dieses Aufsatzes kann es nicht um Vollständigkeit gehen und auch die weitere

*Zivilrecht (Gewaltschutzgesetz):*

- Entscheidung über die Anhörung des Antragsgegners im Eilverfahren (§§ 935ff. ZPO) auf Erlass von Schutzanordnungen gem. § 1 GewSchG.
- Beurteilung der Glaubhaftmachung des Antragsstellers im Eilverfahren auf Erlass von Schutzanordnungen gem. § 1 GewSchG.
- Entscheidung über die Gewährung einer Beweislasterleichterung (Anscheinsbeweis) oder Beweislastumkehr wegen Unzumutbarkeit der Beweisführung (Beweisnot des redlichen Klägers) im Hauptverfahren auf Erlass von Schutzanordnungen gem. § 1 GewSchG.
- Beurteilung der Unzumutbarkeit des weiteren Zusammenlebens mit dem Täter wegen der Schwere Tat nach § 2 Abs. 3 Ziff. 1 GewSchG im Verfahren auf Überlassung einer gemeinsam genutzten Wohnung.
- Auslegung der Begriffe der „unbilligen Härte" und der „Beeinträchtigung des Kindeswohls" bei der Entscheidung über die Zuweisung der Ehewohnung bei getrennt lebenden Ehegatten gem. § 1361b Abs. 1 BGB.
- Auslegung des Begriffs der „Gefährdung des Kindeswohls" im Schutzverfahren nach § 1666 BGB.

*Polizei- und Ordnungsrecht (Platzverweis):*

- Entscheidung über das Vorliegen einer Gefahr im Sinne des Polizei- und Ordnungsrechts, die ein Einschreiten der Polizei erforderlich machen könnte.
- Ausübung des Ermessens der Polizei bei der Gefahrenabwehr („Opportunitätsprinzip").
- Entscheidung der Polizei, gegen wen sie als „Störer" im Sinne des Polizei- und Ordnungsrechts im Wege des Platzverweises oder einer sonstigen Maßnahme der Gefahrenabwehr einschreiten soll.

*Strafrecht:*

- Staatsanwaltliche Beurteilung des Vorliegens eines „Anfangsverdachts" (§ 160 Abs. 1 StPO) als Voraussetzung für die Einleitung ei-

---

Spezifizierung von Hypothesen oder gar die Konkretisierung von Forschungsdesigns ist an dieser Stelle nicht möglich, vielleicht aber auch nicht nötig, denn aus der Tradition des labeling approach sind durchaus Schätze vorhanden, die es nur zu heben und zu verwandeln gilt. Interessant wären dabei etwa auch Interferenzen zwischen den verschiedenen Verfahrenswegen, etwa wenn anhängige Strafverfahren unabhängig von ihrem Ausgang in parallelen zivilrechtlichen Verfahren eine indizielle Wirkung entfalten, wodurch Fakten geschaffen werden, etwa bezüglich des Aufenthaltes der Kinder, die auch dann nicht mehr zu ändern sind, wenn sich die strafrechtlichen Vorwürfe als haltlos erweisen oder man sie offen lässt, wie das bei einer Einstellung des Verfahrens der Fall ist. Die nachfolgende Einteilung ist daher rechtlich nachvollziehbar, aber durchaus künstlich, was die soziale Realität der handelnden Personen betrifft.

nes Ermittlungsverfahrens und des Vorliegens eines „hinreichenden Tatverdachts" als Voraussetzung für die Erhebung der öffentlichen Klage nach § 170 Abs. 1 StPO[9].

- Staatsanwaltliche Entscheidung über die Einstellung des Verfahrens gegen einen mutmaßlichen Misshandler nach §§ 153ff. StPO bei „geringem Tatvorwurf" und „fehlendem Strafverfolgungsinteresse oder zwar bestehendem Strafverfolgungsinteresse, das jedoch durch Auflagen oder Weisungen befriedigt werden kann.
- Strafgerichtliche Entscheidung über das Vorliegen einzelner Tatbestandmerkmale, z. B. einer „körperlichen Misshandlung" oder einer „Gesundheitsbeschädigung".
- Strafgerichtliche Prüfung von die Strafbarkeit ausschließenden Rechtfertigungsgründen, insbesondere von Notwehr gem. § 32 StGB.
- Strafgerichtliche Entscheidung über die Strafaussetzung zur Bewährung gem. §§ 56ff. StGB.

## 4. Erklärungspotenziale des Labeling Approachs bei geschlechtsspezifischen Differenzierungen

Die bisherigen Ausführungen enthalten ein Forschungsprogramm, das man ohne weiteres als klassische „Instanzenforschung" einordnen könnte. Ob man es nun zusätzlich „konstruktivistisch" nennt oder nicht, jedenfalls wird auf zentrale Begriffe und theoretische Annahmen des Labeling Approachs zurückgegriffen. Dies bedeutet die gewissermaßen antizyklische Rückbesinnung auf eine Theorie, um die es vielleicht gelegentlich zu laut, inzwischen aber viel zu leise geworden ist.

---

9 Ein besonders deutliches Beispiel für eine zu vermutende geschlechtsspezifisch-selektive Tendenz in der Ermessensausübung findet sich z. B. in den für die Staatsanwaltschaft bestimmten Richtlinien für das Strafverfahren und das Bußgeldverfahren (RiStBV). Diese Vorschriften konkretisieren u. a. die weiteren Ermessensentscheidungen, die der Staatsanwalt bei der Anklage von Privatklagedelikten (§ 374 StPO) in Bezug auf das Vorliegen des „öffentlichen Interesses" (§ 376 StPO) oder bei der Verfolgung sogenannter „relativer" Antragsdelikte hinsichtlich des Vorliegens eines „besonderen öffentlichen Interesses" (vgl. § 232 Abs. 1 StGB) zu treffen hat. Bezüglich des Vorgehens bei einer Körperverletzung lauten die RiStBV beispielsweise: Nr. 233: „Das öffentliche Interesse an der Verfolgung von Körperverletzungen ist vor allem dann zu bejahen, wenn eine rohe Tat, eine erhebliche Misshandlung oder eine erhebliche Verletzung vorliegen. Dies gilt auch, wenn die Körperverletzung in einer engen Lebensgemeinschaft begangen wurde". Nr. 234: „Ein besonderes öffentliches Interesse an der Verfolgung von Körperverletzungen wird namentlich dann anzunehmen sein, wenn der Täter einschlägig vorbestraft ist, roh oder besonders leichtfertig gehandelt hat oder durch die Tat eine erhebliche Verletzung verursacht wurde".

Die zweite Hauptthese dieses Beitrags ist daher, dass sich das Erklärungspotenzial des Labeling Approachs bei *geschlechtsspezifischen* Differenzierungen viel stärker auswirkt als bei den *schichtspezifischen* Differenzierungen, um die es vor allem auch in den empirischen Arbeiten des Labeling Approachs vorwiegend gegangen war und bei denen sich die anspruchsvollen Thesen über die Ubiquität des Verbrechens und seine selektive Sanktionierung nicht sehr gut bestätigt haben (vgl. Göppinger 1997; Albrecht et al. 1988; Amelang 1986; Villmow/Stephan 1983). Folgende Überlegungen sprechen dafür:

### *4.1 Rückhalt durch existenzielle Betroffenheit*

Geschlechtsspezifische Differenzierungen sind *näher am emotionalen und biografischen Kern der Persönlichkeit* angesiedelt als solche, die den sozialen Status betreffen. Die relative existenzielle Bedeutung der eventuell zu enttäuschenden Erwartungen ist deshalb ungleich größer und deshalb ist auch, wenn tatsächlich ein Enttäuschungsfall eintritt, ein entsprechendes kognitives Management von stärkerer emotionaler und existenzieller Bedeutung. Wenn ein Angehöriger der Mittelschicht eine Straftat begeht, die man eher einem Asozialen zutrauen würde, ist keine vergleichbar große Enttäuschung zu verkraften, wie wenn eine Frau ein abscheuliches Gewalt- oder Sexualdelikt begeht.

Eine zusätzliche Steigerung der existenziellen Betroffenheit entsteht natürlich in den Fällen, in denen es nicht nur, wie bei allen Frauen und Männern, um die Geschlechtsrollenidentität geht, sondern darüber hinaus auch noch um eine *berufliche Identität*, die sich um ein geschlechtsspezifisches Opfermonopol gruppiert. Wer „commitment" investiert hat, so die Formulierung von Festinger (1956: 4), hat bei einem eventuellen Zusammenbruch seines Glaubens viel, wenn nicht alles zu verlieren und wird entsprechend viel oder alles tun, diesen Glauben zu verteidigen. Solche Konstellationen liegen insbesondere dann vor, wenn man „es" nach langer Ausbildung, nach langem Marsch und schwerem Kampf „endlich" erreicht hat und sich das „commitment", der Einsatz auch in sozialem Status, Macht und Geld niedergeschlagen hat.

### *4.2 Rückhalt in den Grundlagen der Kultur*

Die geschlechtsspezifischen Differenzierungen und die damit verbundenen normativen Erwartungen sind ein *positiv besetzter und bewerteter Bestandteil unserer abendländischen Kultur*. Die ikonografische und symbolische Bedeutung der Mutter Gottes als Inbegriff positiver weiblicher Eigenschaften (wenn sie das Jesuskind züchtigt, ist das nur zu dessen Bestem!) sowie die Pazifierung der ritterlichen Ethik im Minnedienst seien hier exemplarisch genannt. Ableitungen daraus, mit oder ohne soziobiologischen Hintergrund, sind reflexartig eingespielte Regeln wie „Frauen und Kinder zuerst“, ein besonderer Schutz für „unsere Mädchen“ und „unsere Frauen“, besondere Härte gegen Gewalt- und Sexualstraftäter („wegsperren, und zwar für immer“, „Leben verwirkt“). So sind diese geschlechtsspezifischen Diskriminierungen feste Elemente der Alltagskultur, teils schon immer gewesen, teils in letzter Zeit (wieder) geworden. Und deshalb eignen sie sich so hervorragend als Resonanzboden populistischer Kriminalpolitik in der Bevölkerung. Dazu gehört eine merkwürdige Unempfindlichkeit gegen das Leiden von Männern in Geschichte und Gegenwart. Tote Soldaten z. B. sind keine Opfer sondern Verluste.

Selektive Behandlung und Diskriminierung sind hier also durchaus *kulturell als normal* vorgesehen, während jedenfalls laut und offen niemand sagen konnte, es sei gut und richtig, die Härte des Gesetzes gerade gegen Arme, Ausländer und Schwarze walten zu lassen. Allenfalls handelte es sich bei den schichtspezifischen (oder klassen- oder ethnienspezifischen) Diskriminierungen, die der Labeling Approach seinerzeit anprangerte, um damals schon geächtete, mindestens unfeine Vorgänge, so dass der Labeling Approach dem Strafrecht nur seinen eigenen Spiegel vorhalten musste. Getroffene Hunde bellten damals, und wenn die empirischen Befunde besser im Sinne der Theorie ausgefallen wären, hätte man sich durchaus ertappt und keineswegs in wohliger Übereinstimmung mit seinen kulturellen Normalitätsvorstellungen gefühlt.

### *4.3 Rückhalt in sozialen Bewegungen*

Einer der auffallendsten Unterschiede zu den Requisiten schichtspezifischer Diskriminierung ist der Rückhalt, den das geschlechtsspezifische Enttäuschungsmanagement dadurch erhält, dass es in sozialen Formen vergesellschaftet ist, die ihm „social support“ (Festinger et al. 1956: 4) sichern. Es geht dabei um die viel beschworenen „Netzwerke“ der Frauenbewegung, gerade auch im Zusammenhang mit häuslicher Gewalt, um zahllose „Arbeitskreise“ von Parteien, Verbänden und Kirchen, es geht aber auch um Internetforen, „wissenschaftliche“ Zeitschriften oder um Sitzungen des Rechtsausschusses des Deutschen Bundestags, in denen man sicher sein kann, mehr oder weniger unter sich zu sein sowie mit Absprachen und entsprechender Sitzungsführung zum Erfolg zu kommen[10]. Nun wird man die Parallele zu den Adventisten

10 Das Forschungsfeld, das sich hier auftut, kann hier auch nicht ansatzweise skizziert werden. Hekatomben „grauer“ Literatur wären zu analysieren, Sitzungsprotokolle, Mitgliederlisten usw. Allein die Durchforstung der Zeitschrift „Streit“ wäre ein lohnendes Unterfangen, etwa bezüglich der Selbstverständlichkeit, mit der hier geschlechtsspezifische Diskriminierungen diskutiert werden, mit der Frauen sich in der Wissenschaft als für häusliche

oder der Sekte, über die Festinger berichtet, nicht zu weit treiben dürfen, obgleich sich in den Zeiten der Zivilreligion politische und religiöse Bewegungen nicht mehr sauber unterscheiden lassen. Gleichwohl ist es aber von erheblicher Bedeutung für den Erfolg bestimmter Strategien von Enttäuschungsmanagement, wenn man sich gemeinsam entrüsten und sich gemeinsam der eigenen moralischen Überlegenheit sowie der komplementären intellektuellen und moralischen Minderwertigkeit derer versichern kann („mocking and scoffing" bei Festinger et al. 1956: 5), die in Gedanken, Worten und Werken den eigenen Glauben bedrohen. Kommunikation mit Gleichgesinnten ist eine wesentliche Voraussetzung für die relative Stärke von Orientierungen, sowohl der ursprünglichen Orientierungen als solcher als auch der Ausblendungsstrategien oder Zusatzinformationen, die den Enttäuschungsfall absorbieren sollen. Sie entfaltet im Übrigen auch eine kontrollierende Wirkung gegenüber Nestbeschmutzern und Abweichlern der Gemeinschaft, gegen die dann auch entsprechend massiv vorgegangen wird. Hier wäre die gesamte historische und religionssoziologische Forschung zu Häresien und Ketzerverfolgungen sinngemäß einzufügen.

Eine besondere Leichtigkeit und Eleganz erhalten diese Vorgänge dadurch, dass es sich gerade nicht (oder doch nur am Rande) um wirklich sektenartige Formen der Vergesellschaftung handelt, die sich Abkapseln und ein soziales sowie geistiges Eigenleben führen (obwohl auch dies durchaus vorkommt und zu analysieren wäre), sondern dass ein breites Arsenal popularisierter und populärer Argumente flottiert, mit dem man in öffentlichen und privaten Diskussionen reüssieren kann. Es ist inzwischen längst keine abweichende, sondern die herrschende Meinung und entsprechend verteilen sich Beweislasten und Chancen, jemand lächerlich oder verächtlich zu machen[11].

---

Gewalt und die Sexualdelikte „zuständig" fühlen, mit der punitive, ausgrenzende Strategien gegen alle kriminologische Erfahrung kriminalpolitisch forciert werden – und dies alles in einem ziemlich aufgeblasenen und sehr entrüsteten Sprachduktus sowie ohne die sonstigen Mechanismen wissenschaftlicher Kritik. Man ist auch hier unter sich und es gehört sich für männliche Autoren nicht, sich zu beteiligen oder gar zu widersprechen.

11 So wird etwa ein „Aufrechner" genannt, wer auf die Leiden anderer Opfer als Frauen hinweist und entsprechende Defizite in der gesellschaftlichen und kriminalpolitischen Wahrnehmung benennt. Dies löst die Assoziation des unbelehrbaren Antisemiten (der deutsche Opfer gegen die des Holocaust „aufrechnet") aus, mit der automatischen Folge, dass „so jemand" sich von vornherein disqualifiziert hat und wegen mangelnder Empathie mit den Leiden der weiblichen Opfer aus der Gemeinschaft der Gutwilligen und Gerechten ausgeschlossen wird.

## *4.4 Rückhalt in den Institutionen*

In der ganzen Frage einer schichtspezifischen Differenzierung hat es keine vergleichbaren *institutionellen Kristallisationen von Selektion und Diskriminierung* gegeben wie wir sie jetzt bezüglich der Geschlechter haben. Die soziale Infrastruktur, von den Bundesministerien angefangen über die großen Interventionsprojekte bis zu den kleinsten Netzwerken ist zu 100% einseitig verteilt[12]. In den Institutionen der Strafrechtspflege gibt es für weibliche Opfer und männliche Täter Sonderabteilungen, eigene Bearbeitungsroutinen und geschlechtsspezifische Dienstanweisungen oder Klageformulare[13]. Man sollte in diesem Szenario auch die Institutionen der Politikberatung und der Forschungsförderung nicht außer Acht lassen, denn damit hat man in einer so genannten „wissenschaftlichen Zivilisation" die Werkstatt des Enttäuschungsmanagements unter Kontrolle.

Und wieder ist zum Vergleich anzuführen, dass auch dann, wenn es schichtspezifische Diskriminierungen gab, diese jedenfalls im ersten code schon lange nicht mehr vorgesehen waren. Sie unterliefen, aber amtlich gewollt waren sie jedenfalls nicht und niemals hat es offene Aktionspläne, Kampagnen oder dergleichen des Inhalts gegeben, man solle doch jetzt aber endlich gegen Arme, Ausländer und Schwarze mobil machen. All dies geschieht aber in Bezug auf Männer und häusliche Gewalt[14].

---

12 Wenn hier eingewandt werden sollte, die so genannte „Täterarbeit" und die entsprechenden Mittel würden ja für Männer eingesetzt, so muss man entgegenhalten, dass diese Täterarbeit, vor allem die präventive, zwar durchaus begrüßenswert ist, wie alles, was häusliche Gewalt tatsächlich vermindert, dass es aber auch dabei um eine Perspektive geht, die nur bei Männern Gefahrenpotenziale sieht und nur bei Frauen Bedarf an Hilfe und Schutz. Von einer „Täterinnenarbeit", sei es im Vorfeld oder nach erfolgter Gewaltausübung, ist deshalb ebenso wenig auch nur im Ansatz die Rede wie von einer Hilfe für männliche Opfer, die vielmehr – oft schon mit dem Hinweis auf rechtliche Hindernisse der „Widmung" entsprechender Mittel – ausschließlich Frauen vorbehalten ist. Eine ähnlich groteske Schieflage besteht beim Ausschluss von Jungen von den Selbstverteidigungskursen, die auf Initiative von kommunalen und Landespräventionsräten inzwischen an vielen Schulen angeboten werden, obwohl niemand bezweifelt, dass die Opfer von Gewalt an Schulen hauptsächlich Jungen sind.

13 Auch hier wäre es der Mühe wert, die alten Themen neu zu beleben, etwa die Frage der Normgenese anlässlich des Gewaltschutzgesetzes, des „second code" bei polizeilichen Dienstanweisungen und weiteren unterhalb der Gesetze angesiedelten Rechtsmaterien, der amtlichen Begründungen für alle möglichen „Sonderabteilungen", der politischen und fiskalischen Rechtfertigung von „Kampagnen".

14 Beispielhaft seien hier nur die Präventionspreise genannt, die das Innenministerium Baden-Württemberg 2001 für die Kommunen mit den meisten „Rote Karten" für gewalttätige Ehemänner ausgelobt hat.

### *4.5 Rückhalt durch Diskurshoheit*

Schichtspezifische Diskriminierungen hat es zweifellos gegeben und es gibt sie noch. Aber es hat – jedenfalls als der Labeling Approach sich dafür zu interessieren begann – längst eine Arbeiterbewegung gegeben, längst Parteien, Journalisten, Intellektuelle und Wissenschaftler, die sich dafür interessierten und die insoweit Gleichheit und Gerechtigkeit in einen in Grenzen pluralistischen Prozess der politischen Willensbildung und Meinungsäußerung einbrachten. Nicht zuletzt hat es eben einen Labeling Approach gegeben, der doch auch nicht ganz unerhebliche Effekte wissenschaftlicher Vergesellschaftung in Form von Tagungen und Zeitschriften hervorgebracht sowie die öffentliche Meinung und die Institutionen der Strafrechtspflege jedenfalls kurzfristig verändert hat, wie beispielsweise jeder Blick in einen jugendstrafrechtlichen Kommentar lehrt (Grunewald 2003). Dergleichen fehlt bezüglich der geschlechtsspezifischen Diskriminierungen vollkommen. Es gibt ein komplettes Demokratieversagen auf diesem Gebiet und nicht nur das, es gibt Bekenntniszwänge und Schweigespiralen, die dazu führen, dass die sonst etablierten und bezüglich der Klassenjustiz auch in gewisser Weise funktionierenden Kontrollmechanismen hier völlig versagen. Die öffentliche Meinung ist bisher so monolithisch, dass es gelingt, den Abweichler zu marginalisieren – ein untrügliches Zeichen für den totalen präventiven Schutz vor der Enttäuschbarkeit der eigenen Erwartungen – während bei der Klassenjustiz das moderne Gleichheitsethos mindestens einen moralischen Schutz für den bot, der sich kritisch zu Wort meldete. Schon das Wort Klassenjustiz impliziert ein Potenzial zur Gegenstigmatisierung und Beschwerdemacht, die es in der derzeitigen geschlechtsspezifischen Debatte nicht gibt. Im Gegenteil, sogar moralische Zynismen und Neutralisierungstechniken der untersten Schublade sind salonfähig.

## 5. Eine Frage der Empirie

Es sollte nicht der Eindruck entstehen, als seien wir bezüglich aller dieser Fragen schon nach und nicht vielmehr vor der empirischen Überprüfung. Die Theorien und Hypothesen, die vorgetragen worden sind, schreien jedoch geradezu nach empirischer Forschung. Schon allein innerhalb der rechtlichen Bearbeitung der entsprechenden Fälle warten zahlreiche Projekte nur darauf, in Angriff genommen zu werden. Themen für Dissertationen und Magisterarbeiten liegen auf der Straße. Und es wird vermutlich auch bei diesen Themen keine Einbahnstraße sein. Die Gegenthesen liegen natürlich auch auf der Hand und auf dem Tisch: Es ist tatsächlich so, dass die Gewalt quantitativ und qualitativ geschlechtsspezifisch erscheint, so dass die Unterschiede in den Wahrnehmungsweisen und Bearbeitungsroutinen nur das Resultat professioneller Arbeit wären[15]. Spannend und letztlich auch praktisch wichtig wird es doch erst wirklich, wenn wir Anhaltspunkte dafür gewinnen, wo das eine und wo das andere der Fall ist.

## *Literatur:*

Albrecht, G./Howe, C.-W./Wolterhoff-Neetix, J. (1988): Neuere Ergebnisse zum Dunkelfeld der Jugenddelinquenz: Selbstberichtete Delinquenz von Jugendlichen in zwei westdeutschen Großstädten. In: Kaiser, G./Kury, H./Albrecht, H.-J. (Hrsg.): Kriminologische Forschung in den 80er Jahren, Band 2. Freiburg, S. 661-696.

Amelang, M. (1986): Sozial abweichendes Verhalten. Entstehung – Verbreitung – Verhinderung. Berlin u. a.

Archer, J. (2000): Sex Differences in Aggression Between Heterosexual Partners: A Meta-Analytic Review. In: Psychological Bulletin, Vol. 126, No. 5, S. 651-680.

Bock, M. (2000): Kriminalsoziologie in Deutschland. Ein Resümee am Ende des Jahrhunderts. In: Dreier, Horst (Hrsg.): Rechtssoziologie am Ende des 20. Jahrhunderts, Gedächtnissymposium für Edgar Michael Wenz. Tübingen, S. 115-136.

Bock, M. (2003): Häusliche Gewalt – ein Problemaufriss aus kriminologischer Sicht. In: Der Bürger im Staat, S. 25-31.

Crefeld, M. van (2003): Das bevorzugte Geschlecht. München.

Festinger, L./Riecken, H. W./Schachter, S. (1956): When Prophecy Fails: A Social Study of a Modern Group That Predicted The Destruction of the World. Minnesota.

Festinger, L. (1978): Theorie der kognitiven Dissonanz. Hrsg. von Martin Irle. Bern.

Geißler, R./Marißen, N.: Junge Frauen und Männer vor Gericht. Geschlechtsspezifische Kriminalität und Kriminalisierung. In: KZfSS 1988, S. 505-526.

Göppinger, H. (1997): Kriminologie, 5. Aufl.. München.

Grunewald, R. (2003): Die De-Individualisierung des Erziehungsgedankens im Jugendstrafrecht. Berlin, im Druck.

Günther, K. (2000): Die Beteiligung von Frauen am sexuellen Missbrauch von Kindern. Diss. Würzburg.

Haferkamp, H. (1975): Kriminelle Karrieren: Handlungstheorie, teilnehmende Beobachtung und Soziologie krimineller Prozesse. Hamburg.

---

15 Exemplarisch sei hier auf Geißler/Marißen 1988 sowie die Kritik von Oberlies 1990 und Ludwig-Mayerhofer/Rzepka 1991 hingewiesen, die im Übrigen noch einen anderen zeitgeschichtlichen Hintergrund bezüglich der gesellschaftlichen Anerkennung der Frauenbewegung reflektieren und auch nicht gesondert dem Deliktsbereich der häuslichen Gewalt gewidmet sind. Erste Anhaltspunkte für deutliche geschlechtsspezifische Selektionen liefert im Übrigen auch der Beitrag von Jürgen Mansel in diesem Band.

Hess, H./Scheerer, S. (1997): Was ist Kriminalität? Skizze einer konstruktivistischen Kriminalitätstheorie. In: KrimJ, S. 83-155.

Kaiser, G./Jehle J.-M. (Hrsg.) (1994): Kriminologische Opferforschung. Neue Perspektiven und Erkenntnisse. In: Neue kriminologische Schriftenreihe, Band 102/I. Freiburg.

Kiefl, W./Lamnek S. (1986): Soziologie des Opfers: Theorie, Methoden und Empirie der Viktimologie. München.

Lamnek, S. (2002): Individuelle Rechtfertigungsstrategien von Gewalt. In: Heitmeyer, W./Hagen, J. (Hrsg.): Internationales Handbuch der Gewaltforschung. Wiesbaden, S. 1379-1396.

Lenz, H.-J./Meier, C. (Hrsg.) (2002): Männliche Opfererfahrungen. Dokumentation einer Tagung der Evangelischen Akademie Tutzing vom 1. bis 3. März 2002 in Heilsbronn (Tutzinger Materialien Nr. 88). Tutzing.

Ludwig-Mayerhofer, W./Rzepka, D. (1991): Noch einmal: Geschlechtsspezifische Kriminalisierung im Jugendstrafrecht? In: KZfSS, S. 542-557.

Luhmann, N. (1987): Rechtssoziologie. 3. Aufl.. Opladen.

Oberlies, D. (1990): Geschlechtsspezifische Kriminalität und Kriminalisierung, oder: Wie sich Frauenkriminalität errechnen lässt. In: KZfSS, S. 129-143.

Raab, M. (1993): Männliche Richter – weibliche Angeklagte. Einstellungen und Alltagstheorien von Strafrichtern. Bonn.

Schneider, H.-J. (1975): Viktimologie. Wissenschaft vom Verbrechensopfer. Tübingen.

Schneider, H. (1999): Schöpfung aus dem Nichts. Missverständnisse in der deutschen Rezeption des Labeling Approach und ihre Folgen im Jugendstrafrecht. In: MschrKrim, S. 202-213.

Schweikert, B. (2000): Gewalt ist kein Schicksal. Ausgangsbedingungen, Praxis und Möglichkeiten einer rechtlichen Intervention bei häuslicher Gewalt gegen Frauen unter besonderer Berücksichtigung von polizei- und zivilrechtlichen Befugnissen. Baden-Baden.

Sticher-Gil, B. (2003): Gewalt gegen Männer im häuslichen Bereich – ein vernachlässigtes Problem!? In: Beiträge aus dem Fachbereich 3 der Fachhochschule für Verwaltung und Rechtspflege (Polizeivollzugsdienst), Heft 35. Berlin.

Sykes, G. M./Matza, D. (1979): Techniken der Neutralisierung. Eine Theorie der Delinquenz. In: Sack, F./König, R. (Hrsg.): Kriminalsoziologie, 3. Aufl.. Wiesbaden, S. 360-371.

Trotha, T. von (1977): Ethnomethodologie und abweichendes Verhalten. Anmerkungen zum Konzept des „Reaktionsdeppen“. In: KrimJ, S. 98-115.

Villmow, B./Stephan, E. (1983): Jugendkriminalität in einer Gemeinde; Kriminologische Forschungsberichte aus dem MPI, Band 6. Freiburg.

# Das Ignorieren „weiblicher“ Gewalt als „Strategie“ zur Aufrechterhaltung der sozialen Konstruktion vom männlichen Täter

*Ulrike Popp*

In der wissenschaftlichen, alltagstheoretischen und öffentlichen Thematisierung von Kriminalität, Rechtsextremismus, Jugend- und Schülergewalt werden Mädchen und Frauen weitgehend ignoriert. Der „Gewalttäter“ ist männlichen Geschlechts – dies zeigen Statistiken, Surveys und andere empirische Untersuchungen im Feld der Kriminologie, der Jugendgewaltforschung und der schulischen Sozialisationsforschung. Die Intention dieses Beitrags besteht nicht darin, die Datenlage infrage zu stellen. Vielmehr soll die Aufmerksamkeit darauf gerichtet werden, dass öffentliche Diskurse, Alltagstheorien und Resümees wissenschaftlicher Studien, die Gewalt zum Jungen- und Männerphänomen erklären (vgl. z.B. Freitag/Hurrelmann 1993), an einer permanenten Herstellung, Bekräftigung und Verfestigung sozialer Konstruktionen von gewaltaffinen Männlichkeiten mitwirken. Diese Konstruktionen haben zur Folge, Gewalthandlungen von Mädchen und Frauen nicht zur Kenntnis zu nehmen, sie anders zu bewerten und in der Regel zu bagatellisieren.

Zunächst werde ich knapp auf einige Daten der Polizeilichen Kriminalstatistik und ausgewählte Befunde der Jugend- und Schulgewaltforschung eingehen, in denen die Evidenz von Jungen und Männern im Kontext gewaltsamen Handelns sichtbar wird. In einem zweiten Schritt sollen einige theoretische Hintergründe über Geschlecht als soziale Konstruktion erörtert werden, um Argumentationslinien, in denen ein empirisches Phänomen wie „Gewalt“ mit Männlichkeit zusammengebracht wird, zu verdeutlichen. Wiederkehrende Erklärungs- und Begründungszusammenhänge zur Bestätigung des männlichen Gewalttäters stellen von Frauen und Mädchen verübte Gewalthandlungen in den Hintergrund und entfalten eine Eigendynamik und „strategische“ Wirkung im Sinne von doing gender (West/Zimmerman 1991): Gewalt wird mit dem männlichen Geschlecht verkoppelt[1].

---

1 Unter „doing gender“ werden aktive Herstellungs- und Darstellungsleistungen von Geschlechtszugehörigkeiten verstanden. Im doing gender kommen geltende Regeln von Hegemonie, Macht und Dominanz in Institutionen zum Ausdruck. Zwar folgt die Konstruktion vom männlichen Täter keiner Strategie als bewusst geplantes Vorgehen – daher die Anführungszeichen – jedoch dürften solche Konstruktionen ihre Wirkungen in ähnlicher Weise entfalten wie ein „heimlicher Lehrplan“ (vgl. Zinnecker 1975) – als verdeckte Strategie.

Um deutlicher zu machen, in welchen wissenschaftlichen Argumentationszusammenhängen und Ergebnisinterpretationen, aber auch öffentlichen Diskursen und Alltagstheorien über Geschlecht, Täter, Opfer und Gewalt derartige Konstruktionen anzutreffen sind, werde ich im 3. Abschnitt fünf Herstellungsweisen identifizieren und erläutern. Empirische Belege und Anhaltspunkte für die Formulierung der Herstellungsmodi entnehme ich den Ergebnissen unserer Forschungsprojekte über Gewalt und Geschlechtersozialisation an Schulen (vgl. Tillmann et al. 1999; Popp 2002). Zur Demonstration möglicher Herstellungsweisen von Gewalt als Jungenphänomen in öffentlichen Diskursen werden exemplarisch Inhalte aus Sendungen und Medienberichten präsentiert.

## 1. Gewalt als Jungen- und Männerphänomen: empirische Fakten

Hellfeld- wie Dunkelfeldanalysen, Selbstreporte zur Jugenddelinquenz (vgl. Wetzels et al. 1999; Pfeiffer/Wetzels 1999; Mansel/Hurrelmann 1998), Rechtsextremismusforschungen (vgl. Heitmeyer et al. 1992, 1995) und Forschungen über Gewalt an Schulen weisen darauf hin, dass es sich bei Gewalt um ein männliches Phänomen handelt. Insgesamt ergibt sich eine erheblich stärkere Tatbelastung der Männer (vgl. Schmölzer 2003). Auch unter den Tatverdächtigten, polizeilich Angezeigten und Registrierten sind männliche Jugendliche und Heranwachsende überrepräsentiert. Daten der Polizeilichen Kriminalstatistik (PKS) weisen darauf hin, dass junge Frauen bei Gewaltdelikten und strafrechtlich relevanten Handlungen weit hinter den jungen Männern liegen. Im geschlechtsbezogenen Vergleich der Zuwächse Jugendlicher und Heranwachsender unter den Tatverdächtigen zeigte sich in den vergangenen Jahren bundesweit, dass die prozentualen Anstiege bei Mädchen höher als bei Jungen sind (vgl. PKS 1998: 2; PKS 2002: 24). Die Tatverdächtigenbelastung ist bei weiblichen Jugendlichen in der Altersgruppe der bis zu 18-jährigen angestiegen (vgl. Schmölzer 2003: 5). Aus den neuesten bundesweiten PKS-Daten interpretiert Maschke (vgl. 2003: 5), Jungenddelinquenz sei hauptsächlich ein „männliches Problem“, wenngleich langfristig betrachtet die Mädchen und jungen Frauen etwas zulegen – und zwar nicht nur bei den Ladendiebstählen, sondern auch bei Betrugshandlungen und Körperverletzungen (PKS 1998: 13; PKS 2002: 85). Gewarnt wird jedoch davor, die gestiegene Frauenkriminalität zu dramatisieren.

In der erziehungswissenschaftlichen Forschung über Gewalt an Schulen, die in verschiedenen Bundesländern Anfang der 1990er Jahre begann, besteht ein breiter Konsens über den Befund, dass aggressive Schüler männlichen Geschlechts sind – durch alle Schülerjahrgänge hindurch und über alle Schulformen hinweg (vgl. z.B. Dettenborn/Lautsch 1993; Schwind et al. 1997; Forschungsgruppe Schulevaluation 1998; Greszik et al. 1995: 270; Holtappels et al. 1997; Tillmann et al. 1999; Fuchs et al. 1996, 2001). Daten aus Schüler- und Jugendforschungen (vgl. Mansel/Hurrelmann 1998) weisen ein etwas anderes Muster auf: Im Gegensatz zu den Daten der polizeilichen Kriminalstatistik stellen sich geschlechtstypische Beteiligungen in Selbstreporten anders dar (vgl. Mansel/Hurrelmann 1998: 96ff.). Ulrike Vogel reanalysierte Forschungen des Instituts für Entwicklungsplanung und Strukturforschung (IES) und des Kriminologischen Forschungsinstituts Niedersachsen (KFN) und stieß dabei auf Befunde aus dem Bereich der Jugendsoziologie, nach denen eine kleine Minderheit von Mädchen "relativ zunehmend" unter den aktiven Gewalttätern auftaucht. Die Position von Frauen im Kontext von männlicher Gewalt sei vielschichtiger als angenommen (vgl. Vogel 1999: 47).

## 2. Erklärungszusammenhänge für Gewalt als männliches Phänomen: die Dramatisierung der Geschlechterdifferenz

Mädchen würden zu größerer Passivität, Ängstlichkeit und Abhängigkeit erzogen, seien anpassungsfähiger, verantwortungsvoller, weniger aggressiv und Opfer männlicher Gewaltausübung (vgl. Pickl 1982; Einsele 1982). Dem Weiblichkeitsstereotyp zufolge sollten Frauen für andere sorgen, freundlich sein, keine körperlichen Aggressionen zeigen und auf ihr äußerliches Erscheinungsbild achten. Das männliche Stereotyp wird mit physischer Kraft, Durchsetzungsfähigkeit, Kompetenz, Sachlichkeit und Unabhängigkeit verbunden. Entsprechend polar angeordnet sind die Eigenschaften, die Männern und Frauen zugeschrieben werden (vgl. Degenhardt 1979; Schenk 1979).

Die Geschlechterdiskrepanz beim Thema "Gewalt" produzierte in den vergangenen Jahrzehnten keinen großen Erklärungsbedarf – vielmehr wurden geschlechtstypische Unterschiede erwartet und die höhere Aggressivität und Gewaltbereitschaft beim männlichen Geschlecht, je nach Disziplin, mit geschlechtsspezifischen Sozialisationsprozessen, mit den vorherrschenden Geschlechtsrollen, mit psychischen und emotionalen Geschlechterdifferenzen oder biologischen Geschlechtsunterschieden erklärt (vgl. z.B. Hagemann-White 1984; Gipser/Stein-Hilbers 1987; Mansel-Kolip 1996; Lenz 1999; Mansel 2001; vgl. die Überblicke in Leder 1997; Mischau 1997).

Während mit „Geschlechtsstereotypen" eine Beschreibung typisch männlicher und weiblicher Eigenschaften einhergeht, enthält der Begriff der „Geschlechtsrolle" auch die normative Erwartung bestimmter Eigenschaften (vgl. Alfermann 1996: 31ff.). Die sozial erwünschten Eigenschaften der Geschlechter beeinflussen die Identitätsbildung männlicher und weiblicher Heranwachsender und über vielfältige Symbole werden die für das jeweilige Geschlecht geltenden Regeln übernommen. Mit dem Erwerb von Geschlechtsidentität geht ein Prozess der Selbstsozialisation und Selbstkategorisierung einher (Metz-Göckel 1988). Während spielerisches Kräftemessen, körperliches Ausagieren und soziale Dominanz zur männlichen Geschlechtsrolle dazugehört, sind aggressive Wutausbrüche und körperliche Gewalthandlungen bei Mädchen sozial nicht erwünscht, da sie dem weiblichen Geschlechtskonzept zufolge eher sanft, zurückhaltend, sozial vermittelnd und passiv sein sollten. Da das soziale Verständnis von Männlichkeit mit Überlegenheit gleichgesetzt wird, gilt – in bestimmten Grenzen – Gewalt und Gewaltausübung auch als gesellschaftlich akzeptierter Ausdruck von Männlichkeit (vgl. Böhnisch/Winter 1994: 195ff.). Dass vorrangig Jungen und junge Männer mit der Ausübung gewaltsamer Handlungen in Verbindung gebracht werden, ist vor dem Hintergrund der Annahmen zur männlichen und weiblichen Sozialisation plausibel. Die „kleinen Helden in Not" (Schnack/Neutzling 1990) sind die schwierigeren, verhaltensauffälligen Kinder, die „schlechten" Schüler mit Teilleistungsstörungen, die zu exteriorisierendem Risikoverhalten neigenden Jugendlichen und die gewalttätigen Heranwachsenden.

Theoretische Erklärungszusammenhänge, die ihr Erkenntnisinteresse auf die Betonung der Geschlechtsunterschiede richten, werden mittlerweile im Hinblick auf das Problem der Festschreibung so genannter männlicher und weiblichen Eigenschaften kritisch betrachtet. Annahmen über eindeutige Geschlechtsrollen, geschlechtsspezifische Verhaltensweisen oder anlagebedingte Unterschiede im sozialen Verhalten dramatisieren die Geschlechterdifferenz und verfestigen stereotype Zuweisungen. Durch den forschenden Blick auf die Geschlechterdifferenzen, auf geschlechtsspezifische Sozialisationsprozesse oder geschlechtsspezifische Kriminalität (vgl. Haesler 1982) wurde eine Gegensätzlichkeit der Geschlechter festgeschrieben. In diesem Sinn vermutet auch Hans-Claus Leder, „soziale Stereotypievorstellungen hinsichtlich des Phänomens ‚Mädchen- und Frauenkriminalität' (würden) Forschungserfordernisse gar nicht erst in den Blick kommen lassen" (Leder 1997: 5). Solange wir nach geschlechtsdifferenzierenden, typischen Sozialisationsbedingungen und Geschlechtsunterschieden im Verhalten, Denken und Fühlen suchen, beteiligen wir uns an der Reproduktion eines männlichen und eines weiblichen Sozialcharakters (vgl. Bilden 1991).

## 3. Geschlecht als soziale Konstruktion: die Konstruktion des männlichen Gewalttäters

Theorien zum Konstruiertsein von Geschlecht fokussieren Geschlechterverhältnisse als soziale, interaktive und kulturelle Konstruktionen (vgl. z.B. Butler 1991; Lindemann 1992; Gildemeister/Wetterer 1995; Hirschauer 1992; 1994; Küchler 1997). Auch in der kritischen Kriminologie wurden diese Erklärungszusammenhänge aufgegriffen (vgl. Kappel 1995). Die soziale Zweigeschlechtlichkeit ist keine Naturtatsache, sondern Ergebnis von Zuschreibung und Darstellung, die Individuen mit Rückgriff auf kulturelle Ressourcen stets aktualisieren. Unsere Gesellschaft bringt Geschlecht als ein dichotomes Symbolsystem hervor, was grundlegend Gesellschaft, Interaktion und Psychodynamik strukturiert. Indem die Akteure als Frauen und Männer handeln, sich in ihrer Geschlechtlichkeit präsentieren und die an sie gerichteten Erwartungen erfüllen, wirken sie mit an der permanenten Produktion des Geschlechtersystems (vgl. Bilden 1991: 294). Das Geschlecht einer Person löst bewusst und unbewusst bestimmte Erwartungen, Reaktionen und Deutungsmuster heraus (vgl. Bilden 1991: 281f); auch solche, nach denen Mädchen und Frauen Brutalität und Gewalt nicht in dem Maße wie Jungen und Männern zugetraut wird.

Die Geschlechtszugehörigkeit ist nicht ein gleichbleibend relevantes Merkmal, sondern sie wird situationsspezifisch zum Ausdruck gebracht (vgl. Heintz 1993: 39). Im Kontext von Gewalt wird Geschlecht zu einem zentralen Differenzmerkmal und Ordnungsprinzip. In der Konzeption des männlichen Täters und weiblichen Opfers stecken komplementär konstruierte Polaritäten. Gewalt wird vorrangig als ”Männermuster” beschrieben und scheint in der Logik des Mannseins begründet zu sein. Auch die Bewältigung des Mann-Seins ist potenziell mit Gewalt verbunden. Die hohe Kriminalitätsrate beim männlichen Geschlecht und die vielfältigen Formen alltäglicher Männergewalt verweisen auf die Bedeutung von Gewalt im Verlauf der männlichen Sozialisation (vgl. Böhnisch/Winter 1994: 195ff.). So wird als Grundstruktur des männlichen Selbst das Bedürfnis zur Externalisierung genannt, das gleichzeitig mit einem schwachen Bezug zum Opfer einhergeht. Diese Gewaltdisposition würde bei Jungen und Männern auch Muster der Lebensbewältigung sein und alternative Aneignungsweisen von Männlichkeit einschränken. Auch im Alltag wird das Bild vom männlichen Täter und weiblichen Opfer verfestigt und die Konstruktion damit aufrecht erhalten. Gewalt wird als Bestandteil des Geschlechterverhältnisses und als Ausdruck hegemonialer Männlichkeiten (vgl. Connell 1999: 122ff.) beschrieben.

## 4. Konstruktionsweisen von Gewalt als Jungen- und Männerphänomen

Selbst wenn die Kriminalitätsstatistik und die empirische Jugend- und Schulgewaltforschung hinsichtlich der Verbreitung und Intensität gewaltsamer Handlungen eine Überrepräsentanz des männlichen Geschlechts ausweist und weibliche Gewalttäterinnen eine „vernachlässigbare Größe" sind, so konstruiert und verfestigt der fortwährende Verweis darauf die stereotype Zuordnung, nach der Gewalt ein Jungen- und Männerphänomen ist und Mädchen und Frauen als Täterinnen zu ignorieren seien.

Es geht mir mit dieser Analyseperspektive nicht darum, Männergewalt gegen Frauen in Zweifel zu ziehen, Jungen und Männer zu Opfern und Mädchen und Frauen zu Tätern zu machen. Vielmehr werden Argumentationsfiguren, Ursachenannahmen und Erklärungszusammenhänge, die zur Interpretation vorliegender Daten hinzugezogen werden, einer kritischen Musterung unterzogen und nicht die Fakten selbst. Problematisiert wird des Weiteren die aus den empirischen Resultaten gezogenen Konsequenzen und ihre Auswirkungen auf pädagogisches, präventives und juristisches Handeln. Ich möchte im Rahmen der wissenschaftlichen Forschung und des öffentlichen Gewaltdiskurses fünf Herstellungsweisen identifizieren, die zur Reproduktion und Bekräftigung der sozialen Konstruktion „Gewalt = männlich" beitragen.

### *4.1 Die erste Konstruktionsweise: eine spezifisch terminologische Auffassung und Verwendung des Gewaltbegriffes*

Ich konzentriere mich auf ein Verständnis von „Schülergewalt" (vgl. z.B. Hurrelmann 1993; Fuchs et al. 1996: 14; Schwind et al. 1997: 4ff.; Tillmann et al. 1999: 27), das sich mit den in der Kriminologie verwendeten physischen und psychischen Gewaltformen nur ansatzweise deckt (vgl. Schwind 2001: 27). In den Gewaltbegriffen der schulischen Gewaltforschung sind auch Handlungen inkludiert, die nicht strafrechtlich sanktioniert werden. Um der Gefahr des „Catch-All-Konzepts" (Neidhardt 1986: 140) und der „Uferlosigkeit" zu entgehen (vgl. Tillmann 1995), war man in der Forschung um Gewalt an Schulen jedoch an einer Präzisierung und Operationalisierung des Gewaltbegriffes interessiert (vgl. Krumm 1997; Schwind 1997: 21). Institutionelle und strukturelle Gewaltformen (vgl. Ulich 1985; Krumm 1997; Galtung 1975) spielten als verursachende und unterstützende Bedingungskonstellationen und Risikofaktoren auf der Ebene der Ergebnisinterpretation eine Rolle, gingen jedoch nicht als „Gewalt" schlechthin in die empirisch zu analysierenden Gewaltbegriffe ein (vgl. Tillmann et al. 1999: 22f.). Gewalt wurde demnach in der schulbezogenen Gewaltforschung als empirischer Begriff konstruiert, der aus operationalisierbaren Handlungen besteht.

Bei den physischen Gewalthandlungen, worunter körperlich Attacken gegen Personen und Gegenstände subsumiert wurden, fand sich im Ergebnis die schon erwähnte Dominanz der Jungen. Bei psychischen Gewalthandlungen, Beleidigungen und verbalen Herabsetzungen zeigte sich bundesweit eine stärkere Beteiligung der Mädchen (vgl. Tillmann et al. 1999; Fuchs et al. 2001; Forschungsgruppe Schulevaluation 1998). Wird der Gewaltbegriff um Ausdrucksformen wie Mobbing oder emotionale Erpressung, um soziale Ausgrenzung und Etikettierung, um Manipulation von Freundschaftsbeziehungen oder um die Verbreitung von Gerüchten erweitert, werden Mädchen als „Täterinnen" vorrangig benannt, so die Ergebnisse aus qualitativen Schulfallstudien (vgl. Popp 2002).

Verdeckte Ausdrucksformen von Gewalt, die in psychischer und emotionaler Hinsicht auf die Beschädigung des Selbstkonzeptes der Opfer gerichtet oder darauf anlegt sind, die soziale Integration zu zerstören, sind empirisch schwer zu fassen. Mobbing kennzeichnet sich durch langfristige Täter-Opfer-Beziehungen (vgl. Olweus 1991) und wird oft nicht öffentlich gemacht. Die Verletzungsfolgen derartiger Handlungen sind weniger evident und nicht eindeutig mit der vorausgegangenen Gewalthandlung in Beziehung zu setzen, wie z.B. bei einer Schussverletzung. Ausdrucksformen psychischer und sozialer Gewalt lassen sich nur bedingt operationalisieren. Aus diesen Gründen gerieten sie seltener in das Interesse der Forschung.

An dieser Stelle soll nicht für eine diffuse Begriffsbestimmung von Gewalt plädiert, sondern davor gewarnt werden, empirisch weniger präzise bestimmbaren Handlungen den Status von „Gewalt" abzusprechen. Eine eingeschränkte empirische Erschließbarkeit setzt keineswegs das Vorhandensein des Phänomens außer Kraft. Zumindest sollte in Erwägung gezogen werden, dass der Konsens der scientific community, operationalisierbare Handlungen als Gewalt zu bezeichnen, eine soziale Konstruktion ist, die Mädchengewalt unsichtbarer werden lässt.

## *4.2 Der zweite Konstruktionssmodus: Gewalthandlungen werden als singuläre Taten individueller Akteure betrachtet, in denen die Täter- und Opferrolle klar definiert ist*

Mit der begrifflichen Definition von Schülergewalt geht die Vorstellung einher, eine Gewalthandlung wäre eine zeitlich begrenzte, singuläre Tat individueller Akteure. Die Singularität der Handlungen wird unterstrichen mit Hilfe von Selbstreport- oder Wahrnehmungsitems, die nach der Häufigkeit und Intensität des Auftretens fragen. So sollten die Befragten angeben, wie oft sie im vergangenen Schuljahr andere verprügelt, erpresst oder gehänselt haben (vgl. Tillmann 1999: 98).

Mit der Vorstellung, singuläre Handlungen würden „Gewalt“ messen, abbilden und beschreiben können, wird übersehen, dass es Gewalthandlungen gibt, die als Prozess mit Vorgeschichte, Verlauf und Eskalation begriffen werden müssen und an denen mehrere Akteure in unterschiedlicher Weise aktiv sind. Die körperliche „Gewalthandlung“ kann harmlos, neckend beginnen und eskaliert im Zuge härter werdender Verbalattacken. Gewalthandlungen im Kontext der Schule haben fast immer ein auslösendes Ereignis oder eine längere „Geschichte“; sie können im zeitlichen Verlauf ihre Richtung ändern und haben Folgen. Nicht selten stellen diese Folgen bereits wieder den Anlass für die nächste Gewalthandlung dar – Rachemotive und „Heimzahlen“ spielen im schulischen Kontext sowie im Kontext außerschulischer, miteinander verfeindeter Cliquen des sozialen Umfeldes eine bedeutsame Rolle (vgl. Popp 1998). Den Beteiligten, Eingreifenden oder Zuschauenden kommt, je nach Situation, eine gewaltverstärkende oder -mindernde Wirkung zu.

Die „Rolle“ von Täter und Opfer ist nicht immer eindeutig zu bestimmen. Insbesondere die Arbeiten von Dettenborn/Lautsch (1993) und Rostampour/Melzer (1997) zeigen, dass sich die Lage wesentlich komplexer darstellt. Vor allem bei Prügeleien kann zwischen Opfern und Tätern nicht eindeutig unterschieden werden: Wer in der einen Situation als Täter auftritt, kann in der nächsten Runde das Opfer sein – und umgekehrt. Eine Studie mit finnischen Schüler(inne)n zwischen 12 und 13 Jahren zeigt, welche Bedeutung Gruppenprozessen für Konfliktverhalten zukommt, und dass dort „Rollen”, auch nach Geschlecht verteilt, „gespielt” würden. Jungen hätten dabei eher die Rolle des Angreifers, Provokateurs und Assistenten, während Mädchen die Rolle der Verteidiger und Aussenstehenden übernehmen würden. (vgl. Salmivalli et al. 1996: 5).

Das Forschungsprojekt „Geschlechtersozialisation und Gewalt an Schulen“ zeigte, dass im Kontext schulischer Gewalthandlungen jugendtypische Muster von Geschlechterverhältnissen konstruiert werden: Es gibt – unter Berücksichtigung schulformtypischer Unterschiede – Mädchen, die körperlich starke, aggressive Jungen interessant finden und damit problematische Segmente eines männlichen Geschlechterkonzeptes anerkennen und aufwerten. Es gibt aber auch Jungen, die mit der Demonstration aggressiven Verhaltens bei Mädchen Aufmerksamkeit erregen und sich wegen Mädchen schlagen. Mädchen gestalten an koedukativen Schulen, auch wenn ihre Handlungen verdeckter ablaufen als die der Jungen, ganz wesentlich die kommunikativen Prozesse mit, wobei von ihnen durchaus auch gewaltmindernde Einflüsse ausgehen können. Zugleich stellen Mädchen einen wichtigen Teil des sozialen Feldes dar, in dem es zu Gewalthandlungen kommt (vgl. Popp 2001).

Problemzentrierte Interviews mit Schüler(innen) und Lehrkräften weisen, nach der „Rolle" von Mädchen an physisch ausgetragenen Gewalthandlungen gefragt, übereinstimmend darauf hin, sie seien Zuschauerinnen und "Objekte" des Streits, sie würden die Rolle der Intrigantinnen wahrnehmen, als Verbündete fungieren, im Schutz einer Mädchenclique andere unter Druck setzen oder körperliche Auseinandersetzungen zwischen Jungen anstacheln.

Auch im Bereich der Rechtsextremismusforschung wird problematisiert, dass der männerzentrierte Blick von Medien, Polizei und Justiz dazu führt, die differenzierten und subtilen Beteiligungsformen von Mädchen und jungen Frauen an rechtsextremen Straftaten auszublenden (vgl. Köttig 2003). Dabei gibt es auch hier genügend Hinweise auf die Rolle von jungen Frauen. Mechtild Jansen (vgl. 1994: 70) konstatiert als potenzielle Rollen für Frauen in gewaltbereiten und rechtsextrem orientierten Cliquen die überhöhte Mutterfigur, Mitläuferin, Anstifterin im Hintergrund, Zuarbeiterin oder auch die der Gewalttäterin mit einer impliziten Verachtung für Frauen.

### *4.3 Die dritte Konstruktionsweise: forschungsmethodische Zugänge in Form von quantitativen Übersichtsstudien*

In den 1990er Jahren wurden im Bereich von Jugendgewalt (Pfeiffer/Wetzels 1999; Heitmeyer 1995; Mansel/Hurrelmann 1998) und Gewalt an Schulen überwiegend repräsentative Querschnittuntersuchungen, vereinzelt auch Längsschnittuntersuchungen (vgl. Fuchs et al. 2001) mit Hilfe geschlossener Erhebungsverfahren durchgeführt. Und in diesen Untersuchungen wurde die schon beschriebene Jungendominanz konstatiert. Die Bielefelder Rechtsextremismusstudie bezog ausschließlich junge Männer in die Erhebung ein (vgl. Heitmeyer et al. 1992).

Das forschungsmethodische Design einer Untersuchung, das Erkenntnis- und Verwertungsinteresse und die Konzeption der einer Studie zugrundeliegenden Hypothesen und Annahmen haben maßgeblichen Einfluss darauf, ob Gewalt durch Mädchen und Frauen in den Blick gerät. So bestehen im Rahmen ethnografischer Designs oder bei qualitativen Interviews größere Chancen, konkretere Anhaltspunkte, die Partizipation, Ausdrucksformen und Verarbeitungsmuster gewaltsam handelnder Mädchen und Frauen zu erschließen, als etwa in quantitativen Übersichtsstudien oder Kriminalstatistiken (vgl. z.B. Bruhns/Wittmann 2002; Engel/Menke 1995; Jansen 1994).

Die Zusammenführung verschiedener forschungsmethodischer Zugänge wird als „Methodentriangulation" bezeichnet (vgl. Treumann 1998), deren praktischer Sinn in dem Wissen begründet ist, dass die Schwächen der einen Forschungsmethode oftmals die Stärken der anderen sind. Der Untersuchungsgegenstand kann aus unterschiedlichen Perspektiven betrachtet und analysiert werden, was die Möglichkeit einer differenzierteren Erkenntnis beinhaltet (vgl. Engler 1997: 126). Durch die unterschiedlichen Ansichten über die Konstruktion sozialer Wirklichkeit und ihrer Messbarkeit durch den Einsatz der unterschiedlichen Erhebungs- und Auswertungsverfahren wurden in der Vergangenheit die Unterschiede zwischen quantitativen und qualitativen Methoden festgeschrieben mit der Konsequenz, dass sie sich in der Bundesrepublik in starkem Ausmaß getrennt voneinander entwickelten (vgl. Engler 1997: 124; Hopf 1994; Kelle 1994). Inzwischen hat diese Trennung zwischen quantitativ und qualitativ verfahrenden Methoden in der Sozialforschung einen artifiziellen Charakter angenommen, denn quantitative Methoden und subjektives Verstehen sind keine Gegensätze, sondern werden erst in der wechselseitigen Verflechtung fruchtbar.

Eine Methodentriangulation als „Kombination" von quantitativen und qualitativen Verfahren ermöglicht zum einen die Erschließung eines breiteren Untersuchungsfeldes mit verlässlichen Aussagen zu Übersicht und Verbreitung, jedoch zum anderen spezifische Einblicke in „Gewaltkulturen", in geschlechtstypische Beteiligungsformen und deren subjektive Begründungen und Interpretationen (vgl. Popp 2002). Mit Hilfe einer repräsentativen Übersichtsstudie lassen sich Häufigkeiten, Erscheinungsformen und geschlechtstypische Ausdrucksformen gewaltsamen Handelns erschließen oder auch „Täterinnen" und „Täter" physischer Gewalt quantitativ bestimmen. Mit Hilfe qualitativer Forschungsmethoden können die Partizipationsmuster, Rollengefüge, Anlässe, prozessualen Verläufe und Eskalationsweisen genauer rekonstruiert werden. Interviews mit ausgewählten „Täterinnen" und „Tätern" ermöglichen die Rekonstruktion von Gemeinsamkeiten und Unterschieden im Bereich biografischer Gewalterfahrungen, subjektiver Motivationen, jedoch auch gruppenspezifischer Einbindungen und Zwänge.

### *4.4 Die vierte Konstruktionsweise: über Gewalthandlungen von Mädchen und Frauen hinwegsehen, sie bagatellisieren und nicht ernst nehmen*

Diese Annahme soll mit Hilfe einiger Ergebnisse aus qualitativen Schulfallstudien verdeutlicht werden. Aus problemzentrierten Interviews mit 18 Schüler(inne)n und 6 Lehrkräften aus 9. Klassen verschiedener Schulformen geht hervor, Mädchen hätten in der Regel eine höhere Hemmschwelle und eine geringere Aggressionsbereitschaft. Wenn diese jedoch überschritten würde, seien körperlich ausgetragene Konflikte zwischen Mädchen erbitterter als zwischen Jungen. Während vor allem die Mädchen von ihrer „Schlagkraft" und Aggressionsbereitschaft im Konfliktfall überzeugt sind, wird dieses „Potenzial" vom sozialen Umfeld, insbesondere von den männlichen Mitschülern nicht wahrgenommen. Zur Demonstration dessen beschränkt sich die folgende Darstellung auf einige knappe Interviewzitate von Lehrkräften und männlichen Schülern.

Gewalttätige Mädchen kennzeichneten sich durch ein auffälliges äußerliches Erscheinungsbild (vgl. Frau M. 1998) – eine andere Lehrerin verwies auf sexuell-lockende Haltungen solcher Mädchen, die, unterstrichen durch knappe, eng anliegende Kleidung und aufwändige Frisuren, Aufmerksamkeit bei Jungen erregen wollten (vgl. Frau J. 1998). Obgleich Einigkeit darüber besteht, dass sich in einem ernsten Konfliktfall Mädchen vergleichsweise aggressiv wie Jungen verhalten, brachten die 14-16 Jahre alten Jungen in den Interviews zum Ausdruck, Mädchen seien zurückhaltender und bei körperlichen Attacken zaghafter: *„Also Jungs, die gehen mit dem Faust, mit Kopf, mit Füße, Beine rein, aber die Mädchen geben nur Ohrfeige und so (...) Bei uns sind (die Jungen) noch brutaler, klar"* (Ismet 1998: 18).*„Wenn es den Mädchen stinkt, wehren sie sich schon mal"* (Rene 1998: 13). Offenbar werden Gewalthandlungen von Mädchen als „harmlos" eingestuft und des Weiteren bagatellisiert und abgewertet. *"Also, die Mädchen spielen eigentlich (bei physischen Konflikten nach) meinen Erfahrungen spielen die keine große Rolle. Es sind eigentlich immer nur die Jungs, die ich sehe, wenn sie sich prügeln. Die Mädchen (...) schubsen sich und so, aber nie was Ernstes, bei so ernste Sachen seh ich eigentlich immer nur die Jungen"* (Alexander 1998: 13). Ein anderer Schüler versieht schlagende Mädchen mit der Identifikationsetikette „männlich": *„...pro Klasse gibt es zwei Stück, die mehr männlich sind, auch vom Denken, und die würden sich auch schlagen"* (Thorsten, 1998: 25).

Schüler und Lehrer(innen) konstruieren Gewalthandlungen von Jungen und Männern als „richtige" Gewalt, die Respekt verdient und einschüchtern kann, während Mädchen in vergleichbaren Situationen weniger ernst genommen werden. Gewalttätig handelnden Mädchen im schulischen Kontext werden als sexuell auffällig oder „männlich" stigmatisiert. Dies zeigen auch Ergebnisse anderer Studien (vgl. Helfferich 1994: 171ff.). An dieser Stelle werden geschlechtstypisch unterschiedliche Bewertungen von Gewalthandlungen sichtbar. Auch Brigitte Ziehlke (vgl. 1993: 109) konnte zeigen, dass schulische Devianz von Mädchen schnell mit dem Label sexueller Auffälligkeit behaftet wird. Die Abweichung von der Norm ist bei Mädchen eher mit Stigmatisierungsrisiken behaftet, vor allem im Hinblick auf sexuelles „Fehlgeleitetsein", das mit Bezeichnungen wie „Hure", „Schlampe" und „Straßenmädchen" unterstrichen wird, sowie der Unterstellung häufig wechselnder sexueller Beziehungen. Diese als sexuelle „Entgleisung" bewerteten Handlungen haben weder etwas mit Hegemonie noch mit Einschüchterung oder Macht zu tun, sondern sind, je nach Perspektive, amüsant, lächerlich, rührend, empörend und stellen eine Abweichung von der (Geschlechts)Rolle dar.

### *4.5 Die fünfte Konstruktionsweise: öffentlich vorgenommene geschlechtstypisch unterschiedliche Bewertung und Begründung für verübte Taten*

Gewalttätiges Verhalten von Mädchen und Frauen wird nicht nur anders wahrgenommen und bewertet, sondern es werden auch andere Begründungen formuliert als für Gewalthandeln von Jungen und Männern. Maud Kips kam zu dem Resultat, Männer würden kriminalisiert, Frauen psychiatrisiert (vgl. 1991). Zur Erklärung dieser Annahme stütze ich mich auf Informationen aus öffentlichkeitswirksamen Medien, die diskurskonstituierenden Charakter haben. In einem kürzlich erschienenen Spiegel-Artikel (vgl. Der Spiegel 2003) wurde beschrieben, dass zunehmend mehr Mädchengangs Passanten gewaltsam „abzocken" und dabei brutaler vorgingen als Jungen. Betitelt war dieser Beitrag mit „Von der Rolle" – Mädchen fallen aus der Geschlechtsrolle – das ist der eigentlich abweichende Akt. In der Recklinghäuser Zeitung wurde unter dem Titel „Jung, weiblich, brutal" (vgl. Tewes 2000) mitgeteilt, mehr Mädchen würden kriminell und als Interpretationen folgten „verändertes Frauenverständnis" und „missliche Formen der Emanzipation". In der Berliner Ausgabe der Tageszeitung (vgl. taz, 18. 2. 2003: 23) hieß es, Mädchen gäben mehr den Ton an, Mädchengewalt hätte zugenommen. Als Erklärungszusammenhang folgte: alte Rollenbilder seien passé. „Warum prügeln Mädchen" fragte die Moderatorin in einem vom Deutschlandfunk gesendeten Beitrag (vgl. Journal am Vormittag – Forum PISA 2003) – und auch hier ging es um Emanzipationsbestrebungen und neue Frauenbilder. Die im Südwestrundfunk ausgestrahlte Sendung „Gewalt grenzenlos – auch Mädchen prügeln ohne Grenzen" (vgl. Südwestfunk 2002) handelte von weiblichen Jugendlichen, die bereits mehrfach wegen schwerer Körperverletzung angezeigt wurden. Die erste Begründung für das gehäufte Zuschlagen von Mädchen lautete, die traditionelle Rolle des braven Mädchens würde sich auflösen. Als weiterer Grund für das aggressives Verhalten wurden massive Gewalterfahrungen in der Erziehung angegeben, wie für Jungen im übrigen auch. Unter der Überschrift „So hart wie Lara Croft" (vgl. Voogt 2003) erfahren die Leser(innen) über die Gewalttaten des Düsseldorfer Trios, einer gewaltbereiten Schüler(innen)gruppe, die ihrem Opfer gefährliche Körperverletzungen zufügten: Erklärung: Emanzipationstrends und Coolness – wer austeilt, ist sexy.

In diesen exemplarisch skizzierten Sendungsinhalten und Medienberichten werden biografische Ursachen für die Gewaltausübung der Mädchen erst an zweiter Stelle genannt. Dominant sind Entsetzensbekundungen über die Härte und Brutalität dieser Taten sowie geschlechtsrollenbezogene Begründungen: Mädchengewalt wird erklärt mit Abweichungen von der gesellschaftlichen Norm des Frauseins und mit Emanzipationsbestrebungen aufgrund von Individualisierungsprozessen. Sozialer Wandel infolge von Individualisierung dient als Begründung für die Annäherung der Geschlechter. Feststellbar ist, dass die meisten Medienberichte durch die Wortwahl ihrer Titelüberschriften und mit Hilfe ihrer Erklärungs- und Begründungszusammenhänge an der sozialen Konstruktion von Gewalt als Jungen- und Männerphänomen mitwirken. Dies geschieht durch das Herausstreichen der „Rollenabweichung" sowie der Botschaft, Gewalt gehöre weder zum sozial erwarteten Verhaltensspektrum weiblicher Jugendlicher noch zum weiblichen Normalitätskonzept. Auch im Kontext von Gewalt wird Gleiches offenbar nicht gleich bewertet und begründet.

## *Literatur:*


Alfermann, Dorothea (1996): Geschlechterrollen und geschlechtstypisches Verhalten. Stuttgart/Berlin/Köln.

Bilden, Helga (1991).: Geschlechtsspezifische Sozialisation. In: Hurrelmann, K./ Ulich, D. (Hrsg.): Neues Handbuch der Sozialisationsforschung, Weinheim/Basel, S. 279-301.

Böhnisch, Lothar/Winter, Reinhard (1994): Männliche Sozialisation. Bewältigungsprobleme männlicher Geschlechtsidentität im Lebenslauf. 2. Aufl. Weinheim/München.

Bruhns, Kirsten/Wittmann, Svendy (2002): „Ich meine, mit Gewalt kannst du dir Respekt verschaffen. Opladen.

Butler, Judith (1991): Das Unbehagen der Geschlechter. Frankfurt/M.

Connell, Robert W. (1999): Der gemachte Mann. Konstruktion und Krise von Männlichkeiten. Opladen.

Degenhardt, Annette (1979): Geschlechtstypisches Verhalten über die Lebensspanne, in: Degenhardt, A./Trautner, H.M.: (Hrsg.): Geschlechtstypisches Verhalten. Mann und Frau in psychologischer Sich. München, S. 26-49.

Der Spiegel (2003): Kriminalität. Von der Rolle (25), S. 64.

Dettenborn, Harry/Lautsch, Erwin (1993): Aggression in der Schule aus der Schülerperspektive. In: Zeitschrift für Pädagogik (39), S. 745-774.

Einsele, Helga (1982): Wandelt sich die weibliche Kriminalität? In: Haesler, W. T. (Hrsg.): Weibliche und männliche Kriminalität. Diessenhofen, S. 53-80.

Engel, Monika/Menke, Barbara (Hrsg.) (1995): Weibliche Lebenswelten – gewaltlos? Analysen und Praxisbeiträge für die Mädchen und Frauenarbeit im Bereich Rechtsextremismus, Rassismus, Gewalt. Münster.

Engler, Stefani (1997): Zur Kombination von qualitativen und quantitativen Methoden. In: Friebertshäuser, B./Prengel, A. (Hrsg.): Handbuch qualitative Forschungsmethoden in der Erziehungswissenschaft. Weinheim/München, S. 119-130.

Forschungsgruppe Schulevaluation (1998): Gewalt als soziales Problem in Schulen. Die Dresdner Studie: Untersuchungsergebnisse und Präventionsstrategien. Opladen.
Freitag, Markus/Hurrelmann, Klaus (1993): Gewalt an Schulen. In erster Linie ein Jungen-Phänomen. In: Neue deutsche Schule (8), S. 24-25.
Fuchs, Marek/ Lamnek, Siegfried/Luedtke, Jens (1996): Schule und Gewalt. Realität und Wahrnehmung eines sozialen Problems. Opladen.
Fuchs, Marek/Lamnek, Siegfried/Luedtke, Jens (2001): Tatort Schule: Gewalt an Schulen 1994 - 1999. Opladen.
Galtung, Johan (1975): Strukturelle Gewalt. Beiträge zur Friedens- und Konfliktforschung. Reinbek b. Hamburg.
Gildemeister, Regina/ Wetterer, Angelika (1995): Wie Geschlechter gemacht werden. Die soziale Konstruktion der Zweigeschlechtlichkeit und ihre Reifizierung in der Frauenforschung. In: Axeli-Knapp, G./Wetterer, A. (Hrsg.): Traditionen Brüche. Entwicklungen feministischer Theorie. 2. Aufl. Freiburg (Breisgau), S. 201-254.
Gipser, Dietlinde/Stein-Hilbers, Marlene (1987): Wenn Frauen aus der Rolle fallen. Alltägliches Leiden und abweichendes Verhalten von Frauen. 2. Aufl. Weinheim/Basel.
Greszik, Bethina/Hering, Frank/Euler, Harald A. (1995): Gewalt in den Schulen: Ergebnisse einer Befragung in Kassel. In: Zeitschrift für Pädagogik (41), S. 265-284.
Haesler, Walter T. (Hrsg.) (1982): Weibliche und männliche Kriminalität. Diessenhofen.
Hagemann-White, Carol (1984): Sozialisation: weiblich – männlich? Opladen.
Hamburger Abendblatt (2003): „Ich bring dich um!" - 18-Jährige quält 14-Jährige (http://abendblatt.de/daten/2003/06/21/178793.html vom 24. 6. 2003, 3 Seiten).
Heintz, Bettina (1993): Die Auflösung der Geschlechterdifferenz. Entwicklungstendenzen in der Theorie der Geschlechter. In: Bühler, E./Meyer, H./Reichert, D./Scheller, A. (Hrsg.): Ortssuche. Zur Geographie der Geschlechterdifferenz. Zürich/Dortmund, S. 17-48.
Heitmeyer, Wilhelm et al. (1992): Die Bielefelder Rechtsextremismus-Studie: erste Langzeituntersuchung zur politischen Sozialisation männlicher Jugendlicher. Weinheim/München.
Heitmeyer, Wilhelm et al. (1995): Gewalt. Schattenseiten der Individualisierung bei Jugendlichen aus unterschiedlichen Milieus. Weinheim/München.
Helfferich, Cornelia (1994): Jugend, Körper und Geschlecht. Die Suche nach sexueller Identität. Opladen.
Hirschauer, Stefan (1989): Die interaktive Konstruktion von Geschlechtszugehörigkeit. In: Zeitschrift für Soziologie (18), S. 100-118.
Hirschauer, Stefan (1992): Konstruktivismus und Essentialismus. Zur Soziologie des Geschlechtsunterschieds und der Homosexualität. In: Zeitschrift für Sexualforschung (5), S. 331-345.
Holtappels, Heinz Günter/Heitmeyer, Wilhelm/Melzer, Wolfgang/Tillmann, Klaus-Jürgen (Hrsg.) (1997): Forschung über Gewalt an Schulen. Erscheinungsformen und Ursachen, Konzepte und Prävention. Weinheim/München.

Hopf, Christel (1996): Hypothesenprüfung und qualitative Sozialforschung. In: Strobl, R./Böttger, A. (Hrsg.): Wahre Geschichten? Zu Theorie und Praxis qualitativer Interviews. Baden-Baden, S. 9-21.

Jansen, Mechtild (1994): Täterin, Zuarbeiterin, Opfer – Frauen, Rechtsextremismus und Gewalt. Konsequenzen für feministische Politik. In: Tillner, C. (Hrsg.): Frauen – Rechtsextremismus, Rassismus, Gewalt. Feministische Beiträge. Münster, S. 65-88.

Journal am Vormittag – Forum PISA (2003): Warum prügeln Mädchen? Moderation Ulrike Bajohr. 17. 1. 2003 (http://wwwdradion.de/cgi-bin/es/neu-forum-pisa/109. html vom 24. 6. 2003).

Kappel, Sybille (1995): Der Herstellungsmodus von Geschlecht und der ihm hartnäkkig anhaftende Schein der Natürlichkeit. Bemerkungen zur (vermeintlichen) Differenz der Geschlechter. In: Kriminologisches Journal. 5. Beiheft, S. 58-76.

Kelle, Udo (1996): Die Bedeutung theoretischen Vorwissens in der Methodologie der Grounded Theory. In: Strobl, R./Böttger, A. (Hrsg.): Wahre Geschichten? Zu Theorie und Praxis qualitativer Interviews. Baden-Baden, S. 23-47.

Kips, Maud (1991): Strafrecht für Männer, Psychiatrie für Frauen. In: Kriminologisches Journal (23) 1991, S. 125-134.

Köttig, Michaela: Die Rolle von Mädchen und jungen Frauen in rechtsextremen Jugendcliquen. Politische Orientierungsmuster und Umgang mit Gewalt (http://asta.tu-darmstadt.de/Referate/Zoon/zoon11/koettig.htm vom 23. 6. 2003, 7 Seiten)

Krumm, Volker (1997): Methodenkritische Analyse schulischer Gewaltforschung. In: Holtappels, H. G. et al. (Hrsg.): Forschung über Gewalt an Schulen. Erscheinungsformen und Ursachen, Konzepte und Prävention. Weinheim/München, S. 63-79.

Küchler, Petra: Zur Konstruktion von Weiblichkeit. Erklärungsansätze zur Geschlechterdifferenz im Lichte der Auseinandersetzung um die Kategorie Geschlecht. Pfaffenweiler.

Leder, Hans-Claus (1997): Frauen- und Mädchenkriminalität. Kritische Bestandsaufnahme aus devianzsoziologischer und wissenschaftstheoretischer Sicht. 3. Aufl. Frankfurt/M.u.a.

Lindemann, Gesa (1992): Zur sozialen Konstruktion der Geschlechtszugehörigkeit. In: Pfäfflin, F./Junge, A. (Hrsg).: Geschlechtsumwandlung. Abhandlungen zur Transsexualität. Stuttgart/New York, S. 95-102.

Lenz, Michael (1999): Geschlechtersozialisation aus biologischer Sicht. Anlage und Erziehung (Diplomarbeit an der Fakultät für Pädagogik, Universität Bielefeld).

Mansel, Jürgen (2001): Angst vor Gewalt. Eine Untersuchung zu jugendlichen Opfern und Tätern. Weinheim/München.

Mansel, Jürgen/Hurrelmann, Klaus (1998): Aggressives und delinquentes Verhalten Jugendlicher im Zeitvergleich. In: Kölner Zeitschrift für Soziologie und Sozialpsychologie (50), S. 78-109.

Mansel, Jürgen/Kolip, Petra (1996): Wohin mit der Wut? Eine geschlechtsspezifische Analyse zum Zusammenhang zwischen aggressiven Gefühlen, Gewalt und psychosomatischen Beschwerden im Jugendalter. In: Soziale Probleme (7), S. 94-111.

Maschke, Werner (2003): Stimmt das Schreckgespenst von den „gewalttätigen Kids“? Kinder- und Jugenddelinquenz (http://www.lpb.bwue. de/aktuell/bis / 1_03 /liniquenz.htm vom 23. 6. 2003, 17 Seiten)
Metz-Göckel, Sigrid (1988).: Geschlechterverhältnisse, Geschlechtersozialisation und Geschlechtsidentität. Ein Trendbericht. In: Zeitschrift für Sozialisationsforschung und Erziehungssoziologie (8), S. 85-97.
Mischau, Anina (1997): Frauenforschung und feministische Ansätze in der Kriminologie. Pfaffenweiler.
Neidhardt, Friedhelm (1986): Gewalt. Soziale Bedeutungen und sozialwissenschaftliche Bestimmungen des Begriffs. In: Krey, V./Neidhardt, F.: Was ist Gewalt, Bd. 1, Strafrechtliche und sozialwissenschaftliche Darlegungen. Wiesbaden, S. 109-147.
Olweus, Dan (1991): Bully-victim problems amoung schoolchildren: Basic facts and effects of a school based intervention program. In: Pepler, D.J/Rubin, K.H. (Hrsg.). The Development and Treatment of Childhood Aggression, Hillsday/NJ: Lawrence Erlbaum, S. 411-448.
Pfeiffer, Christian /Wetzels, Peter (1999): Zur Struktur und Entwicklung der Jugendgewalt in Deutschland. In: Das Parlament. Aus Politik und Zeitgeschichte, B 26, S. 3-22.
Pickl, Viktor (1982): Geschlechtsspezifische kriminogene Faktoren. In: Haesler, W. T. (Hrsg.): Weibliche und männliche Kriminalität. Diessenhofen, S. 17-31.
PKS Berichtsjahr (1998) (http://www.bka.de/pks/pks1998p_1.html vom 28. 7. 2003, 13 Seiten).
PKS Berichtsjahr (2002) (htttp://www.bka.de/pks/pks2002p_1.html vom 28. 7. 2003, S. 23f. und S. 72-96).
Popp, Ulrike (1998): Gewalt in der Schule. Eine qualitative Studie aus der Sicht von Beteiligten. In: Die Deutsche Schule (90), S. 427-441.
Popp, Ulrike (2001): Gewalt als "Interaktionsprodukt" der Geschlechter. In: Mansel, J./Schweins, W./Ulbrich-Herrmann, M. (Hrsg.): Lebenswelten und Perspektiven junger Menschen vor dem Hintergrund der wirtschaftlichen und sozialen Entwicklung. Weinheim und München, S. 241-255.
Popp, Ulrike (2002): Geschlechtersozialisation und schulische Gewalt. Geschlechtstypische Ausdrucksformen und konflikthafte Interaktionen von Schülerinnen und Schülern. Weinheim/München.
Rostampour, Parviz/Melzer, Wolfgang (1997): Täter-Opfer-Typologien im schulischen Gewaltkontext. Forschungsergebnisse unter Verwendung von Cluster-Analyse und multinomialer logistischer Regression. In: Holtappels, H. G. et al. (Hrsg.): Forschung über Gewalt an Schulen. Erscheinungsformen und Ursachen, Konzepte und Prävention. Weinheim/München, S. 169-189.
Salmivalli, Christina/Lagerspetz, Kirsti/Björkqvist, Kaj/Österman, Karin/Kaukiainen, Ari (1996): Bullying as a Group Process: Participant Roles and Their Relations to Social Status Within the Group. In: Aggressive Behavior (22), S. 1-15.
Schenk, Herrad (1979): Geschlechtsrollenwandel und Sexismus. Zur Sozialpsychologie geschlechtsspezifischen Verhaltens, Weinheim/Basel.

Schmölzer, Gabriele (2003): Zur kriminologischen Diskussion der Frauenkriminalität. Geschlecht und Kiminalität (http://www. lpb.bwue.de/aktuell/ bis/1_03/ geschlecht.htm vom 24. 6. 2003, 19 Seiten).

Schnack, Dieter/Neutzling, Rainer (1990): Kleine Helden in Not. Jungen auf der Suche nach Männlichkeit. Reinbek b. Hamburg.

Schwind, Hans-Dieter (2001): Kriminologie. Eine praxisorientierte Einführung mit Beispielen. 11. Aufl. Heidelberg.

Schwind, Hans-Dieter/Roitsch, Karin/Ahlborn, Wilfried/Gielen, Birgit (1997): Gewalt in der Schule am Beispiel von Bochum. 2. Aufl. Mainz.

taz (2003): Mädchen geben mehr den Ton an. In: taz Berlin lokal vom 18. 2. 2003, S. 23.

Tewes, Dörte (2000): Jung, Weiblich, Brutal. Recklinghäuser Zeitung vom 23. 10. 2000 (http://www.maennerrat.de/maedchenkriminalität.htm vom 23. 6. 2003).

Tillmann, Klaus-Jürgen/Holler-Nowitzki, Birgit/Holtappels, Heinz Günter/Meier, Ulrich/Popp, Ulrike (1999): Schülergewalt als Schulproblem. Verursachende Bedingungen, Erscheinungsformen und pädagogische Handlungsperspektiven. Weinheim/München.

Ulich, Dieter (1985): Die Dimension der Macht in der Lehrer-Schüler-Interaktion. In: Biermann, R. (Hrsg.): Interaktion – Unterricht – Schule. Darmstadt, S. 140-153.

Vogel, Ulrike (1999): Zur Reanalyse von Daten aus empirischen Untersuchungen zu Jugend und Gewalt unter geschlechtsbezogenen Aspekten. In: Zeitschrift für Frauenforschung (17), 1999, S. 43-58.

Voogt, Gerhard (2003): So hart wie Lara Croft (http://www.max-planck-gymnasium-duesseldorf.de/aktuell/news/ne.../hartwielara03.htm vom 24. 6. 2003, 2 Seiten).

West, Candance/Zimmerman, Don H. (1991): Doing gender. In: Lorber, J./Farrell, S.A.: The Social construction of gender. Newbury Park/London/New Delhi, S. 13-37.

Wetzels, Peter/Enzmann, Dirk/Mecklenburg/Pfeiffer, Christian (1999): Gewalt im Leben Münchner Jugendlicher (Abschlußbericht).

Ziehle, Brigitte (1993): Deviante Jugendliche. Individualisierung, Geschlecht und soziale Kontrolle. Opladen.

Zinnecker, Jürgen (1975): Der heimliche Lehrplan. Untersuchungen zum Schulunterricht. Weinheim.

# IV Jugendgewalt im Geschlechterverhältnis

# Mädchen in gewaltbereiten Jugendgruppen: Gewaltbereitschaft als Geschlechterkonstruktion

*Kirsten Bruhns*

Gegenstand der folgenden Ausführungen sind Ergebnisse des im Deutschen Jugendinstitut 1998 bis 2001 durchgeführten qualitativen Forschungsprojektes "Mädchen und Gewalt: Zum jugendgruppentypischen Umgang mit Gewalt", das vom Bundesministerium für Familie, Senioren, Frauen und Jugend gefördert wurde (Bruhns/Wittmann 2002). Im Mittelpunkt stehen Mädchen in gewaltbereiten Gruppen und gewalttätig agierende weibliche Jugendliche. Dabei geht es um physische Gewalt – ein Gewaltbegriff, der auch von den in die Untersuchung einbezogenen Jugendlichen in dieser Engführung verwendet wurde: psychische Formen der Gewalt thematisierten sie meist erst auf explizite Nachfragen, eine Ohrfeige ist für die meisten noch keine Gewalt, allenfalls der Auftakt für heftigere körperliche Auseinandersetzungen.

Der Schwerpunkt dieses Beitrags liegt nicht auf der Beschreibung von Gewaltverläufen, Gewaltformen oder der Abbildung von Gewaltschilderungen, sondern auf der Herausarbeitung des Bedingungsgefüges Gewalt – Gruppe – (weibliches) Geschlecht. Nach der Skizzierung der Anlage der Studie (1.) der Beschreibung der Gruppen sowie ihrer Bedeutung für die weiblichen Jugendlichen (2.) wird die Stellung, die Rolle und der Status von Mädchen in den Gruppen beschrieben (3.) sowie das Verhältnis zwischen gewaltbereitem Gruppenklima und der Gewaltbereitschaft der weiblichen Gruppenmitglieder (4.) zwischen Gewalt und Geschlecht bzw. "Weiblichkeit" thematisiert (5.). Wir verstehen die Befunde und Schlussfolgerungen unserer Untersuchung als Ergänzung und Differenzierung vorliegender Forschungsergebnisse zu gewaltbereiten Jugendgruppen und möchten mit der folgenden Darstellung einen veränderten Blick auf weibliche Jugendliche, die Gewalt ausüben, und auf Mädchen und junge Frauen in gewaltbereiten Jugendgruppen inspirieren.

## 1. Untersuchungsanlage und methodisches Vorgehen

Die Untersuchung fand in zwei deutschen Städten statt und bezog vier gewaltauffällige und – zu Vergleichszwecken – vier nicht gewaltauffällige Jugendgruppen ein, davon jeweils zwei gemischtgeschlechtliche und zwei reine

Mädchengruppen. Die Auswahl der Gruppen erfolgte anhand von telefonischen Recherchen nach gewaltauffälligen Jugendgruppen in 20 Städten mit über 200.000 Einwohnern über Expertinnen und Experten der Jugendhilfe und der Polizei. Der Begriff "gewaltauffällig" wurde als Arbeitsbegriff eingeführt und erwies sich letztlich als relativ treffsicher, um gewaltbereite Gruppen, d.h. solche, in denen physische Gewalt gegen andere überwiegend bejaht wird, ausfindig zu machen.

Der Zugang zu den Jugendgruppen wurde vornehmlich durch deren BetreuerInnen erschlossen – sämtliche gewaltbereite Cliquen waren in Einrichtungen der Jugendhilfe eingebunden bzw. durch Streetwork betreut. In jeder Gruppe wurden mit vier bis elf Jugendlichen Gruppendiskussionen sowie zusätzlich mit ausgewählten Jugendlichen (insgesamt 22) themenzentrierte Interviews geführt, die nach einem Jahr wiederholt wurden (Frühjahr/Sommer 1999 sowie Sommer/Herbst 2000). Darüber hinaus wurden Protokolle zu Beobachtungen im Umfeld der Erhebungen und bei Besuchen der Jugendeinrichtungen als Auswertungsmaterial einbezogen.

Die folgenden Ausführungen beziehen sich auf die Ergebnisse zu den gewaltbereiten Jugendgruppen aus der ersten Erhebungsphase und stellen die weiblichen Jugendlichen in den Mittelpunkt.

## 2. Gewaltbereitschaft und Gewalthandeln in den Jugendgruppen

Mädchengruppen verfügen über deutlich weniger Mitglieder und sind im Schnitt jünger als gemischtgeschlechtliche. Im Gegensatz zu den gemischtgeschlechtlichen Gruppen setzen sie sich aus deutschen solchen und Jugendlichen mit Migrationshintergrund zusammen, während jene entweder ausschließlich aus deutschen oder aus Jugendlichen nicht-deutscher Herkunft zusammengesetzt sind. In allen Gruppen finden sich überwiegend HauptschülerInnen, in der ältesten Gruppe, den Zukunftsorientierten, war der Großteil der Gruppenmitglieder in Ausbildung, sie hatten meist ebenfalls die Hauptschule besucht.

Die Gruppenmitglieder stammen überwiegend aus sozialen Problemquartieren, in denen auch die regelmäßigen Treffpunkte liegen, deren Kennzeichen nach Auskunft der interviewten ExpertInnen ein hoher Anteil von Arbeitslosen, von ausländischen BewohnerInnen, von Sozialhilfewohnungen und/oder viele vom ASD betreute Familien sind.

Tab. 1: Zusammensetzung der gewaltauffälligen Jugendgruppen

| **Gruppen-merkmale** | **Gruppenname**[1] | | | |
|---|---|---|---|---|
| | **Power-girls** | **Schläger-mädchen** | **Straßenkids** | **Zukunftsori-entierte** |
| **Gruppenstärke** | 6 | ca. 10 | ca. 45 | ca. 20 |
| **Mädchenanteil** | 100 % | 100 % | ca. 50 % | ca. 60 % |
| **Altersspanne** | 14-16 | 14-16 | 12-20 | 17-20 |
| **ethnische Zusammen-setzung** | in Deutschland geboren, Eltern-(teile) deutscher und ausländischer Herkunft | in Deutschland geboren, Eltern(teile) deutscher und ausländischer Herkunft | überwiegend in Deutschland geboren, Eltern(teile) ausländischer Herkunft | in Deutschland geboren, Eltern(teile) ausschließlich deutscher Herkunft |
| **Schule/ Ausbildung** | Hauptschülerinnen | Sonder-, Haupt- und Realschülerinnen | Haupt- bzw. RealschülerInnen oder in berufsbildenden Maßnahmen für benachteiligte Jugendliche | Auszubildende, z.T. in berufsbildenden Maßnahmen für benachteiligte Jugendliche, eine Hauptschülerin |

Unter den interviewten Mädchen finden sich viele "GründerInnen" der Cliquen. Ihre "Gruppenbiografien" beginnen im Alter von 10-12 Jahren. Sowohl in den beiden Mädchengruppen als auch bei den "Straßenkids" geben die Mädchen an, sich überwiegend bereits aus "Sandkastenzeiten" zu kennen. Die Integration von später zur Gruppe gestoßenen Mädchen erfolgte – auch in den gemischtgeschlechtlichen Gruppen – nahezu ausschließlich über weibliche Gruppenmitglieder.

---

1 Die Namensgebung beruht bei den Mädchengruppen auf Selbstetikettierungen bzw. auf in den Gruppendiskussionen erwähnten Fremdetikettierungen; der Name "Straßenkids" ist eine Verallgemeinerung des auf eine Straße bezogenen Gruppennamens. Die "Zukunftsorientierten" wurden von uns aufgrund ihrer starken zukunftsbezogenen Orientierung (s.u.) so benannt.

In den beiden Mädchengruppen wie auch bei den "Straßenkids" herrscht ein gewaltbereites Gruppenklima, das sich darin ausdrückt, dass in unterschiedlichen Szenarien gewalttätige Auseinandersetzungen an Stelle verbaler Strategien zur Lösung von Konflikten mit anderen Jugendlichen befürwortet werden. Die Haltung der "Zukunftsorientierten" zur Gewaltanwendung ist hingegen ambivalent. Aufgrund der Angst, ihre beruflichen Zukunftschancen durch polizeiliche Registrierung und Strafprozesse zu gefährden, hat sich die Gruppe mit Unterstützung von Streetwork aus dem gewaltaffinen Kontext einer rechtsextremistisch bzw. fremdenfeindlich agierenden Großgruppe von ca. 60 Jugendlichen zurückgezogen, der die meisten der Mitglieder angehörten. Die Gruppe definiert sich als gewaltablehnend, statushohe Mitglieder sind jedoch bereit, insbesondere Auseinandersetzungen mit ausländischen oder von ihnen als "linksorientiert" oder als "autonom" definierten Jugendlichen durch körperliche Angriffe zu "bereinigen". Derartigen Äußerungen wird in den Gruppendiskussionen nicht widersprochen. Ebenso wie in den anderen Gruppen wird auch hier von – wenngleich vergleichsweise selteneren – Schlägereien mit anderen Jugendlichen in jüngster Vergangenheit berichtet.

Die Mädchen und jungen Frauen in den einzelnen Jugendgruppen sind nicht alle gleichermaßen gewaltbereit oder gewalttätig. In jeder Clique gibt es auch Gewalt ablehnende weibliche Mitglieder und die Mädchen unterscheiden sich hinsichtlich ihrer Gewaltausübung in der Kompromisslosigkeit und Härte des Vorgehens.

Die Mehrzahl der Mädchen der beiden Mädchengruppen und der "Straßenkids" und eine weibliche Jugendliche der "Zukunftsorientierten" schildern Prügeleien mit – nicht ausschließlich, aber vor allem – anderen Mädchen. Gewaltanwendung wird überwiegend als "Wehren" beschrieben, das nachhaltiger und wirkungsvoller als verbale Klärungsstrategien sei. Anlässe sind überwiegend Gefühle der Herabsetzung aufgrund von Verleumdungen und Beleidigungen der eigenen Person – dieses Gefühl kann bereits durch einen "schrägen Blick" ausgelöst werden – von Verwandten oder von FreundInnen. Eifersucht wird als Motiv nur in wenigen Fällen genannt und auch körperliche Auseinandersetzungen mit Jungen sind seltener. Meist entstehen sie aufgrund sexueller Belästigungen und sexistischer Abwertungen, teilweise werden Angriffe auf männliche Jugendliche auch mit deren Zugehörigkeit zu "verhassten" Gruppen, wie Nazis oder Ausländer, begründet. Auch eine erhöhte situative Reizbarkeit – "ich hatte sowieso schlechte Laune" – die "Lust" am Zuschlagen oder die Suche nach dem besonderen "Kick" werden als Motive für Angriffe auf Jungen sowie Mädchen genannt.

Gewaltbereitschaft und Gewaltausübung haben für die Selbstwertbestätigung der weiblichen Jugendlichen und für die Wertschätzung innerhalb der Gruppe eine wichtige Bedeutung. Dies zeigt sich u.a. darin, dass die Mädchen in den Gruppendiskussionen den Gewaltdiskurs dominieren. Sie ermuntern andere Gruppenmitglieder, von gewalttätigen Handlungen zu erzählen, knüpfen an diese mit eigenen Erfahrungen an oder ergänzen sie und schildern ihr Vorgehen detailliert, beinahe lustvoll.

| | |
|---|---|
| "Claudia: | Ich zieh sie runter (vom Fahrrad, d. Verf.), und dann habe ich mich mit ihr an die Bushaltestelle gesetzt und dann habe ich ihr mit der Faust so eine so rübergehauen. Und dann ist sie irgendwie so ... (lacht) |
| Inez: | ... umgeknickt oder sowas. |
| Claudia: | ... umgeknickt, dann lag sie auf dem Boden. |
| Inez: | Dann haben wir beide aber, wir beide haben sie, sie saß ja da, wir haben immer voll zugetreten ... |
| Beide: | (gleichzeitig) Wir haben draufgetreten so... |
| Inez: | ...und die ist dann nach Hause geeiert. |
| Claudia: | Geblutet. |
| Inez: | Geblutet (lacht), dicke Backe gehabt. Alles. |
| Int.: | Wohin getreten? |
| Inez: | Ins Gesicht. |
| Claudia: | Überall, sie lag da so und dann überall hin. |
| Beide: | (gleichzeitig) Sie lag ja." |

Die Häufigkeit und die Dauer der Treffen, die Entwicklung eines gemeinsamen "Wirgefühls" und die von den weiblichen Jugendlichen geäußerten Vorzüge ihrer Gruppe zeugen von einer starken Gruppenkohäsion. Die angegebenen "Qualitätsmerkmale" der gewaltbereiten Cliquen unterscheiden sich in vielerlei Hinsicht nicht von jenen, die die Mädchen und jungen Frauen aus den nicht gewaltauffälligen Gruppen nennen: Die Clique ist zu allererst ein Ort der Freizeitgestaltung, wichtig ist das Gefühl der Zusammengehörigkeit und der sozialen Unterstützung. Die weiblichen Jugendlichen thematisieren insbesondere die emotionalen Ressourcen, die ihnen die Gruppe bietet: In den gewaltbereiten Mädchengruppen wird dieser Aspekt als Besonderheit der geschlechtshomogenen Zusammensetzung hervorgehoben, in den gewaltauffälligen gemischtgeschlechtlichen Gruppen begründet er ein starkes Zusammenhaltsgefühl der weiblichen Gruppenmitglieder untereinander und die Abgrenzung gegenüber den männlichen Gruppenmitgliedern, die von ihnen als weniger solidarisch dargestellt werden.

"Also wir (Mädchen, d. Verf.) halten immer zusammen (...) Bei den Jungs ist es so, die tun immer – also ich finde, das sind gar keine richtigen Freunde – die tun immer nur so Freundschaft und bla. Das einzigste, was die zusammenhält, ist das Dope, mehr nicht. Und also es gibt schon, so wie X, die sich von klein auf kennen, die halten immer zusammen."

Gewaltauffällige Jugendgruppen können demnach für weibliche Gruppenmitglieder wichtige orientierungssichernde, emotional und sozial unterstützende Funktionen übernehmen, wobei die weiblichen Beziehungsnetze besonders wichtig sind.

Gleichzeitig bietet die Clique gewaltbereiten wie auch Gewalt ablehnenden Mädchen nicht nur soziale und emotionale Ressourcen. So betonen die befragten Mädchen als eine wichtige Qualität der Gruppe – anders als in den nicht gewaltauffälligen Gruppen – immer auch die Unterstützung, die sie durch die Clique in Konfliktsituationen erfahren. Der Rückhalt durch die Gruppe ermöglicht es ihnen, sich in der gruppenexternen Umwelt einen anerkannten bzw. gefürchteten Status zu verschaffen und sich in einen als bedrohlich empfundenen jugendlichen Umfeld zu behaupten, denn wer als schwach gilt, hat keine Chancen, sich in einem gewaltaffinen Milieu zu behaupten und Anerkennung zu erhalten.

"Ich meine, mit Gewalt kannst du dir Respekt verschaffen, und wenn andere Leute vor dir Respekt haben, dann trauen sie sich auch nichts gegen dich zu sagen oder so. Und wenn du mit Worten jemanden fertig machst, denken die so, du bist feige."

Die Solidarität in konfliktträchtigen Situationen und die demonstrative und einschüchternde Gewaltbereitschaft sind in allen gewaltbereiten Gruppen ein, wenn auch unterschiedlich wichtiges, Element ihrer Selbstdefinition und werden von den Mädchen mitgetragen. In den gemischtgeschlechtlichen Cliquen entsteht eine derartige Gruppenselbstkategorisierung in stärkerem Maße als in den Mädchengruppen auch in Abgrenzung gegen andere soziale Gruppierungen und "feindliche" Jugendgruppen, z.B. "die Russen", "die Nazis", "die Türken". In den Mädchengruppen erhalten Aspekte der emotionalen Integration – gegenseitiges Verständnis und Empathiefähigkeit – hingegen eine zentrale Bedeutung für das Bewusstsein von der Besonderheit der eigenen Clique. Gewährleistet wird es über biografische Gemeinsamkeiten – die Mädchen kennen sich bereits "seit Sandkastenzeiten", besuchen zusammen die Schule, leben in enger Nachbarschaft – und über die geschlechtshomogene Zusammensetzung, d.h. als besondere Qualität der Gruppe wird herausgehoben, dass ihr nur Mädchen angehören, mit denen man "besser" über Probleme reden könne.

Geschlechterreflektierende Forschungsergebnisse zur Jugendgruppengewalt betonen Männlichkeit als ein zentrales Konstitutionsmerkmal devianter Cliquen (Kersten 1993; Möller 2000) und generell – auch für nicht gewaltbereite Jugendgruppen – als "Kristallisationspunkt von Selbstkategorisierungen und Gruppenbildung" (Eckert et al. 2000: 397). Vor dem Hintergrund unserer Studie spricht vieles dafür, der Bedeutung geschlechterhomogener Netzwerke in gewaltbereiten Gruppen eine größere Aufmerksamkeit in Jugendgruppenstudien zu widmen. Zu fragen wäre, ob nicht "Weiblichkeit" mit ihren gruppeninternen Definitionsmerkmalen (s. 4. und 5.) als ein Konstitutionsmerkmal von Mädchengruppen zu begreifen ist und welche Bedeutung "Weiblichkeit" für die Gruppenbindung von Mädchen in gemischgeschlechtlichen Cliquen spielt. Gleichzeitig sollten im Hinblick auf gemischtgeschlechtliche Gruppen Hypothesen differenziert werden, die für weibliche Jugendliche in erster Linie Aspekte emotionaler Integration als gruppenbindend anführen (vgl. Heitmeyer et al. 1995) – neben Machtansprüchen gegenüber dem jugendlichen Umfeld sollte auch die Identifikation mit "Feindbildern" in ihrem Stellenwert für die Identifikation mit der Clique in den Blick genommen werden.

## 3. Stellung, Rolle und Status von Mädchen in gewaltbereiten Jugendgruppen

In der wissenschaftlichen Fachliteratur zur Jugendgruppengewalt wird die Stellung von Mädchen und jungen Frauen in gewaltbereiten gemischtgeschlechtlichen Cliquen – neuere Untersuchungen zu gewaltbereiten Mädchengruppen liegen in der BRD nicht vor – als randständig und den männlichen Gruppenmitgliedern untergeordnet gekennzeichnet (vgl. Möller 2000; Eckert et al. 2000; Kräupl 1995; Esser/Dominikowski 1997). Ihr Einfluss auf die Gruppen wird als gering eingeschätzt, ihr Status aus ihrer Beziehung zu den Jungen in der Gruppe hergeleitet. Die Erklärungsmuster für die Randstellung von Mädchen und jungen Frauen in gewaltbereiten Jugendgruppen und deren Zurückhaltung hinsichtlich physischer Gewaltausübung haben bei aller gegenstandsbezogener und geschlechtertheoretischer Differenzierung einen gemeinsamen Kern: Sie rekurrieren auf traditionelle Geschlechtsrollenerwartungen und auf gesellschaftliche Geschlechterverhältnisse bzw. soziale Geschlechterbeziehungen, die die Verhaltensweisen von Jungen und Mädchen, jungen Frauen und jungen Männern geschlechtstypisch kanalisieren und ihre Beziehungen und Interaktionen geschlechtshierarchisch strukturieren (vgl. auch Holzkamp/Rommelspacher 1991; Engel/Menke 1995; Stenke et al. 1998). Die Marginalisierung von Mädchen und jungen Frauen in gemischtgeschlechtlichen Jugendgruppen wird als Ausdruck gesellschaftlicher und sozialer Geschlechterhierarchien interpretiert.

In den von uns untersuchten gemischtgeschlechtlichen Cliquen haben die weiblichen Jugendlichen einen "guten Stand". Sie sind allgemein anerkannt, stellen sich sehr selbstbewusst dar, behaupten sich gegenüber den Jungen, kritisieren in der Gruppenöffentlichkeit deren Alkohol- und Drogenkonsum oder kriminelle Aktivitäten als Gefährdung der Clique und beanspruchen eine ihnen gleichberechtigte Stellung in der Gruppe.

Zur bei weiblichen wie auch männlichen Mitgliedern anerkannten Stellung der Mädchen in diesen Gruppen trägt zum einen bei, dass die weiblichen

Jugendlichen innerhalb der Cliquen ein eigenes enges Beziehungsnetz bilden. Durch die enge Bindung in den "Mädchensektionen" entsteht ein sozialer Rückhalt, der sich auch in der gegenseitigen Unterstützung bei der Zurückweisung männlicher Dominanzansprüche ausdrückt. Eine Unterordnung von Mädchen unter die männlichen Jugendlichen wäre in den untersuchten gewaltauffälligen gemischtgeschlechtlichen Gruppen mit einem Statusverlust innerhalb der weiblichen Netzwerke verbunden.

Die selbstbewusste Stellung der Mädchen dürfte zum anderen auch darauf beruhen, dass die weiblichen Jugendlichen – anders als in vielen Gruppen, zu denen Forschungsberichte vorliegen (vgl. Eckert et al.; Möller 2000; Esser/Dominikowski 1997) – nicht als "Freundin von..." in die Cliquen kamen und ihren Status von dem der männlichen Gruppenmitglieder ableiten. Als "Gründerinnen" der Gruppe verfügen sie über eine eigenständige Position, und Mädchen, die über weibliche Gruppenmitglieder Zugang zur Clique erhalten haben, leiten ihren Status aus ihrer Stellung im weiblichen Beziehungsgefüge der Gruppe her. Berichte weiblicher Jugendlicher, dass sie auch an Treffen der Cliquen ihrer Partner teilnehmen, sich hier aber nicht weiter integrieren wollten, da sie ihre zentrale Bezugsgruppe ihre eigene Gruppe sei, werfen die Frage auf, ob die in vielen Untersuchungen als "randständig" beschriebenen Freundinnen männlicher Gruppenmitglieder möglicherweise angesichts der Einbindung in eine eigene Clique bewusst darauf verzichten, hier eine bedeutendere Position einzunehmen. Bei Untersuchungen zu gemischtgeschlechtlichen Gruppen sollte eine derartige Möglichkeit zumindest ins Auge gefasst und überprüft werden.

Zum dritten erfüllen die weiblichen Jugendlichen wesentliche *gruppenstabilisierende und gemeinsamkeitsstiftende Funktionen*, die ihnen eine akzeptierte Stellung in der Gruppe sichern. So organisieren sie Gruppenunternehmungen und übernehmen zentrale kommunikative Aufgaben: Es sind Mädchen, die uns – von männlichen wie weiblichen Gruppenmitgliedern – als vertrauensvolle Ansprechpartnerinnen genannt werden, die Verabredungen treffen oder die gemeinsame Unternehmungen planen und organisieren. Die weiblichen Jugendlichen leisten außerdem einen wichtigen Beitrag zur Stabilisierung eines gewaltbereiten Gruppenklimas, indem sie Solidarität in Auseinandersetzungen – auch von Jungen – einfordern und eine zentrale Rolle im gruppeninternen Gewaltdiskurs übernehmen, indem sie eine Vielzahl körperlicher Auseinandersetzungen schildern und ihre Gewaltbereitschaft und Kompromisslosigkeit anhand von Beispielen ausführlich demonstrieren.

In beiden gemischtgeschlechtlichen Gruppen wird von den interviewten männlichen wie weiblichen Jugendlichen die herausragende Position jeweils einer weiblichen Jugendlichen zugeschrieben. In den Mädchengruppen bekleiden zwei bzw. drei Jugendliche eine in etwa gleichermaßen angesehene Position in den Cliquen. Diese "heimlichen Anführerinnen" – die Gruppen sind nicht explizit hierarchisch gegliedert – verfügen über Erfahrungen in gewaltsamen Auseinandersetzungen und vertreten maßgeblich die Gruppenhaltung zu Gewalt – bei den “Zukunftsorientierten” eine ambivalente Einstellung mit einerseits gewaltbefürwortenden und andererseits gewaltdistanzierenden Äußerungen, in den anderen Gruppen eine gewaltbefürwortende Haltung. Bei den “Straßenkids” wie auch bei den Mädchengruppen erhalten weibliche Jugendliche, die selbst keine Gewalt anwenden, sich im Gewaltdiskurs zurückhalten oder sich zwar gewaltbereit darstellen, in den entscheidenden Situationen aber im Hintergrund bleiben, keine hohe Wertschätzung. Gewaltbereitschaft und Gewaltanwendung können demnach als Voraussetzungen für ein hohes Ansehen in diesen Gruppen gedeutet werden. Wichtige Statusmerkmale sind darüber hinaus eine lange Mitgliedschaft – alle hoch angesehenen Mädchen zählen zu den Gründerinnen der Gruppe bzw. gehörten der Gruppe sehr früh an – sowie kommunikative, soziale und organisatorische Kompetenzen.

Allen Statusmerkmalen ist gemeinsam, dass mit ihnen gruppenstabilisierende und zusammenhaltsfördernde Funktionen verbunden sind: Kommunikative Fähigkeiten tragen zur Pflege, Aufrechterhaltung und Festigung der Gruppennetzwerke bei, organisatorische Fähigkeiten werden für die Planung und Durchführung gemeinsamer Unternehmungen eingesetzt und gewährleisten gemeinsame Erfahrungen und soziale Kompetenzen bewirken, dass die Gruppe als unterstützend und hilfreich bei der Lösung von Problemen wahrgenommen wird. Auch Gewaltbereitschaft hat eine wichtige gruppenstabilisierende Funktion, denn sie begründet eine anerkannte Stellung der Gruppe innerhalb des jugendlichen Umfelds. Schließlich produzieren und reproduzieren der interaktive Austausch über gewaltbezogene Einstellungen und Verhaltensweisen wie auch gemeinschaftliche Erfahrungen in gewaltaffinen Situationen verbindende Gruppennormen und eine gemeinsame Gruppenpraxis.

## 4. Gruppenklima und Gewaltbereitschaft von Mädchen

Zwischen dem Ansehen gewaltbereiter Mädchen und dem gewaltbereiten Gruppenklima besteht eine Wechselwirkung: Nur in einem gewaltbereiten Gruppenklima werden Gewaltbereitschaft und Gewaltausübung als Statusmerkmale wirksam, gleichzeitig gründet ein gewaltbereites Gruppenklima und eine entsprechende Gruppenpraxis auf diesen Verhaltensweisen. Die statushohen gewaltbereiten weiblichen Jugendlichen in den von uns untersuchten gemischtgeschlechtlichen und Mädchengruppen wirken auf die Gruppenwirklichkeit gewaltfördernd ein, indem sie gewalttätig handeln, indem sie sich demonstrativ gewaltbereit darstellen und mit ihrer Schilderung und Legitimierung von Gewalthandeln dazu beitragen, dass gewaltbejahende Gruppennormen geschaffen und stabilisiert werden. Sie übernehmen demnach eine wichtige Rolle in der kollektiven Erfahrungsbildung und in der kommunikativen Ver- bzw. Bearbeitung gewaltbezogener Aktivitäten.

Ihr Einfluss auf das Gruppenklima zeigt sich u.a. in dem Konformitätsdruck, den sie insbesondere auf die weiblichen Gruppenmitglieder ausüben. Selbst Mädchen, die sich von gewaltorientierten Verhaltensweisen in den Einzelinterviews distanzieren, sich nicht an gewalttätigen Auseinandersetzungen beteiligen und auch von den anderen als nicht gewaltbereit beschrieben werden, stimmen in den Gruppendiskussionen überwiegend in den gewaltbetonenden Gruppentenor ein. Zum einen kritisieren sie Gewaltbereitschaft und Gewaltanwendung anderer nicht, sondern legitimieren und bestätigen sie meist explizit, zum anderen lassen sie sich von dem gewaltbereiten Gruppenklima "anstecken", z.B. wenn sie Gewalt ausdrücklich befürworten oder sogar selbst in fiktiven Szenarien Gewalt androhen. Von dem Einfluss der Gruppe auf weniger gewaltbereite Jugendliche zeugt auch folgendes Zitat:

"Ja, also zum Beispiel Marita, die war früher total schüchtern immer. Aber wir haben sie irgendwie so gemacht, dass sie nicht mehr so ist. Also ich weiß nicht, das ist immer so bei den Leuten, die herkommen. Am Anfang sind die gar nicht so, und dann, wenn sie das alles sehen, wie wir so sind und so, dann fangen sie auch damit an."

Die gewaltbereiten weiblichen Jugendlichen werden durch solche Anpassungsbemühungen gewaltablehnender Gruppenmitglieder ermutigt, sich entsprechend darzustellen, und sie werden durch die in der gesamten Gruppe erfahrenen Achtung und Wertschätzung für ihr gewaltbereites und gewalttätiges Handeln belohnt. Wesentlich für die gegenseitige "Befruchtung" von subjektivem Gewalthandeln und gewaltbereitem Gruppenklima ist das individuelle Anerkennungsstreben, das über Gewaltbereitschaft und -anwendung realisiert werden kann, sowie die hohe Bedeutung der Cliquen für die Mädchen.

## 5. Gewaltbereitschaft und Weiblichkeitskonstruktion

Wie bereits angesprochen dominieren die weiblichen Jugendlichen in den Gruppendiskussionen mit den gemischtgeschlechtlichen Gruppen den Gewaltdiskurs und sie schildern auch in den Einzelinterviews detaillierter und ausführlicher körperliche Übergriffe auf andere als ihre männlichen Gruppenmitglieder. Dies entspricht weder gängigen Geschlechtsrollenerwartungen noch Forschungsergebnissen aus der Jungen- und Männerforschung, die Gewaltanwendung und die Demonstration von Gewaltbereitschaft als Konstruktion,

Inszenierung und Beweis von Männlichkeit interpretieren. Agieren Mädchen und junge Frauen gewalttätig, so wird dies häufig als Nachahmung männlicher Verhaltensweisen gedeutet (vgl. Eckert et al. 2000) und Gruppenstrukturen sowie Aktivitäten von gewaltbereiten Mädchengruppen werden in "Abhängigkeit von der männlich definierten sozialen Umgebung" gesehen (Karazman-Morawetz/Steinert 1993: 150). Frauen, die eine aktive Rolle in der rechtsextremistischen Szene spielen, wird "ein ausgesprochen maskulines Selbstkonzept, das sich an männlichen Durchsetzungs- und Selbstbehauptungsstrategien orientiert und Weiblichkeit verleugnet" (Utzmann-Krombholz 1994: 19) bescheinigt. Mit anderen Worten: Gewalthandeln von Mädchen und jungen Frauen wird als an Männlichkeitsstereotypen orientiert und im Gruppenkontext in direkter Abhängigkeit vom Verhalten männlicher Mitglieder gesehen (vgl. auch SINUS-Institut 1994: 33).

In unserer Untersuchung orientiert sich lediglich eine 14-Jährige an männlichen Vorbildern, ahmt einen männlichen Habitus nach und hebt die Anerkennung ihrer körperlichen Durchsetzungsfähigkeit in Prügeleien durch Jungen hervor. Dieses Verhalten ist aber – wie die Ergebnisse der zweiten Untersuchungsphase zeigen – temporär und erklärt sich aus dem Widerstreben des Mädchens, sich im System der Zweigeschlechtlichkeit als junge Frau zu verorten: In der ersten Erhebung beschreibt sie Mädchen und Frauen als gegenüber dem männlichen Geschlecht benachteiligt, weil sie schwanger werden können und menstruieren, sie bewertet Zungenküsse als "eklig" und äußert Angst vor sexuellen Erfahrungen. Mädchen wertet sie pauschal ab – nicht nur wegen deren mangelnder "Wehrhaftigkeit", sondern auch wegen eines weiblichkeitsbetonenden Auftretens und "Styling" und dem Bestreben, auf Jungen anziehend zu wirken. Nach einem Jahr hat sich nicht nur ihre äußere Aufmachung stark verändert – sie präsentiert sich als attraktive junge Frau – sie bejaht auch ihre Sexualität und hat eine generell positive Haltung zu Weiblichkeit entwickelt. Damit befindet sie sich in Übereinstimmung mit den anderen befragten weiblichen Jugendlichen – von einer "Imitation" männlicher Jugendlicher oder einer generellen Ablehnung von Weiblichkeit kann keine Rede sein. Dies gilt auch bezüglich ihres Gewaltverhaltens: Die gewaltbereiten Mädchen und jungen Frauen grenzen sich deutlich von der größeren Brutalität und leichteren Reizbarkeit männlicher Jugendlicher ab, betonen, dass sie im Gegensatz zu diesen nicht mit Gegenständen schlagen, keine Waffen benutzen und in der Regel früher aufhören würden zu prügeln.

Betrachtet man die Selbstdarstellung der weiblichen Jugendlichen als soziale Praxis, in der sie immer auch ihre Geschlechtlichkeit präsentieren und herstellen (West/Zimmermann 1991; Hirschauer 1994) – und dies ist in der Adoleszenz, in der Mädchen ihr Geschlechtskonzept neu definieren müssen, von großer Bedeutung (vgl. Kolip 1997; Bilden 1991; Hagemann-White 1984) – so kann die gewaltbetonende Selbstdarstellung als Konstruktion eines den herkömmlichen Vorstellungen nicht entsprechenden Weiblichkeitsbildes verstanden werden. Ein wichtiger Aspekt dieses Weiblichkeitsbildes ist "Durchsetzungsfähigkeit", die sie u.a. durch ihre Gewaltbereitschaft und durch gewalttätiges Agieren beweisen und die mehrfach im Zusammenhang mit der Stellung von Mädchen im Geschlechterverhältnis thematisiert wird:

"Ich finde es in Ordnung, (wenn Mädchen zuschlagen, d. Verf.). Mädels sollen sich auch durchsetzen können, auch wenn es gegen Jungs ist. Mädchen sind irgendwie noch – ich weiß nicht – Jungs sind sozusagen in unserer Welt die größten, die dürfen sich mehr erlauben und so. Ich finde das gut, dass Mädchen auch mal durchgreifen können."

Hinter einer derart durchsetzungs- und selbstbehauptungsorientierten Haltung lassen sich Abgrenzungen und Distanzierungen von einem den Geschlechterstereotypen angepassten Bild von Mädchen und Frauen erkennen, die sich im Geschlechterverhältnis unterordnen bzw. abhängige und schwache Positionen innehaben. Dieses Bild entspringt Erfahrungen und Wahrnehmungen von Benachteiligungen im Geschlechterverhältnis und der Abwertung "typisch weiblicher" Verhaltensweisen in Auseinandersetzungen mit anderen Jugendlichen – Rückzug statt Kampf, Kratzen statt Zuschlagen, Unterordnung statt Selbstbehauptung. Das Weiblichkeitsbild, das die Mädchen der untersuchten Jugendgruppen für sich in Anspruch nehmen und das sie in ihrem Auftreten – u.a. über ihre demonstrative Gewaltbereitschaft – konstruieren, richtet sich gegen entsprechende Geschlechtertypisierungen und zeigt ihr Bedürfnis nach Anerkennung, Selbstwirksamkeit und Unabhängigkeit.

Wenn Mädchen gewalttätiges Agieren als generelle, nicht nur männlichen Jugendlichen zustehende und damit "typisch männliche" Handlungsoption wahrnehmen, befinden sie sich zwar im Widerspruch zu allgemeinen gesellschaftlichen Norm- und Wertvorstellungen, die derartige Handlungsoptionen für Mädchen und Frauen nicht vorsehen. Gleichzeitig stimmen sie jedoch mit normativen Orientierungen und einer entsprechenden Konstruktion von Weiblichkeit innerhalb der jeweiligen Gruppenkontexte überein. Hier wird Gewaltbereitschaft und die Beteiligung von Mädchen an gewalttätigen Auseinandersetzungen nicht als "unweiblich" definiert, sondern Gewaltbereitschaft wird als Facette einer durchsetzungsfähigen Weiblichkeit konstruiert. Die Gruppenmitglieder – männliche wie weibliche – stabilisieren und unterstützen weibliche Gewaltanwendung, indem sie sie akzeptieren und indem sie fordern, dass sich Mädchen "nichts gefallen lassen" dürften, sondern Beleidigungen, Verleumdungen oder Angriffen auf die Integrität der eigenen Person, von Verwandten und FreundInnen "handgreiflich" entgegentreten müssten.

Mirja Silkenbeumer (2000: 237) stellt auf der Grundlage biografischer Interviews ebenfalls fest, dass gewaltbereite Mädchen und junge Frauen, "aus sie einengenden Weiblichkeitszuweisungen auszubrechen" versuchen. Sie kommt jedoch zu dem Schluss, dass dies "in keinem direkten Zusammenhang mit ihrer Gewaltbereitschaft stand", da u.a. "der Widerstand gegen Weiblichkeitsvorstellungen, die sie als einengend erlebten und gegen die sie sich aufzulehnen versuchten, (...) nicht dazu (führte), dass sie bestimmte Vorstellungen von Weiblichkeit gänzlich ablehnten" (ebd.). Diese Beobachtung können wir aufgrund unserer Untersuchungsergebnisse bestätigen: Die weiblichen Jugendlichen orientieren sich an "typisch weiblichen" Lebensentwürfen, die zu geschlechtstypischen Berufswahlentscheidungen führen und in denen die Aufgabe der Kindererziehung selbstverständlich Frauen zugeordnet wird. Sie stellen eigene Interessen und Bedürfnisse zugunsten eines Partners zurück, und sie machen bis zu Essstörungen ausartende "Diäten" oder erwägen aufwendige Schönheitsoperationen, um weiblichen Schönheitsidealen zu entsprechen und für Jungen attraktiv zu sein.

Anders als Silkenbeumer deuten wir die Gleichzeitigkeit von Identifikation mit und Ablehnung von traditionellen Geschlechterstereotypen jedoch nicht als unvereinbare Widersprüche und als Beleg dafür, dass Gewaltbereitschaft nicht Ausdruck einer Auflehnung gegen geschlechtsspezifische Abwertungen und eine untergeordnete Position im Geschlechterverhältnis ist. Vielmehr interpretieren wir sie als Ausdruck von Ambivalenzen: einerseits den "typisch weiblichen" Verhaltensanforderungen zu entsprechen, andererseits aber damit verbundenen Abwertungen zu entkommen und das Bedürfnis nach Anerkennung zu befriedigen. Auf der subjektiven Ebene weisen die Orientierungen der Mädchen auf die Komplexität und Dynamik von Geschlechtskonzepten (vgl. Kolip 1997) hin, in denen neben mehr oder weniger traditionellen auch mehr oder weniger "moderne" Entwürfe Platz finden können. Dabei verändern sich deren Bedeutungen bzw. ihr Verhältnis untereinander entwicklungs- und lebensaufgabenspezifisch, wie Veränderungen in der Beziehung zwischen Gewaltbereitschaft und Weiblichkeitsbildern in der zweiten Erhebungsphase zeigen.

Eine Klassifizierung gewalttätigen Handelns weiblicher Jugendlicher als "männlichkeitsorientiert" geht von geschlossenen und statischen Definitionen "weiblicher" und "männlicher" Verhaltensweisen und Eigenschaften aus. Historischen Analysen (vgl. Gildemeister/Wetterer 1992) und ethnografischen Untersuchungen zufolge (vgl. West/Zimmermann 1991) ist "Geschlecht" jedoch sozial konstruiert. Das heißt auch, dass Merkmalszuschreibungen für "Weiblichkeit" und "Männlichkeit" im Rahmen gesellschaftlicher Strukturen, kollektiver Orientierungen und situativer Bedingungen veränderbar sind. Ein derartiger Wandlungsprozess scheint sich gegenwärtig abzuzeichnen, wie Diskussionen um die "neuen Mädchen" sowie neuere geschlechterdifferenzierte Erhebungen zu Bildungsleistungen, zu Zukunftsorientierungen und zu Gleichberechtigungsansprüchen weiblicher und männlicher Jugendlicher andeuten. In diesen Kontext lassen sich auch die Ergebnisse unserer Untersuchung einreihen. Mädchen und junge Frauen in gewaltbereiten Jugendgruppen nehmen im Streben nach Anerkennung und in Distinktion gegenüber anderen sich in Gewaltkontexten traditionell "zurückhaltenden" weiblichen Jugendlichen für sich Handlungsoptionen in Anspruch, die nicht mit geschlechtstypischen Verhaltenserwartungen übereinstimmen, und schaffen damit ein neues Bild von Weiblichkeit – nicht angepasst, unterlegen und schwach, sondern selbstbewusst, durchsetzungsfähig, machtvoll und stark. Als Versuch einer veränderten Selbstverortung im System der Zweigeschlechtlichkeit können ihre Konstruktionen als Veränderung mädchen- und frauenbenachteiligender Geschlechterhierarchien gedeutet werden.

Dieser Interpretation ist allerdings mit großer Vorsicht zu begegnen. Zum einen bildet die gewaltbereite Gruppe, in der Handlungsspielräume über kollektive Gruppennormen und -orientierungen definiert werden und der eine zentrale Rolle für die Entwicklung gewaltintegrierender Weiblichkeitskonzepte zugesprochen werden muss, einen relativ geschlossenen, gegen andere Netzwerke abgeschotteten Raum und erfährt damit nur eine beschränkte Definitionsmacht. Außerdem handelt es sich um einen lebensphasenspezfisch begrenzten Ort des interaktiven Austauschs und der Selbst- und Fremdvergewisserung, dem zwar eine sozialisierende Wirkung zukommen dürfte, deren Nachhaltigkeit sich jedoch erst im Kontext weiterer Entwicklungen erweisen wird (vgl. hierzu auch die Ergebnisse zur zweiten Untersuchungsphase unserer Erhebung Bruhns/Wittmann 2002).

Angesichts der zeitlichen Fristigkeit und der sozialen Exkludiertheit der informellen subkulturellen Referenzrahmen gewaltbereiter Gruppen lassen sich keine verlässlichen Aussagen zur Bedeutung hier entwickelter Weiblichkeitskonzepte für die Entwicklung der gesellschaftlichen Geschlechterordnung treffen. Sie werden erst möglich vor dem Hintergrund der Analyse veränderter sozialer Einbindungen und neuer lebenspraktischer Herausforderungen im weiteren Lebenslauf sowie durch die Einbeziehung weiterer Analyseebenen: der gestaltenden Wirkung von Institutionen und von ordnungsbildenden und -stabilisierenden gesellschaftlichen Strukturen für soziale Definitionen von Geschlecht und für Geschlechterverhältnisse, deren Macht sich in unserer Untersuchung in den traditionellen Orientierungen der gewaltbereiten weiblichen Jugendlichen im Berufs- und Familiensystem zeigen.

*Literatur:*

Bilden, Helga (1991): Geschlechtsspezifische Sozialisation. In: Hurrelmann, Klaus/Ulich, Dieter (Hrsg.): Neues Handbuch der Sozialisationsforschung. Opladen, S. 147-186.

Bruhns, Kirsten/Wittmann, Svendy (2002): "Ich meine, mit Gewalt kannst du dir Respekt verschaffen". Mädchen und junge Frauen in gewaltbereiten Jugendgruppen. Opladen.

Eckert, Roland/Reis, Christa/Wetzstein, Thomas A. (2000): "Ich will halt anders sein wie die anderen". Abgrenzung, Gewalt und Kreativität bei Gruppen Jugendlicher. Opladen.

Engel, Monika/Menke, Barbara (Hrsg.) (1995): Weibliche Lebenswelten - gewaltlos? Analysen und Praxisbeiträge für die Mädchen- und Frauenarbeit im Bereich Rechtsextremismus, Rassismus, Gewalt. Münster.

Esser, Johannes/Dominikowski (1997): Thomas: Die Lust an der Gewalttätigkeit bei Jugendlichen. Krisenprofile – Ursachen – Handlungsorientierungen für die Jugendarbeit. Frankfurt/Main.

Gildemeister, Regine/Wetterer, Angelika (1992): Wie Geschlechter gemacht werden. Die soziale Konstruktion der Zweigeschlechtlichkeit und ihre Reifizierung in der Frauenforschung. In: Knapp, Gudrun-Axeli/Wetterer, Angelika (Hrsg.): Traditionen – Brüche. Freiburg, S. 201-254.

Hagemann-White, Carol (1984): Sozialisation: weiblich – männlich? – Alltag und Biographie von Mädchen. Opladen.

Heitmeyer, Wilhelm/Collmann, Birgit/Conrads, Jutta/Matuschek, Ingo/Kraul, Dietmar/Kühnel, Wolfgang/Möller, Renate/Ulbrich-Hermann, Matthias (1995): Gewalt: Schattenseiten der Individualisierung bei Jugendlichen aus unterschiedlichen Milieus. Weinheim und München.

Hirschauer, Stefan: Die soziale Fortpflanzung der Zweigeschlechtlichkeit. In: Kölner Zeitschrift für Soziologie und Sozialpsychologie, Jg. 46, H. 4, 1994, S. 668-692.

Holzkamp, Christine/Rommelspacher, Birgit (1991): Frauen und Rechtsextremismus. In: päd extra & demokratische Erziehung, H. 1, S. 126-139.

Karazman-Morawetz, Inge/Steinert, Heiner (1993): Jugend und Gewalt. Forschungsbericht. Institut für Rechts- und Kriminalsoziologie. Wien.

Kersten, Joachim (1993): Männlichkeitsdarstellungen in Jugendgangs. Kulturvergleichende Betrachtungen zum Thema "Jugend und Gewalt". In: Otto, Hans-Uwe/Merten, Roland (Hrsg.): Rechtsradikale Gewalt im vereinigten Deutschland. Opladen, S. 227-236.

Kolip, Petra (1997): Geschlecht und Gesundheit im Jugendalter. Die Konstruktion von Geschlechtlichkeit über somatische Kulturen. Opladen.

Kräupl, Günther (1995): Gruppengewalt Jugendlicher – Eine Untersuchung in Thüringen 1992. Halle.

Möller, Kurt (2000): Zur Grundlegung geschlechtsreflektierender Ansätze sozialer und pädagogischer Arbeit zur Prävention von Rechtsextremismus und Fremdenfeindlichkeit bei Jugendlichen. In: Projekt: Rechtsextremismus und Fremdenfeindlichkeit – Jugendpolitische und pädagogische Herausforderungen (Hrsg.):

Rechtsextremismus und Fremdenfeindlichkeit – Aufgaben und Grenzen der Kinder- und Jugendhilfe. Dokumentation zum Hearing des DJI und des BMFSFJ am 13. Januar 2000 in Berlin. Leipzig, S. 59-76.

Niebergall, Beate (1995): Der mädchenspezifische Umgang mit Gewalt innerhalb rechter Jugendgruppen – „...wenn Jungs das könn', warum könn' Mädchen das nich'?". In: Engel, Monika/Menke, Barbara (Hrsg.): Weibliche Lebenswelten – gewaltlos? Analysen und Praxisbeiträge für die Mädchen- und Frauenarbeit im Bereich Rechtsextremismus, Rassismus, Gewalt. Münster, S. 87-105.

Silkenbeumer, Mirja (2000): Im Spiegel ihrer Lebensgeschichten - Gewalttätiges Verhalten Jugendlicher und Geschlechtszugehörigkeit. Stuttgart.

SINUS-Institut in Zusammenarbeit mit der Gesellschaft für angewandte Wirtschafts- und Sozialforschung CONCRET (Hrsg.) (1994): Motive und Legitimationsmuster junger Gewaltakteure in den neuen Bundesländern. Auszüge aus dem Bericht über die Ergebnisse einer qualitativ-psychologischen Untersuchung. In: AgAG-Informationsdienst, H. 3, S. 30-33.

Stenke, Dorit/Bergelt, Sandra/Börner, Franziska (1998): Jungengewalt – Mädchengewalt – ein Exkurs. In: Forschungsgruppe Schulevaluation: Gewalt als soziales Problem in Schulen. Die Dresdner Studie: Untersuchungsergebnisse und Präventionsstrategien. Opladen, S. 85-114.

Tillmann, Klaus-Jürgen/Popp, Ulrike/Klewin, Gabriele/Meier, Ulrich (2000): "Geschlechtersozialisation und Gewalt an Schulen". Arbeits- und Ergebnisbericht des gleichnamigen Forschungsprojektes für die Deutsche Forschungsgemeinschaft. Bielefeld.

Utzmann-Krombholz, Hilde(1994b): Rechtsextremismus und Gewalt: Affinitäten und Resistenzen von Mädchen und jungen Frauen. Zusammenhänge zwischen geschlechtsspezifischen Erfahrungen und politischen Orientierungen. In: Zeitschrift für Frauenforschung, H. 1+2, S. 6-31.

West, Candace/Zimmerman, Don H. (1991): Doing gender. In: Lorber, Judith/Farrell, Susan A. (eds.): The Social Construction of Gender Newbury Park, London, New Delhi, S. 13-37.

# Aktionsmächtige Girls

*Hans-Günther Heiland*

Mit diesem Beitrag möchte ich den Fokus auf die Dynamik von Handlungen legen und aufzeigen, wie Gewalt aus scheinbar ganz normalen, „anlasslosen“ Situationen entsteht. Empirisches Beispiel ist eine Gruppendiskussion von 7 Mädchen eines Jugendfreizeitheimes; Ausgangspunkt eine Erzählsequenz, in der von einer gewaltförmigen Auseinandersetzung gesprochen wird.[1]

## 1. Der Begriff der Gewalt und die Aktionsmacht der Akteure

Für Heinrich Popitz hat der Begriff der Gewalt seine klaren Konturen verloren. Was man beobachtet, ist eine permanente Dehnung des Begriffs, bis hin zu Tendenzen, ihn seines Inhalts gänzlich zu entleeren.

Popitz führt den Begriff der Gewalt wieder auf die ursprüngliche Dimension zurück: Er reserviert Gewalt für eine Machtaktion, „die zur absichtlichen körperlichen Verletzung anderer führt, gleichgültig, ob sie für den Agierenden ihren Sinn im Vollzug selbst hat (als bloße Aktionsmacht) oder, in Drohungen umgesetzt, zu einer dauerhaften Unterwerfung (als bindende Aktionsmacht) führen soll“ (Popitz 1986: 73). So wie man nicht davon ausgehen kann, dass es vollkommene Sicherheit vor Gewalt gibt, so kann man auch nicht davon ausgehen, dass es zwingende Gründe, Motive, Situationen gibt, die quasi automatisch zur Gewalt führen. Die Anbindung der Gewalt an „gewaltauslösende“ Situationsmerkmale im Sinne eines Instinktmechanismus ist eine, in vielen Vorstellungen noch rudimentäre Annahme, die mir jedoch mit dem Vordringen handlungs- und interaktionstheoretischer Erklärungsansätze überwunden scheint.

1 Die Gruppendiskussion wurde von Fatima Pepe und Anja Miszak im Zusammenhang mit ihrer Diplomarbeit „Mädchen und Gewalt. Eine empirische Untersuchung (bezogen auf Bremen), Bremen 2002 durchgeführt. Für die Überlassung des Materials möchte ich mich bei beiden Autorinnen bedanken.

Birgitta Nedelmann hat in ihrer Abhandlung „Gewaltsoziologie am Scheideweg“ ein Programm für die Analyse von Gewalt entworfen, das sich von der „Mainstreamgewaltforschung“ unterscheidet und an grundlegende soziologische Theoreme anzuschließen versucht und diese produktiv miteinander verknüpft. Ausgangspunkt dieser Gewaltanalyse ist die Art und Weise wie Gewalthandlungen analysiert werden, „denn wie gemordet, gefoltert, gequält, überfallen usw. werde, könne als „Text“ verstanden werden, der nach genauer Lektüre Rückschlüsse über die Gewaltdynamik selbst erlaube“ (Nedelmann 1997: 63).

Wie Nedelmann so hat auch Trotha (1997) darauf hingewiesen, die Gewaltanalyse nicht nur auf die Suche nach den „Ursachen“ jenseits der Gewalt zu beschränken. Vielmehr liegt das, was man als Gewalt identifiziert und klassifiziert, in den Formen der Gewalt selber. „Der Kern des Verstehens der Gewalt liegt in dem, was die Gewalt selbst zum Ausdruck bringt, ermöglicht und vor allem in Gang setzt“, schreibt Trotha (Nedelmann 1997: 20f.) und gibt damit der Gewaltanalyse die Orientierung: “ Gewaltanalyse ist auf die Vorgänge der Gewaltentwicklung gerichtet, in denen sich spezifische Gewaltformen einrichten. Sie dreht sich um die Prozesse, die den Vorgang der Gewalt und Destruktion in Gang setzen, aufrechterhalten, anhalten oder beenden, der den jeweiligen Gewaltformen eigen ist“.

Der Kernpunkt ist die „Entgrenzung des menschlichen Gewaltverhältnisses“, was Popitz treffend wie folgt charakterisiert: „Der Mensch muss nie, kann aber immer gewaltsam handeln, er muss nie, kann aber immer töten – einzeln oder kollektiv – gemeinsam oder arbeitsteilig – in allen Situationen, kämpfend oder Feste feiernd – in verschiedenen Gemütszuständen, im Zorn, ohne Zorn, mit Lust, ohne Lust, schreiend oder schweigend (in Todesstille) – für alle denkbaren Zwecke – jedermann“ (Popitz 1986: 76).

Für eine andere Fokussierung der Diskussion reicht es aus, sich auf diesen Aspekt der Entgrenzung des menschlichen Gewaltverhältnisses zu beschränken und den zweiten Aspekt der Entgrenzung des Gewaltverhältnisses, den der „relativen Realitätsentbundenheit der Vorstellungskraft“ (Popitz 1986: 77f.), zunächst unberücksichtigt zu lassen. Es sei jedoch betont und darauf hingewiesen, dass beide Aspekte sich ergänzen und wechselseitig verstärken können, insofern komplementär im Prozess zu denken sind.

Eine Gewaltanalyse diesen Zuschnitts legt ihr Hauptaugenmerk auf die Situation, ihre Definition und Struktur. Wie, was, in welcher Art und Weise, von wem, zu welcher Zeit definiert wird, hat mehr Freiheitsgrade als man üblicherweise annimmt. Aus dem bisher dargelegten dürfte bereits deutlich geworden sein, wohin der Weg geht: Es geht um die Verknüpfung von situationalen Gegebenheiten und den Macht(-chancen), die sich in der Interaktion ergeben. Popitz versucht, dies mit dem Begriff der Aktionsmacht zu fassen. Aktionsmacht entspringt den Situationen, in denen Akteure interagieren. Der Begriff der Aktionsmacht ist in der Alters-, Geschlechts- wie in der Herrschaftsdimension offen. Aktionsmächtige können Erwachsene, wie Kinder oder Jugendliche, Jungen bzw. Männer ebenso wie Mädchen bzw. Frauen, Herrschende wie Herrschaftsunterworfene sein. Aktionsmacht wäre demnach auch nicht an dauerhafte Machtmittel und Privilegien gebunden. „Wer Aktionsmacht ausübt“, so Popitz (Popitz 1986: 68), „kann etwas tun, wogegen andere nicht gefeit sind; er hat die Macht, andere etwas erdulden zu lassen“ Aktionsmacht ist damit jeder Besonderheit entkleidet, sie ist, wie Trotha schreibt, eine „Jedermanns-Ressource“, eine „normale Machtaktion und Konfliktstrategie“ (Popitz 1986: 25). In diesem Sinne soll mit dem Begriff der Aktionsmacht gearbeitet werden. Bevor ich jedoch zur Erzählsequenz übergehe, möchte ich kurz die Mädchengruppe vorstellen.

## 2. Sozialprofil der Mädchengruppe und die Bedeutung der Gruppe

Die in die Untersuchung einbezogene Mädchengruppe besteht aus 7 Mädchen im Alter zwischen 13 und 15 Jahren. Sechs der Mädchen sind deutscher, eines afrikanischer Herkunft. Die Gruppe existiert seit acht Jahren, was in die Anfänge der Schulzeit verweist. Aus anderen Gesprächen ist bekannt, dass es zwischen einigen Mädchen bereits während der Kindergartenzeit Kontakte gab und gemeinsame Spielnachmittage organisiert worden waren. Offensichtlich sind die Familien untereinander bekannt. Sechs Mädchen werden von ihren Müttern alleine erzogen, ein Mädchen lebt bei seinem Vater. Geschieden sind vier Mütter, eine ist verwitwet. Von den beiden anderen Elternteilen leben zwei in einer partnerschaftlichen Gemeinschaft und diese Form der Lebensgemeinschaft bestand offensichtlich auch vor der Trennung. Fünf Mütter und der Vater sind berufstätig, eine Mutter lebt von der Sozialhilfe. Die Mädchen besuchen unterschiedliche Schulen, wohnen aber alle im selben Stadtteil. Vier von ihnen in Sozialwohnungen (3-4 Zimmer) und drei in Ein- bzw. Zweifamilienhäusern. In der Regel hat jedes der Mädchen ein eigenes Zimmer, ein Mädchen muss dieses mit den Geschwistern teilen. Ein Mädchen ist geschwisterlos.

Übersicht 1: Merkmale der Mädchengruppe

| | | |
|---|---|---|
| **Gruppenstärke** | | 7 |
| **Alter** | 13 Jahre | 1 |
| | 14 Jahre | 4 |
| | 15 Jahre | 2 |
| **Bildungsstatus** | Hauptschule | 5 |
| | Realschule | 2 |
| **Geschwister** | Ja | 6 |
| | Nein | 1 |
| **Elternstatus** | verwitwet | 1 |
| | geschieden | 4 |
| | partnerschaftl. Gemeinschaft | 2 |
| **Erwerbsstatus der Eltern** | ArbeiteIn | 1 |
| | Hausfrau | 1 |
| | KellnerIn | 1 |
| | LehrerIn | 1 |
| | Rechtsanwalt(Anwältin) | 1 |
| | Sozialpädagoge(In) | 1 |
| | SozialhilfempfängerIn | 1 |
| | VerkäuferIn | 1 |
| | ZahnarzthelferIn | 1 |
| **Wohnsituation** | Sozialwohnung | 4 |
| | Ein- bzw. Zweifamilienhaus | 3 |
| **Wohnsituation** | eigenes Zimmer | 6 |
| | Zimmer teilen | 1 |

Der Stadtteil ist insgesamt problembelastet. Neben den angestammten Wohnquartieren gibt es einen hohen Anteil an Sozialwohnungen. Das Jugendfreizeitheim bildet den Mittelpunkt der Freizeitgestaltung. Dort trifft man sich regelmäßig, wobei die Treffen auch durch feste Termine geregelt sind (wie z.B. der wöchentlich angebotene und betreute „Mädchentag“). Ansonsten ist „abhängen“ angesagt, wobei alle Mädchen Vorlieben für Singen, Tanzen und Musik hören haben. Vier der Mädchen haben keinen festen Freund. Von einem der Mädchen sitzt der feste Freund im Gefängnis und verbüßt dort eine Jugendstrafe. Fünf besuchen die Haupt- und zwei Mädchen die Realschule.

Bemerkenswert ist der zeitlich lange Bestand der Gruppe. Basis hierfür ist die gemeinsame Kindergartenzeit von Teilen der Gruppe und ebenfalls der gemeinsame Besuch der Grundschule. Während dieser Zeit haben sich die Beziehungen der Mädchen gefestigt – stabilisierend wirkte auch der Kontakt der Eltern untereinander, so dass die Basis für Freundschaften gelegt worden ist. Insofern ist der Grad der Gruppenkohäsion sehr hoch und in der Perspektive der Mädchen ist die Gruppe ein wichtiger Teil ihres Lebens, Mittelpunkt ihrer Lebens- und Erfahrungswelt. Die Gruppe ist Ausgangspunkt für Aktivitäten, ob diese nun als Gemeinschafts- oder als Aktivitäten von Teilen der Gruppe vorgenommen werden. Selbst Freundschaften zu männlichen Jugendlichen werden der Gruppenperspektive untergeordnet. Der enge Zusammenhalt der Gruppe hat schon manche Krisenphase überwunden und selbst bei Konflikten der Mädchen mit den Instanzen sozialer Kontrolle hat sich die Gruppe als stabil erwiesen.

## 3. Die Erzählsequenz: Aktionsmacht

Ich möchte mich nun im Folgendem intensiv einer Sequenz zuwenden, die meines Erachtens das zum Ausdruck bringt, was ich mit Heinrich Popitz als Aktionsmacht, genauer, als „bloße Aktionsmacht“ oben vorgestellt habe.

Ausgewählt habe ich diesen Abschnitt aus einer 50-Minuten-Gruppendiskussion, die im letzten Drittel der Diskussion aufzufinden ist und zu einem Teil der Gruppendiskussion gehört, in dem der Erzählfluss der Mädchen nicht durch Fragen der die Gruppendiskussion begleitenden Personen unterbrochen bzw. thematisch „strukturiert“ wird. In diesem Abschnitt wirken die Mädchen locker, befreit vom Druck der Erwartungen an die Diskussion.

H: “das sagt eigentlich jeder so, aber die Aggressivste ist sowieso immer E., die sagt zu jedem Mädchen, die sie anguckt, auch wenn sie nur (,) auch wenn sie nur zu ihrer Freundin sagt, – oh, guck mal ihre Haare, die sind schön –, ja, dann sagt sie schon, – na, willst Schläge haben oder so – „
D: “Da weiß ich ein gutes Beispiel mit E., das war bei Happy Family“
⌊ H: “oh nee, ey“

D: “das war heftig!“

⌊ B: **“das war geil“**

D: “Wir saßen“

⌊ B: “Party!“

⌊D: “wir waren so auf den Wiesen da, bei den Toiletten und da war da so ein Mädchen auf der Toilette und E. wirft da so ein Ball gegen, dann sagt (.) kommt sie so raus und sagt so, richtig so Behindertenblick hatte sie so und schüttelt sie den Kopf beim reden so, ja ähm, ja was soll den das, E. geht so hinter her, klaut ihr so Valensinabonbons, weiß du so“

⌊ C: “und dann hab ich ihr noch das Trinken genommen“

⌊ I: “voll fies“

⌊ D: “jaa, dann haben wir ihr alle Sache so geklaut, aber das war zwar gemein, aber das war nur Spaß. Aber wir haben ihr das danach noch wieder gegeben, ja und E. hat die ganze Zeit auf sie eingeschlagen und so, und sie hat voll keine Luft mehr gekriegt, das war zwar nicht richtig, aber das war trotz –“

⌊ F: “es war aber nicht richtig das war.“

⌊ C: “auf keinen Fall“

⌊ F: “ohne Grund, sie hatte nicht mal einen Grund, sie ist einfach auf das Mädchen los gegangen.“

⌊ C: “ ja aber –“

⌊ I: “ich sag zu ihr, zieh mal den Rock von dem Mädchen hoch, und was ist und sie hat einen Minirock an und zieht den Rock hoch, und dann war eine Schlägerei.“

(Gruppendiskussion Mädchengruppe des Freizeitheims H.- Aktionsmacht I -876-911)

Das Substrat dieser Sequenz lässt sich wie folgt kurz darstellen:

Auf einer Großveranstaltung mit dem Namen „Happy Family“ wird aus einer Mädchengruppe heraus ein Ball gegen die Toilettentür eines Dixi-Häuschens geworfen. In der Toilette befindet sich ein Mädchen. Nach dem Verlassen der Toilette geht dieses Mädchen auf die Mädchengruppe zu und fragt, „was das denn soll“. Dies tut sie mit unterstützender Bewegung des Kopfes und einem entsprechenden Gesichtsausdruck. Eines der Mädchen geht hinter ihr her, klaut ihr die Valensinabonbons. Ein anderes Mädchen entwendet ihr das Getränk und daraufhin entwenden ihr die anderen Mädchen weitere Dinge. Dies geschah, während das erste Mädchen bereits auf das andere Mädchen einschlug. Die Situation verschärfte sich, als auf Vorschlag eines der Gruppenmitglieder dem Mädchen der Minirock hochgezogen wurde. Daraufhin kam es zu einer Schlägerei.

## 3. Zum interpretativen Gehalt der Erzählsequenz: Die Entfaltung von Aktionsmacht durch die Gruppe

Die Mädchengruppe besucht eine Großveranstaltung mit dem Namen „Happy Family". Diese Veranstaltung findet einmal jährlich auf dem weiträumigen Gelände einer Galopprennbahn statt. Hauptattraktion sind Musikgruppen und Künstler, die mit ihrer Musik im Wesentlichen die jüngeren Altersgruppen zwischen 8 und 16 Jahren und bei den Jüngeren auch die Eltern ansprechen. Das Konzept dieser Veranstaltung ist – wie der Name schon sagt – auf die Familie ausgerichtet. Allen Familienmitgliedern wird ein differenziertes Programm geboten, dessen Ziel in der Herstellung einer entspannten und lockeren Atmosphäre liegt. Neben der Musik gibt es weitere Attraktionen in Form von Hüpfburgen und anderen attraktiven Spielgeräten, deren Benutzung z. T. bezahlt werden muss. Als Ausgleich werden kleinere Preise ausgegeben, die wiederum im direkten Zusammenhang mit den Produkten der Veranstalter stehen. Finanziert und organisiert wird diese Veranstaltung von einem Konsortium großer Lebensmittelketten und anderer Firmen (wie z.B. der Telekommunikation), die diese Veranstaltung nicht nur für den Umsatz ihrer Waren nutzen, sondern Werbung für ihre Produktpalette auf dieser Veranstaltung betreiben.

Für die Mädchen und Jungen in der Altersgruppe 12-15 Jahre ist eine solche Großveranstaltung eine Möglichkeit, den gewohnten Lebens- und Wohnbereich zu verlassen und sich in einem größeren Rahmen zu präsentieren und Chancen und Möglichkeiten zu eruieren, aber sich auch untereinander zu vergleichen. Jeder versucht, sich so gut darzustellen wie möglich, und diese Präsentation erstreckt sich über das Outfit bis hin zum körperlichen Styling. Neben den Familien mit jüngeren Kindern zählt diese Altersgruppe zu den am stärksten auf dieser Veranstaltung vertretenen Gruppen.

Bereits die Einleitungssequenz und der Hinweis auf das Beispiel Happy Family löst bei den Mädchen unterschiedliche Reaktionen aus. Von verbalen „oh nee ey", bis zum Ausruf „das war geil". Während einerseits damit zum Ausdruck gebracht wird, dass man sich offensichtlich gar nicht so gern daran erinnert, gibt man andererseits zu verstehen, und dies mit entsprechender Betonung, dass es sich um ein ganz besonderes Ereignis handeln könnte, an das man sich durchaus positiv erinnert. Wenn man diese begleitenden Bemerkungen als zusammenfassende subjektive Bewertungen des Geschehens ansieht, dann ist „geil" der Ausdruck dafür, dass man sich im Einklang mit den Erwartungen an eine derartige Veranstaltung sieht. Demnach steht die Äußerung im direkten Zusammenhang mit den Erwartungen, die man hatte. Ohne Kenntnis der Fortsetzung dieser Sequenz stände „geil" für: Es hat auf dieser Veranstaltung alles gut zueinander gepasst, die Musik war gut, die Stimmung großartig, ich habe viele Freunde und Bekannte getroffen und wir haben uns kräftig amüsiert. Hierzu würde dann auch der zweite Einwurf durchaus passen: Party! Völlig zwanglos und gesellig saß man beieinander und erfreute sich an dem Gebotenen. „Wir saßen, wir waren so auf den Wiesen da, bei den Toiletten." Einerseits finden wir Hinweise für die Interpretation, andererseits ist der Aufenthaltsort für eine Party etwas ungewöhnlich. Die „Party" fand nicht im Zentrum des Geschehens statt, sondern außerhalb, in den Randzonen der Veranstaltung, in der Nähe der Toilettenhäuschen, einem eher kontrollarmen Bereich der Veranstaltung. Für sich betrachtet ist diese Information nicht verdächtig, denn der Gang zur Toilette ist nichts Ungewöhnliches, gehört zu jeder Party dazu. Es könnte sein, dass die Mädchen diesen Ort gewählt haben, weil sie selbst die Toiletten benutzen wollten und darauf warteten, dass diese frei werden. Aber wenn der Toilettenbesuch die Absicht der Gruppe ist, dann sitzt man gewöhnlich nicht, sondern stellt sich an, um die nächst frei werdende Toilette möglichst rasch zu belegen.

Die Wahl des Aufenthalts ist nicht zufällig. Abseits des Geschehens bietet der Ort mannigfache Möglichkeiten umfassender Beobachtungen. Die Menschen lösen sich aus der Masse. Sie werden konkret und als Personen identifizier- und klassifizierbar. Relativ genau kann eingeordnet werden, wer kommt und wer geht. So hat die Gruppe auch das Mädchen gesehen und sie als „Opfer" ausgewählt, das die Toilette aufsucht, an deren Tür dann kurze Zeit später der Ball fliegen sollte. Die präzise Angabe der Erzählerin lässt dies vermuten („und da war so ein Mädchen auf der Toilette und E. wirft da so ein Ball gegen"). Die Auswahl der Toilettentür für den Ballwurf wurde nicht zufällig getroffen, sondern planvoll, gezielt ausgewählt. Denn für die Gruppe war klar, dass hinter der Tür sich weder ein Kind, ein Vater, eine Mutter befindet. So gezielt wie die Auswahl des „Opfers" erfolgte, so präzise fand der Ballwurf sein Ziel und leitete damit die Provokation ein.

Das Mädchen verlässt die Toilette und wendet sich der Gruppe zu, indem sie fragt „was das denn soll". Ihre Reaktion auf diese Provokation zieht sie in den Aktionskreis der Mädchen, lässt sie zum Opfer der Gruppe werden. Ihre

Reaktion stellt darüber hinaus die Legitimität der Aktion der Gruppe in Frage. Indem sie fragt, bezweifelt sie die Freiheit des Ballwurfes. Indem sie der Gruppe entgegentritt, auf ihre Provokation reagiert, sie zur Rechtfertigung ihres Tuns auffordert, zeigt sich das Mädchen gegenüber der Gruppe als stark, als mächtig. Innerhalb der Machtfiguration einer zahlenmäßig überlegenen Mädchengruppe und eines einzelnen mit Reaktionsmacht auftretenden Mädchens kann die sich abzeichnende Asymmetrie von der Mädchengruppe nicht geduldet werden. Korrektur ist angesagt. Sie findet ihren Ausgangspunkt in der Definition, in der Etikettierung („so Behindertenblick"). Wer nach der vorliegenden Machtkonstellation noch reagiert, der muss nicht ganz normal sein, behindert eben.

Die Entlassung des Mädchens ohne Gegenreaktion würde die Gruppe selbst in Frage stellen, wenn sie nicht als Gruppe reagiert. Aktionsmacht der Mädchengruppe ist, so könnte man vorgreifend vermuten, eine Grundlage ihrer Zusammengehörigkeit, ihrer Solidarität, Bindeglied der Freundschaft der Mädchen untereinander. Die anfänglich recht harmlose Situation gewinnt ihre Dynamik nunmehr durch schrittweise Eskalation. Dem „Klau" der Valensinabonbons folgt die Entwendung des Getränkes und dann die der anderen Sachen. Begleitet wurde diese Aktion von Schlägen des nach eigenen Einstufungen „aggressivsten Mädchens" in der Mädchengruppe („aber die aggressivste ist sowieso immer E."). Machtaktionen, die zur absichtlichen körperlichen Verletzung anderer führen, gleichgültig, ob sie für den Agierenden ihren Sinn im Vollzug selbst haben, sollen in diesem Kontext als bloße Aktionsmacht bezeichnet werden. Bloße Aktionsmacht deshalb, weil die Gruppe keine weiteren Interessen am Handeln des Mädchens zeigt. Diese Form der Aktionsmacht erweist sich jedoch als äußerst fragil. In der Reflexion der Mädchen steht sie unter Rechtfertigungszwang, ist vom Legitimationszwang nicht befreit. Es lag kein Grund vor, gegenüber dem Mädchen in dieser gewaltförmigen Weise vorzugehen („aber das war trotz- (..) ohne Grund, sie hatte nicht mal einen Grund, sie ist einfach auf das Mädchen losgegangen" und „es war aber nicht richtig, das war" und bestätigend „auf keinen Fall").

Dass sich hier vier der sieben Mädchen kritisch äußern, ist bemerkenswert, zeigt es doch an, auf welch tönernen Füßen die bloße Aktionsmacht steht. Hätte es in dieser Form kritische Äußerungen zum Zeitpunkt des Geschehens gegeben, dann wäre die Aktionsmacht nicht in der Weise, wie geschildert, zur Entfaltung gekommen. Die Ausweitung des Konfliktes trägt seinen Sinn nicht in der Tatsache, dass hier ein Mädchen verprügelt werden sollte, sondern in der Herstellung der Gruppensolidarität, in der Beseitigung der asymmetrischen Machtkonstellation zwischen den Konfliktparteien. Indem sich die bloße Aktionsmacht mit der sozialen Dynamik der Situation verknüpft, weiß sie sich noch zu steigern: Der physischen folgt als letzter Akt die psychische Schädigung („ich sag zu ihr, zieh mal den Rock von dem Mädchen hoch, und was ist und sie hat einen Minirock an und zieht den Rock hoch, und dann war eine Schlägerei“). Die mit dieser Handlung (Rock hochziehen) erreichte Schamverletzung überspringt alle moralisch hemmenden Schranken. Die Aktion zielt auf Paralyse des Opfers, auf Herstellung von Wehrlosigkeit. Zugleich ist sie aber auch Strafe. Strafe für Reaktion, für Gegenwehr, für den Versuch, selbst Macht zu entfalten. Indem das Mädchen „wehrlos“ gemacht werden soll, soll die Gewissheit der Gruppe zur Aktionsmächtigkeit steigen und damit die Fähigkeit zur Machsteigerung unter Beweis stellen. Hier liegt aber zugleich die Schwäche bloßer Aktionsmacht. Sie muss sich dieser Fähigkeit immer wieder durch schädigende Aktionen vergegenwärtigen. Diese Schwäche lässt Gegenreaktionen immer wieder entstehen. Wie aus der Sequenz heraus lesbar, schafft selbst die Überzahl der Gruppe nicht die Starrheit, um das Mädchen als soziales und personales Wesen zu unterwerfen. Den Endpunkt bloßer Aktionsmacht bildet die körperliche Auseinandersetzung in Form schierer Aktionsmacht, die sich in der „Schlägerei“ manifestiert.

Der Satz „aber das war nur Spaß“ erscheint nun in einem anderen Sinnzusammenhang. Spaß bezieht sich weder auf die Veranstaltung noch kann Spass als Entlastung für die Aktionsmacht reklamiert werden. „Spaß“ wird durch die Aktionsmacht der Mädchengruppe erzielt, durch Handlungen, die in der Reflexion des Geschehenen durchaus Widerspruch hervorrufen, jedoch nicht die Funktionalität der Gruppensolidarität insgesamt in Frage stellen: Durch den durch die Mädchengruppe kollektiv hergestellten Spaß wird die Übereinstimmung der Gruppenmitglieder geschaffen. Die Mädchengruppe erfährt sich in dieser Machtaktion als Gruppe. So ist es auch gar nicht verwunderlich, dass dem Mädchen die entwendeten Sachen wieder zurückgegeben werden. Die Gruppe ist nicht an der Handlung selbst, noch gar an einer dauerhaften Unterwerfung interessiert. Auch der Einwurf „das ist geil“ ist in diesem Sinne Ausdruck der kollektiven Steigerungswirkung der Situation und der erfolgreichen Mobilisierung von Aktionsmacht durch die Gruppe. „Geil“ ist es eben, sich mal wieder als Gruppe erlebt und gehandelt zu haben.

Es stellen sich in diesem Zusammenhang zwei Fragen: Was sind die Grundlagen einer solchen Art von Gruppensolidarität? Welche Bedingungen für die Entgrenzung müssen gegeben sein?

# 4. Die Entgrenzung der Gewalt und die Solidarität der Gruppe

Eine Bedingung für die Entgrenzung ist die individuelle Erfahrung mit Gewalt. Eines der Mädchen erzählt, wie es von ihrem Vater nach einem Streit einem Akt willkürlicher Gewalt ausgesetzt war. Es ging um die Benutzung des Computers, um ins Internet zu gelangen. Obwohl es eine klare Vereinbarung zwischen Vater und Tochter gab, ist es immer wieder zu Auseinandersetzungen gekommen, weil offensichtlich der Vater sich nicht an die vereinbarten Regelungen hält. Im Anschluss an eine solche Auseinandersetzung kommt es zu folgender Situation, die von dem Mädchen so beschrieben wird:

D: "Mein Vater macht mit seinen Schuhen, seinen Lackschuhen so, die er beim Kellnern braucht, tretet er mir auf so den Fuß und dreht noch einmal so schön, bin ich so, hab ich ihn weggeschupst, dann ist er hingefallen, das tat mir nachher zwar leid, aber (.) weiß ich auch nicht, aber das war auch nicht das Richtige. Das hat er mit Absicht gemacht, er hat das gesehen und dann dreht er noch mal so schön."

Etwas später berichtet sie, dass dieser Vorfall wohl keineswegs ein Einzelfall war: „Aber er schlägt mich dann immer, neuerdings schlägt er sowieso, aber ich kann ihn nicht mehr zurück schlagen, weil hinterher tut es mir dann leid, aber ihn tut das nie leid. Er sagt, das ist eine Lösung. Du weißt nie was, sonst wirst du nie Respekt vor mir haben, sagt er."

(Gruppendiskussion Mädchengruppe des Freizeitheims H.- Gewalterfahrung 193-199 und 207-211).

Im Erfahrungshorizont der Mädchen gilt Gewalt als Mittel der Repression und Herstellung von Disziplin. Das Handlungsmuster der willkürlichen Gewalt dominiert in den ausgewählten Sequenzen. Alternative Formen des sozialen Austausches werden kaum in den Interaktionen der Familien angewandt. Machtkämpfe sind an der Tagesordnung. Die Unterordnung ist jedoch an die situative Fähigkeit zur Entfaltung von Aktionsmacht gekoppelt. Nicht immer gelingt die dauerhafte Herstellung von Ohnmacht gegenüber den aktionsmächtigen Eltern. Bloße Aktionsmacht erweist sich als relative Macht. Relative Macht bewirkt auch nur eine relative Ohnmacht, die jederzeit aufbrechen und ihrerseits Aktionsmacht mobilisieren kann, bis hin zu dem Punkt, dass die Mädchen Macht über Mutter/Vater erlangen. Dies soll an einer weiteren Sequenz deutlich werden:

E: “Oder auch meine Mutter, die ist eigentlich sehr aggressiv und das verstehe ich auch, weil ähm, mein Opa, also ihr Vater, hat sie immer zusammen geschlagen, hat sie vergewaltigt, er war richtig, er war heftiger Alkoholiker“
I: “Vergewaltigt?“
E: “Ja und das hat sie mir aber nicht selber gesagt. Das hat sie mal meiner Schwester erzählt und sie sollte es keinem sagen, aber meine Schwester hat mir das dann erzählt, also (.) anvertraut, meine Mutter weiß bis jetzt noch nicht, dass ich das weiß, sie will nicht, dass ich das weiß. Dann hat er sie immer zusammengeschlagen, hat sie vergewaltigt und seit dem ist sie irgendwie, weiß ich nicht, auch so gewalttätig, wenn sie nicht weiter weiß, dann schlägt sie zu. Aber sie weiß ganz genau, dass ich das nicht mit mir machen lasse, nee, ich sag (.), letztes mal zum Beispiel vor zwei Wochen oder so, hat sie mich geschlagen und da hab ich sie zurückgeschlagen und meinte – Mama, du weißt genau, dass ich stärker bin und denk nach, ob du mich schlagen willst und da hat sie mir noch eine Ohrfeige gegeben und da habe ihre Haare runter gezogen und hab ihr in den Bauch getreten. (.) Da ist sie heulend aus dem Zimmer gegangen und meinte – du hast gar keinen Respekt. Und Mama ich hab dir gesagt, ich lass mir das nicht mehr gefallen von dir, dass du mich schlägst. Ja, aber irgendwie versteh ich das auch so“.
(Gruppendiskussion Mädchengruppe des Freizeitheims H.- Gewalterfahrung -597-617).

E, die als die aggressivste der Gruppe in den Augen der Mädchen gilt, hat nicht nur in der Auseinandersetzung mit ihrer Mutter besondere Erfahrungen mit Gewalt gemacht, auch in ihrer ehemaligen peer-group war zwischen den Mitgliedern Gewalt angesagt, die zu einer Herabsetzung von E in dieser Gruppe führt.

E: “Oder auch in meinem alten Freundeskreis in H., da war es irgendwie normal, dass man seine Freunde untereinander schlägt. Zum Beispiel meine ex-beste-Freundin, sie immer, wenn irgend etwas passiert ist, sie wollte mich schon zweimal richtig zusammen prügeln. Ich mußte immer wegrennen und alle haben sie versucht aufzuhalten, aber das ging (.), aber sie wollte mich immer so richtig zusammenschlagen. Sie hinter mir her gerannt und alles. Dann ihr Bruder hat mir ins Gesicht gespuckt, hat mich Spuckstein genannt, hat mich geschlagen, alles. (.) Das richtig normal so Gewalt.”
(Gruppendiskussion Mädchengruppe des Freizeitheims H.- Gewalterfahrung peers – 497-505).

Während in der ehemaligen Bezugsgruppe von E. Gewalt als Mittel zur Herstellung von Gruppensolidarität benutzt worden ist und offensichtlich die

Gruppe vertikal strukturiert ist, erweist sich die gegenwärtige Gruppe doch wesentlich homogener in der Verteilungsstruktur von Macht.

Auch wenn in dem gesamten Transkript keine expliziten Hinweise zu dieser Form der Strukturierung der Macht in der Gruppe ausfindig zu machen sind, so liegt ja ein Vorteil der Gruppendiskussion gerade darin, dass die Akteure in ihren Meinungsäußerungen "selbst füreinander jene Kontrollen ins Spiel bringen, die zur Aktualisierung und Manifestation der jeweils intern verbindlichen Normen führen. Man braucht diese, wenn nur die Versuchspersonen ihrer sozialen Zusammensetzung nach realen Kommunikationsgemeinschaften entsprechen, inhaltlich überhaupt nicht zu kennen. Und sie werden auch dann in der Diskussion sich manifestieren, wenn die Mehrheit der Teilnehmer subjektiv nicht mit ihnen übereinstimmen würde" (Mangold 1960: 110) Die rege Diskussion, die sich um die Verletzung von Ehre und Stolz entspann, soll als Beispiel für einen auf Gegenseitigkeit fußenden Austauschprozess verstanden werden. Den Ausgangspunkt bildet wiederum eine Auseinandersetung, in deren Verlauf einem Mädchen ein Zahn ausgeschlagen worden ist.

D: "Aber als, das war auch bei Happy Family, Ü. hat ein Mädchen ein Zahn raus geschlagen, aber auch zum Grund, weil (.), also ich würde das auch machen, weil jemand zu mir sagt zum Beispiel, man streitet sich (.) und dann sagt dieses Mädchen, das aus Deutschland geboren wird oder kommt, sagt sie einfach, verpiss dich doch in dein Land zurück, dann würde ich auch durchdrehen, weil (.) sie hat"
⌊ I: "wer weiß, was da ist"
⌊ F: "da würde ich gar nicht drauf hören, weil das wäre mir scheiß egal gewesen"
⌊ D: "So was find ich dann doof"
⌊ E: "aber ich würde trotzdem –
ALLE LACHEN
F:" aber was interessiert mich das, aber was laber ich, ich würde einfach weiter sagen –"
⌊ C: "aber Ü., Ü. ist so –"
⌊ B: "aber mit so was verletzt den Stolz und die Ehre, weil das ist für den sein Land. Man kann sagen, nur weil sie aus einem anderen Land ist, ist sie schlecht, und sagt verpiss dich in dein Land. Sie ist in dieses Land gekommen, um hier besser zu leben, als in ihr Land vielleicht, weil's da nicht geklappt und dann kann sie nicht sagen verpiss dich in dein Land"
⌊ E: "oder, wenn da Krieg ist, oder so, wer weiß das denn

woher sie kommt“

⌊ B: “das ist doch, das ist doch, irgendwie eine Ehre und dein Stolz, den man sich selber aufbaut und der dann irgendwie voll verletzt wird und dann ist das so, dass man sich wieder schlägt und das ist dann wieder verständlich.“

⌊ D: “nicht böse gemeint, aber wo soll Ü. denn (   ), den gibt’s nicht mehr.“

⌊ H: “aber, aber F., bitte guck mal, wenn jemand, wenn du jetzt ich wärst nee, und jemand zu dir sagen würde, verpiss dich in dein Land du Negerin, du würdest durchdrehen, ich schwör’s dir“

⌊ F: “für’s Negerin würde ich durchdrehen, aber nicht, verpiss dich in dein Land, weil das wäre mir scheiß egal gewesen, das wäre“

⌊ C: “oder geh doch in dein Land zurück“

⌊ F: “das kommt immer darauf an. Das würde in ein Ohr rein gehen und wieder raus gehen“

⌊ B: “bei mir nicht, ich wäre durchgedreht, das wär Stolz“

⌊ H: “ich auch“

⌊ F: “guck mal, drehst du ab, drehst du jetzt ab, wenn, verpiss dich doch du scheiß Kartoffel, drehst du ab oder so?“

⌊ B: “nein, aber ich“

⌊ D: “das ist was anderes“

⌊ B: “ich bin in meinem Land, ich bin in meinem eigenem Land, ich bin hier geboren. Wenn ich in einem anderem Land bin und andere, sagen und machen so und machen dich die ganze Zeit fertig“

⌊ H: “ja, und ich würde durchdrehen, weil ich auch angegriffen bin“

⌊ B: “man muß irgendwie dagegen ankommen, wenn man richtige Freunde hat, so wie wir (.), guck mal wir bei uns, wenn die Ausländer irgend etwas machen, wir sagen, verpiss dich, auch, wenn sie selber dazu sagen, halt die Fresse und verpiss dich doch du Kartoffel und so, wir machen sie an und aber-“

(Gruppendiskussion Mädchengruppe des Freizeitheims H.- Aktionsmacht II -912-972).

Gegenüber dem zuvor interpretierten Vorfall ist hier Aktionsmacht nicht auf den Erwerb von Respekt und Anerkennung angelegt, sondern auf die Legitimität der gewaltförmigen Handlung gegenüber dem Mädchen. Den Bezugspunkt bildet ein normatives Muster von Ehre und Stolz. Die Legitimitätsgeltung dieses Musters bildet sich zunächst in einer „sozialen Horizontalen aus, als wechselseitige Bestätigung zwischen Gleichen" (Popitz 1968: 15). Die horizontale Legitimitätsgeltung ist das Produkt der Diskussion, die zwischen den Mädchen stattfindet. Die in der Auseinandersetzung zentrale Äußerung „verpiss dich doch in dein Land" wird vor dem Erfahrungshorizont der Mädchen gedankenexperimentell durchgespielt und auf die möglichen Reaktionsformen hin geprüft. Diese Form der Auseinandersetzung mit dem damaligen Vorfall gibt nicht nur der Gruppe zunehmende Sicherheit, sondern führt darüber hinaus zu einem von der Gruppe getragenen Einverständnis. Dessen Wiederherstellung entsteht nicht durch Appellation, sondern in den gegenseitig ausgetauschten Argumenten wird ein intern geteilter, gegenseitiger Anerkennungsprozess sichtbar, der die Grundlage zur Entfaltung von Aktionsmacht in ähnlich gelagerten Situationen bilden wird. Bloße Aktionsmacht ist geduldete Macht, die sich der Zustimmung der Gruppenmitglieder gewiss ist und sich auf ein von der Gruppe geteiltes Gerüst sozialer und normativer Muster stützt.

## *Literatur:*

Mangold, Werner (1960): Gegenstand und Methode des Gruppendiskussionsverfahrens, Frankfurter Beiträge zur Soziologie, Band 9. Frankfurt.

Nedelmann, Birgitta (1997): Gewaltsoziologie am Scheideweg. Die Auseinandersetzungen in der gegenwärtigen und Wege der künftigen Gewaltforschung. In: Soziologie der Gewalt. (Hrsg.): von Trutz von Trotha, Sonderheft 37/1997 der Kölner Zeitschrift für Soziologie und Sozialpsychologie, Opladen/Wiesbaden, S. 59-85.

Popitz, Heinrich (1968): Prozesse der Machtbildung. Tübingen.

Popitz, Heinrich (1986): Phänomene der Macht, Tübingen.

Trotha, Trutz von (1997): Zur Soziologie der Gewalt. In: Soziologie der Gewalt (Hrsg.): von Trutz von Trotha, Sonderheft 37/1997 der Kölner Zeitschrift für Soziologie und Sozialpsychologie, Opladen/Wiesbaden, S. 9-56.

# Wertorientierungen und Jugenddelinquenz

*Klaus Boers/Andreas Pöge*

Es ist nicht neu, dass man trotz der öffentlichen Dauerdiskussion über die „wachsende“ Jugendgewalt und obwohl die Jugendkriminalität und kriminelle Karrieren seit mehr als einem halben Jahrhundert weltweit im Zentrum der kriminologischen Theoriebildung und empirischen Forschung stehen, noch immer so ganz Genaues nicht weiß. Insbesondere in Deutschland kennen wir nicht einmal das Ausmaß und die Intensität der Jugendkriminalität aus regelmäßigen und für das ganze Land repräsentativen Dunkelfeldbefragungen. Immerhin wissen wir aus (vor allem internationalen) Lebensverlauf- und Karrierestudien doch zumindest einiges von dem, was keine oder nur geringe Bedeutung zu haben scheint. So ergibt sich aus den die Forschung bislang dominierenden ätiologischen Bemühungen um die Kriminalitätsursachen, dass entgegen vielfältigen Erwartungen nicht biologische oder persönliche, sondern wenn schon, dann eher soziale, also familiäre, schulische und berufliche Faktoren bedeutsam sind. Hingegen sind die spätestens mit dem Labeling Approach immer wieder vermuteten negativen Effekte polizeilicher und justizieller Kontrollinterventionen kaum untersucht worden. Wo dies geschah, prägten meist polizeiliche Registrierungs- oder Verurteilungskarrieren, nicht jedoch persönliche oder soziale Defizitkarrieren das Bild. Aber dies sind bislang nur unvollständige empirische Hinweise – in für unsere überlieferten Kausalvorstellungen immerhin unerwartete Richtungen (Zum Ganzen: Benson 2002; Boers 2003). Es gibt jedenfalls kaum Längsschnittstudien, die sowohl das Dunkel- als auch das Hellfeld berücksichtigen und damit die kriminologisch überaus bedeutsamen Wechselbeziehungen zwischen lebensweltlichem Verhalten und formeller Sozialkontrolle beobachten können.[1] Und es existiert bislang keine abgeschlossene Längsschnittstudie, die diese Wechselbeziehungen im Kontext modernisierter Sozialstrukturen untersucht. Danach sind nicht nur (vertikale) soziale und ökonomische Ungleichheiten, sondern vor allem auch die horizontale gesellschaftliche Differenzierung anhand von Wertorientierungen und Lebensstilen (im Hinblick auf die Herausbildung unterschiedlicher sozialer Milieus) zu berücksichtigen.

Im Folgenden werden Befunde aus einer in Münster und Duisburg laufen-

---

1 Eine deutsche Ausnahme stellt nicht nur insoweit die Untersuchung von Schuhmann und Kolleg/innen (2003) dar, die zwar erst mit der Statuspassage zwischen Schule und Beruf beginnt, diese allerdings vertiefend auch mit einem qualitativen Panel untersucht.

den Panelstudie[2] vorgestellt, die versucht, die zuletzt genannten Anforderungen zu erfüllen. Kriminologisch möchten wir damit nicht nur die („alte“) Frage nach den dynamischen Zusammenhängen zwischen Sozialstruktur und Delinquenz differenziert untersuchen, sondern vor allem auch darüber Aufschluss gewinnen, wie die Selektionsprozesse formeller Kontrollinstanzen über die Jugendphase hinweg durch unterschiedliche soziale, ökonomische oder kulturelle Ressourcen moderiert werden, zugespitzt formuliert: inwieweit Delinquenz episodaler Teil der Dynamik jugendlicher Milieus und Lebensstile ist und bleibt oder in der institutionellen Eigendynamik selektiver Kontrollprozesse zu kriminellen Karrieren verdichtet wird. Dieser Artikel erörtert nach einer einführenden Darstellung der theoretischen Konzeption (1.) die Bedeutung von Wertorientierungen in einem Konzept sozialer Milieus (2.) und konzentriert sich sodann auf methodische und empirische Implikationen der Konstruktion von Wertorientierungen (3.) sowie auf eine kriminologische Beschreibung der aufgefundenen Wertecluster (4). Verwendet werden Einstellungsdaten Duisburger Neuntklässler aus dem Frühjahr 2002.

## 1. Konzeption der Studie als strukturdynamisches Analysemodell

In der jugendsoziologisch ausgerichteten kriminologischen Studie werden drei Analyseebenen unterschieden: neben dem Verhalten und den Einstellungen auf der individuellen Ebene, die beiden sozialstrukturellen Ebenen der Milieus und Lebensstile einerseits und die der (formellen) sozialen Kontrolle andererseits. Eine solche, an der sozialen Komplexität und dem schnellen Wandel der modernen Gesellschaft orientierte, Mehrebenen-Längsschnittuntersuchung stellt erhöhte Anforderungen an die Forschungskonzeption und das ihr zu Grunde liegende theoretische Modell über die Entstehungszusammenhänge von Abweichung und Konformität. Insoweit kann man nur partiell auf die herkömmlichen kriminologischen Erklärungsansätze (v.a. Anomietheorie, Theorie der sozialen Desorganisation, Lern-, Subkultur-, Kontroll- oder Labelingtheorien) zurückgreifen. Denn als reine Handlungstheorien berücksichtigen sie die Entstehungsbedingungen von Kriminalität in der Regel nur unter einem bestimmten Aspekt oder nur auf einer Analyseebene. Für eine einheitliche Betrachtung der beiden Hauptanalysebereiche, die Entste-

---

2 Die Untersuchung wurde in der Eingangsphase mit Mitteln der Stadt und Universität Münster, der Polizeipräsidien Münster und Duisburg sowie des Innenministeriums NRW durchgeführt. Sie wird inzwischen von der Deutschen Forschungsgemeinschaft gefördert.

hung und Entwicklung bestimmter sozialer Handlungsstile und deren soziale Kontrolle, ist neben Handlungstheorien allerdings auch die Systemtheorie in Betracht zu ziehen. Unserer Untersuchung liegt deshalb das in Abb. 1 zusammengefasste strukturdynamische Analysemodell zu Grunde.

Abb. 1: Soziale Milieus, soziale Kontrolle, Abweichung und Konformität. Ein struktur-dynamisches Analysemodell.

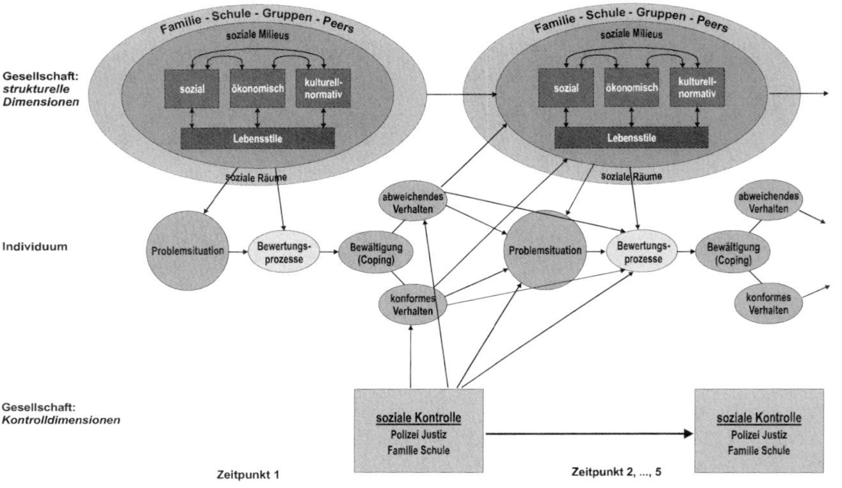


Darin werden die oben genannten Untersuchungsebenen in ihrer zeitlichen Entwicklung dargestellt, wodurch insbesondere die wechselseitigen und die selbtstreferenziellen Beziehungen zwischen den einzelnen Ebenen und Dimensionen sichtbar gemacht werden können.

Der Ausgangspunkt auf der *individuellen Ebene* ist, dass (junge) Menschen in ihrer sozialen Umwelt mit vielfältigen Problemsituationen konfrontiert werden, in denen sich die für eine jeweilige Lebensphase typischen Entwicklungsaufgaben widerspiegeln. Dabei gehen wir im Unterschied zu behavioristischen Positionen *nicht* davon aus, dass solche äußeren Problemsituationen die individuellen Reaktionen weitgehend oder vollständig determinieren. Sie mögen das Individuum stören, irritieren, anregen, seine Reaktionen mitunter auch zu einem erheblichen Teil beeinflussen. Ob und wie sich jemand mit einem Problem auseinandersetzt, beruht aber letztlich auf selbständigen psychischen Verarbeitungs- und Entscheidungsprozessen. Folgt man beispielsweise Überlegungen, wie sie in der kognitionspsychologischen Transaktions- oder Copingtheorie (Lazarus/Folkman 1984) entwickelt wurden, dann liegen der individuellen Auseinandersetzung mit einem „Problem" sowie vor allem seiner schließlichen Bewältigung (Coping) zwei kognitive Bewertungsprozesse zugrunde: Zum einen die Einschätzung, ob und in wieweit eine äußere Situation überhaupt ein individuelles Problem darstellt (Problembewertung), und zum anderen, ob und in wieweit man über individuelle Fähigkeiten verfügt, ein solches Problem zu bewältigen (Coping-Fähigkeiten; in Abb. 1 wurde der vereinfachten Darstellung halber zwischen beiden Bewertungsprozessen nicht differenziert). Beide Bewertungsprozesse können gleichzeitig und wechselseitig ablaufen. So mag derjenige, der sich viel zutraut, eine Problemsituation als für sich weniger gravierend einschätzen, als derjenige, der seine Copingfähigkeiten nur gering bewertet. Je nachdem wie diese Bewertungsprozesse verlaufen, können sie in einer bestimmten Form der Problembewältigung münden[3].

Sind dabei soziale Regeln, gar solche des Strafrechts, im Spiel, dann können die Copingreaktionen als konformes oder abweichendes Verhalten aufgefasst werden. Hier wird die formelle *soziale Kontrolle* durch die Polizei und Strafjustiz relevant – und zwar grundlegend. Dass wir ein Verhalten als Kriminalität wahrnehmen oder nicht wahrnehmen, sodann verfolgen oder nicht verfolgen, ist nicht naturgegeben, sondern bekanntlich ein Ergebnis gesellschaftlicher Definitions- und Entscheidungsprozesse. Diese sind im Strafgesetzbuch kodifiziert, werden praktisch aber erst und vor allem in der Rechtsanwendung, also in der polizeilichen Ermittlungs- und justiziellen Verurteilungstätigkeit bedeutsam. Kriminelles Verhalten ist mithin keine natürliche, sondern eine sozial konstituierte Tatsache (Grundlegend: Lemert 1951; Bekker 1981 [1963]).

Auch wenn es sich bei den Copingprozessen um eine psychische, eine interne Regulierung äußerer Problemsituationen handelt, so verlaufen diese nicht völlig unabhängig (also nicht autonom), sondern in einem zu unterschiedlichen Zeiten mehr oder weniger einflussreich strukturierenden sozialen Raum. Die diesen Raum charakterisierenden *strukturellen Dimensionen der Gesellschaft* werden nicht mehr wie in der klassischen Sozialstrukturforschung allein (anhand des Einkommens und des sozialen Status) als *vertikale* Klassen- oder Schichtmodelle gedacht. Die neuere Sozialstrukturforschung berücksichtigt daneben – als sog. „subjektiven Faktor" – unterschiedliche kulturell-normative Orientierungen und erlangt darüber die Möglichkeit, auch die sog. *horizontalen* Differenzierungen der Gesellschaft zu beobachten. So gibt es beispielsweise auf der Ebene der Unterschicht nicht nur traditionelle Arbeitergruppen („Arbeiterklasse"), sondern auch (heute zudem zahlenmäßig

3 Alternativ zur Copingtheorie wurde die individuelle Ebene auch im Sinne des Rational-Choice-Ansatzes über die Theory of Planned Behavior nach Ajzen modelliert. (vgl. im Einzelnen mit Befunden zum selbstberichteten Ladendiebstahl, Wittenberg/Reinecke 2003).

größere) Gruppen mit unkonventionellen und gebrochenen, nicht immer auf die Zukunftssicherung ausgerichteten Schul- und Berufsbiografien oder mit erlebnis- und freizeitorientierten, die momentane Bedürfnis- und Selbstverwirklichung bevorzugenden Lebensentwürfen. Wertorientierungen umfassen in diesem kriminalsoziologischen Modell nicht nur die üblicherweise erhobenen, auf soziale Institutionen bezogenen Haltungen (z.B. Familie, Partnerschaft, Arbeit, Leistung, Konsum, Gemeinschaft, Staat), sondern ebenso die gegenüber der Begehung von Straftaten bestehenden Wertorientierungen (Normakzeptanz). Schließlich können mit diesem subjektive Strukturmerkmale berücksichtigenden Konzept auch ethnisch-kulturelle Unterschiede differenzierter analysiert werden. Um diese horizontalen Differenzierungen begrifflich deutlich zu machen, spricht man in der neueren Sozialstrukturforschung nicht mehr von Klassen oder Schichten, sondern von *sozialen Milieus* (oder Lebensstilen, siehe im Überblick Hradil 2001: 422ff.; Geißler 2002: 125ff).[4]

Kriminologisch wird durch diese Sichtweise beispielsweise verständlich, warum mit den klassischen Schichtmodellen eine Unterschichtkriminalität – entgegen allen immer noch geläufigen Plausibilitätsannahmen – nie so recht nachgewiesen werden konnte (Boers 1999 mwN.), bestand nach diesen Modellen die „Unterschicht“ doch überwiegend aus Fach- und Industriearbeitern. Diese repräsentier(t)en mit ihren oft über mehrere Generationen gewachsenen sozialen Beziehungen, Vereinen und Organisationen, ihrem Klassen- und Normbewusstsein bis in die Wohnviertel hinein ein kriminalpräventiv insgesamt sehr effizientes Netzwerk der informellen sozialen Kontrolle. Soziale Milieus repräsentieren in diesem Verständnis also die Ebene der so genannten gesellschaftlichen *Makrostruktur*, zum einen in Gestalt *sozialer, ökonomischer und kultureller Ressourcen* oder „Kapitalien“. Diese sind ineinander überführbar, so dass fehlende Ressourcen bis zu einem gewissen Grad durch andere ergänzt werden können. Zum anderen beinhaltet das Konzept der sozialen Milieus mit den *Lebensstilen* eine expressive, also sichtbare Komponente. Hierdurch erfährt die im Analysemodell notwendigerweise abstrakt gefasste Kapitalienstruktur in den Gewohnheiten des alltäglichen Lebens eine konkrete Ausdrucksform. Es geht mithin um Präferenzen und Vorlieben für eine bestimmte Kleidung, Musik, Literatur, Massenmedien, Filme, Spiele, Lokale, Sportarten, Arbeits- und Leistungsstile.

Vermittelt und generiert wird das Charakteristische eines sozialen Milieus in den Institutionen und Gruppierungen des *näheren sozialen Umfeldes*, also in den auf der so genannten sozialen Mesoebene agierenden Sozialisationsinstanzen, vor allem in der *Familie* (Raithel 2002: 62ff.), *Schule* und in mehr oder weniger formalisierten *Peer-Gruppierungen* (gleichaltrige Freunde

4 Zur Entstehung und noch immer uneinheitlichen Begrifflichkeit des Konzepts, vgl. 3.

und Bekannte). Des Weiteren ist das *Wohnviertel* von Bedeutung. Denn in diesen (äußerlich gesehen) geografischen Räumen können die abstrakten Bedingungen der sozialen Makrostruktur in ganz eigenständiger Weise, nämlich als spezifischer *Sozialraum* (z.B. eines Arbeiter-, Alternativ-, Studenten-, Einwanderer- oder Villenviertels) individuell bedeutsam werden. Die Worte „vermittelt *und* generiert" wurden hier bewusst gewählt. Denn mit Blick auf den Zusammenhang zwischen sozialstrukturellen Dimensionen und Individuum (Wie „kommen" die Strukturen zum Individuum und umgekehrt?) nehmen wir keine einseitige, sondern grundsätzlich eine *wechselseitige Beziehung* an. Deren eine Seite ist die „Vermittlung" der Makrostrukturen *an* das Individuum (in Abb. 1 durch die beiden auf die Problemsituation gerichteten Pfeile gekennzeichnet). Auf der anderen Seite werden in der Folge die gesellschaftlichen Dimensionen auch *durch* das Individuum, hier letztlich durch sein Copingverhalten, *strukturiert.* Darauf deuten die beiden vom abweichenden bzw. konformen Verhalten auf die sozialen Milieus im *Zeitpunkt 2* gerichteten Pfeile hin. Es gibt hier noch weitere bedeutsame Wechselbeziehungen, zum Beispiel derart, dass das Ergebnis des jeweils gewählten Copingverhaltens die Problemsituation mildern[5] oder (wenn „es schief läuft") verschärfen kann und hernach auch in den neuerlichen Bewertungs- und Copingprozessen Beachtung findet. Man kann mithin auch von Lernprozessen sprechen. Ohne die Berücksichtigung der Zeitdimension, also ohne wiederholte Befragungen, sind solche Wechselbeziehungen freilich nicht zu beobachten.

Es geht indessen bei einer Betrachtung des zeitlichen Verlaufs nicht nur um Wechselbeziehungen zwischen für einander äußere Faktoren, sondern ebenso um das, was in der Systemtheorie *„selbstreferentieller"* oder *„selbstreproduktiver"* Prozess genannt wird (Luhmann 1984: 57ff.) Soziale, wirtschaftliche oder kulturelle Systeme sind, genauso wie im Übrigen Individuen, in ihren Operationen bzw. Handlungen immer am Erhalt ihrer jeweils *eigenen* Struktur oder Identität orientiert. Und zwar (notwendigerweise!) in einem Ausmaß, dass diese selbstreproduktiven Effekte in der Regel bei weitem stärker sind als die auf die Umwelt einwirkenden und diese verändernden (Wechselwirkungs-) Effekte.

Diese Beobachtungen werden vor allem bei der kriminologisch besonders bedeutsamen (formellen) *Sozialkontrolle* durch die *Polizei und Strafjustiz* relevant – auch in kriminalpraktischer Hinsicht. In bisherigen Untersuchungen haben vorherige polizeiliche Festnahmen oder Verurteilungen den Kriminalitätsverlauf immer stärker beeinflusst als soziale oder persönliche Faktoren.

---

5 Dabei ist „Problemmilderung" grundsätzlich auch bei einer delinquenten Copingstrategie möglich, solange sie „erfolgreich" ist, d.h. vor allem keine nicht zu bewältigenden Kontrollinterventionen nach sich zieht. Dies dürfte im „Life Course" freilich eher bei der Wirtschafts- als bei der Jugendkriminalität zu erwarten sein.

Kriminalisierungseffekte waren demnach bedeutsamer als die Auswirkungen sozialer oder persönlicher Defizite, kriminelle Karrieren erwiesen sich im Kern als Justizkarrieren (Boers 2003). Präventionsoptimisten erkennen hierin auch Beruhigendes. Denn es ist wegen der strikteren normativen und organisatorischen Steuerung einfacher, in die Strategien formeller Kontrollsysteme einzugreifen (wie man am Aufschwung der Diversion im Jugendstrafverfahren beobachten konnte), als die insoweit vielfach komplexeren familiären, beruflichen, wirtschaftlichen oder persönlichen Strukturen zu beeinflussen.

Zu den (informellen) Instanzen sozialer Kontrolle gehören des Weiteren die *Familie* und die *Schule*. Da diese zugleich zu den wichtigsten Sozialisationsinstanzen gehören, erfüllen sie eine Doppelfunktion, deren beide Seiten eng miteinander verknüpft sind. Denn Sozialisation bedeutet ganz wesentlich die Auseinandersetzung mit und das Erlernen von sozialen Regeln und rechtlichen Normen, ist also immer auch Normsozialisation. Allerdings werden hier keine geradlinigen Wege, entweder zur Konformität oder zur Devianz, angenommen. Prozesse der Normsozialisation verlaufen nicht direkt und schon gar nicht abstrakt, sondern nahezu ausschließlich am Beispiel einer konkreten Normverletzung. Erst dann wird es praktisch möglich, den Sinn von Regeln und Normen zu problematisieren und zu verstehen, deren Geltung zu bestätigen, aber auch ihren Inhalt zu überprüfen, an Veränderungen der Umwelt anzupassen oder sie mitunter auch gänzlich aufzuheben. In diesem Sinne ist abweichendes oder delinquentes Verhalten nicht nur schädlich, sondern auch funktional – sowohl für das individuelle Hineinwachsen in die Gesellschaft als auch für ihren Zusammenhalt.[6]

## 2. Wertorientierungen, Lebensstile und soziale Milieus

Seit den Arbeiten von Bourdieu (1982) über die auf dem „kulturellen Kapital" beruhende und mit distinkten Lebensstilen korrespondierende Binnendifferenzierung des sozialen Raumes sowie mit den modernisierungskritischen Arbeiten Becks (1983; 1986) über die „jenseits von Klasse und Schicht" verlaufenden Prozesse der Individualisierung und Pluralisierung von Lebensstilen in einer spätmodernen Risikogesellschaft wird man sich nicht mehr allein an vertikalen, auf so genannten „objektiven" Merkmalen der ökonomischen und sozialen Lage beruhenden Sozialstrukturmodellen orientieren können, denn moderne Gesellschaften zeichnen sich ebenso durch horizontale

6 Diese Einsichten in die Funktionalität abweichenden Verhaltens entwickelte erstmals Émile Durkheim (1968 [1893]: 141ff.).

Differenzierungen aus, die auf der jeweiligen Ungleichheitsstufe vornehmlich durch kulturelle und normative Präferenzen geprägt werden.

## *2.1 Lebenstile und Milieus in der Sozialstrukturforschung*

Demgemäß wandelte sich die Diskussion in der Sozialstrukturforschung zunächst mit Blick auf die Entstehung neuer sozialer Ungleichheiten (Kreckel 1983; Hradil 1983) und konzentrierte sich in den letzten Jahren auf die Konstitutionsbedingungen von sozialen Milieus oder Lebensstilen.[7]

Inzwischen gibt es eine Vielzahl von Milieu- bzw. Lebensstilansätzen, die mit Hilfe unterschiedlicher Ungleichheitsdimensionen Milieus oder Lebensstile operationalisieren und demzufolge ein recht unterschiedliches Inhalts- und Begriffsverständnis haben.[8] Als Minimalkonsens gehen die meisten Konzepte jedenfalls davon aus, dass die ökonomische Lage an Bedeutung verliert und im Gegenzug die subjektiven Faktoren, wie z.B. Wertvorstellungen oder das Freizeitverhalten, an Gewicht gewinnen. Letztere können eine Eigendynamik entwickeln, die sie von der sozialen Lage nicht mehr direkt abhängig macht.[9] Die begrifflichen und inhaltlichen Unterschiede führen zu einem nicht selten synonymen Verständnis von Lebensstil und Milieu, das sich darin äußert, dass zu Lebensstilen nicht nur expressive, alltagsästhetische oder perfomative Verhaltensweisen (z.B. Kleidung, Musikvorlieben, Medienkonsum), sondern (operational) auch Wertvorstellungen gehören sollen (Müller 1993: 377f., als „evaluative" Komponente; ihm folgend Spellerberg 1996: 78ff.; auch Hermann 2003: 375). Auf Wertorientierungen begrenzte Operationalisierungen werden ebenfalls als Lebensstil (Gluchowski 1988; Pickel 1995) oder auch – wie bei den SINUS-Studien – als soziale Milieus (Becker et al. 1992; Flaig et al. 1993) bezeichnet. Immerhin wird inzwischen aber wohl (ganz) überwiegend, davon ausgegangen, dass die Konzeption und Operationalisierung von Lebensstilen auf Verhaltensweisen und nicht auf Einstellungen beruhen („Standard der Lebensstilforschung", Spellerberg 1996: 78; Hartmann 1999: 15ff. allein auf Verhaltenselemente („Performanz") begrenzt Lüdtke 1989: 42; Georg 1998: 92, 145ff.; Ulbrich-Hermann 1998: 50; auch Schulze 1992, der allerdings von „Milieus" spricht).

Folgt man angesichts dessen der – soweit ersichtlich – elaboriertesten Systematisierung dieses Forschungsfeldes durch Hradil (1992: 31ff.), dann ist

---

7 Die Diskussion regte theoriegeschichtlich auch eine „Wiederbelebung" an, da sie auf Arbeiten Webers und Simmels zurückgeführt werden kann, (s. insbes. Müller 1993).

8 Gute Übersichten vermitteln Spellerberg 1996: 76ff.; Georg 1998: 102ff.; Hartmann 1999: 89ff.; Ulbrich-Herrmann 1998 24ff.; Hermann 2003: 76ff.

9 Zur Diskussion um die noch angemessene Berücksichtigung vertikaler Ungleichheiten, Meyer 2001; Hradil 2001a; Schulze 2001.

anzunehmen, dass die Struktur moderner Gesellschaften durch vier miteinander verbundene, gleichwohl für sich unabhängige, objektive und subjektive Faktoren gebildet wird, die sich in den folgenden Begriffen widerspiegeln:

- die *soziale Lage* als objektive Voraussetzung mit instrumentell nutzbaren Ressourcen, vor allem Geld und Macht;
- das *soziale Milieu*, verstanden als Verschränkung objektiver und subjektiver Faktoren, da sich hierin durch die Wahrnehmung, Interpretation, Nutzung und Gestaltung der objektiven Ressourcen im Kontext von Gemeinden, beruflicher und familiärer Umwelt bereitstehende Handlungsvoraussetzungen zu genutzten Handlungsmitteln verdichten;
- mit *Subkultur* werden latent-subjektive, durch Normen und Werte geprägte sozio-kulturelle Handlungsziele thematisiert;
- im *Lebensstil* gerinnen schließlich vor dem Hintergrund dieser Faktoren Entscheidungs-, Wahl- und Routinisierungsprozesse zu eigenständigen manifest-subjektiven Verhaltensregelmäßigkeiten.

Erlauben diese Unterscheidungen mithin eine systematischere Beschreibung der horizontalen Strukturierungsprozesse in modernen Gesellschaften, so ist gleichwohl nicht zu übersehen, dass die vier Faktoren soziale Lage, Milieu, Subkultur und Lebensstil theoretisch gleich bedeutsam auf einer Ebene angesiedelt sind, und es wird ausdrücklich betont, dass sie, wiewohl analytisch voneinander zu unterscheiden, so doch alle miteinander zusammenhängen[10]. Es stellt sich aber die Frage, worin, in welcher emergenten Einheit diese Faktoren zusammengehören.

Es erscheint daher sowohl in theoretischer als auch in empirischer Hinsicht angemessener, das soziale Milieu als (analytische) Metakategorie zu begreifen und hinsichtlich der sozialen Lage, der kulturell-normativen Orientierung sowie des Lebensstils stärker deren theoretische und empirische Unterscheidbarkeit zu betonen. Die Unterscheidbarkeit dieser drei Faktoren hebt sich erst im Begriff des Milieus auf, mit wiederum neuen Konstellationen und Differenzierungen – in eben distinkte soziale Milieus, welche in dem aus den drei anderen Faktoren gebildeten sozio-kulturellen Raum entstehen. Das soziale Milieu kann nur als analytischer Begriff verstanden werden, da dieses nach dem hier entwickelten Modell weder unmittelbar beobachtbar ist, noch deren Bildung unmittelbar auf empirischen Beobachtungen beruht. Natürlich

10 Es handelt sich natürlich um analytische Unterscheidungen: Milieus (z.B. berufliche) existieren in der Regel nicht unabhängig von subkulturellen Werthaltungen. Und das konkrete Verhalten (z.B. eines Kommunalbeamten) wird meist zugleich von Milieueinflüssen (z.B. seines Berufes) geprägt sein, daneben die Zugehörigkeit zu einer gewissen Subkultur ausdrücken (Er vertritt u. U. weitgehend postmaterielle und Selbstverwirklichungswerte.) und schließlich Manifestation eines bestimmten (vielleicht karriereorientierten) Lebensstils sein (Hradil 1992: 32).

sind auch die soziale Lage, die kulturell-normative Orientierung und der Lebensstil nicht unmittelbar beobachtbar und deshalb ebenfalls analytisch gebildet; sie beruhen nach unseren Vorstellungen aber unmittelbar auf empirisch beobachteten Phänomenen[11]. Methodisch formuliert handelt es sich somit bei den sozialen Milieus um Kategorien zweiter und bei den anderen um Kategorien erster Ordnung. Im Hinblick auf die begrifflichen Unterscheidungen, betrachten wir also in einem engen Sinne Lebensstile allein als Verhaltensreaktionen. Erst auf der konstruktiv höheren Ebene der Milieus wird der inhaltliche Zusammenhang mit den Wertorientierungen (und der sozialen Lage) analytisch sichtbar (den viele Autoren inhaltlich zu Recht im Auge behalten wollen, analytisch und begrifflich aber nicht widerspruchsfrei zuordnen).

## *2.2 Lebensstile und soziale Milieus in der Kriminologie und Gewaltsoziologie*

Milieu- und Lebensstilansätze sind inzwischen auch in einigen kriminologischen und gewaltsoziologischen Untersuchungen zur Anwendung gekommen. So wurden in der Bielefelder Gewaltstudie 15- bis 22-Jährige[12] mit den SINUS-Milieu-Wertitems befragt. Neben der Delinquenz von nicht-traditionellen, hedonistisch orientierten Unterschichtmilieus konnte auch auf der Ebene der Mittelschichten ein konservatives und technikoptimistisches „aufstiegsorientiertes Milieu“ mit höherer Gewaltbereitschaft und erhöhtem Gewaltverhalten beobachtet werden (Heitmeyer et al. 1995: 261ff.).

Ulbrich-Herrmann (1998: 141ff.) fand in seiner allein am Verhalten orientierten Lebensstiluntersuchung mit 15- bis 22-Jährigen[13] unter sechs Lebensstilen eine passiv-resignative Gruppe mit deutlich größerer Gewaltbereitschaft und Gewalttätigkeit. Die direkten Zusammenhänge mit dem Gewaltverhalten waren in diesen Studien allerdings nur schwach ausgeprägt (3,1% erklärte Varianz mit den SINUS-Werten, 9,4% mit der Lebensstiltypologie).[14]

Hermann konnte (2003) in den multivariaten Analysen einer Befragung von 14- bis 70-Jährigen Freiburgern und Heidelbergern (je n=1.460) gar keinen direkten und kaum einen indirekten Zusammenhang zwischen (überwiegend als Verhalten erhobenen) Lebensstilen und selbstberichteter Delinquenz feststellen. Auch bei den Wertorientierungen existierten kaum direkte, jedoch

---

11 Soziale Lage: Einkommen, Bildung. Kulturell-normative Orientierung: Werte, Einstellungen, Lebensziele, Normakzeptanz. Lebensstil: Freizeitverhalten, Konsum- und Interaktionsstile, ästhetische Präferenzen (z. B. Wohnungseinrichtungen, Kleidung, Musik ).

12 Repräsentative Stichproben für Westdeutschland (n=1.709) und Ostdeutschland (n=1.692).

13 n=804 Schülerinnen und Schüler aus Kölner, Hammer und Kreis Mindener Schulen.

14 Auch von der Varianz der Gewaltbereitschaft konnten damit nicht mehr als 12% erklärt werden.

bemerkenswerte indirekte Effekte: Sie hingen mit der Normakzeptanz zusammen (subkulturelle und hedonistische Orientierungen moderat negativ, traditionelle stark positiv), die wiederum mit der vor allem leichten Delinquenz korrelierte (Hermann 2003: 177ff., 186ff.). Die Normakzeptanz ist – neben Wertorientierungen, Alter und Schulabschluss – auch in Hermanns Milieuclustern berücksichtigt worden und dürfte demnach auch das Ergebnis seiner kriminologischen Milieuanalysen wesentlich geprägt haben: Die höchste Prävalenzrate (für alle Delikte, also einschließlich Leistungserschleichungen) hatte danach ein „oppositionelles Milieu“ durchschnittlich 30-Jähriger mit progressiv-individualistischen, säkularen, Traditionen ablehnenden sowie leistungsindifferenten Orientierungen; sie hatten zu 84% das Abitur und wiesen die geringste Normakzeptanz auf (a.a.O.: 204ff.).[15] Auch wenn diese Befunde wegen einiger Validitätsbedenken[16] (und trotz Hermanns sorgfältiger Analyse) wohl nicht verallgemeinert werden können, so deuten die bisherigen empirischen Erkenntnisse in die im obigen strukturdynamischen Modell entworfene Richtung: Die soziologischen Milieu- und Lebensstilkonzepte werden keinen kriminologischen Stein der Weisen, aber womöglich differenziertere Einblicke in den strukturellen Hintergrund von Delinquenz und sozialer Kontrolle liefern können.

Grundsätzlich ist indessen anzumerken, dass noch eine starke Diskrepanz zwischen dem theoretischen Anspruch des Milieu-Konzepts und seiner empirischen Umsetzung besteht. Dies wird insbesondere dann offensichtlich, wenn

---

15 Ein indirekter Zusammenhang zwischen Wertorientierungen und Delinquenz über Einstellungen zu Rechtsnormen fand sich auch in ersten Strukturgleichungsanalysen mit Daten der 8. Münsteraner Klassen (Boers et al. 2002: 144f.).

16 Diese beziehen sich in Hermanns Studie nicht allein auf die 31% bzw. 35% Rücklaufquote (Hermann 2003: 396), sondern auch darauf, dass drei der fünf Milieucluster mit zusammen 74% aller Probanden einen Abiturientenanteil von rd. 80% haben. Sie repräsentieren mit durchschnittlich 27, 30 und 48 Lebensjahren die offensichtlich nur für solche Universitätsstädte typischen Bevölkerungsgruppen (a.a.O.: 205). Hinsichtlich der im Zentrum der Befunde stehenden Bedeutung der Normakzeptanz muss man des Weiteren bedenken, dass sich die stärkeren (-.55) Zusammenhänge für die leichte Delinquenz ergaben, für die „schwere Delinquenz“ aber allenfalls noch moderat (-.22) waren (a.a.O.: 186ff.). Die leichte Deliktsgruppe wurde indessen ganz überwiegend (mit zwei Dritteln der Befragten) von Probanden geprägt, die eine Leistungserschleichung berichtet hatten; als weitere Delikte wurden Drogenkonsum (von rd. 30% berichtet) und Trunkenheitsfahrt (> 23%) in diese Gruppe genommen (a.a.O.: 398, 402). Angesichts dessen fragt man sich allerdings, inwieweit es überhaupt sinnvoll ist, die wegen ihrer Strafwürdigkeit hoch umstrittene Leistungserschleichung (§ 265a StGB) sowie den nicht einmal strafbaren Drogenkonsum (zudem anhand von Daten aus Studentenstädten) zum Gegenstand einer kriminologischen Analyse über den Zusammenhang von „Werte und Kriminalität“ zu machen. Und inwieweit ist es schließlich sinnvoll, ein so weit reichendes analytisches Anliegen allein auf eine hinsichtlich der Altersgruppen repräsentative Stichprobe zu stützen, also ohne Stratifizierung für die insofern relevantesten Gruppen der Jugendlichen und Jungerwachsenen – Zur Verwendung der Sinus-Items in Jugendstudien siehe im Folgenden.

zum einen (wie z.B. in der Gewalt-Studie von Heitmeyer et al. 1995) die für die Gesamtbevölkerung entwickelten Milieu-Items des SINUS-Instituts (vermutlich aus Urheberrechtsgründen) wörtlich für eine Jugendstudie übernommen werden müssen; zum anderen die vom SINUS-Institut für die Gesamtbevölkerung als gültig herausgefundenen Milieu-Klassifikationen (wie z.B. das traditionelle Arbeitermilieu, das technokratisch-liberale Milieu oder das konservativ gehobene Milieu) ebenso auch für Jugendliche gelten sollen (und zwar bis hin zu den prozentualen Anteilen an der jeweiligen Untersuchungsgruppe (vgl. Ludwig-Mayerhofer 2000).

Man kann vielmehr entgegen den Annahmen, wie sie den bisherigen Veröffentlichungen und Auswertungen des SINUS-Instituts implizit zu entnehmen sind, nicht davon ausgehen, dass es sich bei sozialen Milieus um über den Lebensverlauf konstante sowie auch geschlechtsunabhängig allgemein gültige Konstellationen handelt. So zeigt beispielsweise Ludwig-Mayerhofer (2000: 246ff.) anhand einer Sekundärauswertung der SINUS-(Vester-)Daten, dass in den modernisierten Milieus deutlich mehr junge Menschen und Männer, umgekehrt in den traditionellen Milieus mehr Ältere und Frauen vertreten sind. Es ist zudem anzunehmen, dass die Milieukonstellationen in der hochdynamischen Jugendphase, in der unterschiedliche Lebensstile und Wertorientierungen ausprobiert, angenommen und wieder verworfen werden, einem raschen Wandel unterliegen. Schließlich wird man angesichts unterschiedlicher sozialer und ethnisch-kultureller Strukturen von Städten auch mit insofern unterschiedlichen Milieukonstellationen zu rechnen haben.

Will man das Milieu-Konzept der kriminologischen Jugendforschung zu Grunde legen, dann müssen einerseits die Sinus-Items *jugendadäquat* modifiziert (d.h. die Skalen um nicht relevante Items gekürzt bzw. um jugendrelavante Items ergänzt) werden. Andererseits können sich die klassifikatorischen Milieuzuordnungen nicht an für Erwachsene entwickelten Vorgaben orientieren. Es kommt vielmehr darauf an, im Rahmen von Klassifikationsanalysen (im Überblick: Reinecke/Tarnai 2000) die im jeweiligen konkreten Datensatz enthaltene spezifische Struktur *jugendlicher* Sozialmilieus herauszuarbeiten. Des Weiteren ist es aus besagten Gründen nicht plausibel, die Milieukonzeption operational lediglich auf Werteinstellungen zu stützen. Gerade wegen ihrer auf der Verhaltensebene relevanten expressiven Bedeutung sollten ebenso die Lebensstile der Jugendlichen erhoben werden.

In der folgenden Analyse wird allein die Konstruktion der Wertorientierungen als ein Kernelement unserer noch nicht abgeschlossenen Milieubildung vorgestellt. Für deren Operationalisierung haben wir die SINUS-Items in der zuvor beschriebenen Weise modifiziert.

## 3. Konstruktion der Wertegruppierungen

Ziel der Analyse war es, ausgehend von einer 23 (SINUS-) Items umfassenden Skala, die befragten Schülerinnen und Schüler anhand ihrer Werteinstellungsmuster zu klassifizieren.

Zur Erstellung solcher Gruppen wurde hier die Strategie verfolgt, zunächst mit Hilfe einer Faktorenanalyse die Dimensionalität der Itembatterie explorativ zu ermitteln. Nach Herausfilterung der validen Items, wurden die Faktorwerte herausgeschrieben, mit denen im Anschluss eine Clusteranalyse durchgeführt wurde. Zur Validierung der gefundenen Clusterlösung diente eine Korrespondenzanalyse sowohl der einzelnen Indikatoritems der ermittelten Faktoren als auch aller validen, medianisierten Items, jeweils mit den gefundenen Clustern als zusätzliche passive Punkte („supplementary points"; vgl. Münch et al. 2000: 95ff.)[17].

Datengrundlage lieferten die durchgeführten Schülerbefragungen im Rahmen des Forschungsprojektes „Jugendkriminalität in der modernen Stadt".

Um die Entwicklungen der Jugendphase erfassen zu können, beruhen die Erhebungen in Münster und Duisburg auf einer wiederholten Befragung derselben Personen (sog. Panel) von der 7. bis zur 11. Klasse, also von im Durchschnitt 13 bis 17 Jahre alten Schülerinnen und Schülern. In *Münster* wurden die Erhebungen im Januar/Februar 2000 mit einer angestrebten Vollerhebung der 7. Klassen (n=1.949) sowie zu Vergleichszwecken mit Stichproben der 9. und 11. Klassen (n=848 bzw. n=346) begonnen. Einbezogen wurden Sonder-, Haupt- und Realschulen, Gymnasien und Berufskollegs. 2001, 2002 und 2003 wurde die zweite und dritte von insgesamt fünf Erhebungswellen mit den nun 8., 9. und 10. Klassen realisiert. In *Duisburg* haben wir erstmals im Jahre 2002 die 7. Klassen (n=3.411, angestrebte Vollerhebung) und eine Stichprobe der 9. Klassen (n=2.627) aus Sonder-, Haupt-, Real- und Gesamtschulen sowie Gymnasien befragt; im Frühjahr 2003 wurde die 2. Welle mit den nun 8. und 10. Klassen durchgeführt. Die Erhebungen erfolgen in Form schriftlicher Befragungen im Klassenverband. Die Rücklaufquoten lagen bislang zwischen 85% und 97%.[18] Die polizeilichen Registrierungs- sowie die Verurteilungsdaten werden erst nach der jeweils letzten Welle und erfolgter Einwilligung durch die Probanden erhoben. Grundlage für die nachfolgenden Analysen waren die Daten der 2002er Befragung in Duisburg. Für die Analyse wurde aus Gründen der Populationshomogenität nur die Teilstichprobe des neunten Jahrganges berücksichtigt. Es

17 Für die Faktorenanalyse wurde hierbei das SPSS-, für die Cluster- und Korrespondenzanalysen das ALMO-Programmpaket verwendet (Holm 1997).

18 Eine detaillierte Darstellung der Methodik und der Stichproben findet sich in den Methodenberichten zu den jeweiligen Erhebungen, die über die Autoren erhältlich sind.

handelt sich hierbei um 2.627 Probanden, von denen 51% weiblich und 49% männlich und zum Zeitpunkt der Befragung im Durchschnitt 15 Jahre alt waren (Motzke/Brondies 2003).[19]

## 4. Faktorenanalyse

Zur Feststellung der Dimensionalität der Werteskala wurde eine Hauptachsenanalyse (PAF) mit Varimax-Rotation gerechnet. Dieses Verfahren führte zur Extraktion von fünf Faktoren, die inhaltlich die Analysen der Daten vorangegangener Erhebungswellen bestätigen (Pöge 2002). Nach üblichen Kriterien (Trennschärfe der Items, Höhe der Faktorladungen) wurden die geeignetesten Items herausgefiltert, so dass im Ergebnis elf valide Items für die weiteren Schritte zur Verfügung standen (Faktorladungen siehe Tab. 1).

Tab. 1: Rotierte Faktorenmatrix*

| | | Faktor | | | | |
|---|---|---|---|---|---|---|
| | | 1 | 2 | 3 | 4 | 5 |
| L0093 | Technischer Fortschritt macht das Leben schön | ,75 | | | | |
| L0087 | Neue Technologien nützen dem Menschen | ,62 | | | | |
| L0078 | Computer/moderne Geräte machen mir Spaß | ,52 | | | | |
| L0061 | Nur wer Pflichten erfüllt, erreicht sein Lebensziel | | ,58 | | | |
| L0083 | Alte Werte haben große Bedeutung für mich | | ,52 | | | |
| L0066 | In d. Schule v.a. wichtig, mir nichts zu Schulden kommen zu lassen | | ,47 | | | |
| L0085 | Frau findet Erfüllung in Familie | | ,46 | | | |
| L0062 | Ideal ist Beruf mit politischer/sozialer Verwirklichung | | ,43 | | | |
| L0077 | Am liebsten alles hinschmeißen u. abhauen | | | ,57 | | ,21 |
| L0070 | Überlege oft, wie ich aus dieser Gesellschaft aussteigen kann | | | ,57 | | |
| L0052 | Träume, nicht die Drecksarbeit machen zu müssen | | | ,46 | | |

19 Da den Schülerinnen und Schülern der Sonderschulen ein verkürztes Erhebungsinstrument ohne die o.g. Werteinstellungsfragen vorlag, standen diese für die Analysen nicht zur Verfügung.

Fortsetzung Tab. 1:

| | | Faktor | | | | |
|---|---|---|---|---|---|---|
| | | 1 | 2 | 3 | 4 | 5 |
| L0071 | Bin unzufrieden, weil ich mir nicht alles leisten kann | | | ,40 | | |
| L0054 | Habe Verständnis für Leute, die nur tun, wozu sie Lust haben | | | | ,64 | |
| L0053 | Sinn des Lebens ist Spaß und kaufen können, was gefällt | | | | ,51 | ,20 |
| L0055 | Leben ist einfach, man kann immer irgendwie klarkommen | | | | ,50 | |
| L0075 | Arbeit nur zum Geldverdienen | | | | | ,60 |
| L0073 | Würde nicht arbeiten, wenn ich genügend Geld hätte | ,24 | | ,24 | | ,54 |

*Paarweiser Fallausschluss fehlender Werte, Extraktion von Faktoren mit Eigenwerten über 1; dargestellt werden nur Faktorladungen größer als ,20. Für die gefundene Faktorstruktur wurden die fünf orthogonalen und standardisierten Faktorwerte (Anderson-Rubin-Methode) für jeden Fall herausgeschrieben. Diese fünf Faktorwerte drücken die jeweilige Zustimmung oder Ablehnung zu dem zugehörigen Faktor aus (Bortz 1999: 495ff.).

Die ermittelten Faktoren können (stark verkürzt) inhaltlich folgendermaßen interpretiert werden:

*Faktor 1* drückt eine Technik-orientierte Einstellung aus, die dadurch gekennzeichnet ist, dass sowohl das persönliche Empfinden von Zukunftsoptimismus sowie vermutlich Freizeit-Spaß, aber auch das allgemeinere Vertrauen in die Nützlichkeit neuer Technologien ihren Niederschlag finden (*Tech*).

*Faktor 2* beschreibt eine traditionelle Werteinstellung, geprägt durch Zustimmung zur klassischen Geschlechterrollenverteilung, Pflichterfüllung innerhalb und außerhalb der Schule, aber auch von dem Wunsch, sich im Beruf sozial und politisch verwirklichen zu können (*Trad*).

*Faktor 3* ist geprägt durch finanzielle Unzufriedenheit, deprivative Einstellungen und das Bedürfnis, aus sozialen Verpflichtungen aussteigen zu wollen (*Depri*).

*Faktor 4* bildet eine spaßorientierte Werteinstellung ab, die vor allem durch die Komponenten einer hedonistischen Grundhaltung und eines sinnstiftenden Konsumverhaltens bestimmt wird (*Hedo*).

*Faktor 5* drückt eine opportunistische Arbeitseinstellung dergestalt aus, dass der hauptsächliche Grund für Arbeit im reinen Geldverdienen gesehen wird (*Arb*).

## *4.1 Clusteranalyse*

Das Verfahren der hierarchischen Clusteranalyse wurde angewendet, um mit Hilfe der Faktorwerte Gruppen von Probanden zu identifizieren, die sich durch eine bestimmte Kombination der Werteinstellungen auszeichnen. Insbesondere sollte, um weitere, gruppenspezifische Analysen zu ermöglichen, eine Gruppierungsvariable gebildet werden. Deshalb fiel die Entscheidung hier gegen ein probabilistisches und für ein deterministisches Klassifizierungsverfahren.

In der konkreten Anwendung bietet die Clusteranalyse zahlreiche Variationsmöglichkeiten. So können verschiedene Metriken zugrunde gelegt werden, um die Distanzen zwischen den Datenpunkten zu messen; auch das mathematische Verfahren selbst kann mit Hilfe unterschiedlicher Algorithmen durchgeführt werden. Die kritische Frage, wie viele Cluster als Ergebnis angenommen werden sollen, kann aus der Technik des Verfahrens allein nicht beantwortet werden, sondern muss auch immer aus inhaltlichen Gründen entschieden werden (Bacher 1996: 160).

Aus Gründen der Interpretierbarkeit wählten wir eine Lösung mit acht Clustern, die auf dem „Ward-Algorithmus" in Kombination mit „Quadrierten Euklidischen Distanzen" beruht.[20] Dieses Distanzmaß und dieser Algorithmus finden üblicherweise in den Sozialwissenschaften Anwendung und liefern erfahrungsgemäß gute Ergebnisse (Backhaus et al. 2000: 383).

Abb. 2: Scree-Diagramm für normiertes Verschmelzungsschema

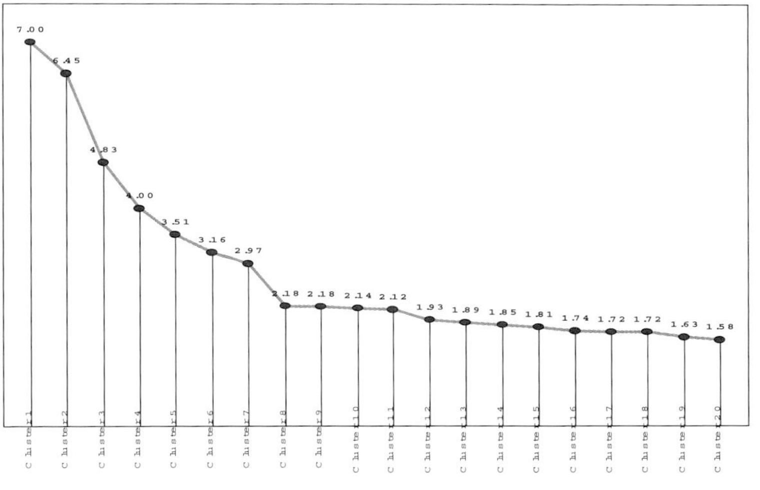


20 In dieser Analyse wurden alle Kombinationen der Metriken „City Block", „Euklidische Distanz" und „Quadrierte Euklidische Distanz" mit den Verfahren „Average Linkage", „Single Linkage", „Complete Linkage" und „Ward Linkage" getestet. Es konnte festgestellt werden, dass in dem Bereich von etwa sieben bis zehn Clustern bei fast allen Kombinationen der Hinweis auf eine sinnvolle Lösung vorlag. – Hingewiesen werden muss an dieser Stelle darauf, dass durch die enorm große Fallzahl die Anwendung verschiedener Teststatistiken sehr problematisch erscheint und bei dieser Lösung ein Maß an Ungewissheit bleibt, das nur durch die angesprochene inhaltliche Komponente ausgeräumt werden kann.

Die gefundenen acht Cluster standen nun für weitere Analysen zur Verfügung und werden hier kurz anhand der medianisierten Faktorwerte in tabellarischer Form dargestellt (siehe Tab. 2). Eine ausführlichere Beschreibung der Cluster auch im Hinblick auf selbstberichtete Delinquenz findet sich in 4.3.

Tab. 2: Beschreibung der Cluster (1)

| | Cluster | | | | | | | |
|---|---|---|---|---|---|---|---|---|
| Fakto-ren | 1 n=300 | 2 n=393 | 3 n=256 | 4 n=211 | 5 n=309 | 6 n=266 | 7 n=366 | 8 n=131 |
| Tech | ⊖ ⊖ *** | ⊖ * | ⊕ ⊕ ⊕ *** | ⊖ ⊖ ⊖ *** | ⊖ * | ⊕ ⊕ ⊕ *** | ⊖ * | ⊕ * |
| Trad | ⊕ ** | ⊖ ⊖ ⊖ *** | ⊕ ⊕ ⊕ *** | ⊕ ⊕ *** | ⊖ ⊖ *** | n.s. | ⊕ ** | ⊕ ⊕ ⊕ *** |
| Depri | ⊖ ⊖ *** | ⊖ *** | n.s. | ⊕ ⊕ ⊕ *** | ⊕ ⊕ ⊕ *** | n.s. | ⊖ ⊖ ⊖ *** | ⊕ ⊕ ⊕ *** |
| Hedo | ⊖ ⊖ *** | ⊖ ⊖ *** | ⊖ ⊖ *** | ⊖ ⊖ *** | ⊕ ** | ⊕ ** | ⊕ ⊕ ⊕ *** | ⊕ ⊕ ⊕ *** |
| Arb | ⊕ ⊕ ⊕ *** | ⊖ ⊖ ⊖ *** | n.s. | ⊖ ** | ⊕ ⊕ *** | ⊕ ⊕ ⊕ *** | ⊖ ⊖ *** | ⊖ ⊖ ⊖ *** |

⊕ =bis 15% über Median, ⊕ ⊕ =15%-30% über Median, ⊕ ⊕ ⊕ =mehr als 30% über Median
⊖ =bis 15% unter Median, ⊖ ⊖ =15%-30% unter Median, ⊖ ⊖ ⊖ =mehr als 30% unter Median
* = $p < 0{,}05$, ** = $p < 0{,}01$, *** = $p < 0{,}001$, n.s. = nicht signifikant

Tab. 3: Beschreibung der Cluster (2)

| | Cluster | | | | | | | |
|---|---|---|---|---|---|---|---|---|
| | 1 n=300 | 2 n=393 | 3 n=256 | 4 n=211 | 5 n=309 | 6 n=266 | 7 n=366 | 8 n=131 |
| Geschlecht | n.s. | ♀*** | ♂*** | ♀*** | n.s. | ♂*** | ♀* | n.s. |
| Gewalt-straftat (w. Def.) | n.s. | ⊖ *** | n.s. | n.s. | ⊕ **** | n.s. | n.s. | ⊕ * |
| Gewalt-straftat (e. Def.) | n.s. | n.s. | ⊖ * | n.s. | ⊕ ** | ⊕ * | n.s. | n.s. |
| Eigentums-delikte | n.s. | ⊖ *** | n.s. | n.s. | ⊕ *** | ⊕ * | n.s. | n.s. |
| Schulart | Gym⊖ *** | Gym⊕ *** GS⊖ * RS⊖ * HS⊖ * | n.s. | n.s | n.s. | n.s. | n.s. | Gym⊖ *** HS ⊕ ** |

Gym = Gymnasium, GS = Gesamtschule, RS = Realschule, HS = Hauptschule
⊕ und ⊖ , sowie ♀ und ♂ geben hier die Richtung einer signifikanten Auffälligkeit an
* = $p < 0{,}05$, ** = $p < 0{,}01$, *** = $p < 0{,}001$, n.s. = nicht signifikant

## *4.2 Korrespondenzanalyse*

Um die Ordinalität der Daten und die Faktoren- und Clusterlösung auf Widerspruchsfreiheit zu prüfen, wurden mehrere Korrespondenzanalysen mit der Clusterzugehörigkeit als „supplementary points" durchgeführt. So wurden die median- bzw. mittelwertgesplitteten Faktorwerte, ebenso wie die median-, bzw. mittelwertgesplitteten elf Items, die die Faktoren der Faktorenanalyse anzeigten, zusammen mit den Punkten der Clusterlösung als „supplementary points" untersucht. Besonders reizvoll scheint allerdings die Analyse der Indikatoritems jeweils eines der fünf Faktoren zusammen mit den Punkten der Clusterlösung.

Wie in Tab. 2 für das Beispiel des Arbeits-Faktors ersichtlich, liegt für jedes Indikatoritem L0073 und L0075 Ordinalität vor (Horseshoe-Effekt, Blasius 2001: 338ff.), die Kategorien sind auf der ersten Dimension erwartungsgemäß geordnet. Auch die hineinprojizierten Punkte der Clusterlösung liegen der Erwartung entsprechend. Ersichtlich ist im Vergleich zu Tab. 2 zusätzlich, dass sich Cluster 6 durch große Zustimmung zu der höchsten Antwortkategorie auszeichnet. Cluster 5 und 1, deren Zustimmungswerte zwar ebenfalls deutlich über dem Median liegen, zeichnen sich jedoch eher durch die Angabe der 4-er Kategorie als durch Zustimmung zur höchsten Kategorie aus.

Abb. 3: Grafische Darstellung der multiplen Korrespondenzanalyse mit „supplementary points"

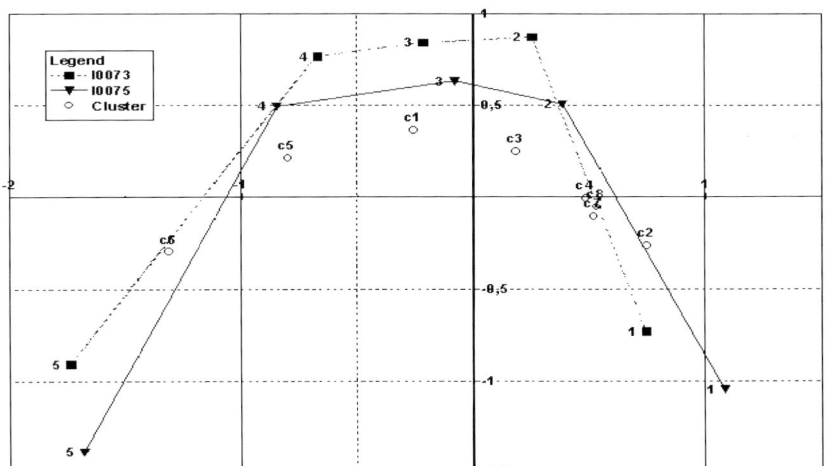

## *4.3 Clusterbeschreibungen*

Im Folgenden werden die gefundenen Werteinstellungscluster vornehmlich im Hinblick auf die selbstberichtete Gewalt- und Eigentumskriminalität interpretiert. Dabei wird nach über- und unterdurchschnittlichem Delinquenzvorkommen unterschieden. Hierbei ist zu bedenken, dass die Delinquenzunterschiede zwischen den Clustern meist nur gering (bestenfalls moderat) ausgefallen sind. Die Analysen beruhen auf den Jahresprävalenzen. In den Bereich der Eigentumskriminalität fallen Einbruch, Hehlerei, Kfz-Aufbruch, Kfz-Diebstahl, Automatenaufbruch, Fahrrad- oder Ladendiebstahl sowie sonstiger Diebstahl, in den der Gewaltkriminalität bei enger Definition Raub (einschließlich „Abziehen"), Handtaschenraub und Körperverletzung mit einer Waffe, bei weiter Definition zusätzlich Körperverletzung ohne Waffe[21].

Überdurchschnittliche Delinquenzbegehung finden sich in den Clustern 5, 6 und 8, die wie folgt beschrieben werden können (Tab. 3):[22]

Beim *Cluster 5* handelt es sich um soziale Aussteiger die zum Zeitpunkt der Befragung Technik und traditionelle Werte eher ablehnten, spaßorientiert waren und ein instrumentelles Verhältnis zur Arbeit hatten. Mädchen und Jungen sind gleich stark vertreten (wobei unter den Mädchen im Verhältnis zum Durchschnitt ihrer Population der Anteil der Gewalttätigen noch größer als bei den Jungen waren). Alle Schularten wurden in gleichem Maße besucht, der Notendurchschnitt lag jedoch sehr deutlich unter dem der Gesamtpopulation. Die eigene Familie wurde weder als arm noch als reich eingestuft *(„Aussteiger"/„Abhänger").* In diesem Cluster wurden deutlich mehr Gewaltstraftaten (nach weiter sowie nach enger Definition) und Eigentumsdelikte angegeben.

Im *Cluster 6* steht die Technik-Orientierung zusammen mit einer instrumentellen Arbeitshaltung sowie einer gewissen Spaß-Orientierung im Vordergrund. In dieser Gruppe finden sich fast viermal so viele Jungen wie Mädchen, die ihre Familien als eher wohlhabend ansahen *(„Technik-Hedonisten").* Gewaltdelikte (enge Definition) sowie Eigentumsdelikte wurden häufiger berichtet als in der Stichprobe.

---

21 Von der Operationalisierung her sind die Körperverletzungen ohne Waffe hier überwiegend nicht als Bagatellen anzusehen; so wurden in der Fragestellung ausdrücklich „normale" Raufereien ausgeklammert. Der Wortlaut der Frage lautete: „Hast du jemals jemanden so geschlagen oder getreten, dass er verletzt wurde? Aber *ohne* eine Waffe oder einen Gegenstand zu benutzen. Damit meinen wir aber *nicht* solche Situationen, bei denen Jugendliche nur aus Spaß miteinander raufen".

22 Alle berichteten Unterschiede sind auf 5%-Niveau signifikant, nicht signifikante Unterschiede oder Auffälligkeiten wurden nicht angeführt.

Im *Cluster 8* finden sich (deutlich ausgeprägte) ambivalente Haltungen: Die Akzeptanz traditioneller Normen steht neben Aussteigerneigungen und Spaß-Orientierungen. Mädchen und Jungen sind in diesem zahlenmäßig kleinsten Cluster etwa gleich stark vertreten. Hauptschüler sind über-, Gymnasiasten stark unterrepräsentiert. In diesem Cluster finden sich fast doppelt so viele Schülerinnen und Schüler mit einer türkischen ersten Staatsangehörigkeit wie in der Gesamtstichprobe *(„ethnisch Ambivalente“)*. Gewaltdelikte sind zwar nach weiter Definition überrepräsentiert, nach enger Definition finden sich jedoch keine Auffälligkeiten.

Unterdurchschnittliche Delinquenzbegehung findet sich dagegen in den Clustern 2 und 3, die nachfolgend beschrieben werden:

Das *Cluster 2* zeichnet sich durch eine als ambivalent zu nennende Ablehnung aller angebotenen Werteinstellungen aus. Vorwiegend erstreckt sich dies auf traditionelle Werte, Spaß-Orientierung und ein instrumentelles Verhältnis zur Arbeit. In diesem Cluster finden sich fast doppelt so viele Mädchen wie Jungen und doppelt so viele Gymnasiasten wie im Populationsdurchschnitt; die anderen Schularten waren deutlich unterrepräsentiert. Außerdem finden sich deutlich weniger Schülerinnen und Schüler mit türkischer erster Staatsangehörigkeit *(„Mädchen mit Anti-Haltung“)*. Besonders die Eigentumsdelikte und Gewaltdelikte (enge Definition) wurden in diesem Cluster deutlich seltener angegeben.

Im *Cluster 3* finden sich sehr stark technische und traditionelle Wertorientierungen, wobei Spaßorientierung abgelehnt wird. In dieser Gruppe sind mehr als doppelt so viele Jungen wie Mädchen vertreten, die sich vom Durchschnitt der Stichprobe zwar nicht durch Art der besuchten Schule, aber sehr wohl durch überdurchschnittlich gute Schulleistungen abheben. *(„angepasste Computer Jungs“)*. Besonders Gewaltdelikte nach enger Definition sind hier seltener zu finden.

## 5. Diskussion

Selbstverständlich kann man ein komplexes Phänomen wie die Jugenddelinquenz nicht monokausal erklären. Darüber hinaus ermöglicht ein objektorientiertes Analyseverfahren wie die Clusteranalyse nicht die Prüfung kausaler Strukturen und Richtungen, jedoch können einige Erkenntnisansätze zur sozialstrukturellen Verteilung der selbstberichteten Delinquenz aus dieser Analyse gewonnen werden.

Vergleicht man abschließend die einzelnen Wertecluster miteinander („horizontal“), dann lagen in jedem der drei durch überdurchschnittliche Delinquenzbegehung gekennzeichneten Cluster spaßorientierte Einstellungen vor (Tab. 2, 3). Hedonismus allein reicht indessen zur Identifizierung eines delinquenten Clusters nicht aus. Denn auch im Cluster 7 findet sich eine Gruppe von Schülerinnen und Schülern, die durch sehr starke hedonistische Einstellungen, aber nicht durch Delinquenz gekennzeichnet ist. Zur hedonistischen Einstellung kommen in zwei der drei Delinquenzcluster deprivative Einstellungen hinzu, jedoch trifft dies nicht für das stärker delinquente Cluster 6 zu. Zudem findet sich auch hier ein deprivatives Cluster 4 mit lediglich durchschnittlicher Delinquenzbelastung.

So kann man sagen, dass auf bivariatem Analyseniveau zwar die Kombination von deprivativen und hedonistischen Wertorientierungen ein Indiz für Delinquenzbelastung sein kann, jedoch können erst multivariate Analysen aufdecken, inwieweit diese Zusammenhänge stabil bleiben. Bisherige Analysen sprechen dafür, dass dies eher als indirekter Effekt zu erwarten ist (Boers et al. 2002: 144f.; Hermann 2003: 194ff). Demnach bildeten Wertorientierungen (und unter Berücksichtigung der Lebensstile sowie der sozialen Lage: die sozialen Milieus) einen strukturellen Hintergrund, der (vermutlich) erst über die Rechtsnormakzeptanz (auf konkrete Straftaten bezogene Wertorientierungen) mit delinquentem Verhalten im Zusammenhang steht.

## *Literatur:*


Bacher, J. (1996): Clusteranalyse. Anwendungsorientierte Einführung. 2. Aufl., München und Wien.

Backhaus, K./Erichson, B./Plinke, W./Weiber, R. (2000): Multivariate Analysemethoden. Eine anwendungsorientierte Einführung. 9. Aufl., Berlin u. a.

Beck, U. (1983): Jenseits von Stand und Klasse. In: Kreckel, R. (Hrsg.): Soziale Ungleichheiten, Sonderband 2 der Zeitschrift Soziale Welt. Göttingen, S. 35-74.

Beck, U. (1986): Risikogesellschaft. Auf dem Weg in eine andere Moderne. Frankfurt a. M.

Becker, H. S. (1981 [1963]): Außenseiter. Frankfurt a. M.

Becker, U./Becker, H./Ruhland, W. (1992): Zwischen Angst und Aufbruch. Das Lebensgefühl der Deutschen in Ost und West nach der Wiedervereinigung. Düsseldorf u. a.

Benson, M. L. (2002): Crime and the Life Course. Los Angeles.

Blasius, J. (2001): Korrespondenzanalyse. München und Wien.

Boers, K. (1999): Sozialstrukturelle Defizite und Kriminalität. In: Albrecht, H.-J./Kury, H. (Hrsg.): Kriminalität, Strafrechtsreform und Strafvollzug in Zeiten des sozialen Umbruchs. Freiburg, S. 57-84.

Boers, K. (2003): Kriminalität und Kausalität. Baden-Baden, im Druck.

Boers, K./Reinecke, J./Wittenberg, J./Motzke, K. (2002): Wertorientierungen, Freizeitstile und Jugenddelinquenz. In: Neue Kriminalpolitik, Heft 4, S. 141-146.

Bortz, J. (1999): Statistik für Sozialwissenschaftler. 5. Aufl., Berlin und Heidelberg.

Bourdieu, P. (1982): Die feinen Unterschiede. Frankfurt.
Durkheim E. (1968 [1893]): Über die Regeln der soziologischen Methode. Frankfurt.
Flaig, B. B./Meyer, T./Ueltzhöffer, J. (1993): Alltagsästhetik und politische Kultur. Zur ästhetischen Dimension politischer Bildung und politischer Kommunikation. Bonn.
Geißler, R. (2002): Die Sozialstruktur Deutschlands; 3. Aufl.. Opladen.
Georg, W. (1998): Soziale Lage und Lebensstil – eine Typologie. Opladen.
Gluchowski, P. (1988): Freizeit und Lebensstile. Erkrath.
Hartmann, P. H. (1999): Lebensstilforschung. Darstellung, Kritik und Weiterentwicklung. Opladen.
Heitmeyer, W./Collmann, B./Conrads, J./Kraul, D./Kühnel, W./Möller, R. (1995): Gewalt. Schattenseiten der Individualisierung bei Jugendlichen aus unterschiedlichen Milieus. Weinheim.
Hermann, D. (2003): Werte und Kriminalität. Opladen.
Holm, K. (1997): ALMO Statistik-System. Linz.
Hradil, S. (1983): Die Ungleichheit der „Sozialen Lage". In: Kreckel, R. (Hrsg.): Soziale Ungleichheiten. Göttingen, S. 101-118.
Hradil, S. (1992): Alte Begriffe und neue Strukturen. Die Milieu-, Subkultur- und Lebensstilforschung der 80er Jahre. In: Hradil, S. (Hrsg.): Zwischen Bewußtsein und Sein. Opladen, S. 15-56.
Hradil, S. (2001): Soziale Ungleichheit in Deutschland; 8. Aufl., Opladen.
Hradil, S. (2001a): Eine Alternative? Einige Anmerkungen zu Thomas Meyers Aufsatz „Das Konzept der Lebensstile in der Sozialstrukturforschung", Soziale Welt 52, S. 273-282.
Kreckel, R. (1983): Theorie sozialer Ungleichheiten im Übergang. In: ders. (Hrsg.): Soziale Ungleichheiten. Göttingen, S. 3-12.
Lazarus, R./Folkman, S. (1984): Stress, Appraisal and Coping. New York.
Lemert, E. M. (1951): Social pathology. A systematic approach to the theory of sociopathic behaviour. New York, London.
Lüdtke, H. (1989): Expressive Ungleichheit. Zur Soziologie der Lebensstile. Opladen.
Ludwig-Mayerhofer, W. (2000): Von Schicht zu Milieu – Was bringen neue Konzepte sozialer Ungleichheit für die Kriminalsoziologie? In: ders. (Hrsg.): Soziale Ungleichheit, Kriminalität und Kriminalisierung. Opladen, S. 251-257.
Luhmann, N. (1984): Soziale Systeme. Frankfurt.
Meyer, T. (2001): Das Konzept der Lebensstile in der Sozialstrukturforschung – eine kritische Bilanz. In: Soziale Welt 52, S. 255-272.
Motzke, K./Brondies, M. (2003): Methodenbericht Duisburg 2002. in Vorbereitung.
Müller, H.-P. (1993): Sozialstruktur und Lebensstile. Frankfurt a. M.
Münch, K./Reinecke, J./Wittenberg, J. (2000): Der Einfluß von Gewohnheiten (habits) auf das Kontrazeptionsverhalten junger Menschen. In: Reinecke, J./Tarnai, C. (Hrsg.): Angewandte Klassifikationsanalyse in den Sozialwissenschaften. Münster u. a.
Pickel, G. (1995): Wertorientierungen als Lebensstile – Betrachtungen am Beispiel junger Erwachsener. In: Angewandte Sozialforschung, Heft 1, S. 39 –50.
Pöge, A. (2002): Der Zusammenhang von Lebensmilieu, Einstellungen und deviantem Verhalten bei Jugendlichen. Münster, unveröffentlichte Magisterarbeit.

Raithel, J. (2002): Jugendkriminalität und elterliches Erziehungsverhalten. In: Neue Kriminalpolitik 14, Heft 2, S. 62-65.

Reinecke, J./Tarnai, C. (Hrsg.) (2000): Angewandte Klassifikationsanalyse in den Sozialwissenschaften. Münster und New York.

Schulze, G. (1990): Die Transformation sozialer Milieus in der Bundesrepublik Deutschland. In: Berger, P. A./Hradil S. (Hrsg.): Lebenslagen, Lebensläufe, Lebensstile. Göttingen, S. 409-432.

Schulze, G. (1992): Die Erlebnisgesellschaft: Kultursoziologie der Gegenwart. Frankfurt a. M.

Schulze, G. (2001): Scheinkonflikte. Zu Thomas Meyers Kritik der Lebensstilforschung. In: Soziale Welt 52, S. 283-296.

Schuhmann, K. F. (Hrsg.) (2003): Delinquenz im Lebensverlauf. Weinheim.

Spellerberg, A. (1996): Soziale Differenzierung durch Lebensstile. Eine empirische Untersuchung zur Lebensqualität in West- und Ostdeutschland. Berlin.

Ulbrich-Herrmann, M. (1998): Lebensstile Jugendlicher und Gewalt. Eine Typologie zur mehrdimensionalen Erklärung eines sozialen Problems. Münster.

Vester, M./Oertzen, v. P./Geiling, H./Herman, T./Müller, D. (1993): Soziale Milieus im gesellschaftlichen Strukturwandel. Zwischen Integration und Ausgrenzung. Köln.

Wittenberg, J./Reinecke, J. (2003): Diebstahlskriminalität von Jugendlichen. In: Raithel, J./Mansel, J.: Kriminalität und Gewalt im Jugendalter. Hell- und Dunkelfeldbefunde im Vergleich. Weinheim, S. 207-225.

# Geschlecht, Ethnizität und sozialräumliche Benachteiligung.
## Überraschende Interaktionen bei sozialen Bedingungsfaktoren von Gewalt und schwerer Eigentumsdelinquenz von Jugendlichen

*Dietrich Oberwittler*

## 1. Einleitung

Dieser Beitrag stellt einen Versuch dar, mehrere, üblicherweise getrennte, Perspektiven auf soziale Einflussfaktoren auf Jugenddelinquenz zusammen zu führen: Zusätzlich zur Geschlechterperspektive soll auch die ethnische Dimension thematisiert werden und beide Perspektiven sollen mit einem besonderen Fokus auf die Lebensbedingungen in Wohnquartieren mit hohen Konzentrationen sozialer Benachteiligungen verbunden werden. Was spricht für die Verquickung dieser unterschiedlichen Aspekte der Delinquenzforschung? Zunächst kann jede der genannten Perspektiven für sich mit relativ gesicherten Erkenntnissen zu den sozialen Korrelaten von Jugenddelinquenz und -gewalt aufwarten. Jungen sind – nicht nur im Hellfeld der Polizeilichen Kriminalstatistik, sondern auch im Dunkelfeld – im Schnitt delinquenter als Mädchen und dies gilt besonders für physische Gewalt (Moffitt et al. 2001). Gleichfalls ist bekannt, dass Jugendliche bestimmter ethnischer Minderheiten delinquenter sind als deutsche Jugendliche und dies gilt wiederum auch für das Dunkelfeld und besonders für Gewaltdelinquenz (Enzmann/Wetzels 2000; Naplava 2003). Schließlich gehört es seit langem zu den Gewissheiten von Kriminologen, Polizisten und Sozialarbeitern, dass sich Probleme mit Jugenddelinquenz in den so genannten sozialen Brennpunkten innerhalb der Großstädte, in denen viele Arme, Arbeitslose und Ausländer sowie viele kinderreiche Familien wohnen, besonders massieren (Braun et al. 1990; Eisner 1997; Frehsee 1979; Oberwittler, im Druck a, b; von Trotha 1974).

Weniger bekannt und untersucht ist, ob diese jeweiligen Zusammenhänge stabil gelten oder sich gegenseitig beeinflussen oder von anderen Rand- und Kontextbedingungen abhängen. Sind zum Beispiel Jugendliche bestimmter ethnischer Herkunft häufiger gewalttätig, gleich, ob es sich um Jungen oder Mädchen handelt, oder gleich in welchem sozialökologischen Kontext sie leben? Neigen Mädchen stets weniger zu Gewalt als Jungen oder trifft dies in den ‚sozialen Brennpunkten' nicht (mehr) zu? Wirken sich sozialräumliche Benachteiligungen gleichermaßen auf alle Jugendliche delinquenzfördernd aus oder differenziell nur auf bestimmte ethnische, soziale oder Geschlechtsgruppen? Mit diesen Fragen werden im statistischen Sinne so genannte ‚Interaktionseffekte' angesprochen. Ein Interaktionseffekt liegt dann vor, wenn die Stärke oder Richtung eines Zusammenhanges zwischen zwei Variablen X und Y von der Ausprägung einer Drittvariablen Z abhängig ist (Diekmann 1998: 608).

Implizit ist die Annahme von Interaktionseffekten in einer Reihe von Theorieansätzen zur Erklärung delinquenten Verhaltens enthalten. Dies gilt auch für einen in den letzten Jahren stark beachteten Erklärungsansatz männlicher Gewaltdelinquenz, den man mit dem Schlagwort ‚Maskulinität' kennzeichnen kann (Hayslett-McCall/Bernard 2002). Kersten (1997) interpretiert Maskulinität als eine soziale Ressource von Jungen, auf die sie zum Zwecke der Statuskompensation zurückgreifen können. Darauf sind in Anlehnung an die klassischen Subkulturtheorien vor allem Jugendliche aus den Unterschichten angewiesen, denen es an sozio-ökomomischen Ressourcen und Prestige mangelt (Kersten 1997: 104). Dies müsste in den sozialen Brennpunkten der Großstädte am ehesten zutreffen.

Ähnlich argumentieren Wilmers et al. (2002: 171ff.; vgl. Enzmann et al., im Druck), wenn sie die höhere Gewaltneigung türkischer Jungen im Vergleich zu Jungen anderer Ethnien mit der besonderen Rolle ‚gewaltlegitimierender Männlichkeitsnormen' in ihrer Sozialisation erklären. Beide Ansätze erklären demnach die Gewaltneigung spezifisch für Jungen und laufen auf die These der *Geschlechterpolarisierung* hinaus. Komplementär zur ‚Bewerkstelligung von Männlichkeit' sieht Kersten bei den Unterschichtmädchen eine Tendenz zur Ausprägung von Weiblichkeitskonzepten, die sich zum Beispiel in Teenage-Schwangerschaften niederschlägt (Kersten 1997: 110f.; vgl. Crane 1991). Implizit kann auch aus der These der türkischen Männlichkeitsnormen geschlossen werden, dass türkische Mädchen keine höhere Gewaltneigung zeigen. Ein gegenteiliger Befund, der sich in der empirischen Analyse von Wilmers et al. (2002: 181) tatsächlich findet, kann zumindest nicht ohne zusätzliche Brückenannahmen mit der Maskulinitätsthese vereinbart werden. Das Beispiel zeigt, dass die Analyse ethnischer Unterschiede im Delinquenzverhalten kaum ohne Berücksichtigung der Geschlechtsdimension sinnvoll ist.

In der jüngsten Vergangenheit haben mehrere Studien die Frage der männlichen bzw. weiblichen Jugendgewalt im Rahmen qualitativer Fallstudien näher in den Blick genommen (Bruhns/Wittmann 2002; Möller 2001; Silkenbeumer 2000). In ihrer Untersuchung kamen Bruhns/Wittmann (2002: 259ff.) zu dem Ergebnis, dass Mädchen in gewaltbereiten Cliquen keine marginale Stellung haben, sondern selbst häufig Gewalt ausüben und dabei Selbstwirksamkeit und Anerkennung erfahren können. Die AutorInnen raten daher dazu, „geschlechterpolarisierenden Aussagen mit großer Vorsicht zu begegnen“ (ebd.: 260). Demgegenüber bestätigt Möller (2001: 367) tendenziell die ‚traditionelle' Auffassung, dass Mädchen in gewaltbereiten Cliquen eher ‚Anhängsel' sind und Gewalt selbst selten und eher außerhalb des Cliquenkontextes anwenden.

Diese qualitativen Fallstudien sind für die Erforschung geschlechtsspezifischer Aspekte jugendlichen Gewalthandelns und für die Weiterentwicklung theoretischer Erklärungsansätze unverzichtbar. Eine Begrenzung der qualitativen Methode liegt jedoch in der mangelnden Verallgemeinerbarkeit ihrer empirischen Befunde (vgl. Bruhns/Wittmann 2002: 255). Vor diesem Hintergrund ist die vorliegende Untersuchung als ein Versuch zu sehen, die kontrovers diskutierte Frage nach der geschlechtsspezifischen Verbreitung und dem Ausmaß von Jugenddelinquenz und -gewalt auf der Basis quantitativer Befragungsdaten weiter zu verfolgen. Dabei liegt das Ziel eher darin, scheinbare Gewissheiten der Forschung durch differenzierende empirische Ergebnisse zu hinterfragen, als neue Gewissheiten aufzubauen. Dazu ist es angesichts der gegenwärtigen Erkenntnislage und dem Mangel an einschlägigen empirischen Studien noch zu früh.

Dies gilt ganz besonders für die Thematik sozialräumlicher Kontexteffekte auf jugendliches Verhalten, die in den letzten Jahren insbesondere in den USA große Aufmerksamkeit erhalten hat (Leventhal/Brooks-Gunn 2000; Sampson et al. 2002; Wikström/Sampson 2003). Ausgangspunkt dieses neu erwachten Interesses an einer für die Kriminalsoziologie ‚uralten' Fragestellung (Shaw/McKay 1942; vgl. Bursik 1988; Opp 1968) ist die offensichtliche Konzentration schwerer Gewaltkriminalität auf die räumlich eng begrenzten Ghettos in den amerikanischen Großstädten. Vor allem zwei klassische Theorieansätze, die Subkulturtheorie und die Desorganisationstheorie, versuchen auf unterschiedliche Weise zu erklären, weshalb eine räumliche Konzentration von sozialen Benachteiligungen Verstärkungseffekte auf das delinquente Verhalten insbesondere von Jugendlichen haben könnte. Zwar ist die empirische Überprüfung entsprechender Hypothesen durch die Entwicklung der Mehrebenenanalyse erheblich erleichtert worden (Bryk/Raudenbush 1992; Ditton 1998), dennoch sind die methodischen Probleme immer noch beträchtlich (Duncan/Raudenbush 1999; Lüdtke et al. 2002; DiPetre/Forristal 1994). Die bisher veröffentlichten empirischen Studien, die Hinweise auf die Existenz moderater Kontexteffekte geben, differenzieren jedoch kaum nach Geschlecht oder Ethnie der Jungendlichen (Anderson 2002; Bellair et al. 2003; Beyers et al. 2001; Oberwittler 2002, im Druck a; Simcha-Fagan/Schwartz 1986; siehe jedoch Cheong/Raudenbush 2000). Daher stellt sich auch hier die Frage, ob Mädchen und Jungen sowie deutsche und nichtdeutsche Jugendliche ähnlich oder aber unterschiedlich auf ungünstige sozialräumliche Einflüsse reagieren.

Die angesprochenen Fragestellungen sollen hier ganz bewusst nicht nur auf das Gewalthandeln von Jugendlichen, sondern auch auf schwere Eigentumsdelikte angewandt werden. Der exklusiven Aufmerksamkeit der Gewaltthematik, die die deutsche Delinquenzforschung der letzten Jahre geprägt hat, widerspricht die Erkenntnis, dass Gewalt und andere schwere Delinquenzformen in der Regel gemeinsam auftreten und sich die Erklärungsansätze beider Phänomene weitgehend überlappen (Eisner 2001; Loeber/Farrington 1998). Allerdings werden die Analysen in diesem Beitrag zeigen, dass es auch bedeutsame geschlechtsspezifische Unterschiede zwischen beiden Delinquenzformen gibt.

In den folgenden Abschnitten werde ich nach einer Vorstellung der empirischen Datengrundlage zunächst einen eher deskriptiven Überblick über Häufigkeiten der selbstberichteten Delinquenz nach Geschlecht und ethnischer Zuordnung geben, bevor dann die Frage differenzieller sozialräumlicher Kontexteffekte in den Mittelpunkt gerückt wird.

## 2. Datengrundlage

Die folgenden Auswertungen stützen sich auf Daten der ‚MPI-Schulbefragung 1999/2000', die im Herbst 1999 in Köln und Freiburg i.Br. und im Herbst 2000 in Gemeinden des Landkreises Breisgau-Hochschwarzwald (‚Freiburger Umland') als standardisierte schriftliche Befragung im Klassenverband durchgeführt wurde (Oberwittler et al. 2001; Oberwittler/Blank 2003)[1]. Die Grundgesamtheit dieser Befragung sind Schüler/-innen der 8. bis 10. Klassen an allgemeinbildenden Schulen in ausgewählten Stadtvierteln bzw. Gemeinden innerhalb Kölns, Freiburgs und des Freiburger Umlands. Befragt wurden N=6.437 Schüler/-innen bei einer Ausschöpfungsrate von durchschnittlich 86% innerhalb der ausgewählten Klassen, von denen ca. 5.800 innerhalb des definierten geografischen Raumes wohnen und anhand ihrer Wohnadressen den entsprechenden Verwaltungseinheiten zuverlässig zugeordnet werden konnten (Oberwittler 2003). Dadurch werden sehr kleinräumliche Auswertungen der Befragungsdaten und ihre Verknüpfung mit amtlichen Struktur- und Polizeidaten möglich. Da die geografischen Einheiten bewusst ausgewählt wurden und überwiegend großstädtische Siedlungsge-

1 Die Befragung fand im Rahmen des von der DFG geförderten Forschungsprojekts ‚Soziale Probleme und Jugenddelinquenz im sozialökologischen Kontext' statt (Ob 134-3/1 und -2, Projektleiter: D. Oberwittler). Alle Arbeits- und technischen Berichte dieses Projekts können auf der Website www.iuscrim.mpg.de/forsch/krim/oberwittler1.htlm abgerufen werden.

biete umfassen, ist die Stichprobe nicht für Rückschlüsse auf eine regionale oder nationale Grundgesamtheit von Jugendlichen geeignet; jedoch bildet sie die sozio-demografische Zusammensetzung der jugendlichen Wohnbevölkerung innerhalb der definierten räumlichen Einheiten sehr valide ab.[2]

Tab. 1: Übersicht über Skalen und Variablen (MPI-Schulbefragung 1999/2000, N=5.819)

| | Mittelw. | Std.abw. | Min. | Max. |
|---|---|---|---|---|
| Gewaltdelikte, Prävalenz letztes Jahr 0=nein, 1=ja, 3 Items, α = .65[a] „Ich habe jemanden so geschlagen oder verprügelt, dass er / sie verletzt war oder blutete." (Körperverletzung) / „... jemanden bedroht oder erpresst, um ihm/ihr wirklich Angst zu machen, oder um Geld oder eine bestimmte Sache zu bekommen." (Erpressung/Nötigung) / „.... jemandem mit Gewalt etwas weggenommen (durch Festhalten, Schlagen usw.)." (Raub) | 0,202 | 0,402 | 0 | 1 |
| Gewaltviktimisierung, Prävalenz letztes Jahr 0=nein, 1=ja, 3 Items, α = .51[a] Items siehe oben („Jemand hat...") | 0,235 | 0,424 | 0 | 1 |
| Schwere Eigentumsdelinquenz, Prävalenz letztes Jahr 0=nein, 1=ja, 3 Items, α = .63[a] „Ich habe ein Auto aufgebrochen" / „... ein Auto, Motorrad, Motorroller usw. gestohlen" / „... irgendwo eingebrochen, um etwas zu stehlen (in ein Haus, Keller, Laden usw.)" | 0,071 | 0,258 | 0 | 1 |

2 Die Korrelation auf der Stadtviertel-Ebene des Faktors ‚sozialen Benachteiligung', der einmal amtlich und einmal aufgrund der Befragungsdaten gemessen wurde, beträgt in Köln r=.94 und in Freiburg r=.89 (Oberwittler 2003: 47).

| | Mittelw. | Std.abw. | Min. | Max. |
|---|---|---|---|---|
| Mitgliedschaft in gewaltbereiter Clique 0=nein, 1=ja, 4 Items, α = .82[b] „Unsere Gruppe hat öfter Streit mit anderen Jugendlichen." / „Wer unserer Gruppe angehört, muss bereit sein, auch bei gefährlichen Sachen mitzumachen." / „Wenn das Ansehen der Gruppe gefährdet ist, gibt es keine Diskussion, dann wird gehandelt." / „Manchmal gibt es Prügeleien mit Jugendlichen, die nicht aus unserer Wohngegend kommen." | 0,101 | 0,301 | 0 | 1 |
| Gewaltakzeptanz (3 Items, α = .72) „Es ist ganz normal, jemanden zu schlagen, wenn man provoziert wird." / „Jeder Streit lässt sich auch durch Reden klären." (r) / „Manche Konflikte lassen sich eben nur mit Gewalt lösen." | 1,029 | 0,773 | 0 | 3 |
| Ethnische Herkunft 0 = Deutsch (Vater oder Mutter in Deutschland geboren); 1 = nicht-deutsch (Vater und Mutter im Ausland geboren). | 0,261 | 0,439 | 0 | 1 |
| Höchster elterlicher Bildungsstatus 0 = niedriger oder k.A.; 1 = (Fach-) Hochschulabschluss | 0,218 | 0,413 | 0 | 1 |
| Höchster elterlicher BerufsstatusMagnitude-Prestigeskala von Wegener, basierend auf ISCO 68 (rekodiert in 1 = niedrig bis 4 = hoch)[c] | 2,343 | 0,997 | 1 | 4 |
| Arbeitslosigkeit oder Sozialhilfe des Haupternährers ab 6 Monaten Dauer (0 = nein, 1 = ja) | 0,101 | 0,302 | 0 | 1 |
| Unvollständige Familie Beide leibliche Eltern im Haushalt = 0, andere Konstellation = 1 | 0,269 | 0,444 | 0 | 1 |

[a]Die Reliabilität bezieht sich auf kategorialen Häufigkeiten (0 bis 4).

[a]Die Reliabilität bezieht sich auf die 4-stufige Werteverteilung der Items.

[b]330 Fälle (5,1%) bleiben ohne gültige Werte; in 590 Fällen ohne ISCO-Wert wurde ein ordinaler Wert direkt zugeordnet (vgl. Oberwittler und Blank 2003: 12)

Die selbstberichtete Delinquenz wurde durch eine 18 Items umfassende Skala zu strafrechtlich relevanten Verhaltensweisen erfasst (Oberwittler et al. 2002). Dabei wurde jeweils gefragt, ob und wie oft die entsprechende Handlung im letzten Jahr begangen wurde und wie oft „die Polizei davon erfahren" hat. Die daraus gebildeten Subskalen zur Gewalt- und schweren Eigentumsdelinquenz umfassen je drei Items und wurden wie die übrigen Subskalen aus dem arithmetischen Mittelwert der Einzelitems gebildet (siehe Tabelle 1 auch für die folgenden Skalen und Variablen). Die Formulierung des Items zur Körperverletzung („so geschlagen oder verprügelt, dass er/sie verletzt war oder blutete") ebenso wie die Nachfragen nach Polizeikontakten wegen der delinquenten Handlungen sollte die Nennung trivialer Ereignisse erschweren (Junger-Tas/Marshall 1999).

Die Zugehörigkeit zu einer gewaltbereiten Clique wurde zweistufig erhoben: Zunächst wurden die Schüler/-innen gefragt, ob sie einer Freundesgruppe oder Clique angehören, und anschließend nur für Cliquenmitglieder anhand von vier Items die Gewaltbereitschaft ihrer Clique gemessen, die dann als vorhanden angenommen wurde, wenn der Skalenwert den Median überstieg. Die Zuordnung der Befragten zu ethnischen Gruppen erfolgte nicht durch die Staatsangehörigkeit, sondern anhand des Herkunftslands der Eltern. Wenn einer von beiden Elternteilen in Deutschland geboren wurde, gelten die Befragten als ‚deutsch', wenn beide Eltern außerhalb Deutschlands geboren wurden, als ‚nicht-deutsch'. Nach dieser Definition werden auch die (Spät-) Aussiedlerjugendlichen aus Osteuropa und den GUS-Staaten als ‚nicht-deutsch' klassifiziert.

# 3 Ergebnisse

## *3.1 Prävalenzraten der selbstberichteten Delinquenz*

Zunächst erfolgt ein erster Überblick – noch ohne Berücksichtigung der sozialräumlichen Dimension – über die Prävalenzraten[3] der selbstberichteten Delinquenz im letzten Jahr nach Geschlecht und Migrationshintergrund. Tab. 2 zeigt, dass Jungen in allen Deliktsbereichen häufiger Täter und auch Gewaltopfer sind als Mädchen. Außerdem lässt sich bei den Jungen in vielen Deliktsbereichen eine signifikante Höherbelastung der nicht-deutschen feststel-

3 Mit Prävalenzraten werden die Prozentanteile von Individuen aus einer Population bezeichnet, die in einem definierten Zeitraum ein bestimmtes Verhalten einmal oder mehrmals gezeigt haben. Im Gegensatz dazu gibt die Inzidenzrate die Häufigkeit von Ereignissen für eine Population an.

len, die bei Gewaltdelikten besonders deutlich ausfällt (35% gegenüber 27%).

Tab. 2: Selbstberichtete Delinquenz und Viktimisierung nach Geschlecht und Migrationshintergrund (Prävalenz letztes Jahr in %)

| | Jungen | | | Mädchen | | |
|---|---|---|---|---|---|---|
| | deutsch[a] | nicht-dt.[a] | Sign.[b] | deutsch[a] | nicht-dt.[a] | Sign.[b] |
| | | | **Delinquenz** | | | |
| N= | 2049 | 710 | | 2208 | 794 | |
| leichte Eigentumsdelikte | 41,7 | 46,1 | * | 30,1 | 28,1 | n.s. |
| schwere Eigentumsdelikte | 10,7 | 14,1 | * | 2,8 | 3,5 | n.s. |
| Drogenkonsum | 26,6 | 21,3 | ** | 19,2 | 16,7 | n.s. |
| Gewaltdelikte | 27,0 | 34,8 | *** | 10,7 | 16,1 | *** |
| *davon:* | | | | | | |
| Raub | 8,1 | 11,2 | * | 3,4 | 2,6 | n.s. |
| Erpressung/Nötigung | 6,9 | 11,5 | *** | 3,6 | 7,4 | *** |
| Körperverletzung | 22,9 | 29,8 | *** | 7,2 | 12,1 | *** |
| Delinquenz insgesamt | 60,8 | 61,5 | n.s. | 42,2 | 41,7 | n.s. |
| | | | **Viktimisierung** | | | |
| (Sample-Split)[c] N= | 1001 | 337 | | 1059 | 360 | |
| Viktimisierung | 34,5 | 21,5 | *** | 16,1 | 15,3 | n.s. |
| *davon:* | | | | | | |
| Raub | 13,4 | 7,1 | ** | 3,6 | 4,3 | n.s. |
| Erpressung/Nötigung | 17,6 | 10,4 | ** | 9,3 | 10,9 | n.s. |
| Körperverletzung | 17,2 | 12,8 | n.s. | 8,5 | 5,0 | * |

[a] deutsch: Herkunftsland eines oder beider Elternteile Deutschland; nicht-deutsch: Herkunftsland beider Elternteile andere Länder

[b] $X^2$-Test; *** p < 0,001; ** p < 0,01; * p < 0,05; + p < 0,10.

[c] Viktimisierungsfragen wurden ca. der Hälfte der Befragten gestellt (Zufallsverteilung auf Klassenebene)

Nur bei dem Konsum illegaler Drogen ist die Prävalenzrate der deutschen Jungen signifikant höher als die der nicht-deutschen, was dazu führt, dass sich die beiden Gruppen hinsichtlich der Gesamtdelinquenz nicht voneinander unterscheiden. Für die Mädchen gelten ähnliche Tendenzen, jedoch sind hier die Unterschiede nach Migrationshintergrund weniger ausgeprägt und nur bei den Gewaltdelikten signifikant. Umgekehrt wie bei der Gewaltdelinquenz liegt die Prävalenzrate der Gewaltviktimisierung für deutsche Jungen erheblich höher als für nicht-deutsche, während bei den Mädchen kein Unterschied nach Migrationshintergrund festgestellt werden kann.[4] Diese Ergebnisse stimmen mit anderen aktuellen Schulbefragungen überein und bestätigen den Befund, dass die Delinquenzneigung von Jugendlichen mit Migrationshintergrund zwar in vielen Deliktsbereichen erhöht ist, jedoch nicht so dramatisch, wie es im Hellfeld der Polizeilichen Kriminalstatistik erscheint (Naplava 2003; Rebmann 1998; Steffen 2001).

Die dichotome Einteilung der Befragten in ‚deutsche' und vor allem ‚nicht-deutsche' überdeckt wichtige Unterschiede zwischen einzelnen ethnischen Herkunftsgruppen, die aufgrund zu geringer Fallzahlen in den meisten Studien nicht differenziert untersucht werden können (vgl. Naplava 2003). Auch in der vorliegenden Untersuchung ist eine nach den einzelnen ethnischen Gruppen differenzierende Analyse der Interaktionen zwischen Geschlecht und sozialräumlicher Benachteiligung kaum möglich. Dennoch soll in diesem deskriptiven Abschnitt der geschlechtsspezifische Vergleich der selbstberichteten Delinquenz auf einzelne ethnische Gruppen ausgedehnt werden. Die Abb. 1 gibt die Mittelwerte und 90%-Konfidenzintervalle der Prävalenzraten von Gewalt- und leichter Eigentumsdelinquenz für Jungen und Mädchen unterschiedlicher Herkunft wieder. Hier zeigt sich, dass sowohl die türkischen Jungen als auch die türkischen Mädchen mit Abstand die höchste Gewaltbelastung aufweisen, während die Unterschiede der übrigen ethnischen Gruppen zu den deutschen[5] Jugendlichen auch auf dem niedrigeren 90%-Niveau nicht signifikant sind. Ein ganz anderes Bild ergibt sich bei den Prävalenzraten der leichten Eigentumsdelinquenz[6]: Hier liegt die Rate der türkischen Jungen im ‚Mittelfeld' der übrigen ethnischen Gruppen, während die der türkischen Mädchen am niedrigsten ist und als einzige gegenüber den deutschen Mädchen signifikant nach unten abweicht. Auf der anderen Seite

4 Es kann nicht ausgeschlossen werden, dass nicht-deutsche Jungen bei schriftlichen Befragungen im Klassenverband Gewaltviktimisierungen unterberichten. Darauf deuten Ergebnisse eines Methodenvergleichs zwischen schriftlicher Schulbefragung und mündlicher Haushaltsbefragung bei männlichen Jugendlichen hin (Naplava/Oberwittler 2002: 412).

5 Bei diesem Mittelwertvergleich werden in der Gruppe der ‚deutschen' Jugendlichen nur diejenigen berücksichtigt, deren beider Elternteile deutscher Herkunft sind.

6 Leichte Eigentumsdelinquenz wird anhand einer Subskala aus drei Items gemessen, die nach Laden-, Fahrrad- und Diebstahl von sonstigem fremden persönlichem Besitz fragen.

zeigen sich bei Mädchen polnischer und rumänischer Herkunft (vermutlich überwiegend Aussiedlerjugendliche) und bei Mädchen mit Eltern aus den Staaten des ehemaligen Jugoslawien und Albaniens signifikant höhere Prävalenzraten der leichten Eigentumsdelinquenz, die zudem gleichauf oder sogar oberhalb der Raten der Jungen der jeweiligen Ethnie liegen. Während also bei türkischen Jugendlichen unabhängig vom Geschlecht eine deutlich höhere, und bei anderen ethnischen Gruppen eine nur leicht höhere Gewaltneigung im Vergleich zu den deutschen Jugendlichen besteht, gibt es bei der leichten Eigentumsdelinquenz einen Interaktionseffekt zwischen Ethnie und Geschlecht, der bei türkischen Jugendlichen wegen der deutlich *niedrigeren* Delinquenzrate der Mädchen zu einer Verstärkung der Geschlechtsunterschiede führt und der bei Jugendlichen polnischer/rumänischer und ehem. jugoslawischer/albanischer Herkunft wegen der deutlich *höheren* Delinquenzrate der Mädchen zu einer gänzlichen Aufhebung der Geschlechtsunterschiede führt.

Abb.1: Mittelwertvergleiche der leichten Eigentumsdelinquenz und der Gewaltdelinquenz nach ethnischer Herkunft und Geschlecht

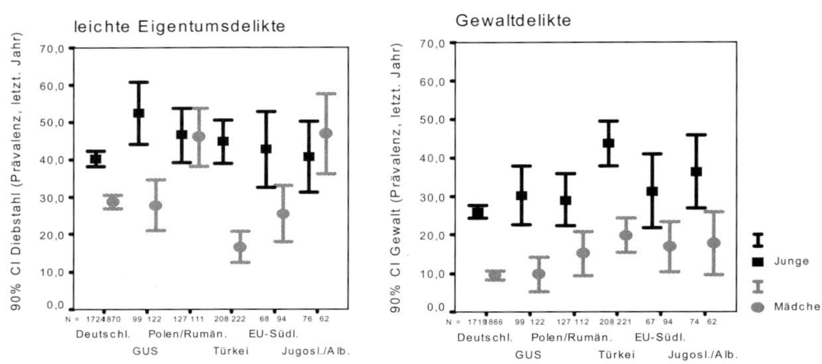


Diese Ergebnisse sind wegen der niedrigen Fallzahlen der meisten ethnischen Gruppen zwar mit Vorsicht zu interpretieren, stimmen jedoch mit Ausnahme des Wertes der Eigentumsdelinquenz jugoslawisch/albanischer Mädchen vollständig mit den Ergebnissen der Schulbefragung des Kriminologischen Forschungsinstituts Niedersachen (Wilmers et al. 2002: 181) überein. Die Interaktionseffekte zwischen Geschlecht und Ethnie zeigen, wie wichtig eine nach dem Geschlecht differenzierende Analyse der selbstberichteten Delinquenz ist und wie unvollständig noch die kriminologischen Erklärungsversuche sind. Die von Wilmers et al. (2002; vgl. Enzmann et al. im Druck) vertretende These der ‚gewaltlegitimierenden Männlichkeitsnormen' wird in wichtigen Punkten nicht von diesen empirischen Befunden gedeckt. Denn auf der einen Seite findet sich dort, wo diese Normen insbesondere eine deutliche Interaktion mit dem Geschlecht aufweisen sollten – bei der Gewaltdelinquenz – keine Interaktion, da sowohl türkische Jungen als auch türkische Mädchen eine deutlich erhöhte Gewaltneigung zeigen, auf der anderen Seite findet sich diese Interaktion bei den Eigentumsdelikten, jedoch eher bei den Mädchen, obwohl das Konzept der ‚Ehre' als Element des türkischen Männlichkeitsentwurfs ebenfalls vor allem die Jungen ansprechen sollte. Es sind noch erhebliche, möglicherweise am ehesten qualitative Anstrengungen zu unternehmen, um das Delinquenzverhalten der türkischen Mädchen besser verstehen zu können, die bislang im Schatten ihrer Brüder verborgen waren.

Tab. 3: Mitgliedschaft in gewaltbereiter Clique und selbstberichtete Delinquenz (letztes Jahr) nach Mitgliedschaft, Geschlecht und Migrationshintergrund (in %)

| | Jungen | | | Mädchen | | |
|---|---|---|---|---|---|---|
| | deutsch[a] | nicht-dt.[a] | Sign.[b] | deutsch[a] | nicht-dt.[a] | Sign.[b] |
| N= | 2049 | 710 | | 2208 | 794 | |
| Mitglied in gewaltbereiter Clique | 13,0 | 20,3 | *** | 4,7 | 8,3 | *** |
| | **Delinquenz (Prävalenz letztes Jahr)** | | | | | |
| Raub | | | | | | |
| Kein Mitglied | 5,2 | 5,3 | n.s. | 2,4 | 0,7 | ** |
| Mitglied | 28,9 | 36,6 | n.s. | 26,0 | 23,3 | n.s. |
| Erpressung/Nötigung | | | | | | |
| Kein Mitglied | 4,1 | 5,6 | n.s. | 2,7 | 5,2 | *** |
| Mitglied | 26,3 | 35,0 | n.s. | 23,2 | 35,0 | n.s. |
| Körperverletzung | | | | | | |
| Kein Mitglied | 16,7 | 20,6 | * | 5,5 | 9,1 | *** |
| Mitglied | 66,9 | 67,9 | n.s. | 44,8 | 46,7 | n.s. |
| Schwere Eigentumsdelikte | | | | | | |
| Kein Mitglied | 6,3 | 8,1 | n.s. | 1,8 | 1,3 | n.s. |
| Mitglied | 40,0 | 39,0 | n.s. | 24,5 | 26,2 | n.s. |

[a] deutsch: Herkunftsland eines oder beider Elternteile Deutschland; nicht-deutsch: Herkunftsland beider Elternteile andere Länder

[b] $X^2$-Test; *** $p < 0{,}001$; ** $p < 0{,}01$; * $p < 0{,}05$; + $p < 0{,}10$.

Geschlechts- und ethnische Unterschiede bestehen auch bei der Frage der Mitgliedschaft in einer gewaltbereiten Clique (Tab. 3). Sowohl deutsche als auch nicht-deutsche Jungen gehören etwa zweieinhalb mal häufiger gewaltbereiten Cliquen an als Mädchen, wobei der Anteil der Cliquenmitglieder bei den nicht-deutschen Jugendlichen generell deutlich höher ist als bei den deutschen. Jugendliche, die gewaltbereiten Cliquen angehören, sind erwartungsgemäß zu ganz erheblich höheren Anteilen auch selbst delinquent. So berichten zwei Drittel der männlichen Cliquenmitglieder mit und ohne Migrationshintergrund, dass sie im letzten Jahr Körperverletzungen begangen haben, während es bei den übrigen Jungen nur rund ein Fünftel sind. Aber nicht nur Gewaltdelikte, sondern auch schwere Eigentumsdelikte werden von ca. 40% der männlichen und 25% der weiblichen Cliquenmitgliedern begangen. Interessant ist, dass innerhalb der gewaltbereiten Cliquen hinsichtlich des delinquenten Verhaltens keine signifikanten Unterschiede nach Migrationshintergrund bestehen. Deutsche und nicht-deutsche Jungen, die gewaltbereiten Cliquen angehören, begehen zu gleichen Anteilen Körperverletzungen und schwere Eigentumsdelikte. Eine tendenzielle, jedoch nicht signifikante Höherbelastung der nicht-deutschen Jungen bleibt bei Raub und Erpressung/Nötigung, der nicht-deutschen Mädchen lediglich bei letztgenanntem Delikt bestehen. Dieses Ergebnis erscheint vor dem Hintergrund plausibel, dass rund 70% der deutschen und 63% der nicht-deutschen Jungendlichen in gewaltbereiten Cliquen über gemischt-ethnische Freundschaften berichten. Auch die Geschlechtsunterschiede im delinquenten Verhalten sind in den gewaltbereiten Cliquen geringer als außerhalb. So liegt die Prävalenzrate für Raub bei deutschen Mädchen in gewaltbereiten Cliquen mit 26% beinahe ebenso hoch wie bei deutschen Jungen (29%). Eine signifikante Höherbelastung der Jungen bleibt jedoch bei Körperverletzung und schweren Eigentumsdelikten bestehen.

### *3.2 Täter-Opfer-Konstellationen der Jugendgewalt*

Eine häufig geäußerte Annahme ist, dass Gewalt bei Mädchen nicht nur seltener, sondern auch weniger brutal und schwerwiegend ist als bei Jungen, was auch die offenbar geringere Aufmerksamkeit der formellen Kontrollinstanzen gegenüber Mädchengewalt erklären würde (Bruhns/Wittmann 2003; Möller 2001). Hierfür geben auch unsere Befragungsdaten, die eine Reihe von Detailinformationen aus der Opferperspektive zu dem zuletzt erlebten Gewaltereignis enthalten, einige empirische Anhaltspunkte. Bei der geschlechtsspezifischen Analyse der Täter-Opferkonstellationen zeigt sich, dass Jungen, die über ihre letzte Gewaltviktimisierung berichten, unabhängig von ihrer eigenen ethnischen Zugehörigkeit mehrheitlich von nicht-deutschen Tätern oder von ethnisch gemischten Gruppen angegriffen wurden (Tab. 4).[7] Nur 29% der deutschen und 23% der nicht-deutschen Jungen geben die vermutliche Ethnie des Täters oder der Täter als ausschließlich deutsch an. Außerdem werden Jungen unabhängig vom Migrationshintergrund fast ausschließlich von Jungen angegriffen; geschlechtsgemischte oder einheitlich weibliche Tätergruppen sind extrem selten. Hinzu kommt, dass die männlichen Gewaltopfer den oder die Täter nur in ca. 55% (Raub, Erpressung/Nötigung) bis 60% (Körperverletzung) bereits vor der Tat kannten. Ungefähr die Hälfte der Gewalt zwischen Jungen ereignet sich demnach zwischen Fremden.

Tab. 4: Täter-Opfer-Konstellationen bei der letzten Gewalt-Viktimisierung nach Geschlecht und Migrationshintergrund des Opfers (in %, Modalwert fett gedruckt)

| *Täter in der Wahrnehmung der Opfer* | Jungen (Opfer) | | | Mädchen (Opfer) | | |
|---|---|---|---|---|---|---|
| | deutsch[a] | nicht-dt.[a] | Sign.[b] | deutsch[a] | nicht-dt.[a] | Sign.[b] |
| Ethnie der Täter | (658 gültige, 292 fehlende Werte) | | | | | |
| nur Deutsch | 29,2 | 22,5 | | **51,4** | 26,7 | |
| Gemischt | 15,5 | 11,3 | | 23,2 | 20,0 | |
| nur nicht-deutsch | **55,3** | **66,2** | n.s. | 25,4 | **53,3** | *** |
| Geschlecht der Täter | (783 gültige, 167 fehlende Werte) | | | | | |
| nur männlich | **94,5** | **93,9** | | 40,4 | 39,7 | |
| Gemischt | 4,8 | 3,7 | | 15,6 | 17,2 | |
| nur weiblich | 0,7 | 2,4 | n.s. | **44,0** | **43,1** | n.s. |

[a] deutsch: Herkunftsland eines oder beider Elternteile Deutschland; nicht-deutsch: Herkunftsland beider Elternteile andere Länder

[b] $X^2$-Test; *** $p < 0,001$; ** $p < 0,01$; * $p < 0,05$; + $p < 0,10$.

Für die Gewalt, die Mädchen erleben, gelten deutlich andere Beziehungsmuster. Mädchen werden mehrheitlich von Täter/-innen der eigenen ethnischen Herkunft (deutsche von deutschen, nicht-deutsche von nicht-deutschen), und

7 Dabei ist nicht nur ein hoher Anteil fehlender Werte, sondern auch der Umstand in Rechnung zu stellen, dass eine eindeutige Rollenzuweisung in Täter oder Opfer in vielen Fällen gewaltförmiger Interaktionen von Jugendlichen schwer fällt.

häufiger von Mädchen oder gemischt-geschlechtlichen Gruppen als von Jungen angegriffen (Tab. 4). Allerdings berichtet eine große Minderheit von 40% der deutschen und nicht-deutschen Mädchen, dass der oder die Täter der letzten Gewaltviktimisierung ausschließlich Jungen waren. Der Anteil der persönlich bekannten Täter/-innen ist bei den deutschen Mädchen mit 70% und den nicht-deutschen Mädchen mit 74% deutlich höher als bei den Jungen. Diese Unterschiede lassen den Schluss zu, dass sich Mädchengewalt eher in einem sozialen Nahraum ethnisch und geschlechtshomogener Gruppen abspielt als dies bei Jungen der Fall ist. Dafür spricht auch, dass Mädchen etwas häufiger als Jungen die Schule (23% vs. 18%) und die eigene Wohnung (11% vs. 4%) und etwas seltener offenes Park- und Freizeitgelände (19% vs. 23%) oder Sportstätten (3% vs. 9%) als Ort der letzten Gewaltviktimisierung angeben. Diese Unterschiede sind jedoch nicht so groß, wie es etwa bei Möller (2001: 369) behauptet wird. Auf der anderen Seite geben Mädchen, die Opfer einer Körperverletzung geworden sind, ebenso häufig wie Jungen an (in ca. 17% der Fälle unabhängig vom Migrationshintergrund), dass aufgrund der Verletzung eine medizinische Behandlung notwendig war. Inwieweit dies zumindest teilweise auf eine niedrigere Toleranzschwelle von Mädchen gegenüber Verletzungen zurück zu führen ist, muss offen bleiben.

Tab. 5: Anzeigequoten bei Gewaltviktimisierungen nach Geschlecht und Migrationshintergrund (in %)

| | Jungen | | | Mädchen | | |
|---|---|---|---|---|---|---|
| | deutsch[a] | nicht-dt.[a] | Sign.[b] | deutsch[a] | nicht-dt.[a] | Sign.[b] |
| Raub[c] | 31,5 | 21,7 | n.s. | 16,1 | 23,1 | n.s. |
| Erpressung/Nötigung[d] | 13,5 | 5,0 | n.s. | 12,9 | 17,2 | n.s. |
| Körperverletzung[e] | 18,3 | 14,6 | n.s. | 10,2 | 5,9 | n.s. |

[a] deutsch: Herkunftsland eines oder beider Elternteile Deutschland; nicht-deutsch: Herkunftsland beider Elternteile andere Länder

[b] $X^2$-Test; *** $p < 0{,}001$; ** $p < 0{,}01$; * $p < 0{,}05$; + $p < 0{,}10$; n.s. $p > 0{,}10$

[c] 175 gültige, 43 (19,7%) fehlende Werte

[d] 268 gültige, 77 (22,3%) fehlende Werte

[e] 325 gültige, 62 (16,0%) fehlende Werte

Die Anzeigequote der weiblichen Gewaltopfer bei Körperverletzungen ist dennoch deutlich niedriger als die der männlichen und zudem bei nicht-deutschen Opfern niedriger als bei deutschen (Tab. 5). Auch Erpressungen/Nötigungen und Raubdelikte werden von den deutschen Mädchen seltener angezeigt als von den deutschen Jungen, während bei den nicht-deutschen Opfern die Mädchen tendenziell häufiger Anzeige erstatten.[8] Aufgrund der niedrigen Fallzahlen sind diese Unterschiede jedoch nicht signifikant und dürfen nur als Tendenzen bewertet werden, die jedoch mit erklären können, warum Mädchengewalt seltener polizeilich registriert wird als Jungengewalt (Bruhns/Wittmann 2003: 56).

## 4. Differenzielle Auswirkungen sozialräumlicher Benachteiligung

Nun soll die Frage in den Mittelpunkt gerückt werden, welche – möglicherweise unterschiedlichen – Auswirkungen sozialräumliche Benachteiligungen auf das Delinquenzverhalten von Mädchen und Jungen mit und ohne Migrationshintergrund haben. Diese Frage wird zunächst deskriptiv, und anschließend mit Hilfe mehrebenenanalytischer Verfahren angegangen.

### *4.1. Deskriptive Ergebnisse*

Für einen ersten deskriptiven und leicht verständlichen Zugang zu dieser Fragestellung habe ich die von der MPI-Schulbefragung erfassten Stadtviertel und Gemeinden anhand ihrer amtlichen Sozialhilfequote der unter 18-jährigen Einwohner in drei Gruppen eingeteilt: Neben der größten Gruppe der Stadtviertel bzw. Gemeinden mit einer Sozialhilfequote zwischen 5% und 25% gibt es sowohl eine Extremgruppe von sozial ‚bevorzugten' Sozialräumen mit einer sehr niedrigen Sozialhilfequote (unter 5%) als auch eine Extremgruppe von sozial sehr benachteiligten Sozialräumen mit einer Quote von 25% und mehr. Diese befinden sich überwiegend in Köln, während es in Freiburg nur ein Stadtviertel und im Freiburger Umland keine einzige Gemeinde gibt, die dieses Kriterium erfüllen. Den amtlichen Strukturdaten der Kölner und Freiburger Stadtviertel kann entnommen werden, dass die Wahrscheinlichkeit, in einem solchen sozialen Brennpunkt zu wohnen, zwischen deutschen[9] und nicht-deutschen Jugendlichen sehr ungleich verteilt ist. Während 9% der Kölner Jugendlichen mit deutscher Staatsangehörigkeit in Stadtvierteln mit

8 Darin enthalten sind Anzeigen, die durch Eltern oder andere Personen erstattet wurden.

9 In der hier verwendeten amtlichen Statistik ist die Staatsangehörigkeit das relevante Kriterium.

einer Sozialhilfequote der unter 18-Jährigen von 25% und mehr wohnen, trifft dies auf 21% der Kölner Jugendlichen ohne deutsche Staatsangehörigkeit zu. Entsprechend ist ihr Anteil an der jugendlichen Wohnbevölkerung in diesen Vierteln mit durchschnittlich 44% sehr hoch. In Freiburg sind die entsprechenden Werte deutlich niedriger, der amtliche Ausländeranteil an der jugendlichen Wohnbevölkerung liegt in dem sozial besonders benachteiligten Viertel bei 23%. Insgesamt 556 Befragte der MPI-Schulbefragung (450 in Köln, 106 in Freiburg) wohnen in diesen sozial benachteiligten Stadtvierteln.

In den Abbildungen 2a und 2b werden die Mittelwerte der Befragungsergebnisse für die drei sozialräumlichen Kategorien differenziert nach Migrationshintergrund und Geschlecht zusammen mit den 95%- Konfidenzintervallen grafisch dargestellt. In Abb. 2a ist zu erkennen, dass die Prävalenzrate der Gewaltdelikte bei deutschen Jungen und Mädchen in den sozial besonders benachteiligten Stadtvierteln signifikant höher ist als in den übrigen Stadtvierteln. Zugleich nähert sich die Prävalenzrate der Mädchen deutlich an die der Jungen an, so dass der Geschlechtsunterschied (allerdings auch bedingt durch die wegen der geringen Fallzahlen größer werdenden Konfidenzintervalle) in den sozial benachteiligten Stadtvierteln nicht mehr signifikant ist. Demgegenüber zeigt sich für die nicht-deutschen Jungen und Mädchen kein Anstieg der Gewaltneigung in den sozial benachteiligten Stadtvierteln, sondern sogar ein entgegen gesetzter Trend, der jedoch nur schwach ausgeprägt und statistisch nicht bedeutsam ist.

Ein ähnliches Bild zeigt sich bei der Mitgliedschaft in gewaltbereiten Cliquen (Abb. 2b). Während für deutsche Jungen eine lineare Zunahme des Anteils der Cliquenmitglieder mit der Sozialhilfequote zu beobachten ist, steigt dieser Anteil bei den deutschen Mädchen erst in den sozial besonders benachteiligten Stadtvierteln sprunghaft an, so dass diese mit den Jungen gleichziehen. Für die nicht-deutschen Jugendlichen sieht das Bild wiederum anders aus: Bei den Jungen besteht praktisch keine Abhängigkeit der Neigung zu gewaltbereiten Cliquen von der sozialräumlichen Benachteiligung, während für Mädchen sogar ein negativer Zusammenhang feststellbar ist. Diese Tendenz bleibt auch dann bestehen, wenn man nur die Jugendlichen türkischer Herkunft als der größten und relativ homogenen ethnischen Minderheit betrachtet (ohne Abbildung).

Die Mittelwertvergleiche fallen für die Prävalenzraten der schweren Eigentumsdelinquenz recht ähnlich aus (ohne Abbildung); auch hier besteht bei den nicht-deutschen Jugendlichen kein Zusammenhang mit der sozialräumlichen Benachteiligung. Anders als bei der Gewalt zeigen hier auch die deutschen Jungen eine klare und signifikante, mit der Sozialhilfequote ansteigende Tendenz.

Abb. 2a und b: Mittelwertvergleiche der Gewaltdelinquenz und der Mitgliedschaft in gewaltbereiten Cliquen nach sozialräumlicher Benachteiligung

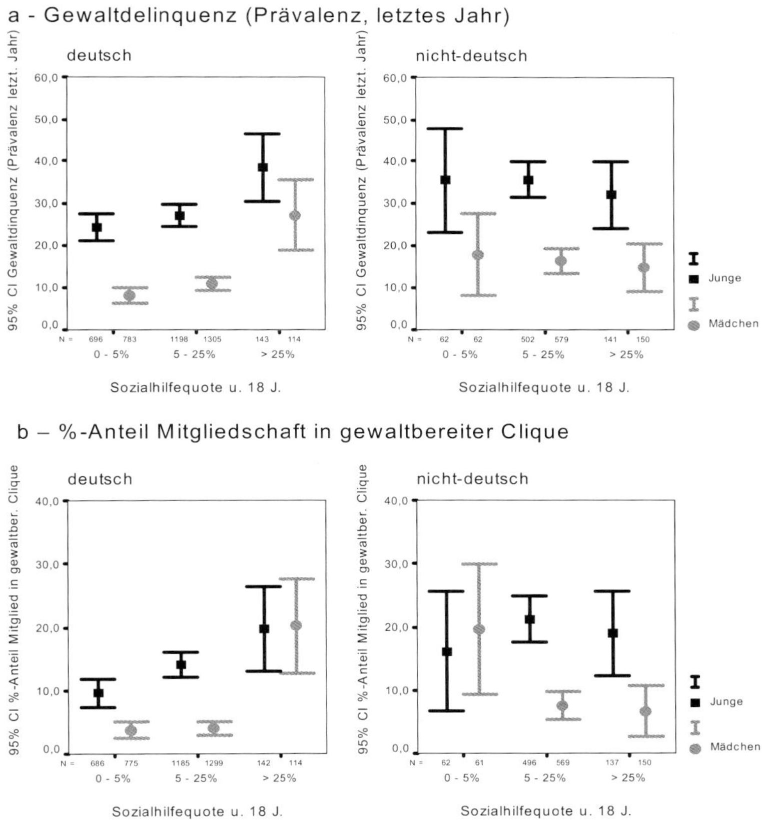


Insgesamt geben diese vorläufigen Analysen Anlass zu der Vermutung, dass sozialräumliche Kontexteffekte nicht bei Jugendlichen mit Migrationshintergrund, sondern nur bei deutschen Jugendlichen wirksam sind. Zudem scheinen die sozialräumlichen Einflüsse auf das Gewaltverhalten von Mädchen besonders stark zu sein. Diese Vermutungen sollen mit Hilfe der Mehrebenenanalyse weiter untersucht werden.

## *4.2 Ergebnisse der Mehrebenenanalyse*

Ein methodisches Grundproblem der Untersuchung sozialräumlicher Kontexteffekte auf das Verhalten von Individuen liegt in der Gefahr, Kompositions- und Kontexteffekte zu vermischen. Konkret formuliert: Wenn die Delinquenzbelastung von Jugendlichen in sozial benachteiligten Stadtvierteln höher ist als in anderen, so könnte dies sowohl an den besonderen Eigenschaften der Stadtviertel als auch lediglich an der sozialen Zusammensetzung der dort wohnenden Jugendlichen liegen. Bei einem einfachen Mittelwertvergleich, wie er eben durchgeführt wurde, findet jedoch eine Kontrolle der sozialen Zusammensetzung der Befragten nicht statt. Die methodische Aufgabe besteht daher zunächst darin, die Existenz von Kontexteffekten unter Kontrolle der Kompositionseffekte zu prüfen.[10] Außerdem sollte es das Ziel sein, die Ursachen und Wirkungsmechanismen dieser Kontexteffekte – falls sie denn existieren – anhand von Makro-Variablen, die zusätzlich zu den individuellen erklärenden Variablen in ein Regressionsmodell eingeführt werden, zu erklären. Konventionelle Regressionsmodelle sind dazu nicht in der Lage. Hier hat die Entwicklung der Mehrebenenanalyse in den letzten Jahren eine statistische Lösung angeboten. Die Mehrebenenanalyse (oder ‚hierarchisch-lineare Regression') ermöglicht die simultane Schätzung von Regressionsgleichungen auf mehreren Ebenen zur Erklärung einer abhängigen Variablen auf der Individualebene (Bryk /Raudenbush 1992; Ditton 1998).

Bei der Mehrebenenanalye wird in der Regel mehrstufig vorgegangen. Zunächst berechnet man das so genannte ‚leere Modell' ohne unabhängige Variablen, in dem vergleichbar mit der konventionellen Varianzanalyse geprüft wird, ob ein signifikanter Anteil der Varianz der abhängigen Variablen *zwischen* den Gruppen liegt. Dieser lässt sich in der so genannten Intraklassenkorrelation (ICC) ausdrücken. Gibt es keine signifikante Zwischengruppenvarianz, so besteht auch kein Anhaltspunkt für mögliche Kontexteffekte auf der Makro-Ebene. Dieser Test sollte nach dem ‚leeren Modell' sodann nach Einführung wesentlicher sozio-demografischer Merkmale auf der Individualebene wiederholt werden, da nur solche Intraklassenkorrelationen inhaltlich bedeutsam sind, die unter Kontrolle der individuellen sozialen Zusammensetzung bestehen bleiben (s.o.). Nimmt man entsprechende Variablen in das Modell auf, spricht man von der ‚konditionalen' Intraklassenkorrelation.

10 Konzeptionell ist es allerdings keine triviale Frage, welche individuellen Merkmale der Befragten noch zu der ‚sozialen Zusammensetzung' gehören (und ob diese Merkmale überhaupt vollständig erfasst werden) und welche Merkmale schon als ein Resultat der sozialräumlichen Beeinflussung zu gelten haben. Dies gilt besonders für Querschittsanalysen (Duncan/Raudenbush 1999).

Tab. 6: Intraklassenkorrelationen (ICC) der selbstberichteten Gewalt- und schwere Eigentumsdelinquenz nach Geschlecht und Migrationshintergrund (Köln, Freiburg und FR-Land, Stadtviertelebene, N=58)

| *Inzidenz letztes Jahr* | Jungen | | Mädchen | |
|---|---|---|---|---|
| | deutsch[a] | nicht-deutsch[a] | deutsch[a] | nicht-deutsch[a] |
| N= | 1757 | 595 | 1823 | 661 |
| Gewaltdelikte | | | | |
| ICC | 1,22 ** | 0,82 n.s. | 6,16 *** | 0,27 n.s. |
| $ICC_{kond.}$[b] | 0,52 + | 0,80 n.s. | 4,71 *** | 0,20 n.s. |
| %-Differenz | *-57,4%* | - | *-23,5%* | - |
| Schwere Eigentumsdelikte | | | | |
| ICC | 5,00 *** | 0,64 n.s. | 4,59 *** | 1,49 ** |
| $ICC_{kond.}$[b] | 3,04 *** | 0,40 n.s. | 3,90 *** | 1,63 ** |
| %-Differenz | *-39,2%* | - | *-15,0%* | *+9,4%* |

*** p < 0,001; ** p < 0,01; * p < 0,05; + p < 0,10.

[a] deutsch: Herkunftsland eines oder beider Elternteile Deutschland; nicht-deutsch: Herkunftsland beider Elternteile andere Länder

[b] Intraklassenkorrelation des konditionalen Modells unter Kontrolle auf der Individualebene von elterlichem Bildungs- und Berufsstatus, Arbeitslosigkeit/Sozialhilfe des Haushaltsvorstandes ab 6 Monaten Dauer, unvollständiger Familie.

Hierarchisch-lineare Modelle berechnet im Programm HLM 5.

In Tab. 6 sind die Ergebnisse dieser Berechnungen dokumentiert. Die Datengrundlage der folgenden Mehrebenenmodelle besteht aus einer verkleinerten Stichprobe der MPI-Schulbefragung (N=4.821), zu der alle Befragten gehören, die in einer Gebietsstichprobe von 61 zusammengefassten Stadtvierteln und Gemeinden (‚Z2-Ebene') wohnen, in denen mindestens ca. 50 Jugendliche erfasst wurden. Hiervon werden zudem 3 Gemeinden im Freiburger Umland abgezogen, in denen die befragten Jugendlichen überwiegend nach Freiburg einpendeln und daher dem sozialräumlichen Kontext ihres Wohnortes nur eingeschränkt ausgesetzt sind (vgl. Oberwittler/Köllisch 2003).

Der vorläufige Eindruck der Mittelwertvergleiche bestätigt sich hier. Deutsche Jungen haben bei der Gewaltdelinquenz einen sehr geringen Varianzanteil von 1,2% auf der Kontextebene, der sich unter Kontrolle ihrer sozialen Zusammensetzung auf 0,5% reduziert und auf dem 95%-Niveau nicht mehr signifikant ist. Bei den deutschen Mädchen ist die Intraklassenkorrelation mit 6,2% ungleich größer und sinkt im konditionalen Modell (also unter Kontrolle ihrer sozialen Zusammensetzung) nur um rund ein Viertel auf 4,7% ab. Bei den nicht-deutschen Jugendlichen zeigen demgegenüber weder die Jungen noch die Mädchen Anzeichen von Kontexteffekten auf ihre Gewaltdelinquenz.

Tendenziell ähnlich, jedoch mit geringeren Geschlechtsunterschieden, ist das Resultat für die schweren Eigentumsdelikte: Hier liegen die deutschen Jungen vor den deutschen Mädchen, deren konditionaler ICC jedoch wiederum etwas höher ist. Bei den nicht-deutschen Jugendlichen haben nur die Mädchen einen kleinen signifikanten Varianzanteil auf der Kontextebene, der im konditionalen Modell sogar noch etwas anwächst.

Abschließend soll für eine Zielvariable und eine Subgruppe, nämlich für die Gewaltdelinquenz der deutschen Mädchen, gezeigt werden, wie die festgestellten Kontexteffekte in einem vollständigen Mehrebenenmodell mit unabhängigen Variablen auf beiden Ebenen erklärt werden können (Tab. 7).[11] Das erste Modell ist identisch mit dem Modell der konditionalen Intraklassenkorrelation in der vorhergehenden Tabelle. Hier wird der Einfluss individueller sozio-demografischer Variablen auf das Gewalthandeln von deutschen Mädchen geschätzt. Lediglich ein hoher elterlicher Bildungsstatus wirkt sich abschwächend – jedoch nur schwach signifikant – auf die Gewaltdelinquenz aus. Eine weitere strukturelle Variable (unvollständige Familie) erreicht eine knapp signifikante Bedeutung. Insgesamt werden durch die strukturellen Variablen jedoch nur 0,6% der Varianz der Gewaltdelinquenz auf der individuellen Ebene erklärt. Diese Variablen sorgen jedoch dafür, dass die Intraklassenkorrelation, das heißt die Varianz zwischen den Stadtvierteln, um 1,5% auf 4,7% absinkt.

Im zweiten Modell wird geprüft, ob die amtliche Sozialhilfequote der unter 18-Jährigen als Indikator der sozialräumlichen Benachteiligung die Mittelwertunterschiede zwischen den Stadtvierteln erklären kann. Zusätzlich wird die Gewaltakzeptanz auf beiden Ebenen als Prädiktor in das Modell eingeführt. Auf der individuellen Ebene steigt der Anteil der erklärten Varianz dadurch dramatisch auf 21% an; gleichzeitig verlieren die Variablen des individuellen Eltern-Status ihre geringe Bedeutung, die nun vollständig über die Gewaltakzeptanz vermittelt wird.

---

11 Da hier die unstandardisierten Beta-Koeffizienten wiedergegeben sind, ist es sinnvoll, die Bedeutung der Variablen anhand der T-Werte zu beurteilen.

Tab. 7: Hierarchisch-lineare Regressionen von Gewaltdelinquenz (Inzidenz letztes Jahr) auf strukturelle Variablen und Gewaltakzeptanz (nur deutsche Mädchen)

| | Modell 1 | | Modell 2 | |
|---|---|---|---|---|
| | unstand. B-Koeff. | T-Wert | unstand. B-Koeff | T-Wert |
| Konstante | 0,071 | 8,3 *** | 0,079 | 10,6 *** |
| Level 1 (N=1721 Befragte) | | | | |
| elterl. Bildungsstatus (1=Studium, 0=niedr.) | -0,028 | -2,0* | -0,011 | -1,0 |
| elterl. Berufsstatus (1=niedrig bis 4=hoch) | -0,003 | -0,4 | -0,003 | -0,5 |
| Unvollständige Familie (0=nein, 1=ja) | 0,023 | 1,7 + | 0,016 | 1,2 |
| Arbeitsl./Sozialhilfe ab 6 Mon. Dauer (0=nein, 1=ja) | 0,021 | 1,0 | 0,001 | 0,0 |
| Gewaltakzeptanz (quadriert) | -- | -- | 0,058 | 6,6 *** |
| Level 2 (N=58 Stadtviertel) | | | | |
| Sozialhilfequote u. 18 J. | -- | -- | 0,004 | 3,8 *** |
| Gewaltakzeptanz | -- | -- | 0,121 | 2,0 + |
| *Erklärte Varianz auf Level 1* | *0,6%* | | *20,8%* | |
| *Erklärte Varianz auf Level 2*[a] | -- | | *43,0%* | |

*** p < 0,001; ** p < 0,01; * p < 0,05; + p < 0,10.

Hierarchisch-lineare Modelle berechnet im Programm HLM 5 ('Random intercept model'; Level 1-Variablen gruppenzentriert; abhängige Variable log-transformiert).

[a] Varianzreduktion im Vergleich zum konditionalen Modell (unter Kontrolle von elterlichem Bildungs- und Berufsstatus, Arbeitslosigkeit/Sozialhilfe des Haushaltsvorstandes ab 6 Monaten Dauer, unvollständiger Familie)

Auf der Stadtviertelebene zeigt sich ein hoch signifikanter Einfluss der Sozialhilfequote der unter 18-Jährigen sowie ein schwach signifikanter Einfluss der durchschnittlichen Gewaltakzeptanz der befragten Jugendlichen in den jeweiligen Vierteln. 43% der Varianz auf der Stadtviertelebene (die rund 5%

der Gesamtvarianz ausmacht) kann durch die beiden Variablen erklärt werden, wobei die durchschnittliche Gewaltakzeptanz der Befragten rund ein Fünftel des Effekts der Sozialhilfequote auf das Gewaltverhalten der Mädchen vermittelt. Die Konzentration von Jugendlichen mit Gewalt befürwortenden Einstellungen ist also ein Kontextfaktor, der zusätzlich zu der individuellen Gewaltakzeptanz der Befragten deren Gewaltverhalten beeinflusst. Strukturelle Merkmale des Elternstatus spielen auf der individuellen Ebene eine denkbar geringe Rolle, aber als Eigenschaft des sozialräumlichen Kollektivs sind sie durchaus von Bedeutung.

## 5. Bewertung

Wie können diese Ergebnisse der Mehrebenenanalyse inhaltlich interpretiert werden? Betrachtet man zunächst nur die deutschen Jugendlichen und hier die Gewaltdelinquenz, so gilt für die Jungen, dass sie in allen sozialräumlichen Kontexten eine vergleichsweise hohe Gewaltneigung zeigen, die in den sozial besonders benachteiligten Stadtvierteln nur noch geringfügig, und wenn man die soziale Komposition der Jugendlichen berücksichtigt, gar nicht ansteigt. Bei den Mädchen liegt das Gewaltniveau in den ‚normalen' sozialräumlichen Kontexten deutlich unterhalb dem der Jungen, es steigt in den besonders benachteiligten Stadtvierteln jedoch erheblich stärker an, als es aufgrund der sozialen Komposition zu erwarten wäre. Gewalt ist für Mädchen offenbar nur in den subkulturellen Milieus der sozialen Brennpunkte eine akzeptable Verhaltensoption; für Jungen ist es auch darüber hinaus ‚normal', Gewalt auszuüben. Mädchen benötigen offenbar einschlägige Lernerfahrungen und die Bestärkung durch deviante Peer-Einflüsse, bevor sie sich ‚trauen', sich so zu verhalten, wie es vom gesellschaftlichen Mainstream ihrer Geschlechtsgenossinnen außerhalb der ‚Ghettos' nicht akzeptiert werden würde. Das zeigt auch der sprunghafte Anstieg der Zugehörigkeit von Mädchen zu gewaltbereiten Cliquen in den besonders benachteiligten Stadtvierteln. Diese Ergebnisse können auch als Bestätigung der qualitativen Studie von Bruhns/Wittmann (2002) gesehen werden.

Jungen benötigen diese subkulturelle Unterstützung zwar nicht für Gewalt, aber für schwere Eigentumsdelikte. Hier gibt es offenbar ebenfalls einen ‘Schwellenwert' illegaler Chancenstrukturen (Cloward/Ohlin 1960), der zunächst erreicht werden muss, bevor Jungen in größerer Zahl schwere Eigentumsdelikte begehen. Hierbei ist sowohl an die Vermittlung der notwendigen Fertigkeiten als auch an illegale Absatzmärkte für gestohlene Waren (Autoradios, Mobiltelefone etc.) zu denken. Nicht primär Gewalt, sondern schwere

Eigentumsdelinquenz ist die charakteristische und ‚typisch männliche' Form des abweichenden Verhaltens in den sozial benachteiligten Stadtvierteln.

Warum die Jugendlichen mit Migrationshintergrund keinerlei Indizien für ähnliche sozialräumliche Kontexteffekte, sondern im Gegenteil sogar gegenläufige Tendenzen zeigen, ist schwer zu erklären. Scheinbar ‚profitieren' sie hinsichtlich des delinquenten Verhaltens nicht davon, in Stadtvierteln ohne erhebliche soziale Benachteiligungen zu wohnen. Möglicherweise sind ihre Freundesnetzwerke sozialräumlich anders orientiert als die der deutschen Jugendlichen, so dass ihre Wohnadresse keine vergleichbare Bedeutung für räumliche Kontexteffekte hat (vgl. Oberwittler 2002). Angesichts des Mangels an Studien zur sozialräumlichen Dimension von Jugenddelinquenz ist es nicht möglich, auf der Basis der hier vorgestellten Befragungsergebnisse zu einer plausiblen Erklärung dieses Phänomens zu gelangen.

## *Literatur:*

Anderson, A.L. (2002): Individual and contextual influences on delinquency: the role of the single-parent family. In: Journal of Criminal Justice 30 (6), S. 575-587.

Bellair, P.E./Roscigno, V.J./McNulty, T.L. (2003): Linking Local Labor Market Opportunity to Violent Adolescent Delinquency. In: Journal of Research in Crime and Delinquency 40 (1), S. 6-33.

Beyers, J.M./Loeber. R./Wikström, P.-O.H./Stouthamer-Loeber, M. (2001): What Predicts Adolescent Violence in Better-Off Neighborhoods? In: Journal of Abnormal Child Psychology 29 (3), S. 369-381.

Braun, F./Coffield, F./Lagrée, J.C./Fai, P.L./Vanheerswynghels, A. (1990): Jugendarbeitslosigkeit, Jugendkriminalität und städtische Lebensräume: Bundesrepublik Deutschland. Literaturbericht zum Forschungsstand in Belgien, Frankreich, Großbritannien und der Bundesrepublik Deutschland. München.

Brooks-Gunn, J./Duncan, G.J./Klebanov, P.K./Sealand, N. (1993): Do Neighborhoods Influence Child and Adolescent Development? In: American Journal of Sociology 99 (2), S. 353-395.

Bruhns, K./Wittmann, S. (2002): „Ich meine, mit Gewalt kannst du dir Respekt verschaffen." Mädchen und junge Frauen in gewaltbereiten Jugendgruppen. Opladen.

Bruhns, K./Wittmann, S. (2003): Mädchenkriminalität – Mädchengewalt. In: Raithel, J. Mansel, J. (Hrsg.), Kriminalität und Gewalt im Jugendalter. Hell- und Dunkelfeldbefunde im Vergleich. Weinheim, München. S. 41-63.

Bryk, A.S./Raudenbush, S.W. (1992): Hierarchical Linear Models: Applications and Data Analysis Methods. Newbury Park.

Bursik, R.J.J. (1988): Social Disorganization and Theories of Crime and Delinquency: Problems and Prospects. In: Criminology 26 (4), S. 519-552.

Cheong, Y.F./Raudenbush, S.W. (2000): Measurement and structural models for children's problem behaviors. In: Psychological Methods 5 (4), S. 477-495.

Cloward, R.A./Ohlin, L.E. (1960): Delinquency and Opportunity. Illinois.

Crane, J. (1991): The epidemic theory of ghettos and neighborhood effects on dropping out and teenage childbearing. In: American Journal of Sociology 96, S. 1226-1259.

Diekmann, A. (1998): Empirische Sozialforschung: Grundlagen, Methoden, Anwendungen. Reinbeck bei Hamburg.

DiPrete, T.A./Forristal, J.D. (1994): Multilevel Models: Methods and Substance. In: Annual Review of Sociology 20, S. 331-357.

Ditton, H. (1998): Mehrebenenanalyse: Grundlagen und Anwendungen des Hierarchisch Linearen Modells. Weinheim, München.

Duncan, G.J./Raudenbush, S.W. (1999): Assessing the Effect of Context in Studies of Child and Youth Development. In: Educational Psychologist 34 (1), S. 29-41.

Eisner, M. (1997): Das Ende der zivilisierten Stadt? Die Auswirkungen von Modernisierung und urbaner Krise auf Gewaltdelinquenz. Frankfurt.

Eisner, M. (2001): Gewalt und andere Formen von Problemverhalten. Ähnlichkeiten und Unterschiede in internationaler Perspektive. In: Journal für Konflikt- und Gewaltforschung 2 (1), S. 44-67.

Enzmann, D./Wetzels, P. (2000): Gewaltkriminalität junger Deutscher und Ausländer. In: Kölner Zeitschrift für Soziologie und Sozialpsychologie (2), S. 142-156.

Enzmann, D./Brettfeld, K./Wetzels, P. (im Druck). Männlichkeitsnormen und die Kultur der Ehre: Empirische Prüfung eines theoretischen Modells zur Erklärung erhöhter Delinquenzraten jugendlicher Migranten. In: Oberwittler, D./Karstedt, S. (Hrsg.): Soziologie der Kriminalität (Kölner Zeitschrift für Soziologie und Sozialpsychologie, Sonderheft 43). Opladen.

Frehsee, D. (1979): Strukturbedingungen urbaner Kriminalität: Eine Kriminalgeographie der Stadt Kiel unter besonderer Berücksichtigung der Jugendkriminalität. Göttingen.

Hayslett-McCall, K.L./Bernard, T.J. (2002): Attachment, Masculinity, and Self-Control. A Theory of Male Crime Rates. In: Theoretical Criminology 6 (1), S. 5-33.

Junger-Tas, J./Marshall, I.H. (1999). The Self-Report Methodology in Crime Research. In: Tonry, M. (Hrsg.): Crime and Justice. A Review of Research. Chicago, S. 291-367.

Kersten, J. (1997): Risiken und Nebenwirkungen: Gewaltorientierungen und die Bewerkstelligung von „Männlichkeit“ und „Weiblichkeit“ bei Jugendlichen der underclass. In: Krasmann, S./Scheerer, S. (Hrsg.): Die Gewalt in der Kriminologie. Weinheim, S. 103-114.

Leventhal, T./Brooks-Gunn, J. (2000): The Neighborhoods They Live In: The Effects of Neighborhood Residence on Child and Adolescent Outcomes. In: Psychological Bulletin 126, S. 309-337.

Loeber, R./Farrington, D.P. (1998) (Hrsg.): Serious and Violent Juvenile Offenders: Risk Factors and Successful Interventions. California.

Lüdtke, O./Robitzsch, A./Köller, O. (2002): Statistische Artefakte bei Kontexteffekten in der pädagogisch-psychologischen Forschung. In: Zeitschrift für Pädagogische Psychologie 16(3/4), S. 217-231.

Möller, K. (2001): Coole Hauer und brave Engelein.Gewaltakzeptanz und Gewaltdistanzierung im Verlauf des frühen Jugendalters. Opladen.

Moffitt, T.E./Caspi, A./Rutterm Michael/Silva, P.A. (2001): Sex differences in antisocial behaviour. Conduct, disorder, delinquency, and violence in the Dunedin longitudinal study. Cambridge.

Naplava, T. (2003): Selbst berichtete Delinquenz einheimischer und immigrierter Jugendlicher im Vergleich. Eine Sekundäranalyse von Schulbefragungen der Jahre 1995-2000. In: Soziale Probleme 14 (1), S. 67-96.

Naplava, T./Oberwittler, D. (2002): Methodeneffekte bei der Messung selbstberichteter Delinquenz von männlichen Jugendlichen – Ein Vergleich zwischen schriftlicher Befragung in der Schule und mündlicher Befragung im Haushalt. In: Monatsschrift für Kriminologie und Strafrechtsreforrm 85 (6), S. 401-423.

Oberwittler, D. (1999): Soziale Probleme, Gewalt und Jugenddelinquenz in der Stadt. Ansätze einer sozialökologischen Forschung. In: Albrecht, H.-J. (Hrsg.): Forschungen zu Kriminalität und Kriminalitätskontrolle am Max-Planck-Institut für ausländisches und internationales Strafrecht in Freiburg i.Br. Freiburg, S. 403-419.

Oberwittler, D. (2002): Ecological Context Effects on Juvenile Offending – Conditional Impacts of Neighborhoods and Schools (working paper of the project 'Social Problems and Juvenile Delinquency in Ecological Perspective' / No. 6).

Oberwittler, D. (2003): Das stadtviertel- und gemeindebezogene Stichprobendesign – Anlage und empirische Ergebnisse (working paper des Projekts ‚Soziale Probleme und Jugenddelinquenz im sozialökologischen Kontext' / Nr. 9).

Oberwittler, D. (im Druck a). Juvenile Offending in Neighbourhood Contexts: A Multilevel Analysis of Ecological Context Effects. In: European Journal of Criminology 1 (2).

Oberwittler, D. (im Druck b): Jugenddelinquenz und Stadtstruktur – Eine Mehrebenenanalyse zu sozialökologischen Kontexteffekten. In: Oberwittler, D./Karstedt, S. (Hrsg.): Soziologie der Kriminalität (Kölner Zeitschrift für Soziologie und Sozialpsychologie, Sonderheft 43). Opladen.

Oberwittler, D./Blank, T. (2003): Methodenbericht MPI-Schulbefragung 1999 (technical paper of the project 'Social Problems and Juvenile Delinquency in Ecological Perspective' / No. 1).

Oberwittler, D./Blank, T./Köllisch, T./Naplava, T. (2001): Soziale Lebenslagen und Delinquenz von Jugendlichen. Ergebnisse der MPI-Schulbefragung 1999 in Freiburg und Köln. Freiburg.

Oberwittler, D./Köllisch, T. (2003): Jugendkriminalität in Stadt und Land. Sozialräumliche Unterschiede im Delinquenzverhalten und Registrierungsrisiko. In: Raithel, J./Mansel, J. (Hrsg.), Kriminalität und Gewalt im Jugendalter. Hell- und Dunkelfeldbefunde im Vergleich. Weinheim, S. 135-160.

Oberwittler, D./Köllisch, T./Würger, M. (2002): Selbstberichtete Delinquenz bei Jugendlichen. In: Glöckner-Rist, A. (Hrsg.): ZUMA-Informationssystem. Elektronisches Handbuch sozialwissenschaftlicher Erhebungsinstrumente Mannheim.

Opp, K.-D. (1968): Zur Erklärung delinquenten Verhaltens von Kindern und Jugendlichen. Eine ökologische Analyse der Kinder- und Jugenddelinquenz in Köln und eine Kritik des kriminal-ökologischen Ansatzes. München.

Rebmann, M. (1998): Ausländerkriminalität in der Bundesrepublik Deutschland. Eine Analyse der polizeilich registrierten Kriminalität von 1986 bis 1995. Freiburg.

Sampson, R.J./Morenoff, J.D./Gannon-Rowley, T. (2002): Assessing "Neighborhood Effects": Social Processes and New Directions in Research. In: Annual Review of Sociology 28, S. 443-478.

Shaw, C./McKay, H.D. (1969 [1942]): Juvenile Delinquency and Urban Areas. Chicago.

Silkenbeumer, M. (2000): Im Spiegel ihrer Lebensgeschichten: gewalttätiges Verhalten Jugendlicher und Geschlechtszugehörigkeit. Stuttgart.

Simcha-Fagan, O./Schwartz, J.E. (1986): Neighborhood and Delinquency: An Assessment of Contextual Effects. In: Criminology 24 (4), S. 667-704.

Steffen, W. (2001): Strukturen der Kriminalität der Nichtdeutschen. In: Jehle, J.-M. (Hrsg.): Raum und Kriminalität. Sicherheit in der Stadt, Migrationsprobleme Mönchengladbach, S. 231-263.

Trotha, T.v. (1974): Jugendliche Bandendelinquenz. Über Vergesellschaftungsbedingungen von Jugendlichen in den Elendsvierteln der Großstädte. Stuttgart.

Wikström, P.-O./Sampson, R.J. (2003): Social Mechanisms of Community Influences on Crime and Pathways in Criminality. In: Lahey, B.B./Moffitt, T.E./Caspi, A. (Hrsg.): The Causes of Conduct Disorder and Serious Juvenile Delinquency New York, S. 118-148.

Wilmers, N./Enzmann, D./Schaefer, D./Herbers, K./Greve, W./Wetzels, P. (2002): Jugendliche in Deutschland zur Jahrtausendwende: Gefährlich oder gefährdet?. Ergebnisse wiederholter, repräsentativer Dunkelfelduntersuchungen zu Gewalt und Kriminalität im Leben junger Menschen 1998 - 2000. Baden-Baden.

# Das Weltbild des Fernsehens.
## Ausgewählte Ergebnisse einer inhaltsanalytischen Studie zu geschlechtsspezifischen Aggressivitäts- und Prosozialitätsdarstellungen im Fernsehen[1].

*Helmut Lukesch*

## 1. Einleitung

### *1.1 Gewalt und Prosozialität in den Medien*

Dem Thema Gewalt und Medien sind Hekatomben von Literatur gewidmet. Seit dem Aufkommen des Films hat das Thema immer wieder Wellen intensiver öffentlicher Diskussion ausgelöst, angefangen von der Schmutz- und Schundgesetzgebung der Weimarer Zeit[2] bis hin zu den gegenwärtigen Bemühungen in Deutschland, durch eine Vielzahl gesetzlicher Maßnahmen regulierend tätig zu sein. Besonders in den USA waren frühzeitig Klagen zu hören, vor allem das Fernsehen würde zu viele Verbrechen darstellen. Mit inhaltsanalytischer Methodik wurde dabei seit den 50er Jahren der Gewaltanteil an den Fernsehprogrammen objektiviert (Logan, 1950; Head, 1954; Klapper, 1960; Gerbner/Gross, 1973), wobei es sich nach international vergleichenden Inhaltsanalysen bestätigt hat (Huesmann/Eron, 1986: 21), dass in den USA,

---

1 Die dargestellten Ergebnisse wurden im Rahmen des vom Bayerischen Staatsministeriums für Arbeit und Sozialordnung, Familie und Frauen zwischen 2001 - 2003 geförderten Forschungsprojektes „Medienanalyse" erarbeitet. Projektmitarbeiter sind Herr Dipl.-Psych. Christoph Bauer, Herr Dipl.-Psych. Rüdiger Eisenhauer und Frau Dipl.-Psych. Iris Schneider. Neben den Projektmitarbeitern waren als studentische Hilfskräfte oder Diplomanden an der Datenaufnahme und -analyse die Studierenden Christina Bernhard, Antje Hornung, Alexander Lottner, Tanja Meindl, Margit Numberger, Carolin Wagner und Frieda Winnik sowie als Sekretärin Frau Marlis Reindl beteiligt.

2 Als ein heute weltfremd anmutendes Beispiel aus einer für den Anfang des 20. Jahrhunderts typischen Schrift sei folgendes Zitat erwähnt (Wulffen 1913: 90): „Im Kinematographen werden die gefährlichen Wirkungen (gemeint sind die der sog. ‚Schundliteratur') noch gesteigert. Das flimmernde Lichtbild beunruhigt an und für sich schon durch die Anstrengung des Auges das Nervensystem. (...) Die einzelnen Bilder zeigen nur die herausgehobenen Momente der Aktion und lösen für die Übergänge die Spannung des Zuschauers aus. Psychologisch wirkt weiter bedeutsam, dass die Darstellung selbst sich in fortwährender Bewegung befindet und so der Übergang von Gefühl und Vorstellung in Handlung beim Zuschauer erleichtert wird."

gefolgt von Japan, die Gewaltanteile des Fernsehens überproportional hoch sind (Iwao et al. 1981: 31).[3]

Während für den US-amerikanischen Bereich Inhaltsanalysen der Fernsehprogramme eine lange Tradition haben, sind für die deutsche Fernsehlandschaft umfassende Analysen zu diesem Thema erst in den 90er Jahren vorgelegt worden (Weiderer 1993; Groebel/Gleich 1993; Krüger 1994; 1996). Nach diesen Untersuchungen sind auch im deutschen Fernsehen die Gewaltanteile nicht unbeträchtlich. Aus all diesen Studien ist zu schließen, dass Mediengewalt eine weltweite Realität ist, wobei vor allem die belohnenden Aspekte der dargestellten Gewaltausübungen zur Entwicklung einer „global aggressive culture“ (Groebel 1998: 217) beitragen.

Ein dem aggressiven Verhalten gegensätzliches Verhaltensmuster ist in dem prosozialen Verhalten zu sehen. Hier war es forschungsgeschichtlich so, dass dieser wichtige Bereich lange Zeit hinweg in der Psychologie nicht präsent war. Angeblich hat in den USA nach einem krassen Fall unterlassener Hilfeleistung (Latané/Darley 1970) das Interesse an der Thematik des Hilfehandelns, des altruistischen und uneigennützigen Verhaltens sprunghaft zugenommen. In der Zwischenzeit ist auch der Bereich des prosozialen Verhaltens und seine Beziehung zum Medienkonsum forschungsmäßig abgedeckt (Mares/Woodard 2001). Nach Wiegman et al. (1992) ist kein Zusammenhang zwischen dem Konsum prosozialen Verhaltens im Fernsehen und eigenem prosozialem Verhalten zu finden; alle berechneten Zusammenhänge variierten um Null bzw. tendierten sogar in eine negative Richtung, aber in der Metaanalyse von Mares und Woodard (2001) stellen sich mittlere positive Effekte von $r = .27$ ein. Wiegman et al. (1992) meinen, die von ihnen für die Niederlande gefundene Nullkorrelation sei nicht verwunderlich, da der Konsum prosozialen Verhaltens sehr hoch mit dem Konsum aggressiven Verhaltens korreliert sei ($r = .90$) und Modellierungseffekte können eigentlich nur dann auftreten, wenn das vorgeführte Modellverhalten relativ eindeutig ist. Zudem berichten sie von einer Inhaltsanalyse des niederländischen Fernsehens, nach der die aggressiven Inhalte die prosozialen deutlich dominierten.

---

3 In einer aktuellen Analyse fand Hickey (1992; zit. n. Groebel/Gleich 1993: 40) in dem Angebot von zehn US-Sendern an einem Tag 1.846 aggressive Akte, in 175 Szenen (also etwa 10 %) endete die Gewaltanwendung mit dem Tod eines Kontrahenten, 389 Szenen zeigten schwere Angriffe, in 362 Szenen kamen Schießereien vor und 673 Szenen zeigten Schlagen, Prügeln und starke Bedrohung. In neuen Programmformen (Musikvideos, Filmtrailers und Reality-TV) waren die Gewaltszenen deutlich erhöht. Die neueste „National Television Violence Study“ (Wilson et al. 1997: 5) enthält zudem folgende Schlussfolgerungen: „(1) the context in which most violence is presented on television poses risks for viewers; (2) the negative consequences of violence are not often portrayed in violent programming; (3) perpetrators go unpunished in most scenes of violence; (4) violent programs rarely employ an antiviolent theme; and (5) on the positive side, television violence is usually not explicit or graphic.“

Das Thema der medialen Gewalt- und Prosozialitätsdarstellung lässt sich nahe liegender Weise auch geschlechtsspezifisch behandeln. Beispielsweise wurden von Weiderer (1993: 183ff.) auf der Basis von 635 Sendungen aus dem Jahr 1990 von ARD, ZDF und RTL plus aus allen Filmen mit Spielhandlung die wesentlichen Eigenheiten von 145 männlichen und 79 weiblichen Rollencharakteren auch nach den Aspekten des aggressiven und prosozialen Verhaltens ausgewertet. Auch die auf das Thema Gewalt bezogene Inhaltsanalyse von Groebel und Gleich (1993: 94ff.) enthält geschlechtsspezifische Angaben zu den Aggressionshandlungen, auf die noch einzugehen ist.

## *1.2 Das Forschungsinstrument der quantitativen Inhaltsanalyse*

In die methodische Tradition der quantitativ orientierten Inhaltsanalysen ist auch die vorliegende Studie einzuordnen. D.h. die Inhaltsanalyse wird hier als eine Forschungstechnik zur „objektiven, systematischen und quantitativen Beschreibung des manifesten Inhalts von Kommunikationen" (Berelson 1959/1971: 489) verstanden. Wobei in Übereinstimmung mit den Grundüberlegungen der empirischen Methodik mit „objektiv" der Anspruch auf die Reproduzierbarkeit eines Forschungsergebnisses auch durch andere Personen gemeint ist. „Systematisch" ist eine Beschreibung von Inhalten dann, wenn jede Untersuchungseinheit einer Stichprobe auch tatsächlich in die Analyse einbezogen wird und „quantitativ" ist das Verfahren, wenn durch Zahlen eine Gewichtung verschiedener Aspekte des zu erfassenden Inhaltsbereiches erreicht wird (Silbermann/Krüger 1973).

Was ist der mit Inhaltsanalysen verbundene Erkenntnisanspruch? Auf alle Fälle kann damit ein Teil der sozialen Wirklichkeit abgebildet werden. Die Frage ist aber auch, ob neben diesem deskriptiven Anspruch nicht auch noch weitergehende Interpretationsmöglichkeiten gegeben sind. Dazu zwei Gedankengänge:

(1) Um nicht einer Beliebigkeit inhaltsanalytischer Kategorisierungen Vorschub zu leisten, wurde von uns der Vorschlag gemacht (Lukesch 1989), psychologische Theorien als Grundlage zur Formulierung solcher Kategorienschemata zu verwenden. Für diese theoriegeleitete Vorgehensweise liegen mehrere Beispiele vor (z.B. Ingrisch (1990) für den Bereich des prosozialen Verhaltens, Leitl (1992) für das Thema Suizid oder Hofmann (1997) für die in Fernsehsendungen enthaltenen Moralkonzepte). Da in diesen Theorien das fachliche Wissen über Wirkmechanismen repräsentiert ist, können die an solchen Theorien orientierten Inhaltsanalysen zumindest eine Brücke zwischen einer rein deskriptiven Beschreibung eines Ausschnittes der sozialen Realität und der Wirkungsforschung darstellen.

(2) Gegenüber der weiter gehenden Frage, ob eine *Inhaltsanalyse auch als Indikator für Wirkungen* verwendet werden könne, wird oft polemisiert, ohne dass rational und differenziert darüber nachgedacht wird, was die Grundlagen für diese Art der Schlussfolgerungen sein könnten bzw. wo die Grenzen einer solchen Vorgehensweise liegen. Um dies zu erläutern, sind einige wissenschaftstheoretische Überlegungen in Erinnerung zu rufen:

Nach dem Hempel-Oppenheimschen Erklärungsschema werden Ereignisse (dies können bereits eingetretene Ereignisse sein, aber auch solche, die in der Zukunft liegen) aus allgemeinen Gesetzen ($G_1$, ... $G_n$) und entsprechenden Antezedenz- oder Randbedingungen ($A_1$, ... $A_n$) deduktiv erschlossen und damit erklärt (Stegmüller 1969). Es muss also zuerst eine mehr oder minder gut bewährte Theorie vorliegen – dies ist mit den Gesetzesaussagen $G_1$, ... $G_n$ angedeutet – um einen Sachverhalt erklären zu können. Dann muss für die Erklärung eines realen Ereignisses geprüft werden, ob die Ausgangsbedingungen, von denen diese Gesetze in den Wenn-Komponenten[4] ausgehen, auch tatsächlich vorliegen.

Für Medienwirkungen liegen in der Zwischenzeit komplexe und ausgefeilte Theorien vor (z.B. die sozial-kognitive Lerntheorie oder Theorien über die Entstehung medienbezogener semantischer Netzwerke). Ist diese Voraussetzung also gegeben und können für die notwendigen Randbedingungen dieser Theorien durch Inhaltsanalysen korrekte Beschreibungen geliefert werden, die noch mit aktuellen Nutzungsdaten zu kombinieren sind, so sind damit sowohl Erklärungen bereits eingetretener Ereignisse wie auch Prognosen über zukünftige Ereignisse möglich. Inhaltsanalysen können also mehr sein als reine „Stimulusbeschreibungen".

## 2. Methodische Grundlagen der Studie

Basis für die hier zu berichtende Studie ist eine repräsentative Stichprobe von 712 aufgezeichneten und digitalisierten Fernsehsendungen von öffentlich-rechtlichen (ARD, ZDF, 3Sat BR3, KIKA, ARTE) und privaten Fernsehanbietern (RTL, SAT1, Pro7, RTL2, VOX, Kabel1, SUPER RTL, VIVA, DSF). Die Daten wurden zwischen März und April 2002 erhoben, wobei verschiedene Zeitfenster definiert und die jeweils von einem Sender zu speichernde Sendung nach einem Zufallsverfahren bestimmt wurde. Die Datenauswertung erfolgte mit dem formalen Codier- und Auswertungssystem INTERACT® der

4 Gesetze sind immer Wenn-dann-Aussagen, und zwar unabhängig davon, ob die Gesetze deterministischer oder probabilistischer Art sind.

Cirma Mangold-Software & Consulting GmbH München.

Kodiert wurden z.T. nach zeitunabhängigen wie auch nach zeitbezogenen Kategorien. Bei den zeitunabhängigen Kategorien wurde das Auftreten von Ereignissen oder Merkmalen von Ereignissen codiert (z.B. in Bezug auf die Bereiche Jugendschutz, Werte, Thematisierungen, Entwicklungsaufgaben, Seniorendarstellungen, Komik, Animationsfiguren, Personendarstellungen [Rollen, Rolle-Moderator, Rolle-Musikvideo, Menschenbilder, Klischees], Sendungsbogen, Formale Bögen). Zeitlich codiert wurden Merkmale für die Bereiche Aggression, Ausländer, Drogen, Prosozialität, Sexualität und Tod; bei Letzteren wurde sekundengenau die Dauer bestimmter Handlungselemente festgehalten. Insgesamt wurden für 16 Bereiche Kategoriensysteme mit etwa 12-16 Einzelmerkmalen definiert.

Ziel der dieser Studie zugrunde liegenden konzeptuellen Überlegungen war es, Kategorienschemata zu entwickeln, mit denen die Inhalte des Fernsehangebots möglichst breit und differenziert, d.h. auf der Grundlage psychologischer Theorien, abgedeckt werden können. Eine Engführung auf die Aggressionsthematik sollte vermieden, die vielfältigen Facetten der Fernsehinhalte hingegen abgedeckt werden.

## 3. Ausgewählte Ergebnisse zu Aspekten aggressiven und prosozialen Verhaltens von Frauen und Männern

### *3.1 Vorbemerkungen*

#### 3.1.1 Das Vorkommen von Männern und Frauen im Fernsehen

In früheren Studien (Weiderer 1993; Küchenhoff 1975) wurde bisweilen herausgestellt, dass im Fernsehen die Frauen vor der Kamera (und auch dahinter) deutlich unterrepräsentiert sind. In dem vorliegenden Datenmaterial wurden bei allen Sendungen mit Spielhandlung die vier wichtigsten Haupt- und Nebenrollen, bei Gerichtssendungen und Talkshows wurden alle beteiligten Personen codiert. Von diesen 1.143 Personen sind 53,4% männlich und 46,6% weiblich. Demnach hat sich im Vergleich zu den Daten von Weiderer (1993: 64,7% Männer) oder Küchenhoff (1975: 68% Männer) eine deutliche Angleichung vollzogen. Dies ist allerdings zu relativieren, wenn man alle vorkommenden realen oder fiktionalen Fernsehfiguren in die Betrachtung mit einbezieht, denn hier ist wieder ein deutliches Überwiegen der Männer zu finden (70,4% zu 29,6%).

#### 3.1.2 Anteile von Aggression und Prosozialität an der Gesamtsendezeit

Aggressive und prosoziale Handlungen stehen in der erhobenen Stichprobe in einem ausgewogenen Verhältnis zueinander (vgl. Tab. 1); eine leichte Tendenz ist erkennbar, wonach beide Aspekte bei den privaten Anbietern häufiger vorkommen (vermutlich ein Ausfluss der stärkeren Emotionalisierung des privaten Fernsehens). Im Vergleich zu Groebel und Gleichs Auswertungen (1993: 68) scheinen sich die Gewaltanteile der öffentlich-rechtlichen Anstalten und der privaten Anbietern angeglichen zu haben.

Tab. 1: Vorkommen von Aggression/Schaden und Prosozialität bei öffentlich-rechtlichen und privaten Sendeanstalten in Minuten [1)]

| Sendeanstalten | Aggression | | Prosozialität | |
|---|---|---|---|---|
| | Dauer | % | Dauer | % |
| **Öffentl.-rechtl.** | 475.4 | 4.2 | 502.7 | 4.5 |
| **Privat** | 819.6 | 5.8 | 730.0 | 5.2 |
| **Gesamt** | 1295.0 | 5.1 | 1232.8 | 4.9 |

1) Die Prozente beziehen sich auf die jeweilige Gesamtsendezeit (Aggressivität: Gesamtsendezeit öffentlich-rechtlich: 11242.0 min.; Gesamtsendezeit privat: 14130.6 min.; Gesamtsendezeit beide: 25372.6 min; Prosozialität: Gesamtsendezeit öffentlich-rechtlich: 11186.2 min.; Gesamtsendezeit privat: 14128.1 min.; Gesamtsendezeit beide: 25314.3 min.).

### *3.2 Geschlechtsspezifische Aggressionsdarstellungen im Fernsehen*

#### 3.2.1 Geschlecht des Aggressors und Konsequenzen von Aggressionen

Wertet man die im Fernsehen vorkommende *Aggressionsdauer* geschlechtsspezifisch (und getrennt nach den Fernsehanbietern) aus, so ergibt sich ein deutliches zeitliches Überwiegen der Männer (55,4%) im Vergleich zu den Frauen (11,4%); Aggressionshandlungen von Männer und Frauen gemeinsam machen 6,1% der Aggressionszeit aus (diese Angaben beziehen sich immer auf das Gesamtprogramm; vgl. Abb. 1).

Abb. 1: Geschlecht des Aggressors, insgesamt und getrennt nach öffentlich-rechtlichen und privaten Sendeanstalten (die Prozentangaben beziehen sich auf die je Anbieter präsentierte Aggressions-/Schadenszeit; Aggressionsdauer öffentlich-rechtlich: 475.4 min.; Aggressionsdauer privat: 819.6 min.; Aggressionsdauer gesamt: 1295.0 min.)

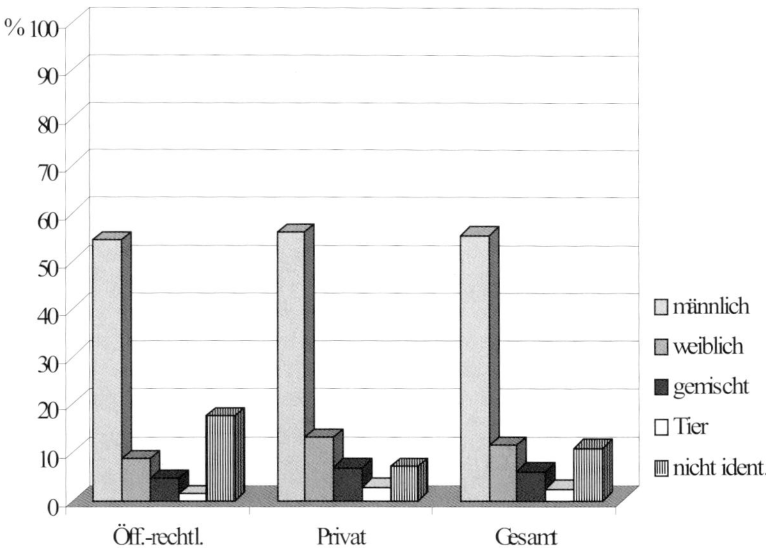


Im Fernsehen gezeigte Aggression hat für den Täter bzw. die Täterin zumeist keine oder keine erkennbaren Konsequenzen (35,3% bzw. 7,7%; vgl. Abb. 2). Direkte Belohnungen expliziter oder impliziter Art sind aber mit 12,9% der Aggressions-/Schadenszeit deutlich niedriger als negative Konsequenzen (26,2%). Hierbei scheint sich zumindest im Vergleich zu Groebel und Gleich (1993: 100) eine Verschiebung ergeben zu haben, denn diese berichten von einem wesentlich höheren Ausmaß konsequenzenloser aggressiver Akte gegen Frauen (73,8%; leider ohne entsprechende Angaben in Bezug auf Männer).

Hinsichtlich des Wirkpotenzials der Ausprägungen des Merkmals der wahrnehmbaren Konsequenzen sind unterschiedliche Möglichkeiten gegeben: Folgenlosigkeit aggressiven Verhaltens kann zusammen mit der Kategorie einer positiven Konsequenz eine operante Verstärkung bedeuten, negative Konsequenzen könnten als Form der Bestrafung mit einer zumindest dieses Verhalten unterdrückenden Wirkung eingestuft werden. Die Fernsehlandschaft bietet beide Möglichkeiten.

Abb. 2: Konsequenzen für den Aggressor, insgesamt und getrennt nach öffentlich-rechtlichen und privaten Sendeanstalten (die Prozentangaben beziehen sich auf die je Anbieter präsentierte Aggressions-/ Schadenszeit)

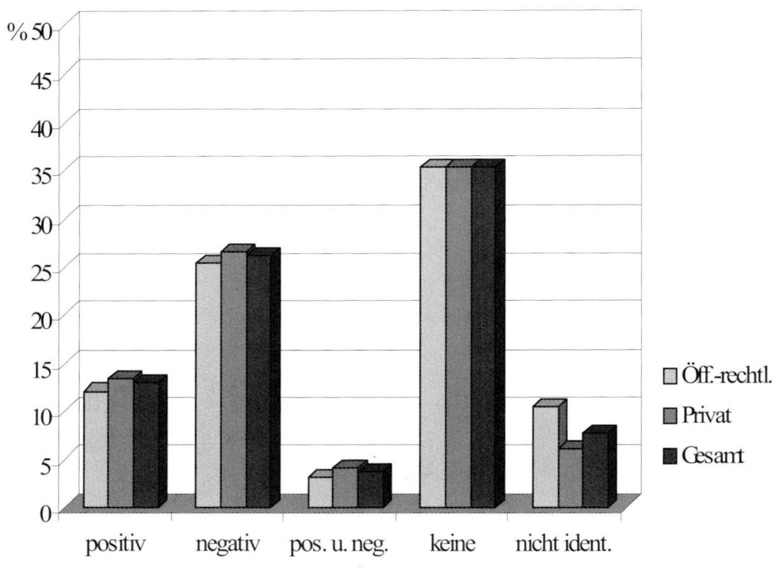


Diese Befunde müssen aber noch durch Daten aus den Rollenbögen ergänzt werden, wobei man ein etwas anderes Bild erhält. Es wurde ausgezählt, wie viele der weiblichen oder männlichen Fernsehcharaktere sich aggressiv verhalten (vgl. Tab. 2). Hier reduzieren sich die Unterschiede zwischen den Geschlechtern erheblich: Nur mehr 44,4% aller Männer und 37,5% aller Frauen handeln aggressiv, wobei körperliche Formen von Gewalt weiterhin häufiger von Männern ausgeübt werden, verbale Formen aber von Frauen. Der auf Männer zutreffende wesentlich höhere Anteil an der Aggressionszeit ist eventuell auf relativ wenige, aber sehr gewalttätige männliche Fernsehprotagonisten zurückzuführen (diese Deutung ist aber nicht zwingend, da bei den Rollenbögen die Auswertungen von nur 1.143 Personen eingehen, in die ausgewertete Aggressionszeit aber alle im Fernsehen vorkommenden Personen).

Tab. 2: Aggressives Verhalten aufgrund der Auswertungen der Rollenbögen (Angaben in %)

| **Rollenbogen Aggressives Verhalten** | | ***Öffentl.-rechtl.*** | | ***Privat*** | | ***Gesamt*** | |
|---|---|---|---|---|---|---|---|
| | | **Männer N=253** | **Frauen N=179** | **Männer N=357** | **Frauen N=354** | **Männer N=610** | **Frauen N=533** |
| ***Art der Aggression*** | Überwiegend verbal | 17.8 | 20.1 | 17.6 | 23.7 | 17.7 | 22.5 |
| | Überwiegend physisch | 15.4 | 11.7 | 29.1 | 12.7 | 23.4 | 12.4 |
| | Beides zu gleichen Teilen | 4.3 | 2.8 | 3.4 | 2.5 | 3.8 | 2.6 |
| | Kein aggressives Verhalten | 62.5 | 65.4 | 49.9 | 61.0 | 55.1 | 62.5 |
| ***Motivation der Aggression*** | Instrumentelle A. | 17.4 | 8.4 | 28.3 | 14.7 | 23.8 | 12.6 |
| | Expressive A. | 15.0 | 21.8 | 13.2 | 18.6 | 13.9 | 19.7 |
| | Destruktive A. | 5.1 | 4.5 | 8.7 | 5.6 | 7.2 | 5.3 |
| | Kein aggressives Verhalten | 62.5 | 65.4 | 49.9 | 61.0 | 55.1 | 62.5 |

Auch bei der Motivation des aggressiven Verhaltens sind Unterschiede zu erkennen: Für die Fernsehfrauen ist Aggressivität häufiger eine expressive Angelegenheit (Ausdruck einer Ärgeremotion), bei den Fernsehmännern häufiger ein instrumentelles Verhalten, das zur Erreichung eines Ziel eingesetzt wird.

Männer sind häufiger physisch aggressiv, Frauen häufiger verbal (vgl. Tab. 3), wobei aber auch der für Frauen sehr hohe Anteil körperlicher Gewaltanwendung zu beachten ist (immerhin 61% der Aggressionszeit entfällt bei den Frauen auf körperliche Aggressionen).

Tab. 3: Form der Aggression, nach Geschlecht

| **Aggression** | | | **Form der aggressiven Handlung** | | | | |
|---|---|---|---|---|---|---|---|
| | | | **Physisch** | **verbal** | **phys. und verbal** | **nicht identifi-zierbar** | **Gesamt** |
| **Ge-schlecht des Akteu-res/der Akteure** | männ-lich | % | 76.6 | 13.9 | 8.7 | 0.8 | 100.0 |
| | | **Dauer** | 549.4 | 99.6 | 62.5 | 5.9 | 717.4 |
| | weib-lich | % | 61.0 | 32.8 | 4.7 | 1.6 | 100.0 |
| | | **Dauer** | 90.3 | 48.5 | 6.9 | 2.3 | 148.0 |

Auch bei einem Vergleich der Schwere der aggressiven Handlungen (vgl. Tab. 4) nach dem Geschlecht des Aggressors sind bei Frauen die weniger intensiven Gewalteffekte häufiger, bei männlichen Aggressoren sind die schwersten Formen hingegen wesentlich häufiger.

Tab. 4: Tragweite der aggressiven Handlungen nach Geschlecht

| **Aggression** | | | **Tragweite der aggressiven Handlung** | | | | | | |
|---|---|---|---|---|---|---|---|---|---|
| | | | **Stufe I**[1)] | **Stufe II** | **Stufe III** | **Stufe IV** | **Stufe V** | **Nicht iden-tifi-zier-bar** | **Ge-samt** |
| **Ge-schlecht des Akteu-res/der Akteure** | männ-lich | % | 0.9 | 13.7 | 20.8 | 32.8 | 31.1 | 0.8 | 100.0 |
| | | **Dau er** | 6.2 | 98.0 | 149. 3 | 235. 0 | 223. 1 | 5.8 | 717.4 |
| | weiblich | % | 0.3 | 35.1 | 22.1 | 29.0 | 12.7 | 0.9 | 100.0 |
| | | **Dau er** | 0.4 | 52.0 | 32.7 | 42.9 | 18.8 | 1.3 | 148.1 |

1) Stufe I heißt, dass die Bedeutung einer aggressiven Handlung im Rahmen des Filmgeschehens nicht erkennbar ist. Die weiteren Stufen stellen eine kontinuierliche Steigerung der Gewalt dar (Stufe V: Schießerei, Mord, Vergewaltigung …)

Vergleiche mit früheren deutschen Studien, die etwa zehn Jahre zurückliegen, sind nur bedingt möglich; dennoch lassen sich einige Gemeinsamkeiten, aber auch Unterschiede erkennen: Nach Groebel/Gleich (1993: 94ff.) sind Männer wesentlich häufiger als Frauen Fernsehtäter (91,3% zu 8,7%). Auch Weiderer (1993: 185) hatte herausgestellt, dass Männer häufiger in der Täterrolle dargestellt werden als Frauen: Bei den analysierten Rollenbögen waren bei ihrem Material 85,7% der Männer manchmal oder oft verbal aggressiv, von den Frauen waren dies aber nur 79,3%; körperlich aggressiv waren 43,6% der Fernsehmänner und nur 13,8% der Fernsehfrauen.

Die Unterschiede zwischen weiblichen und männlichen Fernsehcharakteren waren also vor zehn Jahren sehr massiv. Im Vergleich dazu sind im gegenwärtigen Material zwar weiterhin Unterschiede erkennbar, diese haben sich aber reduziert. Man könnte der Tendenz nach also davon sprechen, dass sich die im Fernsehen vertretenen Rollenklischees für Männer und Frauen angenähert haben, wobei dies durch eine Brutalisierung (!) der für Frauen entworfenen Rollen erreicht worden ist.

### 3.2.2 Das Geschlecht des Adressaten/Opfers aggressiver Handlungen und Schadensereignisse

Mehr als die Hälfte der Zeit, bei der ein Opfer im Bild ist, sind Männer (51,8%) zu sehen, Frauen sind vergleichbar den Täterinnen relativ selten in den Opferrolle (16,3%).

Abb. 3: Geschlecht des Opfers aggressiver Handlungen und Schadensereignisse, insgesamt und getrennt nach öffentlich-rechtlichen und privaten Sendeanstalten (die Prozentangaben beziehen sich auf die je Anbieter präsentierte Aggressions-/Schadenszeit)

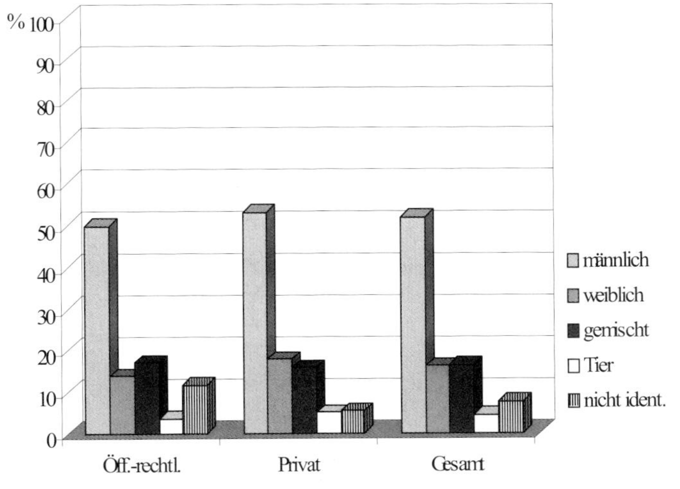

Unterschiede zwischen den Sendeanstalten sind eher gering, wobei bei den Privaten etwas mehr Opfer weiblich sind (17,8% vs. 13,8% bei den öffentlich-rechtlichen) und auch mehr Täter Frauen sind (13,1% vs. 8,6% bei den öffentlich-rechtlichen; vgl. Abb. 3).

Die negativen Folgen einer aggressiven Handlung für das Opfer dominieren im Fernsehen deutlich (68,9%), von positiven Folgen (1,2%) wird so gut wie nicht ausgegangen (vgl. Abb. 4). Geschlechtsspezifische Unterschiede sind so gut wie nicht erkennbar.

Abb. 4: Konsequenzen für das Opfer, insgesamt und getrennt nach öffentlich-rechtlichen und privaten Sendeanstalten (die Prozente beziehen sich auf die je Anbieter präsentierte Aggressions-/Schadenszeit)

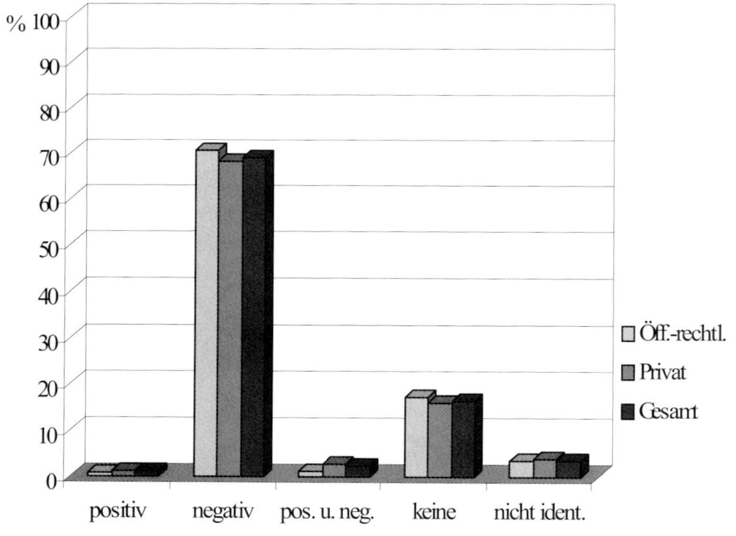


Bereits nach Weiderer (1993: 184) sind Männer viel häufiger Ziel aggressiver Akte (83,1%) als Frauen (28,6%), und zwar sowohl von Frauen als auch von Männern ausgeübter Gewalt (Frau gegen Mann: 63,3%, Frau gegen Frau: 17,8%, Mann gegen Mann: 93,8%, Mann gegen Frau: 34,5%). Auch nach Groebel und Gleich (1993: 9ff.) werden Männer wesentlich häufiger als Frauen zum Opfer von Gewalt (84,6% zu 15,4%).

Es war also bereits zu dem damaligen Zeitpunkt falsch, davon zu sprechen, dass im Fernsehen der männlichen Täterrolle eine weibliche Opferrolle gegenübersteht, wie dies vielleicht zu einem früheren Zeitpunkt der Fall war (Gerbner et al. 1977); im Gegenteil, Männer waren schon damals – wie auch in der Realität – wesentlich häufiger Opfer von Gewalt als Frauen. Aber auch im Opferbereich hat sich die Männer-Frauen-Relation abgeschwächt: Jetzt werden Männer etwa drei Mal häufiger als Frauen als Opfer dargestellt, bei Groebel und Gleich (1993) waren es noch fünf Mal mehr Männer.

Noch deutlicher wird diese Angleichung der im Fernsehen vertretenen Klischees, wenn man auf die Auswertungen der Rollenbögen zurückgreift (vgl. Tab. 5). Von Frauen und Männern werden der Struktur nach die gleichen Adressaten/Opfer von Gewalt gesucht, allerdings sind die Männer wieder etwa drei Mal so häufig Opfer wie die Frauen.

Tab. 5: Adressat/Opfer aggressiver Handlungen aufgrund der Auswertungen der Rollenbögen (Angaben in %)

| **Rollenbogen Aggressives Verhalten** | | ***Öffentl.-rechtl.*** | | ***Privat*** | | ***Gesamt*** | |
|---|---|---|---|---|---|---|---|
| | | **Männer N=253** | **Frauen N=179** | **Männer N=357** | **Frauen N=354** | **Männer N=610** | **Frauen N=533** |
| ***Adressat / Opfer der Aggression*** | Nur Männer | 22.9 | 15.6 | 22.4 | 20.6 | 22.6 | 18.9 |
| | Überwiegend Männer | 5.9 | 7.3 | 12.0 | 7.3 | 9.5 | 7.3 |
| | Nur Frauen | 1.6 | 4.5 | 6.7 | 5.4 | 4.6 | 5.1 |
| | Überwiegend Frauen | 2.4 | 3.4 | 5.3 | 2.0 | 4.1 | 2.4 |
| | Beide zu gleichen Teilen | 4.0 | 3.9 | 3.1 | 2.8 | 3.4 | 3.2 |
| | Eigene Person | 0.0 | 0.0 | 0.3 | 0.0 | 0.2 | 0.0 |
| | Dinge und Tiere | 0.8 | 0.0 | 0.3 | 0.8 | 0.5 | 0.6 |
| | Institutionen | 0.0 | 0.0 | 0.0 | 0.0 | 0.0 | 0.0 |
| | Kein aggressives Verhalten | 62.5 | 65.4 | 49.9 | 61.0 | 55.1 | 62.5 |

### *3.3 Prosozialitätsdarstellungen im Fernsehen*

Die psychologische Forschung und auch die in dieser Tradition stehende Medienforschung waren und sind sehr stark auf die Aggressions- und Gewaltthematik fixiert. Nahe liegender Weise wird damit aber nur ein Teil des angebotenen Inhalts der Medien abgedeckt. Zudem, wenn man psychologisch-pädagogische Methoden zur Änderung von unerwünschten Verhaltensweisen entwickeln will – Gewalt und Aggressivität zählen wohl dazu – ist es sinnvoll, die Dispositionen zu analysieren, die einen erwünschten Zielzustand beschreiben. D.h. man muss sich die Frage stellen, was man eigentlich an erwünschten Verhaltensweisen und den diesem Verhalten zugrunde liegenden Denk- und Wertmustern erreichen will. Dies führt zu der Überlegung, dass es auf der einen Seite zwar wichtig ist, die Bedingungen für die Entstehung sozial problematischer Verhaltensmuster zu eruieren, dass man aber für die Änderung unerwünschter Verhaltensmuster an die zu diesen antagonistisch liegenden Dispositionen denken, die es dann als Zielvorstellungen zu erreichen gilt.

Wie einleitend schon festgestellt, ist der Anteil prosozialer Handlungen an der Gesamtsendezeit bei den privaten Anbietern etwas höher als bei den öffentlich-rechtlichen.

Abb. 5: Form und Struktur prosozialer Handlungen, insgesamt und getrennt nach öffentlich-rechtlichen und privaten Sendeanstalten (die Prozente beziehen sich auf die je Anbieter präsentierte Prosozialitätszeit; Prosozialitätsdauer öffentlich-rechtlich: 502.7 min., Prosozialitätsdauer privat: 730.0 min., Prosozialitätsdauer gesamt: 1232.8 min.)

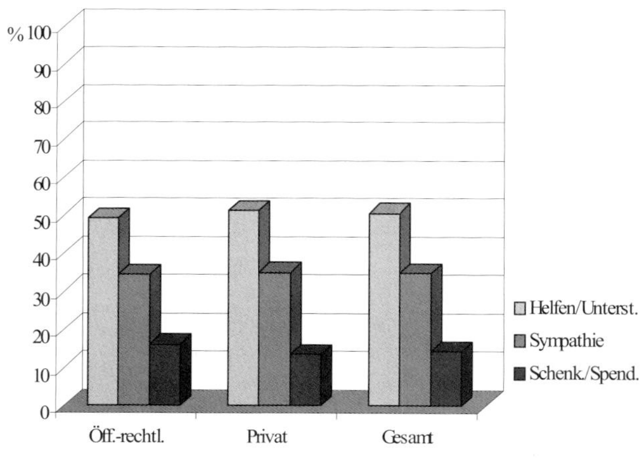

Der Struktur der prosozialen Handlungen nach sind für beide Sendergruppen aber gleiche Häufigkeiten gegeben, d.h. am häufigsten ist die Kategorie Helfen/Unterstützen vertreten, gefolgt von dem Zeigen von Sympathie und von Schenken/Spenden (vgl. Abb. 5).

### 3.3.1 Geschlecht des prosozial Handelnden und Struktur der prosozialen Handlungen

In früheren Studien verhielt sich Prosozialität zu Aggressivität quasi spiegelbildlich. So führen nach Weiderer (1993: 189f.) weibliche Charaktere wesentlich häufiger prosoziale Handlungen aus als männliche (83,6% zu 57,3%). Frauen waren auch öfter Empfänger (Weiderer 1993: 190) von Prosozialität (65,8%; Zusammenfassung der Kategorien „manchmal" und „oft") als Männer (49,7%); dabei erhalten sie von anderen Frauen (34,2%) seltener Prosozialität als von Männern (43,4%); Männer erhalten von Frauen wesentlich häufiger Prosozialität (82,3%) als von Männern (37,9%). Diese Unterschiede kommen in den vorliegenden Daten nicht mehr zum Ausdruck (vgl. Abb. 6):

Abb. 6: Geschlecht des prosozial Handelnden, insgesamt und getrennt nach öffentlich-rechtlichen und privaten Sendeanstalten (die Prozentangaben beziehen sich auf die je Anbieter präsentierte Prosozialitätszeit)

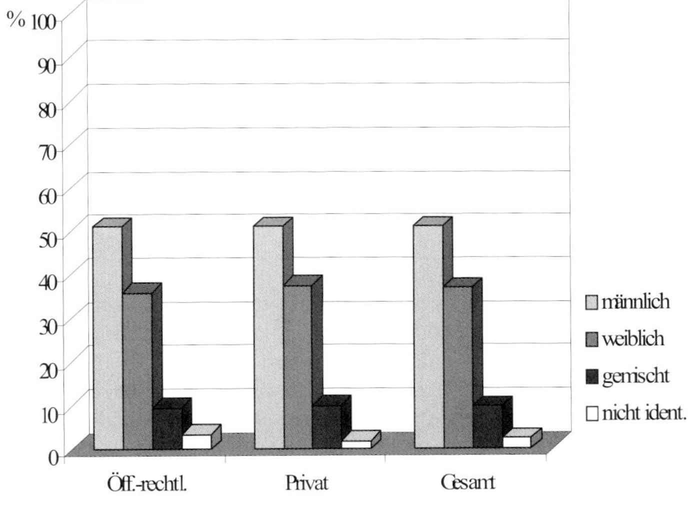

Gemessen an der Zeit, in der die Fernsehprotagonisten in prosoziale Handlungen verwickelt sind, sind Männer länger als Frauen als prosozial Handelnde dargestellt, wobei diese Unterschiede für beide Arten von Fernsehanbietern gelten.

Auch nach den Auswertungen der Rollenbögen (vgl. Tab. 6) zeigen etwas mehr Männer (49,8%) als Frauen (44,5%) prosoziales Verhalten, wobei dieser Unterschied durch eine besondere geschlechtsspezifische Akzentuierung bei den privaten Anbietern zustande kommt. Der Struktur der prosozialen Handlungen nach äußern Männer „aktivere" Formen von Prosozialität (Helfen/Unterstützen sowie Schenken/Spenden), Frauenrollen sind vermehrt durch das Zeigen von Sympathie gekennzeichnet.

Tab. 6: Geschlecht der prosozial Handelnden und Struktur des prosozialen Verhaltens aufgrund der Auswertungen der Rollenbögen

| **Rollenbogen prosoziales Verhalten** | | ***Öffentl.-rechtl.*** | | ***Privat*** | | ***Gesamt*** | |
|---|---|---|---|---|---|---|---|
| | | **Männer N=253** | **Frauen N=179** | **Männer N=357** | **Frauen N=354** | **Männer N=610** | **Frauen N=533** |
| ***Art des prosozialen Verhaltens*** | Überwiegend Helfen/Unterstützen | 22.5 | 17.9 | 24.4 | 18.6 | 23.6 | 18.4 |
| | Überwiegend Sympathie | 13.8 | 17.9 | 20.4 | 22.6 | 17.7 | 21.0 |
| | Überwiegend Schenken | 9.1 | 7.8 | 8.1 | 3.7 | 8.5 | 5.1 |
| | Kein prosoziales Verhalten | 54.5 | 56.4 | 47.1 | 55.1 | **50.2** | **55.5** |

Vergleicht man diese Ergebnisse auch hier wieder mit denen früherer Studien (Weiderer 1993: 191), so ist hinsichtlich prosozialer Rollenträger bei den Fernsehcharakteren ein grundlegender Wandel festzustellen: Weibliche Protagonisten sind nicht mehr überwiegend in prosozialen Rollen dargestellt, ganz im Gegenteil – jetzt sind es die Männer, die sowohl der Anzahl wie auch der Zeit nach häufiger als Geber von Prosozialität dargestellt sind. Man könnte also trotz aller Überschneidungen zwischen den Geschlechtern von neuen Bildern der Geschlechter im Fernsehen sprechen, wobei der „neue Mann“ häufiger als fürsorglich dargestellt wird als die Fernsehfrau.

### 3.3.2 Die Empfänger prosozialer Handlungen

Dem zeitlichen Ausmaß nach sind Frauen und Männer in etwa gleichem Ausmaß Empfänger prosozialer Handlungen (vgl. Abb. 7). Obzwar die Dauer prosozialer Handlungen bei den privaten Anbietern etwas höher ist, steht dies nicht in Beziehung mit einer Bevorzugung eines der Geschlechter.

Abb. 7: Geschlecht des Adressaten prosozialer Handlungen, insgesamt und getrennt nach öffentlich-rechtlichen und privaten Sendeanstalten (die Prozentangaben beziehen sich auf die je Anbieter präsentierte Prosozialitätszeit)

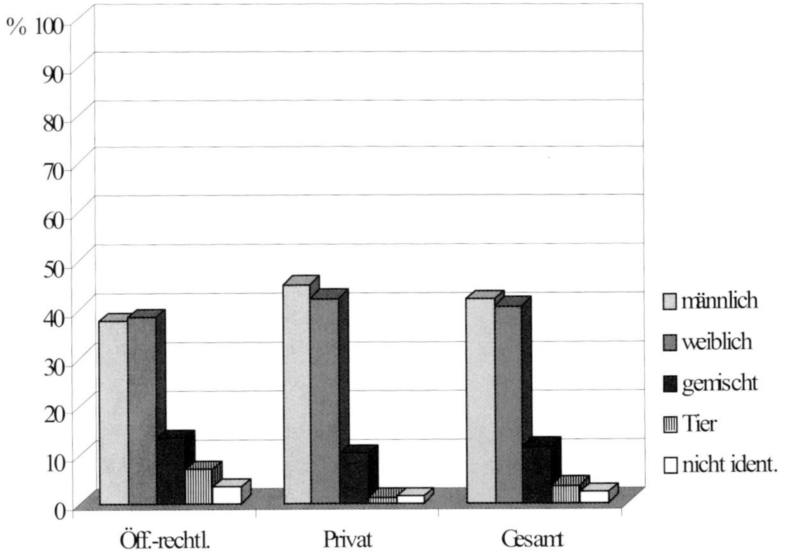


Aus der Auswertung der Rollenbögen (vgl. Tab. 7) wird noch deutlich, dass jeweils das andere Geschlecht häufiger Empfänger prosozialer Handlungen ist, d.h. Männer verhalten sich häufiger gegenüber Frauen prosozial und Frauen häufiger gegenüber Männern, ein Befund, der z.T. mit traditionellen Vorstellungen von Fürsorglichkeit in Verbindung steht, aber auch mit leicht nach-sexuellem Werbeverhalten zu tun haben könnte.

Tab. 7: Adressaten des prosozialen Verhaltens nach den Rollenbögen

| **Rollenbogen prosoziales Verhalten** | | ***Öffentl.-rechtl.*** | | ***Privat*** | | ***Gesamt*** | |
|---|---|---|---|---|---|---|---|
| | | **Männer N=253** | **Frauen N=179** | **Männer N=357** | **Frauen N=354** | **Männer N=610** | **Frauen N=533** |
| ***Adressat des prosozialen Verhaltens*** | Nur Männer | 9.1 | 16.2 | 7.8 | 16.7 | 8.4 | 16.5 |
| | Überwiegend Männer | 4.7 | 8.4 | 8.7 | 5.6 | 7.0 | 6.6 |
| | Nur Frauen | 15.0 | 8.4 | 24.6 | 12.7 | 20.7 | 11.3 |
| | Überwiegend Frauen | 8.7 | 6.7 | 5.6 | 2.3 | 6.9 | 3.8 |
| | Beide zu gleichen Teilen | 6.7 | 2.2 | 6.2 | 6.8 | 6.4 | 5.3 |
| | Eigene Person | 0.0 | 0.0 | 0.0 | 0.0 | 0.3 | 0.0 |
| | Dinge und Tiere | 0.8 | 1.7 | 0.0 | 0.0 | 0.2 | 0.6 |
| | Institutionen | 0.4 | 0.0 | 0.0 | 0.8 | 0.0 | 0.6 |
| | Kein prosoziales Verhalten | 54.5 | 56.4 | 47.1 | 55.1 | 50.2 | 55.5 |

Bei den Folgen prosozialen Verhaltens dominieren nahe liegender Weise die positiven Aspekte (vgl. Abb. 8), sicherlich ungewollte negative Effekte von Prosozialität sind verschwindend selten. Auch werden diese positiven Folgen sehr viel deutlicher dargestellt als dies bei den aggressiven Verhaltensweisen der Fall ist, denn hier waren in ca. einem Drittel der Zeit keine Konsequenzen von Aggressivität feststellbar (vgl. Abb. 2).

Abb. 8: Folgen der prosozialen Handlungen für den Ausführenden, insgesamt und getrennt nach öffentlich-rechtlichen und privaten Sendeanstalten (die Prozentangaben beziehen sich auf die je Anbieter präsentierte Prosozialitätszeit)

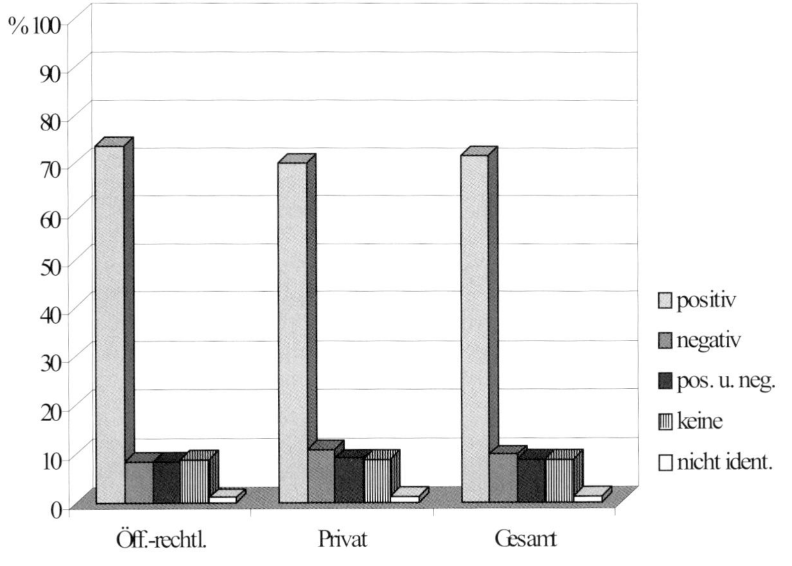


## 4. Rückblick

In der vorliegenden Studie wird ein deutlicher Wandel bei der Darstellung aggressiver und prosozialer Aspekte bei weiblichen und männlichen Fernsehcharakteren deutlich.

Einmal sind beide Verhaltensbereiche in etwa gleicher Dauer im Fernsehen präsentiert; dies könnte dafür sprechen, dass die oft geforderte soziale Verantwortungsübernahme der Fernsehanstalten, verbunden mit einer Reduktion des Gewaltangebots und einer stärkeren Förderung prosozialer Filme vor allem von den Privatanbietern tendenziell umgesetzt wird. Das bedeutet nicht, dass das Fernsehangebot völlig harmlos geworden sei (im Gegenteil, es kommen, um Einschaltquoten zu maximieren, immer wieder völlig abgedrehte

Sendungsformate wie „Jack Ass" auf den Markt), aber es ist in der Summe ein Trend in eine andere Richtung vorhanden, der keine Verstärkung der action- und gewaltorientierten Unterhaltung bedeutet. Da heute allerdings eine Vielzahl von Medien bereit steht, könnte es sein, dass die Angebote etwa des Computerspielemarktes für diese Themen interessanter geworden sind als die Fernsehlandschaft.

Zentral für die Thematik sind aber die Veränderungen bei den Geschlechtsrollendarstellungen; diese betreffen mehrere Bereiche und müssen auch als gravierend eingeschätzt werden. So scheint – zumindest gemessen an den analysierten Rollen – die Unterrepräsentation von Frauen im Fernsehen deutlich abgeschwächt zu sein und heute nur mehr wenige Prozentpunkte zu betragen, wobei der zeitliche Trend über die beiden vergangenen Jahrzehnte hinweg beschleunigt in Richtung einer gleichen Repräsentation von Frauen und Männern im Fernsehen weist.

Aggressivität – gemessen an der Zeit, in der aggressives Verhalten realisiert wird – ist noch vermehrt an männliche Protagonisten geknüpft, hinsichtlich der Anzahl der sich aggressiv und gewalthaltig gebärdenden Personen sind aber im Vergleich zu den früheren Studien die Unterschiede wesentlich reduziert (männliche 45,1%, weibliche aggressive Rollen 37,5%) worden. Männer werden dabei seltener als gewalttätig geschildert, bei Frauen nimmt dieser Anteil hingegen zu.

Man kann spekulieren, ob mit diesem Trend vielleicht Verhaltenseffekte verbunden sind. Hierbei ist auf zwei Argumentationslinien hinzuweisen: (1) Ausgehend von der sozial-kognitiven Lerntheorie Banduras (1979) müsste man eine solche Vermutung bejahen, da die Ähnlichkeit mit gezeigten fiktionalen Modellen eine wesentliche Bedingung für Modellierungseffekte ist. Es besteht also ein gewichtiger theoretischer Grund zu der Annahme, dass sich hier Wirkungen verstärkt auch für Mädchen und Frauen zeigen können. (2) Dass diese Entwicklung eventuell bereits eingetreten ist, zeigen einige langzeitlich angelegte Studien aus den USA. Nach den früheren Studien (Eron et al. 1972) wurde kein langfristiger Fernseheffekt des Gewaltmedienkonsums für die beteiligten Mädchen gefunden, in den neueren Studien wurden aber für beide Geschlechter identische Wirkungspfade nachgewiesen (Huesmann et al. 2003). Anders war dies bereits damals in den Laborstudien, in denen Mädchen sehr wohl auf diese medialen Lernangebote reagierten (Paik/ Comstock 1994). Vermutlich lassen sich heute auch die von Susan Hearold (1986) in ihrer Metaanalyse vergleichsweise stärkeren aggressivitätsfördernden Effekte gewalthaltigen Medienkonsums bei Jungen und die stärkeren Prosozialitätseffekte bei Mädchen nicht mehr in gleicher Weise replizieren.

In der längsschnittlichen Studie von Huesmann et al. (2003: 215) sind also Wirknachweise sowohl für Jungen als auch für Mädchen vorhanden und sie waren auch von vergleichbarer Größe. Verwendete man das Ausmaß an körperlicher Aggression als Zielvariable, trafen die Medieneinflüsse auf beide Geschlechter zu, bei Verwendung des Kriteriums indirekte Aggressionsformen waren die Beziehungen nur für die Mädchen nachweisbar; dies hängt vermutlich mit dem häufigeren Vorkommen und der größeren Akzeptanz dieser Aggressionsform bei Mädchen zusammen (Huesmann et al. 2003: 207). Für beide Geschlechter hatten neben dem frühzeitigen Gewaltkonsum die frühe Identifikation mit gleichgeschlechtlichen aggressiven Fernsehcharakteren und die Überzeugung, dass diese gewalthaltigen Filme das Leben so zeigen, wie es wirklich ist, eine gewaltstimulierende Bedeutung. Durch die heute gegebenen medialen Vorbilder sind auch für die deutsche Fernsehlandschaft die Voraussetzungen für Gewaltwirkungseffekte bei Mädchen und Frauen optimiert worden.

Huesmann et al. (2003: 217) vermuten zudem, dass diese Änderung hinsichtlich der Medieneffekte auch mit einer Änderung der sozialen Normen, wie sie nun auch für Mädchen gelten, in Zusammenhang zu bringen sei. In der Sozialforschung kommt dies auch insoweit zum Ausdruck, als eine Steigerung der Gewaltkriminalität (Smith/Thomas 2000/Mathews 1996) bei jungen Frauen (sog. „ladettes“) festgestellt werden kann und in den USA bei diesen von einer Wetteifersituation mit Männern hinsichtlich des harten Trinkens, des Fluchens und von Konfrontationsmethoden im sozialen Umgang auszugehen ist (Muncer et al. 2001). Es wird dabei betont, dass sich diese Änderungen nicht nur auf die Erwartungen hinsichtlich geschlechtsadäquaten Verhaltens beziehen, sondern auch auf eine Zunahme gewalttätiger weiblicher Modelle im Fernsehen (auch z.B. in Video-Clips). Sollte diese Änderung normativer Erwartungen eingetreten sein, so entspricht es wiederum den Prinzipien der sozial-kognitiven Lerntheorie, dass nun beide Geschlechter den gelernten aggressiven Skripts folgen, während bei anderen Rollenerwartungen solche Verhaltensweisen einen selbstbestrafenden Effekt im Sinne einer aggressionsunterdrückenden Wirkung nach sich ziehen müssten.

Bei dem Thema Prosozialität waren in den vorliegenden Daten konträre Trends nachzuweisen, von denen ausgehend auch andere langfristige Effekte zu erwarten sind. Die Zuschreibung von Prosozialität zu weiblichen Fernsehprotagonistinnen hat sich deutlich reduziert, dabei haben sich die Unterschiede, die noch bei Weiderer (1993) vorhanden waren, heute umgekehrt: Es sind die Männer, die häufiger prosoziales Verhalten zeigen als die Frauen. Frauen und Männer erhalten aber in etwa gleichem Ausmaß Fürsorglichkeit und Hilfe, wobei ein gegenläufiger Geschlechtstrend zwischen Geber(innen) und Empfänger(innen) von Prosozialität in den Fernsehbildern zum Ausdruck kommt. Es scheint sich in den subjektiven Theorien der Drehbuchschreiber, Regisseure und der anderen an der Medienproduktion beteiligten MacherInnen das Bild des sog. „neuen Mannes“ durchgesetzt zu haben, der durchaus fürsorglich und prosozial sein kann, ohne dass dies zu Rollenkonflikten führt.

## *Literatur:*

Bandura, A. (1979): Sozial-kognitive Lerntheorie. Stuttgart.
Berelson, B. R. (1971): Content analysis in communication research. New York.
Eron, L. D./Huesmann, L. R./Lefkowitz, M. M./Walder L. O. (1972): Does television violence cause aggression? In: American Psychologist, 27, S. 253-263.
Gerbner, G./Gross, L. (1973): Violence profile No. 5. Trends in network television drama and viewer conceptions of social reality. Philadelphia.
Gerbner, G./Gross, L./Eeley, M. F./Jackson-Beeck, M./Jeffries-Fox, S./Signorelli, N. (1977): TV violence profile No 8: The highlights. Journal of Communication, 27, S. 171-180.
Groebel, J. (1998): The UNESCO Global Study on Media Violence. A Joint Project of UNESCO, the World Organization of the Scout Movement and Utrecht University. Paris. (deutsch: Groebel, J. (2002). Die Globalstudie zur Mediengewalt. Eine vergleichende Untersuchung von UNESCO und LfR. Opladen.
Groebel, J./Gleich, U. (1993): Gewaltprofil des deutschen Fernsehprogramms. Eine Analyse des Angebots privater und öffentlich-rechtlicher Sender. Opladen.
Head, S. W. (1954): Content analysis of television drama programs. In: Quarterly of Film, Radio and Television, 9, S. 175-194.
Hearold, S. (1986): A synthesis of 1043 effects of television on social behavior. In: Public Communication and Behavior, 1, S. 65-133.
Hickey, N. (1992): How much violence? In: TV Guide, August 22, 9-23 (zit. n. Groebel/Gleich, 1993).
Hofmann, I. (1997): Moral in Fernsehserien. Eine inhaltsanalytische Untersuchung der TV-Familienserien „Lindenstraße", „Hotel Paradies", „Die besten Jahre" und „Falcon Crest". Unveröff. Diplomarbeit, Universität Regensburg.
Huesmann, L. R./Eron, L. D. (Eds.). (1986): Television and the aggressive child: A cross-national comparison. Hillsdale.
Huesmann, L. R./Moise-Totus, J./Podolsky, C.-L./Eron, L. D. (2003): Longitudinal relations between children's exposure to TV violence and their aggressive and violent behavior in young Adulthood: 1977-1992. In: Developmental Psychology, 39, S. 201-221.
Ingrisch, M. (1990): Prosozialer Gehalt von Familienserien. Eine inhaltsanalytische Untersuchung der TV-Familienserien „Mit Leib und Seele", „Dallas" und „Erbe der Guldenburgs". Unveröff. Diplomarbeit, Universität Regensburg.
Iwao, S./Sola Pool de, I./Haigwara, S. (1981): Japanese and US media: Some cross-cultural insights into TV violence. In: Journal of Communication, 31, S. 28-36.
Klapper, J. T. (1960): The effects of mass communication - An analysis of research of the effectiveness and limitations of mass media in influencing the opinions, values and behaviour of their audiences. New York.
Krüger, U. M. (1994): Gewalt in Informationssendungen und Reality TV. In: Media Perspektiven, 2/94, S. 72-85.
Krüger, U. M. (1996): Gewalt in von Kindern genutzten Fernsehsendungen. In: Media Perspektiven, 3/96, S. 114-133.

Küchenhoff, E. (1975): Die Darstellung der Frau und die Behandlung von Frauenfragen im Fernsehen. Stuttgart.

Latané, B./Darley, J. M. (1970): The unresponsive bystander. Why doesn't he help? New York.

Leitl, C. (1992): Die Darstellung von Suizid und Suizidversuch im Spielfilm. Eine inhaltsanalytische Untersuchung. Unveröff. Diplomarbeit, Universität Regensburg.

Logan, C.S. (1950): What our children see. In O.J. Olsen (ed.): Education on the air: Twentieth Yearbook of the Institute for Education by Radio and Television. Columbus.

Lukesch, H. (1989): The impact of culture-specific elements of TV-series for the process of cross-cultural understanding - general considerations, some proposals and preliminary results. In: P. Funke (Ed.), The process of cross-cultural understanding and basic cultural elements of the USA. Tübingen, S. 241-267.

Mares, M.-L./Woodard, E. H. (2001): Prosocial effects on children's social interactions. In: Singer, D. G. / Singer, J. L. (Eds.), Handbook of children and the media. Thousand Oaks, S. 183-205.

Mathews, F. (1996): Violent and aggressive girls. In: Journal of Child and Youth Care, 11, S. 1-23.

Muncer, S./Campbell, A./Jervis, V./Lewis, R. (2001): „Ladettes", social representations, and aggression. Sex Roles, 44, S. 33-44.

Paik, H./Comstock, G. (1994): The effects of television violence on antisocial behavior: a meta-analysis. In: Communication Research, 21, S. 516-546.

Silbermann, A./Krüger, U. M. (1973): Soziologie der Massenkommunikation. Stuttgart.

Smith, H./Thomas, S. P. (2000): Violent and nonviolent girls: Contrasting perceptions of anger experiences, school, and relationships. In: Issues in Mental Health Nursing, 21, S. 547-575.

Stegmüller, W. (1969): Probleme und Resultate der Wissenschaftstheorie und Analytischen Philosophie I. Wissenschaftliche Erklärung und Begründung. Berlin.

Weiderer, M. (1993): Das Frauen- und Männerbild im Deutschen Fernsehen. Eine inhaltsanalytische Untersuchung der Programme von ARD, ZDF und RTL plus (= Reihe Medienforschung, Band 3). Regensburg.

Wiegman, O./Kuttschreuter, M./Baarda, B. (1992): A longitudinal study of the effects of television viewing on aggressive and prosocial behaviors. In: British Journal of Social Psychology, 31, S. 147-164.

Wilson, B. J./Kunkel/D., Linz, D./Potter, J./Donnerstein, E./Smith, S. L./Blumenthal, E./Gray, T. (1997): National Television Violence Study, Part I: Violence in television programming overall: University of California, Santa Barbara Study. Thousand Oaks.

Wulffen, E. (1913): Das Kind. Sein Wesen und seine Entartung. Berlin.

# Probleme einer kriminalpolitischen Gewalttäter-Typisierung: das Beispiel jugendlicher „Intensivtäter"

*Michael Walter*

## 1. Kriminologische Entwicklung: Vom defekten Straftäter zur kriminogenen Handlungs- und Tatsituation

Die neuere kriminologische Entwicklung ist dadurch gekennzeichnet, dass das Interesse an der spezifischen Täterpersönlichkeit im Laufe der letzten Jahrzehnte deutlich nachgelassen hat (Sessar 1997). Das kommt auch im Wandel der Professionen zum Ausdruck, die sich mit Kriminalität beschäftigen. Den Psychiatern, Pädagogen und Psychologen sind die Kriminalsoziologen gefolgt. Analysen zur Verbreitung der Kriminalität – vor allem im Dunkelfeld – haben erhebliche Bereiche „normaler" Kriminalität erkennbar werden lassen. Zu entsprechenden Erscheinungen gehört die Weiße-Kragen-Kriminalität (white-collar crime) (Sutherland 1968). Ebenso wie die ubiquitäre, passagere und episodenhafte Jugendkriminalität (Zusf. M. Walter 2001: 178f.). Die Kriminalität der „Anständigen", die sozial bestens integriert sind, umfasst etwa die Steuerhinterziehung, die Korruption, den Betrug gegenüber Versicherungsgesellschaften und Krankenkassen, die Unterschlagung und den Diebstahl am Arbeitsplatz sowie umweltschädigende „Entsorgungen" von Müll (Frehsee 1991). Die Täter solcher Delikte handeln regelmäßig nach einer auf die eigenen Verhältnisse zugeschnittenen Kosten-Nutzen-Rechnung, aufgrund nachvollziehbarer rationaler Kriterien. Ihre Individualität ist dabei nur von untergeordnetem Interesse, da die Kosten und der Nutzen meist ähnlich eingeschätzt werden. Mit steigenden Ertragserwartungen und sinkenden Risiken nimmt die Wahrscheinlichkeit der Vermögenskriminalität zu. Natürlich – und erfreulicherweise – erliegen nicht alle den betreffenden Versuchungen, obwohl sie die verlockenden Chancen durchaus wahrnehmen. Insofern bleibt die Bedeutung persönlicher Variablen bestehen. Es interessieren insbesondere Fähigkeiten, den Anreizen zu trotzen, ihnen besonnen zu widerstehen (protektive Faktoren; dazu Lösel/Bliesener 1990).

Abgesehen von der Individualität eines jeden Menschen haben auch die Tatgelegenheiten, die sich konkret eröffnen, mit seiner Person zu tun. Die Sozialisation, das Hineinwachsen in die Gesellschaft, führt zu bestimmten Lebensstilen und diese wiederum beeinflussen unsere Vorlieben, unsere Tätigkeiten und unsere Aufenthaltsorte. So kommen manche Kommunalbeamte intensiv mit Vertretern der Bauwirtschaft zusammen, unternehmungslustige Jugendliche suchen Discos auf, wo sie wieder mit Drogen in Kontakt kommen können. Fußballfans sind in bestimmten Stadion-Kurven, umgeben von gröhlenden und latent aggressiven „Kumpels" u.s.w. Wir begegnen mithin bestimmten „Typen", die durch verschiedenartige Momente gekennzeichnet sind. Die situativen haben erhebliches Gewicht, hinter ihnen schimmern aber auch andere personale Variablen durch, die zu Gruppenbildungen anregen (vom bestechungsgefährdeten Kommunalbeamten bis hin zum Fußballfan).

## 2. Tätertypen-Bildung

### *2.1 Typen von Typen*

Im Strafrecht ist die Tätertypenlehre, der man insbesondere während der NS-Zeit anhing, in Verruf gekommen. Wir sind uns heute darüber einig, dass es beispielsweise den typischen Mörder, wie ihn § 211 des deutschen Strafgesetzbuches suggeriert oder gar erfassen will, nicht gibt (Lackner/Kühl 2001: Vor § 211 Rn. 19 mit weit. Hinw.). Wie diese Regelung zeigt, werden Tätertypen nicht nur aus einem wissenschaftlichen Erkenntnisinteresse hergeleitet, sondern ebenfalls aus bestimmten kriminalpolitischen „Bedürfnissen". Sie können sich aus der Binnenlogik eines Reaktionensystems ergeben. Insoweit kann weiterhin zwischen echten Rechtsbegriffen, solchen, die das Recht selbst gebildet oder übernommen hat (z.B. § 17 Abs. 2 JGG: Täter mit „schädlichen Neigungen"), rechtsdogmatischen Begriffen, die im Kontext eines Interpretationssystems stehen (z.B. die „gutgearteten" Jugendarrestanten; vgl. Brunner/Dölling 2002: § 16 Rn. 2.), und schließlich „reinen" kriminalpolitischen Begriffen (z.B. der „Serientäter"), mit denen eine bestimmte Interventionspolitik vorgezeichnet wird, unterschieden werden. Die kriminalpolitische Linie soll und muss zwar über ein bestimmtes kriminalrechtliches Sanktionensystem realisiert werden, ist aber selbst nicht notwendig Bestandteil des Rechtssystems. Vielmehr wird das Rechtssystem gemäß sich wandelnden kriminalpolitischen Grundüberlegungen genutzt und eingesetzt. Doch Verbindungslinien zum Recht lassen sich nicht leugnen. So ist immer wieder zu beobachten, dass rechtliche und rechtsinterpretierende Termini geändert werden, um die kriminalpolitischen Zielvorgaben besser durchsetzbar und leichter erreichbar zu machen.

Im Hinblick auf die Generierung der Kriminalpolitik ist man geneigt, entsprechende Begriffe als Umsetzung wissenschaftlicher Erkenntnisse zu verstehen. In Wirklichkeit gab es aber auch kriminalpolitische Modelle, deren empirische Grundlage kaum zu finden war. Die v. Lisztsche kriminalpolitische Trias von der Abschreckung der Gelegenheitsverbrecher, der „Besserung" der Besserungsbedürftigen (durch „ernste und anhaltende Zucht") und der „Unschädlichmachung" der „Unverbesserlichen" (v. Liszt 1993: 178f.), erweckt zwar den Anschein, als sei sie kriminologisch-erfahrungswissenschaftlich legitimiert. Bei näherem Hinsehen zeigt sich indessen rasch, dass die vorgezeichneten Typen lediglich abstrakte Einteilungen wiedergeben, keine Lebenswirklichkeit. Kriminalpolitische Ordnungs- und Interventionsvorstellungen können aber ihrerseits auch umgekehrt das Wirklichkeitsverständnis prägen. Obwohl sich vom Ansatz her ein Interesse an der Aufdekkung von empirischen Gesetzmäßigkeiten (wissenschaftliches Interesse) und ein Interesse an der kriminalpolitischen Gestaltung der Umwelt (kriminalpolitisches Interesse) trennen lassen, existieren erhebliche Überschneidungen beider Bereiche und gegenseitige Abhängigkeiten: der Wissenschaft von der Politik und der Politik von der Wissenschaft.

## *2.2 Stoff, aus dem die Typen sind*

Typisierungen lassen sich über sehr unterschiedliche Einteilungsgesichtspunkte erreichen. Allgemein gilt, dass die Merkmale für den jeweils verfolgten Zweck funktional sein müssen. Ein kriminologisches Merkmal muss in einen bestimmten theoretischen Erklärungskontext einpassbar sein. Ein auf Reaktionen hin gebildetes Merkmal muss auf ein bestimmtes kriminalrechtliches System beziehbar, für dieses anschlussfähig, sein. Damit ist zu dem Stoff, aus dem Typen gebildet werden können, freilich noch nichts gesagt. Die Möglichkeiten erscheinen auch in dieser Beziehung als überaus vielfältig. Allein aus dem uns interessierenden Gewaltbereich seien genannt:

- nach dem Delikt: der Sexualtäter
- nach der Begehungsweise/Tatmodalität: der Handtaschenraub
- nach der Persönlichkeit: unreifer heranwachsender junger Mann
- nach der Lebensführung: Terrorist oder Rocker.

Der Aspekt der Lebensführung beinhaltet zugleich die Zeitkomponente. Die jeweiligen Phänomene unterliegen dem zeitlichen Wandel. Der RAF-Terrorist der 70er Jahre verhält sich anders und hat andere Ideale und Lebensgewohnheiten als ein El-Kaida-Terrorist zu Beginn des 21. Jahrhunderts. Die Rocker der 60er und 70er Jahre scheinen langsam auszusterben. Der Typ des Fußballfans ist wohl längerlebig, ändert aber auch teilweise seine Unarten. Entsprechendes gilt ebenso für die Delikte. Der „Abzocker", der anderen durch räuberische Erpressung die Kleidung oder sonstige begehrte Artikel abnötigt, ist beispielsweise erst in den 90er Jahren als solcher hervorgetreten.

Die Zuordnungen fallen nicht immer leicht. So kann etwa der relativ konstante Typ des Amokläufers in die Nähe des Delikts (mehrfache Tötungen, entsprechende Versuche), aber vielleicht auch einer bestimmten Persönlichkeit (extreme Grundhaltung, Kontaktarmut) oder Lebensführung (Isolierung, Leben in einer eingebildeten Scheinwelt) gerückt werden. Es gibt jedenfalls Überschneidungen und Mehrfacherfassungen, kaum scharfe Abgrenzungen.

### *2.3 Wie kommt es zu Tätertypisierungen?*

Zum einen werden die Phänomene nicht einfach von Kriminologen oder Kriminalpolitikern erfunden. Sie beruhen auf tatsächlichen Erscheinungen, die beobachtet und beschrieben werden können. Die RAF-Terroristen haben sich selbst als „Rote-Armee-Fraktion" bezeichnet, wollten nach ihrem Verständnis zwar keine Terroristen sein, wohl aber Stadtguerillakämpfer. Auch der Amoklauf von Erfurt und andere vorhergehende Ereignisse, nicht selten in den Vereinigten Staaten, waren real. Das „Abzocken" von Kleidungsstücken und Statussymbolen unter Jugendlichen geschieht ebenfalls.

Und es gibt innerhalb der jungen Delinquenten den Mehrfachauffälligen, der immer wieder die Polizei und die Medien beschäftigt, oft durch gewaltsame Übergriffe auf Schwächere von sich reden macht. Doch erklären die betreffenden Verhaltensweisen schon die gesellschaftliche Relevanz, die entsprechende Phänomene besitzen? Diese Frage darf klar verneint werden. Die Bedeutung der realen Ereignisse für eine Gesellschaft folgt aus einem wesentlich breiteren und komplexeren Bedingungsgeflecht. Nicht ohne Grund hatte man schon bei der Auseinandersetzung mit der Terrorismusbekämpfung während der 70er Jahre auf die Funktionen verwiesen, die die hektischen rechtlichen und administrativen Reaktionen für die verunsicherte Gesellschaft erfüllten. Sie sind in ihrer Fragwürdigkeit und Gefährlichkeit unter anderem von Schriftstellern, Publizisten und Wissenschaftlern thematisiert worden (siehe etwa Böll 2001 sowie die Beiträge im Duve et al. 1978).

## 3. Der Typ des Intensivtäters

### *3.1 Konstitutive Bedingungen*

Im Hinblick auf den Intensivtäter macht es ebenfalls keine Mühe, auf den hintergründigen „gesellschaftlichen Bedarf" zu stoßen. Zunächst kann als Ausgangspunkt ein kriminalstatistischer benannt werden: 30% und mehr der registrierten Straftaten entfallen auf lediglich ca. 5% der Tatverdächtigen. Eine kleine Gruppe von Straffälligen begeht also besonders viele – und auch gewichtige – Delikte (Näheres dazu in Walter 2002: 222f.).

Tab. 1: Unterschiedliche Definitionen des Begriffs des Mehrfach- oder Intensivtäters seitens der Polizei und einzelner Praxisprojekte

| **Projekt/Behörde** | **als Intensiv-/Mehrfach-/Gewalttäter werden bezeichnet** | **Straftat / Aktivität** | **Anzahl der Straftaten pro Zeitraum** |
|---|---|---|---|
| Polizeiliche Kriminalstatistik (PKS), Bund | ./. | ./. | mindestens 3 Straftaten innerhalb eines Jahres |
| Landeskriminalamt NRW | ./. | ./. | innerhalb von 12 Monaten zwei unabhängige Ermittlungsverfahren mit mindestens fünf Straftaten |
| Polizeipräsidium Köln | Jugendliche bis 18 Jahre | ./. | innerhalb von 12 Monaten zwei unabhängige Ermittlungsverfahren mit mindestens fünf Straftaten |
| Kommissariat 63 | Kinder und Jugendliche bis 18 Jahre | Aktiv Handelnder, mindestens ein Gewaltdelikt | mehr als 10 Straftaten innerhalb von 12 Monaten oder zwei Gewaltdelikte oder individuelle Entscheidung des K 63 |
| Projekt Dortmund | Jugendliche und Heranwachsende unter 21 Jahren | | mindestens 3 Straftaten innerhalb eines Jahres |
| Projekt Münster | Jugendliche bis 18 Jahre | mindestens eine Gewalttat oder ein schwerer Diebstahl | mindestens zwei Taten mit sechs Delikten |
| Projekt Nürnberg | Jugendliche bis 18 Jahre | Merkmale wie Deliktsqualität, Gewaltbereitschaft, planmäßiges Vorgehen | mindestens fünf Straftaten in den letzten Monaten |
| Projekt Potsdam | Kinder und Jugendliche bis 18 Jahre, Heranwachsende bis 21 Jahre | gesteigertes Maß an krimineller Energie | mehr als 10 Ermittlungsfälle |

Mit diesem Befund verband sich sehr schnell ein ökonomisch entwickeltes Interesse: Mit relativ wenig Aufwand ließe sich viel künftige Kriminalität verhindern, wenn man die Intensivtäter rechtzeitig inhaftierte. Nur ist es bislang nicht gelungen, die fragliche Gruppe ex ante einigermaßen sicher zu erfassen. Außerdem fehlt das rechtliche Instrumentarium für die Verhängung reiner Verdachtsstrafen oder schnell greifender Sicherungsmaßnahmen.

Doch trotz dieser Widerstände lebt der Intensivtäter begrifflich weiter. Er wird von der Polizei nicht einheitlich – in Bayern gar nicht – definiert.

Keiner weiß deswegen, wer eigentlich ein Intensivtäter ist, was ihn letztlich ausmacht. In Köln entsteht er, falls sich die Medien für einen „Fall“ zu interessieren beginnen. Diese Flexibilität wird als hilfreich, ja fast geradezu nötig, angesehen. Betrachtet man diejenigen, die im Laufe eines Jahres mehrfach polizeilich registriert werden, sind zwar Zäsuren zu erkennen, vor allem gegenüber der größten Gruppe der nur einmal Auffälligen, ansonsten sind aber durchaus unterschiedliche Einteilungen denkbar.

Tab. 2: Erfassungshäufigkeit der Tatverdächtigen in NRW innerhalb eines Jahres – bezogen auf die eigene Altersgruppe.

| In Erscheinung getreten in 2001 | Tatverdächtige insgesamt -in %- | Kinder <14 J. -in %- | Jugendliche >=14 - < 18 J. -in %- |
|---|---|---|---|
| einmal | 81,2 | 86,3 | 77,2 |
| zweimal | 11,9 | 9,3 | 13,7 |
| dreimal | 3,4 | 2,4 | 4,3 |
| viermal | 1,4 | 1,0 | 1,9 |
| fünfmal | 0,7 | 0,3 | 1,0 |
| sechsmal | 0,4 | 0,2 | 0,6 |
| siebenmal | 0,3 | 0,2 | 0,4 |
| achtmal | 0,2 | 0,1 | 0,2 |
| neunmal | 0,1 | 0,1 | 0,2 |
| zehnmal und mehr | 0,4 | 0,2 | 0,5 |

Aber was konstituiert den Begriff letztlich? Es sind offensichtlich bestimmte kriminalpolitische Bedürfnisse, die zur Rede von den Intensivtätern beitragen.

Meine These lautet: Der Begriff wird hauptsächlich auf diejenigen Kinder und Jugendlichen bezogen, bei denen die kriminalrechtlichen Kontrollinstitutionen und die Öffentlichkeit eine bedrückende Ohnmacht oder Hilflosigkeit empfinden.

## *3.2 Zugeordnete Gruppen*

Zumindest drei Gruppen dieser Art lassen sich identifizieren. Als erstes sind die noch strafunmündigen Kinder im Alter von 12 und 13 Jahren zu nennen. Für sie, die gewöhnlich mit pubertären Problemen zu kämpfen haben, ist nach geltendem Recht mit guten Gründen das Jugendhilferecht zuständig (§§ 19 StGb; 1 f. SGB VIII). Gegenwärtig besteht ein breiter Konsens, die geltende Strafmündigkeitsgrenze von 14 Jahren, die künftig europaweit gelten dürfte (Dünkel 1997: 581f.) nicht weiter in Zweifel zu ziehen.[1] Verschieden wird jedoch die Frage beantwortet, ob das geltende Jugendhilferecht, das entscheidend auf das Erziehungsrecht der Eltern und die Förderung der jungen Menschen abhebt, auch allen Formen der Delinquenz dieser jungen Jugendlichen gewachsen ist. Einzelne „Fälle" wie der berühmte „Mehmet-Fall" werden vor allem in Wahlkampfzeiten medial herausgestellt, um behördliche Hilflosigkeit vorzuführen. Der Öffentlichkeit präsentiert sich ein gewaltsames Kind, dessen verderblichem Treiben anscheinend kein Einhalt geboten werden kann. Der Ausdruck „Monster-Kid", der gebraucht wurde und wird (siehe DJI 1999), bringt recht deutlich die Furcht Erwachsener zum Ausdruck, aus dem niedlichen Adressaten der Fürsorge werde ein bedrohliches Ungeheuer. Mit der betreffenden Person und ihrer Eigenart hat das Ganze nur noch wenig zu tun.

Die zweite Ohnmachtssorge Erwachsener betrifft ein gewachsenes Misstrauen gegenüber jeglichen Formen der Kriminalpädagogik. Einem pädagogischen Umgang mit delinquenten Jugendlichen traut die Öffentlichkeit kaum noch etwas zu. Vor allem die „Erlebnispädagogik" wird als unerträglich empfunden und oft geradezu lächerlich gemacht. Die Abneigungen beziehen sich beispielsweise auf Segeltörns oder Bergwanderungen oder andere „Vergnügungen" in deren „Genuss" die Verbrecher kämen. Die isolierenden Nebenwirkungen, die z.B. eine Hochsee-Segeltour hat, dass für einen gewissen Zeitraum im Umfeld „Ruhe herrscht", wird ebenso wenig wahrgenommen wie der Umstand, dass Eskalationen vermieden werden können. Mit dem Hinweis auf die Intensivtäterschaft verbindet sich die Notwendigkeit einer geschlossenen Unterbringung, eines anscheinend Sicherheit verbürgenden Wegschlusses. Solch erstrebtes Durchgreifen liefert das Gegenbild gegenüber der beanstandeten „pädagogischen Nachsichtigkeit". Die Redeweise von den Intensivtätern eignet sich zum Aufbau eines Kontrastbildes von Tat und Reaktion: Der in die Kriminalität verwobene und verstrickte Straftäter wird mit lustspendenden Abenteuern belohnt. In die Ohnmacht mischt sich Empörung, freilich meist ohne nähere Kenntnis der wahren Sachverhalte.

---

1 Wie jüngst wieder die Beratungen des Deutschen Juristentages in Berlin (Herbst 2002) ergeben haben, s. Beschlüsse der Abteilung C III. 1. „Eine Absenkung auf 12 Jahre empfiehlt sich nicht", angenommen mit 70:0:1.

Die Figur des Intensivtäters wird drittens bemüht, um die Sanktionenaufschaukelung oder Eskalation im Jugendstrafrecht zu kritisieren. Wir begegnen seit jeher der Situation, dass bestimmte junge Männer in einem kürzeren Zeitraum wiederholt vor dem Jugendgericht in Erscheinung treten. Sie werden gewöhnlich mit von Mal zu Mal schärferen Rechtsfolgen belegt (Dazu etwa Hering (1993) mit zahlreichen Literaturhinweisen; s. schon Kaufmann 1975: 36f.). Es beginnt mit Diversionslösungen, setzt sich über Weisungen, Auflagen und Jugendarrest fort und mündet ungünstigstenfalls in eine vollstreckbare Jugendstrafe. Dieser Steigerungsprozess wird vielfach als ein sanktionspolitischer, insbesondere spezialpräventiver, Misserfolg betrachtet (vgl. die Beiträge von Bussmann/Plewig 1981: 354f. u. 373f.). Da nicht sogleich die erste Sanktion den nötigen Eindruck gemacht habe, sei die erneute Auffälligkeit – als „Rückfall" – entstanden. Wiederum schimmert die Kritik an einer „falschen Milde" hervor: Man hätte doch sogleich beim ersten Mal intensiver „zugreifen" sollen! So gesehen imponiert der Intensivtäter als der, bei dem sich intensive Kriminalität ausbreiten konnte, weil strafrechtlich nicht intensiv genug reagiert worden ist: intensive Delinquenz wegen zu geringer intensiver „Einwirkung".

Hier überzeugt bereits die erste Prämisse nicht. Denn eine erneute Auffälligkeit muss keineswegs einen Fehlschlag der vorausgegangenen Reaktionsweise bedeuten. Die vorherige (jugend-)staatsanwaltliche oder -richterliche Entscheidung konnte ja immer nur einen begrenzten Beitrag in der Gesamtheit des gesellschaftlichen Lebens leisten. Wir wissen nicht, ob ein Jugendlicher wegen oder trotz der vorausgegangenen Sanktionsentscheidung erneut in Erscheinung getreten ist. Eine strengere Reaktion hätte in vielen Fällen vermutlich noch ungünstiger gewirkt, da intensive Maßnahmen besonders gefährlich sind (Heinz 1990: 45). Sie bedingen meist eine erhebliche Belastung der weiteren Sozialisation, begrenzen die vorhandenen sozialen Teilhabechancen und machen von daher künftige Rechtsbrüche verlockender und wahrscheinlicher zugleich.

## 4. Der Intensivtäter als Figur der Medien

### *4.1 Warum er als Medienheld „passt"*

Medien erfinden für gewöhnlich keine Täter oder Tatverdächtigen. Davon gibt es auch genug. Sie gestalten die Umwelt vielmehr dadurch, dass sie aus der grenzenlosen Vielfalt der Ereignisse und Entwicklungen einzelne Geschehnisse herausgreifen und in den Mittelpunkt rücken (agenda setting). Auf diese Weise entsteht eine neue „repräsentative Wirklichkeit" mit Feldern, auf denen argumentiert, sich profiliert, gewonnen, verloren und auf dem schließlich ein bestimmtes Weltverständnis und eine bestimmte Politik durchgesetzt werden kann (siehe die Beiträge i. BMJ 2000). Die Selektionsprozesse, aus deren Ergebnissen die Medienkriminalität gebildet wird, beginnen mit der Konzentration auf bestimmte Daten der Polizeilichen Kriminalstatistik (PKS). Die medialen Verzerrungen schließen damit an die Verzerrungen an, die schon in den Polizeidaten zu finden sind (seiner Zeit wegweisend die kritischen Hinweise in Albrecht/Lamnek 1979: 16f.). Sie liegen aber infolge zusätzlicher Auswahlprozesse auf einer neuen qualitativen Ebene. Die Bevorzugung der PKS beruht auf deren Eigenart, am ehesten und stärksten aufrüttelnde oder gar alarmierende Zahlenschwankungen zu dokumentieren. Erfasst werden vor allem von Bürgern entgegen genommene Verletzungsmeldungen, die die Polizei nach ihren Kriterien „verbucht", zum Nachweis ihrer Tätigkeit. Sie können wesentlich leichter schwanken als die Justizdaten, die sich an den dort durchgeführten Verfahren orientieren. Diese Arbeit wird von einem recht konstanten Stab nach festen Regeln durchgeführt. Die Richter können nur ein bestimmtes Maß an Verfahren durchführen. Von daher leuchtet ein, dass größere Differenzen nur selten auftreten können. Das zu bewältigende Quantum muss vorher von den Staatsanwälten erledigungskonform aufbereitet werden.

Die Zahlen der PKS enthalten für gewöhnlich nicht nur Anstiege, sondern auch Kriminalitätsrückgänge. So ist in den letzten Jahren der Einbruchsdiebstahl rückläufig gewesen. Doch das wird meist nur am Rande erwähnt. Denn gute Nachrichten haben gegenüber „bad news" nur einen geringen „Nachrichtenwert". Wie jeder Journalist weiß, möchten die Menschen Katastrophenmeldungen hören und sehen. Doch da sich auch in der PKS nur begrenzte Veränderungen abzeichnen, blickt man vorrangig auf die Jugendkriminalität, die schon seit ihrer Entdeckung als besondere Spezies im Anstieg begriffen ist. Jugendkriminalität ist Anstiegskriminalität (Walter 2001: 37f.).

Innerhalb der Jugendkriminalität liegt für die Medien der Akzent bei den gut visualisierbaren, zugleich Emotionen hervorrufenden Erscheinungsformen. Medien wollen möglichst anschaulich sein oder werden und neben dem Verstand den ganzen Menschen „packen". Dazu eignen sich bekanntlich hervorragend verschiedene Varianten der Gewaltkriminalität. Sie macht nach den Angaben der PKS etwa 3% der erfassten Gesamtkriminalität (ohne Straßenverkehrsdelikte) aus (BMI/BMJ 2001: 8) und wird hauptsächlich von den Zahlen für Raub und raubähnliche Delikte sowie für gefährliche Körperverletzung (insbes. mit einer Waffe) konstituiert. In der medialen Kriminalitäts-Berichterstattung beschäftigen sich mit diesen Delikten indessen ca. 50% und mehr der Darstellungen (siehe etwa Ionescu 1998: 50, 82). Das erklärt, warum die Menschen den Gewaltanteil zumeist wesentlich zu hoch einschätzen:

Wegen des Mangels an unmittelbaren eigenen Wahrnehmungen übernehmen sie die medial vermittelten Proportionen. Sie verstehen die Medienkriminalität als Wirklichkeit.

## *4.2 Über den Intensivtäter verkündete Botschaften*

Berichte über wiederholte Gewalttaten bestimmter junger Männer, eben „der Intensivtäter“, erschöpfen sich nicht in der Mitteilung der realen Ereignisse. Vielmehr werden zusätzlich zumindest zwei weitere Botschaften an die Medienadressaten vermittelt:

a) Zum einen wird eine unerhörte Steigerung der an den Tag gelegten Brutalität behauptet. Es wird eine neue Qualität des noch nie Dagewesenen herausgestellt. So etwas Furchtbares wie die Gewalttätigkeiten der jungen und jüngsten „Monster“ – die Stichworte „Mehmet“ oder in Köln „Murat“ mögen genügen – habe es noch nie gegeben. Metaphern der Steigerung werden von entsprechend bedrängten Polizeibeamten als Berufserfahrung deklariert: Zwar seien früher auch schon einmal Raufereien aufgetreten, doch nunmehr werde noch auf die am Boden Liegenden (nach)getreten – so lautet die wohl gängigste Stereotype. Diese vollkommen ahistorische Betrachtungsweise führt zu einer Verklärung der Vergangenheit. Die Widersinnigkeit des Ganzen erreicht ihren Höhepunkt in der Preisung des nationalsozialistischen Deutschland als Sicherheitsgaranten. An Dokumenten, wie die weit verbreiteten nationalsozialistischen Schlägertrupps (vor allem der SA) schon vor Beginn der NS-Zeit mit unglaublicher Brutalität gewütet haben, besteht kein Mangel. Auch sind immer wieder die seelischen Verrohungen beschrieben worden, die sich mit und durch kriegerische Auseinandersetzungen entwickelt haben. Vor diesem Hintergrund fehlt der These, in den Nachkriegsjahren habe es mehr mitmenschliche Rücksicht gegeben, bereits die Plausibilität. Der vorübereilende potenzielle Käufer soll für die „bad news“ hellhörig werden. Zur Unterstützung seiner Kaufüberlegungen wird ihm auf der ersten Seite verheißen, er könne sich noch auf schaurig-schöne Detaildarstellungen, wie der Täter genau vorgegangen sei, auf einer der hinteren Seiten freuen.

b) Zum anderen belassen die Ausführungen den „Fall“ nicht im Bereich des Einmaligen und Exzeptionellen. Sie unterstellen regelmäßig, das an sich einmalige Ereignis sei der symptomatische Vorbote einer neuen Zeit, in der die bisherige Gewalt eine neue Qualität gewinnen und entsprechend brutal werden wird. In dieser Zukunftsperspektive mutiert der vollkommen außergewöhnliche Fall wieder zu einem, mit dem man künftig verstärkt rechnen muss. Der im Leser hervorgerufene Schrecken umfasst damit sowohl die Dimension des Einmaligen als auch gleichzeitig die der drohenden Wiederkehr. Wir haben einen ersten Blick in die schwarze Zukunft geworfen.

### *4.3 Politiker erspüren das Gebot der Stunde*

Wenn nicht sofort etwas geschieht – so ist zu folgern – geraten wir in große Gefahr. Der Gegner ist wiederum der Intensivtäter, der anhaltend und massiv Gewalt einsetzt. Er muss sofort und kompromisslos „aus dem Verkehr gezogen" werden, um dem Treiben ein Ende zu setzen.

Mit den medialen Berichten entsteht folglich ein erheblicher kriminalpolitischer Handlungsdruck. Und als Konsequenz bieten sich eigentlich nur Sanktionsverschärfungen an, allen voran der Freiheitsentzug. Der krass atypische Fall, den die Medien entdecken und herausstellen, liefert die Rechtfertigung für eine rigide Kriminalpolitik. Sie erweckt den Eindruck, die Bewältigung der Medienkriminalität als der von den Medien herausgestellten Kriminalität stehe auf der Liste der abzuarbeitenden Themen ganz vorn. Andere Probleme der Kriminalitätskontrolle, etwa eine bessere Aufhellung des Feldes der Wirtschaftskriminalität, geraten in den Hintergrund. Politiker fühlen sich, um die Chancen der Wiederwahl zu erhalten oder noch zu erhöhen, zu schnellen Lösungen hingezogen. Sie können, damit die Zuverlässigkeit beim Thema der inneren Sicherheit nicht angezweifelt wird, kaum zögerlich sein. Radikalität im Kampf gegen das Verbrechen gilt nicht als mangelndes Nachdenken, eher als Ausdruck einer klaren Position, auf die man vertrauen darf. Aus dem Bouquet der vielen kriminalpolitischen Vorschläge im Jugendrecht werden die einfachen und einschneidenden Lösungen bevorzugt: eher, schneller und länger inhaftieren, mehr ausweisen und abschieben (näher dazu mit weiteren Literaturhinweisen Walter 2002: 440f.). Statt Integration der gesellschaftliche Ausschluss.

## 5. Die Faszination des Intensivtäters als Gesellschaftsproblem

Am Beispiel des Umgangs mit dem kreierten Intensivtäter zeigt sich ein Strukturproblem unserer demokratisch verfassten Gesellschaft. Einerseits sind die Medien und ihre Arbeit für eine freiheitliche Demokratie unverzichtbar. Andererseits aber begünstigt der freie Meinungs- und Sensationsmarkt Realitätsverständnisse und kriminalpolitischen Strömungen, die eine rationale und mit Augenmaß betriebene Kriminalpolitik erheblich erschweren, teilweise vielleicht sogar unmöglich machen. Ein stetes Zusammenspiel von Medien und Politikern, die die medialen Botschaften samt der Mitteilungen zwischen den Zeilen erfassen und aufgreifen, schafft ein rigides kriminalpolitisches Klima. In ihm wächst langfristig allgemeine Verbrechensfurcht. Verlangt werden hauptsächlich „technisch" sichere Regelungen, das Gefängnis erlangt wieder eine ungeahnte Anziehungskraft.

In dieser geistigen Situation ist der Intensivtäter eine Zentralfigur. Er verkörpert die in der Bevölkerung bestehende Befürchtung zunehmender und sich steigernder Kriminalität. Der Intensivtäter ist eine personifizierte Projektion der Kriminalitätsfurcht. Er liefert zugleich das Leitbild für eine rigorose Kriminalpolitik, die auf die permanente „kriminelle Energie" mit gesellschaftlichem Ausschluss antwortet. Dabei geht die Abwehr von Bedrohtheits- und Ohnmachtsgefühlen noch weit über den Bereich der Strafverfolgung hinaus und stützt einen Teil der Aktivitäten, die als kommunale Kriminalprävention firmieren.

Die Massenmedien können und sollen nicht zu Sündenböcken gemacht werden. Sie sind oft durchaus bemüht, die vorfindliche Meinungsvielfalt wiederzugeben und zu erhalten. Wir treffen ferner kaum Indoktrinationen an, durch die den Menschen bestimmte Ansichten aufgedrängt werden sollen. Doch möchten die Medien allesamt und ständig „ankommen", möglichst indem sie gekauft werden. Sie bedienen daher verborgene Haltungen, Einstellungen und auch Ängste. Deswegen dürften die skizzierten Tendenzen hin zum „Tanz um das kriminelle Monster" schwerlich aufhebbar sein. Möglich und dringend nötig erscheint jedoch die Vermittlung medialer Kompetenz, damit selbst zu den „objektiven Informationen" die gebotene Distanz und kritische Grundhaltung entsteht, die die medialen Eigeninteressen und die selektive Zusammenstellung „der Wahrheit" in Rechnung stellt.

## *Literatur:*


Albrecht, P.-A./Lamnek, S. (1979): Jugendkriminalität im Zerrbild der Statistik. München.

Böll, H. (2001): Die verlorene Ehre der Katharina Blum, oder. Wie Gewalt entstehen und wohin sie führen kann. 38. Aufl. München.

Brunner, R./Dölling, D. (2002): Jugendgerichtsgesetz, Kommentar, 11. Aufl. Berlin.

Bundesministerium des Innern/Bundesministerium der Justiz (Hrsg.) (2001): Erster Periodischer Sicherheitsbericht, Kurzfassung. Berlin.

Bundesministerium der Justiz (Hrsg.) (2000): Kriminalität in den Medien, 5. Kölner Symposium. Mönchengladbach.

Bussmann, E./Plewig, H.-J. (1981): Muss man immer strenger werden? In: DVJJ (Hrsg.): Die jugendrichterlichen Entscheidungen – Anspruch und Wirklichkeit. München, S. 354f. u. S. 373f.
Deutsche Vereinigung für Jugendgerichte und Jugendgerichtshilfe (DVJJ) (Hrsg.) (1981): Die jugendrichterlichen Entscheidungen – Anspruch und Wirklichkeit. München.
64. Deutscher Juristentag (Beratungen), Berlin, 2002.
Deutsches Jugendinstitut (DJI) – Arbeitsstelle Kinder- und Jugendkriminalitätsprävention (Hrsg.) (1999): Der Mythos der Monsterkids. München.
Dünkel, F. (1997): Jugendstrafrecht in Europa – Entwicklungstendenzen und Perspektiven. In: Dünkel, F./v. Kalmthout, A./Schüler-Springorum, H. (Hrsg.): Entwicklungstendenzen und Reformstrategien im Jugendstrafrecht im europäischen Vergleich. Mönchengladbach, S. 565-650.
Duve, F./Böll, H./Staeck, K. (Hrsg.) (1978): Briefe zur Verteidigung der bürgerlichen Freiheit. Reinbek.
Frehsee, D. (1991): Zur Abweichung der Angepassten. In: Kriminologisches Journal 23, S. 25-45.
Heinz, W. (1990): Mehrfach Auffällige – Mehrfach Betroffene. Erlebnisweisen und Reaktionsformen. In: DVJJ (Hrsg.): Dokumentation des 21. Deutschen Jugendgerichtstages in Göttingen. Bonn, S. 30-73.
Hering, E. (1993): Mechanismen justizieller Eskalation im Jugendstrafverfahren, Herbolzheim.
Ionescu, A. (1998): Kriminalberichterstattung in der Tagespresse – Ergebnisse einer Auswertung deutscher Zeitungsartikel. In: Dölling, D./Gössels, K.H./Waltos, S. (Hrsg.): Kriminalberichterstattung in der Tagespresse, S. 45f. (50, 82).
Kaufmann, H (1975): Jugendliche Straftäter und ihre Verfahren. München.
Lackner, K./Kühl, K. (2001): Strafgesetzbuch mit Erläuterungen. 24. Aufl.. München.
Liszt, F.v. (1993): Der Zweckgedanke im Strafrecht, 1883, abgedr. i. Vormbaum, T. (Hrsg.): Texte zur Strafrechtstheorie der Neuzeit, Bd. 2, Baden-Baden, S.171-186.
Lösel, F./Bliesener, T. (1990): Resilience in adolescence: A study on the generalizability of protective factors. In: Hurrelmann, K./Lösel, F. (Hrsg.): Health hazards in adolescence. Berlin, S. 299-320.
Sessar, K. (1997): Zu einer Kriminologie ohne Täter. In: Monatsschrift für Kriminologie und Strafrechtsreform 80, S. 1-24.
Sutherland, E.H. (1968): White-collar Kriminalität, dt. In: F. Sack/R. König (Hrsg.): Kriminalsoziologie. Frankfurt/M., S. 187-200.
Walter, M (2002a): Das Jugendkriminalrecht in der öffentlichen Diskussion: Fortentwicklung oder Kursänderung zum Erwachsenenstrafrecht? In: Goltdammer´s Archiv für Strafrecht, 149, S. 431f. (440f.).
Walter, M. (2002b): Jugendkriminalität. Stuttgart.
Walter, M. (2001): Entwicklung der Jugendkriminalität in Deutschland – zugleich: Zum Aussagegehalt des Kriminalitätsanstiegs. In: Dölling, D. (Hrsg.): Das Jugendstrafrecht an der Wende zum 21. Jahrhundert. Berlin, S. 37f.

# V Gewalt in und außerhalb von (Intim-) Partnerschaften

# Gewalt in Partnerschaften im Hell- und Dunkelfeld.
## Zur empirischen Relevanz der Gewalt gegen Männer

*Jürgen Gemünden*

## 1. Vorbemerkung und Intention meiner Arbeit "Gewalt gegen Männer"

"Männerpolitische" Ambitionen habe ich mit meiner umfangreichen Arbeit über Gewalt gegen Männer in heterosexuellen Intimpartnerschaften (Gemünden 1996) nicht verfolgt. Doch leider ist festzustellen, dass das Thema "Gewalt gegen Männer" trotz der mittlerweile erdrückenden empirischen Datenlage noch immer ein Glaubensthema ist, ein Spielball politischer und ideologischer Interessen. Das Thema entzieht sich deshalb nach wie vor einer wissenschaftlichen Bearbeitung und einer gesellschaftlichen Aufarbeitung (vgl. hierzu Gemünden 2002).

Daher ist für eine wissenschaftliche Auseinandersetzung mit dem Thema zunächst dringend geboten, die politische Ebene, Fragen nach dem politisch Erwünschten aus der Forschung auszuschließen, da wir sonst nicht Wissenschaft, sondern letztlich Ideologie betreiben. Dies ist insbesondere an die Bundesregierung zu richten, die aus wissenschaftsfremden, politischen Motiven getrennte Forschungen über Gewalt gegen Frauen und Männer in Auftrag gegeben hat. Dies dokumentiert z.B. der Ausschreibungstext der "Pilotstudie" über Gewalt gegen Männer (BMSFSJ 2001); offensichtlich wurden hierfür auch die "politisch korrekten" Institutionen zur Durchführung ausgewählt[1]. Weiter ist darauf hinzuweisen, dass eine "Männerforschung", die sich moralisch bei den feministischen Scholastikern anbiedert[2], ebenso abzulehnen ist, wie die politische Benutzung des Themas gegen berechtigte Anliegen der Frauenbewegung.

---

1 Es wäre interessant zu erfahren, wer sich an der Ausschreibung beteiligt hat und wer aus welchen Gründen abgelehnt wurde.

2 So war der "Männerforscher" Hans-Joachim Lenz als Tagungsleiter der Tagung "Männliche Opfererfahrungen" der Evangelischen Akademie Tutzing bereit, in vorauseilendem Gehorsam meinen schriftlichen Tagungsbeitrag zu zensieren, und zwar in Form einer persönlich diffamierenden "Vorbemerkung". Heute publiziert Herr Lenz gemeinsam mit Hagemann-White, Kavemann und anderen (Hagemann-White u. a. 2003) in Sozial Extra; das ganze Heft April 2003 ist lesenswert, weil es in anschaulicher Weise die altbekannten feministischen Plattitüden zum Thema Gewalt in der Familie zusammenträgt.

Die wissenschaftliche Thematisierung von Gewalt gegen Männer ist bislang nur im Kontext des Themas Gewalt in Partnerschaften und im Vergleich mit Gewalt gegen Frauen möglich gewesen, weil die überwältigende Zahl der verfügbaren Daten sich auf Gewalt in Partnerschaften bezieht und das Thema Gewalt gegen Männer seine Relevanz als soziales Problem immer noch aus dem Vergleich des sozial etablierten Themas Gewalt gegen Frauen herleitet (Gemünden 1996: 30ff.). Ich hoffe, dass die hölzernen Begriffe "Gewalt gegen Männer" und "Gewalt gegen Frauen" bald der Vergangenheit angehören, zugunsten der Begrifflichkeit „Gewalt in Partnerschaften".

Weiter möchte ich den Gewaltbegriff auf physische Gewalt eingrenzen, um einem ausufernden psychischen Gewaltbegriff entgegenzutreten, der letztlich mangels Eingrenzung keinen analytischen Wert mehr hat, von Begriffen wie „strukturelle Gewalt" ganz zu schweigen. Ein solcher Gewaltbegriff gerät zur Metapher für unerwünschtes Verhalten: Gewalt gibt es dort, wo es Opfer gibt. Damit verkommt der Gewaltbegriff zur bloßen Dramatisierungsformel in der sozialpolitischen Auseinandersetzung[3]. Begriffe wie "Männergewalt" oder Ähnliches sind ideologische, eigentlich sogar demagogische Formeln. Die Benutzung solcher Begriffe ist in der Wissenschaft konsequent abzulehnen.

Zur Aufarbeitung des Gewaltbegriffs habe ich die juristische Diskussion hierzu rezipiert, nicht nur weil die juristische Kasuistik, sondern das ihn anwendende soziale System für die Eingrenzung des Begriffs soziologisch relevant ist: Das Rechtssystem ist das soziale System, das den Gewaltbegriff tagtäglich verbindlich auf konkrete soziale Sachverhalte anwendet und diese als Gewalt definiert oder eben nicht definiert. Die Sozialwissenschaft kann daneben nicht eine eigene Definition von Gewalt setzen, will sie sich nicht dem Verdacht des Ideologisierens aussetzen. Leider ist dieser Beitrag bislang zureichend nicht zur Kenntnis genommen worden, ebenso der lesenswerte Beitrag von Friedhelm Neidhardt (1986), auf den ich mich bezogen habe.

Ferner ist vor dem Hintergrund der aktuellen Gewaltdiskussion zu betonen, dass sich bei Gewalt in Partnerschaften nicht Fremde gegenüberstehen, sondern durch Intimität und Liebe mit einander verbundene Individuen, und die es in den meisten Fällen trotz der Gewalt bleiben. Gewalt in Partnerschaften ge-

3 Die ideologische Funktion dieses Gewaltbegriffs kann man z. B. bei Kavemann (2003) nachlesen. Einerseits wird der Gewaltbegriff auf die bloße Gewalterfahrung reduziert, nach dem Motto, wenn ich mich als Opfer definiert habe, dann habe ich Gewalt erlitten. Andererseits wird die Erfahrung von Gewalt absolut und sogar über den sozialen Kontext gesetzt, der andernorts von feministischer Seite für eigentlich unabdingbar erklärt wird. Mit der dogmatischen Setzung weiblicher und männlicher Gewalterfahrungen, die ganz unterschiedlich sein sollen, und "in unterschiedlichen gesellschaftlichen Bereichen" geschehen, wie es im Ausschreibungstext des BMFJFS heißt, versucht man eine getrennte Untersuchung von Gewalt gegen Frauen und Männer zu begründen, indem man den familialen Kontext künstlich zerlegt, in dem sich Gewalt als interaktives Geschehen ereignet. So wird bei uns bewusst verhindert, dass ernsthafte Forschung zum Thema betrieben wird.

schieht im Kontext von Intimpartnerschaft, ist Bestandteil des partnerschaftlichen Kommunikationsprozesses und als solcher zu verstehen, wenngleich ein moralisch und politisch unerwünschter Teil mit hohen psychischen und sozialen Kosten für alle Akteure, nicht nur das Opfer, verbunden ist.

Forscher und Öffentlichkeit haben sich demgegenüber einen staatlich-administrativen Blick angewöhnt, der Gewalt in einer Weise beurteilt, die sich wesentlich von der der Akteure unterscheidet. Sie haben sich eine abzulehnende, auf das Gewaltereignis fokussierende Sichtweise angewöhnt, während die betroffenen Akteure die Ereignisse aus dem Kontext ihrer Beziehung heraus bewerten und deshalb häufig ihre eigenen, den Forschern und Helfern nicht immer verständlichen Konsequenzen ziehen. Man muss fragen: Wie kommt in Bezug auf Frauen der sog. Drehtüreffekt bei Klientinnen von Frauenhäusern zustande, oder wie ist es möglich, dass sich Frauen zu intimen Treffen mit ihren Männern im Hotel einfinden, die sie zuvor mit Hilfe eines polizeilichen Platzverweises der Wohnung verweisen ließen? Über derartiges Verhalten sollte man sich nicht moralisch entrüsten, wie dies viele Helfer tun. Als Wissenschaftler muss man vielmehr bestrebt sein, dieses als sinnhaftes Handeln der Akteure zu verstehen.

Vor diesem Hintergrund wird deutlich, dass meine Arbeit aus dem Jahre 1996 nach wie vor aktuell ist, wie die seit zwei Jahren in der Bundesrepublik laufende Diskussion zur Gewalt gegen Männer zeigt. Ich verbinde damit jedoch die Hoffnung, dass sie als Wittgenstein´sche Leiter des Verstehens (tractatus 6.54) fungieren wird, die alsbald nach Erfüllung ihres Zwecks weggeworfen werden kann. Die sozialwissenschaftliche Ausgangssituation bei Beginn meiner Arbeit 1991 war:

1. Ein heftiger Streit zum Thema Gewalt gegen Männer, der ab Ende der 70er Jahre in den USA geführt wurde und seinen Ausgang mit der Veröffentlichung der ersten wissenschaftlichen Daten zu häuslicher Gewalt durch das Forscherteam um die amerikanischen Soziologen Murray Straus, Suzanne Steinmetz und Richard Gelles nahm (Straus et al 1980). Straus et al. führten erste amerikaweite repräsentative Untersuchung über Gewalt in Familien durch und fanden zu ihrer eigenen Überraschung, dass sich Frauen in Intimpartnerschaften ähnlich körperlich aggressiv wie Männer verhalten, dass sie also nicht nur geschlagen, geprügelt, getreten oder sonst misshandelt wurden, sondern ein Gleiches mit ihren Männern taten.
2. Untersuchungen mit der von Straus et al. entwickelten Konflikttaktikskala (CTS), die Partner befragt, in welcher Weise sie Konflikte bewältigen, wurden in den 80er Jahren vielfach wiederholt, so dass es Anfang der 90er Jahre bereits viele Dutzend solcher Untersuchungen gab. Diese Untersuchungen, die kriminologisch gesprochen das Dunkelfeld bei Gewalt in Partnerschaften messen, kamen fast durchgehend zu dem Ergebnis, dass Frauen in Partner-

schaften ähnlich häufig körperliche Gewalt, in welcher Form auch immer, gegen den Partner anwenden wie Männer.
3. Im Gegensatz zu misshandelten Frauen, deren Leiden und psycho-sozialen Probleme in der Frauenhausliteratur bereits eingehend beschrieben waren, lagen 1991 keine qualitativen Interviews mit oder Falldarstellungen oder Ähnliches von misshandelten Männern vor, mit Ausnahme einiger zu knapper Fallbeschreibungen psychoanalytisch orientierter Autoren (z.B. Langley/Levy 1977). Von den Befindlichkeiten misshandelter Männer war damals nichts bekannt, es fehlte also an authentischen Darstellungen individuell betroffener Männer; hieran hat sich bis heute zu wenig geändert, sieht man von der Studie von Schenk (Schenk o.J.) über misshandelte Männer ab.
4. In der erwähnten, von Feministinnen und Gewaltforschern geführten heftigen Diskussion wurden vor allem von ersteren, aber nicht nur von diesen, allerlei Zahlen und Daten aus allen erdenklichen Zusammenhängen teils in wenig wissenschaftlicher Weise ins Feld geführt, wenn sie nach Auffassung des jeweiligen Autors eines Beitrags nur die vorgefasste Meinung, "Gewalt gegen Männer gibt es nicht" oder "Gewalt gegen Männer" ist genauso schwerwiegend wie "Gewalt gegen Frauen" zu stützen schienen. So wurden z.B. von Feministinnen Daten aus Scheidungsuntersuchungen, von Polizeinotrufen, Kriminalstatistiken uvm. ins Feld geführt, um die Ergebnisse der Dunkelfelduntersuchungen mit der CTS in Abrede zu stellen.
5. Weiter wurde ein Methodenstreit um die Konflikttaktikskala geführt. Die CTS-Methode wurde kritisiert, weil der Kontext von Gewalt nicht mituntersucht wurde, wie etwa die Motive für die Anwendung von Gewalt, wie Notwehr und Eifersucht, das Initiieren von Gewalt, die Reaktionen auf Gewalt sowie die erlittenen Verletzungen. Weiter wurde bemängelt, die Untersuchungen mit der CTS würden die Ergebnisse systematisch zulasten der Frauen verzerren. Die entsprechenden Einwände konnten weitgehend entkräftet werden.
6. Dieser Streit erregte ferner unerwartetes Interesse der Massenmedien, die die Untersuchungen auch benutzten, um gegen die sich seit Ende der 70er Jahre etablierenden Anliegen der Frauenbewegung anzugehen, was auch die Heftigkeit und die Auswüchse dieses Streits erklärt.

Vor diesem skizzierten Hintergrund sowie wegen der von dem Bereich Gewalt gegen Frauen abhängigen sozialen Relevanz des Themas, konnte ich den Gegenstandsbereich nur geschlechtsvergleichend bearbeiten. Den erwähnten Streit zwischen Feministinnen und Gewaltforschern wählte ich als Ausgangspunkt und stellte ihn in Thesen und Antithesen zusammen (vgl. Gemünden 1996: 15ff.; 2002: 55f.), die ich im Verlauf der Arbeit zu verifizieren oder falsifizieren suchte. Pointiert ausgedrückt, drehte sich der Streit damals, und im Übrigen auch heute, im Wesentlichen um folgende Fragen:

- Ist Gewalt gegen Männer ein genauso schwerwiegendes soziales Problem wie Gewalt gegen Frauen?

- Verhalten sich Frauen in Partnerschaften genauso körperlich aggressiv bzw. ebenso häufig und/oder wenden sie schwerwiegende physische Gewalt an wie Männer?
- Werden auch Männer Opfer schwerster Gewalttätigkeiten ihrer Frauen und haben sie in einer solchen Situation ähnliche existenzielle Probleme wie misshandelte Frauen haben?

Nach Sichtung und Auswertung aller aufgefundenen Untersuchungen und Daten zum Dunkelfeld, zu Tötungsdelikten, zu Ehescheidung, Polizeinotrufen, war generell festzustellen,

- dass einerseits bei den Dunkelfelduntersuchungen mit der CTS durchgehend immer annähernd hohe Raten von Gewalt von Männern an ihren Frauen und vice versa zu finden waren,
- dass aber andererseits bei Partnertötungen, bei Polizeinotrufen wegen Familienstreitigkeiten, bei Strafanzeigen gegen den Partner wegen Körperverletzung usw. sowie bei Scheidungsuntersuchungen Gewalt von Männern an ihren Partnerinnen überwog.

Da sich alle diese gefundenen Daten auf die gleiche soziale Realität bezogen, aber eben verschiedene Ausschnitte aus dieser darstellten, stellte sich die Frage nach ihrem Zusammenhang. Während die Dunkelfelduntersuchungen durch Befragung der Betroffenen zustande kamen, wurden die anderen Daten im Rahmen institutioneller Verarbeitungsprozesse oder anlässlich solcher Prozesse erhoben. Von den Tötungsdelikten abgesehen, beinhalteten diese Daten somit bereits eine soziale Reaktion des Opfers auf Gewalt, eine irgendwie geartete Form der individuellen Bewältigung. Abgesehen von einer allerdings damals mehr vermuteten als bewiesenen höheren Rate von durch Männer zugefügten Verletzungen musste die Antwort in einem geschlechtsspezifisch unterschiedlichen Bewältigen von Gewalterfahrungen durch Frauen und Männer zu suchen sein: Männer neigen, entsprechend den Verhaltenszuschreibungen ihrer Geschlechtsrolle, eher dazu, selbst erlittene Gewalt zu bagatellisieren, ihr Opfersein zu leugnen, während für Frauen die Rolle als Gewaltopfer sozial anerkannt ist und im lerntheoretischen Sinne verstärkt wird.

## 2. Dunkelfelduntersuchungen zu Gewalt in Partnerschaften

Eigentlich ist kaum ein Gegenstand sozialwissenschaftlich so gut erforscht wie Gewalt in Partnerschaften, auch wenn dies feministische Autoren wohl noch immer nicht wahrhaben wollen (vgl. Sozial Extra 4/03). Die Ergebnisse erwiesen sich als sehr homogen, geht man von den CTS-Studien aus. Der aktuelle Forschungsstand kann bei Michael Fiebert (2002) oder Straus (1999) nachgelesen werden. Fiebert nannte bis Mitte 2002 insgesamt 130 Untersuchungen mit der CTS. Straus (1990b) ermittelte bereits 1990 die Zahl von über 100 Untersuchungen, die mit seiner Methode durchgeführt wurden. Archer (2000) wertete mit statistischen Methoden die Ergebnisse von 82 Studien aus verschiedenen Ländern aus und fand heraus, dass die Ergebnisse dieser Untersuchungen in Bezug auf die Häufigkeit von Gewalt und Geschlechterquoten untereinander nur sehr wenig variieren, obwohl sie aus verschiedenen Ländern stammten.

Die erste repräsentative Untersuchung von Straus et al. (1980) aus dem Jahr 1975 mit 2.341 Befragten befasste sich mit dem gesamten Komplex der Gewalt in der Familie. Sie erbrachte im Einzelnen folgende Ergebnisse in Bezug auf körperliche Gewalt:

- In 16% aller Paare kam es innerhalb des letzten Jahres zu körperlichen Gewalttätigkeiten,
- bei 28% aller Paare kam es überhaupt schon einmal zu Gewalt.
  12,1% der Männer und 11,6% der Frauen waren innerhalb der letzten 12 Monate gegen ihren Intimpartner gewalttätig;
- in 49% der Paare waren beide Partner wechselseitig gewalttätig,
- in 27% der Paare war nur der Mann und
- in 24% der Paare nur die Frau gewalttätig.

In 73% aller gewalttätigen Beziehungen waren nach dieser Untersuchung *auch* die Frauen gewalttätig und umgekehrt waren in 76% dieser Beziehungen auch die Männer gewalttätig.

Wie sich die Gewalttätigkeiten auf verschiedene Formen von Gewalt verteilen, kann der nachfolgenden Tabelle entnommen werden, die belegt, dass Frauen etwas häufiger Gewaltmittel auf Distanz einsetzen, was die gemeinhin angenommene durchschnittliche körperliche Unterlegenheit der Frauen tendenziell ausgleicht (Gemünden 1996: 106): In der nachstehenden Statistik sind die Items 1 - 8 als „overall violence“, also als physische Gewalt insgesamt, und die Items 3 - 8 als „severe violence“, also schwere Gewalt, zusammengefasst. Die Ergebnisse legen den Schluss nahe, dass schwere Formen von Gewalt durch Frauen etwas häufiger ausgeübt werden als umgekehrt (12,7% : 10,0%), wobei das Werfen mit Gegenständen bemerkenswerterweise nicht als schwere Gewalt gewertet wurde, obwohl dies auch gefährlich sein kann, etwa wenn volle Flaschen oder andere schwere Gegenstände geworfen werden.

Eine Nachuntersuchung im Jahre 1985 (Stets/Straus 1990) mit einem fast dreimal so großen Sample, nämlich mit 6.002 Befragten, erbrachte ähnliche Ergebnisse wie 1975, von einem leichten, generellen Rückgang von Gewalt abgesehen.

Tab. 1: Häufigkeit einzelner Gewaltformen unter Intimpartnern nach der Untersuchung von Straus et al. (1975):

| Violence Total | Wife to husband N=960 | Husband to wife N=1.183 |
|---|---|---|
| 1. Threw something at the other | 52 = 5,4% | 28 = 9,1% |
| 2. Pushed/grabbed/ shoved | 83 = 8,7% | 107 = 9,1 % |
| 3. Slapped or spanked | 46 = 4,8% | 51 = 4,3% |
| 4. Kicked/bit/hit with fist | 31 = 3,2% | 24 = 2,3% |
| 5. Hit or tried to hit with sth | 30 = 3,1% | 22 = 1,9% |
| 6. Beat up | 8 = 0,8% | 11 = 0,9% |
| 7. Threatened with knife or gun | 6 = 0,6% | 4 = 0,3% |
| 8. Used knife or gun | 2 = 0,2% | 3 = 0,3% |

Die Untersuchung von 1975 wurde mit einem eigens dafür von Straus entworfenen Forschungsinstrument der Conflict tactics scale (CTS) durchgeführt, die Straus et al. anhand der Normen des US-Strafrechts zu Körperverletzungsdelikten (Straus 1990c: 58 und 1990d: 80) konstruierte und erfolgreich auf ihre Validität überprüfte (Straus 1990b). Diese Skala wurde inzwischen weiterentwickelt und verbessert, indem der situative Kontext, in dem sich Gewalt ereignet – wie Reaktionen des Opfers, Motive, Verletzungen usw. – in die Befragung einbezogen wurde (Straus et al. 1996).

Vom Grundgedanken her handelt es bei der CTS sich um eine Befragungsmethode, die Gewaltereignisse in Partnerschaften im Zusammenhang mit Partnerkonflikten sieht und (körperliche) Gewalt als eine Option zum Umgang mit familialen Konflikten abfragt. Die Items der CTS erstrecken sich über die ganze Palette von "discussed calmly" bis zu schweren Gewaltformen:

Entscheidend bei dieser Skala ist, dass faktisches Verhalten erhoben wird und den Befragten nicht die wie auch immer geartete und empirisch nicht kontrollierte Bewertung der Ereignisse überlassen wird. Fragte man nämlich danach, ob man selbst und/oder der Partner "Gewalt" anwendete und/oder ob er z.B. eine Körperverletzung etc. ("abuse", "assault", "aggravated assault") beging, dann führt dies dazu, dass nur Ereignisse genannt werden, die der oder die Betroffene selbst als kriminellen Akt bewertet (vgl. Hanak u.a. 1989); hierbei fließen schicht- und geschlechtsspezifische Bewertungsmaßstäbe als unkontrollierte Variablen ein. Es sind Ereignisse in der Befragung nicht genannt, die aus objektiver Sicht zwar Gewalt sind, die aber der/die Befragte nicht so, sondern als etwas "Normales" bewertet.

Tab. 2: Übersicht über die einzelnen Items der Conflict tactics scale (Straus et al. 1980: 256):

| I. Reasoning: 3 items | "Vernünftige" Konfliktlösung |
|---|---|
| 1. Discussed the issue calmly | ("Ruhige " Diskusion) |
| 2. Got information to back up (your/her) side of things | (Den eigenen Standpunkt erklären oder sich den des Partners anhören) |
| 3. Brought in or tried to bring in someone to help settle things | (Hilfe Dritter in Anspruch nehmen) |
| II Verbal aggression: 7 items | Verbale Aggression |
| 1. Insulted or swore at the other one | (Beleidigen oder fluchen) |
| 2. Sulked and/or refused to talk about it | (Schmollen oder es ablehnen, über das Problem zu sprechen) |
| 3. Stomped out of the room or house (or yard) | (Aus dem Haus/Zimmer stampfen) |
| 4. Cried | (weinen, schreien) |
| 5. Did or said something to spite the other one | (Den anderen kränken) |
| 6. Threatened to hit or [to] throw something at the other one | (Schläge androhen oder drohen, mit etwas zu werfen) |
| 7. Threw or smashed or hit something | (Etwas werfen, zerschlagen oder auf einen Gegenstand einschlagen) |
| III. Violence: 8 items | Gewalt |
| 1. Threw something at the other one | (Etwas [gezielt] nach dem anderen werfen) |
| 2. Pushed, grabbed, or shoved the other one | (Stoßen, packen, schubsen) |
| 3. Slapped the other one | (Mit der flachen Hand schlagen, ohrfeigen) |
| 4. Kicked, bit, or hit with a fist | (Treten, beißen, mit der Faust schlagen) |
| 5. Hit or tried to hit with something | (Mit einem Gegenstand schlagen oder es versuchen) |
| 6. Beat up the other one | (Den anderen verprügeln) |
| 7. Threatened with a knife or gun | (Mit einem Messer oder einer Schusswaffe drohen) |
| 8. Used a knife or gun | (Benutzen eines Messers oder einer Schusswaffe) |

Dunkelfelduntersuchungen, die demgegenüber mit wertenden Begriffen wie "Gewalt" oder den Begriffen von Straftatbeständen arbeiten, wie z. B. das National Crime Survey oder die NVAW-Studie (s.u.), erbringen generell wesentlich niedrigere Raten von Gewalt. Bei diesen Untersuchungen liegen nach Straus (1999) die Häufigkeiten mit 0,2% bis 2% um ein Vielfaches niedriger als die mit CTS-Untersuchungen gefunden Häufigkeiten mit um 16%. Ferner erbringen die Untersuchungen mit wertenden Items einen klaren Geschlechtsunterschied, was auf unterschiedlichen Bewertungsmustern solcher Ereignisse beruht (Gemünden 1996: 104f. u. 130). Viele Ereignisse, die sich anhand der Messung durch die CTS objektiv als Gewalt bewerten lassen, werden häufiger von Männern als von Frauen nicht als Gewalt betrachtet.

Gaquin (1977/78) fand im ersten National Crime Survey der USA Häufigkeiten von 0,5% für Männer und 14,8% für Frauen als Opfer von Gewalt durch den Partner und schloss zu unrecht daraus, dass es für Männer nahezu kein Risiko gäbe, Opfer von Gewalt im häuslichen Kontext zu werden. Diese Untersuchung basiert auf einer Abfrage von Tatbeständen des US-Strafrechts wie "assault", „aggravated assault" oder "abuse".

Die „National Violence Against Women"-Studie (NVAW nach Straus 1999) fand eine Rate von lediglich 3 : 1 für den Partner angreifende Männer bzw. attackierende Frauen. Auch hier wurden explizit Straftatbestände wie „assault" u. ä. abgefragt. Ferner wurde in dieser Untersuchung bewusst mit dem Versuchsleitereffekt gearbeitet, denn eingangs des Fragebogens wurde nämlich gefragt:

*"Do you think violent crime is more or less a problem for men today than previously?"*

Weil die Bewertung der Häufigkeit durch die CTS verobjektiviert ist, hat sie und ihre Abwandlungen sich als internationaler Standard durchgesetzt, auch bei den Untersuchungen in Deutschland, wie z.B. bei der Befragung des Deutschen Jugendinstituts von 1984 (Wahl 1990), des Kriminologischen Forschungszentrums Niedersachsen (BMFSFJ 1995), der Untersuchung von Habermehl (1989) sowie der Untersuchung der KU Eichstätt-Ingolstadt (Lamnek/Luedtke 2003).

Auf entsprechende feministische Kritik an der ursprünglichen CTS hin, wurden viele Fragen in neueren CTS-Untersuchungen seit den 80er Jahren aufgearbeitet; im Folgenden stelle ich vier wichtige Fragen vor:

## 2.1 Initiieren von Gewalt

Nach Stets/Straus (1990: 154, siehe auch Gemünden 1996: 220) initiieren Frauen sogar etwas häufiger Gewalt als Männer. Es wurden Männer und Frauen zu eigenem Verhalten und zu dem des Partners befragt; die in Prozent wiedergegebenen Ergebnisse sind eindeutig und lassen den Schluss zu, dass sich Frauen nicht friedfertiger und passiver verhalten.

Tab. 3: Gewaltinitiative von Männern und Frauen

| Gewalt | Angaben der Männer | Angaben der Frauen |
|---|---|---|
| selbst initiiert | 43,7% | 52,7% |
| vom Partner initiiert | 44,1% | 42,6% |
| weiß nicht mehr | 12,2% | 4,7% |

## *2.2 Reaktionen des Opfers*

Weiter wurde nach den Reaktionen des Opfers auf Gewalt gefragt (Stets /Straus 1990: 155, auch Gemünden 1996: 242 (Mehrfachnennungen):

Tab. 4: Opferreaktionen auf Gewalt

| Reaktion | Frauen | Männer |
|---|---|---|
| Zurückschlagen | 24,4% | 15,0% |
| Weinen | 54,6% | 5,8% |
| Schreien, fluchen | 42,0% | 28,7% |
| Aus Zimmer gerannt | 28,6% | 13,9% |
| Freund, Verwandten zur Hilfe geholt | 11,4% | 2,2% |
| Polizei gerufen | 8,5% | 0,9% |
| Aus dem Haus gerannt | 14,0% | 18,0% |
| Anderes | 7,3% | 32,2% |

Frauen antworten häufiger mit Gewalt auf die von Männern ausgehende Gewalt als umgekehrt. Sie reagieren insgesamt heftiger auf Gewalt als dies Männer tun. Von erlittenen Verletzungen abgesehen, werden die Gründe hierfür auch darin gesehen, dass sich eher Männer als Frauen scheuen, den Partner zu schlagen, dass Männer eher Angst vor den Folgen ihres Gewalteinsatzes haben und dass sie ferner davor Angst haben, von ihren Frauen als Frauenmisshandler dargestellt zu werden (vgl. bereits Langley/Levy 1977).

## *2.3 Körperliche Verletzungsfolgen*

Die hier gefundenen Ergebnisse erbrachten keine großen Geschlechtsunterschiede, wenngleich die Untersuchung von Verletzungen nur eingeschränkt aussagekräftig sind (Stets/Straus 1990, vgl. auch Gemünden 1996: 244). Zwar gaben 3% der Frauen und nur 0,4% der Männer an, einen Arzt benötigt zu haben, aber es blieben 9,3% der (erwerbstätigen) Frauen und immerhin 5,8% der Männer wegen der Attacke ihres Partners einen Tag von der Arbeit fern. Archer (2000) fand in seiner statistischen Auswertung von CTS-Untersuchungen nur geringfügige Geschlechtsunterschiede bei Verletzungen.

### *2.4 Motive für die Gewaltanwendung*

Motive für eine Gewaltanwendung wurden von einigen Forschern untersucht (vgl. Gemünden 1996: 215ff.) Es ist aber festzustellen, dass die entsprechenden Fragen zu subjektiven Gründen mit Items wie "Einschüchterung" "Notwehr", "Eifersucht", "unkontrollierte Wut", "etwas haben wollen" geschlechtsspezifisch unterschiedliche Attributionen hervorrufen können, was die Ergebnisse verfälscht. Generell dominieren die Männer leicht bei dem Item "Einschüchterung", und Frauen bei "Notwehr". Bezüglich Eifersucht ergeben sich keine nennenswerten Geschlechtsunterschiede, anders als übrigens bei den Tötungsdelikten. Für Deutschland gibt es nur wenige Dunkelfelduntersuchungen zu Gewalt in Partnerschaften, eine Untersuchung des DJI aus den 80er Jahren (Wahl 1990), eine Arbeit von Habermehl (1989), eine Studie des KFN (BMFSFJ 1995: 143ff.) und neuerdings die Befragung der Universität Eichstätt-Ingolstadt (Lamnek/Luedtke 2003).

Die bei uns gefundenen Häufigkeitsraten variieren stärker, sie sind teils höher und teils niedriger als in den USA. Diese Ergebnisse sind auf die bislang bei uns zu geringe Forschung und ihre mangelnde Standardisierung zurückzuführen.

## 3. Weitere Datenquellen mit Bezügen zu Gewalt in Partnerschaften

Den im vorherigen Kapitel referierten Dunkelfelduntersuchungen stehen die Daten aus unterschiedlichsten institutionellen Verarbeitungsprozessen gegenüber. Von den Zahlen der Tötungsdelikte abgesehen, wird die Erhebung dieser Daten erst dadurch möglich, dass das Opfer von Gewalt einen entsprechenden Verarbeitungsprozess in Gang setzt. Dies hängt von einer Reihe von Faktoren ab, wobei es gravierende geschlechtsspezifische, aber auch schicht- und milieuspezifische Differenzierungen gibt.

## *3.1 Tötungsdelikte*

Partnertötungen sind im Vergleich zu nicht tödlicher Gewalt in Partnerschaften sehr seltene Ereignisse, selbst in den USA der 80er und frühen 90er Jahre bei sehr hohen Tötungsdeliktsraten, und zwar mit der Häufigkeit 1,6 auf 100.000 Einwohner pro Jahr. Demgegenüber wurden für Gewalt in Partnerschaften Häufigkeiten von 16.100 auf 100.000 Einwohner pro Jahr und 4.600 bzw. 3.800 auf 100.000 für schwer misshandelte Männer und Frauen errechnet (Gemünden 1996: 107, 185). Allein wegen des Verhältnisses 1:10.000 (Tötungen zu Gewalt in Partnerschaften) müsste sich die Übertragung von Erkenntnissen von Tötungsdelikten auf nicht-letale Gewalt verbieten.

Bezüglich des Geschlechterverhältnisses fand sich bei Partnertötungen in den USA eine Quote von etwa 42% weiblichen Tätern. In den übrigen Staaten, auch bei uns, finden sich wesentlich niedrigere Quoten von 10% bis 25% weiblicher Täter (Gemünden 1996 :170ff.). Die hohe Zahl in den USA geht auf die weite Verbreitung von Schusswaffen und auf eine hohe Zahl getöteter schwarzer Ehemänner aus der Unterschicht zurück.

Die Motive, die zu Partnertötungen führen, sind häufig andere und schwerwiegender als die, die zu leichten und mittleren Gewalttätigkeiten in Partnerschaften führen. Ferner sind Fälle, in denen ein gewalttätiger, in der Regel männlicher Partner in Notwehr oder in einer notwehrähnlichen Situation von der Frau getötet wurde, nicht sehr häufig, geht man von den zu Grunde liegenden Urteilen aus. Generell sind die aus Untersuchungen über Tötungsdelikte stammenden Ergebnisse nur schwer auf nicht-tödliche Gewalt in Partnerschaften übertragbar. Rückschlüsse, Eifersucht oder Notwehr betreffend, sind sehr spekulativ. Trotzdem werden Tötungsdelikte von Feministinnen immer wieder herangezogen, und zwar aus folgenden Gründen:

1. Die international deutlich höhere Rate von Tötungen weiblicher Partner eignet sich gut, um das Thema Gewalt gegen Frauen im öffentlichen Diskurs mit der notwendigen Dramatik zu versehen, um auch leichte Formen von Gewalt gegen Frauen mit der Aura von Blut und Mord zu umgeben. Tötungen gelten ihnen im wahrsten Sinne des Bildes als Spitze des Eisbergs der Gewalt gegen Frauen. Besonders erhellend ist diesbezüglich das Buch von Jones (1986). Sie hält Tötungen des männlichen Partners für die weibliche Antwort auf „Männergewalt".
2. Weiter werden die Ergebnisse von Untersuchungen über Tötungsdelikte gerne bemüht, um damit zu versuchen, die o.g. Ergebnisse der Dunkelfeldforschung zu widerlegen, weil Männer aus grundsätzlich anderen Motiven handeln. Männer sollen Gewalt (eher) aus Eifersucht und „männlichem Besitzdenken" anwenden, während Frauen (eher) aus Notwehr handelten.

Häufig ist zu lesen, dass 40% aller Frauen, die ihren Partner getötet haben, dies aus Notwehr taten. Die Zahl wurde bis vor einiger Zeit vielfach auf Wolfgang (1958) zurückgeführt. Doch diese Zahl basiert auf einer Gleichsetzung der rechtlichen Kategorien des US-Strafrechts „self-defense" und „victim-precipitation"; der Unterschied zwischen diesen beiden Kategorien ist jedoch ähnlich groß wie der Unterschied in unserem Recht zwischen Notwehr nach §32 StGB und einem Strafzumessungsgesichtspunkt nach §46 StGB. Opferprovokationen unterschiedlichster Art gehen nämlich sehr häufig einer Partnertötung voraus, strafmildernd berücksichtigt werden sie meist nur bei Frauen, was sich in dem deutlich geringeren Strafmaß ausdrückt (vgl. z. B. Middendorff 1984, vgl. auch Mansel in diesem Band). Die tatsächlichen Zahlen von Notwehrtötungen liegen jedoch, geht man von den Verurteiltenzahlen aus, bei allenfalls etwa 2% aller Tötungen männlicher Partner.

Notwehr ist vor allem eine von Frauen häufig angewandte Verteidigungsstrategie vor Gericht, wie die Untersuchung von Mann (Mann nach Gemünden 1996: 227) zeigt, die 145 Tötungsdelikte an männlichen Partnern in 6 amerikanischen Großstädten untersuchte: Vorgebliche Notwehrtötungen durch Frauen sind in über der Hälfte der Fälle vorgeplante Taten gewesen, trafen in 60% einen betrunkenen, in einem Viertel der Fälle einen schlafenden Partner. Die Taten ereigneten sich zumeist im Milieu der sozialen Unterschicht, zumeist in mit Kriminalität belasteten Familien; 30% der beschuldigten Frauen waren bereits vorbestraft. All diese Umstände lassen an dem Notwehrargument erhebliche Zweifel aufkommen.

Feministische Untersuchungen, die zu anderen Ergebnissen kommen (etwa Benard/Schlaffer 1987 oder Goetting 1987), beruhen meist auf Interviews tatverdächtiger oder verurteilter Frauen, wobei man sich über die im Strafverfahren festgestellten Tatsachen hinwegsetzte und sich allein auf die Angaben der Frauen stützte (Gemünden 1996: 227f.).

Eifersucht als Tötungsmotiv findet sich demgegenüber bei Männern als Tatmotiv, allerdings nicht bei den Dunkelfelduntersuchungen mit der CTS bei nicht-letaler Gewalt (s. o., sowie Gemünden 1996: 235ff.). Was aber alles üblicherweise unter die Kategorie Eifersucht subsumiert wird, ist unklar. Hierunter dürften auch Partnertötungen in Trennungssituationen, aber auch Fälle des erweiterten Suizids fallen, alles Taten, die eher Verzweiflung und Ohnmacht als eine patriarchale Machtdemonstration aufzeigen.

### *3.2 Scheidungsuntersuchungen*

Familiensoziologische Untersuchungen zu subjektiven Scheidungsgründen sind für das Thema Gewalt in Partnerschaften eine sehr aufschlussreiche Materie. Meist werden Personen zu ihren subjektiven Gründen für die Scheidung befragt, die sich gerade im juristischen Scheidungsprozess befinden, manchmal werden auch Geschiedene befragt. Meist haben die Befragten die Möglichkeit von Mehrfachnennungen, um ihre Sichtweise für das Scheitern der Ehe in der Befragung darzulegen.

Die Ergebnisse der Untersuchungen belegen, dass Gewalt in der Partnerschaft heute kein herausragender Scheidungsgrund mehr ist. Sie ist einer der selten genannten subjektiven Scheidungsgründe. Gewalt tritt in der Trennungsphase gehäuft auf, aber sie wird von den Partnern meist nicht als der eigentliche Grund für das Scheitern der Beziehung gesehen (vgl. Schneider 1990; ferner Gemünden 1996: 142ff. m. w. N.). Gewalt wird, wenn sie in der Trennungsphase auftritt, stattdessen als unerfreuliche Begleiterscheinung des Trennungsprozesses gesehen. Gewalt des Partners wird von Frauen fünf- bis siebenmal häufiger als Scheidungsgrund genannt als von Männern. Zu bedenken ist aber, dass meist direkt nach Gewalt gefragt wird.

Als das Scheidungsrecht noch auf dem Verschuldensprinzip basierte, fanden sich deutlich andere Ergebnisse. Damals war Gewalt ein sehr häufig genannter Scheidungsgrund wie z. B. in der Studie von Goode von 1956 oder Levinger 1974 (vgl. Gemünden 1996: 142ff.). Der Grund des Rückgangs von Gewalt als subjektiver Scheidungsgrund dürfte vielmehr in der Einführung des Zerrüttungsprinzips im Scheidungsrecht in vielen Staaten liegen, beginnend in Kalifornien 1969. Gewalt war solange ein wichtiger subjektiver Scheidungsgrund, solange sie für die juristische Scheidung nach dem Verschuldensprinzip als Begründung gebraucht wurde. Interessant ist somit, dass die Betroffenen ihre individuelle Geschichte, die sich zum Scheitern ihrer Beziehung für jedermann und sich selbst zurechtlegen, letztlich an den rechtlichen Vorgaben orientieren.

### *3.3 Polizeinotrufe*

Die Daten über Polizeinotrufe bieten ebenfalls interessante Einzelheiten. Es ergibt sich auch hier ein differenziertes Bild, weit entfernt von dem reiner Gewalttätigkeit durch männliche Partner.

Entgegen entsprechender feministischer Vorstellungen sind Einsätze wegen "Familienstreitigkeiten" weder besonders gefährlich – zu Übergriffen auf die Beamten kommt es nur selten, nämlich nur in 3% der Fälle – noch ist es richtig, dass die Polizei bei Familienstreitigkeiten zur Untätigkeit neigt. Sie sind auch mit 1% Anteil an den eingehenden Notrufen nicht besonders häufig (Steffen/Polz 1991 bei Gemünden 1996: 186ff.).

Eine Untersuchung aus Bayern (Steffen/Polz 1991) erbrachte folgende Ergebnisse: In rund 70% der Einsätze in Bayern ging es um Streit mit dem Lebenspartner, der Rest entfiel auf Streitigkeiten mit erwachsenen Kindern und Streit mit Nachbarn und anderen; wegen Streitigkeiten mit minderjährigen Kindern wurde die Polizei übrigens fast nie gerufen. Ein Drittel aller Streitigkeiten war beim Eintreffen der Polizei beendet. Der bloße Anruf bei der Polizei wirkte also bereits streitschlichtend. Nur in etwa der Hälfte der Fälle wurde der Streit mit körperlicher Gewalt ausgetragen, ansonsten wurde nur verbal gestritten. Es trifft somit nicht zu, dass der im Polizeijargon benutzte Begriff der Familienstreitigkeiten eine Verniedlichung ist, vielmehr ist der jetzt offiziell von der Polizei zu benutzende Begriff der häuslichen Gewalt eine Dramatisierung der Ereignisse.

In etwa einem Viertel der Fälle kam es zu Verletzungen, gleich welcher Art. Von den insgesamt 2.215 der Untersuchung zugrunde liegenden Polizeieinsätzen wegen Familienstreitigkeiten wurden 4 Personen in ein Frauenhaus gebracht, 20 zu einem Arzt oder ins Krankenhaus, 31 zu Verwandten oder Freunden. Dem stehen 291 Maßnahmen gegen die als Täter identifizierten Personen gegenüber: 101 Personen erhielten einen Platzverweis, 135 wurden zur Blutentnahme, Ausnüchterung, 42 in ein psychiatrisches Krankenhaus gebracht oder vorläufig festgenommen. In 607 Fällen erfolgte eine Strafanzeige. Diese Ergebnisse stehen in Widerspruch zu den regierungsamtlichen Behauptungen zur Begründung des Gewaltschutzgesetzes, dass gegen die Täter fast nie etwas unternommen worden wäre. “Wer schlägt, muss gehen!” war offensichtlich auch schon die Strategie der Polizei in den 80er Jahren.

Aus Sicht der Beamten gab es folgende Gründe für den Streit (ausführlich Gemünden 1996: 191): Mit Abstand die häufigste Nennung waren Alkohol- und Suchtprobleme und vielfach ereigneten sich die Streitigkeiten im Zusammenhang mit einer Trennung.

Hinsichtlich der Geschlechterproportion ergibt sich folgendes Bild: Soweit die Beamten eine Eins in die Rubriken Täter und Opfer eintrugen, wurden bei Streitigkeiten unter Intimpartnern als Täter 92% der Männer und 8% der Frauen eingestuft, die Einstufungen als Opfer weichen leicht von diesen Zahlen ab. In 28% aller Fälle wurde jedoch keine Täter-Opfer-Festlegung getroffen. Dies hing damit zusammen, dass die Beamten insbesondere bei gewalttätigen Frauen Probleme hatten, diese als Täter zu bezeichnen (Steffen/Polz 1991: 81 Fn. 25).

Polizeinotrufe wegen Familienstreitigkeiten konzentrieren sich im Übrigen auf das Unterschichtmilieu in vorörtlichen Regionen. Verglichen mit dem Dunkelfeld ist davon auszugehen, dass schätzungsweise jede 20. Gewalttätigkeit in Partnerschaften zu einem Polizeinotruf führt (Gemünden 1996: 194).

## *3.4 Strafanzeigen wegen Körperverletzung*

Untersuchungen über Strafanzeigen wegen Körperverletzungen liefern keine eindeutigen Befunde. Besonders hohe Raten von Misshandlung von Frauen erbringen von feministischen Autoren durchgeführte Untersuchungen wie z. B. Dobash/Dobash (1983). Zweifel an der Richtigkeit dieser sehr aus dem Rahmen fallenden Ergebnisse sind daher angebracht.

Strafanzeigen erfolgen insgesamt seltener als Polizeinotrufe, was damit zusammenhängt, dass es häufig nicht Ziel des von Gewalt Betroffenen ist, den männlichen oder weiblichen Täter bestraft zu sehen. Hinzu kommt, dass die Beziehung in vielen Fällen trotz Strafanzeige weiterbesteht und ein schwebendes, meist Monate dauerndes Strafverfahren weitere Belastungen der Beziehung schafft. Polizeinotrufe sind demgegenüber für die Betroffenen wesentlich wirkungsvoller, weil sie sehr kurzfristig Abhilfe schaffen.

Auch Untersuchungen über Strafanzeigen sind ebenfalls nur ein Ausschnitt aus Gesamtgeschehen, eine Momentaufnahme von Gewalt in Partnerschaften. Jeder 30. bis 40. körperliche Angriff auf den Partner gelangt zur Anzeige. Die bei mir ausgewerteten Untersuchungen erbrachten hinsichtlich des Geschlechterverhältnisses Raten von fast 25% Anzeigen durch Männer bzw. 75% Anzeigen durch Frauen bis zu Raten von 1,1% bei Männern und 98% bei Frauen in der Untersuchung von Dobash/Dobash (1983). Auch Strafanzeigen konzentrieren sich klar auf die Unterschicht.

McLeod (1984) untersuchte Einzelheiten der angezeigten Fälle: Sie fand heraus, dass bei den von Frauen angezeigten Fällen nur rund ein Viertel schwere Fälle (aggravated assault) waren, während es von Männern angezeigten Fällen 86% waren: In den meisten, von Männern angezeigten Fällen wurden Waffen eingesetzt, meist Messer, in 18% sogar Schusswaffen, in 74% wurden die Männer verletzt, in 60% sogar schwer und in 50% der Fälle waren die Verletzungen so schwer, dass die Männer hospitalisiert wurden (zu weiteren Einzelheiten Gemünden 1996: 200). McLeod zog aus ihren Daten den aufschlussreich falschen Schuss, dass Frauen viel seltener gewalttätig wären, aber wenn sie gewalttätig würden, dann erheblich schwerer als Männer. Auch dieser Gedanke entspringt einem gängigen feministischen Stereotyp. Richtig ist vielmehr, dass Männer einfach seltener eine Strafanzeige erstatten. Sie erstatten nur dann eine Anzeige, wenn sie während des Angriffs durch ihre Partnerin um ihr Leben fürchten mussten oder schwer verletzt wurden.

## 4. Unterschiedliches Coping von Gewalt durch Männer und Frauen

Die oben dargestellten Daten legen nahe, dass männliche und weibliche Intimpartner unterschiedlich reagieren, wenn sie Opfer von Gewalt geworden sind. Während im Dunkelfeld gleiche Verhältnisse herrschen, verschiebt sich das Bild ganz erheblich, wenn das Gewaltereignis zum Gegenstand eines sozialen Verarbeitungsprozesses gemacht wurde. Dies lässt darauf schließen, dass Gewalt von Männern und Frauen unterschiedlich bewältigt wird. Es gibt drei verschiedene Grundformen des Bewältigens von Gewalt.

### *4.1 Das Ziehen von Konsequenzen*

Der Status quo der Beziehung wird nach dem Gewaltereignis nicht mehr akzeptiert. Der Vorfall wird als Bruch der Kontinuität gewertet, auf den reagiert werden muss. Das Opfer muss um seiner selbst willen Konsequenzen ziehen. Frauen wählen generell häufiger Strategien des Ziehens von Konsequenzen. Unabhängig vom Geschlecht werden eher schwerwiegende Vorfälle, u. U. mit Verletzungen, auf diese Weise bewältigt. Es gibt folgende Formen der Strategie des Ziehens von Konsequenzen:

- Rache, Vergeltung, Verweigerung: diesbezüglich kann nur spekuliert werden; empirische Daten hierzu liegen nicht vor;
- der Abbruch der Beziehung, Trennung und Scheidung: hier überwiegen die Frauen, die auch generell höhere Erwartungen an Partnerschaften stellen als Männer;
- die Mobilisierung von informellen Opferressourcen wie Freunde und Verwandte, die in irgendeiner Form helfend eingreifen: bei dieser Strategie dominieren ebenfalls die Frauen;
- die Mobilisierung von formellen Opferressourcen wie Strafanzeigen, Polizeinotrufe: auch diese Strategie wird weitaus häufiger von Frauen gewählt;
- weiterhin gibt es noch Extremreaktionen wie Suizid, die Tötung des Partners: bezüglich des Suizids ist nur bekannt, dass die Suizidrate bei Männern um ein Drittel höher ist; bei Partnertötungen, zu denen auch die Fälle des sog. erweiterten Selbstmords gehören, bei denen die ganze Familie mit in den Tod genommen wird, überwiegen die Männer; über Zusammenhänge mit Gewalt in Partnerschaften ist kaum etwas bekannt.

### *4.2 Normalisierungsstrategien*

Bei der zweiten Form der Bewältigung wird der Status quo der Beziehung nicht in Frage gestellt, das Gewaltereignis wird nicht als Bruch der Kontinuität der Beziehung erlebt. Die meisten im Dunkelfeld gemessenen Gewaltereignisse werden auf diese Art bewältigt, diese Strategien sind die insgesamt häufigste Bewältigungsform, insbesondere wenn es nicht zu Verletzungen gekommen ist. Die Männer überwiegen hier generell. Unabhängig vom Geschlecht werden eher leichtere Übergriffe auf diese Weise bewältigt. Folgende Formen sind zu unterscheiden:

- Strategie der Normalisierung: Gewalt wird nicht als Gewalt, sondern als etwas Alltägliches bewertet;
- Strategie der Bagatellisierung: die Gewalt wird zwar als solche bewertet, aber als undramatisches, letztlich folgenloses Ereignis heruntergespielt;
- Strategie der Rechtfertigung: der Angriff wird zwar als Gewalt gewertet, aber als etwas angesehen, das man sich letztlich selbst zuzuschreiben hat;
- Strategie der Entschuldigung: der Angriff wird als Gewalt gewertet, aber der andere ist dafür nicht verantwortlich, etwa weil er "verrückt", "betrunken" oder sonst nicht verantwortlich ist;
- Strategie der Bilanzierung: es wird die Beendigung der Beziehung gegen die Vorteile ihrer Fortsetzung abgewogen;
- Strategie der Problematisierung: der Angriff wird zum Anlass für einen psychologisierenden Diskurs genommen.

### *4.3 Reaktion der Hilflosigkeit*

Die letzte Fallgruppe betrifft diejenigen, die sich resignierend der Gewalt ergeben haben, die das Gefühl der Ohnmacht und des Ausgeliefertseins gegenüber der Situation haben. In diese Gruppe gehören die schweren Fälle von Partnermisshandlung, in denen sich Gewalt periodisch wiederholt. Wie groß diese Gruppe ist, kann nicht zuverlässig gesagt werden, und zwar weder für misshandelte Frauen noch für misshandelte Männer. Entsprechende Rückschlüsse lassen sich aus dem gesamten, von mir ausgewerteten Material nicht ziehen. Die Gruppe der chronisch misshandelten Partner kann nicht mit den schweren Fällen aus den Dunkelfelduntersuchungen gleichgesetzt werden, auch nicht mit den o. g. Fällen schwerer Körperverletzung, schon allein deshalb, weil die entsprechenden Untersuchungen nur singuläre Ereignisse erfassen. Die Diskussion in unseren Land in den letzten zwei Jahren hat aber gezeigt, dass es nicht nur eine erhebliche Zahl von Frauen gibt, die unter chronischen Misshandlungen durch den Partner leiden, sondern auch eine erhebliche Zahl von Männern.

## 5. Fazit

Es ist an der Zeit, dass auch in unserem Land eine ernsthafte Erforschung von Gewalt in der Familie, von Gewalt gegen Männer *und* Frauen, beginnt. Wir brauchen nicht nur quantitative Forschung wie in den USA, sondern auch qualitative Forschung, die Gewalt als Teil von Kommunikation in Partnerschaften begreift (vgl. Gemünden 1996: 276ff.).

Bereits jetzt ist aber klar: Frauen verhalten sich in Intimpartnerschaften ähnlich gewalttätig wie Männer. In der häuslichen Sphäre stehen Frauen den Männern bezüglich (körperlicher) Gewalt in nichts nach, im Gegensatz zu ihrem außerhäuslichen Verhalten. Das von Feministinnen entworfene Bild der friedfertigen Frau ist ein dogmatisches Konstrukt. Frauen wenden auch nicht aus anerkennenswerteren Motiven als Männer Gewalt an. Eine große Zahl notwehrbedingter Angriffe von Frauen ist reine Spekulation. Schwere Fälle chronischer Misshandlung treten nicht nur bei weiblichen Opfern auf, sondern auch bei Männern.

Auf Männer als Opfer ihrer eigenen Partnerinnen ist die Gesellschaft nicht eingestellt. Sie sind immer noch, so wie vor hunderten von Jahren, eine Zielscheibe des öffentlichen Spotts (Steinmetz 1977/78). Niemand glaubt ihnen, sie erhalten keine Hilfe. Die Opferrolle der Frau ist hingegen öffentlich anerkannt und durch ein Netz sozialer Hilfen abgesichert, die selektiv nur auf Frauen als Opfer eingestellt sind. Die Gesellschaft nimmt nur die Leiden von Frauen wahr, während Männer pauschal zu „Tätern" erklärt werden.

Frauen können ihr Opfersein eher mit ihrem Selbstbild vereinbaren als Männer. Zur männlichen Rolle gehört vielmehr, stark zu sein, Schmerz und Leiden ertragen zu können, selbständig zu sein. Nur durch solche Zuschreibungen ist es möglich, Männer zu sozial notwendiger, harter oder gefährlicher Arbeit zu bringen, sie aufopferungsvolle Dinge tun zu lassen, sie als Soldaten in Kriege zu schicken (siehe i. E. Farrell 1995). Je härter die Existenzbedingungen einer Gesellschaft sind, umso höhere Anforderungen werden an die männliche Rolle gestellt (Gilmore 1993). Die gegenwärtig zu verzeichnende Abwertung von Männlichkeit ist historisch gesehen einmalig und ein Luxus, den wir uns vielleicht bald nicht mehr leisten können.

Die Tagung in Eichstätt hat Mut gemacht, dass das Thema Gewalt gegen Männer endlich auch bei uns in der Wissenschaft aufgegriffen wird und dass die Forschung zu Gewalt in der Partnerschaft eine neue Richtung nimmt.

## *Literatur:*

Archer, John (2000): Sex differences in Aggression Between Heterosexual Partners; A Meta-Analytic Review. In: Psychological Bulletin Vol 126, No.5, p651-680.

Benard, Cheryl/Edit Schlaffer (1987): Im Dschungel der Gefühle. Expeditionen in den Niederungen der Gefühle. Reinbek 1987.

BMFSFJ (1995): Kriminalität im Leben alter Menschen. Stuttgart 1995.

BMFSFJ (2001) Ausschreibung einer Pilotstudie zu "Gewalt gegen Männer" im Wege des Verhandlungsverfahrens nach, 3a VOL/A; Bundesanzeiger. 27.10.2001.

Dobash, R. Emerson/Russell P. Dobash (1977/78): Wives: The 'Appropriate' Victims of Marital Violence. In: Victimology 2, 1977-78, 3-4, S. 426-442.

Farrel, Warren (1995): Mythos Männermacht; (dtsch) Frankfurt 1995.

Fiebert (2002): Homepage: www.csulb.edu/~mfiebert/assault.htm.

Gaquin, Deirdre A. (1977/78): Spouse Abuse: Data from the National Crime Survey. In: Victimology 2, 1977/78, S. 632-643.

Gemünden, Jürgen: Gewalt in heterosecuellen Intimpartnerschaften. Marburg 1996.

Gemünden, Jürgen: Gewalt in Intimpartnerschaften. In: Tutzinger Materialien Nr. 88, Tutzing 2002, S. 50-82.

Gemünden Jürgen: "Frauen werfen Gegenstände"; Interview in: die tageszeitung, Berlin, Ausgabe vom 8.3.2003.

Gilmore, David G. (1993): Mythos Mann. Wie Männer gemacht werden. Rollen, Rituale, Leitbilder: München 1993. engl. Org.: Manhood in the Making. Cultural Concepts of Masculinity. Yale 1990.

Goetting, Ann (1987): Homicidal Wives - A Profile. In: Journal of Family Issues 8, 1987, S. 332-341.

Habermehl, Anke (1989): Gewalt in Familien; Hamburg 1989.

Hagemann-White, Carol/Barbara Kavemann/Lenz, Hans-Joachim/Schröttle, Monika (2003): Gewalterfahrungen von Frauen - und Männern !? In: Sozial Extra Jahrgang 4, 2003, S. 22-26.

Hanak, Gerhard/Stehr, Johannes/Steinert, Heinz (1989): Ärgernisse und Lebenskatastrophen. Über den alltäglichen Umgang mit Kriminalität. Bielefeld 1989.

Jones, Ann (1986 a): Frauen, die töten. Frankfurt 1986; Engl. Org.: Women Who Kill. New York 1980.

Lamnek, Siegfried/Luedtke, Jens (2003): „Schlagende Argumente." Verbreitung, Ursachen, Folgen von Eltern-Kind-Gewalt, erscheint in: Public Health Forum

Langley, Roger/Richard C.Levy (1977): Wife Beating: The Silent Crisis. New York 1977.

McLeod, Maureen (1984): Women against Men: An Examination of Domestic Violence Based on an Analysis of Offical Data and National Victimization Data. In: Justice Quarterly 1, 1984, S. 171-193.

Middendorff Wolff (1984): Kriminologie der Tötungsdelikte. Stuttgart 1984.

Neidhardt, Friedhelm: Gewalt. Soziale Deutungen und sozialwissenschaftliche Bestimmungen eines Begriffs. In: BKA: Was ist Gewalt? Eine Auseinandersetzung mit einem Begriff; Band 1, BKA-Forschungsreihe. Wiesbaden 1986, S. 109-147.

Schenk, Stefanie (o.J.): Gewalt gegen Männer in heterosexuellen Partnerschaften – Deutungs- und Verarbeitungsmuster; Diplom-Arbeit an der Westfälischen Wilhelms-Universität Münster zur Erlangung des Grades der Diplompädagogin.

Steffen, Wiebke/Siegfried Polz (1991): Familienstreitigkeiten und Polizei. Befunde und Vorschläge zur polizeilichen Reaktion auf Konflikte im sozialen Nahraum; München 1991.

Steinmetz, Suzanne K. (1977 b): The Cycle of Violence – Assertive, Aggressive and Abusive family Interaction; New York 1977.

Steinmetz, Suzanne K. (1977/78 a): The Battered Husband Syndrome; Victimology 2, 1977-78, S. 499-509.

Stets, Jan E./Murray A. Straus (1990 a): Gender Differences in Reporting Marital Violence and Its Medical and Psychological Consequences. In: Straus, Murray A./ Gelles, Richard J. (Eds.): Physical Violence in American Families; New Brunswick (U.S.A.) and London (U.K.) 1990, S. 151-165.

Straus, Murray A./Steinmetz, Suzanne K./Gelles, Richard D. (1980): Behind closed doors. Violence in the American Family. New York 1980.

Straus, Murray A. (1990 b): Measuring Intrafamily Conflict and Violence: The Conflict Tactics (CT) Scales. In: Straus, Murray A./ Gelles, Richard J. (Eds.): Physical Violence in American Families; New Brunswick (U.S.A.) and London (U.K.) 1990, S. 29-47.

Straus, Murray A. (1990 c): The Conflict Tactics Scales and Its Critics: An Evaluation and New Data on Validity and Reliability. In: Straus, Murray A./ Gelles, Richard J. (Eds.): Physical Violence in American Families. New Brunswick (U.S.A.) and London (U.K.) 1990, S. 49-73.

Straus, Murray A. (1990 d): Injury and Frequency of Assault and the "Representative Fallacy" in Measuring Wife Beating and Child Abuse. In: Straus, Murray A./ Gelles, Richard J. (Eds.): Physical Violence in American Families; New Brunswick (U.S.A.) and London (U.K.) 1990, S. 75-91.

Straus, M.A., Hambry, S. L., Boney-MyCoy, S. & Sugarman, D.B.: The revised Conflict Tactics Scales (CTS2): Developement and Priliminary Pyschometric Data; Journal of Family Issues 17(3), S. 283-316.

Straus (1999): The Controversy over Domestic Violence by Women: A Methodological, Theoretical, and Sociology of Science Analysis. In: Arriaga, X. P. & Oskamp, S.: Violence in Intimate Relationships, Thousand Oaks, CA, 1999.

Wahl, Klaus (1990): Studien über Gewalt in Familien – Gesellschaftliche Erfahrung, Selbstbewusstsein und Gewalttätigkeit. München 1990.

Wolfgang, Marvin Eugene (1958): Patterns in Criminal Homicide. Philadelphia 1958.

# Gewalttätige Männer und gewaltlose Frauen? Eine kultursoziologische Erklärung geschlechtsspezifischer Unterschiede

*Dieter Hermann*

## 1. Einleitung

Männer sind krimineller als Frauen – das ist kein Vorurteil, diese Aussage lässt sich empirisch belegen. So zeigt beispielsweise die Metaanalyse von 13 Dunkelfeldstudien durch Gottfredson und Hirschi (1990: 146), dass mit zunehmender Deliktschwere der Männeranteil immer größer wird: Während bei leichten Delikten die Anzahl der Straftäterinnen etwa so groß ist wie die der Straftäter, sind bei schweren Delikten Männer um ein Vielfaches überrepräsentiert. So beträgt die mittlere Geschlechterrelation für den Konsum von Marihuana 1:1, für den Diebstahl von Gütern im Wert von 2 bis 50 Dollar 1:2,7 und für den Diebstahl von Gütern über 50 Dollar 1:3,7.

Auch unter Tatverdächtigen, Verurteilten sowie Inhaftierten findet man das gleiche Bild: Die Anzahl der Frauen in diesen Gruppen ist erheblich geringer als die der Männer. Nach der Polizeilichen Kriminalstatistik 2002 beträgt die Geschlechterverteilung 1:3,3, wenn alle Tatverdächtigen berücksichtigt werden. Diese Relation ist deliktsabhängig – für Diebstahl liegt sie bei 1:2,3, für Mord und Totschlag bei 1:6,7. Unter den Verurteilten beträgt die Geschlechterrelation 1:4,9 (Rechtspflege, Abgeurteilte, Verurteilte 2001), und im Strafvollzug sind 21mal so viel Männer wie Frauen inhaftiert (Rechtspflege, Strafvollzug 2002). Insgesamt gesehen gibt es im Hell- und Dunkelfeld deutliche geschlechtsspezifische Unterschiede.

Allerdings ist letztlich unklar, warum Männer krimineller als Frauen sind. Es gibt zwar eine Vielzahl von Hypothesen, fundierte empirische Überprüfungen hingegen fehlen weitgehend. Die ätiologischen Ansätze für die Erklärung der geringeren Kriminalitätsbelastung von Frauen im Hell- und Dunkelfeld können meist auf ein Modell der geschlechtsspezifischen Sozialisation zurückgeführt werden. Demnach – so wird postuliert – hätten Frauen und Männer sozialisationsbedingt unterschiedliche Rollen und würden bei der Lösung von Konflikten auf unterschiedliche Lösungsmuster zurück greifen. Die Sozialisationsziele für Frauen würden in engem Zusammenhang mit gesellschaftlich normierten Verhaltenserwartungen stehen. Dies führe zu einer geschlechtsspezifischen Übernahme typisierter Rollen- und Verhaltensmuster, zu Unterschieden in der sozialen Kontrolle und damit verbunden auch zu Unterschieden in der Gelegenheitsstruktur für die Ausführung delinquenter Handlungen (Hagan, et al. 1979; Funken 1989; Schmölzer 1995; Gottfredson Hirschi 1990; Schmitt 2001; Oxford 2000). Die labelingtheoretischen Ansätze, die eine Erklärung geschlechtsspezifischer Unterschiede in der gesellschaftlichen Reaktion auf Kriminalität anbieten, postulieren einen Einfluss des Geschlechts des Täters auf das Anzeigeverhalten der Bevölkerung und auf die Behandlung durch Polizei und Justiz. Hinsichtlich der Strafzumessung wurde sowohl ein Frauenbonus als auch – zumindest für einige Delikte – ein Frauenmalus vermutet und jeweils empirisch gefunden (Pollack 1950; Geißler Marißen 1988; Oberlies 1990).

In allen Modellen zur Erklärung geschlechtsspezifischer Unterschiede in Kriminalitätshäufigkeiten und -schwere wird versucht, die Beziehung zwischen den Merkmalen Geschlecht und Kriminalität durch intervenierende Variablen zu differenzieren. Das Geschlecht einer Person wird beispielsweise als Ursache und Bedingung für ihr Rollenverständnis, ihre Konfliktlösungsmuster oder beispielsweise den Umfang sozialer Kontrolle in der Kindheits- und Jugendphase gesehen – und diese Merkmale sind schließlich, so wird angenommen, für Umfang und Schwere krimineller Handlungen von Bedeutung. Die intervenierenden Variablen können mit einer 'Black Box' verglichen werden, die in einer Kausalkette zwischen Geschlecht und Kriminalität steht. In dieser Studie soll geprüft werden, ob Wertorientierungen in der Lage sind, diese Black Box auszufüllen und somit ein kultursoziologischer Ansatz in der Lage ist, die Frage nach den Mechanismen der kausalen Verknüpfung zwischen Geschlecht und Kriminalität zu beantworten. Diese Fragestellung soll nicht für alle Straftaten beantwortet werden, sondern für Gewaltkriminalität, denn in diesem Bereich sind geschlechtsspezifische Unterschiede besonders gravierend. Zur Beantwortung der Frage muss nachgewiesen werden, dass erstens sich Frauen und Männer in ihren kriminellen Aktivitäten und in ihren Wertorientierungen unterscheiden, zweitens Werte einen Einfluss auf Gewaltkriminalität haben und drittens die Beziehung zwischen Geschlecht und Gewaltkriminalität durch Wertorientierungen vermittelt wird, also keine direkte Beziehung zwischen Geschlecht und Gewaltkriminalität vorliegt, wenn Wertorientierungen als intervenierende Variablen in dem Modell berücksichtigt werden.

Die Beantwortung der Fragen erfolgt durch eine empirische Untersuchung. Dabei werden Werte als zentrale, situationsunabhängige und abstrakte Zielvorstellungen von Personen oder Gruppen definiert. Vor dem empirischen Teil wird der Forschungsstand zu den verschiedenen Themenbereichen in der gebotenen Kürze beschrieben, und zwar zum Einfluss von Werten auf Kriminalität und zum Einfluss von Geschlecht auf Wertorientierungen.

## 2. Studien zum Einfluss von Werten auf Kriminalität

Die Untersuchungen zu dieser Thematik beschränken sich zum Teil auf einzelne Wertedimensionen, insbesondere auf religiöse Werte. Für diesen Bereich liegen zahlreiche Einzelstudien vor, wobei die Ergebnisse nicht konsistent sind. Elifson et al. (1983) haben eine Befragung von insgesamt 600 Jungen und Mädchen zwischen 12 und 18 Jahren durchgeführt. In der Untersuchung kann ein Zusammenhang zwischen verschiedenen Ebenen der Religiosität und Kriminalität nachgewiesen werden. Jedoch sind die Korrelationen deliktsabhängig. Sie sind z.B. für den Konsum von Alkohol und Marihuana wesentlich höher als für Körperverletzungs- und Eigentumsdelikte.

Free (1994) hat in einer Befragung von 916 Studierenden an zwei U.S.-amerikanischen Universitäten den Einfluss von Religiosität auf selbstberichtete Delinquenz sowie Alkohol- und Drogenmissbrauch untersucht. Die Befragten waren zwischen 17 und 20 Jahre alt und im Fach Soziologie eingeschrieben, wobei es keine Zufalls-, sondern eine willkürliche Auswahl war. Die Ergebnisse sind, dass mit zunehmender Religiosität die selbstberichtete Delinquenz geringer ist, ebenso der Konsum von Marihuana und anderen Drogen. Diese Effekte sind signifikant, aber relativ gering. Zudem korrespondiert ein hoher Religiositätsgrad mit einer relativ geringen Wahrscheinlichkeit, bereits vor Erreichen des erlaubten Mindestalters Alkohol konsumiert zu haben; dieser Effekt ist etwas stärker ausgeprägt.

In einer Forschungsnotiz beschreibt Fernquist (1995) eine Untersuchung an 178 Studierenden aus vier zufällig ausgewählten Colleges in Utah. Das Ergebnis dieser Untersuchung ist, dass mit zunehmender Religiosität die Häufigkeit von Alkohol- und Drogenmissbrauch signifikant geringer ist. Bei anderen Straftaten hingegen hat Religiosität keinen signifikanten Einfluss auf die Begehungshäufigkeit.

Evans et al. (1995) haben die Relation zwischen Religiosität und selbstberichteter Delinquenz mit Hilfe einer Befragung von 555 zufällig ausgewählten Personen, die mindestens 18 Jahre alt waren, untersucht. Demnach haben religiöse Aktivitäten, aber nicht der Glaube an Gott und die Angst vor Strafen Gottes einen signifikanten Einfluss auf Delinquenz. In einer neueren Veröffentlichung haben diese Autoren zusammen mit anderen die Frage nach dem Einfluss von Religiosität auf Delinquenz an 263 Studierenden einer High-School aus den Klassen 10 bis 12 untersucht (Evans et al. 1996). Die Untersuchung zeigt einen geringen, aber signifikanten delinquenzreduzierenden Effekt von Religiosität.

Pettersson (1991) hat in einer Sekundäranalyse der European Values System Study aus dem Jahr 1981 den Zusammenhang zwischen Kirchenbindung und Normverletzungen in Schweden untersucht. Die Auswertung basiert auf den Antworten von 1.200 Befragten zwischen 18 und 75 Jahren, wobei die Stichprobe repräsentativ ist. Die beiden Personengruppen mit hoher und niedriger Kirchenbindung unterscheiden sich zwar signifikant im Alkoholkonsum und in den Einstellungen zu Alkohol und Gewalt, aber in der Ablehnung des Konsums illegaler Drogen und der Einstellung zu Eigentumsverletzungen hat Pettersson (1991: 283) keine Unterschiede gefunden.

Untersuchungen, die nicht nur einzelne Aspekte religiöser Werte zur Erklärung delinquenten Verhaltens verwendeten, sondern auch säkulare Werte berücksichtigten, bestätigen weitgehend die Handlungsrelevanz von Werten. Clark und Wenninger (1963) untersuchten an einer Stichprobe aus 1.154 Schülerinnen und Schülern den Zusammenhang zwischen Werten und (selbstberichteter) Delinquenzbelastung. Bivariate Analysen ergaben zum Teil sehr hohe Korrelationen, wobei von Clark und Wenninger Yule's Q[1] als Assoziationsmaß verwendet wurde. Die engsten Zusammenhänge wurden mit folgenden Items erzielt: Fleißig sein (Q=–0,41), Zielstrebigkeit (Q=–0,61), Hilfsbereitschaft (Q=–0,47), Fähigkeit, Ärger zu vermeiden (Q=–0,44), Vermeidung körperlicher Auseinandersetzungen (Q=–0,63) und Vorsicht im Umgang mit fremdem Eigentum (Q=–0,57).

Lerman's Studie über die Beziehung zwischen individuellen Werten und selbstberichteter Delinquenz basiert auf einer Zufallsstichprobe von 555 jungen Menschen zwischen 10 und 19 Jahren. Zur Messung von Werten wurden Fraugen verwendet, mit denen verschiedene Fähigkeiten des Befragten aus seiner Sicht erfasst wurden, insbesonders Härte und Gerissenheit sowie das Talent, schnell Gewinn zu erzielen, die Fähigkeit andere zu überlisten und Gaunereien zu verüben. Die Ergebnisse belegen, dass es große geschlechtsspezifische Unterschiede in den Wertorientierungen gibt und eine hohe Korrelation zwischen individuellen Werten und selbstberichteter Delinquenz existiert. Unter den leistungsorientierten männlichen Jugendlichen haben beispielsweise nur 5% mehr als 4 Straftaten verübt, während dieser Anteil unter den männlichen Jugendlichen mit delinquenter Wertorientierung bei 60% liegt (Lerman 1968: 227f.).

Für einige der genannten Studien ist anzumerken, dass erstens die Altersverteilung der Stichprobe die Aussagekraft der Ergebnisse einschränkt und zweitens durch die Messung der Wertorientierung und Delinquenzbelastung die Berechnung des Zusammenhangs zwischen beiden Merkmalen zum Teil tautologisch ist, denn die verwendeten Instrumente zur Erfassung der

---

1 Yule's Q ist ein bivariates Assoziationsmaß für binäre Daten mit den Grenzen +1 und -1. Existiert kein Zusammenhang zwischen den beiden Variablen, hat diese Statistik den Wert null (Benninghaus 1991: 250).

Wertorientierungen berücksichtigen zum Teil Verhaltensmuster im Bereich von Körperverletzung und Sachbeschädigung. Damit werden abhängige und unabhängige Variablen teilweise mit den gleichen Fragen gemessen. Angesichts dieser Operationalisierung sind hohe Korrelation zwischen solchen 'Wertorientierungen' und selbstberichteter Delinquenz wenig erstaunlich.

In einem Forschungsprojekt zum sozialen Wandel in Deutschland wurden kurz nach der deutsch-deutschen Wiedervereinigung im Rahmen einer Forschungskooperation ost- und westdeutscher Kriminologinnen und Kriminologen mehrere Längs- und Querschnittsuntersuchungen zum sozialen Wandel in Deutschland durchgeführt (Boers et al. 1997; Posner 1997). Bei den Umfragen zum Thema Werte und Kriminalität wurden ausschließlich Personen zwischen 16 und 29 Jahren berücksichtigt. Die realisierten Stichproben der Befragungen in Ostdeutschland lagen bei 495 Fällen für die Erhebung im Jahr 1991 und bei 695 Fällen für die Befragung im Jahr 1993. Zu diesem Zeitpunkt wurden zudem 694 Personen in Westdeutschland interviewt. Zusätzlich wurden 1993 im Osten 1.141 junge Bewohnerinnen und Bewohner von Großstädten befragt (Posner 1997: 159). Das Ergebnis der Analyse zum Zusammenhang zwischen Wertorientierungen und selbstberichteter Delinquenz ist, dass nahezu alle Wertorientierungen signifikant mit selbstberichteter Delinquenz korrelieren. Die egoistische Leistungsorientierung und die Orientierungen an Pflichtwerten, also an Werten wie Sparsamkeit, Sauberkeit und Ordnung, sind die Wertorientierungen, die am höchsten mit Delinquenz assoziiert sind. Nichttäter tendieren zu traditionellen und auf Konformität hinweisende Werte, Eigentumstäter zu egoistischer Leistungsorientierung, während Gewalttäter die Gesellschaft eher ablehnen und aussteigen wollen (Posner 1997: 178; 185). Allerdings beschränken sich die Analysen auf bivariate Zusammenhänge und zudem sind die Assoziationen relativ gering. Der Autor verwendete den Kontingenzkoeffizient C als Zusammenhangsmaß.[2] Der größte Kontingenzkoeffizient zwischen Werten und Delinquenz ist 0,26 für die westdeutsche und 0,20 für die ostdeutsche Befragung aus dem Jahr 1993 (Posner 1997: 185).

In einer eigenen Studie (Hermann/Dölling 2001; Hermann 2003) wurde die Fragestellung mit den Daten einer repräsentativen Bevölkerungsbefragung zufällig ausgewählter Personen aus Heidelberg und Freiburg untersucht. Die Umfrage wurde 1998 durchgeführt und umfasste etwa 3.000 Personen zwischen 14 und 70 Jahren. Das Ergebnis dieser Analyse ist, dass eine enge Beziehung zwischen Wertorientierungen und Kriminalität vorliegt, wobei die

---

2 Bei dieser Statistik ist die Obergrenze von der Anzahl der Kategorien der berücksichtigten Variablen abhängig (Benninghaus 1991: 213f.), jedoch liegt in diesem Fall die Obergrenze von C nahe bei eins.

Akzeptanz von Rechtsnormen als intervenierende Variable und Strukturmerkmale als unabhängige Variablen berücksichtigt wurden. In einem Pfadmodell erklären Strukturmerkmale 22% der Varianz der modernen materialistischen und 31% der Varianz der traditionellen Wertorientierungen. Durch diese beiden Wertorientierungen kann 85% der Varianz der Normakzeptanz und durch die Normakzeptanz kann 83% der Varianz der Kriminalität erklärt werden.

Insgesamt gesehen zeigen die Studien kein einheitliches Bild zum Einfluss von Religiosität auf Kriminalität. Der Bezug zwischen allgemeinen Werten und Kriminalität ist erheblich besser nachgewiesen. Interpretiert man jedoch religiöse Werte als Teilbereich traditioneller Werte und erklärt auf diese Weise Kriminalität, führt dies zu einem akzeptablen Modell (Hermann 2001).

## 3. Studien zum Einfluss von Geschlecht auf Wertorientierungen

Die Frage, ob sich Frauen und Männer in ihren Wertorientierungen unterscheiden, ist innerhalb der Werteforschung von völlig marginaler Bedeutung. Zudem wird in vielen Untersuchungen ein sehr weiter Wertebegriff verwendet, der auch Werturteile, Einstellungen und Verhalten einbezieht. Interpretiert man diese Merkmale als Indikatoren von Werten, kann man aufgrund der Untersuchung von Beutel und Marini (1995: 441) vermuten, dass Frauen altruistischer und weniger materialistisch sind als Männer. In der Studie wurden allerdings nur High-School Absolventen der USA untersucht. Die Datenbasis ist jedoch sehr breit: Die Umfrage – bekannt unter dem Namen 'Monitoring the Future' – wird seit 1977 jährlich wiederholt, und jedesmal werden etwa 15.000 Personen befragt. So würden etwa 30% der Frauen und nur 17% der Männer auf einen Teil ihres Einkommens verzichten, wenn dies wirkungsvoll zum Abbau von Armut eingesetzt würde. 50% der Frauen und etwa 35% der Männer beklagen, dass die Menschen zu materialistisch denken. Überspitzt ausgedrückt sind Frauen Altruisten und Männer Materialisten – und diese Zuordnung hat sich zwischen 1977 und 1991 kaum geändert.

Hamachers-Zuba und Moll (2002: 222) haben ebenfalls geschlechtsspezifische Unterschiede in Werten untersucht und dazu auf die Daten der Europäischen Wertestudie zurückgegriffen. Ein wichtiges Ergebnis ist, dass Frauen und Männer in religiösen Fragen deutlich voneinander abweichen. 73% der befragten Frauen und 58% der Männer bezeichnen sich als religiös. Folglich unterscheiden sich beide Geschlechter auch in der religiösen Praxis: 53% der Frauen und 32% der Männer beten mindestens einmal pro Woche zu Gott.

Insgesamt gesehen zeigen diese Studien, dass Frauen und Männer zwar unterschiedliche Werte haben, aber nicht grundsätzlich, sondern nur bei ausgewählten Wertebereichen.

## 4. Untersuchungsdesign und Operationalisierungen

Das Untersuchungsdesign und die Daten der Studie, mit der die Frage nach dem Einfluss der Geschlechtszugehörigkeit auf Wertorientierungen und Kriminalität geklärt werden soll, sind in der Arbeit von Hermann (2003) ausführlich beschrieben. Es handelt sich bei der Untersuchung um die bereits erwähnte repräsentative Bevölkerungsbefragung von etwa 3.000 zufällig ausgewählten Personen aus Heidelberg und Freiburg.

Gewaltkriminalität wurde durch Fragen nach der Begehungshäufigkeit vorgegebener Handlungen gemessen: Sachbeschädigung, Einbruch und Körperverletzung. Die Deliktshäufigkeit wurde sowohl für die letzten 12 Monate als auch für die Zeit seit dem 14. Lebensjahr erfragt. Für die Analysen wurden die Fragen zur Gewaltkriminalität durch die gleich gewichtete Addition standardisierter Variablen jeweils für die unterschiedlichen Referenzzeiträume zusammengefasst. Zudem wurde noch die Bereitschaft zu Gewaltkriminalität erhoben. Auch für diese Items wurde nach dem gleichen Algorithmus ein Index gebildet.

Die Messung von Wertorientierungen erfolgte mit Hilfe einer Itemliste, die erstrebenswerte Dinge und Lebenseinstellungen für das Individuum aufzählt, wobei deren Wichtigkeit anhand einer Ratingskala angegeben werden soll. Das Instrument basiert auf Arbeiten von Klages (Klages 1992; Klages und Gensicke 1993), wobei die von Klages entwickelten Fragen um kriminologisch relevante Aspekte ergänzt wurden (Hermann und Dölling 2001; Hermann 2003). Die Items des erweiterten Wertekatalogs von Klages können durch eine Faktorenanalyse (mit schiefwinkliger Rotation) in neun empirisch unterscheidbare Dimensionen aufgeteilt werden. Diese neun Wertedimensionen können wiederum mittels einer Faktorenanalyse (mit orthogonaler Rotation) drei übergeordneten Dimensionen zugeordnet werden. Diese können als traditionelle Werte, als moderne idealistische Werte und als moderne materialistische Werte bezeichnet werden. Die Beziehungen der übergeordneten zu den untergeordneten Wertedimensionen sind in Tabelle 1 beschrieben. Moderne und traditionelle Werte sind somit die beiden zentralen Bereiche des Werteraums. Religiöse Werte sind nach diesem Messmodell eine Unterdimension traditioneller Werte.

Tab. 1: Struktur der Wertorientierungen – Ergebnisse von Faktorenanalysen

| Übergeordnete Wertedimension | Untergeordnete Wertedimension | Item |
|---|---|---|
| Traditionelle Werte | Normorientierte Leistungsethik | Gesetzesakzeptanz<br>Sicherheit<br>Konvent. Leistungsethik |
| | Konservativer Konformismus | Konformismus<br>Konservativismus |
| | Religiöse Orientierung | Christliche Norm<br>Religiosität |
| Moderne idealistische Werte | Sozialintegrative Orientierung | Freundschaft<br>Kontaktfreude<br>Partnerschaft |
| | Politisch-tolerante Orientierung | Politikengagement<br>Toleranz<br>Eigenverantwortung |
| | Ökologisch-alternative Orientierung | Innere Ruhe<br>Umweltbewusstsein<br>Gesundheit<br>Emotionalität<br>Unabhängigkeit |
| | Sozialer Altruismus | Kreativität<br>Soziale Hilfsbereitschaft |
| Moderne materialistische Werte | Subkulturell-materialistische Orientierung | Erfolg<br>Cleverness<br>Härte<br>Macht und Einfluss<br>Egoist. Individualismus<br>Lebensstandard |
| | Hedonistische Orientierung | Vergnügen<br>Hedonismus<br>Aufregung<br>Komfort |

In den Fragen zur Normakzeptanz wurde erhoben, wie schlimm verschiedene Verhaltensweisen gesehen werden. Für die Analyse wurden nur gewalttätige Verhaltensweisen berücksichtigt (Handtaschenraub und Körperverletzung).

## 5. Methode der Untersuchung

Die Frage, ob Werte die Beziehung zwischen Geschlecht und Gewaltkriminalität erklären können, soll in drei Schritten beantwortet werden: Zuerst wird untersucht, ob sich Frauen und Männer in ihren kriminellen Aktivitäten unterscheiden, danach werden geschlechtsspezifische Unterschiede in Wertorientierungen analysiert. Schließlich werden in einem Pfadmodell die Beziehungen zwischen den genannten Variablen bestimmt, wobei wie in Hermann (2003) Strukturmerkmale und Normakzeptanz berücksichtigt werden. Wenn sich Frauen und Männer in ihren kriminellen Aktivitäten und Wertorientierungen unterscheiden und wenn in einem Pfadmodell Wertorientierungen einen Einfluss auf Gewaltkriminalität haben, aber keine direkte Beziehung zwischen Geschlecht und Gewaltkriminalität vorliegt, wäre dies eine Bestätigung der Vermutung, dass ein kultursoziologisches Modell die geschlechtsspezifischen Unterschiede hinsichtlich Gewaltkriminalität erklären kann.

## 6. Geschlechtsspezifische Unterschiede hinsichtlich Gewaltkriminalität

Gemäß zahlreicher Dunkelfeldstudien ist zu erwarten, dass weniger Frauen gewalttätig sind als Männer und Frauen zudem seltener Gewaltkriminalität ausüben. Die Geschlechter müssten sich in Prävalenz- und Inzidenzraten unterscheiden. Die Ergebnisse in Tabelle 2 bestätigen diese Erwartung.

Tab. 2: Geschlechts- und deliktspezifische Unterschiede in Prävalenz- und Inzidenzraten (Referenzzeitraum: seit 14. Lebensjahr)

| Delikt | Prävalenzraten[1] | | Inzidenzraten[2] | |
|---|---|---|---|---|
| | Männer | Frauen | Männer | Frauen |
| Sachbeschädigung | 21 | 7 | 155 | 30 |
| Körperverletzung | 19 | 10 | 79 | 43 |
| Einbruch | 2 | 0 | 9 | 2 |

[1] Anzahl der Straftäter pro 100 Personen der Bezugsgruppe

[2] Anzahl der Straftaten pro 100 Personen der Bezugsgruppe.

## 7. Geschlechtsspezifische Unterschiede hinsichtlich Wertorientierungen

Bei traditionellen Werten sind die Geschlechterunterschiede der Befragten vernachlässigbar gering und nicht signifikant. Diese Wertedimension setzt sich jedoch aus mehreren Teildimensionen zusammen – und in diesen Teildimensionen findet man Unterschiede: Frauen sind religiöser und Männer konservativer. Aber durch die Zusammenfassung der Teildimensionen werden diese Unterschiede kompensiert. Die Orientierung von Frauen an modernen materialistischen Werten ist signifikant geringer ausgeprägt ist als die von Männern. Dieser Differenz ist vor allem auf die verstärkte Ablehnung subkultureller Werte seitens der befragten Frauen zurückzuführen. Den größten Unterschied findet man bei modernen idealistischen Werten. Die Orientierung von Frauen an diesen Werten ist erheblich ausgeprägter als die von Männern. Besonders groß sind die Unterschiede in der ökologisch-alternativen Orientierung.

Untersucht man die Wertorientierungen von Frauen und Männern in Abhängigkeit vom Alter, können die erwähnten Resultate differenziert werden. In Abb. 1 sind die Ergebnisse für die Analyse zur Altersabhängigkeit moderner idealistischer Werte von Frauen sowie Männern aufgeführt.

Abb. 1: Die Altersabhängigkeit moderner idealistischer Werte von Frauen und Männern

**1***: 14-19 Jahre
**2***: 20–29 Jahre
**3***: 30-39 Jahre
**4***: 40-49 Jahre
**5***: 50-59 Jahre
6: 60 Jahre und älter

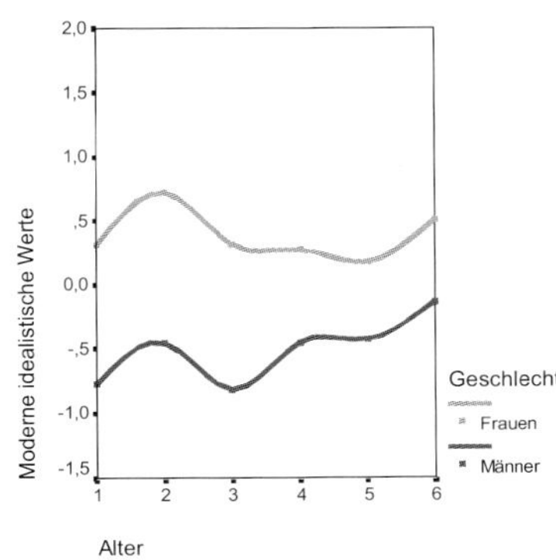


*Altersgruppe mit signifikanten Geschlechterunterschieden

Bei modernen idealistischen Werten sind die Unterschiede zwischen Frauen und Männern in allen Altersgruppen gravierend. In diesem Wertebereich erreicht ein (Durchschnitts-)Mann in keiner Altersgruppe das Niveau der Frauen. Frauen und Männer leben in diesem Teil des Werteraums in zwei Kulturen, in zwei verschiedenen Welten.

## 8. Die Erklärung der Beziehung zwischen Geschlecht und Gewaltkriminalität

Für die Bearbeitung der Frage nach dem Einfluss von Geschlecht auf Delinquenz wurden Pfadanalysen[3] durchgeführt. Dabei wurden in einem Ausgangsmodell die Beziehungen zwischen soziodemografischen Strukturmerkmalen (Alter, Geschlecht, Schulbildung, Familienstand und höchster Berufsabschluss), Werten (traditionelle Werte, moderne materialistische sowie moderne idealistische Werte), Normakzeptanz und selbstberichteter Gewaltdelinquenz untersucht. In diesem Modell sind die soziodemografischen Strukturmerkmale unabhängige Variablen, Werte und Normakzeptanz sind intervenierende Variablen und selbstberichtete Gewaltdelinquenz ist die abhängige Variable. Dabei wurde angenommen, dass jede abhängige Variable jeweils von allen kausal vorangehenden beeinflusst wird. Eliminiert man in dem Ausgangsmodell alle nicht signifikanten Pfade, alle nicht relevanten Pfade[4] sowie alle Variablen, die nicht direkt oder indirekt mit der Variablen Geschlecht in Beziehung stehen, erhält man für die Erklärung gewalttätigen Verhaltens das in Abb. 2 beschriebene Modell. Dieses Modell enthält also nur die relevanten,

3 Die Pfadanalyse ist ein statistisches Verfahren, mit dem die Stärken von Einflussbeziehungen in komplexen Beziehungsgeflechten von Variablen bestimmt werden können. Das Verfahren wird häufig dazu verwendet, Kausalmodelle zu entwickeln oder deren Gültigkeit zu prüfen (Hermann 1984; Pfeiffer und Schmidt 1987). Die hier verwendete Analyse ist eine Pfadanalyse mit latenten manifesten Variablen (Arbuckle 1997). 'Latente Variablen' sind solche, die nicht direkt, sondern über Indikatoren gemessen werden, während 'manifeste Variablen' direkt gemessen werden.
Die Indikatoren für Gewaltkriminalität sind die beiden Indizes zur Begehungshäufigkeit entsprechender Straftaten für die beiden Referenzzeiträume sowie der Index zur Gewaltbereitschaft. Die Indikatoren für die Normakzeptanz entsprechen den Fragen, wie schlimm Handtaschenraub und Körperverletzung gesehen werden, und als Indikatoren der Wertorientierungen wurden die in Tabelle 1 aufgeführten untergeordneten Wertedimensionen verwendet.

4 Effekte, die betragsmäßig kleiner sind als das Maximum der Differenz zwischen empirischer und erwarteter Korrelation, werden als nicht relevant angesehen. Gibt es in einem Pfadmodell Effekte, die dieses Kriterium nicht erfüllen, ist dies ein Hinweis auf Spezifikationsfehler (Hermann 1984: 83-85).

für die Erklärung von Gewaltkriminalität bedeutsamen Variablen, sofern sie mit dem Geschlecht in Verbindung stehen; geschlechtsunabhängige Merkmale, die einen Einfluss auf Gewaltkriminalität haben, sind nicht berücksichtigt. Die Zahlen sind standardisierte Pfadkoeffizienten. Je größer ein Pfadkoeffizient ist, desto größer ist der Einfluss der unabhängigen Variablen auf die jeweils abhängige (Opp/Schmidt 1976; Pfeiffer/Schmidt 1987).

Abb. 2: Pfadmodell zur Erklärung geschlechtsspezifischer Unterschiede hinsichtlich Gewaltkriminalität

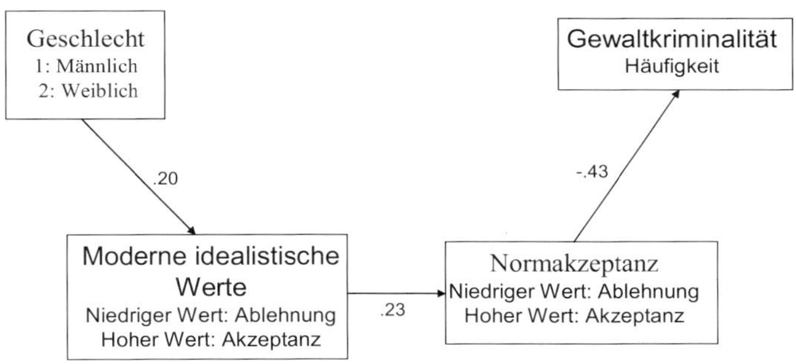


Frauen haben demnach ausgeprägtere moderne idealistische Werte als Männer. Je bedeutsamer diese Werte sind, desto größer ist die Akzeptanz von gewaltverbietenden Rechtsnormen und je größer diese Normakzeptanz einer Person ist, desto seltener verübt sie Gewaltdelikte. In dem in Abb. 2 beschriebenen Endmodell gibt es keinen direkten Effekt zwischen Geschlecht und Gewaltkriminalität. Dies bedeutet, dass die Beziehung zwischen diesen Merkmalen durch Wertorientierungen und Normakzeptanz vermittelt wird. Somit beschreibt dieses Modell einen Kausalprozess, der geschlechtsspezifische Unterschiede bei Gewaltanwendungen durch kultursoziologische intervenierende Variablen erklärt.

## 9. Zusammenfassung, Folgerungen

Das extrahierte Kausalmodell kann so interpretiert werden, dass eine geschlechtsspezifische Sozialisation (Hagemann-White 1984) die Ausbildung unterschiedlicher Werte fördert. Werte steuern auf vielfältige Weise das Handeln: Sie beeinflussen die Wahrnehmung, die Verarbeitung von Wahrgenommenem, die Auswahl konkreter Handlungsziele sowie die Mittel zur Zielerreichung. Die Welt ist komplex und jede Situation beinhaltet eine Fülle von Einzelinformationen, die aber nicht alle für das Erreichen eines Zieles von Bedeutung sind. Handelnde müssen deshalb in der Regel selektiv vorgehen. Zudem muss vor jeder Handlung aus der Vielfalt möglicher Ziele und Mittel eine Auswahl getroffen werden. Für alle genannten Bereiche sind Werte ein Selektionsinstrument – folglich sind Werte handlungsrelevant. Nach diesem allgemeinen Handlungsmodell ist zu erwarten, dass aufgrund der Werteunterschiede zwischen Frauen und Männern auch auf der Handlungsebene Unterschiede erkennbar sind. Dies wird durch die vorliegende Studie bestätigt. Frauen und Männer unterscheiden sich erheblich in modernen idealistischen Werten und diese Differenzen sind für geschlechtsspezifische Unterschiede hinsichtlich Gewaltkriminalität verantwortlich.[5]

*Literatur:*

Arbuckle, J. L. (1997): Amos Users' Guide, Version 3.6. Chicago.

Benninghaus, H. (1991): Einführung in die sozialwissenschaftliche Datenanalyse. 2. Aufl., München, Wien.

Beutel, A. M. und Marini, M. M. (1995): Gender and values. In: American Sociological Review 60, S. 436-448.

Boers, K./Gutsche, G./Sessar, K. (1997): Sozialer Umbruch und Kriminalität in Deutschland. Opladen.

Clark, J. P./Wenninger, E. P. (1963): Goal Orientations and Illegal Behavior Among Juveniles. In: Social Forces 42, S. 49-59.

Elifson, K. W./Peterson, D. M./Hadaway, C. K. (1983): Religiosity and Delinquency. In: Criminology 21, S. 505-527.

5 Die Ablehnung und Akzeptanz traditioneller Werte hat zwar einen wesentlich größeren Einfluss auf Kriminalität als die Orientierung an modernen idealistischen Werten (Hermann 2003) – und dies gilt in abgeschwächter Weise auch für Gewaltkriminalität. Allerdings unterscheiden sich Frauen und Männer nicht in ihrer Orientierung an traditionellen Werten. Deshalb kann die Beziehung zwischen Geschlecht und Gewaltkriminalität nicht durch traditionelle Werte erklärt werden.

Evans, T. D./Cullen, F. T./Dunaway, R. G./Burton, V. S. (1995): Religion and Crime Reexamined: The Impact of Religion, secular Controls, and Social Ecology on Adult Criminality. In: Criminology 33, S. 195-224.

Evans, T. D./Cullen, F. T./Burton, V. S./Dunaway, R. G./Payne, G. L./Kethineni, S. R. (1996): Religion, Social Bonds, and Delinquency. In: Deviant Behavior 17, S. 43-70.

Fernquist, R. M. (1995): A Research Note on the Association between Religion and Delinquency. In: Deviant Behavior 16, S. 169-175.

Free, M. D. Jr. (1994): Religiosity, Religious Conservativism, Bonds to School, and Juvenile Delinquency among three Categories of Drug Users. In: Deviant Behavior 15, S. 151-170.

Funken, Ch. (1989): Frau – Frauen – Kriminelle. Zur aktuellen Diskussion über „Frauenkriminalität". Opladen.

Geißler, R. /Marißen, N. (1988): Junge Frauen und Männer vor Gericht. Geschlechtsspezifische Kriminalität und Kriminalisierung. In: Kölner Zeitschrift für Soziologie und Sozialpsychologie 40, S. 505-526.

Gottfredson, M. R. /Hirschi, T. (1990): A General Theorie of Crime. Stanford.

Hagan, J. A./Simpson, J. H./Gillis, A. R. (1979): The Sexual Stratification of Social Control: A Gender-Based Perspective on Crime and Delinquency. In: British Journal of Sociology 30, S. 25-38.

Hagemann-White, C. (1984): Sozialisation: männlich – weiblich. Leverkusen.

Hamachers-Zuba, U./Moll, W. (2002): Weibliche und männliche Wertewelt in Europa (?). In: Denz, H. (Hrsg.): Die europäische Seele. Leben und Glauben in Europa. Wien.

Hermann, D. (1984): Ausgewählte Probleme bei der Anwendung der Pfadanalyse. Frankfurt/M. u. a.

Hermann, D. (2001): Religiöse Werte, Moral und Kriminalität. In: Allmendinger, J. (Hrsg.): Gute Gesellschaft? Verhandlungen des 30. Kongresses der Deutschen Gesellschaft für Soziologie in Köln 2000, Teil B. Opladen, S. 802-822.

Hermann, D. (2003): Werte und Kriminalität. Konzeption einer allgemeinen Kriminalitätstheorie. Wiesbaden.

Hermann, D./Dölling, D. (2001): Kriminalprävention und Wertorientierungen in komplexen Gesellschaften. Analysen zum Einfluss von Werten, Lebensstilen und Milieus auf Delinquenz, Viktimisierungen und Kriminalitätsfurcht. Mainz.

Klages, H. (1992): Die gegenwärtige Situation der Wert- und Wertwandelforschung – Probleme und Perspektiven. In Klages, H./Hippler, H. J./Herbert, W. (Hrsg.), Werte und Wandel. Ergebnisse und Methoden einer Forschungstradition. Frankfurt, New York, S. 5-39.

Klages, H./Gensicke, T. (1993): Erläuterung der Speyerer Ziele und Methodik der Werterfassung. Speyer, unveröff. Ms.

Lerman, P. (1968): Individual Values, Peer Values and Subcultural Delinquency. In: American Sociological Review 33, S. 219-235.

Oberlies, D. (1990): Geschlechtsspezifische Kriminalität und Kriminalisierung, oder: Wie sich Frauenkriminalität errechnen läßt. In: Kölner Zeitschrift für Soziologie und Sozialpsychologie 42, S. 129-143.

Opp, K.-D./Schmidt, P. (1976): Einführung in die Mehrvariablenanalyse. Grundlagen der Formulierung und Prüfung komplexer sozialwissenschaftlicher Aussagen. Reinbek.

Oxford, M. L. (2000): Gender differences in delinquency: an examination of social control and routine activities. Univ. of Washington: Diss.

Pettersson, T. (1991): Religion and Criminality: Structural Relationships between Church Involvement and Crime Rates in Contemporary Sweden. In: Journal of Scientific Study of Religion 30, S. 279-291.

Pfeiffer, A./Schmidt, P. (1987): LISREL. Die Analyse komplexer Strukturgleichungsmodelle. Stuttgart, New York.

Polizeiliche Kriminalstatistik, 2002 (Berichtsjahr), Bundeskriminalamt. Wiesbaden.

Pollak, O., 1950: The Criminality of Women. Philadelphia.

Posner, C. (1997): Die Täterbefragung im Kontext „Sozialer Umbruch und Kriminalität". In: Boers, K./Gutsche, G./Sessar, K. (Hrsg.): Sozialer Umbruch und Kriminalität in Deutschland. Opladen, S. 157-186.

Rechtspflege, Abgeurteilte, Verurteilte (2001) (Berichtsjahr), Statistisches Bundesamt. Wiesbaden.

Rechtspflege Strafvollzug (2002) (Berichtsjahr), Statistisches Bundesamt. Wiesbaden.

Schmitt, S. (2001): Geschlecht und Kriminalität. Eine empirische Analyse der Power-Control Theory. In: Eifler, S. et al. (Hrsg.): Gelegenheitsstrukturen und Kriminalität. Universität Bielefeld, S. 84-104. Internet Publikation (Stand vom 2. Juli 2003):http://www.uni-bielfeld.de/sozprob/Soziale%20Probleme%20Nr%202.pdf.

Schmölzer, G. (1995): Aktuelle Diskussion zum Thema „Frauenkriminalität" – ein Einstieg in die Auseinandersetzung mit gegenwärtigen Erklärungsversuchen. In: Monatsschrift für Kriminologie und Strafrechtsreform 78, S. 219-235.

# Aggression von Männern und Frauen in Partnerschaften: Unterschiede und Parallelen

*Barbara Krahé*

## 1. Problemstellung

Die Frage nach dem Verbreitungsgrad und den Risikofaktoren von Aggression und Gewalt in Partnerbeziehungen ist in den letzten Jahren verstärkt in den Blickpunkt der psychologischen Forschung gerückt (Bergen 1998; Harway/O'Neil 1999). Nachdem Partnergewalt zunächst entsprechend zu anderen Formen aggressiven Verhaltens als primär männliches Verhaltensmuster gesehen wurde (und von einer Reihe von AutorInnen auch immer noch gesehen wird; z.B. Dobash/Dobash 1998), hat seit Beginn der 1980er Jahre die Frage nach der Rolle von Frauen als Täterinnen verstärkte Aufmerksamkeit erfahren. Die These, Frauen träten in gleichem Maße, wenn nicht stärker als Männer durch aggressives Täterhandeln in Paarbeziehungen in Erscheinung, ist seitdem Gegenstand kontroverser Diskussionen (Currie 1998). Dagegen ist der Frage nach geschlechtsbezogenen Ähnlichkeiten bzw. Unterschieden im Hinblick auf Bedingungsfaktoren von Partnergewalt deutlich weniger Aufmerksamkeit geschenkt worden (vgl. hierzu kritisch White/Kowalski 1994). Der Beitrag skizziert zunächst den aktuellen Erkenntnisstand zum Verbreitungsgrad von Partnergewalt unter besonderer Berücksichtigung des Geschlechts der Täter. Anschließend wird kurz auf die vorliegende Forschung zu Parallelen und Differenzen hinsichtlich der Bedingungsfaktoren männlicher und weiblicher Aggression in Partnerschaften eingegangen. Danach werden zwei eigene Studien vorgestellt, in denen geschlechtsspezifische Befunde zum Verbreitungsgrad und zu Risikofaktoren physischer sowie sexueller Aggression in den Paarbeziehungen von Jugendlichen untersucht wurden.

## 2. Definition und Verbreitungsgrad von Partnergewalt

Mit Partnergewalt wird die Androhung oder Herbeiführung der körperlichen Schädigung einer anderen Person im Kontext einer Paarbeziehung bezeichnet (Sugarman/Hotaling 1989). Partnergewalt stellt eine Unterkategorie des allgemeineren Konstrukts des *aggressiven Verhaltens* in Paarbeziehungen dar, das alle Verhaltensweisen meint, die mit der Absicht der Schädigung eines Beziehungspartners ausgeführt werden und neben der Androhung und dem Einsatz körperlicher Gewalt auch den Einsatz verbaler Mittel und die Herbeiführung psychischer Schädigungen umfasst. Sowohl Partnergewalt als auch Partneraggression sind geschlechtsneutral definiert, und zwar hinsichtlich der Person des Täters ebenso wie hinsichtlich des Opfers. Als Spezialfall der Partnergewalt ist die sexuelle Aggression zu nennen, insbesondere in Form der Vergewaltigung und sexuellen Nötigung. Auch diese Form der Partnergewalt ist seit 1997 geschlechtsneutral definiert und darüber hinaus nicht länger auf außereheliche sexuelle Übergriffe beschränkt.[1] Damit können *per definitionem* Männer und Frauen als Opfer sowie als Täter sexueller Gewalt in Erscheinung treten.

Die Erfassung des Verbreitungsgrades von Partnergewalt ist mit einer Reihe von Problemen verbunden. Diese Form des antisozialen Verhaltens vollzieht sich in der Privatsphäre der beteiligten Personen und wird deshalb in der Regel nur dann dokumentiert, wenn sie von den Beteiligten selbst öffentlich gemacht wird. Die Bereitschaft, gewalttätiges Verhalten des Partners oder der Partnerin öffentlich zu machen, wird wiederum durch verschiedene Faktoren eingeschränkt, wie etwa Angst vor Repressalien des Täters, Schamgefühle oder Misstrauen gegenüber Strafverfolgungsbehörden. Deshalb ist über alle Datenquellen hinweg bei der Abschätzung des Verbreitungsgrades von Partnergewalt von einer erheblichen Dunkelziffer auszugehen.

Bei der Quantifizierung des Verbreitungsgrades von Partnergewalt ist zwischen *Inzidenz* und *Prävalenz* zu unterscheiden. Die Inzidenzrate von Gewalt in Beziehungen bestimmt sich über die Zahl der in einem festgelegten Zeitraum (z.B. pro Kalenderjahr; in den zurückliegenden 12 Monaten) bekannt gewordenen Fälle. Die jährlich erstellte Kriminalstatistik etwa weist Inzidenzraten für strafbare Gewalthandlungen und sexuelle Übergriffe aus, und zwar in standardisierter Form als Zahl der angezeigten Fälle pro 100.000 Personen. Im Unterschied zu Inzidenzerhebungen wird in Prävalenzerhebungen nach dem Anteil von Personen gefragt, die überhaupt schon einmal (Lebenszeitprävalenz) oder über einen längeren Zeitraum (seit einem benannten Mindestalter oder in einem vorgegebenen Zeitraum) Gewalthandlungen seitens eines Beziehungspartners ausgesetzt waren. Viele Opfer- sowie Täterbefra-

---

1 Bis zur 33. Änderung des StGB im Juli 1997 war der Tatbestand der Vergewaltigung auf weibliche Opfer und auf sexuelle Übergriffe außerhalb der Ehe beschränkt. Seitdem macht sich nach § 177 StGB einer Vergewaltigung bzw. sexuellen Nötigung schuldig, "wer eine andere Person mit Gewalt, durch Drohung mit gegenwärtiger Gefahr für Leib oder Leben oder durch Ausnutzen einer Lage, in der das Opfer dem Täter schutzlos ausgeliefert ist, nötigt, sexuelle Handlungen des Täters oder einer dritten Person an sich zu dulden oder an dem Täter oder einer dritten Person vorzunehmen."

gungen im Rahmen wissenschaftlicher Studien sind auf die Bestimmung der Prävalenz von Opfererfahrungen und Täterhandlungen ausgerichtet. In diesen Studien, die vielfach zwar mit großen, aber nur selten nach Repräsentativität zusammengestellten Stichproben arbeiten, dominiert als Untersuchungsinstrument die von Straus (1979) entwickelte „Conflict Tactics Scale" (CTS) bzw. die revidierte Form der „Conflict Tactics Scale 2" (CTS2; Straus et al. 1996). Die CTS2 erfasst drei Formen der Konflikthandhabung in Partnerschaften: Aushandeln, psychologische Aggression und körperliche Gewalt. Die meist im Mittelpunkt stehende Teilskala zur Erfassung körperlicher Gewalt umfasst in der CTS2 12 Items. Faktorenanalytische Auswertungen ergaben für diese Teilskala zwei Faktoren, die von den Autoren als „minderschwere" und „schwere" Formen der Partnergewalt interpretiert wurden. Zu den minderschweren Formen der Partnergewalt zählen u.a. das Werfen mit Gegenständen, Ohrfeigen und Tritte, zu den schweren Formen zählen Schlagen mit Gegenständen, Würgen, Drohung mit Waffen und Einsatz von Waffen. Ein Vorteil der „Conflict Tactics Scale" besteht darin, dass sie die Erfassung paralleler Angaben über das eigene sowie das Verhalten des Partners erlaubt und so die Abschätzung der Korrespondenz von Selbst- und Fremdeinschätzung ermöglicht. Außerdem erfasst die CTS2 in einer getrennten Skala auch die Schwere der Konsequenzen von Partnergewalt.

Im anglo-amerikanischen Raum wird der Verbreitungsgrad von Partnergewalt in regelmäßigen Abständen durch großangelegte Repräsentativumfragen zur Kriminalitätsbelastung in der Bevölkerung dokumentiert („National Crime Victimization Survey" in den USA bzw. „British Crime Survey" in Großbritannien). Für diese Befragungen gibt es in Deutschland keine Entsprechung. Hier liegen nur wenige Studien vor, die Anspruch auf eine repräsentative Stichproben erheben können. Zu nennen ist zum einen eine Umfrage des Kriminologischen Forschungsinstituts Niedersachsen unter Einsatz der „Conflict Tactics Scale" (Wetzels et al. 1995), zum anderen eine neuere Befragung von Luedtke/Lamnek (2002). In der Studie von Wetzels et al. (1995) ergab sich bei einer Stichprobe von 4.006 Befragten eine Prävalenz erlebter Partnergewalt im zurückliegenden Fünf-Jahres-Zeitraum von 6,5% für Frauen und 4,6% für Männer. Die Lebenszeitprävalenz für versuchte oder vollzogene Vergewaltigung, die nur für Frauen erhoben wurde, lag bei 8,9%. Luedke/Lamnek (2002) ermittelten in einer Befragung von 2.008 bayrischen Haushalten einen Anteil gewaltbelasteter Partnerschaften von 5,9%. Dabei gaben sich mehr Männer (6,0%) als Frauen (2,7%) als Opfer von Partnergewalt zu erkennen.

Die Frage nach dem Anteil von Männern und Frauen an Opfern und Tätern von Partnergewalt wird in der Forschung kontrovers diskutiert. Je nach Datenquelle und zugrundegelegten Kriterien ergeben sich unterschiedliche Einschätzungen. In ausgelesenen Stichproben von Opfern häuslicher Gewalt, die sich an Kriseninterventionseinrichtungen wenden oder therapeutische Hilfe suchen, treten überwiegend Frauen als Opfer in Erscheinung. Auch repräsentative Opferbefragungen, die sich auf strafrechtlich relevante Erscheinungsformen der Partnergewalt beschränken, zeigen ein deutliches Übergewicht von Frauen. Abb. 1 zeigt die von Rennison/Welchans (2000) nach Geschlecht differenzierte Inzidenz von Partnergewalt in den USA, wie sie den repräsentativen Bevölkerungsumfragen der „National Crime Victimization Survey" im Zeitraum zwischen 1993 und 1998 zu entnehmen ist. Außerdem zeigt sich in Abb. 2, dass weibliche Opfer von Partnergewalt eher Verletzungen davon tragen als männliche.

Abb. 1: Inzidenz von Partnergewalt in den USA pro 100.000 der Bevölkerung ab 12 Jahren

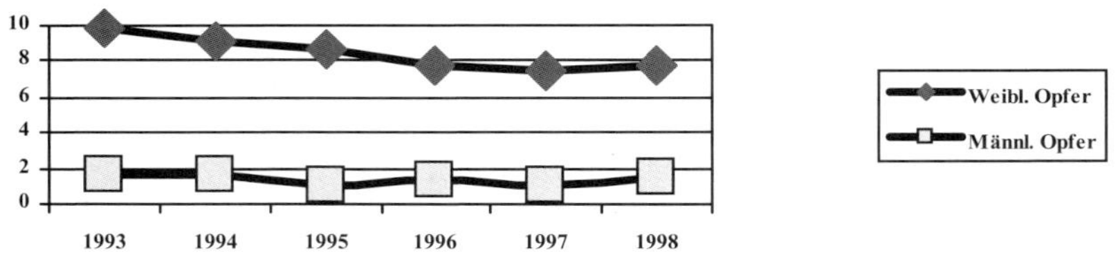


(Quelle: National Crime Victimization Survey, Rennison/Welchans 2000)

Abb. 2: Inzidenz von Verletzung und ärztlicher Behandlung nach Geschlecht

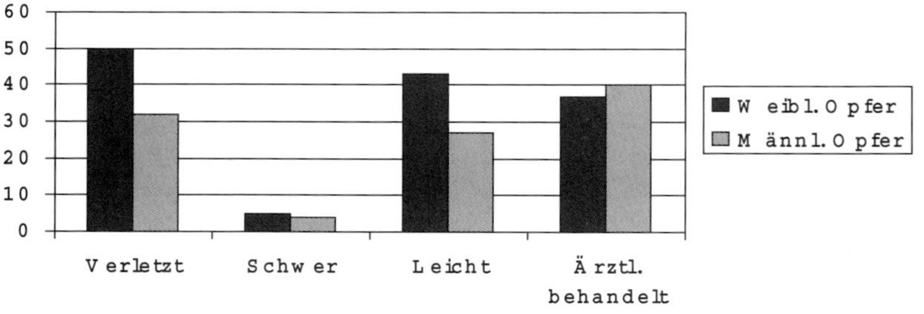


Demgegenüber zeichnen Befragungen, die ein weiteres Spektrum von Partnergewalt umfassen, ein anderes Bild: Hier liegt die Prävalenzrate der von Männern berichteten Opfererfahrungen vielfach höher als die von Frauen (z.B. Stets/Hendersen 1991; White/Koss 1991). Auf der Basis von 82 Einzelstudien, die Partnergewalt mittels der „Conflict Tactics Scale“ erhoben, führte Archer (2000) eine Meta-Analyse durch, die eine quantitative Einschätzung der Evidenz in Bezug auf die Geschlechterverteilung von Tätern und Opfern erlaubt. Seine Analyse ergab eine signifikante, aber schwache Effektstärke in Richtung auf eine höhere Beteiligung von Frauen an der Häufigkeit aggressiven Verhaltens in Partnerbeziehungen (d = –.05 bezogen auf ein Gesamtmaß aus selbstberichtetem Täterhandeln und Angaben aus der Opferperspektive und d = –.12 bei Berücksichtigung nur der Selbstberichte aggressiven Handelns). Allerdings kehrte sich der Geschlechtseffekt um, wenn die Schwere der Verletzungen betrachtet wurde: Hier ergab sich mit d = .15 ein signifikanter, wenngleich ebenfalls schwacher Effekt in Richtung auf eine höhere Verletzungsrate von Frauen als Opfer von Partnergewalt. In einer nachfolgenden Meta-Analyse, die die in der CTS erfassten Formen aggressiven Verhaltens einzeln betrachtete (Archer 2002), ergaben sich höhere Prävalenzraten für Frauen insbesondere bei den nach Straus et al. (1996) als „minderschwere“ Formen der Aggression zu betrachtenden Items, während sich bei den schweren Formen teils keine Geschlechtsunterschiede, teils aber höhere Prävalenzen für Männer zeigten. Die Befunde sind im Einzelnen in Abb. 3 dargestellt.

Abb. 3: Geschlechtsunterschiede bei den Items der „Conflict Tactics Scale“ (nach Archer 2002)

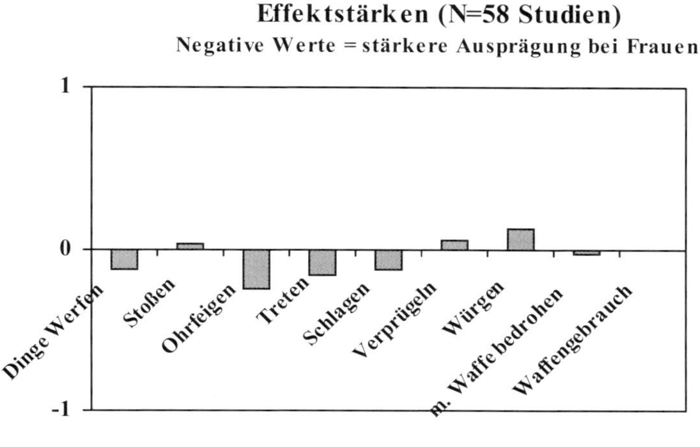


In Bezug auf die Prävalenz sexueller Aggression sprechen die vorliegenden Befunde klar für ein Überwiegen des männlichen Geschlechts auf der Täterseite, auch wenn inzwischen eine Reihe von Studien vorliegen, die sexuelle Aggression von Frauen gegenüber Männern dokumentieren (zusammenfassend s. Krahé/Scheinberger-Olwig 2002). Eine von Spitzberg (1999) vorgelegte Zusammenschau der Befunde über eine Vielzahl von Einzelstudien hinweg ist in Tab. 1 enthalten.

Tab. 1: Prävalenz sexueller Aggression von Männern und Frauen in Prozent (nach Spitzberg, 1999)

| Art der Gewalthandlung | Männliche Täter | N Studien | Weibliche Täter | N Studien |
|---|---|---|---|---|
| Vergewaltigung | 4.7 | 63 | 3.0 | 1 |
| Versuchte Vergewaltigung | 10.8 | 35 | - | - |
| Sexueller Angriff | 8.9 | 40 | 6.0 | 6 |
| Sexuelle Nötigung | 13.4 | 28 | 8.8 | 4 |
| Sexueller Zwang | 24.0 | 39 | 29.0 | 1 |

Die Zahlen in Tab. 1 beziehen sich auf die Gesamtprävalenzen über unterschiedliche Beziehungskonstellationen hinweg. Sie lassen deutlich erkennen, dass sexuelle Aggression in erster Linie ein männliches Verhaltensmuster darstellt. Allerdings ist beim Vergleich der Prävalenzen für männliche und weibliche Täter zu beachten, dass die Zahl der Studien, die weibliches Täterhandeln erfassen, sehr gering ist. Die Befunde sind daher mit weitaus größerer Vorsicht zu interpretieren als die Zahlen für das männliche Täterhandeln. Die bislang umfassendste Bestandsaufnahme der Forschung zur sexuellen Aggression von Frauen wurde in dem Sammelband von Anderson und Struckman-Johnson (1998) vorgelegt.

Die Beantwortung der Frage nach Geschlechtsunterschieden sowohl beim Täterhandeln als auch in Bezug auf Opfererfahrungen wird durch methodische Probleme erschwert. So zeigt die Meta-Analyse von Archer (1999) zum Vergleich von selbstberichteter und dem Partner zugeschriebener Aggression, dass Männer im Vergleich zu Frauen stärker dazu neigen, dem Partner mehr aggressives Verhalten zuzuschreiben als sich selbst. Dieser Befund deutet darauf hin, dass bei der Evidenz für eine stärkere Beteiligung von Frauen an der Prävalenz von Partnergewalt auch unterschiedliche Wahrnehmungen der Geschlechter über das Ausmaß der von der Partnerin bzw. dem Partner gezeigten Aggression eine Rolle spielen könnten.

Die Datenbasis zur Abschätzung von Partnergewalt in gleichgeschlechtlichen Beziehungen ist verglichen mit einer stetig wachsenden Literatur zur Aggression in heterosexuellen Beziehungen begrenzt. Schätzungen der Partnergewalt in lesbischen Beziehungen, die wegen des geringen Stichprobenumfangs mit Vorsicht zu interpretieren sind, gehen von einer Größenordnung zwischen 11% und 73% aus (Renzetti 1998). Merrill (1998) berichtete für bisexuelle und homosexuelle Paare Prävalenzraten physischer Aggression zwischen 18% und 47%. Ähnliche Spannweiten, die die Problematik aussagekräftiger Pärvalenzabschätzungen widerspiegeln, finden sich auch für heterosexuelle Beziehungen. Merrill betont die weitgehenden Ähnlichkeiten zwischen Partnergewalt in heterosexuellen und gleichgeschlechtlichen Partnerschaften und kommt zu dem Ergebnis: „The phenomenon itself appears to be largely the same, with the most significant difference being the gender of the partners involved" (Merrill 1998: 131; s. auch Burke/Follingstad 1999).

## 3. Eigene Studien zu physischer und sexueller Aggression in den Paarbeziehungen von Jugendlichen

Im zweiten Teil dieses Beitrags sollen den bisher dargestellten, über viele Studien hinweg aggregierten Aussagen über den Verbreitungsgrad von Partnergewalt Befunde aus zwei Einzelstudien zur Seite gestellt werden, die im Rahmen eines umfangreicheren Forschungsprojekts zur sexuellen Aggression von Jugendlichen in heterosexuellen und gleichgeschlechtlichen Beziehungen gewonnen wurden (Krahé/Scheinberger-Olwig 2002). Dabei geht es zum einen um die Dokumentation der Prävalenz körperlicher und sexueller Aggression in den Paarbeziehungen von Jugendlichen unter dem Aspekt der proportionalen Beteiligung von Männern und Frauen am Täterhandeln. Zum anderen werden Befunde zu Risikofaktoren sexueller Aggression vorgestellt, die sowohl Parallelen als auch Unterschiede zwischen den Geschlechtern erkennen lassen.

### *3.1 Verbreitungsgrad von Partnergewalt*

Zur Ermittlung der Prävalenz von Partnergewalt wurde einer Stichprobe von 400 männlichen und 248 weiblichen Jugendlichen eine deutsche Fassung der „Conflict Tactics Scale" vorgelegt (Krahé/Scheinberger-Olwig 2002). Der Altersmittelwert lag bei 19,8 Jahren für die männlichen und 18,1 Jahren für die weiblichen Teilnehmer, der Bildungshintergrund entsprach in etwa den Anteilen in der Gesamtpopulation der Schulabgänger im Einzugsgebiet der Stichprobenrekrutierung (zur genaueren Beschreibung der Stichprobenzusammensetzung s. Krahé/Scheinberger-Olwig 2002, Kapitel 7).

Tab. 2: Häufigkeit physischer Aggression in Paarbeziehungen von Jugendlichen: Prozentsatz der Antworten > „nie“

| Bei einem Streit ist es vorgekommen, dass ... | Männer (N = 400) | Frauen (N = 248) |
|---|---|---|
| (1) ... ich etwas nach meiner Freundin/meinem Freund geworfen habe, das ihr/ihm wehtun konnte | 15.3[a] | 23.0[b] |
| (2) ... ich meine Freundin/meinen Freund am Arm oder an den Haaren gezogen habe. | 16.5 | 15.7 |
| (3) ... ich meine Freundin/meinen Freund weggestoßen habe. | 42.5[a] | 65.7[b] |
| (4) ... ich meine Freundin/meinen Freund hart angepackt habe. | 22.3[a] | 13.3[b] |
| (5) ... ich meiner Freundin/meinem Freund ‚eine runtergehauen' habe. | 9.5[a] | 23.4[b] |
| (6) ... ich meine Freundin/meinen Freund mit etwas geschlagen habe, das ihr/ihm wehtun konnte. | 7.0 | 10.9 |
| (7) ... ich meine Freundin/meinen Freund gewürgt habe. | 5.3 | 4.0 |
| (8) ... ich meine Freundin/meinen Freund verprügelt habe. | 4.5 | 3.2 |
| (9) ... ich meine Freundin/meinen Freund gegen die Wand geschleudert habe. | 6.5 | 5.6 |
| (10) ... ich ein Messer oder eine Schusswaffe gegen meine Freundin/meinen Freund eingesetzt habe. | 4.5 | 3.2 |
| (11) ... ich meiner Freundin/meinem Freund absichtlich Verbrennungen oder Verbrühungen zugefügt habe. | 3.3 | 2.4 |
| (12) ... ich meine Freundin/meinen Freund getreten habe. | 4.8[a] | 13.3[b] |
| Gesamt (Summe der Items > „nie“) | 1.41[a] | 1.83[n] |

Die Items 1 - 5 erfassen „minderschwere“ Formen der körperlichen Aggression, die Items 6 - 12 erfassen „schwere“ Formen der Partnergewalt nach Straus et al. (1996).

[a,b] Innerhalb der Täter- bzw. Opfererfahrung unterscheiden sich die Prozentwerte mit $p < .01$.

[c,d] Die Prozentwerte unterscheiden sich mit $p < .05$.

Zu den 12 Items der Teilskala „Physische Gewalt“ sollten die TeilnehmerInnen jeweils angeben, wie oft sie das betreffende Verhalten in der Vergangenheit gegenüber einem Beziehungspartner/partnerin gezeigt hatten, wobei eine fünffach abgestufte Skala von „1“ = nie bis 5 = „sehr oft“ vorgegeben wurde. Tab. 2 weist für jedes Item den Prozentsatz der Befragten aus, die auf der fünfstufigen Skala einen Wert > 1 („nie“) angekreuzt hatten, also das Verhalten mindestens schon einmal gezeigt hatten.[2]

Im Hinblick auf die Prävalenz sexueller Gewalt wurde das selbstberichtete Täterhandeln einer neuen Stichprobe von 524 Männern (Altersmittelwert 18.7; Krahé/Scheinberger-Olwig 2002, Studie 1) mit dem Täterhandeln der bereits oben erwähnten Stichprobe von 248 Frauen (Altersmittelwert 18.1 Jahre; Krahé/Scheinberger-Olwig 2002, Studie 3) verglichen.

Tab. 3: Häufigkeit sexueller Aggression gegenüber der (Ex-)Partnerin bzw. dem (Ex-)Partner (%)

| Art der Druckausübung durch ... | den Mann (N = 524) | die Frau (N = 248) | p |
|---|---|---|---|
| 1 - Geschlechtsverkehr durch verbalen Druck | 5.7 | 0.8 | .001 |
| 2 - Küssen, Petting durch verbalen Druck | 7.6 | 2.4 | .01 |
| 3 - Geschlechtsverkehr unter Alkohol/Drogen | 3.6 | 0.8 | .01 |
| 4 - Versuchter Geschlechtsverkehr unter Alkohol/ Drogen | 2.7 | 0.8 | n.s. |
| 5 - Versuchter Geschlechtsverkehr durch Gewalt/ Drohung | 0.4 | 0.8 | n.s. |
| 6 - Geschlechtsverkehr durch Gewalt/Drohung | 0.2 | 0.8 | n.s. |
| 7 - Andere sexuelle Handlungen durch Gewalt/ Drohung | 1.1 | 1.2 | n.s. |
| 8 - Versuchtes Petting durch Gewalt/Drohung | 0.4 | 0.8 | n.s. |
| Mindestens eine „Ja“-Antwort | 14.9 | 6.5 | .001 |

Bei 1-8 waren Mehrfachnennungen möglich.

Als Erhebungsinstrumente wurden zur Erfassung des Täterhandelns von männlichen Jugendlichen eine deutsche Fassung der „Sexual Experiences Survey“ (SES, Koss et al. 1987; Krahé et al. 1999) und zur Erfassung des

2 Die hier berichteten Prozentsätze der Antworten größer "nie" ermöglichen angesichts der relativ niedrigen Mittelwerte und der homogenen Verteilung der Antworten eine anschaulichere Darstellung der Befunde. Eine Betrachtung der Mittelwerte über die fünfstufige Antwortskala ergibt das gleiche Ergebnisbild.

weiblichen Täterhandelns die neu entwickelte „Women's Sexual Aggression Survey“ (Krahé/Scheinberger-Olwig 2002) eingesetzt. Beide Instrumente erfassen parallele Erscheinungsformen sexueller Aggression, operationalisiert durch verbalen Druck, Ausnutzen der Widerstandsunfähigkeit des Opfers und Einsatz bzw. Androhung körperlicher Gewalt. Tab. 3 enthält die erfassten Formen sexueller Gewalt sowie die Prävalenzrate derjenigen Männer und Frauen, die bejahten, das jeweilige Verhalten schon einmal gegenüber einem Beziehungspartner gezeigt zu haben.

Tab. 3 weist für drei der Items signifikante Geschlechtsunterschiede aus, und zwar sämtlich in Richtung einer höheren Täterprävalenz für die männlichen Befragten. Auch der über die Einzelitems aggregierte Prozentsatz der Befragten, die mindestens eines der Items bejahten, lag für die männlichen Befragten signifikant höher als für die weiblichen. Damit lässt sich festhalten, dass sexuelle Aggression unter männlichen Jugendlichen insgesamt stärker verbreitet ist als unter weiblichen. Auch dieser Befund steht in Einklang mit den Ergebnissen aus der internationalen Literatur (vgl. Tab 1).

### *3.2 Risikofaktoren von Partnergewalt durch Männer und Frauen*

Ein zweiter Schwerpunkt der Untersuchungen lag auf der Identifizierung von Risikovariablen, die mit einer erhöhten Auftretenswahrscheinlichkeit sexuell aggressiven Verhaltens verbunden sind. Im vorliegenden Zusammenhang interessiert vor allem die Frage nach Parallelen und Unterschieden in den Risikofaktoren sexueller Aggression von Männern und Frauen. Die überwiegende Mehrzahl von Studien, die nach Risikofaktoren zur Vorhersage sexueller Aggression gesucht haben, war auf die Vorhersage männlichen Täterhandelns ausgerichtet. Zu den Risikofaktoren des sexuell aggressiven Verhaltens von Frauen liegen aus der bisherigen Forschung nur vereinzelte Befunde vor. Die Auswahl der von uns betrachteten Risikovariablen orientiert sich daher an denjenigen Variablen, die in Bezug auf männliches Täterhandeln über mehrere Studien hinweg abgesichert werden konnten (zur Begründung dieses Ansatzes s. White/Kowalski 1994, sowie Krahé/Scheinberger-Olwig 2002). Aus der Gruppe der individuellen, auf den einzelnen Täter bzw. die Täterin ausgerichteten Variablen wurden zwei Risikofaktoren betrachtet: (a) biografische Erfahrungen (insbesondere sexueller Missbrauch, körperlicher Missbrauch und die Vermittlung von Wertlosigkeitsgefühlen in der Familie) sowie (b) Muster sexueller Aktivität in Form einer hohen Zahl an Sexualpartnern. Als interpersonale Risikofaktoren, die sich aus den sozialen Beziehungen der Täter ergeben, wurden ebenfalls zwei Variablen ausgewählt: (a) die uneindeutige Kommunikation sexueller Absichten gegenüber dem Sexualpartner in Form von scheinbarer Zurückweisung einer sexuellen Annäherung bei vorhandener Bereitschaft („token resistance"; ‚nein' sagen, aber ‚ja' meinen) sowie einer Einwilligung in sexuelle Kontakte ohne vorhandene Bereitschaft („compliance"; ‚ja' sagen, aber ‚nein' meinen), und (b) der wahrgenommene Druck der „Peer Group" in Richtung auf sexuelle Aktivität. Die Operationalisierungen und Messinstrumente dieser Konstrukte sind bei Krahé/Scheinberger-Olwig (2002) detailliert beschrieben. Aufgrund der Prävalenzangaben zur sexuellen Aggression, die bei den im Zusammenhang mit der CTS2 beschriebenen Stichproben von 524 Männern und 248 Frauen erhoben wurden, erfolgte die Klassifikation der TeilnehmerInnen in zwei Gruppen: Personen ohne sexuell aggressives Täterhandeln, die alle entsprechenden Items verneinten, und Personen mit sexuell aggressivem Täterhandeln, die mindestens ein Item bejahten. Von den männlichen Teilnehmern wurden 52,5% der nicht-aggressiven und 46.4% der aggressiven Gruppe zugeordnet, bei den weiblichen Teilnehmerinnen entfielen 75% auf die nicht-aggressive und 19,4% auf die aggressive Gruppe.[3]

In Bezug auf die Bedeutung von negativen biografischen Erfahrungen in Form von sexuellem oder körperlichem Missbrauch ergaben sich unterschiedliche Befunde für männliche und weibliche Jugendliche: Bei den männlichen Jugendlichen waren sowohl der körperliche Missbrauch als auch das in der Familie vermittelte Gefühl der Wertlosigkeit mit einem signifikant erhöhten Risiko späterer sexueller Aggression verbunden. Die „odds ratios" der logistischen Regression, die angeben, um welchen Faktor die Wahrscheinlichkeit sexueller Aggression beim Vorliegen des betreffenden Risikofaktors erhöht ist, lagen bei 1,59 ($p < .05$) für die Erfahrung körperlichen Missbrauchs und 1,76 ($p < .05$) für die Vermittlung von Wertlosigkeitsgefühlen. Das bedeutet, dass männliche Jugendliche, die die entsprechenden Missbrauchserfahrungen in der Kindheit berichteten, eine um mehr als das Anderthalbfache erhöhte Wahrscheinlichkeit aufwiesen, sexuell aggressives Verhalten zu zeigen. Sexueller Missbrauch lieferte keinen Beitrag zur Vorhersage sexuell aggressiven Täterhandelns. Bei den weiblichen Jugendlichen zeigte sich ein anderes Bild. Hier war bei den Frauen mit Erfahrung sexuellen Missbrauchs in der Kindheit die Wahrscheinlichkeit des sexuell aggressiven Täterhandelns um den Faktor 2,62 erhöht ($p < .05$), während die beiden Variablen körperlicher Missbrauch und Wertlosigkeitsgefühle keinen Beitrag zur Vorhersage der Wahrscheinlichkeit des Täterhandelns leisteten.

Parallele Befunde für beide Geschlechter ergaben sich dagegen für den zweiten individuellen Risikofaktor, ein hohes Maß an sexueller Aktivität, operationalisiert über die Zahl der Sexualpartner mit und ohne Geschlechts-

3 Aufgrund fehlender Daten addieren sich die Prozentzahlen nicht auf 100%. Bei der Klassifikation wurden die Angaben zur sexuellen Aggression über alle erfassten Beziehungskonstellationen (Partner bzw. Ex-Partner, Freund/Bekannter, Fremder) herangezogen.

verkehr. Befragte beiderlei Geschlechts, die durch sexuelle Aggression in Erscheinung traten, wiesen, wie aus Tab. 4 ersichtlich, auf beiden Indikatoren höhere Werte auf, d.h. hatten mehr Sexualpartner mit und ohne Geschlechtsverkehr.

Tab. 4: Ausmaß sexueller Aktivität als Risikofaktor für sexuelle Aggression

| | Männer | | Frauen | |
|---|---|---|---|---|
| | Keine Aggression | Aggression | Keine Aggression | Aggression |
| Zahl der Partner mit GV | $3.7^a$ | $7.4^b$ | $2.9^c$ | $4.8^d$ |
| Zahl der Partner ohne GV | $5.2^a$ | $10.6^b$ | $5.4^c$ | $6.8^d$ |

$^{a,b}$ $p < .001$; $^{c,d}$ $p < .05$

Diese Befunde stehen in Einklang mit einer Reihe von Studien aus der angloamerikanischen Forschung, die ebenfalls einen Zusammenhang zwischen dem Ausmaß sexueller Aktivität und der sexuellen Aggression dokumentieren (vgl. zusammenfassend Krahé 2001).

Für die beiden interpersonellen Risikofaktoren, uneindeutige Kommunikation sexueller Absichten und Druck der Gleichaltrigengruppe in Richtung auf ein hohes Maß an sexueller Aktivität, ergaben sich durchgängig parallele Befunde für Männer und Frauen.

Tab. 5: Druck der „Peers" zu sexueller Aktivität als Risikofaktor für sexuelle Aggression

| | Männer | | Frauen | |
|---|---|---|---|---|
| | Keine Aggression | Aggression | Keine Aggression | Aggression |
| Druck der weibl. Peers | $0.98^a$ | $1.30^b$ | $2.35^c$ | $2.95^d$ |
| Druck der männl. Peers | $1.43^a$ | $1.75^b$ | $1.78^e$ | $2.25^f$ |

$^{a,b; c,d}$ $p < .05$; $^{e,f}$ $p < .001$.

Die Tendenz zur Token Resistance, d.h. der scheinbaren Zurückweisung einer sexuellen Annäherung trotz vorhandener Bereitschaft, war bei den Männern mit einem um den Faktor 2,14 ($p < .001$) erhöhten Risiko sexueller Aggression verbunden, bei den Frauen mit einer Risikoerhöhung um das 2,69-fache ($p < .05$). Auch die entgegengesetzte Tendenz, auf ein sexuelles Angebot einzugehen, ohne es selbst zu wollen, war für beide Geschlechter mit einer erhöhten Wahrscheinlichkeit sexueller Aggression verbunden (odd ratio von 2,21, $p < .001$, für die männlichen Jugendlichen und von 2,20, $p < .05$). Schließlich war der wahrgenommene Druck der Gleichaltrigengruppe in Richtung auf ein hohes Maß an sexueller Aktivität bei den Befragten, die sexuelle Aggression gezeigt hatten, signifikant erhöht, und dies für beide Geschlechter. Tab. 5 weist die entsprechenden Mittelwertsunterschiede aus.

Hervorzuheben ist, dass für beide Geschlechter der Effekt des wahrgenommenen Drucks der gleichgeschlechtlichen Peers stärker ausfiel als der wahrgenommene Druck der gegengeschlechtlichen Peers.

Insgesamt weisen die berichteten Befunde auf eine weitgehende Parallelität der Risikofaktoren für das sexuell aggressive Täterhandeln von Männern und Frauen hin. Eine Ausnahme bildet lediglich der differenzielle Effekt unterschiedlicher Formen aversiver Kindheitserfahrungen. Damit bestätigen die Ergebnisse im Wesentlichen auch die Befundlage aus der internationalen, überwiegend amerikanischen Literatur. Allerdings ist zu berücksichtigen, dass die Auswahl der hier betrachteten Risikofaktoren auf der Grundlage früherer Studien erfolgte, die auf eine Parallelität zwischen den Geschlechtern hindeuteten. Inwiefern von der Berücksichtung geschlechtsspezifischer Risikofaktoren ein höherer Beitrag zur Erklärung sexueller Aggression zu erwarten wäre, muss in den vorliegenden Befunden offen bleiben, stellt aber eine wesentliche Fragestellung künftiger Forschung dar.

## 4. Zusammenfassung

Der vorliegende Beitrag skizzierte den aktuellen Forschungsstand zum Verbreitungsgrad von physischer und sexueller Aggression in Paarbeziehungen unter besonderer Berücksichtigung des Geschlechts der TäterInnen und stellte eigene empirische Studien zu Prävalenz und Risikofaktoren physischer und sexueller Aggression bei männlichen und weiblichen Jugendlichen dar. Folgende Ergebnisse der Analyse sind festzuhalten:

*(1) Die Datenlage zu Geschlechtsunterschieden bei physischer Partnergewalt ist nicht eindeutig:*

- Bei strafrechtlich definierten Formen von Partnergewalt überwiegen Männer als Täter.
- Bei einer Gesamtbetrachtung über ein breites Spektrum von Erschei-

nungsformen zeigt sich eine leicht erhöhte Prävalenz für Frauen.

- Bei schweren Formen der Partnergewalt überwiegen männliche Täter.
- Frauen erleiden eher Verletzungen durch Partnergewalt als Männer.

*(2) Bei sexueller Gewalt ist die Datenlage eindeutig:*

- Männer treten häufiger als Täter in Erscheinung als Frauen.
- Der Geschlechterunterschied ist bei sexuellen Übergriffen in Paarbeziehungen geringer, aber trotzdem substantiell.
- In Bezug auf Risikofaktoren physischer und sexueller Aggression ergeben sich (a) Parallelen zwischen den Geschlechtern im Hinblick auf Kommunikationsstrategien, Druck der Peers und sexueller Aktivität und (b) Unterschiede im Hinblick auf Sozialisationsfaktoren (z.B. Missbrauch in der Kindheit).

## *Literatur:*

Anderson, P. B./Struckman-Johnson, C. (Eds.) (1998): Sexually aggressive women. New York.

Archer, J. (1999): Assessment of the reliability of the Conflict Tactics Scale. Journal of Interpersonal Violence, 14, S. 1263-1289.

Archer, J. (2000): Sex differences in aggression between heterosexual partners: A meta-analytic review. Psychological Bulletin, 126, S. 651-680.

Archer, J. (2002): Sex differences in physically aggressive acts between heterosexual partners: A meta-analytic review. Aggression and Violent Behavior, 7, S. 313-351.

Bergen, R. K. (1998) (Ed.): Issues in intimate violence. Thousand Oaks.

Burke, L. K./Follingstad, D. R. (1999): Violence in lesbian and gay relationships: Theory, prevalence, and correlational factors. Clinical Psychology Review, 19, S. 487-512.

Currie, D. H. (1998): Violent men or violent women? Whose definition counts? In: Bergen, R.K. (Ed.), Issues in intimate violence (S. 97-111). Thousand Oaks.

Dobash, R. E./Dobash, R. P. (1998) (Eds.): Rethinking violence against women. Thousand Oaks.

Harway, M./O'Neil, J. M. (1999) (Eds.): What causes men's violence against women? Thousand Oaks.

Koss, M. P./Gidycz, C. A./Wisniewski, N. (1987): The scope of rape: Incidence and prevalence of sexual aggression and victimization in a national sample of higher education students. Journal of Consulting and Clinical Psychology, 55, S. 162-170.

Krahé, B. (2001): The social psychology of aggression. Hove, UK.

Krahé, B./Scheinberger-Olwig, R. (2002). Sexuelle Aggression. Göttingen.

Krahé, B./Scheinberger-Olwig, R./Waizenhöfer, E. (1999): Sexuelle Aggression zwischen Jugendlichen: Eine Prävalenzerhebung mit Ost-West-Vergleich. Zeitschrift für Sozialpsychologie, Sonderheft 'Gewalt in der Gesellschaft', 30, S. 165-178.

Luedtke, J./Lamnek, S. (2002): „Studie: Schläge in jeder dritten Familie. Agora, 1, 8-9, www.ku-eichstaett.de/presse/agora/artikel/familie.

Merrill, G. S. (1998): Understanding domestic violence among gay and bisexual men. In. Bergen, R. K (Ed.), Issues in intimate violence. Thousand Oaks, S. 129-146

Rennison, C. M./Welchans, S. (2000): Intimate partner violence. Bureau of Justice Statistics Special Report, May. www. ojp.usdoj.gov/bjs/cvict.htm.

Renzetti, C. M. (1998): Violence and abuse in lesbian relationships. In R. K. Bergen (Ed.), Issues in intimate violence. Thousand Oaks, S. 117-127.

Spitzberg, B. H. (1999): An analysis of empirical estimates of sexual aggression victimization and perpetration. Violence and Victims, 14, S. 241-260.

Stets, J. E./Henderson, D. (1991): Contextual factors surrounding conflict resolution while dating: Results from a national study. Family Relations, 40, S. 29-36.

Straus, M. A. (1979). Measuring intrafamily conflict and violence: The Conflict Tactics Scales. Journal of Marriage and the Family, 41, S. 75-88.

Straus, M. A./Hamby, S. L./Boney-McCoy, S./Sugarman, D. B. (1996): The revised Conflict Tactics Scales (CTS2). Journal of Family Issues, 17, S. 283-316.

Sugarman, D. B./Hotaling, G. T. (1989): Dating violence: Prevalence, contents, and risk markers. In M. A. Pirog-Good/J. E. Stets (Eds.) Violence in dating relationships (S. 3-32). New York.

Wetzels, P./Greve, W./Mecklenburg, E./Bilsky, W./Pfeiffer, C. (1995): Kriminalität im Leben alter Menschen: Eine vergleichende Untersuchung von Opfererfahrungen, persönlichem Sicherheitsgefühl und Kriminalitätsfurcht. Stuttgart.

White, J. W./Koss, M. P. (1991): Courtship violence: Incidence in a national sample of higher education students. Violence and Victims, 6, S. 247-256.

White, J. W./Kowalski, R. M. (1994): Deconstructing the myth of the nonaggressive woman. Psychology of Women Quarterly, 18, S. 487-508.

# Die Selektivität strafrechtlicher Sozialkontrolle.
## Frauen und Delinquenz im Hell- und Dunkelfeld, als Opfer und Täter, als Anzeigende und Angezeigte

*Jürgen Mansel*

## 1. Zu geschlechtsspezifischen Gelegenheits- und Kontrollstrukturen

In den offiziellen Kriminalstatistiken sind Frauen insbesondere bei den Gewaltdelikten deutlich unterrepräsentiert. Auch wenn unbestreitbar ist, dass Frauen seltener strafrechtlich relevante Aktivitäten entwickeln, so bleibt doch die Frage, inwiefern das enorme Ausmaß dieser geschlechtsspezifischen Ungleichverteilung auch auf die Visibilität der Aktionen von Personen beider Geschlechter und die Reaktionen von Betroffenen und Zeugen auf deren abweichendes Verhalten verantwortlich sind.[1]

Folgende Aspekte können dabei zur Geltung gebracht werden:

> Zwar hat sich die alternativlose Koppelung von Frauen- und Familienleben in den vergangenen Dekaden weitgehend aufgelöst, aber gleichwohl orientieren sich Frauen bei ihren (Erwerbs-)Entscheidungen an den Bedürfnissen der Familie (Blossfeld/Drobni□ 2001), so dass die traditionale Arbeitsteilung in der Familie weiterhin auch von dem überwiegenden Teil der Frauen der jüngsten Generation realisiert wird (Bode 1999). Insofern in den Familien eine traditionale Rollenverteilung vorliegt, vollzieht sich der Alltag der Frauen primär im privaten Bereich. Ihre Tätigkeit ist deshalb seltener als die der Männer für die Öffentlichkeit sichtbar. Dadurch sinkt die Entdeckungswahrscheinlichkeit von abweichendem und ggf. strafrechtlich relevantem Verhalten und die Wahrscheinlichkeit, angezeigt zu werden (siehe hierzu auch Eisenbach-Stangl 1979: 15ff).[2]
>
> Im privaten Lebensraum unterliegen die Akteure einer intensiveren infor-

---

1 Ein Plädoyer, etikettierungstheoretische Ansätze auf Gewaltverhalten von Männern und Frauen anzuwenden, liefert Bock in diesem Band.

2 Entsprechend dieser Überlegung stieg z.B. im Zweiten Weltkrieg, d.h. in einer Zeit, in welcher Frauen zur Aufrechterhaltung der Kriegswirtschaft in der Industrie verstärkt als Arbeitskräfte rekrutiert wurden, die Kriminalitätsbelastung der Frauen im Vergleich zu der der Männer deutlich an (Brökling 1980: 104f.).

mellen Kontrolle. Durch diese wird potenziell abweichendes Verhalten nach außen abgeschirmt und ein öffentliches Bekanntwerden zur Aufrechterhaltung der Funktionsfähigkeit der Familie unterbunden. Die Zugriffsmöglichkeiten der formellen Kontrollorgane sind deshalb begrenzt (Eisenbach-Stangl 1979: 17ff.; Brökling 1980: 97f.).

Im privaten Lebensumfeld sind die Möglichkeiten, potenziell kriminalisierbare Handlungen auszuführen, eher begrenzt (Rotter 1979: 88; Bröking 1980: 97f.).

Das Strafrecht regelt primär Verhaltensweisen, die nach traditionellem Rollenverständnis überwiegend männertypisch sind. Typische Formen weiblicher Gewalt wie etwa das ‚Anstacheln' vertrauter Personen, anderen einen Schaden zuzufügen, oder die Unterminierung der Netzwerke des Gegenübers, um dessen Ansehen in dessen Bezugsgruppe zu untergraben (Björqvist 1994; Björqvist et al. 1992; Rivers/Smith 1994), unterliegen weniger eindeutigen strafrechtlichen Regelungen (Eisenbach-Stangl 1979: 18f.).

Infolge des größeren Einfühlungsvermögens, des Mitgefühls und des sozialen Denkens der Frauen und nicht zuletzt auch aufgrund der in den offiziellen Statistiken ausgewiesenen geringeren Kriminalitätsbelastung der Frauen wird ihren Aktionen seltener ein strafrechtlich relevantes Motiv unterstellt bzw. die Ausführung kriminalisierbarer Handlungen als gering eingeschätzt. Deshalb wird nicht nur ihr Verhalten seltener als strafrechtlich relevant definiert und von daher auch seltener zur Anzeige gebracht, sondern sie unterliegen auch einer vergleichsweise geringeren Kontrolldichte (Keupp 1982: 233f.).

Von daher ist das Geschlecht von Akteuren für Kriminalisierungsprozesse, die Wahrscheinlichkeit der Einleitung von Ermittlungsverfahren sowie die Art des Abschlusses von Verfahren keineswegs unbedeutend. Insofern sich die Akteure im Prozess der Strafverfolgung bei ihren Interpretationen und in ihren Entscheidungen vom Geschlecht der Personen leiten lassen, stellt sich nicht zuletzt auch die Frage, inwiefern das Strafrecht und das Handeln der Akteure innerhalb des Systems der Strafrechtskontrolle an der Rekonstruktion und der Verfestigung von Geschlechtsrollenstereotypen beteiligt sind (siehe hierzu Gildemeister/Wetterer 1992; Popp 2002; Popp in diesem Band).

Der Beantwortung der Frage, inwiefern das Anzeigeverhalten von Opfern und Zeugen von abweichendem und gewalttätigem Verhalten auf der einen Seite und die Reaktionen der verschiedenen Instanzen der staatlichen Strafrechtskontrolle zur geschlechtsspezifischen Verteilung bei den Kriminalitätsraten hinsichtlich der polizeilich Tatverdächtigen und der gerichtlich Abgeurteilten beitragen, versuchen wir uns im Folgenden auf drei unterschiedlichen Wegen zu nähern.

*Erstens* werden anhand vorliegender Individualdaten aus der Polizeilichen Kriminalstatistik und der Strafverfolgungsstatistik aus 13 Bundesländern die Belastungsziffern verglichen und der Anteil der weiblichen Täter bzw. Tatverdächtigen insgesamt und für einzelne Deliktgruppen berechnet. Darüber hinaus wird analysiert, inwiefern sich für weibliche Tatverdächtige die Wahrscheinlichkeit, später auch durch ein Gericht sanktioniert zu werden, von der bei männlichen Tatverdächtigen unterscheidet.

*Zweitens* sollen die Daten aus einer repräsentativen Bevölkerungsumfrage, bei welcher Opfererfahrungen und die Reaktionen von Opfern und Zeugen von kriminellen Handlungen im Mittelpunkt standen, Aufschluss darüber geben, inwiefern das Anzeigeverhalten vom Geschlecht der Täter auf der einen Seite und dem der Opfer auf der anderen Seite abhängt.

*Drittens* wird anhand der Daten einer repräsentativ angelegten Befragung bei Jugendlichen aus der Sekundarstufe I gezeigt, dass sich die eklatanten geschlechtsspezifischen Unterschiede im Hellfeld der Kriminalität in Dunkelfelduntersuchungen zumindest relativieren. In einem Exkurs wird dabei auch darauf eingegangen, inwiefern sich die sozialisatorischen Hintergrundbedingungen und Lebensumstände für die Entwicklung einer Verhaltenstendenz Gewaltbereitschaft und tatsächlichen Gewalthandlungen einerseits, aber auch für die Opfererfahrungen andererseits bei weiblichen und männlichen Jugendlichen unterscheiden. Letztendlich soll aber auf der Basis dieser Daten geprüft werden, ob sich für männliche und weibliche Jugendliche, die nach Eigenangaben spezifische Delikte ausgeführt haben, die Wahrscheinlichkeiten unterscheiden, von der Polizei als Tatverdächtige registriert und im weiteren Gang des Ermittlungsverfahrens von einem Gericht abgeurteilt zu werden.

## 2. Datengrundlagen und methodisches Vorgehen

### *2.1 Individualdaten der polizeilichen Kriminal- und der Strafverfolgungsstatistik*

Im Rahmen des Projektes „Konfliktregulierung von Straftaten"[3] hatten wir die einzelnen Landeskriminalämter und die statistischen Landesämter gebeten, uns für einen Vergleich der Kriminalisierungsraten von Einheimischen und Zuwanderern die Individualdaten der polizeilichen Kriminal- und der Straf-

3 Das Projekt „Konfliktregulierung bei Straftaten: Kriminalitätsfurcht und die Variation des Anzeigeverhaltens nach dem Alter und der Ethnie der Täter" wird von der Deutschen Forschungsgemeinschaft gefördert.

verfolgungsstatistik zur Verfügung zu stellen. Auf dieser Datengrundlage sollte überprüft werden, ob sich für Deutsche und die Zuwanderer aus unterschiedlichen Regionen die Wahrscheinlichkeit unterscheidet, nach einer polizeilichen Registrierung als Tatverdächtiger im weiteren Verfahrensablauf auch durch ein Gericht abgeurteilt und verurteilt zu werden (im Einzelnen siehe hierzu Mansel/Albrecht 2003b). Diese Daten werden hier für einen geschlechtsspezifischen Vergleich genutzt.

Insgesamt liegen für das Tatjahr 1999 die Datensätze aus 13 Bundesländern sowohl für die Polizeiliche Kriminalstatistik als auch für die Strafverfolgungsstatistik vor.[4] Der Datensatz aus der PKS umfasst 2.999.197 Fälle, für die ein Tatverdächtiger benannt werden konnte. Diese Straftaten wurden insgesamt 1.853.131 verschiedenen Personen zur Last gelegt. Die Strafverfolgungsstatistik umfasst die Daten von 678.826 Personen.

## *2.2 Repräsentative Opferbefragung*

Ebenfalls im Projekt „Konfliktregulierung bei Straftaten" wurde von IPSOS-Deutschland eine repräsentative Bevölkerungsbefragung durchgeführt, an der sich insgesamt 2.081 Personen beteiligten. Im Zentrum standen Opfererfahrungen und Situationen, in denen die Befragten Zeuge von Straftaten wurden. Für sieben umgangssprachlich formulierte Delikte wurden Viktimisierungen und zusätzlich stellvertretende Opfererfahrungen sowie in zwei Fragen Zeugensituationen erhoben. Insofern die Befragten entsprechende Erfahrungen berichteten, wurden jeweils anschließend verschiedene Merkmale der Tat erfasst. Zusätzlich wurden die den Befragen vorliegenden Informationen zur Person des Täters erhoben und gefragt, ob Anzeige erstattet wurde oder nicht.

Insgesamt umfasst dieser Datensatz 1.626 Straftatbestände. In 643 Fällen (39,5%) konnten die Befragten Angaben zum Geschlecht des Täters machen

---

4 Dies sind die Bundesländer Baden-Württemberg, Bayern, Berlin, Brandenburg, Bremen, Hamburg, Nordrhein-Westfalen, Niedersachsen, Rheinland-Pfalz, das Saarland, Sachsen, Schleswig-Holstein und Thüringen. Wir bedanken uns an dieser Stelle bei den Behörden und Ämtern, die uns die Daten zur Verfügung gestellt haben. Unser besonderer Dank gilt dabei Herrn Rockel vom Landeskriminalamt in NRW und Frau Kupferschmidt und Herrn Hufnagel vom Landesamt für Datenverarbeitung und Statistik in NRW, die für die Koordination der Datenaufbereitung bei den einzelnen statistischen Landesämtern verantwortlich waren.
Da in Hessen in der PKS die Löschfristen bei Bagatelldelikten bereits nach einem Jahr greifen, lagen für dieses Bundesland zu beiden Messzeitpunkten keine vollständigen Datensätze mehr vor. Hessen wurde deshalb nicht berücksichtigt.
In Mecklenburg-Vorpommern und Sachsen-Anhalt werden bisher keine Strafverfolgungsstatistiken geführt. Da damit weder Belastungsziffern für die Abgeurteilten noch die Quoten der Abgeurteilten an den Tatverdächtigen berechnet werden konnten, wurden beide Bundesländer von dem Vergleich ausgeschlossen.

(zu weiteren Details siehe Mansel/Albrecht 2003a). Diese Fälle stellen die Grundlagen für die Analysen zur Frage dar, inwiefern das Anzeigeverhalten einerseits nach dem Geschlecht des Täters und andererseits nach dem des Opfers variiert.

### *2.3 Repräsentativerhebung bei Jugendlichen*

Im Rahmen des Projektes „Angst vor Gewalt" (näheres hierzu siehe Mansel 2001) wurden Jugendliche neben den Sorgen und Ängsten, Opfer von Gewalthandlungen und anderen strafrechtlich relevanten Delikten zu werden, auch nach eigenen Gewalthandlungen sowie nach Opfererfahrungen befragt. Zusätzlich wurden Variablen zur schulischen, familialen und freizeitbezogenen Sozialisation sowie zu spezifischen Verhaltenstendenzen erhoben.

Diese Befragung fand im Klassenverband statt, wobei jede/jeder Jugendliche individuell einen Fragbogen bearbeitete. Insgesamt nahmen an dieser Befragung 2.086 Jugendliche teil. Diese Daten sind die Grundlage für die Analyse der Hintergründe von Gewaltbereitschaft, der Häufigkeit eigener Gewalttätigkeit sowie der Opfererfahrungen. Sie sind gemeinsam mit den erstgenannten Daten die Basis für die Berechnungen zur geschlechtsspezifischen Selektion von der selbstberichteten Delinquenz bis zur Inhaftierung.

## 3. Frauen als Tatverdächtige und Abgeurteilte

Vergleicht man zunächst die Belastungsziffern für die polizeilich Tatverdächtigen, wird deutlich, dass in weniger als bei einem Viertel der Fälle die registrierten Straftaten einer Frau zur Last gelegt werden. Dabei unterscheiden sich die Differenzen in den Belastungsziffern zwischen den einzelnen Deliktgruppen nicht unerheblich. Insbesondere bei den von der Qualität schwer einzustufenden Straftaten sind Frauen sehr viel seltener beteiligt. Bei den Straftaten gegen die sexuelle Selbstbestimmung und denen gegen die persönliche Freiheit, den Einbruchdiebstählen und den Raubdelikten (sowie bei den Verstößen gegen die strafrechtlichen Nebengesetze) handelt es sich bei nur etwa jedem zehnten der registrierten Tatverdächtigen um eine Frau. Demgegenüber wird bei den Körperverletzungen in etwa jedem siebten, bei den Vermögens- und Fälschungsdelikten in jedem vierten und bei den einfachen Diebstählen in jedem dritten Fall eine Frau verdächtigt, die Straftat ausgeführt zu haben (Tab. 1).

Noch deutlicher als bei den Tatverdächtigen werden die geschlechtspezifischen Differenzen bei den gerichtlich Abgeurteilten. Von denjenigen Straftätern, die durch ein Gericht sanktioniert werden, ist nur etwa jede sechste Person eine Frau.

Diese Unterschiede bei den Tatverdächtigen und den Abgeurteilten sind darauf zurückzuführen, dass in den Fällen, in welchen eine Frau der Ausführung einer Straftat verdächtigt wird, die Staatsanwaltschaft seltener Anklage erhebt und das von der Polizei eingeleitete Ermittlungsverfahren einstellt. Von zehn Tatverdächtigen müssen bei den Männern vier, bei den Frauen demgegenüber nur drei damit rechnen, im weiteren Verfahrensablauf sich für die Straftat vor einem Gericht verantworten zu müssen.

Auch bei der Quote der Abgeurteilten an den Tatverdächtigen fallen die geschlechtsspezifischen Differenzen innerhalb der einzelnen Deliktgruppen recht unterschiedlich aus. Besonders gering (weniger als 1,5 Prozentpunkte) sind sie bei den Straftaten gegen die sexuelle Selbstbestimmung und bei den Vermögens- und Fälschungsdelikten. In der Mehrzahl der einzelnen Deliktgruppen (etwa bei den Körperverletzungsdelikten, den Straftaten gegen die persönliche Freiheit, dem einfachen Diebstählen, den Einbruchsdiebstählen) liegt der Anteil der gerichtlich abgeurteilten Frauen an den Tatverdächtigen um über zehn Prozentpunkte niedriger als bei den Männern. Bedeutsam ist dabei, dass (mit Ausnahme bei den Verstößen gegen die strafrechtlichen Nebengesetze)[5] der Anteil der abgeurteilten Frauen an den Tatverdächtigen unter dem der Männer liegt, so dass die höhere Quote der Verfahrenseinstellungen bei den weiblichen Tatverdächtigen nicht auf die unterschiedliche Deliktstruktur der den Männern und Frauen zur Last gelegten Straftaten zurückgeführt werden kann.

Dies ist jedoch auch keinesfalls damit gleichzusetzen, dass etwa die Staatsanwälte gegenüber weiblichen Tätern besondere Milde walten lassen, denn die unterschiedliche Quote der Anklageerhebungen gegenüber männlichen und weiblichen Tatverdächtigen kann auch darauf basieren, dass z.B. a) den Männern durchschnittlich mehr Straftaten zur Last gelegt werden und bei mehreren Straftaten eben seltener auf eine Anklageerhebung verzichtet wird oder aber dass b) bei den den Männern zur Last gelegten Straftaten den Opfern häufiger ein schwerwiegenderer materieller und/oder physischer Schaden entstanden ist.

5 Bei den Verstößen gegen die strafrechtlichen Nebengesetze fällt die im Vergleich zu den anderen Delikten hohe Anklagequote auf. Diese basiert darauf, dass nicht alle gerichtlich geahndeten Verstöße in diesem Bereich von der Polizei erfasst werden, denn z.B. bei Verstößen gegen die steuerrechtlichen Bestimmungen, bei Zollvergehen oder bei Umweltdelikten führen andere Behörden die Ermittlungen durch und reichen die Ermittlungsakte unmittelbar an die Staatwaltschaft weiter, so dass die Polizei keine Kenntnis von diesen Straftaten erlangt.

Tab. 1: Belastungsziffern für polizeilich Tatverdächtige und gerichtlich Abgeurteilte sowie der Anteil der Abgeurteilten an den Tatverdächtigen[6] innerhalb einzelner Deliktgruppen nach dem Geschlecht der Täter für das Tatjahr 1999 (für 13 Bundesländer, nur deutsche Personen)

| Straftaten | Polizeilich Tatverdächtige | | Gerichtlich Abgeurteilte | | Anteil Abgeurteilter an Tatverdächtigen | |
|---|---|---|---|---|---|---|
| | ♂ | ♀ | ♂ | ♀ | ♂ | ♀ |
| gg. das Leben | 7 | 1 | 3 | 0.3 | 32.80 | 26.71 |
| gg. die sex. Selbstbest. | 60 | 5 | 20 | 1 | 29.53 | 27.95 |
| Raubdelikte | 61 | 7 | 27 | 3 | 41.44 | 34.77 |
| Körperverletzungen | 615 | 104 | 221 | 23 | 31.86 | 20.25 |
| gg. persönliche Freiheit | 202 | 25 | 43 | 3 | 18.19 | 9.65 |
| einfacher Diebstahl | 832 | 441 | 308 | 116 | 36.78 | 27.48 |
| Diebst. erschw. Umst. | 242 | 23 | 86 | 5 | 33.83 | 21.94 |
| Vermögens- und Fälschungsdelikte | 697 | 241 | 300 | 97 | 36.72 | 35.11 |
| sonstige gg. das StGB | 870 | 179 | 271 | 40 | 28.55 | 20.60 |
| gg. das BTM-Gesetz | 346 | 53 | 130 | 17 | 32.04 | 27.25 |
| gg. das Ausländergesetz | 25 | 9 | 9 | 2 | 30.42 | 20.06 |
| gg. sonst. Nebengesetze | 113 | 16 | 99 | 14 | 75.85 | 76.00 |
| Insgesamt | 3253 | 997 | 1516 | 321 | 42.39 | 30.75 |

Im Hinblick auf die Zahl der Straftaten ist festzustellen, dass im Durchschnitt der hier betrachteten 13 Bundesländer den tatverdächtigen Männern 1,73, den Frauen hingegen nur 1,35 Straftaten zur Last gelegt werden. Dieser Unterschied ist nicht von der Hand zu weisen. Allerdings ist hierbei auch anzumerken, dass in anderem Zusammenhang zumindest für Jugendliche ermittelt wurde (siehe hierzu Mansel 1993; Karstedt-Henke/Crasmöller 1991), dass mit der Zahl der begangenen Straftaten sowohl das Entdeckungsrisiko als auch die Sanktionierungswahrscheinlichkeit nur allmählich ansteigt und sich erst in einer als „Intensivtäter" (mehrere Taten mehrfach ausgeführt) zu bezeichnenden Gruppe merklich auswirkt, so dass gefolgert werden kann, dass die Un-

6 Die Belastungsziffern für die Tatverdächtigen beziehen sich auf die Bevölkerung insgesamt einschließlich der strafunmündigen Kinder. Die Belastungsziffern der Abgeurteilten und die Quoten der Abgeurteilten an den Tatverdächtigen beziehen sich auf die strafmündige Bevölkerung im Alter von 14 Jahren und älter. Zudem wurde der Anteil der Abgeurteilten an den Tatverdächtigen nicht auf der Basis der gerundeten Belastungsziffern, sondern anhand der Absolutzahlen berechnet.

terschiede in den Aburteilungsquoten männlicher und weiblicher Tatverdächtiger nicht ausschließlich auf der Zahl der zur Last gelegten Delikte basieren können.

Im nächsten Schritt soll der Frage nachgegangen werden, ob die Häufigkeit der Registrierung von Männern und Frauen als Tatverdächtige in einem Zusammenhang mit dem Anzeigeverhalten von Opfern und Zeugen steht.

## 4. Frauen als Anzeigende und Angezeigte

Aus der Opferbefragung geht zunächst hervor, dass nach einer Beobachtung oder Betroffenheit von einer Straftat eine private Strafanzeige keinesfalls den Regelfall darstellt. Annähernd genauso häufig wird auf die Erstattung einer Anzeige verzichtet.

Im Hinblick auf die oben gestellte Frage geht aus den Daten hervor, dass Opfer, wenn sie vermuten oder wissen, dass der Täter ein Mann war, seltener auf die Erstattung einer Anzeige verzichten als gegenüber weiblichen Tätern (Tab. 2). Allerdings gilt dies nur dann – wie die Aufgliederung nach dem Geschlecht der Opfer/Zeugen zeigt – wenn das Opfer eine Frau ist. Ist das Opfer eine Frau, ist für einen männlichen Täter die Wahrscheinlichkeit, angezeigt zu werden, gegenüber weiblichen Tätern um annähernd das Dreifache erhöht.

Anders ist dies hingegen, wenn die Opfer Männer sind, denn männliche Opfer verzichten gegenüber weiblichen Tätern – so weisen zumindest die Zahlen in Tab 2. aus – seltener auf die Erstattung einer Anzeige als gegenüber männlichen Tätern. Allerdings ist hier die Fallzahl sehr gering (und nicht zuletzt deshalb auch statistisch nicht signifikant), weshalb der Sachverhalt nur mit Vorsicht interpretiert werden kann.

Die geringe Zahl der männlichen Opfer von Straftaten, die von Frauen ausgeführt werden, deutet – im Zusammenhang mit den im nächsten Abschnitt zu berichtenden Verbreitungsdaten – einen anderen Sachverhalt an: Männern, als Vertreter des vermeintlich „starken" Geschlechts, bereitet es offensichtlich Probleme, sich als Opfer von Personen des „schwachen" Geschlechts zu begreifen. Vor diesem Hintergrund – so lässt sich schließen – interpretieren sie die gegen sie gerichteten Aktionen der Frauen seltener als Straftaten. Wenn sie sie aber als solche definieren, reagieren sie im besonderem Maße resolut und bringen dann ein entsprechendes Verhalten auch überproportional häufig zur Anzeige.

Der Sachverhalt, dass Männer kriminalisierbare Handlungen von Frauen, nur selten als Straftaten definieren, kann auch als Erklärung dafür herangezogen werden, dass auf der Basis der Daten der Opferbefragung, der Anteil der weiblichen Täter noch geringer ausfällt, als bei den polizeilich registrierten Straftaten, denn auf der Basis der Opferbefragung wird nur bei etwa jeder elften Tat vermutet, dass es sich bei dem Täter um eine Frau handelt.[7]

Tab. 2: Täter- und Opferraten sowie Anzeigequoten nach dem Geschlecht von Tätern und Opfern absolute Anzahl der Fälle, Relative Zeilenhäufigkeiten, *Relative Spaltenhäufigkeiten,* Anteil der angezeigten Fälle

| | | Opfer/Zeugen | | | Eta = p < [2] | Eta = p < [3] |
|---|---|---|---|---|---|---|
| | | Gesamt | ♂ | ♀ | | |
| Täter | ♂ | 589<br><br>*91.5*<br>**46.1** | 278<br>47.2<br>*94.9*<br>**44.0** | 311<br>52.8<br>88.6<br>**47.9** | .039<br>n.s. | .112<br>.005 |
| | ♀ | 55<br><br>*8.5*<br>**29.1** | 15<br>27.3<br>*5.1*<br>**60.0** | 40<br>72.7<br>*11.4*<br>**17.5** | .417<br>.01 | |
| | Gesamt [1] | 1616<br>100.0<br>**49.6** | 798<br>49.4<br>**50.0** | 818<br>50.6<br>**48.8** | .012<br>n.s. | |
| Eta = p < [4] | | .096<br>.05 | .071<br>n.s. | .194<br>.001 | | |

1 Einschließlich der Fälle mit unbekannten Tätern
2 Für die Frage: Unterscheidet sind der Anteil der angezeigten Täter nach dem Geschlecht der Opfer?
3 Für die Frage: Unterscheidet sich der Anteil der Täter nach dem Geschlecht der Opfer?
4 Für die Frage: Unterscheidet sich der Anteil der angezeigten Täter nach dem Geschlecht der Täter?

Auch der Umstand, dass die Straftaten von Frauen insgesamt (wenn das Geschlecht der Opfer unberücksichtigt bleibt) seltener zur Anzeige gebracht werden als die der Männer, muss nun wiederum keineswegs bedeuten, dass hierfür das Geschlecht der ausschlaggebende Grund ist. Vielmehr kann dies auch darauf basieren, dass die Straftaten von Frauen weniger schwerwiegend sind bzw. einen vergleichsweise geringen Schaden zur Folge haben. Dies kann aber anhand der Daten der Opferbefragung kontrolliert werden (Tab. 3).

Bei Kontrolle der Verletzungsfolgen zeigt sich, dass bei allen hier unterschiedenen Schadenskategorien die Unterschiede in der Anzeigequote nach

7 Wenn dem so ist, müssten die in der PKS registrierten Straftaten von Frauen überproportional häufig solche sein, in denen das Opfer keine Privatperson sondern ein Unternehmen (wie etwa beim Ladendiebstahl) oder eine öffentliche Einrichtung ist.

dem Geschlecht erhalten bleiben. Zwar schwächen sich die Unterschiede ab, wenn die Tat keinen physischen Schaden nach sich zieht, verstärken sich aber, wenn in der Folge eine ärztliche Behandlung des Opfers erforderlich wird. Die Wahrscheinlichkeit, dass ein Mann in solchen Fällen angezeigt wird, ist gegenüber den Frauen um das Fünffache erhöht.

Auch bei der materiellen Schadenshöhe bleiben die geschlechtsspezifischen Differenzen in allen Schadenskategorien enthalten, schrumpfen allerdings in der mittleren Schadenskategorie auf ein Minimum zusammen.

Tab. 3: Anzeigequoten gegenüber männlichen und weiblichen Tätern unter Kontrolle der Schadenshöhe bzw. der Tatfolgen; absolute Anzahl der Fälle

| Anzeigequote | ♂ | ♀ | Eta |
|---|---|---|---|
| Gesamt | 588<br>**46.1** | 55<br>**29.1** | .096 |
| physischer Schaden | | | |
| kein physischer Schaden | 314<br>**45.5** | 37<br>**35.1** | .064 |
| ausschließlich Schrecken | 174<br>**39.1** | 11<br>**18.2** | .102 |
| ärztliche Behandlung erforderlich | 100<br>**60.0** | 7<br>**14.3** | .228 |
| materieller Schaden | | | |
| kein materieller Schaden | 348<br>**36.8** | 28<br>**14.3** | .124 |
| Schaden bis 50.- DM | 101<br>**41.6** | 16<br>**37.5** | .029 |
| Schaden über 50.- DM | 101<br>**72.7** | 11<br>**54.5** | .104 |
| zusammengefasste Schadenskategorie | | | |
| Gering | 209<br>**28.2** | 25<br>**32.0** | .026 |
| Mittel | 212<br>**45.3** | 18<br>**16.7** | .155 |
| Hoch | 167<br>**69.5** | 12<br>**41.7** | .149 |

Da zum einen weder der Zusammenhang einerseits der Höhe des materiellen Schadens und andererseits der physischen Verletzungsfolgen mit der Wahrscheinlichkeit der Anzeigeerstattung linearer Natur ist, und zum anderen viele Delikte, bei denen ein hoher materieller Schaden entstehen kann, häufig keine physischen Folgen nach sich ziehen (z.B. beim Einbruchsdiebstahl, den Vermögens- und Fälschungsdelikten oder den einfachen Diebstählen) und umgekehrt Delikte mit physischen Folgen (wie etwa bei der Körperverletzung) keinen materiellen Schaden beinhalten, haben wir zusätzlich eine Schadensvariable gebildet, die verschiedene Aspekte zusammenfasst: a) die physischen Verletzungsfolgen, b) die materielle Schadenshöhe, c) die subjektive Bedeutsamkeit des abhanden gekommenen bzw. geschädigten Gutes und d) die in der Folge der Tat subjektiv erlebte Belastung.

Unter Kontrolle dieser Variablen ergibt sich Folgendes: Bei Delikten mit mittlerem und hohem Schaden bleiben die Differenzen hinsichtlich der Anzeigequoten, je nachdem ob der Täter männlichen oder weiblichen Geschlechts ist, erhalten – sie erhöhen sich sogar ein wenig. Bei Bagatelldelikten hingegen verkehrt sich der Zusammenhang, denn in diesen Fällen werden Männer seltener angezeigt als Frauen.

Insgesamt zeigen die Daten damit, dass die gegenüber den Frauen erhöhte Wahrscheinlichkeit für Männer, nach Ausführung einer strafrechtlich relevanten Tat von Opfern oder Zeugen angezeigt zu werden, nicht darauf zurückzuführen ist, dass die Taten der Männer „schwerer ins Gewicht" fallen. Ganz im Gegenteil: Denn mit steigenden Folgen vergrößern sich sogar die geschlechtsspezifischen Differenzen. Dagegen wird bei Bagatelldelikten in der Tendenz seltener gegenüber den Frauen Nachsicht geübt und auf die Anzeigeerstattung seltener verzichtet als bei entsprechenden Delikten von Männern.

Die Unterschiede in den Anteilen von männlichen und weiblichen Tätern in den offiziellen Statistiken auf der einen und in der Opferbefragung auf der anderen Seite zeigen an, dass beide Statistiken kaum eine verlässliche Grundlage bilden, um über den Verbreitungsgrad von Straftaten und deren Verteilung auf männliche und weibliche Täter Aussagen zu machen. Deshalb sollen in einem weiteren Schritt Befunde zur selbstberichteten Delinquenz herangezogen werden. Dabei müssen wir uns mit Daten von Jugendlichen begnügen.

## 5. Weibliche Jugendliche und selbstberichtete Delinquenz

In Tabelle 4 sind die Täter- und Opferraten für einzelne Delikte zusammengestellt. Angemerkt sei dabei, dass durch die Formulierungen auch Bagatelldelikte erfasst werden, die im Regelfall nicht strafrechtlich geahndet werden. So kann z.B. die Frage, ob man jemanden „absichtlich geschlagen oder verprügelt" hat, auch von einem Mädchen bejaht werden, welches einen aufdringlichen Jungen mit einer Ohrfeige abwehrt. Dennoch kann auch ein solches Verhalten in einen Strafprozess einmünden.[8] Die aktuell im Rahmen des Projektes „Konfliktregulierung bei Straftaten" durchgeführte Analyse staatsanwaltlicher Ermittlungsakten zeigt aber, dass einem nicht unerheblichen Anteil von Fällen, in denen Jugendliche von der Polizei als Tatverdächtige registriert werden, derartige Bagatelldelikte zugrunde liegen (siehe hierzu auch Mansel 1989: 250ff.).

Tab. 4: Jugendliche Täter und Opfer krimineller Handlungen nach dem Geschlecht (erster Wert: Handlung mindestens einmal im letzten Jahr ausgeführt; zweiter Wert: Mehrfachtäter)

| Ist es in den letzten 12 Monaten vorgekommen, dass Du ... (Opfersituationen Formulierungen im Passiv) | Täter | | | Opfer | | |
|---|---|---|---|---|---|---|
| | ♂ | ♀ | Eta | ♂ | ♀ | Eta |
| N = | 1076 | 999 | | 1078 | 1001 | |
| ... einen anderen absichtlich geschlagen oder verprügelt hast. | 41.0<br>7.5 | 20.4<br>3.1 | .22 | 32.2<br>5.8 | 19.1<br>3.6 | .15 |
| ... von anderen Sachen absichtlich zerstört oder beschädigt hast. | 20.7<br>3.7 | 11.0<br>0.9 | .14 | 26.7<br>4.2 | 22.6<br>2.6 | .05 |
| ... jemanden bedroht hast, damit sie oder er das tut, was Du willst. | 17.3<br>4.0 | 11.7<br>1.5 | .10 | 20.1<br>4.7 | 20.2<br>4.5 | .00 |
| ... jemanden mit einer Waffe bedroht hast. | 7.0<br>2.8 | 0.9<br>0.1 | .15 | 7.5<br>1.9 | 3.5<br>0.9 | .09 |
| ... jemandem eine Sache mit Gewalt weggenommen hast. | 20.5<br>2.8 | 14.0<br>1.1 | .09 | 21.2<br>6.9 | 16.6<br>2.6 | .05 |
| ... jemandem körperlich so nahe gekommen bist, dass sie oder er sich sexuell belästigt gefühlt hat. | 5.4<br>2.6 | 1.2<br>0.5 | .11 | 3.4<br>1.0 | 10.8<br>2.3 | .13 |
| Gewalttäter / Opfer insgesamt | 56.1<br>29.7 | 35.0<br>16.2 | .20 | 56.1<br>32.5 | 47.0<br>25.2 | .09 |
| ... irgendwo Sachen, die Dir nicht gehörten, mitgenommen hast.<br>... Du bestohlen wurdest | 26.9<br>6.9 | 19.5<br>4.2 | .09 | 26.2<br>4.2 | 19.6<br>2.6 | .09 |
| ... irgendwo eingebrochen bist (z.B. in ein Gebäude, ein Auto oder einen Automaten). | 9.6<br>3.5 | 1.6<br>0.1 | .17 | | | |
| ... einen anderen beleidigt hast. | 82.5<br>35.6 | 78.5<br>24.2 | .12 | 79.5<br>34.8 | 77.3<br>27.2 | .07 |
| ... jemandem (andere) Drogen angeboten hast. | 8.4<br>4.8 | 5.2<br>2.6 | .07 | 19.7<br>9.3 | 18.7<br>8.6 | .01 |
| Jugendliche, die sonstige deviante Handlungen ausgeführt haben / Opfer wurden | 87.4<br>56.0 | 81.6<br>42.6 | .14 | 89.0<br>72.8 | 87.3<br>65.9 | .07 |

8 Dies zeigt z.B. der Vorgang, als ein vom Autor sehr geschätzter Bundeskanzler von einer Frau vor dem Bundestag eine Ohrfeige verabreicht wurde.

Da die Daten in Tab. 4 für sich sprechen, soll aus Platzgründen hier nicht im Detail auf sie eingegangen werden. Sie zeigen insgesamt, dass die Anwendung physischer Gewalt nach wie vor eine Männerdomäne ist, dass aber auch weibliche Jugendliche keineswegs unbeteiligt sind. Ein Vergleich mit den Verbreitungsdaten aus früheren Dunkelfeldstudien zeigt dabei, dass die weiblichen Jugendlichen „aufgeholt" haben. Zwar hat sich in der letzten Dekade der Anteil der Jugendlichen, die angeben, im Zeitraum des letzten Jahres eine Gewalthandlung ausgeführt zu haben, bei männlichen und weiblichen etwa gleichermaßen um etwa zehn Prozentpunkte erhöht, so dass nach wie vor der (absolute) Abstand zwischen männlichen und weiblichen Jugendlichen gleich geblieben ist und damit der Anteil der Jugendlichen, die Gewalthandlungen berichten, bei den Jungen nach wie vor um etwa 20% über dem bei Mädchen liegt, aber relativ betrachtet ist der Abstand geschrumpft, denn Mitte der 80er Jahre war etwa ein Drittel der Jugendlichen, die von Gewalthandlungen berichten, weiblichen Geschlechts, Mitte der 90er Jahre sind es hingegen bereits etwa zwei Fünftel (Mansel/Hurrelmann 1998: 97ff.; Mansel 1995: 110ff.).

In der Soester Befragung gibt bei den männlichen Jugendlichen etwas mehr als die Hälfte an, im Zeitraum des letzten Jahres mindestens eine der abgefragten Gewalthandlungen ausgeführt zu haben, bei den weiblichen Jugendlichen trifft dies auf etwa ein Drittel zu. Ein Drittel der männlichen Jugendlichen gibt an, mehrere Gewalthandlungen ausgeführt zu haben, bei den weiblichen Jugendlichen ist es demgegenüber nur etwa ein Sechstel.

Auch bei den jugendlichen Gewaltopfern sind – im Unterschied zu den Erwachsenen (Tab. 2) – männliche Personen überrepräsentiert. Der Anteil der Opfer entspricht bei den Jungen dem der Täter. Bei den Mädchen liegt der Anteil der Täter bei einem Drittel, der der Gewaltopfer jedoch bei etwa der Hälfte (Abb. 1). Die Differenz zwischen männlichen und weiblichen Jugendlichen schmilzt damit von etwa zwanzig Prozentpunkten bei den Tätern auf weniger als zehn Prozentpunkte bei den Opfern zusammen. Der Anteil der Mehrfachopfer liegt bei den männlichen Jugendlichen bei einem Drittel, bei den weiblichen bei einem Viertel. Auch bei den im Schulkontext und auf dem Schulweg verübten Gewalthandlungen schmilzt die Differenz zwischen männlichen und weiblichen Jugendlichen von den Tätern zu den Opfern deutlich zusammen.

Insgesamt werden damit durch die Daten der Dunkelfeldforschung die im Hellfeld ermittelten geschlechtsspezifischen Unterschiede im Anteil von Personen, die Straftaten und dabei insbesondere Gewalthandlungen ausgeführt haben, deutlich relativiert. Wurde bei den vergleichbaren Delikten im Hellfeld nur in etwa jedem sechsten bis zehnten Fall die Tat einer Frau zur Last gelegt, so sind im Dunkelfeld über ein Drittel der Täter weiblichen Geschlechts.

Abb. 1: Anteil der Gewalttäter und -opfer nach dem Geschlecht

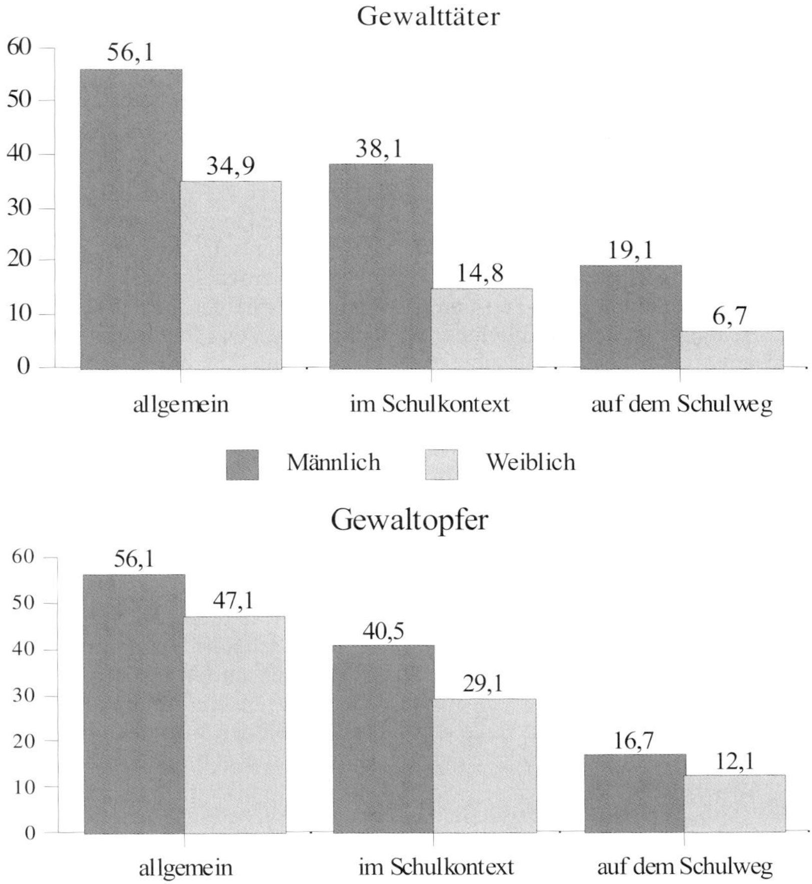


Der hohe Anteil der Gewalttäter soll im Folgenden zum Anlass genommen werden zu prüfen, welches die Hintergründe von Gewaltbereitschaft und eigener Gewalttätigkeit im Jugendalter sowie – und dies ist eine eher ungewöhnliche Fragestellung – der Häufigkeit der Viktimisierung sind. Dabei soll auch hier das Hauptaugenmerk auf die geschlechtsspezifischen Differenzen gelegt werden.

### *Exkurs: Geschlechtsspezifische Unterschiede bei den Hintergründen von Gewaltbereitschaft, dem Ausmaß eigener Gewalttätigkeit und der Häufigkeit von Opfererfahrungen*

Zusammenfassend kann festgestellt werden, dass die bivariaten Beziehungen der einzelnen Variablen der familialen, schulischen und freizeitbezogenen Sozialisation sowie der erhobenen Verhaltenstendenzen und Personmerkmale zu den drei abhängigen Variablen Gewaltbereitschaft, eigene Gewalttätigkeit und Häufigkeit der Viktimisierung, wie auch die durch die einzelnen Lebensbereiche erklärten Varianzen für die hier interessierenden Variablen von wenigen Ausnahmen abgesehen für beide Geschlechter sehr ähnlich ausfallen (Tab. 4). Nur bei den Regressionsberechnungen werden für männliche und weibliche Jugendliche zum Teil unterschiedliche Variablen bedeutsam (zum theoretischen Modell hinsichtlich der Bedeutsamkeit von Alltagserfahrungen, Lebensumständen und deren subjektive Verarbeitung für die Gewaltbereitschaft und die Gewalttätigkeit im Jugendalter siehe Mansel 2001).

Für beide Geschlechter wird bei der Verhaltenstendenz *Gewaltbereitschaft* durch die im Rahmen der Befragung erhobenen Variablen etwa ein Viertel der Varianz aufgeklärt, wobei die schulische Situation (gefolgt von der familialen Sozialisation) für beide Geschlechter die größte Bedeutung hat. Allerdings ist bei den Jungen die schulische Situation für das Ausmaß der Gewaltbereitschaft etwas bedeutsamer als bei den Mädchen.

Bei den Regressionsberechnungen werden für beide Geschlechter das Desinteresse an den schulischen Unterrichtsinhalten[9] und die wahrgenommene Konkurrenz unter den Mitschülerinnen und -schülern (und damit das wahrgenommene soziale Klima in der Klasse) bedeutsam für das Ausmaß der Gewaltbereitschaft. Bei den Jungen werden zusätzlich die Schulunlust und das objektive Schulversagen (Klassenwiederholung oder Versetzungsgefährdung) relevant, bei den Mädchen demgegenüber die subjektiv antizipierte Leistungsschwäche.

Gewaltbereitschaft tritt zusätzlich bei den männlichen und weiblichen Jugendlichen verstärkt auf, die den elterlichen Erziehungsstil als einengend, wenig Freiraum lassend und restriktiv erleben. Im Rahmen der familialen Sozialisation werden bei den Jungen zusätzlich latent schwelende Konflikte und Meinungsverschiedenheiten mit den Eltern von Bedeutung, bei den Mädchen hingegen eine rigide Sanktionspraxis der Eltern.

---

9 Wenn der Schulalltag an den Interessen der Jugendlichen vorbeigeht und kein Bezug von Unterrichtsinhalten und den im Alltag zu bewältigenden Aufgaben hergestellt werden kann und Schule nur als Pflicht und Zwang verstanden wird, sehen sich Jugendliche in ihren Entwicklungs- und Entfaltungsmöglichkeiten eingeschränkt und damit im Sinne von Galtung (1975) einer strukturellen Gewalt ausgeliefert.

Tab. 5: Sozialisationserfahrungen und Verhaltenstendenzen im Zusammenhang mit der Gewaltbereitschaft, Gewalttätigkeit und Opfererfahrungen (N = 1.081 männliche und 1.005 weibliche Jugendliche) Korrelatationskoeffizienten (p < .01) *b-Koeffizienten (bei Regression mit allen unabhängigen Variablen, b > .10)*

| | Gewaltbereit-schaft | | Gewalttätigkeit | | Viktimisierung | |
|---|---|---|---|---|---|---|
| | ♂ | ♀ | ♂ | ♀ | ♂ | ♀ |
| Schulische Belastung | .28 | .22 | .30<br>*.14* | .23 | .32<br>*.17* | .30 |
| Leistungsunzufriedenheit | .15 | .22<br>*.14* | .16 | .18 | .10 | .17 |
| Zukunftsunsicherheit | .14 | .19 | .14 | .19 | .22 | .18 |
| Desinteresse am Schulstoff | .31<br>*.11* | .23<br>*.16* | .20 | .17 | .09 | .09 |
| Schulangst | .16 | *-.18* | .18 | .13 | .24 | .25 |
| Schulversagen | .21<br>*.12* | .20 | .16 | .17 | .11 | .11 |
| Schulisches Gewaltpotenzial[10] | .36 | .29 | .29 | .23 | .26 | .32 |
| Akzeptanz Lehrkräfte | -.16 | -.11 | | -.11 | | |
| Wut auf Lehrkräfte | .23 | .18 | .14 | .17 | | .16 |
| Schulunlust | .28<br>*.13* | .21 | .14 | .15 | .12 | .11 |
| Konkurrenz Schüler | .26<br>*.16* | .21<br>*.14* | .13 | .14 | .17 | .24<br>*.13* |
| Freundschaftsbeziehungen Mitschüler | | | | -.09 | -.20<br>*-.10* | -.19 |
| Schulische Situation<br>Erklärte Varianz in % | 20.6 | 15.2 | 11.4 | 9.1 | 16.0 | 15.5 |

10 Da die wahrgenommene Gewalt im Schulkontext auch eine Folge der eigenen Gewalttätigkeit bzw. der Opfererfahrungen sein kann, wurde diese Variable bei Regressionsberechnungen nicht berücksichtigt.

Fortsetzung Tab. 5:

| | Gewaltbereitschaft | | Gewalttätigkeit | | Viktimisierung | |
|---|---|---|---|---|---|---|
| | ♂ | ♀ | ♂ | ♀ | ♂ | ♀ |
| Geborgenheit | -.20 | -.25 | -.25 | -.28<br>*-.10* | -.31<br>*-.11* | -.35<br>*-.13* |
| Konflikthäufigkeit | .28<br>*.13* | .27 | .30 | .31<br>*.15* | .31 | .33<br>*.11* |
| Inkonsistentes Erziehungsverhalten | .24 | .17 | .23 | .23 | .24 | .29 |
| Restriktives Erziehungsverhalten | .27<br>*.13* | .28<br>*.12* | .20 | .24 | .25 | .28 |
| Sanktionspraxis | .17 | .27<br>*.14* | .28<br>*.18* | .26 | .36<br>*.22* | .35<br>*.14* |
| Familiale Situation Erklärte Varianz in % | 11.1 | 11.1 | 12.8 | 12.4 | 18.4 | 18.0 |
| Integration in die Peergroup | | -.15<br>*-.11* | | -.11 | -.19 | -.16 |
| Zufriedenheit mit den finanziellen Mitteln | -.13 | -.15 | -.14 | -.15 | -.17 | -.20 |
| Ausreichend freie Zeit | -.11 | -.09 | -.10 | -.09 | -.12 | -.21 |
| Freizeitsituation Erklärte Varianz in % | 2.6 | 4.0 | 2.2 | 2.9 | 5.9 | 7.8 |
| Gewaltbereitschaft | | | .41<br>*.33* | .49<br>*.42* | .16 | .22 |
| Mangelnde Selbstverwirklichung | .23<br>*.10* | .19 | .17 | .13 | -.33<br>*.14* | .40<br>*.23* |
| Selbstwertschätzung | | -.12 | -.10 | -.15 | -.27 | -30 |
| Selbstwirksamkeit | *.12* | | | | -.11 | -.11 |
| Passive Problembewältigung | .14 | .22<br>*.15* | | .13 | | |
| Aktive Problembewältigung | -.10 | -.11 | -.16 | -.09 | -.12 | |
| Verhaltenstendenzen Erklärte Varianz in % | 9.7 | 8.5 | 18.7 | 24.6 | 13.8 | 19.9 |
| Alle Variablen Erklärte Varianz in % | 25.9 | 23.6 | 24.9 | 27.9 | 24.1 | 26.6 |

Im Rahmen der freizeitbezogenen Situation ist für die Gewaltbereitschaft lediglich bei den Mädchen von Relevanz, wenn sie unter den Freunden wenig Anerkennung erfahren, in eine randseitige Stellung abgeschoben werden und wenig Unterstützung erhalten.

Gewaltbereitschaft wird bei Jungen weiter dadurch gefördert, wenn sie bei der Bilanzierung ihres bisherigen Werdegang zu dem Resultat gelangen, dass die Möglichkeiten der Aneignung von Kompetenzen, Fertigkeiten und Fähigkeiten im Sinne eigener Interessenlagen und Anspruchshaltungen begrenzt sind, sie also im Rahmen ihrer Selbstverwirklichung strukturelle Barrieren wahrnehmen. Mädchen zeigen sich dagegen: verstärkt gewaltbereit, wenn sie sich bei der Bewältigung ihrer Alltagsprobleme veranlasst sehen, sich zurückzuziehen, das Problem beiseite zu schieben oder sich mit etwas anderem abzulenken.

Für die *eigene Gewalttätigkeit* sind neben der im Prozess der Auseinandersetzung mit den materiellen und sozialen Lebensbedingungen auf der einen und den inneren Ansprüchen und Erwartungshaltungen auf der anderen Seite entwickelten Gewaltbereitschaft vor allen die Lebensbedingungen und die Erfahrungen im Prozess der familialen Sozialisation von Bedeutung. Ausschlaggebend sind bei den Mädchen die schwelenden Konflikte mit den Eltern und die geringe Akzeptanz und Geborgenheit, bei den Jungen hingegen die rigide Sanktionspraxis der Eltern. Gewalt wenden zudem diejenigen Jugendlichen häufiger an, die sich bei der Bewältigung ihrer schulischen Pflichten überfordert fühlen. Insgesamt werden durch diese Variablen wiederum etwa 25% der Varianz der Häufigkeit eigenen Gewalthandelns erklärt.

Auch für das Ausmaß von eigenen *Opfererfahrungen* können durch die im Rahmen der Soester Studie erhobenen Variablen etwa 25% der Varianz aufgeklärt werden, wobei die Variablen der familialen und der schulischen Situation jeweils einen höheren Anteil der Opfererfahrungen als der eigenen Gewalttätigkeit aufklären (siehe hierzu auch Mansel 2001b).

Für die Opfererfahrungen ist im Rahmen der familialen Sozialisation wiederum die rigide Sanktionspraxis der Eltern bedeutsam, d.h. es werden insbesondere diejenigen Jugendlichen Opfer der Gewalt der Gleichaltrigen, die auch von den Eltern geprügelt werden. Ähnlich wirken auch die ausbleibende Erfahrung von Anerkennung, Akzeptanz und Geborgenheit im Elternhaus und bei Mädchen zusätzlich die schwelenden Konfliktlagen mit den Eltern.

Diese Jugendlichen gelangen bei der Bilanzierung ihrer eigenen Entwicklung zu dem Schluss, dass die Möglichkeiten der aktiven Gestaltung ihrer Umwelt begrenzt sind (mangelnde Selbstverwirklichung), ziehen sich deshalb aus dem Alltagsgeschehen eher passiv zurück, entwickeln nur ein geringes Selbstwertgefühl und treten von daher in der Interaktion mit den Gleichaltrigen wahrscheinlich eher verunsichert auf und zeigen wenig Gegenwehr, so dass potenzielle Täter sie als Opfer auswählen, weil sie kaum befürchten müssen, von der Attacke selbst einen Schaden davontragen zu müssen.

In diesem Zusammenhang spielt eine Rolle, dass die jugendlichen Opfer in der Schule nur wenig Freundschaftsbeziehungen unterhalten und auch sonst nur in geringem Ausmaß in die Gleichaltrigengruppe integriert sind, weshalb sie bei solchen Angriffen, nur wenig darauf vertrauen können, dass andere ihnen helfend beiseite stehen. Opfer werden zudem überproportional häufig solche Jungen, die sich von den schulischen Aufgaben in starkem Maße belastet oder sogar überfordert fühlen. Die weiblichen Opfer nehmen demgegenüber das Verhalten ihrer Mitschülerinnen und Mitschüler als egoistisch und auf den eigenen Nutzen ausgerichtet wahr.

## 6. Die Selektion: Vom Selbstbericht bis zur Inhaftierung

Kommen wir nach diesem Diskurs zu Ausgangsfragestellung zurück. Wie reagieren die am System der Strafrechtskontrolle beteiligten Instanzen auf abweichendes Verhalten von männlichen und weiblichen Straftätern? Unterscheiden sich bei männlichen und weiblichen Straftätern die Wahrscheinlichkeiten, mit welchen sie als Tatverdächtige registriert und gerichtlich sanktioniert werden?

Um zur Aufklärung des Sachverhalts beizutragen, wird im Folgenden ein nicht erlaubter Schritt vollzogen und die Daten aus der Dunkelfeldstudie mit denen aus dem Hellfeld in Beziehung gesetzt (Tab. 6).[11]

In der Soester Studie geben zwei Fünftel der männlichen und ein Fünftel der weiblichen Jugendlichen an, einen anderen „absichtlich geschlagen oder verprügelt" zu haben. Aber nur etwa jeder 50. männliche und jede 200. weibliche Jugendliche wird von der Polizei infolge eines Körperverletzungsdeliktes als Tatverdächtige/r registriert. Damit wird etwa jeder 20. männliche Jugendliche, der angibt, eine entsprechende Handlung ausgeführt zu haben, von der Polizei auch registriert. Bei den weiblichen Jugendlichen gilt Entsprechendes für weniger als jede 40. Etwa jeder 50. männliche Jugendliche muss sich später für seine Tat vor Gericht verantworten. Von den weiblichen Jugendlichen, die selbst eine Körperverletzung berichten, muss dies hingegen nur etwa jede 135. Etwa jeder 75. männliche Jugendliche wird für seine Tat

11 Zumindest zwei Gründe können zurecht gegen die Zusammenstellung vorgebracht werden. 1) Die Dunkelfeldstudie ist eine Regionalstudie, die sich auf die Region um Soest bezieht, die Hellfelddaten beziehen sich demgegenüber auf NRW insgesamt. 2) In der Dunkelfeldstudie wurden Daten von Jugendlichen vom 6. bis zum 10. Klassenjahrgang erhoben. Die Befragten sind damit mehrheitlich zwischen 12 und 16 Jahre alt. Die Hellfelddaten beziehen sich demgegenüber auf 14- bis unter 18jährige. Da aber beide Faktoren die Population sowohl der männlichen als auch der weiblichen Jugendlichen gleichermaßen verzerren, halten wir ein solches Vorgehen dennoch für angemessen.

auch gerichtlich sanktioniert. Bei den weiblichen Jugendlichen gilt dies demgegenüber nur für weniger als jede 200. Von den wegen eines Körperverletzungsdeliktes polizeilich registrierten männlichen Jugendlichen wird gegenüber 40% Anklage erhoben, bei den weiblichen gilt dies für etwa 30%. Über ein Viertel der polizeilich registrierten männlichen Jugendlichen wird gerichtlich sanktioniert, von den registrierten weiblichen Jugendlichen hingegen weniger als ein Fünftel. Für einen männlichen, aufgrund eines Körperverletzungsdelikts als tatverdächtig registrierten Jugendlichen liegt die Wahrscheinlichkeit, zu einer Freiheitsstrafe verurteilt zu werden, bei 1:270, für eine weibliche Jugendliche bei 1:1.800. Sehr ähnlich sehen die geschlechtsspezifischen Selektionsquoten bei den Raubdelikten aus.

Tab. 6: Selbstbericht und gerichtliche Verurteilung für einzelne Deliktgruppen bei männlichen und weiblichen Jugendlichen in NRW

| | Körperverletzung | | sexuelle Belästigung | | Raub | | einfacher Diebstahl | |
|---|---|---|---|---|---|---|---|---|
| | ♂ | ♀ | ♂ | ♀ | ♂ | ♀ | ♂ | ♀ |
| **Absolut in NRW** | | | | | | | | |
| Polizeil. Tatverd. | 8344 | 1810 | 600 | 4 | 2456 | 310 | 14868 | 8869 |
| Gerichtl. Abgeurt. | 3292 | 559 | 163 | 4 | 1127 | 123 | 4477 | 1744 |
| Gerichtl. Verurt. | 2187 | 337 | 106 | 3 | 923 | 108 | 2739 | 917 |
| Freiheitsstrafe | 31 | 1 | 2 | 0 | 44 | 4 | 19 | 6 |
| **Anteil an der jugendlichen Bevölkerung** | | | | | | | | |
| Selbstbericht | 41.0 | 20.4 | 4.1 | 0.6 | 20.5 | 14.0 | 26.9 | 19.5 |
| Polizeil. Tatverd. | 2.13 | 0.49 | 0.15 | 0.00 | 0.58 | 0.08 | 3.79 | 2.39 |
| Gerichtl. Abgeurt. | 0.84 | 0.15 | 0.04 | 0.00 | 0.29 | 0.03 | 1.14 | 0.47 |
| Gerichtl. Verurt. | 0.56 | 0.09 | 0.03 | 0.00 | 0.24 | 0.03 | 0.70 | 0.25 |
| Freiheitsstrafe | 0.01 | 0.00 | 0.00 | 0.00 | 0.01 | 0.00 | 0.00 | 0.00 |
| **Anteil an der selbstberichteten Delinquenz der Jugendlichen** | | | | | | | | |
| Polizeil. Tatverd. | 5.19 | 2.39 | 3.73 | 0.18 | 2.81 | 0.60 | 14.09 | 12.25 |
| Gerichtl. Abgeurt. | 2.05 | 0.74 | 1.01 | 0.18 | 1.40 | 0.24 | 4.25 | 2.41 |
| Gerichtl. Verurt. | 1.36 | 0.45 | 0.66 | 0.14 | 1.15 | 0.21 | 2.60 | 1.27 |
| Freiheitsstrafe | 0.02 | 0.00 | 0.01 | 0.00 | 0.05 | 0.01 | 0.02 | 0.01 |
| **Anteil an den polizeilich Tatverdächtigen im Jugendalter** | | | | | | | | |
| Gerichtl Abgeurt. | 39.45 | 30.88 | 27.17 | 100 | 45.89 | 39.68 | 30.11 | 19.66 |
| Gerichtl. Verurt. | 26.21 | 18.62 | 16.67 | 75.0 | 37.58 | 34.84 | 18.42 | 10.34 |
| Freiheitsstrafe | 0.37 | 0.06 | 0.33 | 0.0 | 1.79 | 1.29 | 0.13 | 0.07 |

Deutlich weniger stark ausgeprägt fallen demgegenüber die geschlechtsspezifischen Unterschiede bei den Selektionsquoten beim einfachen Diebstahl aus. Etwa jeder vierte männliche Jugendliche gibt bei der Dunkelfeldbefragung an, irgendwo Sachen mitgenommen zu haben, die ihm/Ihr nicht gehörten, von den weiblichen Jugendlichen ist dies etwa jede fünfte. Von diesen werden bei den männlichen Jugendlichen etwa 14% und von den weiblichen etwa 12% als Tatverdächtige registriert. Das Entdeckungsrisiko ist damit nach einem Diebstahlsdelikt für männliche und weibliche Jugendliche etwa gleich groß. Allerdings ist von diesen polizeilich registrierten Jugendlichen, der Anteil derer, die sich vor einem Gericht verantworten müssen und die dann auch gerichtlich sanktioniert und zu einer Freiheitsstrafe verurteilt werden, bei den weiblichen Jugendlichen nur halb so groß wie bei den männlichen.

Damit zeichnet sich ab, dass bei mit Gewalt verbundenen, und damit nach dem Rollenklischee typisch männlichen Delikten, wie etwa der Körperverletzung und Raubdelikten, für die männlichen Jugendlichen sowohl die Entdeckungswahrscheinlichkeit als auch das Risiko, für diese Handlung sanktioniert zu werden, gegenüber den weiblichen Jugendlichen deutlich erhöht ist. Bei den einfachen Diebstahlsdelikten, die eine weniger eindeutige Männerdomäne darstellen, ist demgegenüber das Entdeckungsrisiko für männliche und weibliche Jugendliche nahezu identisch. Allerdings müssen auch hier die weiblichen Tatverdächtigen deutlich seltener damit rechnen, für ihr Verhalten die Konsequenzen zu übernehmen.

## 7. Das Strafrecht und die Konstruktion von Geschlechtersteoreotypen und von Geschlechtlichkeit

Ein Zyniker könnte aus den hier vorgelegten Daten folgern, dass Frauen auch innerhalb des Strafrechtssystems einer erheblichen Benachteiligung unterliegen, denn für sie sind die Chancen, die Karriere eines Straftäters „erfolgreich" mit der Inhaftierung abzuschließen, deutlich geringer. Denn an mehreren Stellen innerhalb des Systems der Strafrechtskontrolle gelingt es Frauen wegen im Strafrechtssystem verankerter Barrieren deutlich seltener, die hierzu erforderlichen Schwellen zu überwinden. Diese zynische Position soll hier nicht weiter verfolgt werden. Gewichtiger erscheint es, dass über das Strafrecht und die im Strafjustizsystem agierenden Akteure klassische Vorstellungen von typischen Verhaltensweisen bei Männern und Frauen reproduziert und verfestigt werden. Sofern Männern und Frauen diese Verhaltensweisen in ihr Selbstbild aufnehmen und sich im Alltagshandeln davon leiten lassen, trägt das Strafrecht letztendlich zur Rekonstruktion von Geschlechtlichkeit bei.

Die Mechanismen, die für diese geschlechtsspezifische Selektion im Strafrechts, von der Ausführung einer strafrechtlich relevanten Handlung, über die Definition als Straftat durch relevante Dritte und die Registrierung als Tatverdächtige bis zu deren Verteilung wirksam werden, bedürfen jedoch noch der genaueren Analyse.

Wenn sich der Umstand bestätigt, dass es primär weibliche Opfer sind, die gegenüber weiblichen Tätern auf die Erstattung einer Anzeige verzichten, dann stellt sich die Frage, ob ggf. auch das Geschlecht der/des die Anzeige aufnehmende/n Polizei- bzw. Kriminalbeamtin/beamten eine Rolle spielt, wie mit dem Sachverhalt umgegangen und wie in der Angelegenheit weiter verfahren wird. Welche Bedeutung haben die Geschlechtsrollenstereotype für die Entscheidungen von Staatsanwältinnen und -anwälten, von Richtern und Richterinnen? Aber vielleicht ist dieses gar nicht so bedeutsam, denn möglicherweise werden die Frauen auch nur deshalb seltener für unrechtes Verhalten zur Verantwortung gezogen, weil sie den Unrechtsgehalt eher einsehen und sich reuiger Verhalten als Männer.

## *Literatur:*

Bode, H. (1999): Stand des Rollenverständnisses und der Gleichstellung von Frau und Mann: Ergebnisse einer repräsentativen Umfrage. Düsseldorf: Ministerium für Frauen, Jugend, Familie und Gesundheit des Landes Nordrhein-Westfalen.

Björkqvist, K./Lagerspetz, K.M.J./Kaukiainen, A. (1992): Do girls manipulate and boys fight? Developmental trends in regard to direct and indirect aggression. In: Aggressive Behavior, 18, S. 117-127.

Björkqvist, K. (1994): Sex differences in physical, verbal, and indirect aggression. A review of recent research. In: Sex Roles, 30 (3/4), S. 177-188.

Blossfeld, H.-P./Drobni□, S. (2001): Careers of Couples in Contemporary Societies. Oxford.

Brökling, E. (1980): Frauenkriminalität. Darstellung und Kritik kriminologischer und devianzsoziologischer Theorien. Versuch einer Neubestimmung. Stuttgart.

Eisenbach-Stangl, I. (1979): Weiblicher Körper und männliche Vernunft. Abweichung und Kontrolle von Frauen. In: Kriminalsoziologische Bibliographie, 6 (1) ,4-38.

Galtung, J. (1975): Strukturelle Gewalt. Reinbek.

Gildemeister, R./Wetterer, A. (1992): Wie Geschlechter gemacht werden. Die soziale Konstruktion der Zweigeschlechtlichkeit und ihrer Reifizierung in der Frauenforschung. In: Knapp, G.-A./Wetterer, A. (Hrsg.): Traditionen – Brüche. Entwicklungen feministischer Theorie. Forum Frauenforschung, Band 6. Freiburg, S. 201-254.

Karstedt-Henke, S./Crasmöller, B. (1991): Risks of being detected, chances of getting away. Estimating the impact of involvement in delinquency on detection rates for juvenile offenders. In: Junger-Tas, J./Boendermaker, L./van der Laan, P.H. (Hrsg.): The future of the juvenile justice system. Leuven/Amersfoort. S. 33-61.

Keupp, L. (1982): Zur Problematik der weiblichen Delinquenz. In: Monatsschrift für Kriminologie und Strafrechtsreform, 65 (3), S. 219-229.

Mansel, J. (1989): Die Selektion innerhalb der Organe der Strafrechtspflege am Beispiel von jungen Deutschen, Türken und Italienern. Eine empirische Untersuchung zur Kriminalisierung durch Organe der Strafrechtspflege. Frankfurt am Main/Bern/New York.

Mansel, J. (1993): Schulische Gewalt und Kriminalisierung. In: Schubarth, W./ Melzer, W. (Hrsg): Schule, Gewalt und Rechtsextremismus. Opladen. S. 93-114.

Mansel, J. (1995): Quantitative Entwicklung von Gewalthandlungen Jugendlicher und ihrer offiziellen Registrierung. Ansätze schulischer Prävention zwischen Anspruch und Wirklichkeit. In: Zeitschrift für Sozialisationsforschung und Erziehungssoziologie. 15 (2), S. 101-121.

Mansel, J. (2001): Angst vor Gewalt. Eine Untersuchung von Hintergründen und Folgen von Kriminalität im Jugendalter. Weinheim/München.

Mansel, J. (2001b): Familiale Erziehung und Gewalterfahrungen. Hintergründe und Folgen der Viktimisierung. In: Zeitschrift für Familienforschung, 13 (3), S. 26-51.

Mansel, J./Albrecht, G. (2003a): Die Ethnie des Täters als Prädiktor für das Anzeigeverhalten von Opfern und Zeugen. Die private Strafanzeige als Form der Konfliktregulierung. Zur Veröffentlichung bei einer Fachzeitschrift eingereichtes Manuskript.

Mansel, J./Albrecht, G. (2003b): Migration und das kriminalpolitische Handeln staatlicher Strafverfolgungsorgane. Zuwanderer als polizeilich Tatverdächtige und gerichtlich Abgeurteilte. Zur Veröffentlichung bei einer Fachzeitschrift eingereichtes Manuskript.

Mansel, J./Hurrelmann, K. (1998): Aggressives und delinquentes Verhalten Jugendlicher im Zeitvergleich. Befunde aus Dunkelfeldforschungen aus den Jahren 1988, 1990 und 1996. In: Kölner Zeitschrift für Soziologie und Sozialpsychologie, 50 (1), S. 78-109.

Popp, U. (2002): Geschlechtersozialisation und schulische Gewalt. Geschlechtstypische Ausdrucksformen und konflikthafte Interaktionen von Schülerinnen und Schülern. Weinheim.

Rivers, I./Smith, P.K. (1994): Types of bullying behavior and their correlates. In: Aggressive Behavior, 20, S. 359-368.

Rotter, M. (1979): Die Frau in der Kriminologie. In: Kriminalsoziologische Bibliographie, 6 (1), S. 83-100.

# Ist sexuelle Gewalt schlimmer geworden?
## Versuch einer definitionstheoretisch begründeten Antwort

*Helge Peters*

## 1. Theoretischer Ausgangspunkt

Sexuelle Gewalt beunruhigt uns. Verwunderlich ist es daher nicht, dass vielerorts versucht wird, die Verbreitung sexueller Gewalt zu erkunden. Hans-Christian Harten hat einige Ergebnisse solcher Versuche zusammengestellt. Zwei Beispiele: 31% eines Samples von Frauen, das in San Francisco befragt worden war, berichteten von selbst erlebter versuchter, 24% von vollendeter Vergewaltigung. Dagegen berichteten nur 13,5% eines Samples von Frauen, das etwas später in Los Angeles befragt worden war, dass sie schon einmal Opfer eines sexuellen Gewaltakts gewesen seien (Harten 1995: 7).

Harten erklärt diese Differenzen u. a. mit Unterschieden in den Gewaltbegriffen, die diesen Untersuchungen zugrunde gelegen hätten. In San Francisco sei es um erzwungenen Geschlechtsverkehr gegangen, in Los Angeles um erzwungene sexuelle Kontakte. Dies aber erklärt die Differenz eigentlich nicht. Erzwungener Geschlechtsverkehr ist ja wohl ein Fall erzwungener sexueller Kontakte. Das umgekehrte quantitative Verhältnis wäre also plausibler. Und so kommt Harten noch auf einige andere Faktoren, die die beschriebene Differenz erklären könnten. Vor allem aber irritiert die Uneinheitlichkeit der Begrifflichkeit: „Es ist nach diesen Studien (die Harten referiert – H.P.) schwer zu beurteilen, wie weit sexuelle Gewalt wirklich verbreitet ist“, schreibt er (Harten 1995: 22). Harten strebt deswegen danach, eine klare Definition sexueller Gewalt festzulegen.

Das kann man machen. Mindestens aber ebenso plausibel ist es, den Befund, den Harten bemängelt und der ihn zu jenen Definitionsbemühungen veranlasst, zum Ausgangspunkt konstruktiver soziologischer Überlegungen zur sexuellen Gewalt zu machen. Es ist ja ein wenig naiv, an die Formulierung einer präzisen Definition sexueller Gewalt die Hoffnung zu knüpfen, herausfinden zu können, „wie weit sexuelle Gewalt wirklich verbreitet ist“. Zu bedenken ist, dass es unterschiedliche Vorstellungen davon gibt, was sexuelle Gewalt ist. Sexuelle Gewalt, hat keinen bedeutungsunabhängigen Kern, den man per Definition herausschälen könnte. Sie ist das, was sie bedeutet. Wer ermitteln will, wie weit sexuelle Gewalt verbreitet ist und warum es sie gibt, tut deswegen gut daran, die Bedeutung sexueller Gewalt zu erkunden.

Diese Bedeutung variiert u. a. mit *Normen* und den *Kontexten*, in denen das entsprechende Handeln wahrgenommen wird.

Zu den Normen: In westlichen Gesellschaften gilt die Norm, dass sexuelle Kontakte einvernehmlich erfolgen sollen. Sexuelles Handeln, das gegen diese Norm verstößt, ist sexuelle Gewalt. Die angesprochene Norm galt aber nicht immer und nicht überall. In Teilen des mittelalterlichen Europas z. B. hatte der Grund- und Leibherr das „ius primae noctis", das Vorrecht also, mit der Braut des Hintersassen zu schlafen.[1] Das Einverständnis der jeweiligen Frau war unerheblich. Die Inanspruchnahme dieses Rechts war keine Vergewaltigung, weil die Einvernehmlichkeits-Norm nicht galt.

Zu den Kontexten: Wir verstehen das Handeln anderer stets im Rahmen der Kontexte, in die wir das Handeln eingebettet sehen. Nehmen wir an, eine Frau trampt nachts. Ein männlicher Autofahrer hält mit seinem Auto und lässt die Frau einsteigen. Nach zwei Kilometern biegt der Fahrer in einen Wald ein, stoppt und zwingt die Frau zum Beischlaf. Vergewaltigung? Die meisten von uns werden diese Frage wohl bejahen. In den 50er Jahren des vergangenen Jahrhunderts geschah das nicht: Die Kontexte „nachts" und „zu einem fremden Mann ins Auto steigen" hinderten viele – gerade auch Richter – das Handeln des Mannes „Vergewaltigung" zu nennen. Deutlich wird an diesem Beispiel im Übrigen, dass sich die Bedeutungen von Kontexten verändern können.

Ich nenne Arbeiten, die die Verbreitung von Handlungen und die Veränderung dieser Verbreitung mit normativen und kontextuellen Wandlungen zu beschreiben und zu erklären versuchen, „definitionstheoretisch".

Geht es um Untersuchungen sexueller Gewalt, so gibt es in unseren Zeiten gute Gründe für eine definitionstheoretische Orientierung. Behauptet wird, dass Individualisierungstendenzen unsere Sensibilität gegenüber Gewalt gesteigert hätten. Es werde mehr Handeln als Gewalt definiert als früher. Das gelte insbesondere für sexuelle Gewalt. Sexuelles sei ein „Problemgenerator", schreibt Rüdiger Lautmann. Die Suche nach Neoproblemen verlaufe in letzter Zeit erfolgreich. Jährlich komme etwa ein sexueller Missstand hinzu (vgl. Lautmann 1993: 152f.). Behauptet wird von verschiedenen Autoren, dass sich

1 Aus gegebenem Anlass ist darauf aufmerksam zu machen, dass es sich bei diesem Herrenrecht "keineswegs nur um eine Fiktion oder einen Mythos gehandelt hat", wie Jörg Wettlaufer in seiner einschlägigen Untersuchung resümierend feststellt (1999: 337). Es habe sich um eine typisch menschliche "Geste" der innergeschlechtlichen und sozialen Konkurrenz gehandelt, "die sich auf der Grundlage der spezifischen Bedingungen der Eheschließung und der Herrschaftskonzepte zu Beginn des europäischen Mittelalters ausbilden konnte und am Ausgang dieser Epoche eine bemerkenswerte Blüte erlebte" (ebd.). Die Quellenlage deute freilich darauf hin, dass die Beanspruchung des Herrenrechts der ersten Nacht im Spätmittelalter und der frühen Neuzeit eher die Ausnahme als die Regel gewesen sei (vgl. Wettlaufer 1999: 334).

die Definitionen sexueller Gewalt entgrenzen und die Schwellen, oberhalb derer ein Handeln als sexuelle Gewalt definiert würde, sinken würden (vgl. Menzel/Peters 2003, 20ff.).

## 2. Die Datenbasis

Ich gehe im Folgenden der Frage nach, ob sich die Bedeutung der *Kontexte*, in die Handlungen eingebettet gesehen werden, die als sexuelle Gewalt bezeichnet werden, im Sinne dieser Behauptungen geändert hat. Beantworten sollen diese Frage die Ergebnisse einer Untersuchung von Akten, die gerichtliche Verurteilungen von sexuellen Gewalttätern dokumentieren.

„Sexuelle Gewalt" ist kein juristischer Begriff. Strafgesetzlich thematisiert wird sexuelle Gewalt im 13. Abschnitt des Strafgesetzbuches (StGB) – §§ 174-184 StGB – der die Überschrift „Straftaten gegen die sexuelle Selbstbestimmung" trägt. In Betracht kommen also als Untersuchungsmaterial Akten, die Verurteilungen von Personen dokumentieren, die derartige Straftaten begangen haben. Da für die Prüfung der zentralen Annahme ein Zeitvergleich erforderlich ist, muss die legislative Lage möglichst konstant gehalten werden. Sie *war* lange Zeit ziemlich konstant in den vergangenen Jahren – bis 1997. In diesem Jahr wurden der § 177 StGB – bis dahin „Vergewaltigung" – und der § 178 StGB – bis dahin „sexuelle Nötigung" – geändert. Da immer nur komplette Aktenjahrgänge berücksichtigt werden, konnten also nur *die* Akten in die Untersuchung einbezogen werden, die bis 1996 erfolgte Verurteilungen dokumentieren.

Um aussagekräftige Vergleiche ziehen zu können, werden größere Mengen von Akten benötigt. Herausgegriffen wurden deswegen *die* Akten, in denen die Verurteilungen wegen der drei am meisten verbreiteten Straftaten gegen die sexuelle Selbstbestimmung dokumentiert werden: Verurteilungen wegen sexuellen Missbrauchs von Kindern, Vergewaltigung (im Sinne des alten § 177 StGB) und sexuelle Nötigung (im Sinne des alten § 178 StGB). Für die Auswahl dieses Untersuchungsmaterials sprechen folgende Argumente:

a. Es handelt sich um zeitbegleitende, erinnerungsunabhängige Dokumente. Man kann mit ihnen also Zeitvergleiche anstellen und man ist nicht auf die Erinnerung von Interviewpartnern angewiesen. Es ist damit möglich, das oft verkannte Risiko zu umgehen, Äußerungen von Interviewpartnern für die von ihnen bezeichnete Wirklichkeit halten und darüber hinaus annehmen zu müssen, dass Interviewer und Interviewpartner die jeweilige Wirklichkeit in gleicher Weise definieren. Zu erinnern ist im Übrigen an Peter L. Bergers Hinweis, dass unsere Vergangenheit „geschmeidig" ist,

„je nachdem die Erinnerung sie umdeutet und neu auslegt, was sich ereignet hat“ (Berger 1971: 67).

b. Gerichtliche Verurteilungen dokumentieren das Handeln wirklichkeitsdefinierender Macht. Dokumentiert werden Handlungen einer Alltagspraxis, die für die Adressaten folgenreich sind und wohl auch so etwas wie Moral darstellen (vgl. Steinert 1986: 82f.).

c. Für meine Zwecke geeignet sind dokumentierte Verurteilungen darüber hinaus, weil Gerichte in den schriftlichen Urteilsbegründungen die für oder gegen einen Schuldspruch sprechenden Aspekte abwägen, ihre Definitionen also reflektieren müssen.

Ließe sich *gegen* die Auswahl dieses Untersuchungsmaterials einwenden, deren Begründung rechtfertige eigentlich eine Untersuchung des Strafgesetzbuchs und von dessen Kommentierungen? *Sie* beschrieben im Wesentlichen die gesuchten Kontexte und deren Wandel. Diese Frage ist zu verneinen. In rechtlichen Regelungen, vor allem aber in deren Kommentierungen finden sich zwar oft Beschreibungen des subjektiven Sinns von Handlungen, auf den sich die Forschungsinteressen von Soziologen richten. Im Kommentar von Adolf Schönke und Theodor Lenckner z.B. werden Voraussetzungen dafür erörtert, ein Verhalten „Vergewaltigung“ nennen zu können. Unter welchen Umständen sei von „Gewalt“ zu reden, fragen sich die Autoren. Sie antworten z.B.: Einschließen sei Gewalt, „wenn für den Täter gerade der Verlust der körperlichen Bewegungsfreiheit des Opfers das Mittel ist, sich dieses gefügig zu machen“ (Schönke/Lenckner 2001: 1428). Keine Gewalt sei es hingegen, wenn das vom Opfer nicht bemerkte Schließen der Tür nur dazu diene, ungestört zu sein (vgl. ebd.).

Zwei unterschiedliche subjektive Sinne werden hier beschrieben. Wie ermittelt man, welcher subjektive Sinn das Handeln leitet? Er ergibt sich ja nicht aus den Erwägungen der Kommentatoren. Man sucht die Umgebung des Handelnden nach Erscheinungen ab, die ins Verhältnis gesetzt werden können zu der Behauptung, der eine oder andere subjektive Sinn sei handlungsleitend gewesen. Da Richter das Handeln, das sie beurteilen sollen, nicht unmittelbar wahrnehmen, müssen sich deren Interpretationsbemühungen auf das *Reden* über Handeln richten. Die Reden werden nach Hinweisen abgesucht, die für oder gegen den Verdacht sprechen können. Alle möglichen Merkmale können interpretationsrelevant werden. Und sie können ihre Interpretationsrelevanz im Laufe der Zeit verändern. Ist der Angeklagte Wiederholungstäter? Lebt er in geordneten Verhältnissen? Wurde sie schon einmal vergewaltigt? Waren Täter und Opfer allein in der Wohnung? usw.

Die Erörterung des wiedergegebenen Einwands bestärkt uns also in der Entscheidung, Akten auszuwerten, die Verurteilungen dokumentieren. Damit ist die weitere Entscheidung verbunden, Gerichtsakten, die Freisprüche und

Einstellungen dokumentieren, nicht zu berücksichtigen. Dies ist die Folge der Geltung so genannter Aufbewahrungsbestimmungen, die u. a. besagen, dass Akten, die Freisprüche und Einstellungen dokumentieren, nur fünf Jahre aufbewahrt werden müssen – für den von uns angestrebten Zeitvergleich eine zu kurze Zeit.

Ich meine aber, dass diese Nicht-Berücksichtigung die Geltung der folgenden Ausführungen nicht einschränkt. Ihnen liegt nämlich die Annahme zugrunde, dass Strafen ein Ausdruck des Missbilligens der entsprechenden Handlungen sind. Je größer die Missbilligung, desto höher die Strafe. Unter definitionstheoretischen Gesichtspunkten besagt das: Die Härte der Sanktionierung ist als Maßstab zu verstehen, mit dem die definitionsleitende Relevanz – im Folgenden werde ich von „Zuschreibungsrelevanz" sprechen – von Kontexten beschrieben und verglichen werden kann.

Ich vermute nun – um auf die Freisprüche und Einstellungen zurückzukommen – dass bei ihnen dieser Zusammenhang schwächer ist. Nicht-Sanktionierung bedeutet nicht immer, das Gericht missbillige die inkriminierten Handlungen nicht. Nicht-Sanktionierung kann hin und wieder auch heißen: Der Tatverdacht hat sich nicht erhärtet. Oder auch: Wir halten nichts von Strafen.

Die Entscheidung, in Akten dokumentierte Verurteilungen als Untersuchungsmaterial zu verwenden, hat Folgen für die formale Struktur der Aussagen, die formulierbar sind. Die Ergebnisse der Vergleiche sind ein „Mehr oder Weniger" oder ein „Kein Unterschied" und nicht ein „Ja oder Nein". Ich kann z. B. nicht sagen: Dieser Kontext ist zum Zeitpunkt x zuschreibungsrelevant, zum Zeitpunkt y dagegen nicht. Da ich unterschiedliche *Grade* der Sanktionshärte vergleiche, kann ich nur sagen: Dieser Kontext ist zum Zeitpunkt x zuschreibungsrelevanter als zum Zeitpunkt y. Oder: Die Zuschreibungsrelevanz ist zu beiden Zeitpunkten gleich groß.

Ich hatte schon angemerkt: In Betracht kommen derartige Akten, deren Inhalte bis 1996 produziert wurden. Die schon erwähnten Aufbewahrungsbestimmungen, die ich hier nicht darstellen möchte, erlauben es, mit der Untersuchung von Akten zu beginnen, deren Inhalte 1979 hergestellt wurden. Der Untersuchungszeitraum reicht also von 1979 bis 1996. Ausgewertet haben wir 570 Akten, die in diesem Zeitraum erfolgte Verurteilungen wegen sexuellen Missbrauchs von Kindern, Vergewaltigung und sexueller Nötigung dokumentieren. Diese Verurteilungen stammen von insgesamt 141 Richtern und Richterinnen, deren Zusammensetzung als leidlich repräsentativ bezeichnet werden kann.

## 3. Die empirischen Befunde

Ich komme zur Darstellung der Ergebnisse unserer Untersuchung. Zu erinnern ist an die Folgen der Entscheidung, uns auf die Auswertung von Akten zu beschränken, die Verurteilungen dokumentieren, für die Struktur der Aussagen, die möglich sind: Von uns festgestellte Unterschiede der Zuschreibungsrelevanz können wir nur als ein „Mehr oder Weniger“ oder als ein „Gleich Groß“ ausdrücken. Ich nehme nun an, dieses „Mehr oder Weniger“ an der Art der Verurteilung ablesen und sagen zu können, dass „Haftstrafen“ ein „Mehr“ und „Geld/Bewährungsstrafen“ ein „Weniger“ an Missbilligung bedeuten.

Von diesen Annahmen ausgehend interessiert mich zunächst die Entwicklung der Haftstrafenanteile an den Verurteilungen in unserem Untersuchungszeitraum. Aufgeteilt haben wir den Untersuchungszeitraum in drei Phasen: 1979-1984, 1985-1990 und 1991-1996. Wir ermittelten das folgende Ergebnis:

Tab. 1: Haftstrafenanteil an den Verurteilungen wegen Verstoßes gegen die sexuelle Selbstbestimmung (Anteil der ersten Phase mit 100 indiziert)

| | 1979–1984 | 1985–1990 | 1991–1996 |
|---|---|---|---|
| Anteile der Haftstrafen | 100 | 38 | 53 |

Der Anteil der Haftstrafen sinkt zunächst drastisch, steigt dann wieder, erreicht aber bei weitem nicht das Ausgangsniveau. Dieses Ergebnis steht nicht im Einklang mit unserer Generalannahme, der zufolge die Missbilligung sexueller Gewalt und damit der Haftstrafenanteil steigt. Nun ließe sich einwenden, dass dies eine isolierte Betrachtung ist. Vielleicht sei die dargestellte Entwicklung Ausdruck eines allgemeinen Trends, sage also weniger über die Wahrnehmung sexueller Gewalt als über die Einschätzung der Haftstrafe.

Um diesen Einwand zu prüfen, haben wir die Entwicklung des Haftstrafenanteils bei Verurteilungen wegen sexueller Gewalt mit der Entwicklung des Haftstrafenanteils an allen Verurteilungen in der BRD verglichen – wissend, dass dieser Vergleich etwas problematisch ist: Die in Tab. 1 enthaltenen Zahlen beschreiben ja die Entwicklung des Haftstrafenanteils bei denselben Deliktgruppen. Die Entwicklung des Haftstrafenanteils bei allen Verurteilungen in der BRD umfasst jedoch alle Delikte. Sie kann u. U. auch als Hinweis auf die Entwicklung einer objektiv verstandenen Kriminalität gedeutet werden. Mir scheint dieser Vergleich trotz dieses Einwands illustrativ zu sein.

Tab. 2: Haftstrafenanteil an den Verurteilungen wegen Verstoßes gegen die sexuelle Selbstbestimmung und Haftstrafenanteil an allen Verurteilungen in der BRD (Anteil der ersten Phase mit 100 indiziert)

| | 1979–1984 | 1985–1990 | 1991–1996 |
|---|---|---|---|
| Anteile der Haftstrafen an den im Untersuchungsmaterial dokumentierten Verurteilungen | 100 | 38 | 53 |
| Anteile der Haftstrafen an allen Verurteilungen in der BRD | 100 | 84 | 75 |

Das Ergebnis dieses Vergleichs erhärtet unsere Generalannahme nicht. Der Anteil der Haftstrafen an allen Verurteilungen sinkt in unserem Untersuchungszeitraum kontinuierlich und insgesamt schwächer als der uns primär interessierende Anteil an Haftstrafen.

Geht man von den Prämissen unserer Untersuchung aus, wäre zu sagen: Der Geltungsbereich der Definitionen schwerer sexueller Gewalt ist geschrumpft, er hat sich nicht – wie wir angenommen hatten – ausgeweitet. Es wird am Ende des Untersuchungszeitraums deutlich weniger Handeln als schwere sexuelle Gewalt definiert als am Anfang.

Es könnte allerdings sein, dass dieses Ergebnis spezifische Entwicklungen nicht erkennen lässt. Wir haben ja die jeweiligen Zahlen zu drei Arten sexueller Gewalt addiert: Zahlen zu sexuellem Missbrauch von Kindern, Vergewaltigung und sexueller Nötigung. Unterscheiden sich die jeweiligen Entwicklungen der Haftstrafenanteile voneinander? Ein Vergleich lässt sich auf Grund unserer Daten nur unvollkommen durchführen: Unter den von uns ausgewerteten Verurteilungen wegen sexuellen Missbrauchs fällt nur eine in die erste Untersuchungsphase. Deswegen ist die folgende Tabelle etwas unstimmig.

Tab. 3: Haftstrafenanteile an den Verurteilungen wegen sexuellen Missbrauchs von Kindern, Vergewaltigung und sexueller Nötigung (Anteil der ersten Phase mit 100 indiziert)

| | 1979–1984 | 1985–1990 | 1991–1996 |
|---|---|---|---|
| sexueller Missbrauch von Kindern | | 20% | 32% |
| Vergewaltigung | 100 | 51 | 58 |
| sexuelle Nötigung | 100 | 15 | 40 |

Nichts weist auf eine Sonderentwicklung hin. Bei Vergewaltigung und sexueller Nötigung zeigt sich mehr oder weniger ausgeprägt der u-förmige Verlauf der Entwicklung und die Daten zum sexuellen Missbrauch deuten ebenfalls auf diesen Verlauf hin. Es bleibt also dabei: Wir haben einen u-förmigen Verlauf der uns interessierenden Entwicklung festzustellen. Und diese Entwicklung widerspricht unserer Generalannahme.

Dieses Ergebnis hat uns überrascht. In der Hoffnung, Erklärungen für unseren Befund zu finden, musterten wir noch einmal die einschlägige Literatur. Da fällt auf, dass kurz vor unserer zweiten Phase (1985-1990) in Deutschland die große Zeit der Strafkritik beginnt. In vielen Schriften wird dargetan, dass Strafe, dass insbesondere Haftstrafe ihren Konformitätszweck verfehlt. Diese Zeit endet Anfang der neunziger Jahre. Ein gewisses Indiz für diese Einschätzung bietet die Rezension eines Buchs mit dem Titel „Muß Strafe sein?", das 1993 erschien (vgl. Peters 1993). In ihm kamen noch einmal bekannte deutsche Strafkritiker zu Wort. Aber die Rezensenten wunderten sich. „Wie kann man heutzutage die Frage, ob Strafe sein müsse, anders auffassen als rhetorisch?" fragte einer (van Swaaningen 1996: 69).

Ich nehme also an, dass die Strafkritik in unserer mittleren Phase wirkte. Haftstrafen galten mehr und mehr als unbegründbar. Sie kamen immer weniger in Betracht, insbesondere für Personen, die sexuelle Gewalt ausgeübt hatten. Als nun die Strafkritik an Geltung verlor und verstummte, konnten Strafdrohungen und Strafen wieder das Üble an sexueller Gewalt verdeutlichen. Dies geschah allerdings nicht mehr in der Intensität, die in der ersten Phase verbreitet war.

Ich habe bisher die Gesamtentwicklung des Anteils der Haftstrafen an den Verurteilungen erörtert. Sie ist die Summe der Entwicklungen der Zuschreibungsrelevanz der einzelnen Kontextmerkmale. Diese Entwicklungen müssen mit der Gesamtentwicklung natürlich nicht übereinstimmen. Sie tun es aber großenteils. Wir haben insgesamt 52 Kontextmerkmale zeitvergleichend kreuztabelliert. Die Entwicklung der Zuschreibungsrelevanz von 44 der Kontextmerkmale erwiesen sich in diesem Sinne als signifikant. Von diesen Kontextmerkmalen hatten zwei keinen u-förmigen Verlauf (der Drogenkonsum der geschädigten Person; Anzeige in Begleitung). Die Entwicklung der Zuschreibungsrelevanz von 42 Kontextmerkmalen entsprach also der U-Form. Allerdings gab es deutliche Unterschiede des Grades der Zuschreibungsrelevanz. Mit diesen Unterschieden möchte ich mich nun beschäftigen. Herausgegriffen habe ich Kontextmerkmale, deren Zuschreibungsrelevanz in zumindest einer Phase von unserer summarisch erfassten Abfolge der Zuschreibungsrelevanz signifikant abwich[2], und zwar geht es um Kontextmerkmale der verurteilten Personen.

2 Berechnung der Z-Werte; Signifikanz über 1,96, also $p = 0{,}05$.

Tab. 4: Haftstrafenentwicklung bei Vorliegen ausgewählter Kontextmerkmale (Prozentberechnung; Z-Werte)

| | 1979-1984 | Z-Wert | 1985-1990 | Z-Wert | 1991-1996 | Z-Wert |
|---|---|---|---|---|---|---|
| Sample | 68% | | 26% | | 36% | |
| Ungeregelte Lebensführung | 74% | 2,429 | 35% | 3,879 | 51% | 5,906 |
| Vorstrafe | 72% | 1,587 | 34% | 3,376 | 47% | 4,247 |
| niedriger Beschäftigungsstatus | 71% | 1,163 | 31% | 2,066 | 46% | 3,774 |
| Verletzungsfolgen | 72% | 1,325 | 38% | 4,225 | 48% | 3,859 |
| entlastende Gutachter | 73% | 1,035 | 44% | 3,956 | 61% | 5,000 |
| Fremde Täter | 72% | 1,455 | 33% | 2,713 | 34% | -0,707 |
| Ausländer | 54% | -3,104 | 37% | 2,594 | 28% | -1,729 |
| Junge Erwachsene | 77% | 2,679 | 18% | -2,532 | 39% | 1,357 |

Es lassen sich fünf Varianten von Entwicklungen der Kontextmerkmale unterscheiden:

a. Kontextmerkmale, deren Zuschreibungsrelevanz in allen drei Phasen positiv von der „Durchschnittszuschreibungsrelevanz" signifikant abweicht. *Ein* derartiges Kontextmerkmal ist zu identifizieren: Die ungeregelte Lebensführung (zur Definition vgl. Menzel/Peters 2003: 64f.). Wer sein Leben „ungeregelt" führt, hat also im gesamten Untersuchungszeitraum mit überdurchschnittlicher Wahrscheinlichkeit mit Haftstrafen zu rechnen. Im Laufe der Untersuchungszeit nimmt diese Wahrscheinlichkeit zu. Sexuelle Gewalt, die von Personen mit diesem Merkmal ausgeht, ist oft schwere sexuelle Gewalt.

b. Kontextmerkmale, deren Zuschreibungsrelevanz in der zweiten und dritten Phase positiv signifikant von der „Durchschnittszuschreibungsrelevanz" abweicht. Derartige Kontextmerkmale sind: Vorstrafen, niedriger Beschäftigungsstatus (Definition: vgl. Menzel/Peters 2003: 64), Verletzungsfolgen, entlastende Gutachten: Vorstrafen und niedriger Beschäftigungsstatus sind Merkmale, die dem der Ungeregeltheit nahe sind. Das Ergebnis verwundert daher nicht. Schwere sexuelle Gewalt wird ein Handeln oft auch wieder, wenn es Verletzungsfolgen hat. An der Definition eines Handelns als schwere sexuelle Gewalt hindern relativ weniger entlastende Gutachten. Die Autorität von Gutachtern schwindet.
c. Kontextmerkmale, deren Zuschreibungsrelevanz nur in der zweiten Phase positiv signifikant von der „Durchschnittszuschreibungsrelevanz" abweicht. *Ein* derartiges Kontextmerkmal ist zu identifizieren: Die Fremdheit des Täters (Definition: vgl. Menzel/Peters 2003: 77). In der mittleren Phase schützt Fremdheit relativ wenig vor Zuschreibung vor sexueller Gewalt.
d. Kontextmerkmale, deren Zuschreibungsrelevanz in der ersten Phase negativ und in der zweiten Phase positiv von der „Durchschnittszuschreibungsrelevanz" signifikant abweicht. *Ein* derartiges Kontextmerkmal ist zu erkennen: Der Ausländerstatus des Täters: Zu Beginn unserer Untersuchungszeit schützt der Ausländerstatus vor der Zuschreibung schwerer sexueller Gewalt. Das ändert sich drastisch in der zweiten Phase. In dieser Zeit wird die Wahrscheinlichkeit überdurchschnittlich groß, dass das Handeln von Personen mit diesem Status als schwere sexuelle Gewalt bezeichnet wird – ein uns rätselhafter Befund.
e. Kontextmerkmale, deren Zuschreibungsrelevanz in der ersten Phase positiv und in der zweiten Phase negativ signifikant von der „Durchschnittszuschreibungsrelevanz" abweicht. *Ein* derartiges Kontextmerkmal ist zu erkennen: Der Status des jungen Erwachsenen: Zunächst erscheint der junge Erwachsene als besonders gefährlich eingeschätzt worden zu sein, dann als entschieden anders. Hier scheint die Strafkritik besonders intensiv gewirkt zu haben.

## 4. Schluss

Geht man von den eingangs formulierten methodologischen und inhaltlichen Annahmen aus, so muss man nach allem sagen: Handeln wird zwischen 1991 und 1996 seltener als schwere sexuelle Gewalt verstanden als zwischen 1979 und 1984. In unserem Untersuchungszeitraum ist eine gewisse Desensibilisierung gegenüber sexueller Gewalt festzustellen. Wenn denn der Problemgenerator, von dem Lautmann (1993) spricht, angesprungen ist – er hat die Bereitschaft, Handeln als schwere sexuelle Gewalt zu definieren, nicht erhöht.

Allerdings: Wenn Handeln in Kontexten wahrgenommen wird, die als Enttäuschungen zentraler mittelständischer Erwartungen verstanden werden können, kann es wieder leicht als schwere sexuelle Gewalt definiert werden. Angeklagte mit ungeregelter Lebensführung, Vorstrafen und niedrigem beruflichen Status haben mit harten Strafen zu rechnen.

Ansonsten ist festzustellen, dass viele Kontextmerkmale, die wir untersucht haben, an Zuschreibungsrelevanz verloren haben. Ob der Täter jung ist oder alt, Ausländer oder Deutscher, ob das Opfer Drogen nimmt oder ungeregelt lebt – das wird im Untersuchungszeitraum mehr und mehr irrelevant. Solche Merkmale erhalten den Status des Vorurteils. Geschätzt wird dagegen körperliche Unversehrtheit. Die gewissermaßen biotische Basis der Individualisierung wird neben den genannten mittelständischen Standards relativ hoch bewertet.

## *Literatur:*

Berger, Peter L. (1971): Einladung zur Soziologie. München.

Harten, Hans Christian (1995): Sexualität, Missbrauch, Gewalt. Das Geschlechterverhältnis und die Sexualisierung von Aggressionen. Opladen.

Lautmann, Rüdiger (1993): Die Sexualität wird wieder böse, und im Strafrecht liegt das Heil. In: Böllinger, Lorenz/Lautmann, Rüdiger (Hrsg.): Vom Guten, das noch stets das Böse schafft. Kriminalwissenschaftliche Essays zu Ehren von Herbert Jäger. Frankfurt/M.

Menzel, Birgit/Peters, Helge (2003): Sexuelle Gewalt – Eine definitionstheoretisch orientierte Untersuchung. Konstanz.

Peters, Helge (Hrsg.) (1993): Muss Strafe sein? Zur Analyse und Kritik strafrechtlicher Praxis. Opladen.

Schönke, Adolf/Lenckner, Theodor (2001): Strafgesetzbuch: Kommentar. München.

Steinert, Heinz (1986): Die Geschichte der sozialen Kontrolle als Geschichte von Kapitalstrategien, Arbeitsmoral und moralischer Empörung. In: Cremer-Schäfer, Helga/Steinert, Heinz: Sozialstruktur und Kontrollpolitik. Einiges von dem, was wir glauben, seit Rusche & Kirchheimer dazugelernt zu haben. In: Kriminologisches Journal, 1. Beiheft 18.

Swaaningen, René van (1996): Buchbesprechung: Helge Peters (Hrsg.) (1993): Muss Strafe sein? Zur Analyse und Kritik strafrechtlicher Praxis. Opladen. In: Kriminologisches Journal, H. 1.

Wettlaufer, Jörg (1999): Das Herrenrecht der ersten Nacht. Hochzeit, Herrschaft und Heiratszins im Mittelalter und in der frühen Neuzeit. Frankfurt/New York.

# Wie werden Opfer von Straftaten gesehen?
## Zur Stigmatisierung von Verbrechensopfern

*Helmut Kury*

## 1. Einleitung

Nachdem das Opfer von Straftaten ab den 1960er Jahren mehr und mehr (wieder)entdeckt wurde, rückte die entsprechende Forschung in den Folgejahren erheblich in den Vordergrund. In der Kriminologie etablierte sich neben der klassischen Täterforschung mit der Viktimologie ein weitgehend neuer Forschungszweig, der ab diesen Jahren stark expandierte. Zunehmend mehr Staaten verbesserten die rechtliche und tatsächliche Situation von Verbrechensopfern, indem Opferschutz- bzw. Opferhilfsgesetze verabschiedet und Opferhilfsorganisationen eingerichtet wurden (vgl. in Deutschland etwa den „Weissen Ring"). In Deutschland trat beispielsweise 1976 das Opferentschädigungsgesetz und 1987 das Opferschutzgesetz in Kraft.

Stark vorangetrieben wurden die Bemühungen um eine Besserstellung der Opfer von Straftaten vor allem von der in den 60er Jahren des letzten Jahrhunderts erheblich aufblühenden so genannten Frauenbewegung, die insbesondere auf Kinder und Frauen als Opfer vorwiegend männlicher Übergriffe, gerade etwa auch im familiären Bereich, hinwies. Dadurch wurde die Sensibilität gegenüber solchen Opfern im sozialen Nahbereich erheblich erhöht, wenn nicht gar erst geschaffen. Im Vordergrund standen dabei stets, geschürt vor allem auch durch ein entsprechendes Medieninteresse, Opfer von Sexualstraftaten, also etwa sexueller Kindesmissbrauch bzw. Vergewaltigung von Frauen. Wenige Themen provozieren so viele verschiedene Meinungen und Einstellungen in der Bevölkerung wie Vergewaltigungen (Field 1978: 156). Von einer sozialwissenschaftlich orientierten Forschung wurde etwa herausgearbeitet, dass Opfer von Sexualstraftaten, gerade vergewaltigte Frauen, sich einerseits vielfach selbst eine Mitschuld an der Tat zuschreiben, ihnen aber andererseits diese "Mitschuld" gleichzeitig auch von der Bevölkerung, aber auch Vertretern staatlicher Organe der Kriminalitätskontrolle bis zu einem gewissen Ausmaße zugeschrieben wird. Zahlreiche Untersuchungen konnten zeigen, dass in der männlichen und weiblichen Bevölkerung, auch bei den betroffenen Opfern selbst, zahlreiche „Mythen" hinsichtlich der Hintergründe und Ursachen von Sexualstraftaten bestehen, die einerseits auch zur Entstehung solcher Straftaten beitragen dürften, andererseits aber auch erheblichen Anteil an einer (Selbst)Stigmatisierung entsprechender Opfer haben, damit gleichzeitig zu einer zusätzlichen sekundären Viktimisierung der Betroffenen beitragen (Bohner 1998).

Opfer von Sexualstraftaten, vor allem vergewaltigte Frauen, sind in der Gefahr, dass ihnen, auch von offiziellen Kontrollinstanzen, ein erheblicher Tatbeitrag zugeschrieben wird. Das dürfte neben der Stigmatisierung den weiteren Effekt haben, dass eine Öffnung dieser Opfer nach außen und vor allem auch eine Anzeigeerstattung bei der Polizei eher unterbleibt, die Straftat damit im Dunkelfeld verbleibt. Das Opfer hat durch die Verheimlichung der Tat auch weniger Möglichkeiten, Hilfe von außen in Anspruch nehmen und erhalten zu können, es bleibt damit mit seinem „Problem" eher alleine. Die erste offizielle staatliche Anlaufstelle für Opfer von Straftaten ist in der Regel die örtliche Polizei. Von daher kommt der Behandlung des Opfers durch die diensthabenden Polizeibeamten bei der Anzeigeerstattung, dessen Anhörung und Klärung des Sachverhaltes eine zentrale Bedeutung auch hinsichtlich der Verarbeitung der (psychischen) Schäden zu. Dieses Problem wurde erst in den letzten Jahren mehr und mehr gesehen und herausgearbeitet. In diesem Zusammenhang ergibt sich vor allem die Frage, wieweit auch Angehörige der Strafverfolgungsbehörden, insbesondere Polizeibeamte, dem Einfluss allgemein verbreiteter abwertender Einstellungen gegenüber Opfern von (Sexual-) Straftaten unterliegen.

Insbesondere auch Kiefl/Lamnek (1986: 239) haben in ihrer umfassenden Diskussion des Opfers von Straftaten ausführlich auf die Problematik der sekundären Viktimisierung hingewiesen. Die Autoren betonen in diesem Zusammenhang: „Die sekundäre Viktimisierung als ‚Verschärfung des primären Opferwerdens durch Fehlreaktionen des sozialen Nahraums des Opfers und der Instanzen der formellen Sozialkontrolle' (…) erscheint uns als ein Zentralbegriff der ‚Soziologie des Opfers'. Er schließt Dramatisierung, übertriebene Ängstlichkeit der Angehörigen des Opfers (die z.B. Druck ausüben, aus Angst vor Repressalien durch den Täter oder vor der Meinung des Nachbarn, von einer Anzeige abzusehen), wie das Desinteresse die Tat aufnehmender Polizeiorgane, das Vorgehen des Verteidigers im Strafprozess, wie es vor allem bei Vergewaltigungsdelikten (…) zunehmend kritisiert wird, und schließlich die Darstellung in den Massenmedien ein. In vielen Fällen können die Konsequenzen einer sekundären Viktimisierung schwerwiegender sein als die unmittelbaren Tatfolgen" (Kiefl/Lamnek 1986: 239). Nach Ansicht der Autoren kommt besondere Bedeutung den Sexualdelikten zu, „handelt es sich doch hier um einen – trotz aller vordergründigen Liberalisierung – immer noch tabuisierten Bereich, der auf entsprechendes Interesse stößt". Das galt sicherlich nicht nur vor nahezu zwanzig Jahren, sondern trifft trotz aller weiteren Liberalisierung und Aufklärung weitgehend auch heute noch zu. Wichtige Agenten einer sekundären Viktimisierung sind nach Ansicht der Autoren:

der soziale Nahraum (wie Verwandte, Bekannte, Freunde, Nachbarn, Arbeitskollegen) die Öffentlichkeit bzw. vor allem die Medien Tatzeugen, die Polizei, Staatsanwalt und Gericht, der Verteidiger des Täters, schließlich der Täter und dessen Angehörige. Das Ausmaß einer erlittenen sekundären Viktimisierung hängt vom erlittenen Delikt ab und ist in der Regel bei einem Sexualdelikt am ausgeprägtesten (Kiefl/Lamnek 1986: 243).

Eine Forschungsgruppe am Psychologischen Institut der Universität Freiburg überprüfte in den letzten Jahren in mehreren, auch internationalen, experimentellen Untersuchungen empirisch, wieweit Opfer von Straftaten, vor allem vergewaltigte Frauen, alleine aufgrund des Umstandes der Viktimisierung hinsichtlich der Beurteilung ihrer Person negativer gesehen werden als Nichtopfer (vgl. Kollum 1993; Bommas/Matzinger 1995; Fischer 2000; Stötzel 2001; Werner 2001). Im Folgenden sollen nach einer stichwortartigen Diskussion wesentlicher, bisheriger und einschlägiger Forschungen zu der Thematik, einige wichtige Ergebnisse aus diesen Studien vorgestellt und diskutiert werden.

## 2. Bisherige Forschungsergebnisse

### *2.1 Theoretische Erklärungen zu einer stigmatisierenden Sichtweise von Opfern von Straftaten*

Untersuchungen zu Einstellung und Sichtweise von Opfern von Sexualstraftaten, vor allem vergewaltigten Frauen, zeigen weitgehend einhellig, dass die Betroffenen negativer gesehen werden als Nichtopfer. Gerade vergewaltigten Frauen wird immer wieder ein erheblicher Teil der „Schuld“ am Geschehen zugeschrieben, selbst von Frauen. Bereits vor 30 Jahren konnten Jones/Aronson (1973) zeigen, dass Merkmale des Vergewaltigungsopfers wesentlich dazu beitragen, inwieweit ihm eine Verantwortung für die Tat zugeschrieben wird. So wurde beispielsweise ein geschiedenes Vergewaltigungsopfer als weniger für die Tat verantwortlich gesehen, als eine verheiratete Frau oder ein jungfräuliches Opfer. Die Autoren erklären die gefundenen Resultate im Zusammenhang mit dem „Just World-Konzept“ (Lerner 1970), nachdem jeder „das bekommt, was er verdient hat“, d.h. in einer „gerechten Welt“ wird hiernach diejenige Frau vergewaltigt, die selbst etwas dazu „beigetragen“ hat, sich etwa unvorsichtig oder provozierend verhalten hat.

Fulero/DeLara (1976) bezweifeln die theoretische Erklärung der Resultate bei Jones/Aronson (1973) und legen vor dem Hintergrund eigener empirischer Untersuchungen mit ihrem Konzept der “defensive attribution“ eine alternative theoretische Begründung vor. Wie erwähnt, tragen nach dem „Just World-Konzept" die Opfer in der Sichtweise der Beurteiler selbst zu ihrer Viktimisierung bei. Eine ehrenwerte Frau muss somit etwas „falsch" gemacht haben, damit sie überhaupt Opfer werden konnte. „In a rape case, the respectibel victim is more difficult to derogate on the basis of personal characteristics, and thus more responsibility is presumably assigned to her in order to see her as deserving her fate" (Fulero/DeLara 1976: 553). Der Ansatz der „defensive attribution" geht nun alternativ davon aus, dass bei genügend hoher Betroffenheit durch die Tat, was von der subjektiv eingeschätzten Wahrscheinlichkeit abhängt, dass einem dasselbe passieren könnte, „selbstschützende Verantwortungszuschreibungen" hinsichtlich des Verhaltens des Opfers auftreten. Die Motivation zum Selbstschutz vor einer gleichen Viktimisierung bewirkt Variationen in der wahrgenommenen Ähnlichkeit zwischen der Person und dem Opfer. Ist die persönlich erlebte Ähnlichkeit mit dem Opfer niedrig, wird die dem Opfer zugeschriebene Verantwortung erhöht, um den Unterschied zwischen dem Opfer und der Person zu betonen (sie ist nicht wie ich, ich hätte es vermeiden können). So wird die erlebte Möglichkeit, dass ein solches Ereignis auch mir selbst passieren könnte, reduziert. Dieser kognitive Vorgang wurde „harm avoidance" genannt (Shaw/McMartin 1973). Ist die persönliche Ähnlichkeit dagegen hoch, wird der Einstufer die Verantwortung des Opfers ablehnen, um dadurch die Möglichkeit zu vermeiden, dass ihm selbst auch eine Schuld zugeschrieben wird, wenn ihm dasselbe passiert. Hier spricht man von „blame avoidance" (Shaw/McMartin 1973). In Vergewaltigungsfällen muss wegen der massiven Viktimisierung durch diese Tat von einer hohen Betroffenheit bei Frauen ausgegangen werden.

## *2.2 Sekundäre Stigmatisierung der Opfer: Zur Frage der Mitverantwortung bei der Tat*

Vergewaltigte Frauen wurden gefragt, wie es ihnen nach der Tat erging, vor allem, was sie glauben, wie sie von anderen gesehen werden. "Most of the women thought that becoming a rape victim had changed their own and others' perception of them" (Mazelan 1980: 129). Die meisten Opfer in der Studie von Mazelan glaubten selbst nicht an die Vergewaltigungsmythen. Die Ergebnisse belegen jedoch deutlich das negative Image von vergewaltigten Frauen in der Gesellschaft. Der Autor (Mazelan 1980: 123) präsentierte einer Gruppe von 350 College-Studierenden zufallsverteilt vier verschiedene Videos, die Interviews mit vier verschiedenen Frauen im Alter von 14, 23, 35 und 45 Jahren zeigten. Gleichzeitig bekamen die Befragten schriftliche Informationen zu den Fällen, die die Frauen als Opfer einer Vergewaltigung durch einen Bekannten, durch einen Fremden, als Opfer einer versuchten

Vergewaltigung bzw. als Nichtopfer (keine Viktimisierung) beschrieben. Die Ergebnisse zeigten, dass die Opfer einer Vergewaltigung als unstabiler, neurotischer und ängstlicher, unerfahrener, emotionaler, sensitiver, introvertierter, passiver, ärmer, unattraktiver, weniger glaubhaft, misstrauischer, kritischer und als schlechter ausgebildet beschrieben wurden als die Nichtopfer. 86,3% der befragten Studierenden glaubten, dass ein bestimmter Frauentyp mehr in Gefahr sei, vergewaltigt zu werden, und zwar vor allem Prostituierte, attraktive, junge, permissive Frauen mit lockerer Moral, die sich auf Flirts einlassen, alleine in der Nacht ausgehen, naiv, schwach oder betrunken sind. Befragte, die insgesamt eine bessere Meinung von Frauen äußerten, schätzten gleichzeitig den Anteil von Frauen, die aufreizende Kleidung tragen, als geringer ein. Williams (1984: 66) betont, dass die öffentliche Wahrnehmung von Vergewaltigung und deren Opfern in einzelnen Segmenten der Gesellschaft variiert. Die Verantwortungszuschreibung für das eigene Verhalten spiegelt die sozialen, kulturellen und politischen Bedingungen einer Gesellschaft zu einer gegebenen Zeit wider (Field 1978).

Die Frage der Mitverantwortung des Opfers bei einer Vergewaltigung wurde auch in der Viktimologie teilweise kontrovers diskutiert, vor allem in der älteren Literatur. Williams (1984: 68) betont, „that definitions of and responses to victims are capricious products of public attitudes. Consequently, such attitudes have the potential for becoming an integral part of victimization". Bereits Amir (1970: 493) sah in der ersten, inzwischen kritisch diskutierten, empirischen Studie zur Vergewaltigung eine gewisse Mitverantwortung beim Opfer. Die hier auftauchende Gefahr einer sekundären Viktimisierung wird deutlich von Einstellungen in der Öffentlichkeit bzw. Teilen davon bestimmt.

## *2.3 Sexualstraftaten und deren „Mythen"*

Sexualstraftaten, insbesondere Vergewaltigung, sind somit auch heute noch von zahlreichen „Mythen" und falschen Vorstellungen umgeben, die etwa dem Opfer mehr oder weniger die Verantwortung, zumindest eine Mitverantwortung für das Zustandekommen der Tat zuschreiben und gleichzeitig den Täter entlasten und entschuldigen, die Tat in ihrer Schwere damit reduzieren. Die weite Verbreitung solcher „rape myths" wurde immer wieder festgestellt und zwar nicht nur bei Männern, sondern auch bei Frauen und das weitgehend unabhängig von kulturellen Unterschieden bzw. dem Bildungsstand (vgl. zusammenfassend Bohner 1998). Diese Mythen erfahren die Kinder vielfach schon im Elternhaus, werden bereits im Schulalltag unter den Schülern weiter kolportiert, sind nicht selten das Stammtischgespräch, vor allem bei Männerrunden und finden sich etwa auch in zahlreichen Witzen wieder. Sie beinhalten etwa Annahmen wie (vgl. Brownmiller 1975: 31, 373): „no women can be raped against her will“, „all women want to be raped“, „if you're going to be raped, you might as well relax and enjoy it“, „women falsely accuse innocent men of rape“ oder „women provoke rape by their physical appearance“. Bereits früh zeigte sich, vor diesem Hintergrund verständlich, die besondere zusätzliche Belastung der Opfer von Sexualstraftaten durch solche Einstellungen. Solche Mythen bestehen naheliegenderweise nicht nur hinsichtlich Vergewaltigung, sondern ebenso in Bezug auf sexuelle Kindesmisshandlung. So betont beispielsweise McBride (1996: 351) zu Recht, dass Polizisten, die mit solchen Fällen zu tun hätten, zur Überwindung solcher Mythen und zur Erreichung eines das Opfer möglichst wenig schädigenden Vorgehens ein spezielles Training zur eigenen Sensibilisierung benötigten.

## *2.4 Sekundäre Stigmatisierung und Anzeige durch die Opfer*

Sexualstraftaten sind ein Kriminalitätsbereich, über den wir nach wie vor relativ wenig wissen, da das Dunkelfeld gerade hier zurecht als sehr hoch eingeschätzt wird. So kann man begründet davon ausgehen, dass weniger als 10% aller Taten der Polizei gemeldet und von dieser registriert werden (vgl. etwa Kury 2001). Selbst mittels Dunkelfeld- bzw. Opferstudien ist es ausgesprochen schwer, mehr Klarheit zu schaffen, da offensichtlich auch hier kaum Angaben gemacht werden, etwa weil in inadäquater Weise nach entsprechenden Vorkommnissen gefragt wird (vgl. Kury et al. 2002).

Für das Anzeigeverhalten des Opfers dürfte eine wesentliche Rolle spielen, welche „Behandlung“ es sich im Falle einer Meldung der Tat durch die Vertreter der offiziellen Instanzen, vor allem der Polizei, erwartet. Die Polizei prägt das Bild der Öffentlichkeit und die Einstellungen gegenüber dem Rechtssystem und dem Funktionieren des Staates hinsichtlich der inneren Sicherheit ganz entscheidend. Cajner-Mraovic (2002: 240) betonen in diesem Zusammenhang, dass die Polizei, weil sie in der Regel die erste Anlaufstelle für das Opfer ist, eine besondere Verantwortung habe. „The welfare and wellbeing of the victim should be the law enforcement official's highest priority“. Wisler/Bonvin (2002: 500) betonen, das Opfer müsse gesehen werden als jemand, der besondere Unterstützung benötige. Nach Cajner-Mraovic (2002: 244) zeigen viele Vergewaltigungsopfer aus Furcht vor Misstrauen seitens der Polizei vor stigmatisierender Behandlung, einem sozialen Stigma, Zuschreibung von Verantwortung für die Tat, aber auch Zurückweisung durch die Familie und Angehörige nicht an. Dukes/Mattley (1976) fanden, dass ein Opfer, das nach einer Vergewaltigung extrem verstört ist und die Polizei als effizient und vertrauenswürdig erlebt, eher Anzeige erstattet und die Strafverfolgung unterstützt. „Victims who don't perceive the police as helpful and sensitive are less likely to report the rape (…) One of the reasons that rape victims fail to report rape to the police is a belief that the police who investigate the crime will be insensitive“ (Cajner-Mraovic et al. 2002: 245).

Zurecht wird immer wieder darauf aufmerksam gemacht, dass hierin ein zentraler Grund dafür zu sehen ist, dass die Opfer in aller Regel keine Anzeige erstatten, womit das Dunkelfeld erhöht wird (vgl. bereits Amir 1970). Cajner-Mraovic et al. (2002: 239) führten in Kroatien Untersuchungen zum Umgang der Polizei mit Opfern von Sexualstraftaten durch. Die Autoren betonen, dass Frauen als Opfer von Sexualstraftaten oft nicht anzeigen würden, da sie glaubten, die Vertreter des Kriminaljustizsystems, vor allem die Polizei, hätten eine negative Einstellung ihnen gegenüber. Zwar sagten 83% der befragten 194 kroatischen Frauen, sie würden im Falle einer sexuellen Viktimisierung bei der Polizei Anzeige erstatten, die Realität nach einer erlittenen Tat sieht allerdings offensichtlich anders aus. So fanden etwa Wisler/Bonvin (2002: 479) bei einer Opferstudie in Bosnien-Herzogowina, dass bereits die Angaben zu sexueller Viktimisierung in der Dunkelfelderhebung sehr niedrig waren. Bezogen auf das Jahr 2000 gaben maximal 1,0% der Befragten an, Opfer geworden zu sein, für die Jahre 1996 bis 2000 lag der Wert bei maximal 2,0%. Dieser Wert liegt noch unter dem Durchschnitt der übrigen berücksichtigten Länder und stellt zweifellos eine Unterschätzung der Viktimisierungen dar. Die negative Sichtweise von Vergewaltigungsopfern führt somit nicht nur zu einer erheblichen zusätzlichen Belastung der Betroffenen, sondern auch zu einer „suppression of much information in the rape area“ (Keefe/O'Relly 1976: 272). Ein weniger vorurteilsbelasteter Umgang mit Opfern von Sexualstraftaten dürfte aufgrund einer dann höheren Anzeigequote somit auch zu einer breiteren Erfassung solcher Taten durch offizielle Kontrollinstanzen und zu einem realitätsnäheren Bild führen. Selbstverständlich finden Stigmatisierungsprozesse nicht nur auf der Ebene der Polizei statt, sondern genauso etwa bei Gericht im Strafverfahren.

## 3. Eigene Untersuchungen

### *3.1 Hypothesen*

Vor dem Hintergrund dieser Überlegungen und Ergebnisse bisheriger Untersuchungen gingen wir bei unseren Studien von folgenden Hypothesen aus.

H1: Opfer von (schweren) Straftaten werden insgesamt alleine aufgrund dieser Viktimisierung negativer gesehen als „Nichtopfer“, also Personen, von denen eine entsprechende Viktimisierung nicht bekannt ist.

H2: Besonders Opfer einer Sexualstraftat (Vergewaltigung bzw. Vergewaltigung in der Ehe) werden negativ gesehen.

H3: Diese negative Beurteilung von weiblichen Opfern eines Sexualdelikts ist weitgehend unabhängig vom Geschlecht der Beurteiler, d.h. auch Frauen sehen weibliche Opfer einer Sexualstraftat negativer als Nichtopfer.

H4: Befragte, die eine eher konservative Einstellung haben, insbesondere hinsichtlich der Rolle der Frau in der Gesellschaft, die Gewalt gegenüber Frauen allgemein und in ihrer eigenen Beziehung eher akzeptieren, neigen zu einer stigmatisierenderen Sichtweise von Opfern von (Sexual-) Straftaten als die Vergleichsgruppe.

H5: Männer zeigen im Vergleich zu den Frauen eher konservative und traditionelle Ansichten gegenüber Frauen, eine höhere Akzeptanz von gewalttätigem Verhalten gegenüber diesen allgemein und in Beziehungen, ferner weniger Empathie für Vergewaltigungsopfer.

H6: Befragte, welche die Schuld für das Zustandekommen von Straftaten eher bei den Opfern sehen, zeigen diesen gegenüber stigmatisierendere Haltungen als die Vergleichsgruppe.

H7: Befragte, welche die Schuld für das Zustandekommen von Straftaten eher bei den Opfern sehen, haben ein negativeres Frauenbild, akzeptieren mehr Gewalt gegenüber Frauen und zeigen weniger Empathie gegenüber Vergewaltigungsopfern.

H8: Diese stigmatisierende Abwertung einer Person, alleine aufgrund einer kriminellen (sexuellen) Viktimisierung, findet sich nicht nur in der allgemeinen Bevölkerung, sondern auch bei Polizeibeamten.

### *3.2 Durchführung der Untersuchungen*

Zur Überprüfung dieser Hypothesen wurden zwei Untersuchungen durchgeführt, davon eine erste in Deutschland (Freiburg) und eine zweite in Slowenien (Ljubljana). Bei der deutschen Untersuchung wurden Universitätsstudenten befragt, bei der slowenischen Studierende einer Polizeiakademie, ferner Polizeibeamte im Dienst, die an einer Fortbildung teilnahmen. Bei beiden Untersuchungen wurde derselbe Fragebogen eingesetzt, der zunächst für die deutsche Studie entwickelt bzw. in Teilen aus US-amerikanischen Studien übernommen und später in gleicher Form in die slowenische Sprache übersetzt wurde. Die Erhebungsinstrumente sind somit inhaltlich gleich, bei der Übersetzung wurde hinsichtlich der Übernahme derselben Bedeutungsgehalte der einzelnen Items besondere Aufmerksamkeit verwandt.

### 3.2.1 Erhebungsinstrumente

Das deutsche Erhebungsinstrument wurde teilweise in Anlehnung an US-amerikanische Vorbilder entwickelt. Die Übersetzung aus dem Amerikanischen erfolgte durch mehrmalige Überprüfung der jeweiligen Bedeutungsgehalte. Das Instrument wurde in Vorstudien auf seine Anwendbarkeit und Verständlichkeit überprüft (vgl. Fischer 2000). Zur Erfassung der Sichtweisen von Opfern verschiedener Straftaten bzw. Nichtopfern wurde von uns zunächst ein Kurzlebenslauf von ca. einer halben Seite einer „normalen", unauffälligen, „typischen" Frau (Frau Schmidt in Deutschland, Frau Kovac in Slowenien) entwickelt. Neben diesem weiblichen „Neutrallebenslauf" wurden nun in dieser Studie drei „Opferlebensläufe" geschaffen, die sich vom Neutrallebenslauf allerdings lediglich in einem einzigen Satz unterscheiden, der auf jeweils eine zurückliegende Viktimisierung durch Wohnungseinbruch, Vergewaltigung durch den Ehemann oder eine „normale" Vergewaltigung hinweist. Dieser Satz, der an jeweils derselben Stelle, etwa in der Mitte, des Neutrallebenslaufes eingefügt wurde, lautet:

Wohnungseinbruch: „Mit 31 Jahren, also vor 16 Jahren, wurde Frau Schmidt (bzw. Frau Kovac) Opfer eines Wohnungseinbruchs mit beträchtlichem Sachschaden".

Vergewaltigung durch den Ehemann: „Seit ihrem 31. Lebensjahr kam es immer wieder zu Vergewaltigungen durch ihren Ehemann".

„Normale" Vergewaltigung: „Mit 31 Jahren, also vor 16 Jahren, wurde Frau Schmidt (Frau Kovac) auf dem abendlichen Nachhauseweg Opfer einer Vergewaltigung".

Es liegen somit folgende vier Lebensläufe einer Frau vor, die in der Untersuchung dann per Zufall den befragten Personen zusammen mit den Fragebogen vorgegeben wurden:

1. Neutrallebenslauf
2. Opferlebenslauf Einbruch mit beträchtlichem Sachschaden,
3. Opferlebenslauf Vergewaltigung durch den Ehemann,
4. Opferlebenslauf Vergewaltigung auf dem Nachhauseweg ohne Angaben zum Täter.

Die in den Lebensläufen beschriebenen Frauen (mit und ohne Viktimisierung) sollten nun, wie in einem kurzen einleitenden Text des Gesamtfragebogens, der lediglich um Mitarbeit bei der Untersuchung bat und das Ankreuzen der einzelnen Items an einem Beispiel erläuterte, ausgeführt wurde, zunächst jeweils anhand von 50 Eigenschaftswörtern charakterisiert werden, wobei jeweils eine sechsstufige Skala vorgegeben wurde, die von -3 ("trifft gar nicht zu") bis +3 ("trifft sehr zu") reichte. Die Eigenschaftswörter beschrieben positive (wie *treu, gut, ehrlich, glücklich, beliebt* und negative (wie *aggressiv, dumm, aufdringlich, respektlos, unbeständig*) Charakteristika einer Person. Die Reihenfolge der Eigenschaftsbegriffe wurde einmal per Zufall bestimmt und dann immer in derselben Form vorgegeben.

Im Anschluss an die Liste mit Eigenschaftswörtern wurden einige zusätzliche Fragen zur Schuldzuschreibung bei Straftaten, zur eigenen eventuellen Viktimisierung, zur persönlichen Kenntnis von Vergewaltigungsopfern und zur Sanktion bei Vergewaltigungen vorgegeben. Es folgten Items zur Demografie der Befragten, wie Geschlecht, Nationalität, Alter, Familienstand und Schulausbildung. Am Schluss des Erhebungsinstrumentes folgte dann ein aus den USA übernommener Fragebogen mit 111 Items zur Erfassung der Einstellung gegenüber Frauen, zu Vergewaltigung unterstützenden Sichtweisen, zur Gewalt gegenüber Frauen und zur Empathie gegenüber Vergewaltigungsopfern (vgl. Margolis 1998). Dieser Fragebogen enthält folgende 5, in den USA teilweise oft verwandten Subskalen (vgl. a. Fischer 2000: 105f.):

- *"Silencing the Self Scale"* (STSS) mit 26 Items. Hohe Werte in dieser Skala sprechen dafür, dass man seine eigene Person und die damit verbundenen Rechte und Bedürfnisse denen des Partners unterordnet, sich eher in den Hintergrund rückt, eine eher submissive Haltung gegenüber dem Partner an den Tag legt.
- *"Attitudes toward Women Scale"* (AWS) mit 27 Items. Hohe Skalenwerte deuten darauf hin, dass eine Person eher konservative, traditionelle Ansichten und Einstellungen gegenüber der Rolle der Frau in der Gesellschaft besitzt. Niedrige Werte sprechen dagegen eher für liberale Einstellungen gegenüber der weiblichen Rolle in der Gesellschaft.
- *"Rape Supportive Attitudes Scale"* (RSA) mit 28 Items. Hohe Werte sprechen für eine höhere Akzeptanz von (sexuell) gewalttätigem Verhalten gegenüber Frauen und Einstellungen, die die Schwere einer Sexualstraftat eher begatellisieren und neutralisieren.
- *"Rape Empathy Scale"* (RES) mit 26 Items. Hohe Werte sprechen dafür, dass von seiten des Beurteilers Vergewaltigungsopfern ein größeres Maß an Empathie entgegengebracht wird als bei niedrigen Werten.
- *"Attitudes toward Intimate Violence Scale"* (INT) mit 11 Items (Margolis 1998). Diese Skala wurde von Margolis selbst konstruiert und besteht teilweise aus Items der Skalen AWS (3 Items) und RSA (4 Items), ist somit von diesen statistisch nicht unabhängig. Die Skala erfasst die Einstellung zu Gewalt in festen Beziehungen. Hohe Werte sprechen dafür, dass eine höhere Akzeptanz von (sexuell) gewalttätigem Verhalten innerhalb einer festen Partnerschaft geäußert wird als bei niedrigeren Werten.

Die Einstufungen zu den 111 Items des Fragebogens "Einstellung zu Frauen, Gewalt und Vergewaltigung" erfolgte mit derselben sechsstufigen Skala wie bei den Eigenschaftswörtern (vgl. oben). Das Erhebungsinstrument war somit vollständig standardisiert.

### 3.2.2 Stichproben

Die deutsche Untersuchung wurde im Januar und Februar 2000 an der Universität und der Pädagogischen Hochschule in Freiburg durchgeführt. Die Stichprobe bestand aus N=380 männlichen (N=164) und weiblichen (N=216) Studierenden verschiedener Fachrichtungen im Alter von 19 bis 37 Jahren (Durchschnittsalter 23,5 Jahre). Die Auswahl erfolgte per Zufall, die Befragung fand teilweise in Seminaren, teilweise auch in den Studentenwohnheimen völlig anonym statt.

Während in Deutschland nur Studierende der Universität bzw. der Pädagogischen Hochschule, also keine angehenden oder bereits Dienst tuenden Polizeibeamte befragt werden konnten, wurden in Slowenien bisher nur letztere Gruppen erfasst. Hier wurden in diesem ersten Untersuchungsabschnitt insgesamt N=124 Studierende des "College of Police and Security Studies" in Ljubljana befragt, davon N=56 weibliche und N=67 männliche Studierende (1 missing). 88 der Befragten (71,0%) waren Studierende der Polizeiakademie, also angehende Polizisten bzw. Mitarbeiter von Sicherheitsdiensten, 34 (27,4%) Polizeipraktiker, die sich zu einer Fortbildung vorübergehend an der Schule befanden (2=1,6% machten keine Angaben). Das Durchschnittsalter der Befragten liegt bei 24,1 Jahren (von 19 bis 42 Jahren). 92,7% hatten einen Realschulabschluss, 3,2% Abitur und weitere 3,2% einen Hochschulabschluss (0,8% missing). Das deutet darauf hin, dass das Bildungsniveau der Slowenischen Gruppe etwas unter dem der deutschen Studierenden liegt (alle hatten hier Abitur).

## *3.3 Ergebnisse*

Hier sollen im Wesentlichen die wichtigsten Resultate der Slowenischen Untersuchung mitgeteilt werden, teilweise im Vergleich zu den Ergebnissen der deutschen Studie. Dieser Vergleich ist mit Zurückhaltung zu interpretieren, da Unterschiede vor allem einmal auf die unterschiedlichen Stichproben (Studenten allgemeiner Fächer in Deutschland, versus Studenten einer Polizeiakademie bzw. Polizeipraktiker in Slowenien), und zum anderen auf die verschiedenen Ethnien (Deutsche im Vergleich zu Slowenen) zurückgeführt werden können. Eine geplante Zusatzuntersuchung (Befragung von Studierenden allgemeiner Fächer in Slowenien) soll hier weitere Aufklärung schaffen und ist in Vorbereitung.

Als Erstes wird ein statistischer Vergleich zwischen den Einstufungen der einzelnen Lebensläufe auf der Ebene der 50 Eigenschaftsbegriffe durchgeführt und zwar zwischen den in Ljubljana befragten Männern und Frauen insgesamt und getrennt nach dem Geschlecht. Anschließend führten wir zur Datenreduktion mit den 50 Eigenschaftsbegriffen eine Faktorenanalyse durch und berechneten weitere Gruppenvergleiche auf der Ebene der gefundenen Faktoren.

### 3.3.1 Unterschiede auf Ebene der Einzelitems

Zunächst wurden für die slowenische Stichprobe die Mittelwerte in den Einstufungen der vier Lebensläufe (Neutrallebenslauf und drei Opferlebensläufe) auf der Basis der 50 Eigenschaftsbegriffe für die Gesamtgruppe der Befragten, zusätzlich getrennt für Männer und Frauen berechnet. Die gefundenen Mittelwerte bzw. die dazugehörigen Eigenschaftsbegriffe wurden, jeweils bezogen auf den Neutrallebenslauf, nach aufsteigendem Wert angeordnet. Abb. 1 zeigt so die Einschätzung des Neutrallebenslaufes von der negativsten bis zur positivsten Charakterisierung. Zum Vergleich werden die Einschätzungen der drei Opferlebensläufe mit aufgenommen. Abb. 1 enthält einerseits die von den befragten Männern und Frauen vorgenommenen Einstufungen für die "normale", also nicht Opfer gewordene, als auch die unterschiedlich viktimisierte slowenische Frau durch die befragte Gruppe von (zukünftigen) Polizisten.

Relativ niedrige Werte erhalten, insbesondere im Neutrallebenslauf, erwartungsgemäß jeweils negative Eigenschaften, entsprechend höhere positive Bewertungen. So zeigt Abb. 1 in Bezug auf den Neutrallebenslauf, dass die *normale* slowenische Frau als jeweils relativ wenig *aggressiv, träge, dumm, wütend, aufdringlich, deprimiert* oder *unverschämt* eingeschätzt wird, dagegen als *wachsam, gesellig, zuverlässig, gut, ehrlich, normal oder treu.* Die befragten Männer und Frauen schildern somit von der dem eigenen Volke angehörenden slowenischen Frau naheliegenderweise ein insgesamt positives Bild, bei dem die negativen Eigenschaften deutlich weniger als die positiven ausgeprägt sind.

Deutlich auffallend ist nun in Abb. 1, dass im oberen Teil der Grafik, der die negativen Eigenschaften enthält, die Opferlebensläufe höhere Werte erhalten, also negativer beurteilt werden, im unteren Teil, mit den eher positiven Eigenschaften, dagegen niedrigere Werte bekommen und damit negativer eingestuft werden. Dieses Ergebnis macht deutlich, dass die Opferlebensläufe in den meisten Eigenschaften negativer beurteilt werden als der Neutrallebenslauf. Gleichzeitig geht aus Abb. 1 hervor, dass die Opferlebensläufe unterschiedlich deutlich vom Neutrallebenslauf abweichen.

Abb. 1: Vergleich der Einschätzungen verschiedener Lebensläufe (Mittelwerte Gesamtgruppe) – Slowenien

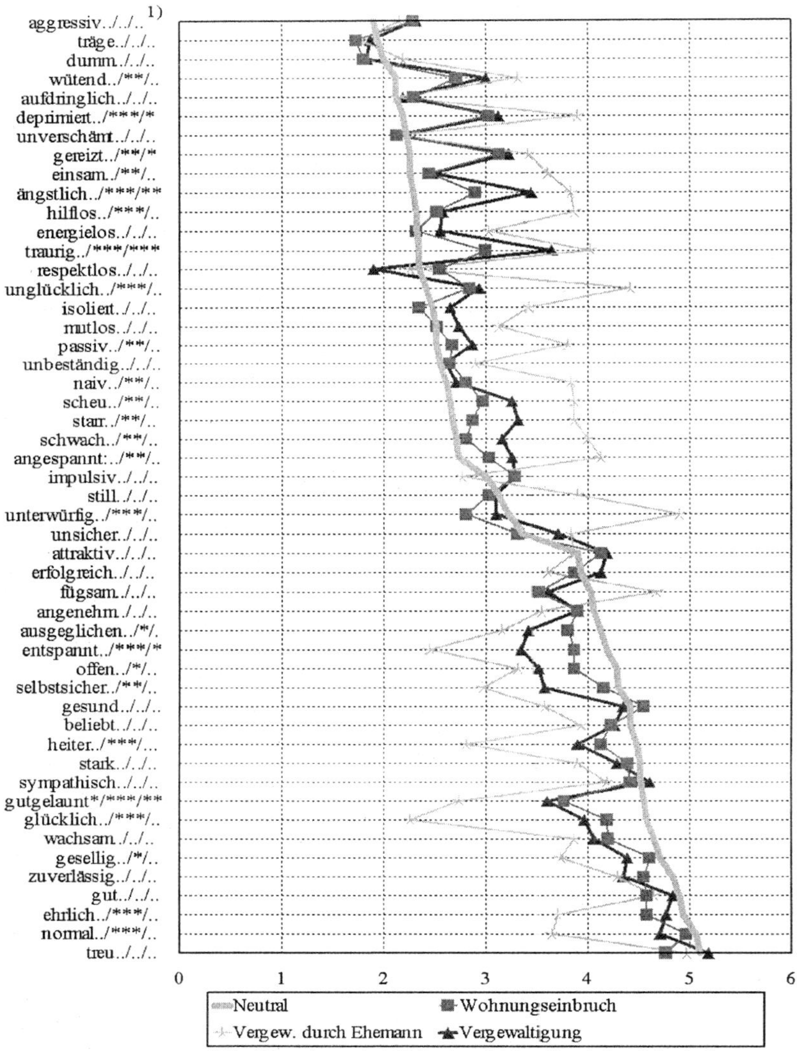


1) Signifikanzniveaus der Mittelwertsvergleiche mit neutralem Lebenslauf: Wohnungseinbruch/Vergewaltigung durch Ehemann/Vergewaltigung
* p < 0,05; ** p < 0,01; *** p < 0,,001

Die geringsten Abweichungen zeigt der Lebenslauf mit Wohnungseinbruch, deutlichere die vergewaltigte Frau und mit Abstand am deutlichsten sind die Unterschiede bei der in der Ehe vergewaltigten Frau. Während beim Wohnungseinbruch lediglich der Mittelwert einer Eigenschaft ("gutgelaunt") statistisch signifikant vom Neutrallebenslauf abweicht, die übrigen Abweichungen somit lediglich tendenziell in der Regel eine negativere Beurteilung andeuten, ergeben sich bei der Vergewaltigung bereits 6 statistisch signifikante Mittelwertunterschiede und bei der Vergewaltigung in der Ehe nicht weniger als 25, also die Hälfte. Hierbei wurde wegen der relativ hohen Zahl von Signifikanzberechnungen eine Alpha-Adjustierung vorgenommen. Selbst wenn man berücksichtigt, dass manche Eigenschaften in negativer und gleichzeitig positiver Formulierung enthalten sind (wie: *"unglücklich" – "glücklich"*), also die Zahl der Signifikanzen nicht ganz unabhängig voneinander ist, ist dieses Ergebnis beeindruckend, vor allem auch deshalb, weil auch die nicht signifikanten Unterschiede in der Regel in dieselbe Richtung deuten. So wird etwa die in der Ehe vergewaltigte Frau im Vergleich zum Nichtopfer statistisch signifikant einerseits als *wütender, deprimierter, ängstlicher, unglücklicher, naiver, trauriger, und unterwürfiger* beurteilt, andererseits gleichzeitig als jeweils weniger *normal, ehrlich, gesellig, gutgelaunt, heiter, selbstsicher oder offen*. Diese Charakterisierungen können einerseits mehr als *Ursache* der Viktimisierung im Sinne einer Schuldzuschreibung (wie: *naiv* oder weniger *ehrlich*), andererseits aber auch als Folge derselben (wie: *traurig* oder *unglücklich*) gesehen werden (vgl. hierzu Stötzel 2001; Werner 2001). Bereits dieser Befund macht deutlich, dass die befragten (angehenden) Polizisten die Opfer der Straftaten negativer einschätzen und zwar allein aufgrund der in den Lebensläufen beschriebenen Viktimisierung. Dieses Ergebnis bestätigt somit die bei anderen Stichproben (keine Polizisten) gefundenen Resultate vollkommen. Hypthese 1 kann somit beibehalten werden. Auch Hypothese 2 kann bestätigt werden, wonach nämlich besonders Opfer einer Sexualstraftat (Vergewaltigung bzw. Vergewaltigung in der Ehe) negativ beurteilt werden.

Als Weiteres prüften wir, wieweit sich geschlechtsspezifische Unterschiede in den Einstufungen nachweisen lassen. Für beide Geschlechter ergeben sich weitgehend dieselben Resultate, welche die bisherigen Befunde im Wesentlichen bestätigen. Am deutlichsten sind die Unterschiede zwischen Neutral- und Opferlebensläufen bei den befragten Frauen, weniger deutlich bei den befragten Männern, vor allem was eine negativere Charakterisierung des Opfers eines Wohnungseinbruchs betrifft. Beide Geschlechter beurteilen jedoch die Opferlebensläufe, vor allem den mit der in der Ehe vergewaltigten Frau, deutlich negativer als den Neutrallebenslauf.

Bereits dieses Ergebnis spricht für eine deutlich stigmatisierende bzw. negativere Sichtweise der Opfer der vorgegebenen Straftaten im Vergleich zu den Nichtopfern und zwar weitgehend unabhängig vom Geschlecht der Einstufenden. Frauen tendieren allerdings offensichtlich dazu, Opfer und Nichtopfer deutlicher unterschiedlich zu sehen als Männer. Hiermit werden die in anderen Ländern von uns ermittelten Resultate bestätigt, nicht nur für Slowenien, sondern offensichtlich auch für Polizisten, was zu erwarten war.

### 3.3.2 Unterschiede auf Faktorenebene

Als nächstes führten wir zur Datenreduktion mit den 50 Eigenschaftswörtern für die Gesamtstichprobe eine Faktorenanalyse durch (Varimax-Rotation). Der Scree-Test spricht für eine 2- bis 5-Faktorenlösung. Für die entsprechenden deutschen Stichproben wurde eine 3-Faktorenlösung sowohl aus statistischen als auch inhaltlichen Gründen als optimal angesehen. Aus Gründen der Vergleichbarkeit aber auch der Interpretierbarkeit der gefundenen Faktorenlösungen entschieden wir uns deshalb auch für die slowenische Stichprobe für eine 3-Faktorenlösung. Faktor 1 besitzt einen Eigenwert von 16,4 (deutsche Stichprobe: 10,2), Faktor 2 3,4 (8,5) und Faktor 3 2,95 (4,4). Die 3 Faktoren lassen sich wie folgt charakterisieren: *Faktor 1*: Dieser klärt mit 32,8% (deutsche Stichprobe: 20,4%) den weitaus größten Teil der Gesamtvarianz auf, 22 der 50 Items zeigen entsprechend hier die höchste Ladung. Die Adjektive *traurig, deprimiert, angespannt, unsicher, unglücklich, einsam, gereizt, scheu, ängstlich, hilflos, unterwürfig, wütend, schwach, isoliert und starr* zeigen hier eine relativ hohe positive Ladung. Eine negative Ladung weisen die Adjektive *entspannt, glücklich, gutgelaunt, heiter, normal, ausgeglichen und stark* auf, die teilweise die entsprechenden Gegenpole darstellen (*glücklich – unglücklich*). Dies umschreibt eine Person, die eher depressiv-passiv ist. Wir nennen diesen Faktor deshalb Depressivität–Unsicherheit–Anpassung. *Faktor 2*: Dieser klärt 6,8% (17,1%) der Gesamtvarianz auf, immerhin noch 19 der 50 Items zeigen hier die höchste Ladung. Eine positive Ladung findet sich bei den Eigenschaften *attraktiv, beliebt, erfolgreich, selbstsicher, gesellig, offen, angenehm, ehrlich, impulsiv, sympathisch, wachsam, gesund und zuverlässig*. Eine negative Ladung weisen die Eigenschaften *passiv, still, energielos, naiv, fügsam und mutlos* auf. Dies ist somit ein positiv charakterisierter Faktor. Die beschriebene Person ist eher stabil, selbstsicher, extrovertiert, attraktiv, erfolgreich und offen. Wir nennen diesen Faktor deshalb Attraktivität–Selbstsicherheit–Stabilität. *Faktor 3*: Dieser klärt noch 5,9% (8,8%) der Gesamtvarianz auf, immerhin noch 9 der 50 Items zeigen hier die höchste Ladung. Eine positive Ladung findet sich auf den Items *aufdringlich, unverschämt, respektlos, dumm, aggressiv, träge und unbeständig*. Eine negative Ladung zeigen die Items *gut* und *treu*. Dieser Faktor gibt somit wiederum eine negative Beschreibung ab und charakterisiert eine Person als aufdringlich, unverschämt, respektlos und aggressiv. Wir charakterisieren diesen Faktor somit als Unverschämtheit–Aggressivität.

Auf der Basis der Faktorenanalyse berechneten wir pro Person für jeden der 3 Faktoren die Skalenwerte und pro Untersuchungsgruppe (vorgegebener Lebenslauf) die entsprechenden Mittelwerte. Abb. 2 zeigt die gefundenen Ergebnisse. Die Unterschiede zwischen Neutral- und den drei Opferlebensläufen sind hochsignifikant ($p < .000$) bei den Faktoren 1 und 2, nicht dagegen bei Faktor 3. Bei den ersten beiden Faktoren fällt wiederum die Gruppe Vergewaltigung durch den Ehemann aufgrund der deutlich abweichenden Mittelwerte zwischen den Gruppen heraus. Die "günstigsten" Werte zeigen sich beide Male beim Neutrallebenslauf. Die in den Opferlebensläufen – vor allem im Falle der Vergewaltigung durch den Ehemann – beschriebenen Personen werden somit im Kontext der Viktimisierung statistisch hochsignifikant ($p < .000$) als depressiver, unsicherer und angepasster (Faktor 1), aber gleichzeitig auch als jeweils weniger attraktiv, selbstsicher und stabil charakterisiert.

Abb. 2: Vergleich der Skalenmittelwerte (3-Faktorenlösung) für verschiedene Lebensläufe – Slowenien

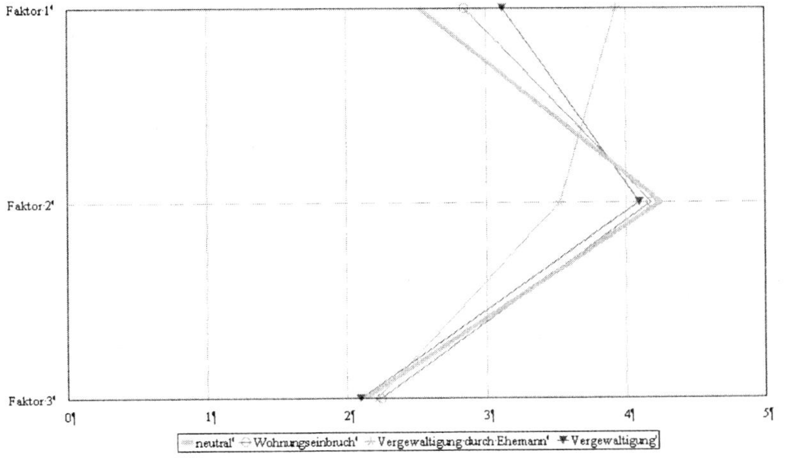


Die Unterschiede zwischen den Lebensläufen sind bei Faktor 3 (Unverschämtheit–Aggressivität) minimal, entsprechend nicht statistisch bedeutsam. Dieses Ergebnis bestätigt im Wesentlichen das auf Einzelitemebene gefundene Resultat (vgl. oben). Die Opfer werden somit als *depressiver*, *unsicherer* und *angepasster* beschrieben (Faktor 1), vor allem die in der Ehe vergewaltigte Frau, relativ deutlich auch die vergewaltigte Frau, weniger deutlich das Einbruchsopfer. Gleichzeitig wird vor allem die in der Ehe vergewaltigte Frau als deutlich weniger *attraktiv*, *selbstsicher* und *stabil* charakterisiert, tendenziell gilt dies auch für die anderen beiden Opfergruppen. Hinsichtlich der Dimension Unverschämtheit, Aggressivität zeigen sich keine bedeutsamen Gruppenunterschiede. Dieser Faktor besitzt insgesamt auch die geringste Ausprägung.

### 3.3.3 Die Einstellung zu Frauen, Gewalt und Vergewaltigung/Sexualopfern

In einem weiteren Auswertungsschritt berechneten wir zunächst die Werte für die Einstellungskalen zu den Dimensionen Selbstsicherheit (STSS), Einstellung gegenüber Frauen (AWS), Akzeptanz von Vergewaltigungsvorstellungen (RSA), Empathie gegenüber Vergewaltigungsopfern (RES) und Einstellung gegenüber gewalttätigem Verhalten in der Beziehung (INT). Als erstes prüften wir, wieweit sich hier Einstellungsunterschiede zwischen der deutschen und der slowenischen Stichprobe nachweisen lassen, dann wieweit sich für die slowenische Stichprobe Geschlechtsunterschiede in den Dimensionen ergeben. Schließlich wurde die Zusammenhangsstruktur zwischen den Einstellungsskalen und den drei Faktoren zur Stigmatisierung von Opfern untersucht.

*Beschreibung der Einstellungsmuster*

Die Ergebnisse der Mittelwert- und Signifikanzberechnungen für die 5 Einstellungsskalen des von Margolis (1998) zusammengestellten und von uns aus dem Amerikanischen übersetzten Fragebogens finden sich für die slowenische und im Vergleich dazu für die deutsche Gruppe in Tab. 1. Da bei der Zusammenstellung der deutschen Skalen Items mit schlechten Trennschärfekoeffizienten unberücksichtigt blieben, wurde hier für die slowenische Gruppe aus Vergleichsgründen ausnahmsweise auch mit derselben reduzierten Itemzahl gerechnet. Es zeigen sich für vier der fünf Skalen zwischen beiden Ländern statistisch signifikante und erhebliche Mittelwertsunterschiede, wobei die Differenz in der fünften Skala (STSS) nur knapp das Signifikanzniveau verfehlt. Trotz der zweifellos vorhandenen und oben beschriebenen Unterschiede zwischen den beiden Stichproben aus unterschiedlichen Ländern und gleichzeitig auch unterschiedlichen Studentengruppen scheint sich ein Ergebnis abzuzeichnen, das durchaus auch eine große Plausibilität hat:

Tab. 1: Mittelwertvergleich des Fragebogens „Einstellung zu Frauen, Gewalt und Vergewaltigung“

| | **Slowenien** | | | | | **Deutschland** | | | | |
|---|---|---|---|---|---|---|---|---|---|---|
| | **Min** | **Max** | **Mean** | **Std. Deviation** | **Konfidenzintervall** | **Min** | **Max** | **Mean** | **Std. Deviation** | **Konfidenzintervall** |
| **STSS** | 28 | 88 | 59,90 | 13,80 | 57,47-62,33 | 29 | 107 | 56,34 | 13,61 | 54,94-57,74 |
| **AWS** | 2 | 85 | **48,17** | 12,58 | 45,96-50,38 | 24 | 86 | 42,26 | 12,74 | 40,94-43,57 |
| **RSA** | 18 | 86 | **50,94** | 14,76 | 48,34-53,53 | 20 | 76 | 39,30 | 10,98 | 38,16-40,44 |
| **RES** | 65 | 120 | 93,23 | 11,32 | 91,23-95,22 | 70 | 120 | **103,68** | 9,61 | 102,68-104,67 |
| **INT** | 10 | 38 | **19,31** | 6,46 | 18,18-20,45 | 2 | 37 | 15,56 | 5,12 | 15,05-16,08 |

Beide Geschlechter beschreiben sich in der slowenischen Stichprobe jeweils im Vergleich mit der deutschen Gruppe als bedeutsam konservativer, traditioneller in ihren Ansichten und Einstellungen hinsichtlich der Rolle der Frau in der Gesellschaft (AWS), gleichzeitig drücken die Slowenen eine erheblich größere Akzeptanz von (sexuell) gewalttätigem Verhalten gegenüber Frauen aus und äußern eher Einstellungen, welche die Schwere einer Sexualstraftat bagatellisieren (RSA). Dasselbe gilt hinsichtlich der Akzeptanz von (sexuell) gewalttätigem Verhalten innerhalb einer festen Partnerschaft (INT): Auch diese dulden sie deutlich mehr als die deutschen Befragten. Auf der anderen Seite und als logische Ergänzung dieser Befunde drücken die slowenischen männlichen und weiblichen Befragten weniger Empathie und Unterstützung gegenüber Vergewaltigungsopfern aus (RES). Die Unterschiede sind jeweils so groß und deutlich, dass sie, selbst wenn sie teilweise auf die unterschiedlichen Studentengruppen zurückzuführen wären (Studenten allgemeiner Fächer vs. Studenten der Polizeischule/Polizisten) doch auch Unterschiede zwischen den beiden Volksgruppen ausdrücken dürften. Hypothese 8 kann somit bestätigt werden.

Weiter prüften wir für die slowenische Stichprobe, ob sich Geschlechtsunterschiede in den Skalenwerten finden, wobei in allen weiteren Berechnungen wurde mit der vollen Itemzahl der jeweiligen Skalen gerechnet wurde. Erwartungsgemäß zeigen sich deutliche geschlechtsspezifische Mittelwertsunterschiede, die ohne Ausnahme hochsignifikant sind ($p < .002$) (vgl. Tab. 2).

Tab. 2: Mittelwertvergleich des Fragebogens „Einstellung zu Frauen, Gewalt und Vergewaltigung“ zwischen den Geschlechtern

| Slowenien | | | | | | | | |
|---|---|---|---|---|---|---|---|---|
| | Frauen | | | Männer | | | | |
| | N | Mean | Std. Deviation | N | Mean | Std. Deviation | F | Sig. |
| **STSS** | 56 | 69,09 | 14,15 | 67 | **76,85** | 13,64 | 9,55 | 0,002 |
| **AWS** | 56 | 50,00 | 12,68 | 67 | **60,99** | 13,93 | 20,57 | 0,000 |
| **RSA** | 56 | 59,80 | 14,57 | 67 | **71,37** | 14,15 | 19,85 | 0,000 |
| **RES** | 56 | **123,93** | 11,68 | 67 | 112,43 | 11,77 | 29,30 | 0,000 |
| **INT** | 56 | 28,05 | 6,04 | 67 | **32,51** | 9,16 | 9,70 | 0,002 |

Diese gefundenen geschlechtsspezifischen Differenzen bestätigen einheitlich die für die deutsche Stichprobe festgestellten entsprechenden Unterschiede (vgl. Fischer 2000: 175). Die Ergebnisse stimmen auch – mit Ausnahme der Skala STSS ("Silencing the Self Scale") – mit den theoretischen Erwartungen überein. So beschreiben sich Männer im Vergleich zu den Frauen in beiden Ländern als konservativer, traditioneller in ihren Ansichten und Einstellungen gegenüber Frauen und deren gesellschaftlicher Rolle (AWS), sie zeigen hinsichtlich sexuell gewalttätigem Verhalten gegenüber Frauen eine größere Akzeptanz, mehr Einstellungen, die die Schwere einer Sexualstraftat bagatellisieren (RSA), sie bringen Vergewaltigungsopfern ein geringeres Maß an Empathie entgegen (RES) und schließlich akzeptieren sie ebenso sexuell gewalttätiges Verhalten auch innerhalb einer festen Partnerschaft eher (INT). Skala STSS fällt dagegen, wie erwähnt, aus dem Rahmen, allerdings auch inhaltlich, die Items erfassen hier ein deutlich weniger klares Konstrukt. Die Männer beschreiben sich hier als in ihren Rechten und in ihrer Person den Frauen eher unterordnend. Auch Hypothese 5 kann somit bestätigt werden.

*Zusammenhänge der Einstellungsmuster mit der Opferstigmatisierung*

Als Weiteres prüften wir die Zusammenhänge zwischen den drei gefundenen Faktoren hinsichtlich der Opferstigmatisierung und den Einstellungen der Probanden zu Frauen, Gewalt und Sexualopfern mitttels Korrelationen zwischen den jeweiligen Skalen (vgl. Tab. 3).

Tab. 3: Korrelationen des Fragebogens „Einstellung zu Frauen, Gewalt und Vergewaltigung“ mit den drei Faktoren

| | | | | Slowenien | | |
|---|---|---|---|---|---|---|
| | | | | | | |
| | | **STSS** | **AWS** | **RSA** | **INT** | **RES** |
| **Faktor 1** | **Pearson Korrelation** | -0,06 | 0,08 | -0,05 | -0,05 | -0,11 |
| | **Sign. (2-seitig)** | 0,54 | 0,39 | 0,55 | 0,60 | 0,22 |
| | **N** | 124 | 124 | 124 | 124 | 124 |
| **Faktor 2** | **Pearson Korrelation** | 0,03 | -0,02 | 0,13 | 0,08 | 0,01 |
| | **Sign. (2-seitig)** | 0,79 | 0,80 | 0,15 | 0,36 | 0,91 |
| | **N** | 124 | 124 | 124 | 124 | 124 |
| **Faktor 3** | **Pearson Korrelation** | **0,35**(**) | **0,31**(**) | **0,22**(*) | **0,34**(**) | **-0,35**(**) |
| | **Sign. (2-seitig)** | 0,000 | 0,001 | 0,014 | 0,000 | 0,000 |
| | **N** | 124 | 124 | 124 | 124 | 124 |

** Korrelation ist signifikant auf dem Niveau 0.01 (2-seitig).
* Korrelation ist signifikant auf dem Niveau 0.05 (2-seitig).

Es zeigten sich keine statistisch bedeutsamen Korrelationen der Einstellungsdimensionen zu den Faktoren 1 (Depressivität–Unsicherheit–Anpassung) und 2 (Attraktivität–Selbstsicherheit–Stabilität), allerdings korrelierten alle fünf Persönlichkeitsskalen statistisch hochsignifikant mit Faktor 3 (Unverschämtheit–Aggressivität). Das bedeutet, dass Befragte, welche die in den Lebensläufen beschriebenen Personen (Frauen) als eher unverschämt und aggressiv einstufen, sich gleichzeitig als dem Partner unterordnend, seine Bedürfnisse in den Hintergrund rückend charakterisieren (STSS), weiterhin eher konservative, traditionelle Ansichten und Einstellungen gegenüber der Frauenrolle in der Gesellschaft äußern, (sexuell) gewalttätiges Verhalten gegenüber Frauen eher akzeptieren und bagatellisieren (RSA), ebenso akzeptieren sie eher (sexuell) gewalttätiges Verhalten in einer eigenen festen Partnerschaft (INT), schließlich bringen sie Vergewaltigungsopfern eher weniger Empathie und Mitgefühl entgegen (RES). Dieses Ergebnis ist durchaus plausibel und deutet eher auf einen Persönlichkeitszug bei den untersuchten Probanden hin, der sich unabhängig von einer möglichen Opferstigmatisierung äußert, eher die Sichtweise gegenüber Frauen insgesamt prägt, unabhängig davon, ob diese Opfer geworden sind oder nicht. Personen mit eher konservativen Einstellungen und größerer Akzeptanz gegenüber gewalttätigem sexuellem Verhalten gegenüber Frauen, weniger Mitgefühl für Opfer von Sexualstraftaten, beurteilen Frauen offensichtlich auch eher als unverschämt und aggressiv. Hypothese 4 kann somit nur ansatzweise bestätigt werden.

### 3.3.4. Schuldzuschreibung für eine Viktimisierung, eigene Viktimisierung und Opferkenntnis als Determinanten einer Opferstigmatisierung

Als Letztes prüften wir zunächst, wieweit ein Zusammenhang besteht zwischen einerseits einer Schuldzuschreibung drei Entstehung von Straftaten allgemein dem Opfer gegenüber (die Schuld liegt beim Opfer und Straftaten entstehen nicht aufgrund situativer Bedingungen) und andererseits den drei Faktoren zur Opferstigmatisierung sowie den im Fragebogen zu "Einstellung zu Frauen, Gewalt und Vergewaltigung" erfassten fünf Persönlichkeitsdimensionen. Es ergeben sich statistisch signfikante Mittelwertunterschiede für die Gesamtgruppe lediglich bei Faktor 2. Eine ergänzende Korrelationsanalyse zeigt einen statistisch signifikanten Zusammenhang hinsichtlich der Zuschreibung der Schuld ($r = .21$; $p < .023$) als auch von lediglich Mitschuld ($r = .19$; $p < .034$). Befragte, welche die Schuld für das Zustandekommen von Straftaten eher bei den Opfern sehen, haben höhere Werte in Faktor 2, was bedeutet, dass sie die in den Lebensläufen beschriebenen Frauen als attraktiver, selbstsicherer und stabiler beschreiben. Das deutet darauf hin, dass die *Schuld* des Opfers in Merkmalen gesehen wird, aus denen sich dieser Faktor zusammensetzt, wie *attraktiv,* wenig *passiv, gesellig, offen, impulsiv oder* wenig *energielos*. Das ansprechende Aussehen sowie eher extrovertiertes Verhalten wird hier offensichtlich als Ursache einer sexuellen Viktimisierung interpretiert. Eine geschlechtsspezifische Berechnung der Unterschiede zeigt, dass dies jedoch interessanterweise nur für Frauen, nicht für Männer gilt. Hypothese 6 kann somit nicht, bestenfalls in Einzelaspekten, bestätigt werden. Was als "Schuld" den Opfern an Eigenschaften zugeschrieben wird kann nicht als negative Stigmatisierung betrachtet werden. Eher attraktive und extrovertierte Frauen werden, offensichtlich wiederum vor allem von den Frauen, als "schuldig" hinsichtlich ihrer eigenen Viktimisierung angesehen (vgl. den oben diskutierten Ansatz der "defensive attribution").

Hinsichtlich der Schuldzuschreibung dem Opfer gegenüber und den Skalen zur Einstellung zu Frauen, Gewalt und Vergewaltigung zeigen sich bei zwei der fünf Einstellungsdimensionen statistisch bedeutsame Unterschiede und zwar sowohl für die Gesamtgruppe als auch die beiden Geschlechter:

Männliche und weibliche Befragte, die Vergewaltigungsopfern weniger Empathie entgegenbringen (RES) und eine größere Akzeptanz von (sexuell) gewalttätigem Verhalten innerhalb einer festen Partnerschaft ausdrücken (INT), ferner – tendenziell – (sexuell) gewalttätiges Verhalten gegenüber Frauen insgesamt eher akzeptieren und Sexualstraftaten eher bagatellisieren (RSA), sehen die Schuld für Viktimisierungen allgemein eher beim Opfer als die entsprechende Vergleichsgruppe – ein Ergebnis, das durchaus plausibel und stimmig ist. Die Korrelationsanalyse bestätigt die Zusammenhänge und zeigt statistisch signifikante positive Korrelationen bei der Zuschreibung von Schuld bzw. Mitschuld zu den Skalen RSA von $r = .25$ ($p < .005$) bzw. $r = .19$ ($p < .035$) und INT von $r = .29$ ($p < .002$) bzw. $r = .19$ ($p < .037$) sowie negative Korrelationen zu der Skala RES von $r = -.37$ ($p <. 000$) bzw. $r = -.30$ ($p < .001$). Ein vergleichbares Resultat findet sich, wie erwähnt, auch bei nach beiden Geschlechtern getrennten Mittelwertvergleichen. Männer und Frauen, welche die Schuld für Straftaten – und damit auch für Sexualstraftaten – eher beim Opfer sehen, akzeptieren mehr sexuell gewalttätiges Verhalten in der Beziehung und zeigen weniger Empathie gegenüber Opfern von Sexualstraftaten. Wer selbst Schuld ist, hat nach dieser Einstellung weniger Mitgefühl verdient. Sexualstraftaten in Beziehungen haben in der Regel mit Partnerschaftskonflikten zu tun, zu denen wiederum meist beide mehr oder weniger beitragen. Das mag es leichter machen, die Schuld beim Anderen zu sehen und sein eigenes abweichendes Verhalten zu rechtfertigen. Hypothese 7 kann somit weitgehend bestätigt werden.

Ergänzend ergab sich, dass Befragte, die selbst schon Opfer einer Straftat geworden sind, verständlicherweise ein höheres Maß an Empathie für Vergewaltigungsopfer (Skala RES) äußern ($r = .25$; $p < .005$). Gleichzeitig zeigten sich Zusammenhänge zwischen eigener erlebter Viktimisierung und den Ausprägungen in den Faktoren 1 und 2 der Opferstigmatisierung: Die eigene Opferwerdung korreliert positiv mit Faktor 1 ($r = .22$; $p < .015$), und negativ mit Faktor 2 ($r = .20$; $p < .029$). Das bedeutet, Befragte, die selbst schon Opfer wurden, beschreiben die in den (Opfer)Lebensläufen dargestellten Frauen einerseits als *depressiver*, *unsicherer* und *angepasster* (Faktor 1) und andererseits als weniger *attraktiv*, *selbstsicher* und *stabil*. Wer selbst schon Opfer wurde, fühlt sich offensichtlich anderen Opfern von Straftaten näher und empfindet diesen gegenüber mehr Mitgefühl. Diese Befragten schildern, u.U. vor dem Hintergrund der eigenen Erfahrungen, die in den Lebensläufen beschriebenen Opfer als belasteter (*depressiv*, *unsicherer*), weniger selbstsicher und stabil, ein Ergebnis, das durchaus plausibel ist.

## 4. Diskussion

Auffallend ist zunächst die breite Übereinstimmung der für Slowenien gefundenen Ergebnisse mit denen aus anderen Stichproben aus verschiedenen Ländern, wonach Opfer von (schweren) Straftaten mehr oder weniger deutlich negativer beschrieben werden als Nichtopfer. Insbesondere trifft dies für das Opfer einer Vergewaltigung, noch mehr für die in der Ehe vergewaltigte Frau zu. Zum Teil können die abgegebenen Beschreibungen als Folge der Viktimisierung selbst angesehen werden, etwa wenn ein Opfer als *deprimierter*, *ängstlicher oder unglücklicher* charakterisiert wird. Wenn die Opfer jedoch gleichzeitig als *naiver*, weniger *ehrlich* oder weniger *normal*" beschrieben werden, deutet das eher auf die von den Befragten gesehenen "Ursachen" für die Viktimisierung hin. Diese Interpretation der gefundenen Unterschiede belegen auch von uns durchgeführte Zusatzuntersuchungen (vgl. Werner 2001; Stötzel 2001), die allerdings auch deutlich machen, dass ein Teil der unterschiedlichen Charakterisierung von Opfern und Nichtopfern darauf zurückzuführen ist, dass die Befragten die Opfer aufgrund der Folgen ihrer Viktimisierung negativer beschreiben.

Opfer von Straftaten, insbesondere Frauen, die Opfer einer Sexualstraftat wurden, und das noch in der eigenen Ehe bzw. Beziehung, werden offensichtlich als "Verlierer" von beiden Geschlechtern negativer beurteilt als Nichtopfer. Die deutlich negativere Charakterisierung der in der Ehe vergewaltigten Frau kann allerdings auch dadurch (mit)bedingt sein, dass hier im Gegensatz zu den anderen Opferlebensläufen eine mehrmalige Viktimisierung vorgegeben wurde. Eine zusätzliche laufende Untersuchung soll hier weitere Informationen liefern. Da die Männer in aller Regel die Täter sind, mag das in Bezug auf deren Einschätzung insofern nicht verwundern, als man davon ausgehen kann, dass sie durch eine Herabsetzung des Opfers und eine Schuldzuschreibung an dieses ihre eigene Schuld bzw. diejenige ihrer Bevölkerungsgruppe minimieren können. Dass jedoch auch Frauen die Schuld eher dem Opfer zuschreiben, bestätigt die oben ausgeführten theoretischen Überlegungen. Vor dem Hintergrund dieser attributionstheoretischen Ergebnisse bietet sich hierfür eine überzeugende Erklärung an, bestätigen unsere Resultate doch bisher vorliegende Ergebnisse: Gerade sexuelle Viktimisierungen wie eine Vergewaltigung sind aufgrund der Schwere der Tat Ereignisse, die bei Frauen erhebliche Angst und Verunsicherung auslösen. Je mehr es gelingt, den Opfern solcher Taten spezifische (negative) Charakteristika zuzuschreiben, die man selbst nicht hat, je mehr somit die Opfer als von einem selbst unterschiedlich charakterisiert werden, umso sicherer kann man sich selbst subjektiv fühlen. Opfer werden eben dann nur solche, negativ beschriebenen Frauen, eine Gruppe, von der man sich – nach eigener Einschätzung – deutlich unterscheidet. Je mehr man sich von der Gruppe derjenigen, die schlimmes Schicksal erlitten, abgrenzen kann, umso sicherer kann man sich fühlen, dass einem dasselbe nicht auch passieren wird.

Unsere Ergebnisse zeigen, dass Opfer von Sexualstraftaten nicht nur von der Bevölkerung allgemein, sondern eben auch von seiten offizieller Vertreter der Strafverfolgungsorgane, der Polizei, negativer gesehen werden als Nichtopfer. Deutlich wird durch die empirische Untersuchung somit auch Hypothese 9 bestätigt. Das trägt mit zu einer sekundären Stigmatisierung dieser Opfer, auch durch die Strafverfolgungsbehörden, bei. Unsere Ergebnisse gelten zunächst nur für die untersuchte Gruppe, nämlich Anwärter der Polizei in Slowenien sowie diensthabende Polizisten. Es sprechen allerdings kaum überzeugende Argumente dafür, dass dasselbe Ergebnis sich nicht auch für Deutschland oder andere Länder nachweisen ließe, also verallgemeinerbar ist.

Dass Polizisten beiderlei Geschlechts hier weitgehend dieselben Einstellungen zeigen wie die allgemeine Bevölkerung überrascht nicht, sind sie doch zunächst und vor allem auch Teil dieser Bevölkerung, Die Frage ist aber, wieweit man nicht intensiver solchen Stigmatisierungsgefahren durch die Polizei gegenüber diesen Opfergruppen dadurch entgegenwirken muss, dass zumindest die mit diesen Opfern befassten Beamten in ihrer Ausbildung auf die Gefahr hingewiesen und entsprechend sensibilisiert werden.

Selbst wenn man einräumt, dass es nicht primäre Aufgabe der Polizei ist, die “Opfer zu trösten”, vielmehr die “Täter zu fangen”, wird man trotzdem zumindest verlangen müssen, dass die Opfer nicht durch ein stigmatisierendes Verhalten der Beamten zusätzlich geschädigt werden. Zurecht betonen Cajner-Mraovic et al.: “Whether the police officer realizes it or not, the officer who responds to a call for help from a rape victim is a crisis intervener” (2002: 248). Die Doppelrolle von Untersucher und Helfer lässt sich auch in Fällen schwerster Viktimisierung durchaus weitgehend miteinander vereinigen, sie wird heute auch schon teilweise erfolgreich praktiziert. Hier gilt es, etwa durch weitere Ausbildung der für die Anzeigenannahme, Untersuchung und Betreuung der Opfer zuständigen Beamten mehr zur Reduzierung der Opferschäden, bzw. der Schaffung neuer Schädigungen beizutragen. Die teilweise von der Polizei bzw. den zuständigen politischen Stellen praktizierte Abschottungsstrategie gegenüber Forschung ist kontraproduktiv.

## *Literatur:*

Amir, M. (1970): Patterns of forcible rape. Chicago.

Bohner, G. (1998): Vergewaltigungsmythen. Sozialpsychologische Untersuchungen über täterentlastende und opferfeindliche Überzeugungen im Bereich sexueller Gewalt. Landau.

Bommas, A./Matzinger, A. (1995): Empirische Studie zur Überprüfung der Stigmatisierung von Opfern in Abhängigkeit ihrer Ntionalität. Unveröffentliche Diplomarbeit, Psychologisches Institut der Albert-Ludwigs-Universität Freiburg.

Brownmiller, S. (1975): Against our will. Rape, women, and men. New York.

Cajner-Mraovic, I./Cerjak, A./Ivanusec, D. (2002): Policing sexual assault: The women's point of view. In: Pagon, M. (Ed.), Policing in Central and Eastern Europe: Deviance, violence, and victimization. Ljubljana: College of Police and Security Studies, S. 239-251.

Dukes, R., Mattley, C. (1976): Predicting rape victim reportage. In: Sociology and Social Research 62, 1, S. 63-84.

Field, H.S. (1978): Attitudes toward rape: A comparative analysis of police, rapists, crisis counselors and citizens. In: Journal of Personality and Social Psychology 36, S. 156-179.

Fischer, M. (2000): Zur Stigmatisierung der Opfer von (Sexual-)Straftaten: Eine experimentelle Untersuchung. Unveröff. Diplomarbeit, Psychologisches Institut der Albert-Ludwigs-Universität Freiburg.

Fulero, S.M./DeLara, C. (1976): Rape victims and attributed responsibility: A defensive attribution approach. In: Victimology: An International Journal 1, S. 551-563.

Jones, C. E./Aronson, E. (1973): Attribution of fault to a rape victim as a function of responsibility to the victim. In: Journal of Personality and Social Psychology, 25, S. 415-419.

Keefe, M.L./O'Reilly, H.T. (1976): The police and the rape victim in New York. In: Victimology: An International Journal 1, S. 272-283.

Kiefl, W./Lamnek, S. (1986): Soziologie des Opfers. Theorie, Methoden und Empirie der Viktimologie. München.

Kollum, G. (1993): Eine viktimologische Experimentalstudie zur Überprüfung von Stigmatisierungen an Opfern unterschiedlicher Deliktskategorien. Unveröffentliche Diplomarbeit, Psychologisches Institut der Ruprecht-Karl-Universität Heidelberg.

Kury, H. (2001): Das Dunkelfeld der Kriminalität. Oder: Selektionsmechanismen und andere Verfälschungsstrukturen. In: Kriminalistik 55, S. 74-84.

Kury, H./Chouaf, S./Obergfell-Fuchs, J. (2002): Sexuelle Viktimisierung an Frauen. Ergebnisse einer Opferstudie. In: Kriminalistik 56, S. 241-247.

Lerner, M.J. (1970): The desire for justice and reactions to victims. In: Macaulay, J., Berkowitz, L. (Eds.), Altruism and helping behavior. New York.

Margolis, D.N. (1998): Culturally sanctioned violence against women: A look at attitudes toward rape. Dissertation, Boston College.

Mazelan, P.M. (1980): Stereotypes and perceptions of the victims of rape. In: Victimology: An International Journal 5, S. 121-132.

McBride, K. (1996): Child sexual abuse investigations. A joint investigative approach combining the expertise of mental health and law enforcement professionals. In: Pagon, M. (Ed.), Policing in Central and Eastern Europe. Comparing firsthand knowledge with experience from the West. Ljubljana: College of Police and Security Studies, S. 341-354.

Shaw, J.I./McMartin, J.A. (1973): Personal and situational determinants of attribution of responsibility for an accident. Presented at the Western Psychological Association Convention, Anaheim, California, April 1973.

Stötzel, I. (2001): Einstellungen gegenüber vergewaltigten Frauen. Unveröff. Diplomarbeit, Psychol. Institut der Technischen Universität Dresden.

Werner, A. (2001): Einstellungen gegenüber Vergewaltigungsopfern. Eine experimentelle und kulturvergleichende Untersuchung zur möglichen Einflussnahme. Unveröff. Diplomarbeit, Psychol. Institut der Technischen Universität Dresden.

Williams, J.E. (1984): Secondary victimization: Confronting public attitudes about rape. In: Victimology: An International Journal 9, S. 66-81.

Wisler, D./Bonvin, B. (2002): Victimization in Bosnia and Herzegovina. Lessons for the police training reform. In: Pagon, M. (Ed.), Policing in Central and Eastern Europe: Deviance, violence, and victimization. Ljubljana: College of Police and Security Studies, S. 479-504.

# Gewalterfahrung und Gewaltentstehung im Polizeialltag.
## Eine geschlechtsspezifische Untersuchung

*Karlhans Liebl*

## 1. Polizeialltag und Gewalterfahrung

Bevor man sich der Gewalterfahrung von Polizeibeamtinnen und -beamten zuwenden kann, müssen einige Vorüberlegungen stattfinden, da ansonsten nicht die Dimension dieses Phänomens und Problems erfasst werden kann. Dazu gehört neben der Aufhellung der Konfliktsituationen auch die polizeiliche Praxis der Erfolgsermittlung.[1]

Es ist keine bemerkenswerte Feststellung, dass die Aufgaben der Polizei zumeist in die Grobkategorien „Repression" bzw. „Kriminalitätskontrolle" und „Prävention" eingeteilt werden. Damit wird jedoch ein Großteil des Arbeitsanfalls des Polizeialltages nicht annäherungsweise deutlich. So gehören dazu in einem wesentlichen Umfang Konfliktschlichtungen in sehr unterschiedlichen Konfliktbereichen. Diese reichen z.B. vom Verkehrsunfall, nachbarschaftlichen Streitfällen, wie das sommerliche Grillen oder das Gießen von Blumen auf dem Balkon eines Mehrfamilienhauses, Ruhestörungen bis hin zu dem durch das Fernsehen bekannt gewordenen sächsisch-vogtländischen Problem mit dem „Knallerbsenstrauch". Hinzu kommen auch noch eine Vielzahl von Schlichtungen bei Ehe- oder Partnerschaftskonflikten, Fälle von „häuslicher Gewalt" oder aber auch die Verhinderung von Selbsttötungshandlungen. Letztendlich sind auch noch Fälle zu nennen, bei denen es um die Regulierung von zivilrechtlichen Angelegenheiten geht, für die aber von der Bevölkerung auch die Polizei als Konfliktschlichter herangezogen wird: So wenn ein Wohnwagen mit Aussichtsbeeinträchtigung für die Anwohner auf der Straße geparkt wird, wenn die Hauseingangsbeleuchtung nachts den Nachbarn stört oder wenn jemand einen geliehenen Gegenstand nicht zurückgibt. Abschließend sei auch noch auf Durchsuchungshandlungen hingewiesen, die oftmals eine sehr spezielle Konfliktsituation für die Betroffenen darstellen.

Untersucht man daher den Polizeialltag mit seinen Gewalterfahrungen, so können nicht nur die Fälle der tatsächlichen Verbrechenskontrolle, also z.B.

---

1 So auch insbesondere im Zusammenhang mit der PKS (vgl. mit weiteren Nachweisen: Stadler/Walser 2000).

die Festnahme eines Ladendiebes, die Verfolgung eines Straßenräubers oder die Beendigung einer Geiselnahme, im Mittelpunkt der Überlegungen stehen, sondern es muss die Vielschichtigkeit des Polizeialltags Berücksichtigung finden. Daneben dürfen aber auch nicht die Strukturen innerhalb der Polizei vernachlässigt werden, da z.B. für einen Schutzpolizisten im Schichtdienst eine bestimmte Verbalattacke als nicht besonders bemerkenswert erscheint – für einen Kriminalpolizisten diese jedoch nicht hinnehmbar ist. Warum dies so sein kann, liegt in der tagtäglichen Auseinandersetzung mit derartigen Vorkommnissen, so dass solche Handlungen nicht mehr besonders bewertet werden. Noch stärker zum Tragen kommt diese Problematik, wenn man auch noch Spezialkräfte wie die SEKs, MEKs oder die BFEs einbezieht.[2] Will man sich also nicht nur auf schwerwiegende Gewalterfahrungen beziehen, d.h. schwere Körperverletzung oder Tötung, sind diese Unterscheidungen wichtig. Eine weitere wichtige Differenzierung ist auch hinsichtlich des Geschlechts notwendig, da die Polizeien in den einzelnen Bundesländern einen immer größer werdenden weiblichen Mitarbeiteranteil aufweisen. In der folgenden Analyse wird speziell auf den Einfluss des Geschlechts auf die Gewalterfahrung abgehoben werden.[3]

## *1.1 Definitionen von Gewalt im Polizeialltag*

Hinsichtlich der allgemeinen Definition von Gewalt liegt ein umfangreiches Schrifttum vor (so zuletzt Menzel/Peters 2003). Es kann daher auf die ausführliche Darstellung verzichtet werden. Wendet man sich der Gewalterfahrung im Polizeialltag zu, so muss an dieser Stelle speziell auf den Einfluss der Medienberichterstattung mit ihrer Innen- und Außenwirkung auf die Gewaltdefinition eingegangen werden. In dieser nehmen insbesondere spezielle Risiken des polizeilichen Alltags den weitaus größten Raum ein: So Angriffe mit Waffen oder besonders gefährliche oder spektakuläre Situationen. Zu letzteren gehören auch Überzeichnungen von Angriffen z.B. mit Spritzen, die eine HIV-Ansteckung als Folge höchst wahrscheinlich erscheinen lassen. Situationen, in denen es tagtäglich zu einer Eskalation der Gewalt kommen kann und auch oftmals kommt, werden relativ selten auf einer Lokalseite einer Tageszeitung dargestellt oder erwähnt.

---

2 SEK = Sondereinsatzkommando; MEK = Mobiles Einsatzkommando und BFE = Beweissicherungs- und Festnahmeeinheit.

3 Diese Unterscheidung konnte noch bis vor 20 Jahren vernachlässigt werden, da erst seit diesem Zeitpunkt die Polizei verstärkt auch Frauen für den operativen Teil einstellt und in bestimmten Bundesländern nun bereits ein Frauenanteil von ca. 30% erreicht wird. Genauere Angaben wird dazu ein Projekt „Polizeien der Bundesländer" liefern, deren Ergebnisse Ende des Jahres 2003 vorliegen werden (vgl. Frevel/Groß 2003).

Weiterhin ist auch der Gesichtspunkt klärungsbedürftig, inwieweit „Außendefinitionen“ von Gewalt die internen Arbeitsdefinitionen der Polizei verändern und beeinflussen. Dies soll an einem Beispiel kurz erläutert werden: Bei einer Kontrolle eines Parks kommt den Polizeibeamten eine offensichtlich betrunkene oder unter Drogen stehende Person entgegen, die lautstark auf sich aufmerksam macht und mit der einen Hand eine Spritze hin- und herschwenkt. Nach einer kurzen Aufforderung an die Person, die Spritze weg zu tun, wird dies auch so befolgt und es erfolgen keinerlei weitere nennenswerte Reaktionen. Bei der Aufarbeitung des Falles wird der Vorgang nur kurz erwähnt. Aufgrund der Zusammenarbeit mit der Presseabteilung bzw. den Medien wird jedoch bemerkt, dass sich ein solcher „Fall“ auch für eine Presseberichterstattung eignet und dieser folglich als „Angriff mit einer Spritze“ dargestellt[4]. Nach der „Erfolgsmeldung“ in den Medien, die den Inhalt haben könnte, dass die Polizei eine mögliche HIV-Infektion von Unbeteiligten durch ihr schnelles und sorgfältiges Eingreifen verhindert hat, wird zukünftig auf eine solche weitere positive Berichterstattung geschaut werden.

In der Folge wird sich im Kollegen- und Kolleginnenkreis herumsprechen, dass M und N sogar in der Presse erwähnt wurden und man wird zukünftig einen solchen Fall nicht als den eines armen Verwirrten behandeln, sondern als „gewalttätigen Angriff“. Neue Gewalt ist definiert, ohne dass sich im Handeln und der realen Welt etwas verändert hat.

Diese Arbeitsbewältigungserfahrungen haben auch Auswirkungen auf Ergebnisse von Untersuchungen, die sich der Gewalterfahrung im Berufsalltag widmen. Hätte man z.B. eine Befragung zum Zeitpunkt vor der Presseerfahrung durchgeführt, so wäre wohl dieser Gewaltaspekt oder „Gewaltfall“ nicht genannt worden. Zu einem Zeitpunkt nach der Pressemitteilung wird das Gewaltphänomen eine Steigerung erfahren haben und gleichzeitig wird es auch zu einer statistischen Zunahme von Gewaltfällen kommen, was wiederum die Meinung über eine zunehmende Gewaltbereitschaft in der Gesellschaft stärkt. In der Realität hat sich jedoch immer noch nichts geändert. Führt man ein Forschungsprojekt nach einer weiteren Zeitdauer durch, zu der die „Bekämpfung der Gewaltkriminalität“ Eingang in so genannte Zielvereinbarungen der Polizeiführung mit ihren Dienststellen gefunden hat, so kann es aufgrund der o.a. Erfahrungen zu folgender Zielformulierung kommen: „Ein besonderes Augenmerk wird auf die Gewaltentwicklung im Drogen- und Drogendealerbereich gelegt, um insbesondere die Gefährdung der Öffentlichkeit durch mögliche HIV-Übertragungen zu verhindern“. Zur Erfolgsmessung und als Kriterium für die Zielerreichung könnte festgehalten werden: „Feststellung von Personen, die aggressiv mit Spritzen in der Öffentlichkeit umgehen“. Die diesbezüglichen Festnahmen sind damit vorprogrammiert, da ja keine Poli-

4 Die juristische Definition eines solches Falles bleibt hier unberücksichtigt.

zeidienststelle sich vorhalten lassen würde, dass sie ihre Zielvereinbarung nicht erfüllt habe. Damit geht nun im Wege eines Selbstläufers auch eine Gewaltzunahme einher mit allen ihren Auswirkungen und Folgeerscheinungen. Vielleicht ist das Beispiel für den einen oder anderen ein zu konstruierter Fall, aber die Analyse z.B. bei der Führerscheinbeschlagnahme wegen Trunkenheitsfahrten im Straßenverkehr ist ein beredtes Beispiel, wie solche Prozesse ablaufen können.

Diese Interaktionen und Einflüsse sind auch bei Projekten zur Gewaltdefinition in der Polizei zu berücksichtigen.[5] So zeigte es sich im Rahmen des hier kurz vorzustellenden Projektes (befragt wurden bei einer Rücklaufquote von 78% 824 Personen), dass es nur einen begrenzten Sinn macht, Gewalterfahrungen von Polizeibeamtinnen und -beamten aufgrund von vorgegebenen Gewaltdefinitionen und -erfahrungen zu analysieren. Um feststellen zu können, welche Gewaltdefinitionen im polizeilichen Aktionsfeld vorhanden sind, ist es notwendig, die untersuchte „Stichprobe" selbst darüber berichten zu lassen, welche Gewaltdefinitionen persönlich übernommen worden sind bzw. welche Situationen als „Gewalt" definiert werden und auf welchen Erfahrungen bzw. Hinweisen dies beruht. Diese können von „verbaler Gewalt" bis zum Waffeneinsatz reichen.

Tab. 1: Was wird als Gewalt definiert?

| **Verhalten** | **Angaben in %*** |
|---|---|
| Handlungen gegen Tiere (speziell Polizeihunde) | 0,2 |
| Passiver Widerstand | 2,4 |
| Handlungen gegen Sachen | 2,6 |
| „psychische" Gewalt (keine direkte Beleidigung/ beleidigende Absicht z.B. Nähe) | 3,6 |
| PKW-Angriff | 5,5 |
| Gestik/Mimik | 7,9 |
| Beleidigung (wie z.B. „Polizistenschwein") | 14,4 |
| verbaler Angriff | 41,1 |
| Körperliche Aktion | 99,0 |
| Aktion mit einer Waffe | 99,9 |
| Sonstige Nennungen (wie z.B. „Dummes Gelaber") | 3,3 |

*) Bezogen auf alle Angaben

5 Die Ergebnisse beruhen auf einer im Freistaat Sachsen durchgeführten Untersuchung zur Gewalterfahrung von Polizeibeamtinnen und -beamten. Die Gesamtergebnisse erscheinen demnächst unter Liebl (2003).

So erbrachte die durchgeführte Untersuchung, dass ein „Angriff mit Waffen" und eine so genannte „körperliche Aktion" von jeder Polizeibeamtin und jedem Polizeibeamten als „Gewalt" definiert wurde. Auffällig ist dann weiter, dass in der nächsten Kategorie nur noch die Hälfte der Befragten diese Verhaltensweise als Gewalt einstuften. Bemerkenswert ist auch, dass selbst eine Beleidigung, wie z.B. der Ausdruck „Polizistenschwein", nur mehr von ca. 14% der Befragten als eine „Gewalthandlung" angeführt wurde. Die einzelnen Ergebnisse sind in der Tab. 1 dargestellt.

Interessanterweise kommt man zu einem ganz anderen Ergebnis, wenn man solche Gewaltdefinitionen vorgibt. Bei einer Teilstichprobe wurden die Angaben mit Hilfe einer geschlossenen Frage erhoben und hier kam es zu höheren Werten. Selbst der „Angriff gegen Polizeihunde" wurde dort noch von 22% als eine Gewalthandlung definiert. Insoweit ist es deshalb bei Untersuchungen dieses Gegenstandes wichtig, solche Einflüsse zu beachten.

Weiterhin ist erwähnenswert, dass nur solche Gewaltsituationen genannt wurden, bei denen die Polizei als passiver – erleidender – Teil erscheint. Das Problem, dass Polizei auch Auslöser von Gewalt sein kann, z.B. Gegenwehr gegen ein allzu forsches Vorgehen eines Polizeibediensteten, wurde in den Antworten in keinem Fall angesprochen. Vielleicht ist diese Feststellung jedoch auch mit einer zu hohen Selbstreflexion der eigenen Handlung verbunden, weshalb dies an dieser Stelle nur erwähnt werden soll.

### *1.2 Was wissen wir über Gewalterfahrungen der Polizei? Zum Forschungsstand*

Lagen bisher nur vereinzelt kleinere Untersuchungen zur Gewalterfahrung der Polizei vor (wie z.B. BKA 1982), so ist diese „Forschungslücke" mit der Studie des KFNs über die Jahre 1985 bis 2000 größtenteils geschlossen worden (vgl. KFN 2001; KFN 2002), jedoch sind immer noch bestimmte „weiße Flecken" in diesem Forschungsfeld festzustellen – insbesondere auch bezüglich der Spezifizierung der Gewalterfahrung hinsichtlich Polizeibeamtinnen und -beamten. Bei einem Blick über die Landesgrenzen ist festzustellen, dass gerade für die USA, Frankreich oder auch Großbritannien z.T. sogar zahlreiche Untersuchungen vorliegen.[6] In dem hier untersuchten geschlechtsspezifischen Zusammenhang soll jedoch nur kurz auf Forschungen im deutschsprachigen Raum verwiesen werden.[7]

---

6 Vgl. die Nachweise bei KFN 2002.

7 Der Grund liegt darin, dass nur hier annähernd ähnliche und vergleichsfähige Polizeisituationen vorliegen.

Die Studie des KFNs, die auf einen Forschungsauftrag der Innenministerkonferenz des Bundes und der Länder sowie der Gewerkschaft der Polizei aufgrund der „ungewöhnlich großen Zahl von" (KFN 2002: 1) Todesfällen von Polizeibeamtinnen und -beamten zurückgeht, erbrachte kurz zusammengefasst folgende Ergebnisse:

- „Das Risiko eines Beamten, mit Tötungsabsicht bzw. -vorsatz angegriffen zu werden, ist erheblich höher als das eines Normalbürgers" (KFN 2002: 1).
- „Wir haben in der Bundesrepublik bislang keine ‚amerikanischen Verhältnisse', was das Tötungsrisiko eines Polizeibeamten angeht." (KFN 2002: 1).
- „Für alle Angriffe gilt: Die Angriffe finden weit überwiegend bei Dunkelheit, im öffentlichen Raum und in eher bürgerlichen Vierteln statt". (KFN 2002: 3).
- „Bei Angriffen mit Tötungsabsicht bzw. -vorsatz gilt: Im Vergleich zu anderen Angriffen entwicklen sich überproportional viele Angriffe mit Tötungsabsicht bzw. -vorsatz aus Fahrzeugkontrollen und Situationen ohne vorherigen Körperkontakt" (KFN: 3).

Weiter wird hervorgehoben, dass sich als besonders riskant „Einsätze wegen Straftaten, zur Überprüfung verdächtiger Personen/Sachen und (vorläufige) Festnahmen" erwiesen (KFN 2002: 6). „Straftaten als Anlass des Einschreitens waren vor allem solche, die Konflikte zwischen Bürgern betrafen (Bedrohung, Raub, Körperverletzung usw.). Der Anteil derer, die im Rahmen einer Verkehrskontrolle oder bei Streitigkeiten eingeschritten sind, ist unter den getöteten Beamtinnen und Beamten deutlich höher als unter den überlebenden." (KFN 2002: 6)

Wenn die Studie des KFNs weiter ausführt, dass es nur in 21,1% der Fälle, bei denen von Polizeiseite der Tatvorwurf eines Tötungsdeliktes erhoben wurde, auch zu einer Verurteilung kam und nur in 43,1% der Fälle die Staatsanwaltschaft überhaupt Anklage wegen eines solchen Deliktes erhob (KFN 2002: 6), stellt sich die Frage, was von der Polizei alles als Angriff mit Tötungsabsicht definiert wurde. In der Studie wurde die Definition der bearbeitenden Dienststelle ohne Überprüfung übernommen (KFN 2001: 27). Deutlich wird hier auch die statistische Beeinflussung der Gewaltzahlen z.B. durch die Rechtsprechung hinsichtlich der so genannten Überfahrversuche (vgl. BKA 1982). Weiter führt die Studie des KFNs aus, dass besonders häufig Angriffe im Zusammenhang mit dem „Unterbinden einer Handlung" (18%), „Anlegen von Handschellen" (15%), „Verhindern/Beenden einer Flucht" (15%), „Abführen" (14%), „Durchsuchung von Personen" (13%) und „Verbringen in ein Polizeifahrzeug" (10%) vorkommen. Dabei geschieht der Angriff mit einem KFZ in 19%, das Stechen mit einem Messer oder einem

Gegenstand in 18% und der Angriff „mit einem Schuss“ in 36% der Fälle. In über 27% ist die Angriffssituation unbekannt (KFN 2001: 53). Bedauerlicherweise wird nicht berichtet, inwieweit die o.a. Situationen mit dem angewandten Angriff zusammenhängen. Weiterhin wird in der Studie nicht zwischen männlichen und weiblichen Polizisten unterschieden, so dass hierzu keine Vergleichswerte für unsere Untersuchung vorliegen.

Eine Studie aus Österreich aus dem Jahre 1996 zeigt im Vergleich mit der gerade dargestellten KFN-Untersuchung auch sehr unterschiedliche Ergebnisse. So wird darin festgestellt, dass 89% der Befragten ausgeführt haben, dass der Beruf riskanter geworden wäre, 10% dass die Risiken gleich geblieben sind und 0,6% dass sie abgenommen haben (Pelinka 1996: 28). Das Projekt stellt für den Zeitraum von 1985 bis 1994 fest, dass 6 Sicherheitswachbeamtinnen oder -beamte bzw. Kriminalbeamtinnen oder -beamte sowie 4 Angehörige der Gendarmerie beim Einschreiten getötet wurden (Pelinka 1996: 35ff.). Insgesamt wurden 2.701 Angehörige (79 davon schwer) der Sicherheitswache, 158 (17) der Kriminalpolizei und 1.433 (121) der Gendarmerie verletzt. Dazu zählten auch Verkehrsunfälle im Dienst. Pelinka kommt zu der Feststellung, dass „schwere Verletzungen (...) verhältnismäßig seltener Folge fremder Gewalt“ waren (Pelinka 1996: 37).

Zu Gewaltdelikten gegenüber Polizisten stellt die Studie fest, dass 330 der Beamten im Jahre 1995 angaben, dass sie mindestens einmal angegriffen wurden. Hinsichtlich der Größenordnung der Angriffe und Verletzungen musste Pelinka jedoch feststellen, dass „bedauerlicherweise (...) die Umfrageergebnisse bezüglich der Häufigkeit von Angriffen bzw. Verletzungen 1994/95 nicht verwertbar (sind). Von den Befragten wurden Angriffshäufigkeiten angegeben, die – im Vergleich zu entsprechenden Statistiken – so überhöht sind, dass angenommen werden muss, dass die Fragenbögen nicht korrekt ausgefüllt wurden. (...) Möglicherweise wurden, (...) Fragebögen von Nicht-Angegriffenen an angegriffene KollegInnen weitergegeben oder es wurden von den Befragten auch in früheren Jahren erlittene Angriffe in die Antworten integriert“ (Pelinka 1996: 42). Weiter hat Pelinka festgestellt, dass dem Angriff in fast 50% eine persönliche Beleidigung vorausging und in 50% der Fälle durch Schlagen bzw. in 25% durch Treten erfolgte. Die restlichen Fälle entfielen auf Überfahren mit KFZ (5%), Werfen von Gegenständen (5%), Stechen (2%) oder „Würgen und Drosseln“ (je 1,2%). Nur in 0,8% wurden die Polizisten mit Waffen bedroht bzw. in 0,4% wurde die Dienstwaffe entrissen. „In keinem einzigen Fall wurde auf BeamtInnen geschossen“ (Pelinka 1996: 57). Weiter wurde festgestellt, dass sich nur zwei Polizisten für je einen Tag in stationäre Behandlung begeben mussten. Im Vergleich zu der KFN-Studie stellt sich für die Bewertung dieser sehr unterschiedlichen Ergebnisse die Frage, ob in der Bundesrepublik eventuell andere Bedingungen für das „Krankschreiben“ nach einem Dienstunfall vorliegen.

Pelinka führte in seiner auch hinsichtlich des Geschlechts differenzierten Untersuchung noch weiter aus, dass weibliche Beamte in der Studie bezüglich eines Gewaltvorfalls unterrepräsentiert sind. Er bemerkt dazu, dass „in den ExpertenInneninterviews (...) vielfach betont (wurde), daß weibliche Beamtinnen seltener mit Angriffen zu rechnen hätten als ihre männlichen Kollegen. Zugute käme ihnen ihre höhere Konfliktregelungskompetenz sowie der Umstand, daß bei vielen, wenn auch nicht allen Angreifern eine Hemmschwelle gegenüber Frauen vorliege. Beamtinnen wären darüber hinaus auch ‚gereifter' und verantwortungsbewusster als ihre Kollegen" (Pelinka 1996: 47).

Diese letzten Aussagen leiten nun zu den Untersuchungsergebnissen der Studie im Freistaat Sachsen über.

## 2. Gewalterfahrungen und Geschlecht – Ergebnis einer Untersuchung im Freistaat Sachsen

In der Literatur wird vielfach davon berichtet, dass der Einsatz von Frauen in der Polizei sehr kritisch gesehen werden muss, insbesondere hinsichtlich ihres weniger „kräftigen Körperbaus", ihrer Krankheitsanfälligkeit (wobei hierunter auch der Ausfall wegen einer Schwangerschaft fällt) oder auch „Hilflosigkeit" in Gefahrensituationen („Frauen handeln kopflos"). Dagegen wird jedoch immer betont, dass Frauen in Konfliktsituationen „hilfreich" sind, da sie beruhigend auf Täter einwirken und weniger Angriffe auslösen. Diese Aussagen, oftmals aus den Führungsebenen der Polizei, sind noch häufiges „Denken" innerhalb der polizeilichen Praxis (vgl. dazu Müller et al. 2002). Bisher fehlten z.B. zu der immer wieder angesprochenen Thematik der „Hilflosigkeit in Gefahrensituationen" jegliche Forschungsbefunde. Deshalb sollen die nachfolgenden Ergebnisse auch dazu dienen, solche Aussagen in die richtige Relation zu bringen.

Ausgehend von der bereits dargestellten Gewaltdefinition sei eingangs als erstes hinterfragt, wie sich diese möglicherweise unter einer geschlechtsspezifischen Betrachtungsweise verändert. Wie die Daten zeigen, gibt es nur einen geringen Unterschied hinsichtlich der Gewaltdefinition bei Polizeibeamtinnen und -beamten. Auffällig ist nur, dass der „passive Widerstand" und insbesondere der „Angriff" mit einem PKW eher von Polizeibeamten als Gewalthandlung gesehen wird, demgegenüber wird die „Gestik und Mimik" und die „psychische" Gewalt bei den weiblichen Polizisten weniger häufig als Gewalthandlung definiert. Kann man beim Überfahrversuch noch unterschiedliche Berufserfahrungen annehmen, so spielen wohl bei der „Gestik/ Mimik" auch außerberufliche Erfahrungen eine Rolle.

Tab. 2: Gewaltdefinition nach Geschlecht

| **Verhalten** | **Polizeibeamtinnen*** | **Polizeibeamte*** |
|---|---|---|
| Handlungen gegen Tiere (Polizeihunde) | 0 | 1,8 |
| Passiver Widerstand | 9,1 | 16,1 |
| gegen Sachen | 18,2 | 16,1 |
| „psychische" Gewalt | 45,5 | 17,9 |
| PKW-Angriff | 9,1 | 39,3 |
| Gestik/Mimik | 12,5 | 6,4 |
| Beleidigung | 11,5 | 15,4 |
| Verbaler Angriff | 40,4 | 41,5 |
| Körperlicher Angriff | 99,0 | 99,0 |
| Aktion mit Waffe | 99,9 | 99,9 |

*) Bezogen auf alle Angaben in %

Untersucht man, welche Gewalterfahrungen nach der eigenen Definition die Polizeibeamtinnen und -beamten bereits gemacht haben, so wird überraschend deutlich, dass schwerwiegende Gewalterlebnisse doch insgesamt nur wenige Polizeiangehörige aus eigener Erfahrung berichten können. Nicht ganz 40% aller Polizeibeamten und nur ca. 21% der Polizeibeamtinnen geben eine solche Situation an. Dabei zeigt sich, dass insbesondere die Polizeibeamtinnen gegenüber den Polizeibeamten signifikant weniger „körperliche Angriffe" und „Angriffe mit einfachen Waffen" erlebt haben.

Tab. 3: Bisherige Gewalterfahrungen in der Dienstzeit

| **Art des Erlebnisses** | **Polizeibeamtinnen in % der Nennungen** | **Polizeibeamte in % der Nennungen** |
|---|---|---|
| Beleidigung | 89,0 | 88,7 |
| Verbaler Angriff | 78,0 | 77,3 |
| Körperlicher Angriff | 63,0 | 76,7 |
| Angriff mit einf. Waffen (z.B. Stock) | 16,0 | 31,7 |
| Schusswaffe | 5,0 | 6,0 |
| Verletzung erlitten | 27,0 | 41,0 |
| Schwere Verletzungen erlitten | 1,0 | 2,7 |

Signifikant.

Fragt man nach der Häufigkeit der schwerwiegendsten Gewalterfahrungen, also dem Angriff mit Waffen oder einem „körperlichen Angriff", so tun sich auch hier sehr deutliche Unterschiede hinsichtlich der Polizeibeamtinnen und der -beamten auf. Eine jeweils größere Zahl der Polizistinnen wurde bisher noch nie mit einer Waffe oder „körperlich angegriffen" (vgl. Tab. 4 und 5). Insgesamt machen Polizeibeamtinnen und -beamte zumeist nur sehr geringe Vorfallsangaben, d.h. dass die Erfahrungen nicht auf aktuelles Tagesgeschehen zurückgehen, sondern doch auf sehr spezielle Arbeitssituationen. Dies zeigen dann auch ganz deutlich die Angaben zu einem Angriff mit einer Schusswaffe: Nur knapp 5% der Polizeibeamtinnen und 9% der Beamten gaben eine solche Situation an, wobei die Mehrzahl der Fälle bei einem einzigen solchen Vorfall lag.

Tab. 4: Wie häufig haben Sie einen „körperlichen Angriff" erlebt?

| **Häufigkeit** | **Polizeibeamtinnen in % der Personen** | **Polizeibeamte in % der Personen** |
|---|---|---|
| nie | 28,8 | 16,1 |
| 1x | 18,3 | 11,3 |
| 2 bis 5x | 33,7 | 34,7 |
| 6 bis 10x | 11,5 | 21,9 |
| 11 bis 25x | 4,8 | 8,4 |
| 26 bis 50x | 1,0 | 5,1 |
| 51 bis 100x | 1,9 | 2,6 |
| Mehr als 100x | 1,9 | 0,60 |

Signifikant.

Tab. 5: Wie häufig wurden Sie mit „einfachen" Waffen (Stock etc.) angegriffen?

| **Häufigkeit** | **Polizeibeamtinnen** | **Polizeibeamte** |
|---|---|---|
| nie | 74,0% | 57,0% |
| 1x | 10,6% | 12,7% |
| 2 bis 5x | 13,5% | 25,4% |
| 6 bis 10x | 1,0% | 2,3% |
| 11 bis 50x | 1,0% | 2,6% |

Tab. 6: Wie häufig wurden Sie mit einer Schusswaffe angegriffen?

| **Häufigkeit** | **Polizeibeamtinnen** | **Polizeibeamte** |
|---|---|---|
| nie | 95,2% | 91,6% |
| 1x | 2,9% | 6,8% |
| 2 bis 5x | 1,9% | 1,6% |

Nach der Untersuchung des KFNs wurden 1998 z.B. 575 und ein Jahr später 567 Polizeiangehörige im Dienst verletzt (KFN 2001: 28), wobei dies z.T. zu einem längeren Krankheitszeitraum führte. Nach der Untersuchung in Sachsen lassen sich diese Ergebnisse nicht auf die Polizei im Freistaat Sachsen übertragen. Dort wurden bisher ca. ein Drittel der Polizistinnen und ca. die Hälfte der Polizisten im Dienst verletzt (vgl. Tab. 7). Hierbei sind jedoch auch Verletzungen der Fingernägel oder Hautabschürfungen einbezogen. Es soll hier nicht einer „Verniedlichung" solcher Geschehnisse das Wort geredet werden, aber die Nachfrage nach einer schwerwiegenden Verletzung ergab, dass diese nur äußerst selten vorkam (vgl. Tab. 8).

Tab. 7: Sind Sie im Dienst durch andere verletzt worden?

| **Häufigkeit** | **Polizeibeamtinnen** | **Polizeibeamte** |
|---|---|---|
| nie | 66,3% | 52,0% |
| 1x | 23,1% | 18,6% |
| 2 bis 5x | 10,6% | 26,5% |
| Mehr als 5x | 0% | 2,9% |

Tab. 8: Wurden Sie schwerwiegend im Dienst verletzt?

| **Häufigkeit** | **Polizeibeamtinnen** | **Polizeibeamte** |
|---|---|---|
| nie | 66,3% | 52,0% |
| 1x | 23,1% | 18,6% |
| 2 bis 5x | 10,6% | 26,5% |
| Mehr als 5x | 0% | 2,9% |

Eine entscheidende Frage wurde bisher bei der Darstellung der Befunde ausgeklammert, nämlich inwieweit die Ergebnisse mit dem Alter und den Dienstjahren der Polizeiangehörigen im Zusammenhang stehen. Hier ist jedoch anzufügen, dass es aufgrund des höheren Frauenanteils bei der Volkspolizei bereits eine längere Tradition von Frauen im Polizeiberuf gibt und deshalb dieser Einfluss nicht zu gravierend sein dürfte.

Eine erste Kontrolle der Ergebnisse hinsichtlich des Alterseinflusses – ganz exkurshaft – ergab, dass insbesondere die Altersgruppe der bis 25jährigen zu 70% mit Polizeibeamtinnen besetzt ist. Aufgrund der großen Zahl von Neueinstellungen von Frauen in der Polizei ist dies sicherlich zu erklären. Andererseits könnte diese Tatsache auch hinsichtlich der anderen Auswertungen bedeuten, dass innerhalb der Gruppe der „Polizeibeamtinnen" auch Aussagen von Beamtinnen mit kürzerer Diensterfahrung eingeflossen sind. Andererseits ist der Gesamtanteil an der Stichprobe eher niedrig und auch die Altersgruppe der 26-35jährigen ist noch zu über einem Drittel durch Polizeibeamtinnen besetzt, so dass der Einfluss nicht verfälschend ist. Insgesamt ist er jedoch bei der Ergebnisbeurteilung nicht ganz zu vernachlässigen.

Tab. 9: Alter der Befragungspopulation

| **Alter** | **Gesamtanteil an Stichprobe** | **Polizeibeamtinnen** | **Polizeibeamte** |
|---|---|---|---|
| Bis 25 Jahre | 13,7% | 70,2% | 29,8% |
| 26 bis 35 Jahre | 33,3% | 34,1% | 65,9% |
| 36 bis 45 Jahre | 32,6% | 8,1% | 91,9% |
| älter als 45 Jahre | 20,1% | 7,1% | 92,9% |

Setzt man die Aussagen zum Gewalterlebnis in Relation zum Alter, so wird deutlich, dass insbesondere die jüngeren Altersgruppen über häufigere Gewalterfahrungen der einfacheren Art, wie Beleidigungen, berichten. Nur hinsichtlich eines Angriffs mit „einfachen Waffen", wie einem Stock, ist der Schwerpunkt des Ereignisses in der Altersgruppe der 36-45jährigen. Hier liegt auch das Schwergewicht aller „schwerer Verletzten". Interessant ist noch, dass die über 45jährigen deutlich weniger Beleidigungen, verbale Angriffe und körperliche Angriffe anführen. Dies könnte an ihrem gegenwärtigen Einsatzbereich, aber auch in der während ihrer Dienstzeit in der Konfliktschlichtung und Eigensicherung erworbenen Erfahrung liegen. Es könnte aber auch noch ein allzu forsches Auftreten der noch „dienstjungen" Polizeibeamtinnen und -beamten eine Rolle spielen (vgl. dazu Liebl 2003).

Tab. 10: Erfahrungen in bisheriger Dienstzeit bezogen auf das Alter?

| **Art des Erlebnisses** | **bis 25 J.** | **26 bis 35 J.** | **36 bis 45 J.** | **älter als 45 J.** |
|---|---|---|---|---|
| Beleidigung | 96,3% | 87,4% | 90,8% | 82,7% |
| Verbaler Angriff | 87,0% | 79,3% | 78,6% | 65,4% |
| Körperlicher Angriff | 70,4% | 78,5% | 74,0% | 64,2% |
| Angriff mit einf. Waffen | 25,9% | 24,4% | 37,4% | 18,5% |
| Schusswaffe | 3,7% | 8,1% | 6,1% | 2,5% |
| Verletzung erlitten | 35,2% | 39,3% | 40,5% | 30,9% |
| Schwere Verletzungen | 0,0% | 2,2% | 3,8% | 1,2% |

Kommen wir nun wieder zurück zu einem geschlechtsspezifischen Einfluss. In welchen Bereichen wurden nun am häufigsten Gewalterfahrungen in der täglichen Praxis erlebt und von wem gingen diese aus? Wie die Tab. 11 bis

13 zeigen, gab es zwei Hauptmerkmale der Gewaltsituation. Einmal, dass die Polizei zu einer bereits gewalttätigen Situation gerufen wurde und – dies ist besonders interessant – dass diese erst nach dem Eintreffen der Polizei eskalierte. Dabei fällt der signifikante Unterschied in den Antworten der Polizeibeamtinnen und -beamten auf: Der Anteil bei den Polizistinnen, die eine Eskalierung der Situation nach dem Eintreffen der Polizei angegeben haben, ist um fast 6%-punkte niedriger (vgl. Tab. 11). Ob dieser Unterschied auf eine unterschiedliche Einschätzung der Situationen oder auf das Verhalten der beteiligten Polizisten zurückgeht, muss späteren Auswertungen vorbehalten bleiben.

Tab. 11: In welcher Situation wurden Sie am häufigsten mit Gewalt konfrontiert?

| **Situation** | **Polizei-beamtinnen** | **Polizei-beamte** |
|---|---|---|
| Zu gewalttätiger Situation gerufen | 39,6% | 35,6% |
| Bei Eintreffen gewalttätige Situation festgestellt (gegenüber Erstinformation) | 16,7% | 14,4% |
| Die Situation eskalierte während der polizeilichen Maßnahme | 43,8% | 49,5% |
| Die Situation eskalierte nach der polizeilichen Maßnahme | 0% | 0,5% |

Weiter zeigte sich, dass Polizeibeamtinnen signifikant weniger häufig speziell von Männern angegriffen wurden. Bei ihnen ist der Anteil derjenigen, die keinen Unterschied hinsichtlich des Geschlechtes der bei einer gewalttätigen Handlung Beteiligten sehen, um fast 15%-punkte höher als bei den Polizeibeamten (vgl. Tab. 12). Interessant ist noch festzustellen, dass Polizeibeamte im Vergleich zu ihren Kolleginnen eher von ethnischen Unterschieden hinsichtlich der Gewaltbereitschaft ausgehen (vgl. Tab. 13). Da die Differenzen nicht signifikant sind und auch eventuell auf speziellen Einsatzerfahrungen basieren, soll diese Thematik nicht weiter problematisiert werden.

Tab. 12: Von wem wurden Sie am häufigsten angegriffen?

| Personen | Polizeibeamtinnen | Polizeibeamte |
|---|---|---|
| Frauen | 6,7% | 0,4% |
| Männer | 70,7% | 92,2% |
| Kein Unterschied | 21,3% | 7,4% |

Signifikant

Tab. 13: Gibt es ethnische Unterschiede bezüglich der Gewaltbereitschaft?

| **Antworten** | **Polizeibeamtinnen** | **Polizeibeamte** |
|---|---|---|
| Kein Unterschied | 77,9% | 66,3% |
| Ja, eher Deutsche | 9,1% | 14,2% |
| Ja, eher Nicht-Deutsche | 12,0% | 18,0% |

Es ist festzustellen, dass Polizeibeamtinnen und -beamte ein fast ähnliches Bild der Gewaltentwicklung anführen (vgl. Tab. 14). Insbesondere wurde bei geringen Gewalterfahrungen von einer Zunahme der Gewaltbereitschaft in den letzten fünf Jahren ausgegangen. Hinsichtlich des Alters oder der bisher erlebten Gewaltsituationen, wird deutlich, dass insbesondere die Altersstufen zwischen 26 und 45 Jahren hier die „Führungsrolle" hinsichtlich einer Gewaltsteigerung übernommen haben (vgl. Abb. 1).

Tab. 14: Wie entwickelte sich die Gewaltbereitschaft in den letzten 5 Jahren?

| **Entwicklung** | **Polizeibeamtinnen** | **Polizeibeamte** |
|---|---|---|
| fallend | 0% | 0,3% |
| eher fallend | 0% | 2,3% |
| gleichbleibend | 21,%0 | 16,3% |
| eher steigend | 54,0% | 50,0% |
| steigend | 25,0% | 31,0% |

Abb. 1: Geschlecht – Alter – Entwicklung der Gewalt

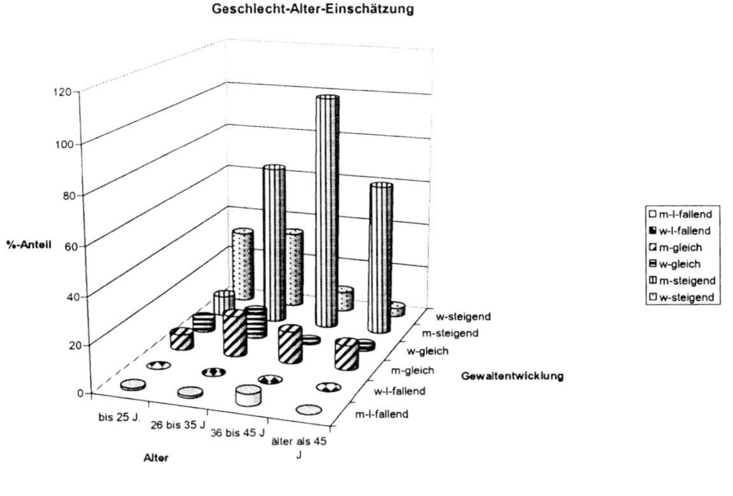

Setzt man diese Einschätzung in Relation zu den erfahrenen Gewalterlebnissen, so zeigt sich hier ein widersprüchliches Bild. Insbesondere Polizeibedienstete, die bisher nie oder nur wenige Gewaltsituationen erlebt haben, führen am häufigsten den Anstieg der Gewaltbereitschaft an (vgl. Abb. 2).

Abb. 2: Geschlecht – Gewalterfahrung – Entwicklung der Gewalt

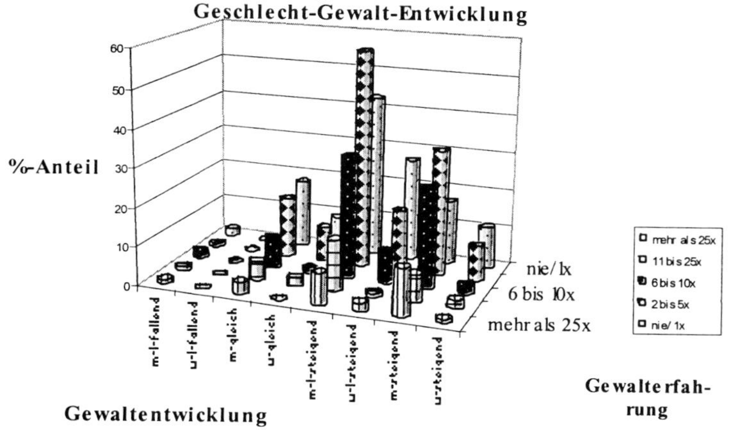


## 3. Schlussfolgerungen

Welche Erkenntnisse sind aus dieser geschlechtsspezifischen Untersuchung zu ziehen? Einmal kann man feststellen, dass die Ergebnisse des KFNs wesentlich schwerwiegendere Verletzungen und Auswirkungen auf die Polizeiangehörigen wiedergeben. Die KFN-Ergebnisse – insbesondere hinsichtlich der Schwere der Gewalterfahrungen und der Schwere der Auswirkungen –können aufgrund der Untersuchung im Freistaat Sachsen nicht bestätigt werden. Andererseits zeigte sich eine augenfällige Ähnlichkeit mit den Befunden von Pelinka aus Österreich, insbesondere hinsichtlich der Verletzungshäufigkeit und der Einstufung von Gewalt.

Polizeibeamtinnen und -beamte zeigen wenig Unterschiede in der Einschätzung und in der Entwicklung von Gewalt, wobei hier nicht auszuschließen ist, dass dafür gruppendynamische Prozesse ausschlaggebend sind. Denkbar ist auch der Einfluss von „Wortführerschaften", d.h. dass man trotz unterschiedlicher eigener Erfahrungen eine Kollektivmeinung übernimmt, um nicht in eine Außenseiterrolle zu kommen. Demgegenüber zeigt die in Sachsen durchgeführte Untersuchung jedoch auch, dass Polizeibeamtinnen weniger Angriffen ausgesetzt waren – insbesondere auch solchen der schwerwiegenderen Art.

Weiterhin konnten fast ein Viertel der Poizeibeamtinnen keinen Unterschied im Geschlecht der Personen erkennen, die durch Gewalthandlungen im Diensteinsatz auffielen. Interessant ist zuletzt auch, dass Polizeibeamtinnen wesentlich weniger anführten, dass die Situation durch den Polizeieinsatz eskalierte. Dafür könnte insbesondere ein anderes (eventuell geschlechtsspezifisches) Konfliktbewältigungsmodell verantwortlich sein, dem noch nachzugehen sein wird.

## *Literatur:*

BKA (Hrsg.) (1982): Vorsätzliche Tötungen und Tötungsversuche an Polizeivollzugsbeamten. Beilage zum Bundeskriminalblatt Nr. 224, Nr. 3.

Frevel, B./Groß, H. (Hrsg.) (2003), Polizeien der Bundesländer. Opladen.

KFN (Hg.) (2001): Gewalt gegen Polizeibeamtinnen und -beamte (1985-2000), Zwischenbericht von Thomas Ohlemacher/Arne Rüger und Gabi Schacht. Hannover.

KFN (Hrsg.) (2002): Zusammenfassung der Ergebnisse der Studie „Gewalt gegen Polizeibeamtinnen und -beamte (1985-2000). Hannover.

Liebl, K. (2003): Gewalterfahrungen von Polizeibeamtinnen und -beamten, Pfaffenweiler.

Menzel, B./Peters, H. (2003): Sexuelle Gewalt, Eine definitionstheoretische Untersuchung. Konstanz.

Müller, U./Müller-Franke, W./Pfeil, P./Wilz, S. (2002): Polizei und Gender – Genese, Stand und Perspektiven des DFG-Forschungsprojektes „Geschlechterkonstruktionen im Organisationswandel am Beispiel der Polizei", in: Polizei-Führungsakademie (Hrsg.), Frauen in der Polizei. Dresden, S. 42-72.

Pelinka, A. (1996): Gewalt gegen Exekutivbeamte und -beamtinnen, Endbericht, Wien 1996 (hektografisch veröffentlicht).

Stadler, W./Walser, W. (2000): Fehlerquellen der Polizeilichen Kriminalstatistik. In: Liebl, K./Ohlemacher, T. (Hrsg.): Empirische Polizeiforschung. Herbolzheim, S. 68-89.

# VI Prävention und Praxis

# Frauenhandel – Möglichkeiten der Prävention?

*Dörte Marth*

Ich konzentriere mich auf die Möglichkeiten der Prävention des Handels mit Frauen in die Prostitution. Mir ist bewusst, dass es daneben auch den Handel von Frauen in die Ehe, den Handel von Frauen und Männern in die Arbeit und den Handel mit Kindern, u.a. auch in die Prostitution, gibt. Meine Erfahrungen betreffen aber eher den Handel mit Frauen in die Prostitution. Ich will versuchen, das komplexe Gefüge dieses Phänomens anschaulich zu machen und dabei die Möglichkeiten der Prävention aufzeigen.

Meine Erfahrungen beruhen auf der Entwicklung einer Lehrgangskonzeption für die Polizei zum Gegenstand „Männliche Gewalt gegen Frauen" (vgl. Marth et al. 1995), der Mitarbeit an dem Transport des Themas in die Öffentlichkeit und in die politische Entscheidungsebene des Landes Schleswig-Holstein, der freiberuflichen Mitarbeit an dem Modellprojekt „contra", das u.a. die Lücke der fehlenden Beratungs- und Unterstützungsangebote für betroffene Frauen in Schleswig-Holstein schließen soll und einer Mission in Moldawien im Auftrage der Europäischen Kommission. Diese bestand aus drei Personen, die 2001 ein Konzept gegen den Frauenhandel in der Republik Moldawien entwikkelte. Unserer Mission lag ein mehrseitiger Aufgabenkatalog zugrunde. Dabei sollten wir uns auf die entsprechenden rechtlichen Regelungen, deren Umsetzung durch z.B. Polizei und Justiz, auf die Herstellung der Sicherheit der betroffenen Frauen, deren Reintegration und Rehabilitation, die Kooperation zwischen den verschiedenen Stellen und auf die allgemeine Sensibilität bzw. das Wissen über den Frauenhandel und dessen Strukturen konzentrieren. Von uns wurde eine Bestandsaufnahme, aber auch die Entwicklung von verschiedenen Maßnahmen erwartet, die geeignet sein sollten, den Frauenhandel mit den Mitteln der Intervention, Repression, Kooperation und Prävention in Moldawien zu reduzieren (vgl. Feher et al. 2001).

## 1. Die Verstrickung und das Geheimnis

Der Handel mit osteuropäischen Frauen war in den letzten Wochen vermehrt Gegenstand der Berichterstattung in den Medien. Der Anlass war der Verdacht, dass Michel Friedmann sich Sex von osteuropäischen, sich häufig illegal in der Bundesrepublik aufhaltenden und arbeitenden Frauen gekauft hatte. Einem Feuilleton-Beitrag der Süddeutschen Zeitung vom 24.6. entnahm ich ein Erstaunen darüber, dass sich diese Angelegenheit – ein prominenter Mann kauft sich Sex von gehandelten osteuropäischen Frauen – nicht für einen Skandal eignen würde. Persönlich denke und vermute ich, dass lieber Stillschweigen bewahrt werden wird, um vielleicht nicht selbst entdeckt zu werden. Zu viele Menschen sind meines Wissens in dieses Geschäft als Akteur, Unterstützer, Mitwisser oder Kunde involviert. Dies möchte ich mit drei Beispielen illustrieren.

Anfang der neunziger Jahre entwickelte ich eine Lehrgangskonzeption für die Polizei zum Themengebiet „Männliche Gewalt gegen Frauen" (vgl. Marth et al. 1995). Auf der Grundlage einer Bestandsaufnahme der polizeilichen Fortbildungen im Bundesgebiet und der Gespräche mit vielen Experten und Expertinnen wurde klar, dass dieses Curriculum auch den Frauenhandel umfassen sollte. So besuchte ich u.a. eine Einrichtung für drogenabhängige Mädchen und Frauen, die sich zum Zwecke der Finanzierung von Drogen prostituieren. Ich hatte die Gelegenheit, sowohl mit Mitarbeiterinnen als auch betroffenen Mädchen und Frauen zu sprechen. Während dieses Gesprächs wurde offen darüber berichtet, welche prominenten Personen zum Kundenkreis gehören und zu welcher Polizeidienststelle sie im Falle des Erlebens von Gewalt nicht gehen würden, da die dort tätigen Polizeibeamten ihrer Auffassung nach in das Geschäft involviert seien.

Das eben erwähnte Curriculum bzw. den Teil zum Themengebiet „Frauenhandel/Gewaltverhältnisse in der Prostitution" erprobte ich in einem Bundesland. Teilnehmende waren ca. 20 Schutz- und Kriminalpolizisten männlichen und weiblichen Geschlechts. Alle Anwesenden waren beruflich im Feld der Prostitution tätig. Zwei der Teilnehmenden gehörten einer Dienststelle an, die u.a. mit der Ermittlung und dem Zeugenschutz befasst war. Diese beiden machten schon zu Beginn deutlich, dass sie ihre Erfahrungen nicht in die Fortbildung einbringen, da sie dadurch ihre eigene Arbeit gefährden würden. Ihrem Wissen und ihrer Erfahrung nach, seien zu viele Personen auf irgendeine Art und Weise involviert. Diese Einschätzung habe ich von verschiedenen Polizeibeamten und -beamtinnen in den vergangenen Jahren, allerdings ohne danach gefragt zu haben, mitgeteilt bekommen.

Vor einigen Monaten wurde ich über folgende Geschichte informiert. Eine Frau mit moldawischer Staatsangehörigkeit war nach Italien in die Prostitution gehandelt worden. Dort half ihr einer ihrer Freier, wieder nach Moldawien zurückzukehren. Sie hatte in Moldawien ihr Kind zurückgelassen. Kurze Zeit nach ihrer Rückkehr klingelte bzw. klopfte es an ihrer Tür. Es standen die Männer davor, die sie in die Prostitution gehandelt hatten. Sie hatten Polizeiausweise dabei, die die Frau als gültig identifizierte. Die Frau ging erneut in die Prostitution, wurde dabei aufgegriffen und man stand nun vor der

Frage, ob man eine Ausweisung verhindern könne und ob es legale Möglichkeiten geben würde, das in Moldawien verbliebene Kind zu ihr zu holen.

Mit diesen drei Beispielen dürften schon die ersten Schwierigkeiten einer präventiven Arbeit im Bereich Frauenhandel angedeutet worden sein. In dieses Geschäft sind viele Menschen, und sei es „nur“ als Kunde, involviert. Das Interesse am käuflichen Sex, die Nachfrage, wie auch die bei Freiern offenbar häufig anzutreffende Gleichgültigkeit in Bezug auf die Arbeitsbedingungen der betreffenden Frauen scheint trotz aller Berichterstattung ungebrochen zu sein. Zum anderen kann von einer Verstrickung von Angehörigen der betreffenden öffentlichen Institutionen, wenn auch landesspezifisch ausgeprägt, ausgegangen werden.

## 2. Ausmaß des Frauenhandels

Niemand kann zuverlässig angeben, wie viele Frauen gehandelt werden. Die Europäische Kommission schätzt, dass alljährlich 120.000 Frauen und Kinder aus Mittel- und Osteuropa in die Europäische Union gelockt bzw. gehandelt werden (vgl. Auswärtiges Amt 2001: 38). Dem Magazin „Der Spiegel“ vom 23.06.03 ist zu entnehmen, dass ca. 500.000 Frauen in Europa durch ein „Netz organisierter Banden festgehalten“ werden (Der Spiegel, 23.06.03: 44) „Der Spiegel“ schreibt weiter, dass sich die Profite der Händler, Schleuser und Zuhälter in den letzten Jahren um 400 Prozent erhöht hätten. Schätzungen zufolge würden jährlich bis zu 13 Milliarden Dollar mit den in die Prostitution gehandelten Menschen verdient werden.

Nach dem Lagebild Menschenhandel 2001 des Bundeskriminalamtes wurden 2001 in Deutschland in 32 Ermittlungsverfahren wegen Menschenhandel 5.695.029 € Gewinne abgeschöpft (vgl. Bundeskriminalamt 2002: 25). 2001 gab es nach diesem Lagebild 273 Ermittlungsverfahren wegen Menschenhandels (vgl. BKA: 6). Es wurden 987 Opfer registriert, die zu ca. 70% aus Mittel- und Osteuropa kommen. Von den 987 Opfern waren 975 weiblich, bei 12 Opfern war das Geschlecht unbekannt (BKA 2002: 8).

Für 2001 stellt das Bundeskriminalamt einen Rückgang der Ermittlungsverfahren zum Vorjahr in Höhe von 15% fest. Die rückläufige Anzahl in punkto Menschenhandel erklärt das BKA mit den zur Verfügung stehenden Ressourcen und dem polizeilichen Vorgehen. Für die Polizei sind z.B. die Tatbestände §92 a (Schleusung) und § 92b (Gewerbsmäßige Schleusung) des Ausländergesetzes einfacher zu handhaben als die Strafrechtsparagrafen des Menschenhandels (vgl. BKA 2002). Eine Schleusung oder eine gewerbsmäßige Schleusung ist eher nachzuweisen als ein Menschenhandel oder ein schwerer Menschenhandel. Ein Polizist sagte mal, dass die Polizei den Frauenhandel mit diesem Instrumentarium schneller und empfindlicher treffen würde. In diesen Fällen seien sie auch nicht auf die Aussagen der betroffenen Frauen angewiesen.

## 3. Gründe des Frauenhandels

Zu den Ursachen des Frauenhandels möchte ich die Abteilung Justiz und Inneres der Europäischen Kommission zitieren: „Zu den grundlegenden Ursachen des Menschenhandels zählen Armut, Arbeitslosigkeit, mangelnde schulische Bildung und fehlender Zugang zu Ressourcen. Das Problem ist unter zweierlei Aspekten zu betrachten: Einerseits begeben sich Menschen in die Hände von Menschenhändlern, in der Hoffnung auf bessere Lebensbedingungen. Andererseits gibt es in den Industrieländern eine beunruhigende Tendenz hin zu billigen, illegalen Arbeitskräften und zu Frauen und Kindern, die zum Zwecke der Prostitution ausgebeutet werden können. Frauen sind dabei als erste gefährdet, weil sich Armut zunehmend zu einem Frauenproblem entwikkelt hat, weil Frauen wegen ihres Geschlechts diskriminiert werden und weil sie in ihren Herkunftsländern keine Bildungs- und Berufsperspektiven haben" (Europäische Kommission – Justiz und Inneres, o.J.: 2).

## 4. Die Situation in Moldawien – eine Skizze

Diese Definition möchte ich nun mit unseren Erfahrungen in Moldawien ausfüllen (vgl. Feher et al. 2001). Wie einleitend erwähnt, bestand der Auftrag unserer Mission darin, ein Konzept gegen Frauenhandel in Moldawien zu entwickeln. Mitglieder der Mission waren eine Professorin des Rechts aus Ungarn, ein belgischer Polizeibeamter und meine Wenigkeit. Wir haben insgesamt vier Wochen in Moldawien verbracht, zahlreiche Einrichtungen besucht und Gespräche mit Verantwortlichen, Expertinnen und Experten geführt.

Moldawien ist ein sehr armes Land. Die Nachbarstaaten von Moldawien sind Rumänien und Ukraine. Die Unabhängigkeit erlangte Moldawien 1991. In Moldawien bzw. an der Grenze zu der Ukraine befindet sich ein Gebiet, welches Transnistran heißt. Transnistran hat eigene staatliche Strukturen, z.B. eine eigene Währung und eine Armee. Transnistran orientiert sich nach Russland und soll eine Nachbildung des sowjetischen Systems sein, Moldawien tendiert eher zum Westen. Transnistran ist als eigenständiger Staat nicht anerkannt. Das heißt auch, dass die Grenzen zu Moldawien wie auch die zur Ukraine für das Gebiet von Transnistran nicht nach internationalen Gepflogenheiten und Vereinbarungen kontrolliert werden. Transnistran ist nach meiner Einschätzung eine ideale Gelegenheit für Menschen, die ihr Geld z.B. mit dem Schmuggel verdienen.

In Moldawien selbst leben ca. 4,5 Millionen Menschen. In den letzten Jahren verließen Schätzungen zufolge zwischen 600.000 und 1.000.000 Menschen das Land, um im Ausland freiwillig oder unfreiwillig zu arbeiten. Damit geht der Republik ein beträchtlicher Anteil am Bruttosozialprodukt verloren. Dieses Geld fehlt, um es z.B. in das Bildungs- oder Gesundheitssystem zu investieren. Die Gründe für das Verlassen des Landes sind u.a. die Arbeitslosigkeit bzw. das Fehlen von Arbeit und von Perspektiven. Offizielle Zahlen sprechen von 2% Arbeitslosen, inoffizielle Schätzungen gehen von weit über 20% aus. Die monatlichen Gehälter bzw. Löhne reichen meist nicht, um das Leben zu finanzieren. Häufig ist z.B. den Bediensteten im öffentlichen Sektor nicht klar, wann die nächsten Gehälter gezahlt werden. Nach Schätzungen der UNDP aus dem Jahr 1998, haben ca. 90% der Bevölkerung ein tägliches Einkommen von weniger als 2 Dollar pro Tag (UNDP: 20).

Bettelnde Kinder und Menschen, die meist in Bettlerringen organisiert sein sollen, gehören wie die vielen Wechselstuben zum Straßenbild.

Von einer kontinuierlichen Versorgung der Bevölkerung mit Wasser, Strom und Heizung kann nicht gesprochen werden. Wir waren im Februar in Moldawien, besuchten verschiedene Einrichtungen. Zum Teil war es bitter kalt, da die Heizung aufgrund der Kosten nicht an war oder nicht funktionierte. Der Strom fällt wie die Wasserversorgung häufig aus. Das Wasser, welches viele Chemikalien enthielt, durften wir wegen einer möglichen Ansteckung z.B. mit Hepatitis nicht trinken.

„Der Mann sitzt in einem Straßencafé, an einem abgelegenen Tisch. Er will nicht über die Gegenwart sprechen. Das sei zu gefährlich. Dann spricht er von Korruption in der Vergangenheit. Etwa von dem lukrativen Stromgeschäft. Moldawien muss seinen Strom vollständig importieren. Aber bis der Strom aus der Ukraine oder Russland im Land ist, hat sich der Preis bereits verdreifacht, weil mehrere Stellen abkassiert haben. Kann man in Moldawien einen Auftrag ohne Bestechung bekommen? Der Mann schüttelt den Kopf und lacht. 'Ohne Geld geht gar nichts', sagt er“ (Kraske 2002: o.S.). Das kann ich nur bestätigen. In Moldawien kann man alles kaufen, u.a. gut gefälschte Papiere jeglicher Art. In dem selben Artikel wird festgestellt, dass das Land ohne die außerhalb des Landes illegal arbeitenden Menschen längst bankrott wäre. Jeden Monat sollen etwas sechzig Millionen US-Dollar aus der ganzen Welt auf moldawischen Konten eingehen (vgl. Kraske 2002).

Bei einer Fahrt in die ländlichen Gebiete fielen uns beispielsweise die vielen angefangenen Hausbauten oder neuen Wohnhäuser auf, die nach unseren Informationen über das außerhalb des Landes verdiente Geld finanziert werden. Wir besuchten ein Dorf. Es waren dort nur junge und alte Männer anzutreffen. Die verbliebenen, eher älteren Frauen, die Kinder und älteren Männer schienen dort Landwirtschaft zu betreiben. Es wurde offen darüber gesprochen, dass der Verkauf von Organen zu den Möglichkeiten des Gelderwerbs gehören würde oder dass einzelne Mütter in Italien arbeiten und Geld schicken würden.

Für die Mission selbst war es trotz der Unterstützung durch ein Büro der Europäischen Union sehr schwierig, zuverlässige Informationen zu erhalten. Vieles war nicht zugänglich oder gerade nicht vorhanden. Zudem gaben sich die internationalen Organisationen die Klinke in die Hand. Alle führten Projekte durch, unterstützten das eine oder andere. Letztendlich wirkte es trotz aller Bemühungen etwas unkoordiniert und wenig abgestimmt.

In den Gesprächen mit vielen Menschen wurden die Vorstellungen formuliert, die sie über ein Leben und Arbeiten im Westen hatten. Ihnen waren die Bedingungen einer Arbeit wie auch des Lebens im Westen nicht bekannt.

Zusammengefasst konnte ich nach meinem Besuch der Republik Moldawien sehr gut nachvollziehen, aus welchen Gründen Frauen sich in die Prostitution handeln lassen. Es kam mir vor, wie ein Kampf ums Überleben und ein Kampf für bessere Lebensbedingungen. Zugleich wurde auch immer wieder von den Menschen berichtet, die für kurze oder längere Zeit zurückkehren oder zurückgekehrt waren. Sie scheinen sich überwiegend als erfolgreiche Menschen mit den entsprechenden Statussymbolen darzustellen, die ihr Leben und Arbeiten im Westen, zumindest aus einer westlichen Perspektive, idealisieren. Frauen, die als Opfer zurückkehren, haben es häufig schwer, sich erneut zu integrieren. Ihnen haftet so etwas wie ein Versagen an.

Meiner Einschätzung nach wäre die Veränderung der wirtschaftlichen Situation des Landes ein wesentlicher Beitrag zur Prävention des Frauenhandels. Dann wäre eine Information der Bevölkerung über die Arbeitsbedingungen in Westeuropa von unglaublichem Vorteil. Die betreffenden Menschen könnten dann ihre Entscheidungen auf einer fundierteren Basis treffen. Es stellt sich natürlich die Frage, ob die Menschen in Moldawien diese Information überhaupt wollen oder sie nicht etwa als Propaganda definieren.

Beispielsweise veröffentlichte das Bundesfrauenministerium vor einigen Jahren Broschüren in 13 Sprachen, die die betreffenden Frauen über die Modalitäten und Konsequenzen einer Eheschließung mit einem deutschen Mann und die Arbeit in der Prostitution in Deutschland sachlich informieren. (vgl. Amnesty for Women 1995) Den Botschaftsangehörigen in Moldawien, mit denen wir sprachen, war diese Broschüre nicht bekannt.

Darüber hinaus scheint es nach wie vor nötig zu sein, die Kundschaft von sich prostituierenden Frauen aufzuklären und den Kauf von sexuellen Dienstleistungen angesichts der Nachfrage zu enttabuisieren.

## 5. Anwerbung von Frauen in Moldawien

Manche Frauen entscheiden sich wissentlich für die Arbeit in der Prostitution, sind in der Regel aber nicht über die Bedingungen der Postitutionsausübung in den Zielländern informiert. Andere werden durch physische Gewalt gezwungen oder irregeführt. Die Anwerbemethoden sind vielfältig (vgl. Feher et al. 2001): Frauen werden über Anzeigen, z.B. in der Tageszeitung „Makler" für eine Arbeit als Tänzerinnen, Künstlerinnen oder Babysitter außerhalb des Landes gesucht. Es werden Telefonnummern von Handys angegeben. Häufig ertönt eine Frauenstimme, die über die angebotene Arbeit informiert. In der Regel wird ein vergleichsweise hohes Einkommen angeboten und es wird mitgeteilt, dass die angebotene Arbeit keine bestimmten Fähigkeiten, Erfahrungen oder Sprachkenntnisse erfordert. Zum Teil ist den Anzeigen zu entnehmen, dass es sich dabei um eine Arbeit in der Sexindustrie handelt.

Eine andere Anwerbemethode ist das Ansprechen von Frauen an öffentlichen Plätzen, in Hotels, Bars und Diskotheken. Ihnen werden beispielsweise lukrative Modeljobs angeboten. Oder es werden von Agenturen Tänzerinnen gesucht, die dann zu einem Engagement in das Ausland reisen sollen. Die Papiere werden vorher eingesammelt, um beispielsweise für alle gemeinsam ein Visum, wenn nötig, zu beantragen. In dem entsprechenden Land angekommen, werden sie dann verkauft. So wurde uns mitgeteilt, dass ca. 300 der 1.300 Reisebüros ohne offizielle Lizenz arbeiten würden und vermutlich in dieses Geschäft involviert seien. Ähnliches betrifft das Au-Pair-System, welches teilweise auch zu diesen Zwecken missbraucht wird.

Verwandte, Bekannte oder Freunde werben die Frauen an, in dem sie ausgestattet mit einem Auto, Geld und/oder schicker Kleidung über ihre positiven Erfahrungen oder die anderer Frauen berichten und eine Herstellung des Kontaktes zu den entsprechenden Personen anbieten. So scheint es in Moldawien ein weit verzweigtes Netzwerk von Akteuren zu geben, die für den benötigten Nachschub von Frauen im Ausland sorgen. Es kann angenommen werden, dass es keine Person in Moldawien gibt, die nicht einen Verwandten oder Bekannten hat, der außerhalb des Landes – meist illegal – arbeitet.

Uns wurde auch mitgeteilt, dass in einem Hotel Frauen zum Kauf angeboten würden oder die Flugzeuge in die Türkei regelmäßig fast ausschließlich mit jungen Frauen besetzt seien.

Bis zu 4.000 Dollar müssen die Frauen für ein Visum, gefälschte Papiere, den Transport oder andere Leistungen zahlen. Häufig reisen die Frauen über verschiedene Staaten, bis sie dann im Westen ankommen. Der durchschnittliche Preis für eine moldawische Frau soll 1.000 Dollar betragen. Sie werden weiter verkauft, der Preis erhöht sich und die Schulden der Frauen ebenfalls.

Oft werden den Frauen die Papiere abgenommen. Zum Teil werden sie zugerichtet, mehrfach vergewaltigt, in sozialer Isolation gehalten, so dass die Möglichkeiten der Flucht reduziert sind. Manche Frauen ahnen das Risiko, sind sich aber der dann häufig folgenden Realität nicht bewusst. Von einem Vertrauen der Frauen zur Polizei kann aufgrund ihrer Erfahrungen in ihrem Herkunftsland nicht ausgegangen werden.

## 6. Maßnahmen der EU

Für die EU hat die Bekämpfung des Frauenhandels Priorität. Neben der Tatsache, dass es sich beim Frauenhandel um eine Menschenrechtsverletzung handelt, scheint die Sicherung der Grenzen ein weiteres Motiv zu sein. In den vergangenen Jahren wurden auf der Ebene der EU eine Reihe von Maßnahmen verabschiedet, welche in den einzelnen EU-Ländern und den Beitrittsländern umgesetzt werden sollen. Zu den Maßnahmen gehören beispielsweise die Entwicklung und Umsetzung von Präventivmaßnahmen oder die Harmonisierung der Strafrechtsbestimmungen, die Herstellung der Kooperation zwischen den verschiedenen Institutionen und den NGOs, die Herstellung der Sicherheit, die Beratung und Unterstützung der betroffenen Frauen. Die EU hat verschiedene Programme und Mittel dafür bereitgestellt. Allerdings ist das Antragsverfahren sehr kompliziert und aufwendig, die Zahlungsmoral der EU ist sehr zeitaufwendig. Die Antragsteller müssen Eigenmittel in das beantragte Projekt einbringen. Über diese Eigenmittel verfügen viele NGOs in der Bundesrepublik nicht. Dieses macht das Antragsverfahren wenig attraktiv.

In Bezug auf Moldawien hat die EU auf der Grundlage des Berichtes und der Vorschläge der Mission einen Auftrag an die Internationale Organisation für Migration (IOM) vergeben. Die IOM kann auf vergleichsweise große Erfahrungen in der Arbeit gegen den Frauenhandel aufbauen, da sie ähnliche Projekte in anderen Staaten bereits durchführte oder noch durchführt. Die IOM verfolgt mit dem Auftrag drei hauptsächliche Ziele, nämlich die Prävention durch Information und Aufklärung der Bevölkerung, die Kriminalisierung und Strafverfolgung des Frauenhandels, die Unterstützung und Reintegration der betroffenen Frauen. Die Dauer des Auftrags beträgt laut homepage von IOM 18 Monate.

## 7. Prävention des Frauenhandels in der Bundesrepublik Deutschland

1991 wurde die Mission in Moldawien durchgeführt. In den Jahren zuvor war ich gemeinsam mit anderen Frauen und Männern daran interessiert, in Schleswig-Holstein den Frauenhandel zu einem Thema für die Öffentlichkeit, die Institutionen und beratenden Stellen zu machen. Die Arbeit an einer Lehrgangskonzeption für die Polizei zum Thema „Männliche Gewalt gegen Frauen" wurde schon erwähnt. Der Teil der Lehrgangskonzeption zum Themengebiet „Frauenhandel/Gewaltverhältnisse in der Prostitution" wurde nicht veröffentlicht, er verschwand in der Schublade. Meines Erachtens erschien dies damals, Mitte der Neunziger, als zu gewagt.

Damals wohnte und arbeitete ich in Schleswig-Holstein. Dort war der Frauenhandel damals kein Thema, obwohl vielen bekannt war, dass es auch in Schleswig-Holstein in die Ehe oder die Prostitution gehandelte Frauen gab. Schleswig-Holstein war für die Akteure fast ein ideales Bundesland. Sie konnten weitestgehend unbemerkt agieren. Ein spezielles Unterstützungs-, Sicherheits- oder Beratungskonzept für die betroffenen Frauen gab es damals auch nicht. Das Thema existierte zu dem Zeitpunkt in Schleswig-Holstein eigentlich nicht, denn es war auch mit der Frage verknüpft, ob Prostitution an und für sich zu akzeptieren oder abzulehnen ist.

In Zusammenarbeit mit anderen interessierten Menschen wurden dann Fachtagungen veranstaltet und 1997 wurde ein Konzept einer Arbeitsgruppe des Rates für Kriminalitätsverhütung veröffentlicht, welches Maßnahmen der Information, der Intervention und Kooperation in Schleswig-Holstein im Bereich der Gewaltverhältnisse in der Prostitution und des Frauenhandels vorsah (vgl. Rat für Kriminalitätsverhütung in Schleswig-Holstein 1997). Auf Betreiben des nordelbischen Frauenwerkes gründete sich ein Arbeitskreis, auf Initiative des schleswig-holsteinischen Frauenministeriums bildete sich eine interministerielle Arbeitsgruppe. Das schleswig-holsteinische Innenministerium ermöglichte es per Erlass, dass betroffene Frauen nicht sofort ausgewiesen, sondern im Falle einer Anzeige und einer Aussage vor Gericht bis zum Prozessende ein Aufenthalt im Rahmen einer Duldung ermöglicht oder ihnen vier Wochen für eine freiwillige Ausreise eingeräumt oder ein weiterer Aufenthalt wegen einer Gefährdung der betroffenen Frau in ihrem Herkunftsland gewährt wird. 1999 wurde ein Beratungs- und Unterstützungsangebot für betroffene Frauen geschaffen, das Projekt „contra" in der Trägerschaft des nordelbischen Frauenwerkes. Zu Beginn des Projektes war ich freiberuflich für dieses Projekt tätig. Meine Aufgabe bestand darin, mit den beiden Mitarbeiterinnen ein Konzept für das Projekt zu entwickeln und ihnen die Türen zu öffnen. Die Aufgaben von contra umfassen die Krisenintervention und Beratung, die Koordinierungstätigkeit und die Aufklärungs-, Öffentlichkeits- und Lobbyarbeit für Schleswig-Holstein (vgl. Langholz 2001). Die Beratung und Unterstützung durch contra besteht aus:

- „Krisenintervention und Erstberatung,
- Organisation und Durchführung der Unterbringung,
- Kontakt zu den mit Frauenhandel befassten Institutionen (Polizei, Ausländerbehörden, usw.) und Begleitung bei Ämter- und Behördengängen,
- Organisation der medizinischen Versorgung,
- Unterstützung und Begleitung bei Gerichtsverfahren,
- Unterstützung bei der Rückkehr in das Heimatland, ggf. Kontaktaufnahme zu Einrichtungen im Herkunftsland,
- Psychosoziale Beratung und Unterstützung des Aufenthaltes“ (Langholz 2001: 14).

Contra war zu Beginn mit 1¾ Stellen besetzt. Aufgrund der finanziellen Engpässe im Land Schleswig-Holstein und der Auffassung, dass contra sich auf die Beratungs- und Unterstützungsarbeit konzentrieren solle, wurden die Stellen um ¼ gekürzt. Innerhalb von 1¾ Jahren wurden über 100 Frauen von contra in unterschiedlichen Orten beraten und begleitet (vgl. Langholz 2001). Die Arbeit von contra ist wichtig, aber sie gleicht einem Tropfen auf den heißen Stein. Häufig müssen Ersatzpapiere besorgt werden, eine sichere Unterkunft muss gefunden und finanziert werden, die Finanzierung des Lebens der Frauen eingeleitet werden, die ärztliche Versorgung hergestellt werden, es müssen geeignete Dolmetscher/Innen gefunden werden, mit der Polizei, der Staatsanwaltschaft oder den Ausländerbehörden ist eine Kooperation zu vereinbaren, die jeweils betroffene Frau mit ihren Erfahrungen muss beraten, die Ausreise gestaltet werden. Häufig drohen Zuhälter damit, ihren Familien etwas anzutun, und es muss oft sicher gestellt werden, dass sie bei der Ankunft in ihrem Herkunftsland nicht von anderen Zuhältern und Händlern abgeholt werden. Der Wunsch vieler betroffener Frauen ist – trotz aller Unsicherheit und Unwägbarkeiten – die baldige Rückkehr in ihr Herkunftsland.

Mittlerweile gibt es in Deutschland über 30 NGOs, die in dem Bereich des Frauenhandels unterstützend, beratend und präventiv wirken. Sie sind bundesweit im Koordinierungskreis gegen Frauenhandel und Gewalt an Frauen im Migrationsprozess e.V. vernetzt. 1999 hat die Bundesregierung einen Aktionsplan zur Bekämpfung von Gewalt gegen Frauen verabschiedet, in dem auch der Frauenhandel enthalten ist. Ziele des Aktionsplanes sind die Schaffung eines gesellschaftlichen Klimas, in dem Gewalt gegen Frauen, auch der Handel mit Frauen, geächtet, die Ungleichstellung zwischen Männern und Frauen behoben und der Kreislauf der Gewalt über die Generationen hinweg durchbrochen wird (vgl. Bundesministerium für Familie, Senioren, Frauen und Jugend 1999). Die Prostitution ist mittlerweile weitestgehend legalisiert, was aber nicht zu einer Verbesserung der Situation der Frauen, z.B. aus Moldawien, beigetragen hat. Denn die Prostitution ist nach den Vorschriften des Ausländergesetzes keine Erwerbstätigkeit.

Das Bundeskriminalamt schreibt in seinem Lagebild zum Menschenhandel 2001, dass die in den Verwaltungsvorschriften zum Ausländerrecht enthaltene Möglichkeit der Gewährung einer vierwöchigen Frist zur freiwilligen Ausreise „in der Praxis noch wenig bekannt ist und deshalb selten angewandt wird“ (BKA 2002: 21). In diesem Zusammenhang ist zu erwähnen, dass die Kosten für eine freiwillige Ausreise von der betroffenen Frau zu tragen sind.

Zu den humanitären Abschiebungshindernissen sehen die Verwaltungsvorschriften des Ausländerrechtes vor: „Die Vorschrift setzt eine individuell-konkrete Gefahr in einem anderen Staat voraus, die nicht auf einer möglichen Bestrafung oder Strafverfolgung beruht. Begünstigt sind nur Ausländer, die von einem Einzelschicksal betroffen sind (z.B. Zeugenschutz vor, während und nach einem Strafverfahren, Witwenverbrennung, Ritualmorde, Blutrache, Genitalverstümmelung, schwerwiegende Formen sexueller Gewalt). Dabei ist der besonderen Gefährdung von Zeuginnen und Zeugen ihrer Mitwirkung in einem deutschen Strafverfahren wegen organisierter Kriminalität (z.B. Menschenhandel) Rechnung zu tragen. Eine individuell konkrete Gefahr in einem anderen Land besteht nicht, wenn sie sich mit beachtlicher Wahrscheinlichkeit auch im Bundesgebiet verwirklichen kann“ (BKA 2001: 22).

Neben der aus meiner Sicht problematischen Bedingung, den weiteren Verbleib bzw. Aufenthalt in Deutschland von einer Mitwirkung in einem Strafverfahren abhängig zu machen, bedarf diese Regelung eines näheren Wissens über die Situation in den Herkunftsländern, sozusagen einer Gefahren- oder Gefährdungsanalyse. Das BKA sieht ein anderes Problem: „Problematisch ist, dass der Aufenthalt der Frauen in Deutschland Kosten verursacht, die von den gleichen Stellen getragen werden müssen, die auch über die Ausstellung einer Duldung bzw. über einen dauernden Aufenthalt in Deutschland entscheiden. In diesem Zusammenhang wäre die Einrichtung eines Sondertitels in den Länderhaushalten hilfreich“ (BKA 2002: 22).

## 7. Fazit

Die Möglichkeiten der Prävention des Frauenhandels wurden m.E. definiert. Die Umsetzung wird durch die wirtschaftliche und finanzielle Situation und die damit verbundenen Engpässe erschwert. Hinzu kommt eine Fülle von Regelungen, die die Opfer nicht wirklich schützen. Es bleibt die große Nachfrage nach sexuellen Dienstleistungen und das Tabu. Letztlich lässt sich mit einer gehandelten Frau mehr Geld verdienen als mit einer, die freiwillig und selbstbestimmt in der Prostitution arbeitet. Obwohl viele der gehandelten Frauen wenig von ihrem verdienten Geld ausbezahlt bekommen, liegt diese Summe weitaus über der, die sie in ihrem Herkunftsland verdienen würden.

## *Literatur:*

Amnesty for Women (Hrsg.) (1995): Deutschland. Ein Paradies für Frauen. Informationen für Dich, bevor Du nach Deutschland fährst. Hamburg.

Auswärtiges Amt (2002): Europa gegen Menschenhandel. Europe Against Trafficking in Persons. Berlin Conference, 15.-18. Oktober 2001. Berlin.

Bundeskriminalamt (2002): Lagebild Menschenhandel 2001. Wiesbaden.

Bundesministerium für Familie, Senioren, Frauen und Jugend (1999): Aktionsplan der Bundesregierung zur Bekämpfung von Gewalt gegen Frauen. Bonn.

Europäische Kommission – Justiz und Inneres, Frauenhandel. Traum und böses Erwachen: von der Armut in die Sexsklaverei. Eine umfassende europäische Strategie. http://www.europa.eu.int/comm/justice_home/news/8mars_de.htm.

Der Spiegel, Importware Sex. Wie Menschenhändler osteuropäische Frauen nach Deutschland verkaufen. In: Der Spiegel, Nr. 26, 23.06.03, S. 44-58.

Feher, L,/Marth D./Hopstaken, J. (2001): Combating Trafficking in Women in the Republic of Moldova, European Commission (Hrsg.). Brüssel.

Kraske, M. (2002): Land unter. Moldawien ist der ärmste Staat Europas. Es gibt kaum Arbeit, Investoren fürchten die Rechtsunsicherheit und viele Menschen haben nur ein Ziel – weg. In: Berliner Zeitung 30.12.2002.

Langholz, C. (2001): contra Modellprojekt gegen Frauenhandel in Schleswig-Holstein. Menschenhandel in Schleswig-Holstein – Praxiserfahrungen und Perspektiven". In: contra (Hrsg.), Frauenhandel ist eine Menschenrechtsverletzung. Maßnahmen und Strategien zur Unterstützung der Betroffenen im Norddeutschen Raum. Dokumentation Fachtagung am 5. September 2001 in Kiel. Kiel.

Marth, D. et al. (1995): Lehrgangskonzeption für die Polizei zum Thema „Männliche Gewalt gegen Frauen", Bundesministerium für Familie, Senioren, Frauen und Jugend. Bonn.

Marth, D. (1995): Fortbildung für Polizeidienststellen im Bereich Gewalt gegen Frauen. Abschlussbericht des gleichnamigen Projektes im Auftrag des Bundesministeriums für Familie, Senioren, Frauen und Jugend, Materialien zur Frauenpolitik Nr. 52. Bonn.

Rat für Kriminalitätsverhütung in Schleswig-Holstein (Hrsg.) (1997): Konzepte zur Kriminalitätsverhütung. Gewaltverhältnisse in der Prostitution/Frauenhandel. Abschlussbericht der Arbeitsgruppe 4. Kiel.

United Nations Development Programme (UNDP) (2000): National Human Development Report. Republic of Moldova 1999. Moldova 2000.

# Sex and Crime: Prostitution und Menschenhandel

*Siegfried Lamnek*

## 1. Alles ist käuflich – die Globalisierung des Sexmarktes

Offiziell ist die Sklaverei längst abgeschafft – doch es gibt sie noch und sie ist unübersehbar, obgleich sie sich im Dunkeln abspielt. Besonders die sexuelle Ausbeutung von Menschen – gerade von Frauen – nimmt im Zeitalter des Neoliberalismus durchaus alarmierende Ausmaße an. Sie vollzieht sich auf verschiedenen Ebenen und in den unterschiedlichsten Formen. Der Handel mit sexuellen Dienstleistungen boomt. Die Globalisierung der Märkte und die neuen Informationstechnologien ermöglichen neue Dimensionen der Vermarktung von Lust: Kinderpornographie, Sextourismus, Frauenhandel oder Heiratsmigration sind allgegenwärtig und kaum kontrollierbar. Es handelt sich um einen facettenreichen und vielschichtigen Problemkreis, dessen Erscheinungsformen jeweils gesondert und äußerst differenziert betrachtet werden müssen; gemeinsam scheint diesen Phänomenen allerdings die Kommerzialisierung der Sexualität zu sein.

Gegenstand dieses Beitrags ist „Menschenhandel und Gewaltprostitution". Es handelt sich also um eine spezielle Art der Prostitution: Die Frau wird zu ihren Handlungen gezwungen. Dass dies nur *eine* – wenngleich besonders schwerwiegende, weil Persönlichkeitsrechte, die auch nach Deutschland „gehandelten" Prostituierten zustehen, grob verkehrt werden – Form der Prostitution ist, die aber quantitativ wohl nicht die bedeutendste ist, soll schon eingangs heraus gestellt werden.

Prostitution gab es zu allen Zeiten. Sie war – mal mehr, mal weniger – gesellschaftlich integriert und Moralisten schon seit jeher ein Dorn im Auge, was allerdings nicht ausschließt, dass diese moralisch kritisierten Dienstleistungen nicht doch gelegentlich in Anspruch genommen worden wären. Aber: An dem Gedanken, dass man Sex gegen Geld anbietet, scheiden sich die Geister. Deswegen ist es nicht verwunderlich, dass die Prostituierten schon immer einer, je nach Zeitgeist mehr oder weniger, intensiven Stigmatisierung ausgesetzt waren. Diese gesellschaftliche Diskriminierung erschwert einen ungetrübten Blick auf das Phänomen. Selbst Wissenschaftlern fällt es oft schwer, ihre eigenen Einstellungen und Vorurteile aus ihren Untersuchungen herauszuhalten. Die Öffentlichkeit macht sich ohnehin kaum die Mühe, ihre Vorurteile zu hinterfragen, denn "der Glaube an Vorurteile gilt in der Welt als gesunder Menschenverstand" (Claude Adrien Helvétius). Insofern sind Prostituierte, die unter Zwang arbeiten müssen, doppelt betroffen: Nicht nur, dass sie eigentlich keine Prostituierten, sondern eher einer andauernden Vergewaltigung ausgesetzt sind – sie werden zusätzlich noch mit Moralvorstellungen konfrontiert, die ihre Lage weiter verschlimmern. Eine „Schlampe", „Hure" oder „Nutte" kann nur selten auf Hilfe von außen hoffen. Ihre gesellschaftliche Positionierung ist eindeutig – nämlich ganz unten, aber natürlich nur, wenn man von ihrer Beschäftigung weiß. (Nebenbei sei im begrifflichen Kontext auf eine nicht unwesentliche sprachliche Differenz zwischen Prostituierten und Rest der Gesellschaft verwiesen: Erstere bezeichnen sich wertfrei als Huren, während dieser Begriff alltäglich gebraucht negative Konnotationen besitzt.)

Der gesellschaftliche Status der Prostituierten macht es auch den Behörden – selbst wenn sie es wollten – relativ schwer, angemessen auf die soziale Erscheinung der Prostitution zu reagieren. Auf der einen Seite gibt es erste (manchmal auch nicht intendierte) Erfolge bei den Versuchen, die Lebenssituation von Prostituierten zu verbessern: So gilt Prostitution rechtlich seit einem ergangenen Urteil des Berliner Verwaltungsgerichts nicht mehr als sittenwidrig und zwischenzeitlich gibt es ein Gesetz, das die Sittenwidrigkeit endgültig zurücknimmt und die „berufsmäßige" Erfassung und Begleitung der Prostitution (z. B. steuerrechtlich) regelt – in den Niederlanden ist Prostitution ja schon als Beruf anerkannt.

Es erschiene nun sinnvoll, einiges zur Geschichte der käuflichen Liebe und ihrer gesellschaftlichen Funktion zu sagen, um darauf aufbauend auf die Zwangsprostitution einzugehen. Beide sind keine geschichtlich neuen Phänomene und auch die herkömmlichen Formen der Prostitution sind durchaus nicht frei von ökonomischen, sozialen, geschlechtsspezifischen Zwängen etc. Aber die Intensität, mit der sich die Zwangsprostitution im engeren Sinne im „Turbo-Kapitalismus" heute ausbreitet, erlaubt es durchaus, auch ohne historischen Rekurs von einer neuen Ära zu sprechen.

Das geschichtliche Auf und Ab in der Entwicklung der Prostitution beruht nach Schelsky auf Veränderungen der sexualmoralischen Einstellungen, insbesondere der Beurteilung des ehelichen und des daraus sich ergebenden vor- und außerehelichen Geschlechtsverkehrs, denn der Umfang der Prostitution verringert sich mit der Minderung der moralischen Ansprüche in diesem Bereich (vgl. Schelsky 1973: 46f.), z. B. mit der Aufgabe des Virginitätsideals. Diese These hat sich allerdings als nur begrenzt zutreffend erwiesen, weil andere Bedingungen nicht zureichend berücksichtigt wurden, z. B. das geänderte sexuelle Anspruchsniveau, ökonomische und rechtliche Bedingungen, aber auch soziale und epidemiologische Verhältnisse usw.

## 2. Prostitution – aus soziologischer Perspektive

Das vielschichtige soziale Phänomen der Prostitution kann aus unterschiedlicher Perspektive beleuchtet und bewertet werden: moralische Standards werden sich von juristischen Überlegungen abheben, sozialhygienische Prämissen führen zu anderen Erkenntnissen als kriminologische Analysen und der Psychologe hat eine andere Sicht der Dinge als der Soziologe. Und selbst disziplinimmanent können gleiche Phänomene theoretisch und empirisch differenziell angegangen werden. Als Soziologe betrachte ich im Weiteren die Prostitution aus einer bewusst non-normativen Position, implizit funktionalistisch und gelegentlich konflikttheoretisch.

### *2.1 Begriff und Phänomen*

Bei aller historischer Variabilität dieses Phänomenbereichs existiert eine erstaunliche Konstanz der Vorstellungsinhalte zu diesem Begriff. Und insgesamt lässt sich die Prostitution nach Benjamin/Masters (1964) wie folgt charakterisieren:

- Eine Person bietet sexuelle Dienste freiwillig an,
- der Empfänger dieser Dienstleistung honoriert sie direkt und mit Geld,
- der Dienstleister geht mit einem größeren Personenkreis sexuelle Kontakte ein,
- die Transaktion zwischen Dienstleister und Kunden ist temporär und flüchtig
- und durch Anonymität und Sachlichkeit zu charakterisieren.

Nach Schelsky existiert ein zusätzliches, soziologisch-analytisches Kennzeichen der Prostitution. Denn nicht vergessen werden dürfe die Tatsache, dass Prostitution immer sozial verachtet wurde, auch wenn die stattfindende Geschlechterbeziehung gleichzeitig erlaubt war (vgl. Schelsky 1973: 41). Diese Gleichzeitigkeit aus Akzeptanz und Verurteilung/Verdammung charakterisiert die Ambivalenz, die auch als Doppelbödigkeit bzw. Doppelmoral bezeichnet wird, mit der der Prostitution in unserer Gesellschaft begegnet wurde und trotz der inzwischen eingetretenen rechtlichen Veränderungen noch wird.

Der (qualitative) Randgruppencharakter der Prostitution ist offensichtlich: Die Ausübung eines "illegitimen Berufes" – so Stallberg 1988 – führt zweifelsfrei zu einem Außenseiterstatus. Aber Stallberg verzichtet in seinem Handbuchartikel zur Prostitution (1999) auf dieses Definitionselement, weil der soziale Wandel in unserer Gesellschaft dies (mindestens tendenziell) nahe legt; er behält jedoch den Randgruppencharakter bei.

In der Literatur existieren nun verschiedene Klassifikationen von Prostituierten, bei denen interessanterweise die Kategorie der Zwangsprostitution nicht aufscheint, obgleich oder weil (?) ein gewisses Zwangselement der Prostitution nicht fremd ist, sei es, weil ein subjektiver ökonomischer Zwang seitens der Frauen besteht und/oder seitens des Freundes, Ehemannes oder Zuhälters tatsächlich unmittelbarer Zwang ausgeübt wird.

1. Nach dem Ort der Ausübung:
   - Straßen-
   - Lokal-
   - Bordell-
   - Appartmentprostitution
2. Nach der Stärke des Engagements:
   - Gelegenheits-
   - Halbtags-
   - Vollzeitprostitution
3. Nach dem rechtlichen Status:
   - amtlich zugelassene
   - registrierte
   - "wilde" Prostitution
4. Als strategische Mischklassifikation
   - die professionelle
   - die Gelegenheits-
   - die Beschaffungsprostituierte (vgl. Leopold et al. 1994: 11f.; s. auch Hydra 1988)
5. Nach der Geschlechterrelation
   - weiblich-heterosexuelle
   - männlich-homosexuelle
   - männlich-heterosexuelle
   - weiblich-homosexuelle Prostitution

Die Reihenfolge der Klassifikation unter 5. entspricht vermutlich der quantitativen Verbreitung, wobei die Positionen 1 und 2 sicher sind. Korrekte und zuverlässige Zahlen existieren im Bereich der Prostitution allerdings nicht; es handelt sich zumeist um (auch interessengebundene) Schätzungen. So dürften in den Millionenstädten jeweils zwischen 5.000 und 10.000 Prostituierte tätig sein. Die Strichjungen werden für Deutschland auf ca. 10.000 geschätzt. (Damit wird zugleich deutlich, dass Prostitution kein ausschließlich, wenngleich dominantes Frauenphänomen und -problem ist.) Bei einer Befragung von Gesundheitsämtern kommt Markert auf eine Mindestzahl von 50.000 Prostituierten, in denen die Beschaffungs-, die Appartment-, die über Agenturen vermittelten und gerade die uns interessierenden ausländischen, nicht registrierten Prostituierten nicht enthalten sind. Der Ausländerinnenanteil beträgt bei den Gesundheitsämtern etwa ein Viertel. Die Zahl der durch Drogenabhängigkeit zur Prostitution Gezwungenen schätzt Markert auf etwa 15.000 (Markert 1991: 408). Der jährliche Umsatz könnte bei 15 Mrd. DM liegen.

Markert (1991: 419) ermittelt 32 Kundenkontakte pro Woche, was bei 50.000 Prostituierten 83,2 Millionen Prostituiertenkontakte pro Jahr ausmacht und bei einer Durchschnittsberechnung etwa 2 Kontakte pro männlichem Bundesbürger und Jahr ergibt. Tatsächlich wird die geschätzte Zahl von Männern, die in der alten Bundesrepublik als Freier aktiv waren, mit 3,2 Millionen angegeben – das sind 15% aller 20-60jährigen. Nach anderen repräsentativen Befragungen verfügt mindestens ein Zehntel und höchstens ein Drittel aller männlichen Bürger über Freiererfahrungen (Reinisch/Beasley 1991).

Bei solchen Zahlen kann der empirische Soziologe nicht umhin festzustellen, dass es in Deutschland mehr Prostituierte als Universitätsprofessoren (und zwar mindestens doppelt so viele) und mehr Freier als Studierende gibt (und zwar fast 3 mal so viele und gut 5 mal so viele wie männliche Studenten). Wer bei solchen Zahlenrelationen noch davon spricht, dass Prostitution ein Randphänomen unserer Gesellschaft wäre, kann sich nicht auf die quantitativen Verhältnisse, sondern bestenfalls auf die normativen oder moralischen Beurteilungen beziehen. Ob diese allerdings bei solchen faktischen Konstellationen aufrecht zu erhalten sind, wird auch der Laie bezweifeln und der Soziologe unter Rekurs auf die (begrenzt wirksame) normative Kraft des Faktischen hinterfragen.

Die unter die „strategische Mischklassifikation“ subsumierten professionellen-, Gelegenheits- und Beschaffungsprostituierten müssen heutzutage wegen der realen Verhältnisse durch eine vierte Kategorie ergänzt werden: Jene Frauen (und Mädchen), die durch Vorspiegelung falscher Tatsachen und/oder mittelbare oder unmittelbare Gewalt gezwungen werden, sich zu prostituieren, auf die wir uns hier beziehen.

Trotz der internen Heterogenität der Prostituiertenpopulation ist jede einzelne Prostituierte (und damit sind alle) wegen ihrer Tätigkeit starken Stigmatisierungen ausgesetzt. Tillner spricht von einer Personifizierung der prostitutiven Tätigkeit, weshalb der Prostituierten automatisch negative Eigenschaften zugeschrieben werden. „Sie arbeitet nicht als Prostituierte, sie **ist** Prostituierte: Sie ist amoralisch, sie verkauft sich, ihre Würde, sie ist keine gute Mutter, sie hat kein Recht auf sexuelle Selbstbestimmung, sie dient als Negativfolie für die Durchsetzung von Konventionen“ (Tillner 1991: 26). Die negativ bewertete (berufliche) Tätigkeit wird als Masterstatus genommen, um weitergehend zu generalisieren, zu stereotypisieren und zu stigmatisieren. Das Recht auf sexuelle Selbstbestimmung wird ihr – teils aus moralischen, teils aus frauenrechtlichen Erwägungen – abgesprochen, insbesondere wenn den Freiern die egoistische (Be-) Nutzung des weiblichen Körpers vorgehalten wird. „Aus feministischer Perspektive ist und bleibt die Prostitution ein Akt männlicher Anmaßung und Gewalt“ (Domentat 2003: 212f.).

Ich verweise abschließend zu dieser einleitenden Phänomenologie darauf, dass nach meiner Einschätzung auch nach einer weitestgehenden sozialen Akzeptanz der Prostitution und auch nach deren Kodifizierung die negative Bewertung der Prostituierten erhalten bleiben wird. Sex für Geld mag abstrakt toleriert und akzeptiert werden, wer sich aber dafür hergibt, gilt vermutlich weiterhin als moralisch schlecht!

## *2.2 Juristischer Exkurs*

Die Prostitution an sich ist nach deutschem Strafrecht nicht mehr sanktioniert. Weder die Prostituierten, noch die Freier können wegen ihrer sexuellen Aktivitäten pönalisiert werden, sofern nicht Jugendschutz oder das Postulat der Gewaltfreiheit oder andere strafrechtliche Regelungen berührt sind. Die im Kontext von Prostitution stehenden Paragraphen 180ff. des StGB benützen z. B. die früher gebrauchte Formulierung der “gewerblichen Unzucht” nicht mehr. Der Wechsel in der Terminologie ist ein Indiz für den schon eingetretenen normativen Wandel in der Beurteilung der Prostitution, dem der soziale und politische aber noch hinterher hinkt.

Allerdings wird auch juristisch deutlich, dass trotz fehlender Strafandrohung die Prostitution keineswegs eine “Wertschätzung” erfährt, denn ihre Förderung wird in § 180a StGB unter Strafe gestellt, sofern diese gewerbsmäßig und in persönlicher oder wirtschaftlicher Abhängigkeit erfolgt, wovon man wohl in der Regel ausgehen wird können. Weiter wird die Zuhälterei pönalisiert, wobei Definitionskriterium die Ausbeutung der Prostituierten ist (§ 180a StGB), ein durchaus dehn- und interpretierbarer Begriff (s. u.).

Die in dem juristischen Verständnis von Prostitution erkennbare Strategie heißt: Sie wird hingenommen und geduldet, aber zugleich wird alles getan, um sie zu erschweren. Dies manifestiert sich auch darin, dass die freie Ausübung der Prostitution durch Verwaltungsvorschriften (Sperrbezirke etc.) eingeschränkt werden kann, was nicht nur dem Jugendschutz dient, sondern auch einer weiter gehenden sozialen und polizeilichen Kontrolle förderlich ist. Damit werden all die denk- und befürchtbaren Nebenerscheinungen und Auswüchse (Ausbeutungen, Misshandlungen der Prostituierten etc.) der Prostitution besser überwach- und idealiter ausschließbar. Aber es bleibt eine gewisse Inkonsistenz, Ambivalenz und Ambiguität in der juristischen Beurteilung der Prostitution bestehen. Ihr Doppelcharakter ist klar erkennbar. Einige Autoren gehen sogar davon aus, dass diese staatliche Praxis dazu beigetragen hat, dass die Sexarbeit zunehmend ins „Rotlichtmilieu“ abdriften musste. Die „Verdrängung der Prostitution in amtlich definierte erogene Stadtzonen hat für die Frauen fatale Konsequenzen. Begrenzte Standplätze in der Straßenprostitution verstärken die Konkurrenz untereinander. Das Verhängen von Bußgeldern führt dazu, daß noch mehr angeschafft wird. (...) Und vor allem in abgelegenen städtischen Randzonen erhöht sich das Sicherheitsrisiko der Frauen eklatant“ (Domentat 2003: 22).

Eindeutiger und klarer ist sicher die Position, die ein polnischer Abgeordneter der Christ-Nationalen Vereinigung (Niesiolowski) für sein Land, in dem die Prostitution verboten ist, formuliert hat: “Der Staat darf keinerlei öffentliche Unzucht tolerieren”. Nicht zu tolerieren, bedeutet, sie nicht hinzunehmen, sie zu unterbinden. Was aber, wenn der Staat bei massenweiser Praktizierung derselben nicht in der Lage ist (und sein kann) die Nicht-Tolerierung zu exekutieren? Dies führt notwendig zu einem eklektizistischen Vorgehen der Strafverfolgung, das wohl kaum mehr dem Gleichheits- und Gerechtigkeitspostulat entspricht. Hier konfligieren offenbar zwei Grundwerte.

Auch das als liberal gepriesene Schweden zeigt sich bei grundsätzlichem Verbot in der juristischen Behandlung der Prostitution ambivalent: Es werden nicht die Prostituierten, sondern die Freier bestraft, denn sie produzieren als Nachfrager erst das Angebot. Aber im Kontext von Sexualität darf nicht übersehen werden, dass es auch eine angebotsinduzierte Nachfrage geben mag.

Die hier aufgezeigten juristischen Ambivalenzen spiegeln sich im deutschen Recht auf verschiedenen Ebenen. Das Steuerrecht widerspricht dem Sozialrecht, die Polizeipraxis gelegentlich dem Strafrecht, die Verwaltungsentscheidungen den Gesetzen des freien Marktes etc. Eine Harmonisierung durch Ausklammerung moralischer Positionen und die Bezugnahme auf dominant funktionale Analysen, würde die Inkonsistenzen zugunsten einer Eindeutigkeit aufheben und damit die unangenehmen Randphänomene (wie etwa Kriminalität) reduzieren. Erst der Doppelcharakter der Prostitution treibt deren Preis in die Höhe und macht sie ökonomisch und für ein kriminelles – weil kriminalisiertes – Milieu interessant. Verschärfte Kriminalisierung mag ja die eher amateurhaft arbeitenden Zuhälter aus dem Markt drängen, führt aber zu einer weitergehenden Professionalisierung der organisierten Kriminalität.

## *2.3 Gesellschaftliche Funktionen der Prostitution*

Es wurde bereits auf die Diskrepanz zwischen der einerseits durch die Gesellschaft vorgenommenen Diskreditierung und Diffamierung der Prostitutierten und der andererseits bestehenden Konventionalisierung und Akzeptanz des außerehelichen Geschlechtsverkehrs hingewiesen. Dieser spezifische Charakter der Prostitution resultiert aus ihrer Eigenschaft als Pendant zur Institution der Ehe. In unserer Gesellschaft ist der monogame Charakter der Sexualbeziehung institutionalisiert und geschützt. Aber gerade diese Moral, die sich im Bereich der Sexualität gebildet hat und aufrecht erhalten wird – wider die zahllosen nicht-ehelichen sexuellen Kontakte, weil hier möglicherweise die so genannte "Präventivwirkung des Nichtwissens" (Popitz 1968) hilft – diese Moral steht in starkem Kontrast zum Handeln der Prostituierten.

Die Forderung nach absoluter Monogamie führt zu einem sehr hohen moralischen Anspruch. Dieser wiederum verursacht starke soziale Spannungen, die aber nicht immer über außersexuelle Leistungen und Ziele kompensiert und sublimiert werden können. Dieses verbreitete (im Kontext von Prostitution: männliche) Unvermögen, auf Dauer den moralischen Forderungen genügen zu können, kann sich bis zur Bedrohung des Moralgefüges aufbauen. Aus diesem Grund gestattet die Gesellschaft die Existenz der Prostitution in der Funktion von so genannten „Ventilsitten" (vgl. Vierkandt 1931). Auf diese Weise können die sozialen Spannungen abgeleitet und gleichzeitig in bestimmte Bahnen kanalisiert werden. „Die Prostitution ist nun zweifellos eine solche, speziell auf die absolute patriarchalische Monogamie ausgerichtete institutionelle Ventilsitte, welche die durch die rigorose Sexualmonopolisierung dieser Eheform angehäuften Spannungen neutralisieren soll" (Schelsky 1973: 42.).

"Der funktionalistische Ansatz erklärt Prostitution aus ihrem Beitrag zur Absicherung der gesellschaftlichen Institution Ehe und – in geringerem Maße – zur Verdeutlichung der Grenzen zwischen sozial akzeptiertem und unerwünschtem Sexualverhalten" (Stallberg 1999: 602). "Die Prostitution dient der Erhaltung der Institution Ehe, da Sexualität von vieldimensionaler sozialer Beziehung getrennt wird, die Prostituierte also keine Konkurrentin der Ehefrau darstellt. Ferner kann Prostitution dazu dienen, dass es weniger Auseinandersetzungen zwischen Männern und Frauen gibt, und unerwünschtes Sexualverhalten aus dem Bereich der 'positiven Institutionen' (Familie etc.) herausgehalten wird" (Feldmann 2000: 177).

Beide Positionen unterstellen natürlich ein spezifisches Männerbild, das weiter gehend zu analysieren wäre, weil es auch in die soziologische Erklärung von Prostitution einfließt. Als Gründe für die Inanspruchnahme von Prostitution (durch Männer) werden u. a. genannt:

- "Verbindung von Sexualität und Machtstreben für Männer,
- Traditionell-konservative Haltungen von vielen Frauen (Ablehnung bestimmter Sexualpraktiken),
- Knappheit an attraktiven Frauen (Attraktivität ist kulturell und gesellschaftlich definiert, z. B. über Massenmedien; Diskrepanz zwischen tatsächlicher Erscheinung vieler Frauen und Erwartungen von Männern),
- Steigende Anforderungen der Frauen an erotisches und sexuelles Ver-

halten der Männer (Vermeidungsverhalten, psycho-soziale Kosten),

- Mobilität (räumliche, berufliche, Tourismus),
- Sättigungseffekte (Personen, die lange zusammenleben, zeigen ein verfestigtes und ritualisiertes Sexualverhalten),
- Promiskuität als männliches Attribut (Soziobiologie),
- Konsumhaltung und Kommerzialisierung des Lebens (immer mehr Bereiche werden marktförmig organisiert und monetarisiert),
- Verstädterung (Anonymität, verringerte soziale Kontrolle)" (Feldmann 2000: 177).

## *2.4 Rotlichtimpressionen*

Das Stigma, das die Prostituierte trägt, prägt ihr gesamtes Dasein. Es betrifft nicht nur die Arbeit, die sie ausübt, sondern auch ihr Privatleben und die Menschen, mit denen sie sich umgibt. Das Stigma „Hure" ist ein „master status" (Goffman 1974), der, soweit er bekannt wird, alle Lebensbereiche durchdringt und der Betroffenen gesellschaftlich diskreditierte, ja diffamierte Eigenschaften zuschreibt, die nur selten Realitätsgehalt besitzen. Prostituierte bekommen das negative Bild, das von ihnen gezeichnet wird, sehr intensiv zu spüren. Ihnen bleibt oft nichts anderes übrig, als dem Stigma mit Rationalisierungen, Neutralisierungen und Rechtfertigungsstrategien (vgl. Lamnek 2002: 1379ff.) zu begegnen. Zuweilen verinnerlichen sie die gesellschaftlichen Zuschreibungen und lernen, die eigene soziale Identität zu hassen.

Wegen der Anfeindungen durch die Umwelt und der Tatsache, dass es ihr nicht gelingt, ihren Beruf in der Gesellschaft als normale Tätigkeit darzustellen, hat die Prostituierte in vielen Fällen mit tief greifenden psychischen Problemen zu kämpfen. Um damit fertig zu werden, betreibt sie Strategien der Problembewältigung, die Goffman (1974) als „Stigma-Management" bezeichnet. Um wenigstens im Privaten den Schein eines normalen Lebens aufrecht erhalten zu können, ist die Prostituierte ständig darauf bedacht, ihren Beruf und damit auch ihre Identität vor ihrer Umwelt zu verbergen. Ausnahmen bestätigen die Regel. Wegen der Diskrepanz zwischen Selbst- und (negativer) Fremdeinschätzung entstehen aber starke psychische Spannungen, die häufig durch Alkohol oder Drogen gedämpft werden (sollen).

Viele Prostituierte motivieren ihre Tätigkeit mit dem leichten und schnellen Gelderwerb. Dies ist Fakt und Rechtfertigung zugleich, denn damit soll auch verhindert werden, dass die Intention der Handlung in sexuellen Interessen gesehen werden könnte. Der Kunde ist bloßes Objekt des Gelderwerbs. Girtler sieht den Unterschied zu anderen Dienstleistungsberufen nur als einen graduellen. Tatsächlich ist die Beziehung zwischen Prostituierter und Kunde ein reines Sachverhältnis (vgl. Girtler 1994: 289f.).

Das Rotlichtmilieu ist also insgesamt ein kompliziertes System mit eigenen (subkulturellen) Verhaltensregeln und Denkmustern. „Wer mit holzschittartigen Macht- und Gewaltbegriffen, emotionalisierenden Schlagworten wie Zwangsprostitution, Zuhälterei und Frauenhandel die Sexarbeit analytisch zu fassen versucht, muß an ihrer Komplexität scheitern" (Domentat 2003: 299f.).

## *2.5 Zwischenfazit zur Prostitution allgemein*

Die soziologische Analyse des Phänomens der Prostitution in unserer Gesellschaft hat uns zu folgenden Erkenntnissen geführt:

- Prostitution ist ein gesellschaftlich häufig vorfindbares Phänomen, dem deshalb kein quantitativ marginaler Charakter zukommt.
- Obgleich Prostitution legal ist, ist deren Akzeptanz als beruflich organisierte Tätigkeit noch defizitär. Hier sind jedoch in näherer Zukunft weitere rechtliche Regelungen und in deren (sehr langfristiger) Folge auch (mäßige) Einstellungsänderungen zu erwarten.
- In der gesellschaftlichen Bewertung der Prostitution sind gewichtige Differenzierungen zu konstatieren: Während die Prostitution abstrakt noch toleriert oder gar akzeptiert sein mag, sind die sie in Anspruch nehmenden Personen einer negativen, geschlechtsspezifisch differenzierenden Bewertung ausgesetzt: Der Freier wird noch eher hingenommen als die "ihren Körper verkaufende" Prostituierte.
- Die multipel ambivalente Beurteilung führt zu einer Diskreditierung der Tätigkeit und einer Diskriminierung der Prostituierten selbst, die sich in generalisierenden Stigmatisierungen äußert. (Verstärkt wird dies möglicherweise durch den Neid auf ein hohes Einkommen, das sehr schnell und (scheinbar) ohne besondere Qualifikation oder Leistung erzielt werden kann.)
- Andererseits wird Prostitution als ein notwendiges gesellschaftliches Übel, als Ventilsitte, billigend in Kauf genommen. Ihre gesellschaftlich positiven Funktionen konfligieren aber mit moralischen Vorstellungen, wobei letztere in der Bewertung dominant werden.
- Der damit zugeschriebene "abweichende Charakter" der Prostitution begünstigt einerseits eine spezifische Preisbildung auf diesem Markt (man denke an jedwede Prohibition, die den Preis einer Ware verteuert, weil das Gut knapp ist) und in der Folge zu einer spezifischen Rekrutierung des Personals und deren (gedankliche und tatsächliche) Lokalisierung in unmittelbarer Nähe von Kriminalität.

Damit wären wir beim Gegenstand der Zwangs-, der Kinderprostitution und des Menschenhandels angelangt. Diese Phänomene werden nun auf der Folie der bisherigen Überlegungen behandelt, wonach Prostitution an sich gesellschaftlich normal und funktional ist, was für ihre drei zuletzt genannten Formen keineswegs zutrifft. Die für die Prostitution allgemein aufgezeigten Probleme potenzieren sich in diesen drei Feldern der Zwangsprostitution.

# 3. Zwangsprostitution und Menschenhandel

Beide Begriffe gebrauche ich hier mehr oder weniger synonym, wobei die Zwangsprostitution von *Frauen* thematisiert, aber auch der Handel mit *Minderjährigen* mitgedacht und auf eine geschlechtsspezifische Differenzierung verzichtet wird. Im Regelfall allerdings sind Männer die Täter (als Freier, Schleuser, Zuhälter etc.) und Frauen bzw. Mädchen die Opfer (von Zwangsprostitution). Allerdings darf nicht übersehen werden, dass es auch männliche Zwangsprostitution, z.B. in Gefängnissen (vgl. Rideau/Sinclair 1982), gibt.

Analytisch und idealtypisch ist die Zwangsprostitution von der Arbeit der Prostituierten klar zu trennen – in der Realität dürfte die Unterscheidung in vielen Fällen weniger leicht fallen. Prostitution unter Zwang ist (vielfache) Vergewaltigung im doppelten Sinne des Wortes: Der Zuhälter und die Freier tun der Frau Gewalt an. Konventionelle Prostitution hingegen ist eine Form von Arbeit – wie auch immer diese moralisch eingestuft werden mag. Die beiden Typen gehen allerdings oft ineinander über, sind nicht immer trennscharf, was leicht zu Begriffsverwirrungen und Fehlbeurteilungen führen kann.

## *3.1 Außer Kontrolle – die "grenzenlose" Verbreitung der Zwangsprostitution*

Presseveröffentlichungen, Polizeiberichte, aber auch sozialwissenschaftliche Studien lassen einen weltweiten Anstieg der Zwangsprostitution vermuten. Mit Strafandrohung allein scheint man dem Problem nicht beikommen zu können, zumal die strafrechtliche und die tatsächliche Situation in der Bundesrepublik nicht völlig kompatibel sind. Internationale Befunde zum Frauenhandel liegen nur spärlich vor. Alle indizieren allerdings einen Anstieg des „Sklavenhandels“. Sensationalisierungen und Dramatisierungen der Medien scheinen mit Blick auf die betroffenen Frauen doch eher auf realen Verhältnissen zu basieren und sind nur bedingt übertrieben, zahlenmäßig dürfte jedoch ein „überhöhter“ Eindruck durch die Berichterstattung entstehen.

Trends der Verbreitung des Menschenhandels und die Herkunft der Opfer können der Polizeilichen Kriminalstatistik entnommen werden, obwohl natürlich gerade in diesem Bereich die Dunkelziffer groß ist – und zwar trotz offiziell relativ hoher Aufklärungsquoten. 1986, als Europa noch aus „politischen Blöcken mit unüberwindbaren Grenzsperren bestand, wurden in der Bundesrepublik Deutschland 160 Fälle notiert: menschliche Importe aus Thailand, den Philippinen und Lateinamerika. Die gesamtdeutsche Kriminalstatistik von 1993 wies 517 Fälle aus, ein Jahr später 767 und 1995 schon 919. Die Herkunftsländer haben sich geändert. Mädchen aus dem Osten sind auf dem Landweg und damit preiswerter zu transportieren" (Die Welt online 04.09.1996). 1996 betrug die Zahl der offiziell registrierten Fälle 1094 mit 1088 Tatverdächtigen (vgl. Renzikowski 1999: 54). Dagegen schätzt Interpol die Zahl der Frauen, die seit 1989 aus dem Osten in die EU zum Zwecke der sexuellen Ausbeutung verschleppt wurden, auf eine halbe Million (vgl. Die Welt online 08.12.1999); so auch die EU-Kommission.

Während die Gewinne mit dem Menschenhandel sehr hoch sind, ist das Risiko für die Täter offenbar eher gering. Diese These belegt ein Blick in die Verurteiltenstatistik: 1996 wurden 153 Täter verurteilt, davon 108 wegen schweren Menschenhandels (§181 StGB). In den restlichen Fällen wurden die Verfahren eingestellt oder die Angeklagten freigesprochen. Eine genaue Relation zwischen Tatverdächtigen und Verurteilten kann daraus nicht abgeleitet werden, da die beiden Statistiken nicht völlig vergleichbar sind.

### *3.2 Die Rekrutierung der Frauen in den Herkunftsländern*

Die Frauen kommen meist aus den selben Staaten wie die Täter. Dies ist verständlich, wenn man bedenkt, dass die Rekrutierung häufig in Form einer persönlichen Kontaktaufnahme zustande kommt. Bedeutsam sind hier Länder östlich der Schengen-Grenzen, also Rumänien, Moldawien (vgl. hierzu den Beitrag von Marth in diesem Band), Polen, Bulgarien, Tschechien, Russland, die Ukraine, Ungarn oder die Slowakei. Bei den afrikanischen Staaten ist besonders Nigeria hervorzuheben. In Südostasien fallen Thailand und die Philippinen auf, in Südamerika Brasilien und Kolumbien.

Die "Anwerbephase" läuft nach immer gleichen Mustern ab. Die Frauen werden in der Regel in ihrem Heimatland über Zeitungsanzeigen, Arbeitsbüros oder auch persönliches Ansprechen rekrutiert. Ihnen wird ein besseres Leben in den westlichen Ländern versprochen. Man gaukelt ihnen einen gut bezahlten Job in der Gastronomie, im Hotelgewerbe, als Tänzerinnen – gelegentlich auch als Prostituierte vor, denn manchmal arbeiten die Frauen bereits in ihrem Herkunftsland im Rotlichtmilieu. Es ist trotzdem selten verfehlt, von Zwangsprostitution zu sprechen, da den ausreisewilligen Frauen die Aussicht auf ein großzügiges und selbstbestimmtes Leben im Westen vorgemacht wird – und dies entspricht im Regelfall nicht im geringsten der Realität.

Nun mag uns unbeteiligten Westbürgern etwas blauäugig erscheinen, dass sich diese Frauen mit solchen "unglaubwürdigen" Versprechungen verführen (und später zwingen) lassen. Dem muss entgegengehalten werden, dass auch bei uns eine Vielzahl von Menschen Betrügern zum Opfer fallen, die ihnen eine Verbesserung ihrer Lebenssituation verheissen; umso größer und realistischer erscheinen die Verlockungen des Westens im Vergleich zur Ausgangssituation im Herkunftsland. Die Frauen (und späteren Opfer) sind auf der Suche nach einer besseren Zukunft. In ihren Heimatländern ist allgemein oder nur für sie persönlich und subjektiv die ökonomische, politische und/oder soziale Situation katastrophal. Damit wird man anfällig für Verführungen – letztlich vielleicht sogar für solche der Prostitution.

- Es sind aus soziologischer Sicht keineswegs defekte Persönlichkeitsstrukturen, die die Frauen in die Zwangsprostitution führen.
- Vielmehr sind es strukturelle, internationale, objektive und/oder subjektiv perzipierte Ungleichheiten und Disparitäten im sozialen und ökonomischen Bereich, die die Basis für die Anfälligkeit für Anwerbeversuche abgeben.
- Letztlich ist es wohl das Wohlstandsgefälle, das den doppelten Grundstein für die Zwangsprostitution legt: Die Rekrutierung gelingt offenbar recht leicht, weil der westliche Lebensstandard lockt. Die Ausbeutung der Frauen ist lohnend, weil im Westen die Prostitution stärker nachgefragt ("westliche Hemmungslosigkeit") wird.

### *3.3 Traurige Realität: Alltag von Zwangsprostituierten*

So wird verständlich, dass manche sich in eine fatale Abhängigkeit von einer kriminellen Gruppierung begeben. Zunächst ist diese Abhängigkeit kaum sichtbar. Das böse Erwachen kommt erst im vermeintlichen „Schlaraffenland". Beispielsweise werden sie mit Visa, Aufenthaltsgenehmigungen oder Arbeitserlaubnissen ausgestattet, die meist gefälscht und damit letztlich wertlos sind (gerade, weil man damit erpressbar wird). Außerdem verpflichten sich die Frauen oft, die Kosten für ihre Ver- und Unterbringung abzuarbeiten. In manchen Fällen müssen sie auch Scheinehen eingehen. Entführungen sind seltener, kommen aber durchaus vor.

Im Normalfall werden den Frauen die persönlichen Dokumente abgenommen. Damit haben die Schlepper-Banden ihre Opfer völlig unter Kontrolle, ihre Bewegungsfreiheit ist ihnen genommen. In den wenigsten Fällen haben die Frauen den Mut, sich an die Behörden zu wenden. Oft sind es schlechte Erfahrungen mit den Ämtern in ihren Heimatländern, aber auch die Angst, als „Illegale" identifiziert zu werden, die die Kontaktaufnahme zu den Behörden oder Hilfsorganisationen in den Einreiseländern verhindern, die sie zudem meist überhaupt nicht kennen. Auch Scham über die eigene Tätigkeit, wie auch über die "Übertölpelung", mag sie gelegentlich daran hindern (wie auch im Westen der Betrug oft aus dem gleichem Grund nicht angezeigt wird). "Zwar bekommt eine Prostituierte, die sich in Deutschland entschließt, ihren Zuhälter anzuzeigen, eine Aufenthaltsduldung für die Zeit des Verfahrens. Nach Ablauf der Frist jedoch droht die Rache des Ex-Luden ebenso wie die Abschiebung" (Spiegel Online 05.10.2000). Während sich damit die Situation der betroffenen Frauen auch durch staatliche Entscheidung verschlimmert, wird die der Zuhälter – nicht intendiert – verbessert. Der Staat hilft den Kriminellen in gewisser Weise, relevante Zeugen mundtot zu machen. Hier kollidieren Strafverfahrens- und Ausländerrecht.

Die Opfer von Menschenhandel bekommen meist – sowohl in der Öffentlichkeit, als auch bei den Strafverfolgungsbehörden – das volle Ausmaß des Stigmas der Prostituierten zu spüren: Die Migrantin, die bei einer polizeilichen Kontrolle erfasst wird, gibt sich selten als Opfer von Menschenhandel zu erkennen. Sie erlebt sich als Beschuldigte und ist Beschuldigte und Täterin. Um dieses Dilemma beseitigen zu können, „müssten ausländer- und arbeitsrechtliche Lösungen gefunden werden: Green Cards und Arbeitsstandards für ausländische Prostituierte wären eine Alternative zu ineffektiven Razzien, zum Katz-und-Maus-Spiel an den Grenzen und feudalistischen Abhängigkeiten zwischen Betreibern und Sexarbeiterinnen" (Domentat 2003: 313f.).

Zwangsprostitution mit „Sklaverei" gleichzusetzen, mag trotz allem übertrieben erscheinen, bei genauerem Einblick in den Problemkreis ist der Vergleich allerdings durchaus angemessen. Dies wird endgültig deutlich, wenn man die ersten Tage der Frauen in der Gewalt der Menschenhändler beobachtet. Die Zwangsprostitution basiert auf einer vollkommenen psychischen und sozialen Abhängigkeit des Opfers gegenüber seinem „Besitzer". „So beginnt denn auch der Leidensweg von Millionen Frauen und Kindern, die sexuell versklavt werden, mit einem Trauma: Dazu gehört ihre seelische Zerstörung, der Verlust ihrer Identität und die Erzeugung tief verwurzelter Minderwertigkeitsgefühle. Nach Aussagen vieler betroffener Frauen war die Erniedrigung der ersten Tage Teil einer festen Strategie, mit der sie gefügig gemacht wurden" (Arlacchi 2000: 87). Dabei werden häufig auch Drogen eingesetzt. Diese haben zudem den Zweck, Müdigkeit, Schmerzen und Ekel überwinden zu helfen, die "Produktivität" aufrecht zu erhalten.

Wie bereits erwähnt stehen die Frauen nach ihrer Ankunft bei den Zuhältern in finanzieller Schuld. Diese ökonomische Abhängigkeit wird weiter ausgebaut: Sie haben Unterkünfte zu überhöhten Preisen zu beziehen, sie müssen Hilfsmittel wie Kondome, aber auch ihren Drogenkonsum selbst finanzieren. Um zu verhindern, dass sich tiefer gehende soziale Beziehungen unter den

Prostituierten entwickeln können und um ihre Desorientierung zu intensivieren, werden die Frauen in kurzen Abständen von einem Ort zum anderen verbracht. Dies macht die Prostituierten in höchstem Maße von der Organisation abhängig. Widerspenstige Frauen dagegen werden mit psychischer und körperlicher Gewalt gefügig gemacht oder an andere Gruppierungen verkauft, wo sich das Bild meist nicht wesentlich ändert.

Es sind also die sozialen (und rechtlichen) Bedingungen, die im Einreiseland für die Stabilität und Persistenz der Zwangsprostitution sorgen:

- Die Frauen sind in einem fremden Land, einer fremden Kultur mit fremder Sprache, in der sie desorientiert sind. Ihre Interaktionspartner sind (viele unterschiedliche) Freier, denen das Schicksal der Frau (meist) gleichgültig ist, das sie wohl auch eher erahnen als erfahren. Selbst dann bestünde ihr Interesse wohl nur am sexuellen Kontakt.
- Die Desorientierung und Unsicherheit wird dadurch gesteigert, dass Außenkontakte minimiert und kontrolliert, der Mobilitätsrahmen und die soziale Expansion also massiv eingeengt werden.
- Behörden- und andere externe Kontakte scheiden in der Regel aus, weil die Illegalität des Aufenthaltes, der Arbeitsaufnahme und die diskreditierte und tabuisierte Betätigung dem entgegenstehen. Zudem reduziert die Unsicherheit bezüglich der möglichen Reaktionen die “Fluchtbereitschaft” und die Angst vor dem Zuhälter tut ein Übriges.
- In dieser Situation ist der Zuhälter ungeliebter, aber berechenbarer Interaktionspartner, der es zudem versteht, wohl dosiert auch Gratifikationen zu verteilen, weshalb sein Bild durchaus nicht eindeutig gewalttätig, sondern ambivalent (bis zeitweilig sogar positiv) erscheint.
- Somit schließt sich der Kreis der Ausweglosigkeit, der wohl nur dadurch durchbrochen werden kann, dass öffentlich Straffreiheit, Bleibe- und Arbeitsrecht der Zwangsprostituierten zugesichert werden.
- Dies gelingt glaubwürdig umso besser, je eher die Prostitution einen rechtlich anderen Status erhält. Dieser nämlich eröffnet auch der Zwangsprostituierten automatisch entsprechende Außenkontakte.

### *3.4 Der Sextourismus*

Sextourismus in ferne (und neuerdings auch nahe) Länder ist eine traurige Normalität (vgl. auch Heine-Wiedenmann 1992). Da die betroffenen Staaten finanziell erheblich vom Sextourismus profitieren, lassen sich kaum geeignete Gegenstrategien erfolgreich durchsetzen: Thailand, die Philippinen, Sri Lanka, Kenia, Brasilien und die Dominikanische Republik, um nur einige der beliebtesten Zielorte deutscher Prostitutionstouristen zu nennen, profitieren wirtschaftlich von der Ausbeutung ihrer Frauen. „Sie entspringt einem weltumspannenden System der Exploitation, die das Verhältnis zwischen dem reichen (weißen) Norden und dem armen (schwarzen) Süden kennzeichnet. Die Frauen (...) erwirtschaften mit ihren Körpern zwei bis 14 Prozent des nationalen Einkommens, woran sich ermessen lässt, welches enorme Interesse sich hinter der Aufrechterhaltung dieses Ausbeutungsverhältnisses verbergen mag“ (Wuttke 2000: 13). An die 5000 deutsche Männer fliegen jährlich nach Thailand, um dort die sexuellen Dienstleistungen von Prostituierten in Anspruch zu nehmen. Doch die klassischen Länder des Sextourismus haben Konkurrenz bekommen: Ob Marokko, Tunesien, Vietnam, Kuba, West-Afrika, Polen oder Ungarn – das Problem verschärft sich.

Die Ursachen des Sextourismus sind allerdings allein mit ökonomischen Faktoren nicht zureichend erklärt. Auffällig ist darüber hinaus auch der starke Zusammenhang zwischen Kriegen und Prostitution. „Kriege haben in der ihnen eigenen Nachfragestruktur ganz wesentlich zur Entstehung und Förderung von Prostitution bzw. Kinderprostitution beigetragen. So stieg die Zahl der Prostituierten in Phnom Pen infolge der Anwesenheit der UN-Soldaten in nur einem Jahr von 6.000 (1991) auf über 20.000 (1992). (...) Ist der Krieg beendet, kommen die Touristen” (Wuttke 2000) Ich erinnere hier an Meldungen aus dem Kosovo und jüngst aus dem Irak.

Immer häufiger werden auch Minderjährige zu Opfern von Sextourismus und Menschenhandel. „Nach Schätzungen der ILO werden weltweit mindestens eine Million Kinder prostituiert. Kinderhilfswerke rechnen indes damit, dass bis zu zwei Millionen Kinder betroffen sein könnten. Das Phänomen hat sich längst auf die reichen Industrienationen ausgedehnt. (...) *terre des hommes* schätzt, dass wenigstens fünf bis zehn Prozent der zirka 100.000 – 400.000 Prostituierten in der Bundesrepublik Deutschland jünger als achtzehn Jahre sind. Dies würde bedeuten, dass hierzulande 5.000-40.000 Kinder prostituiert werden“ (Wuttke 2000: 14). Möglicherweise ist es das Gefühl von Macht und Stärke, das Männer dazu treibt, immer jüngere Frauen als Sexualobjekt zu missbrauchen. Man kann nämlich nicht davon ausgehen, dass es sich bei diesen Männern ausschließlich um Pädophile handelt.

Der Trend, wonach Männer ihre geheimen Phantasien lieber außerhalb ihres Heimatlandes und fernab von den heimischen Strafverfolgungsbehörden ausleben, wird von Menschenhändlern dankbar aufgenommen. Auf diese Weise haben sich beispielsweise an den deutschen Ostgrenzen wahre Prostitutionsparadiese entwickelt. Man könnte das, was in Städten wie dem tschechischen Cheb (Eger) vor sich geht, als Mischform zwischen Menschenhandel und Sextourismus bezeichnen. Mädchen aus Russland, Bulgarien, Polen usw. werden zunächst dorthin verfrachtet, um deutsche Kundschaft zu bedienen, die keine weiten Reisen auf sich nehmen muss, um ihren sexuellen Neigungen oder auch Perversionen vor den Augen einigermaßen machtloser deutscher und tschechischer Gesetzeshüter freien Lauf lassen zu können. Die örtlichen Strafverfolgungsbehörden spielen die Situation herunter: Offiziell gibt es in Cheb keine Fälle von Kinderprostitution.

Neben den schon als bedeutsam bis dominant herausgestellten ökonomischen Gründen für die (Zwangs-)Prostitution, verweist uns der Sextourismus auf zusätzliche Bedingungen, die das Feld des sexuellen Kommerzes steuern:

- Es sind vornehmlich die westlichen Männer, die ihre ökonomische Potenz nutzen, um ihre sexuelle Impotenz zu kaschieren, ihre Bedürfnisse, Wünsche und Träume anderenorts zu befriedigen. Dabei ist nicht von einer biologischen Konstante auszugehen. Vielmehr deutet alles darauf hin, dass diese Bedürfnisse sozial induziert sind (Massenmedien etc.).
- Ohne feministischen Attitüden das Wort zu reden, muss in unserer nach wie vor patriarchalisch organisierten Gesellschaft davon ausgegangen werden, dass ein gewisses Machtstreben und eine Dominanz der männlichen Vorstellungen auch im Sexuellen sich widerspiegeln und manifestieren. (Auf evolutionstheoretische und/oder ethologische Erklärungsversuche soll hier nicht eingegangen werden.)
- Daraus leitet sich ab, dass eine Nachfrage nach sexueller Befriedigung durch möglichst junge und attraktive Geschlechtspartner (beiderlei Geschlechts) existiert, weil dort die männliche Dominanz ausgelebt und – gerade bei mangelnder oder hypertropher sexueller Potenz – im Kontext der Prostitution sozial folgenlos bleibt.
- Die in den Köpfen mancher Männer durch multiple Sozialisation erzeugten Idealvorstellungen von Schönheit und Sexualität sind also Ursache oder Auslöser für den einschlägigen Sextourismus. Sie zu verändern wäre erste und notwendige Voraussetzung, um Mädchen und Jungen zu schützen.
- Die Rede von der Freiwilligkeit der sich prostituierenden oder der in eher alltäglichen Situationen sich zur Verfügung stellenden Kinder muss als rechtfertigungsstrategische Ideologie entlarvt werden. Allein Status- und Machtdifferenzen auf Grund der Altersunterschiede in solchen Beziehungen verweisen auf den Abhängigkeitscharakter und die "sanft" erzwungene "Freiwilligkeit".

### *3.5. Der Kampf gegen die "Organisierte Kriminalität"*

Gegen die international und global operierenden Schleuser- und Zuhälterbanden haben die Strafverfolgungsbehörden nur begrenzte Chancen. Die organisierte Kriminalität (OK) ist eben gut organisiert. Der Frauenhandel dürfte nach dem Drogenhandel inzwischen der einträglichste Bereich sein. Der Begriff der „Organisierten Kriminalität“ impliziert allerdings eine Homogenität dieser Gruppen, die in der Realität kaum gegeben sein dürfte. Von kleinen, wenig strukturierten Zweckgemeinschaften reicht das Spektrum bis zu gut organisierten Großunternehmungen mit immensen Gewinnspannen. „Allgemein hat man unter OK die vom Profitstreben bestimmte planmäßige Begehung von Straftaten zu verstehen, die von mehreren Beteiligten begangen werden, welche wiederum auf längere oder unbestimmte Zeit arbeitsteilig zusammenwirken. Wesentliches Merkmal ist die Erzielung hoher finanzieller Vorteile aus kriminellen Handlungen. Streben nach hohem Profit ist geradezu ein Kennzeichen für OK“ (Clages 1993: 111).

Die verschiedensten Versuche, die organisierte Kriminalität einzudämmen, blieben bisher relativ erfolglos. Dabei wächst das Instrumentarium zu ihrer Bekämpfung stetig an. „In den letzten Jahren, angefangen 1992 mit der Verabschiedung des OrgKG, des Gesetzes zur Bekämpfung der Rauschgiftkriminalität und anderer Formen der organisierten Kriminalität, sind eine ganze Reihe von Maßnahmen eingeführt und deren Anwendungsbereiche ständig erweitert worden. Dazu gehören insbesondere das Verbot der Geldwäsche und die Erweiterung der Möglichkeiten, illegale Vermögenswerte abzuschöpfen, der große Lauschangriff und der Einsatz verdeckter Ermittler im Bereich der Strafverfolgung und die allerdings 1999 ausgelaufene Kronzeugenregelung für Mitglieder krimineller Vereinigungen“ (KVL-Homepage 2000).

Allein mit strafrechtlichen Mitteln ist dem Problem allerdings nicht beizukommen. „Eine 1997 vorgelegte Untersuchung zur Bekämpfung der Geldwäsche kommt dementsprechend zu dem Schluss, der erhebliche Verwaltungsaufwand stehe in keinem Verhältnis zu den erreichten Erfolgen. Panisch-aktionistische Rufe nach schärferen Gesetzen sind allerdings kaum angebracht. Rein polizeilich-rechtliche Gegenstrategien sind nicht nur demokratisch bedenklich (vgl. Lamnek 1998; Lamnek/Tinnefeld 1998), sondern ebenso oft auch nutzlos, zumindest solange der Internationalisierung des Verbrechens keine Internationalisierung des Rechts und der Verfolgung gegenübergestellt wird. Auch internationale Polizeikooperationen wie etwa Europol, die seit 1999 offiziell aktiv ist, sind sinnvolle Strategien. Denkbar wären zusätzlich steuer-, verwaltungs- und zivilrechtliche Maßnahmen, aber auch eine partielle Legalisierung bestimmter Verhaltensweisen, etwa im Bereich der Rauschgiftkriminalität und bei der Prostitution.

Die sexuelle Ausbeutung der Menschen bietet vielfältige Möglichkeiten der Gewinnmaximierung. Nicht nur, dass die Frauen als „Produkt“ mehrfach verkauft werden können – in diesem Zusammenhang ist auch an die pornografische Ausnutzung von Frauen und Kindern zu denken. Der gesamtwirtschaftliche Schaden der organisierten Kriminalität ist immens: Er stieg von 1,7 Milliarden DM im Jahr 1997 auf 1,8 Milliarden 1998. Der Gewinn der

Organisierten Kriminalität wird in Deutschland auf über eine Milliarde DM geschätzt (vgl. www.trisafe.de, 2000). Mit der allgemeinen Globalisierung geht auch eine Globalisierung der Kriminalität einher. Das Wohlstandsgefälle wirkt als Motor der Kriminalitätsentwicklung.

- Es kann nicht in Abrede gestellt werden, dass die Zwangsprostitution mit einer ganzen Reihe weiterer Straftatbestände in engem Zusammenhang steht, z. B. illegalem Waffenbesitz, Drogendelikten, Vergewaltigung, Urkundenfälschung, allen möglichen Gewaltstraftaten usw. Diese können ihr vorausgehen, parallel ablaufen, aber auch Folgen davon sein. Es dürfte unstrittig sein, dass ein solches Kriminalitätsfeld unerwünscht, weil sozial schädlich ist.
- Ebenso klar müsste sein, dass die Zwangsprostituierten am wenigsten schuldhaft handeln. Ihnen sind entsprechende Ausstiegshilfen und im Anschluss daran soziale Betreuung anzubieten.
- Um der kriminellen Gewinnabschöpfung und brutalen Ausbeutung der Zwangsprostituierten durch organisierte Kriminalität „das Wasser abzugraben", ist die Prostitution weitestgehend zu legalisieren und allen Prostituierten eine weit gehende rechtliche Absicherung zu gewähren, was zwischenzeitlich in Angriff genommen wurde.

### *3.6 Fazit zur Zwangsprostitution*

Die wenigsten Prostituierten dürften ihrer Tätigkeit wirklich freiwillig nachgehen, so wie jemand seinen Beruf aus intrinsischer Motivation heraus wählt. Aber dieses hehre Ziel gilt wohl auch für andere Berufe nur begrenzt: Mancher angehende Arzt wählt diese Profession wegen guter Abiturnoten und noch besserer Verdienstmöglichkeiten. „Normale" Prostituierte dagegen werden häufig wie Zwangsprostituierte durch ökonomische, aber auch soziale Faktoren zur Ausübung dieser Tätigkeit gezwungen. Man denke beispielsweise an die ökonomischen Zwänge von drogenabhängigen Frauen oder an das bei Girtler beschriebene Verhältnis zwischen manchen Zuhältern und Prostituierten, das ebenfalls häufig durch Herrschaftsverhältnisse, seien diese nun körperlicher und/oder psychischer Art, gekennzeichnet ist.

Bei der Zwangsprostitution ist die Abhängigkeit von den Zuhältern allerdings ungleich größer – die Frauen unterliegen vollkommener Kontrolle. Sie leben in einem sklavenähnlichen Zustand, sind in ihrer Bewegungs- und Willensfreiheit limitiert und faktisch Privateigentum der Zuhälter. Ihr Recht auf freie Entfaltung ihrer Persönlichkeit, auf sexuelle Selbstbestimmung, auf Freizügigkeit wird mit Füßen getreten – manchmal durchaus im wörtlichen Sinne – so dass auch das Grundrecht auf körperliche Unversehrtheit verletzt wird.

„Hinter dem sterilen Begriff des Menschenhandels verbirgt sich der Zwang zu sexuellen Handlungen, der Zwang zur Prostitution und der Zwang zur Fortsetzung der Prostitution. (...) Über 90% der Opfer von Menschenhandel sind ausländische Frauen – Migrantinnen – überwiegend aus osteuropäischen Ländern" (Bußmann 1998: 1). Diese Frauen haben ihren Status als Person, ja als Menschen, in vielen Fällen faktisch verloren; sie werden gehandelt wie Gegenstände. „Die Verbrecher kennen den Wert der Ware Mensch: Während eine Schiffsladung Waffen oder eine Sendung Drogen nur einmal verkauft werden kann, lassen sich aus der Vermietung erniedrigter Menschen immer neue Profite ziehen. Ein junges Mädchen kann Hunderte, ja Tausende Male zu sexuellen Handlungen gezwungen werden und dann zum herabgesetzten Preis in ein weniger profitables Marktsegment weiter verkauft werden. Ein kleiner Bub, der an pädophile Touristen vermietet wird, kann sich – wenn nicht zu alt oder durch Aids oder andere Krankheiten aus dem Geschäft – für den Besitzer als echte Goldgrube erweisen. Er muss nur mit Essen, Unterkunft und Kleidung versorgt werden" (Arlacchi 2000: 85).

Der ökonomische Anreiz, mit (Zwangs-)Prostitution sein Geld zu verdienen, ist groß, die tatsächlichen Aufwendungen und die wahrscheinlichen Kosten einer Strafverfolgung gering. Dass Zuhälter an den Einkommen ihrer Prostituierten partizipieren, ist an sich nicht zu kritisieren. Auch der Friseursalonbesitzer schöpft den durch Arbeit erzielten Mehrwert (nach Abzug seiner Unkosten) ab. Die Frage ist aber nicht nur, ab welchem Prozentsatz ein ausbeuterisches Verhältnis vorliegt, wie es der Gesetzgeber in § 181a Abs. 1 lit. 1. StGB formuliert hat. Das Problem der Zwangsprostitution ist vielmehr, dass schon definitionsgemäß ein Aushandeln der Arbeits- und Entlohnungsbedingungen zwischen Zuhälter und Prostituierter – u.a. z.B. deren Kündigung des Arbeitsverhältnisses – ausgeschlossen ist. Dass der Zuhälter einen Vermögensvorteil erwartet, indem er die Prostitution überwacht (aber die Prostituierte auch bewacht und schützt), Ort, Zeit und Ausmaß derselben bestimmt, wie das § 181a Abs. 1 lit. 2 des StGB vorsieht und damit pönalisiert, ist soziologisch zu kritisieren; dies tut nämlich auch der Friseursalonbesitzer. Solche Abhängigkeiten gibt es in allen Arbeitsverhältnissen. Das eigentliche Problem besteht darin, dass bei der Zwangsprostitution die Entscheidungsfreiheit und -möglichkeit der Prostituierten nicht gegeben ist, ihre Persönlichkeitsrechte nicht gewahrt sind.

Zwangsprostitution spielt sich in der Illegalität ab. Eine wesentliche Voraussetzung für ihre Existenz ist zweifelsohne die mehrfach apostrophierte soziale Ambivalenz der "normalen" Prostitution. Ihre Legalisierung und Legitimierung würde sie mit hoher Wahrscheinlichkeit imagemäßig und faktisch (mindestens tendenziell) von dem Kriminalitätsmilieu lösen und Zwangsprostitution unattraktiv(er) machen. Zudem wäre eine offene Prostitution sehr viel leichter zu kontrollieren, wobei ich dominant an sozialhygienische, epidemiolgische Konsequenzen denke: Wohl kaum eine "Zwangsprostituierte" wird sich z. B. regelmäßigen medizinischen Untersuchungen stellen, von einer versicherungsrechtlichen Absicherung bei Krankheit ganz zu schweigen. Kaum eine Zwangsprostituierte wird die Möglichkeit haben, ungeschützten Verkehr abzulehnen etc. Nur wenige Prostituierte werden Arbeitslosen- oder Rentenversicherungsbeiträge entrichten – und erst recht keine Zwangsprostituierten. Mit anderen Worten: Die im Umfeld der Prostitution und Zwangsprostitution auszumachenden, vielfältigen Probleme könnten durch mehr Toleranz und Freizügigkeit, also ihre weitest gehende Legalisierung und Legitimierung als Beruf einer tendenziellen Lösung zugeführt werden. Festzuhalten bleibt: „Wenn Sexarbeiterinnen leiden, dann meist nicht unter dem Tauschgeschäft an sich, sondern unter ungünstigen Arbeitsbedingungen und gesellschaftlicher Ausgrenzung“ (Domentat 2003: 71).

## 4. Hilfe für die Opfer – negative Sanktionen für die Täter

In der öffentlichen Diskussion wird oft übersehen, dass die Prostituierten selbst Opfer und nicht Täter sind – dabei ist es zunächst einmal egal, ob es sich dabei um eine „normale“ oder um eine Zwangsprostituierte handelt. Häufig ist die Situation der Frauen fatal und die Gesetzeslage schützt eher die Täter als die Opfer. Zuerst einmal müssen deshalb die Lebensbedingungen der (Zwangs-) Prostituierten verbessert werden, die sie eventuell auch aus dem Dunstkreis des organisierten Verbrechens heraus führen können. „Dafür müssen Rahmenbedingungen geschaffen werden wie:

- geschützte, ggf. betreute Wohnmöglichkeit (vom Tatort und Täter entfernt),
- medizinische und therapeutische Versorgung,
- einen sicheren Aufenthalt und finanzielle Absicherung,
- Arbeit, Ausbildung,
- Schaffung neuer sozialer Kontakte (die Isolation durchbrechen); Wiederaufnahme des Kontakts zu Familienangehörigen,
- Sprachkurs,
- Rechtsanwältin als Nebenklagevertreterin“ (Bußmann 1998: 4).

Darüber hinaus müssen rechtliche Rahmenbedingungen geschaffen werden, die eine effektive Verfolgung der Täter und einen angemessenen Schutz der Frauen gewährleisten. Es gab und gibt die verschiedensten Facetten der Prostitution und es existiert kein „master plan“, um mit den hier thematisierten Problemen fertig zu werden. Die einzig gültige Frage ist: „Was kann man tun, um die negativen Folgen für die Betroffenen so gering wie möglich zu halten?“ Die Forderung muss lauten, moralische Ansprüche zu relativieren und die geeigneten Maßnahmen zur Regulierung des jeweiligen Phänomens zu ergreifen. Es gilt, Prostitution nicht „über einen Kamm“ zu scheren, und es sollte vor allen Dingen verhindert werden, mit den jeweiligen Maßnahmen gerade diejenigen zu treffen, die ohnehin schon zumeist Verlierer in diesem Spiel sind, die Frauen und Mädchen – es muss einer Stigmatisierung von Prostituierten entgegengewirkt werden. Insofern scheint der holländische Weg durchaus sinnvoll. „In den Niederlanden gibt es (...) den Beruf ‚Hure‘. Prostituierte haben (...) das Recht auf sichere Arbeitsbedingungen, Sozialversicherungen und Tarifverträge“ (Spiegel Online 29.09.2000). Statt die Prostitution in den Untergrund abzudrängen wird dort versucht, die Frauen in die Gesellschaft zu (re-) integrieren und ihre Lebensbedingungen zu verbessern. Für die Strafverfolgungsbehörden wird die Szene transparenter und leichter zu kontrollieren. Moralischen Vorurteilen kann damit zwar nicht gänzlich der Boden entzogen werden – in dieser Sichtweise geht es allerdings eher um eine Berücksichtigung der Konsequenzen des Handelns als um ihre Intention. Es lässt sich durch verschiedene Beispiele (Drogenhandel o.ä.) belegen, dass die Kriminalisierung eines Phänomens meist eher zu seiner Verschlimmerung als zu seiner Abschaffung führt. Repressive Maßnahmen treffen oftmals eher die Opfer als die Täter und dies dürfte sich gerade bei der Prostitution als wahr erweisen. In Deutschland setzt sich zwar diese Erkenntnis zunehmend durch, scheitert aber immer wieder an moralischen Einwänden und unzulässigen Generalisierungen.

## *Literatur:*

Arlacchi, P. (2000): Ware Mensch. München.

Barry, K. (1983): Sexuelle Versklavung von Frauen.

Benjamin, H./Masters, R.E.L. (1964): Prostitution and Morality. New Vork.

Bußmann, M. (1998): Frauen als Opfer von Menschenhandel. In: Diakonie Dokumentation 2. (www.diakonie.de).

Clages, H. (1993) in Kriminalstatistik 2/1993.

Domentat, T. (2003): „Laß dich verwöhnen“. Prostitution in Deutschland. Berlin.

Die Welt online: 150 Jahre nach seiner Abschaffung blüht der Sklavenhandel in Europa. 08.12.1999.

Die Welt online: Eine Milliarde für die Schlepper. Mehr als 100 Schleuserbanden weltweit – Frauen haben Illusionen. 16.07.1996.

Feldmann, K. (2000): Soziologie kompakt. Eine Einführung. Opladen.

Girtler, R. (1994): Der Strich – Erotik der Straße. Wien.

Goffman, E. (1967; 1974): Stigma. Über Techniken der Bewältigung beschädigter Identitäten. Frankfurt am Main.

Heine-Wiedenmann, D. (1992): Umfeld und Ausmaß des Menschenhandels mit ausländischen Mädchen und Frauen. Stuttgart.

Hydra Nachtexpress (1988): Zeitung für Bar, Bordell und Bordstein. Berlin, S. 139f.

KVL-Homepage: people.freenet.de/kvlampe/organisiertekriminalitaet.htm

Lamnek, S. (1998): Privatheit – ein europäisches Vermächtnis in Gefahr. In: Lamnek, S./Tinnefeld, M.-Th. (Hrsg.): Zeit und kommunikative Rechtskultur in Europa. Baden-Baden, S. 201-224.

Lamnek, S./Tinnefeld, M.-Th. (1998): "Bloßstellung" – ein Notwendiger Preis für die Herstellung von Sicherheit? In: Lamnek, S./Tinnefeld, M.-Th. (Hrsg.): Zeit und kommunikative Rechtskultur in Europa. Baden-Baden, S. 413-416.

Lamnek, S. (2002): Individuelle Rechtfertigungsstrategien von Gewalt. In: Heitmeyer, W./Hagan, J. (Hrsg.): Internationales Handbuch der Gewaltforschung. Wiesbaden, S. 1379-1396.

Leopold, B./Paul, N./Steffan, E. (1994): Dokumentation zur rechtlichen und sozialen Situation von Prostituierten in der Bundesrepublik Deutschland, Schriftenreihe des Bundesministeriums für Frauen und Jugend. 2. Aufl., Stuttgart.

Markert, S. (1991): Risikoverhalten von Freiern. Ergebnisse einer Sozialwissenschaftlichen Untersuchung. In: Neue Praxis: Zeitschrift für Sozialarbeit, Sozialpädagogik und Sozialpolitik, H. 5/6, Jg. 21, S. 407-415.

Molinsky, Waldemar (1998): Problemfall Prostitution. In: Institut für Gesellschaftswissenschaften. Walberberg, 1992: Die neue Ordnung.

Popitz, H. (1968): Über die Präventivwirkung des Nichtwissens. Dunkelziffer, Norm und Strafe. Tübingen.

Reinisch, J.M./Beasley, R. (1991): Der neue Kinsey Institut Report – Sexualität heute. Die neuesten Erkenntnisse über das Sexualverhalten von Mann und Frau. München.

Renzikowski, J.: (1999): Frauenhandel – Freiheit für die Täter, Abschiebung für die Opfer? In: Zeitschrift für Rechtspolitik 1999/2.

Rideau, W./Sinclair B. (1992): Prison: The sexual Jungle. In: Scacco A.M. jr. (Hrsg.): Male rape. A Casebook of Sexual Aggressions. New York., S. 91-103.

Röhr, D. (1972): Prostitution. Eine empirische Untersuchung über abweichendes Sexualverhalten und soziale Diskriminierung. Frankfurt am Main.

Spiegel Online: Menschenhandel – Deutschland hin und zurück. 05.10.2000.

Spiegel Online: Niederlande – Prostitution wird Beruf. 29.09.2000.

Stallberg, F. (1988): Prostitution als soziales Problem. Hoheneck.

Stallberg, F. (1999): Prostituion. In: Albrecht, G./Groenemeyer, A./Stallberg, F. (Hrsg.): Handbuch soziale Probleme, Opladen/Wiesbaden, S. 590 - 608

Tillner, C. (1991): Gesellschaftliche und rechtliche Diskriminierung von Prostituierten und die Notwendigkeit rechtspolitischer Konsequenzen – aus feministischer Sicht. In: Evangelische Akademie Iserlohn (Hrsg.): Weibliche Sexualität als Dienstleistung. Frauen und Ökonomie. Iserlohn.

Vierkandt, A. (1931): Sittlichkeit. In: Alfred Vierkandt: Handwörterbuch der Soziologie, Stuttgart.

Wuttke, G. (2000): Vom Sextourismus zur Kinderpornographie. In: Aus Politik und Zeitgeschichte: Beilage zur Wochenzeitung Das Parlament, Nr. 17/18, S. 13-20.

# Qualitative und quantitative Untersuchung forensischer Gutachten bei Sexualstraftaten

*Auer, Ulrich / Schnorr, Kathleen / König, Cornelia / Rebernig, Elisabeth / Schläfke, Detlef / Fegert, Jörg Michael*

## 1. Einleitung

Sobald das Gespräch auf das Thema Sexualdelinquenz kommt, ist die Aufregung groß. „Kastrieren", „für immer hinter Gitter" und „perverse Schweine" sind Äußerungen, die wohl noch zu den gemäßigten gehören. Die Boulevardpresse greift gierig einige Taten auf und macht eine Sensation daraus – vor allem, wenn der Tatverdächtige sich an einem Kind vergangen haben soll und bereits einmal in Haft oder sogar im Maßregelvollzug war. Im letzteren Fall wird besonders gerne mit der Begründung auf den begutachtenden Psychiater losgegangen, dieser hätte die Gefährlichkeit des Probanden falsch beurteilt.

Wie kaum ein anderes Gebiet bietet sich die Sexualdelinquenz als Tummelplatz für Moralisierungen und soziale Vorurteile an. In der Untersuchung von Pfäfflin zeigte sich unter anderem, dass sich selbst einige Psychiater in ihren Gutachten zu „Hütern der Moral stilisieren" (Pfäfflin 1978: 53). Äußerungen wie: „Aufgrund seiner bei ihm eindeutig vorliegenden Bedenkenlosigkeit versuchte er zu notzüchtigen" und „Es ist bekannt, dass Heiminsassen schließlich auf der schiefen Ebene landen" (ebd.: 54f.), ließen sich in psychiatrischen Gutachten finden. Dass dies ein bedenklicher Zustand war, zumal es sich nicht um intellektuelle Pannen handelte (Füllgrabe 1996), dürfte einzusehen sein. Insbesondere, da die Gutachten – sofern denn welche angefertigt werden – eine wichtige Rolle bei der Entscheidungsfindung des Gerichtes darstellt. Heute sind die meisten Gutachten „politisch korrekt". Die anderen Fehler, die auch schon Pfäfflin beschrieb, zeigen sich aber leider immer noch.

## 2. Projektbeschreibung

Etwa 10 Jahre nach der Wende gab das Sozialministerium Mecklenburg-Vorpommern eine Studie in Auftrag, die untersuchen sollte, wie es um die forensisch-psychiatrische Begutachtung in diesem Bundesland bestellt ist. Speziell interessierte neben der Qualität der Gutachten, mehr über die Zusammenarbeit der Psychiatrie mit der Justiz zu erfahren. Wegen der Brisanz des Themas wurden die Sexualstrafverfahren – neben den Tötungs- u. Brandstiftungsverfahren – ein eigener Schwerpunkt der Untersuchungen.

Die meisten bisherigen Untersuchungen hierzu haben zwei Schwachpunkte: Es handelt sich um Stichproben und die untersuchten Gutachten wurden entweder in einem großen Zeitraum oder nur innerhalb einer Klinik erstellt. Daraus ergab sich ein Forschungsbedarf, da sich zum einen in einem großen Zeitraum nicht nur die rechtlichen Rahmenbedingungen ändern, sondern auch der Stand der wissenschaftlichen Forschung. Wenn nur die Gutachten *einer* Klinik untersucht werden, so ist selbst bei einer großen Klinik die Anzahl der sich für das Gutachten verantwortlich zeichnenden Psychiater relativ klein. Wenn z.B. nun ein Gutachter immer in seinem Gutachten vergisst, die Sexualanamnese darzustellen, taucht dieses Manko bei vielen Gutachten auf. Diese Fehlerquellen sollten durch eine Vollerhebung innerhalb eines Bundeslandes vermieden werden[1].

Es werden für die Untersuchung alle psychiatrischen Schuldfähigkeitsgutachten aus den Jahren 1994-1998, die im Rahmen eines Sexualstrafverfahrens erstellt wurden, untersucht. Bis jetzt sind 156 Gutachten analysiert[2] worden.

Zusammen mit einem wissenschaftlichen Beirat wurde ein Erhebungsbogen entwickelt, der sich stark an den in der aktuellen Diskussion genannten Mängeln bei Gutachten orientierte. Dieser Bogen umfasst ca. 300 Items. Die Kriterien, die wir zugrunde legten, waren die Empfehlungen, die sich in der Fachliteratur leicht finden lassen (Nedopil 2000; Rasch 1999; von Oefele 1998; Venzlaff/Foerster 2000). Wir einigten uns darauf, dass wir uns auf objektiv erhebbare Kriterien konzentrieren, wie z.B. Seitenzahlen, Nennung der Diagnose etc. Subjektive Aspekte oder solche mit einer hohen Raterschulung, bei denen auch die Interraterreliabilität nur schwer zu erreichen war, ließen wir für diese Untersuchung meist außen vor. Damit aber noch subjektive Eindrücke berücksichtigt werden konnten, wie z.B. implizite Wertungen oder interessante Darstellungen, erfassten wir diese mit einem qualitativen Bogen, auf dem jeder Rater die Auffälligkeiten notierte.

---

1 Zur detaillierten Beschreibung des Projektes und der Vorgehensweise vgl. Fegert et al. 2003a und Schnoor et al. 2003.

2 Da bei der ersten Erhebung 1999 noch viele Akten für ein laufendes Verfahren benötigt wurden und mit der Nacherhebung bei diesen Akten erst 2003 begonnen werden konnte, wird eine vollständige Analyse erst bis Ende des Jahres erfolgen. Nach den uns vorliegenden Unterlagen rechnen wir mit etwa 20 weiteren Gutachten. Wir meinen jedoch nicht, dass sich durch die restlichen Gutachten an den hier vorgestellten prinzipiellen Aussagen über die Qualität der Gutachten Wesentliches ändert. Der endgültige Abschlussbericht wird Ende des Jahres 2003 vorliegen (Fegert et al. 2003b)

## 2. Ergebnisse zur Gutachtenqualität

Es kann nur eine Auswahl der Ergebnisse dargestellt werden. Für diese wurden folgende Items als Qualitätskriterien herangezogen:

*1) Einhaltung der Formalien*
Zu diesem Variablenkomplex gehörten: Angabe von Seitenzahlen, korrekte Wiedergabe der Fragestellung, übersichtliche Abschnittsgestaltung, Hervorhebungen, Überschriften, gutes Lesebild. Diese Aspekte sind für die Rezipienten des Gutachtens wichtig: Wie schnell findet man eine bestimmte Stelle wieder, was ist besonders wichtig und wie anstrengend ist es, das Gutachten zu lesen.

Bei über der Hälfte der Gutachten (51,9%) fanden sich weniger als vier der oben genannten Punkte.

*2) Dokumentation der Aufklärung des Probanden*
Dass der Proband vor der Untersuchung von dem Psychiater über seine Rechte und über die Pflichten des Psychiaters aufgeklärt werden soll, steht in fast jedem Lehrbuch zum Thema forensischer Begutachtung.

Es fand sich in 44,2% der Gutachten hierzu kein Hinweis. In weiteren 12,9% war nur ein pauschaler Hinweis auf Aufklärung enthalten.

*3) Verwendung von Aktenauszügen*
Sind in den Akten Angaben, die für die Beurteilung des Probanden notwendig sind? Dies betrifft u.a. die frühere Krankengeschichte, Zeugenaussagen und den Ermittlungsstand zur angezeigten Tat.

Positiv zu bewerten ist, dass in über 94% aller Gutachten Auszüge aus den Akten gefunden wurden. Eine Überprüfung, ob wirklich die wichtigsten Aspekte genannt werden, konnte nicht stattfinden. Jedoch gab es manchmal keine genaueren Angaben zu einer früheren Begutachtung oder in einem Fall konnte nicht erschlossen werden, warum der Proband in einem Behindertenheim lebt. Auffällig war ein Gutachten, bei dem die Aktenauszüge offensichtlich nicht zu dem Probanden passten. Zudem stellte sich die Frage, ob ein Jurist durch die Angabe, dass der Proband mit „Digitoxin, Falicard und Vesidil" behandelt wird, Schlüsse über dessen Gesundheitszustand zu ziehen vermag.

*4) Darstellung einer Sexualanamnese*
Eine „Themaverfehlung" könnte man 28 Gutachten (17,9%) vorwerfen: Hier fand sich keine Sexualanamnese. Dies vor allem, da bereits die einzeilige Angabe, dass der Proband noch keinen Geschlechtsverkehr hatte, in dieser Erhe-

bung als Sexualanamnese gewertet wurde. Jedoch genügte die Angabe, wonach der Proband verheiratet ist, diesen Anforderungen nicht, da dies nur etwas über den Sozialstatus, aber nichts zur Sexualität aussagt.

*5) Darstellung der sexuellen Phantasien*

Da die Sexualanamnese für die Beurteilung der Persönlichkeit des Probanden sehr wichtig ist, wurde untersucht, ob sich nähere Aussagen über die Sexualität in den Gutachten finden lassen. Gerade bei der Beurteilung, ob eine Störung des Sexualverhaltens vorliegt, sind die Phantasien des Probanden hilfreich. Auch für eine Beurteilung der Rückfallwahrscheinlichkeit ist es bedeutsam, ob z.B. der Proband laufend erotische Phantasien mit Kindern hat.

Eine Erwähnung dieser (oder dass danach gefragt wurde) fand sich in ca. 57% der Gutachten. Das heißt, dass fast die Hälfte aller Gutachten ein wesentliches Element der Begutachtung eines Sexualdelinquenten nicht darstellt.

*6) Abstellen der Beurteilung der psychischen Verfassung des Beschuldigten auf die Tatzeit*

Für das Gericht ist es wichtig zu wissen, wie die psychische Verfassung des Probanden bei der Tat aussieht. So kann z.B. aus einem Rauschzustand über 3 Promille zum Begutachtungszeitpunkt nicht auf eine Beeinträchtigung zur Tatzeit geschlossen werden. Wir fanden in 46 Gutachten (29,5%) keinen klaren Bezug der Schuldfähigkeitsbeurteilung auf den Tatzeitpunkt. Dass die rechtliche (und logische) Forderung, wonach die Beurteilung der Schuldfähigkeit auf den Tatzeitpunkts und nicht auf den Begutachtungszeitpunkt abgestellt werden muss, immer noch Schwierigkeiten bereitet, haben wir bei einer Diskussion auf einer Fachtagung feststellen müssen. Bei dieser Diskussion im Anschluss an die Vorstellung unserer ersten Ergebnisse dieser Studie wurde dieser Kritikpunkt als einziger von einem „Sachverständigen" in Frage gestellt.

*7) Verwendung des ICD-10 (oder eines anderen anerkannten Klassifikationssystems)*

Ebenfalls ein klarer Kritikpunkt ist, dass in den Gutachten die Diagnose nicht auf ein Klassifikationssystem bezogen wird (42,3%). Eine Einschätzung, ob es sich bei der gestellten Diagnose um eine „Privatbezeichnung" oder eine anhand bestimmter Kriterien festgelegten psychiatrischen Erkrankung handelt, ist dadurch nur schwer nachvollziehbar. Auch wenn fachlich richtige Begriffe auftauchen, so überraschte manchmal die Diagnose, da außer dieser keine passenden Symptome dazu im Gutachten zu finden waren. So wurde einmal ein Wäschefetischismus diagnostiziert, ohne dass von irgendeinem Kleidungsstück im Gutachten die Rede war. Und einmal wurde ein „hirnorganisches Psychosyndrom auf dem Boden eines jahrelangen chronischen und exzessiven Alkoholismus" festgestellt, obwohl bis zu dem Zeitpunkt das Thema Alkohol noch nicht zur Sprache gekommen war.

*8) Allgemein verständliche Erklärung der Störung*
Die Richter und die Schöffen müssen nachvollziehen können, wie das Störungsbild bei dem Probanden aussieht. Es kann nicht davon ausgegangen werden, dass es zum Allgemeinwissen gehört zu wissen, was eine „Psychasthenie" bedeutet? Hier bezogen wir uns nicht darauf, ob ein Psychiater die Diagnose nachvollziehen oder verstehen kann, sondern ob dies für Laien zutraf. So wurde die Diagnose in 37,2% als „nicht verständlich" eingeschätzt.

*9) Nachvollziehbarkeit der Begründung für die Entscheidung des Psychiaters*
Für das Gericht ist es entscheidend zu wissen, ob es einen Zusammenhang zwischen einer diagnostizierten Störung und dem kriminellen Verhalten gibt. Für einen Laien ist es nicht nachvollziehbar, ob ein „hirnorganisches Psychosyndrom" Auswirkungen auf das Verhalten (Einsichts- und Steuerungsfähigkeit) des Probanden zur Tatzeit haben könnte.

*10) Beantwortung der vom Auftraggeber gestellten Fragen*
Der Auftraggeber will bestimmte Fragen vom Sachverständigen geklärt wissen. Als ein Mangel kann angesehen werden, wenn der Auftrag die Beurteilung der Vorraussetzungen für die §§ 20 und 21 StGB (Schuldfähigkeit) lautet, der Gutachter hierzu jedoch keine Stellung nimmt. In den analysierten Gutachten wurden in 81 Fällen (51,9%) nicht alle Fragen des Auftraggebers beantwortet.

Aus der Aufzählung der einzelnen Mängelpunkte kann man sich nur schwer ein Bild über die Gutachtenqualität machen. Deshalb wurden für die oben dargestellten exemplarischen Aspekte Punkte (jeweils bezogen auf das Gutachten) vergeben. Ein Gutachten bekam 3 Punkte, wenn es nur die Aufklärung dokumentierte, ein Klassifikationssystem verwendet und alle gestellten Fragen auch beantwortet hat. Die Abb. 1 zeigt die Anzahl der Punkte, die die Gutachten erhalten haben.

Meist ergibt sich aus der kumulierten Aufzählung der jeweiligen Mängel ein sehr negatives Bild. Dieser Eindruck, der sich aus den einzelnen Items ergibt, widerspiegelt sich nicht im Gesamtbild. Fast die Hälfte der Gutachten erreichte eine Punktzahl von 7 und mehr, was wir als „gut" bezeichnen würden.

Abb. 1: Anzahl der Gutachten (in Prozent) bei der jeweiligen Punktzahl (N = 156); 7 und mehr Punkte = gut.

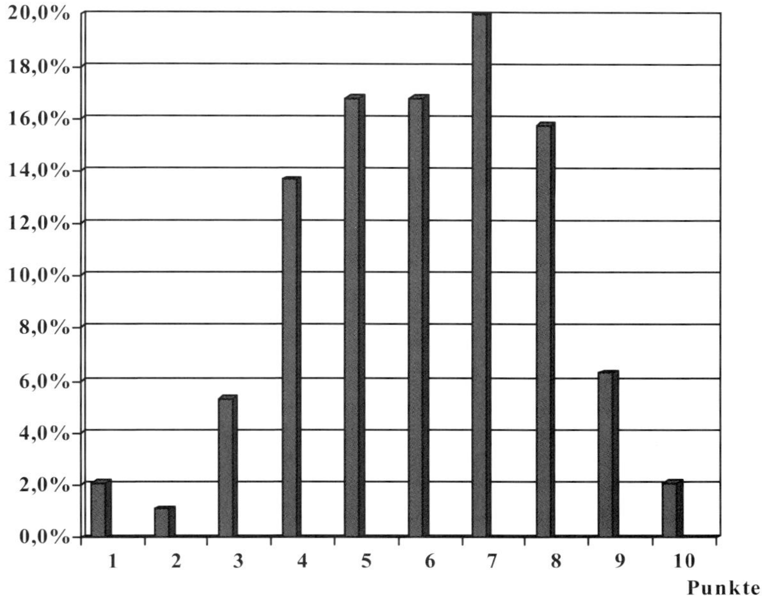


Durch diese Punktezuweisung kann auch die Veränderung der Gutachtenqualität über die Jahre nachvollzogen werden. Es zeigte sich, dass eine Verbesserung der Gutachten zu verzeichnen war. Lag der Durchschnitt der Gutachten aus dem Jahr 1994 noch bei 5,2 Punkten, stieg er bis 1996 auf 6 Punkte und lag 1998 bei 7,0 Punkten.

## 3. Qualitative Befunde

Bei der Untersuchung der Gutachten ist besonders aufgefallen, dass viele wichtigte Qualitätskriterien nicht genannt wurden. Es ist dadurch nur schwer einzuschätzen, ob einige Fragen in der Begutachtungssituation gestellt und nur nicht im Gutachten niedergeschrieben wurden oder ob der Gutachter hierzu nichts gefragt hat. Dies kann eine Quelle von Fehlinterpretationen sein und auch die Ergebnisse schwer interpretierbar machen. Deshalb wurden die Gutachten auch danach untersucht, ob eigene Missbrauchserlebnisse bei den Probanden in den Gutachten erwähnt werden.

Bezieht man die gefundene Zahl von 19 Probanden auf die Gesamtzahl, so waren 12,3% der Begutachteten selbst Opfer eines Kindesmissbrauchs. Bezieht man jedoch diese Zahl auf die Gutachten, die zu dem Thema Stellung genommen haben, so finden wir bei über 70% eigene Missbrauchserlebnisse, denn in nur 8 Gutachten stand, dass der Proband keine eigenen Missbrauchserfahrungen hatte. Gezählt haben wir nur diejenigen Fälle, bei denen ein sexueller Missbrauch auch als solcher „erkannt" wird, obwohl diese manchmal gar nicht als solche bewertet werden. Das auffälligste Beispiel ist das eines Probanden, der wegen sexuellen Missbrauchs von männlichen Kindern angeklagt wurde. Hier wurde beschrieben, dass seine „ersten sexuellen Aktivitäten" im Alter von 11 Jahren vor dessen Geschlechtsreife begonnen und sich über Jahre hingezogen hatten. Diese „Beziehung habe sich weiterentwickelt", so „dass er von der Frau auch Taschengeld erhalten habe". Zudem wurden „kleine Gegen-stände in das Spiel miteinbezogen, z.B. Kerzen und Gurken". In der Zusammenfassung des Gutachtens wird diese „ältere Frau" dann noch als Partnerin bezeichnet.

Wären dieselben Handlungen von einem „älteren Herren" an einem 11-jährigen Mädchen begangen worden, wäre dies wahrscheinlich als Missbrauch bezeichnet worden. Die „Schuld" dürfte nicht beim Gutachter liegen, zumal dieses Gutachten unserer Einschätzung nach ansonsten positiv aufgefallen ist. Vielleicht kann dies als Ausdruck für die gesellschaftliche Wahrnehmung bestimmter Faktoren angesehen werden.

Dass das Geschlecht eine Rolle bei der Beurteilung einer Tat oder Person spielt, können wir qualitativ an zwei Beispielen zeigen:

Im Falle eines einmaligen Missbrauchs an einem weiblichen Kind, bei dem es zu keiner Penetration kam, fand sich folgende Stellungnahme im Urteil: „Dem Angeklagten muss an dieser Stelle aber ganz deutlich gesagt weden, dass er durch sein Verhalten möglicherweise Ursachen dafür gesetzt hat, dass das Kind eine normale Liebesbeziehung zu einem Mann auf Dauer nicht mehr führen wird. Das Gericht vermag auf Grund der Tatsache, dass das Kind nicht vernommen wurde, nicht zu sagen, ob das Kind dauernde psychische Schäden davongetragen hat." Dagegen steht in einem anderen Urteil bei mehrfachem sexuellen Missbrauch mit Analverkehr bei mehreren männlichen Kindern: „Der Sachverständige, dem insoweit gefolgt wird, erklärt auf Nachfrage, dass die Schädigung der Kinder durch das Verhalten des Angeklagten milieubedingt nicht besonders nachhaltig sein dürfte."

Davon abgesehen, dass es im ersten Fall quasi zu einer „Aburteilung" des Opfers gekommen ist, da dem Kind gesagt wurde, dass es aufgrund dieser Tat wahrscheinlich nie eine glückliche Beziehung haben wird, zeigen diese beiden Zitate ein wesentliches Problem: Die Wahrnehmung und die Beurteilung einer Tat hängen von vielen Faktoren ab, wahrscheinlich auch vom Geschlecht.

Das letzte Fallbeispiel zeigt auch die unterschiedlichen juristischen Konsequenzen für ein und dieselbe Handlung auf: Ein junger Mann wurde wegen versuchter Vergewaltigung von seiner Schwiegermutter angezeigt und im Verfahren begutachtet. Er konnte sich wegen zuviel Alkohol an nichts erinnern und litt stark darunter. Im Laufe des Prozesses erwies sich die Anklage als unbegründet: Es war die Schwiegermutter, die versucht hatte, ihn zu vergewaltigen. Soweit es aus unseren Unterlagen ersichtlich ist, erfolgte jedoch keine Anzeige gegen die Schwiegermutter.

Mit diesen Beispielen wollen wir eines verdeutlichen: Wenn sogar von Justiz und Psychiatrie starke Unterschiede gemacht werden, was das Geschlecht von Täter und Opfer betrifft, so darf es nicht verwundern, wenn es die Allgemeinheit auch macht. Solange Kindesmissbrauch durch Frauen als erste Erfahrungen von den Jungen bewertet werden, sind sie es auch. Ob eine Umwertung den „Opfern" helfen oder es ihnen dadurch schlechter gehen würde, ist eine andere Frage.

Der letzte geschlechtsspezifische Aspekt, der bei der Untersuchung aufgefallen ist, ist die geringe Zahl der weiblichen Angeklagten. Von weit über 2.000 Verfahren im Untersuchungszeitraum waren weniger als 50 weibliche Beschuldigte zu finden. Fast zwei Drittel der gesamten Fälle wurden eingestellt. Nur bei etwa 550 Personen wurde ein Urteil (ohne Freispruch) ausgesprochen. Davon waren fünf weiblich – etwa 10%.

## 4. Diskussion der Ergebnisse

Psychiatrische Gutachten zu der Frage der Schuldfähigkeit weisen offenbar zahlreiche Mängel auf. Ob daraus eine Schlussfolgerung auf die Qualität der Beurteilung zu ziehen ist, ist eine andere Frage. Hier ist ein Forschungsmangel zu konstatieren, weshalb diese Frage unbeantwortet bleiben muss. Die öffentliche Wahrnehmung und die offiziellen Statistiken zeigen fast nur Männer als Sexualstraftäter. Ob daraus eine Schlussfolgerung auf die männliche Besetzung der Sexualdelinquenz gezogen werden kann? Nein, sondern nur darauf, dass hier noch ein Forschungsmangel zu verzeichnen ist.

## *Literatur:*

Fegert, Jörg Michael/Häßler, Frank/Schnoor, Kathleen/Rebernig, Elisabeth/König, Cornelia/Auer, Ulrich/Schläfke, Detlef (2003a): Bestandsaufnahme und Qualitässicherung der forensisch-psychiatrischen Gutachtertätigkeit in Mecklenburg-Vorpommern bei Mord- und Brandstiftungsdelikten. Norderstedt.

Fegert, Jörg Michael/Auer, Ulrich/Schnoor, Kathleen/König, Cornelia/Rebernig, Elisabeth/Schläfke, Detlef (2003b): Bestandsaufnahme und Qualitätssicherung der forensisch-psychiatrischen Gutachtertätigkeit in Mecklenburg-Vorpommern bei Sexualstraftaten. Norderstedt: (in Vorbereitung).

Füllgrabe, Uwe (1996): Pädophile Sexualtäter – Probleme bei Diagnose, Therapie und Prognose sexueller Neigungen von Erwachsenen zu Kindern. In: Kriminalistik (Heft 12), S. 771-777.

Heinz, Gunther (1986): Fehlerquellen forensisch-psychiatrischer Gutachten. Heidelberg.

Nedopil, Norbert (2000): Forensische Psychiatrie. Stuttgart.

Oefele, Konrad von (1998): Forensische Psychiatrie. Stuttgart.

Pfäfflin, Friedemann (1978): Vorurteilsstruktur und Ideologie psychiatrischer Gutachten über Sexualstraftäter. Stuttgart.

Rasch, Wilfried (1999): Forensische Psychiatrie. Stuttgart.

Schnoor, Kathleen/Rebernig, Elisabeth/Schläfke, Detlef/Häßler, Frank/Fegert, Jörg Michael (2003): Bestandsaufnahme und Qualitätssicherung der forensisch psychiatrischen Gutachtertätigkeit in Mecklenburg-Vorpommern. Ausgangspunkte des Projektes und Stichprobenbeschreibung. In: Häßler, Frank/Rebernig, Elisabeth/Schnoor, Kathleen/Schläfke, Detlef/Fegert, Jörg Michael (Hrsg.): Forensische Kinder-, Jugend- und Erwachsenenpsychiatrie. Aspekte der forensischen Begutachtung. Stuttgart.

Venzlaff, Ulrich/Foerster, Klaus (2000): Psychiatrische Begutachtung. Stuttgart.

# Kinder, Frauen, Männer – Gewaltschutz ohne Tabus

*Joachim Müller*

## 1. Gewalt und Familie

Zunächst ein Blick zurück, bevor ich im Weiteren auf Ansätze zur Prävention zu sprechen komme:

Was hat Gewaltschutz mit Ehescheidungen zu tun? Der Zusammenhang ergibt sich aus dem Titel des am 1.1.2002 in Kraft getretenen, so genannten *Gewaltschutzgesetzes*. Er lautet *„Gesetz zur Verbesserung des zivilgerichtlichen Schutzes bei Gewalttaten sowie zur Erleichterung der Überlassung der Ehewohnung bei Trennung“*.

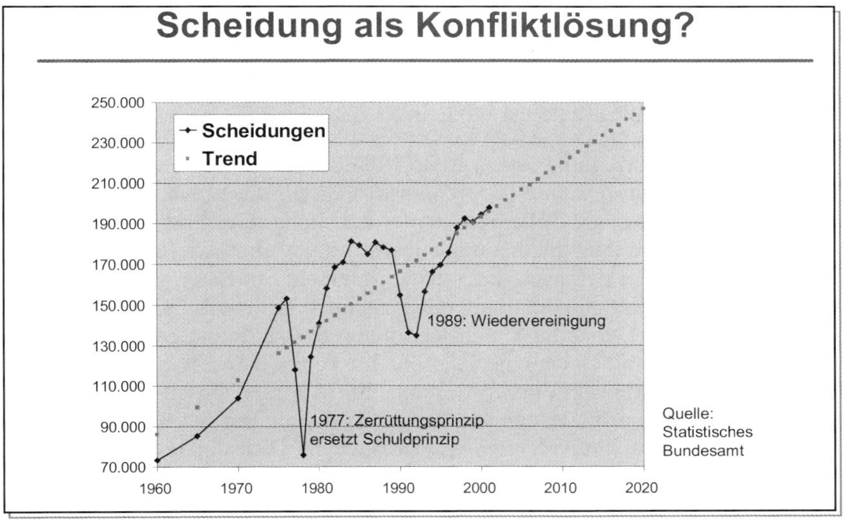


Seit mehreren Jahrzehnten ist bei Scheidungen ein starker Anstieg zu beobachten, der nur durch größere politische Veränderungen kurzfristig unterbrochen wurde. Inzwischen wird jede dritte Ehe geschieden und die Trendberechnung lässt einen weiteren deutlichen Anstieg erwarten.

Zurzeit sind ca. 140.000 minderjährige Kinder jährlich von Scheidung betroffen. Besonders in diesen Fällen ist die Trennung der Eltern oft nicht das Ende ihrer Beziehung. Das 1998 eingeführte gemeinsame Sorgerecht soll den Kindern die Elternschaft durch Vater und Mutter erhalten. Damit wird dem in der UN-Kinderrechtskonvention verbrieften *Grundrecht auf beide Eltern* entsprochen.

JEDE DRITTE DEUTSCHE FRAU LEIDET UNTER GEWALT ZU HAUSE

Berlin (dpa) – 1. Dezember 1999

Jede dritte Frau in Deutschland ist bereits ein Opfer häuslicher Gewalt geworden.

Auf diese Schätzung hat heute Bundesfamilienministerin Bergmann in Berlin bei der Vorstellung eines Aktionsplans zur Bekämpfung von Gewalt gegen Frauen hingewiesen. Demnach wurde jede siebte bereits einmal in ihrem Leben Opfer von sexuellen Übergriffen.
Das vom Bundeskabinett beschlossene Konzept sieht zahlreiche Maßnahmen vor. Dazu gehören auch gesetzliche Regelungen zu Kontakt- und Näherungsverboten für prügelnde Ehemänner.

Mit dieser Pressemitteilung leitete Ende 1999 die Bundesregierung das so genannte *Regierungsprogramm gegen Gewalt gegen Frauen* ein. Es wurde damit begründet, dass jede dritte Frau Opfer häuslicher Gewalt sei. Von vielen Vätern wurde diese Aussage als unglaubwürdig und provozierend aufgenommen. Immerhin wäre demnach jeder dritte Mann ein Straftäter.

Hellhörig machte die Analogie der genannten Opferzahl zur Scheidungsquote. Lässt diese Darstellung nicht vermuten, dass bald ein erheblicher Teil der Geschiedenen mit Gewaltanschuldigungen zu tun haben wird?

Unmut erweckte die Vorverurteilung, mit der hier einseitig alle Schuld auf ein Geschlecht projiziert wurde. Damit wird nicht nur der rechtsstaatliche Grundsatz der *Unschuldsvermutung*, der auch in Deutschland Verfassungsrang hat, ignoriert – viele Väter und Männer empfanden es auch als Kränkung, in die Nähe der Kriminalität gerückt zu werden.

Schließlich fällt auf, dass die geplanten Maßnahmen, nämlich *Kontakt-* und *Näherungsverbote*, sich nicht gegen die Ursachen von Gewalt in der Familie richten, sondern erst im Nachhinein wirken sollen.

## 2. „Politische Zahlen" und empirische Fakten

Nach einer Reihe von Protestschreiben an Abgeordnete kam es 2000 zu einer offiziellen Anfrage an die Bundesregierung. Der zuständige Staatssekretär musste nur wenige Monate nach der einseitigen Verunglimpfung von Ehemännern offenbaren, dass der Bundesregierung überhaupt keine Erkenntnisse über männliche und weibliche Opfer und Täter häuslicher Gewalt vorliegen.

*BUNDESMINISTERIUM FÜR FAMILIE, SENIOREN, FRAUEN UND JUGEND*
*DER STAATSSEKRETÄR* *Berlin, den 4.8.2000*

*Schriftliche Fragen an die Bundesregierung Nr. 8/9 und 8/10*

*Ihre Fragen beantworte ich wie folgt:*

*Frage 8/9:*
*Liegen der Bundesregierung Erkenntnisse vor, wie viele Frauen und wie viele Männer Täter bzw. Opfer von häuslicher Gewalt sind?*
*Antwort:*
*Der Bundesregierung liegen darüber bislang keine Erkenntnisse vor.*

*Frage 8/10:*
*Hat die Bundesregierung Forschungsaufträge zu diesem Thema vergeben und nehmen die Untersuchungen dabei Frauen und Männer gleichberechtigt als mögliche Opfer und als mögliche Täter in den Blick?*
*Antwort:*
*Die Bundesregierung hat im April diesen Jahres die Ausschreibung einer Erhebung zu Gewalt gegen Frauen veröffentlicht, um repräsentative Zahlen über die Gewalterfahrungen von Frauen im häuslichen wie im außerhäuslichen Bereich in Deutschland zu gewinnen. Ein Forschungsauftrag darüber wurde noch nicht vergeben. Ob bei der sich in Planung befindenden Untersuchung Frauen und Männer gleichermaßen als mögliche Opfer und als mögliche Täter einbezogen werden, wird derzeit geprüft.*

Trotzdem ist die vom Familienministerium in die Welt gesetzte Zahl, nach der jede dritte Frau Opfer häuslicher Gewalt sei, ins öffentliche Bewusstsein eingegangen und wird bei vielen Gelegenheiten immer wieder vorgebracht. Hier zeigt sich, dass in der Politik mitunter mit einer eigenen Art von Daten gearbeitet wird, die man im Unterschied zu wissenschaftlichen Fakten als *„politische Zahlen"* bezeichnen könnte.

Hier möchte ich einen Blick auf die internationalen Forscher werfen, die die modernen Erkenntnisse zu häuslicher Gewalt, die auch der Bundesregierung bekannt sein sollten, lieferten: Ein entscheidender Impuls für die moderne Forschung zur Gewalt in Familien war Suzanne Steinmetz' Veröffentlichung "The battered Husband Syndrome"[1] („Geschlagene Ehemänner"). Sie gehörte zusammen mit Murray Straus und Richard Gelles einer Arbeitsgruppe an, die Ende der siebziger Jahre das bis heute einzige standardisierte und objektive Messinstrument zur Erfassung häuslicher Gewalt schuf, die „cts" (conflict tactics scales = *Konflikttaktikskalen*). Eines der überraschendsten Ergebnisse dieser Methode war, dass Gewalt zwischen Partnern ähnlich oft von beiden Geschlechtern initiiert wird.

Gelles schrieb 1999 dazu im Rückblick: "Die Reaktion auf unsere Entdeckung der gleichen Häufigkeiten von Gewalt durch Frauen gegen Männer wie umgekehrt zog nicht nur hitzige akademische Diskussionen nach sich, sondern auch lange anhaltende persönliche Angriffe. Jeder von uns Dreien erhielt Morddrohungen und es gab telefonische Bombendrohungen bei Konferenzen, an denen wir teilnahmen. Suzanne traf die Hauptwucht der Angriffe: Es wurde in Briefen gefordert, sie zu suspendieren; in Anrufen und Eingaben wurde verlangt, die staatlichen Mittel für ihre Arbeit zu streichen. Wir alle Drei wurden 'Unpersonen' unter den mit häuslicher Gewalt Befassten. Einladungen zu Konferenzen kamen immer weniger. In der Literatur wurden wir zwar zitiert aber zugleich für eine weitere Berücksichtigung disqualifiziert. Bibliothekare behaupteten öffentlich, dass sie unsere Bücher nicht bestellen oder anbieten würden."[2]

Martin Fiebert von der California State University und John Archer von der University Lancashire haben sich in jüngerer Zeit damit verdient gemacht, die Ergebnisse von Steinmetz, Straus und Gelles wissenschaftlich und statistisch abzusichern. Fiebert publiziert seit Jahren über das Internet eine kommentierte Bibliografie der mittels der cts erhobenen Studien. Seine Zusammenstellung ist inzwischen auf mehr als 130 Untersuchungen angewachsen.[3]

Archer wertete mit einer groß angelegten Metaanalyse 83 dieser Studien zu Partnergewalt aus. Die Ergebnisse wurden im Sept. 2000 im *Psychological*

---

1 Steinmetz, Susanne: The Battered Husband Syndrome, Victimology, 1977 http: //www .vafk. de/gewaltschutz/Dokumente/The_battered_Husband_Syndrome.pdf

2 Gelles, Richard J.: The Missing Persons of Domestic Violence: Male Victims.Joanne and Raymond Welsh Chair of Child Welfare and Family Violence, 1999 http: //www. Gewaltschutz.de/Dokumente/Missing_Person.html

3 Fiebert, Martin: References examining assaults by women on their spouses or male partners. An annotated bibliography. Diese Bibliografie umfasst bisher 130 wissenschaftliche Untersuchungen (104 empirische Studien und 26 Statistiken bzw. Analysen) die zeigen, dass Männer und Frauen in ihren Beziehungen ähnlich oft Opfer von Partnergewalt sind. Den aufgeführten Studien liegen Daten über mehr als 77.000 befragte Personen zugrunde. http://www.csulb.edu/%7Emfiebert/assault.htm

*Bulletin* veröffentlicht. Nach der so gewonnenen hohen statistischen Sicherheit wird Partnergewalt etwas häufiger von Frauen initiiert. Verletzungen betreffen mit 3/5 aller Fälle mehr Frauen, Männer sind nicht weniger schwer, sondern seltener von behandlungsbedürftigen Verletzungen betroffen.[4]

Auch in Deutschland existieren mittels der cts durchgeführte repräsentative Studien. 1992 wurde vom Kriminologischen Forschungsinstitut Niedersachsen (KFN) eine mehr als 10.000 Menschen umfassende repräsentative Stichprobe der Bevölkerung nach Gewalterfahrungen in engen sozialen Beziehungen befragt. Der Untersuchungsauftrag zielte eigentlich auf „Kriminalität im Leben älterer Menschen[5]“, man bezog aber zu Vergleichszwecken alle Alterstufen ab 20 Jahre mit ein. Einige Erkenntnisse daraus:

- „Der Befund ähnlicher Opferraten bei Männern und Frauen ist im Übrigen ein typisches Resultat." (S. 157)
- "So ergibt sich, daß 1991 in der BRD mindestens 246.000 Frauen zwischen 20 und 59 Jahren sowie mindestens ca. 214.000 Männer dieser Altersgruppe Opfer schwerer Gewalthandlungen in engen sozialen Beziehungen wurden.“ (S. 163)
- „Bei den Befragten unter 60 Jahre betrafen 63% der Täternennungen den Partner/die Partnerin.“ (S. 167)

Diese Ergebnisse stehen mit den zahlreichen cts-basierten Untersuchungen aus anderen europäischen Ländern und Nordamerika in Übereinstimmung. Hier steht der Bundesregierung ein solides Datenmaterial für die weitere Entwicklung des Wissens über häusliche Gewalt zur Verfügung. Die Existenz dieses Materials steht übrigens im Widerspruch zu der eben zitierten Stellungnahme der Bundesregierung zu ihrem Wissensstand.

Die folgende Abbildung zeigt die Übertragung der Konflikttaktikskalen durch das KFN ins Deutsche. Ein wesentliches Merkmal der Methode ist, dass nicht nach Kriminalität gefragt wird. So wird auch Gewalt erfasst, die von den Beteiligten noch nicht in dieser Begrifflichkeit bewertet wird.

Die Skalen sind nach der Schwere der Aggression aufgebaut. Zur vollständigen Erfassung der Gewaltakte wurde die ursprüngliche cts durch Hinzufügung von Skalen zur Messung von Verletzungsfolgen und zur Erfassung sexueller Gewalt in die cts2 weiterentwickelt.

Aus der Abbildung geht auch hervor, dass die cts nicht etwa gewöhnliches Streitgeschehen erfasst, wie es zum „normalen“ Ehealltag gehört, sondern dass es sich bei allen damit erfassten Gewalttaten um Körperverlet-

4 Archer, John: Sex Differences in Aggression Between Heterosexual Partners: A Meta-Analytic Review.

5 Kriminalität im Leben älterer Menschen, 1995, Band 105 der Schriftenreihe des Bundesministeriums für Familie, Senioren, Frauen und Jugend.

zungsdelikte handelt, die unter § 223 StGB fallen. Nach diesem Strafrechtsparagrafen ist bereits der Versuch einer solchen Handlung strafbar und § 241 StGB verbietet schon die Androhung einer solchen Tat.

**Messung von Gewalt mit den cts**
(**c**onflict **t**actics **s**cales, Konfliktaktikskalen)

**Familien oder Haushaltsmitglieder haben bei Streit oder Auseinandersetzung ...**

- mit einem Gegenstand nach mir geworfen
- mich hart angepackt oder gestoßen
- mir eine runtergehauen
- mich mit der Faust geschlagen, getreten oder gebissen
- mich mit einem Gegenstand geschlagen oder zu schlagen versucht
- mich geprügelt, zusammengeschlagen
- mich gewürgt
- mir absichtlich Verbrennungen oder Verbrühungen beigefügt
- mich mit einer Waffe, z. B. einem Messer oder einer Schusswaffe bedroht
- eine Waffe, z. B. ein Messer oder einen Schusswaffe gegen mich eingesetzt

Skala *"Physische Gewalt insgesamt"* (alle Punkte)

Subskala *"Schwere physische Gewalt"* (von „mich mit der Faust geschlagen, getreten oder gebissen" bis „eine Waffe ... gegen mich eingesetzt")

Die nachstehende Abbildung zeigt die mittels der cts erfassten und auf die Gesamtbevölkerung der Bundesrepublik hochgerechneten Zahlen der Opfer schwerer Gewalt. Zu beachten ist, dass über die hier dargestellten Zahlen hinaus noch etwa sechsmal größere Zahlen von Opfern minder- und mittelschwerer Gewalt ermittelt wurden.

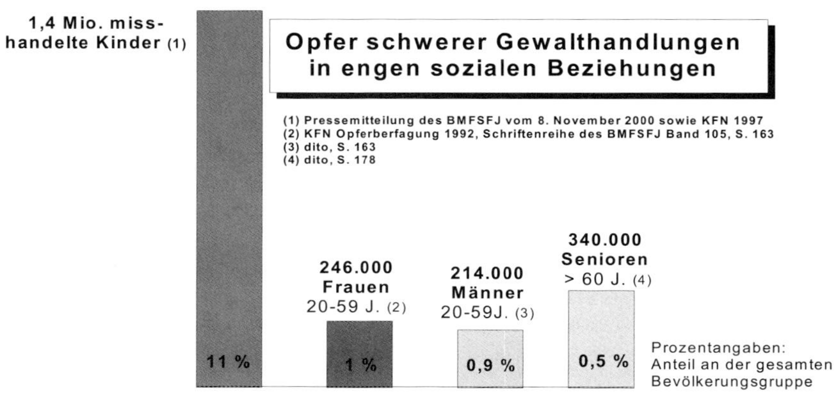


Senioren, die die eigentliche Zielgruppe der KFN-Studie "Kriminalität im Leben älterer Menschen" waren, werden in vergleichbarem Ausmaß Opfer, wie Jüngere. Gerade diese Gruppe ist es aber, die mangels Lobby am wenigsten Platz in der öffentlichen Diskussion findet.

Weiter spiegelt sich der durch die cts generell festgestellte Sachverhalt der etwa gleich hohen Opferanteile von Männern und Frauen wider.

Aus einer weiteren cts-basierten Opferbefragung des KFN ist hier auch die Zahl misshandelter Kinder dargestellt[6]. Besonders deutlich wird, dass Kinder im Vergleich zu Erwachsenen die mit Abstand größte Opfergruppe häuslicher Gewalt darstellen. Wie aber geht unsere Gesellschaft damit um? Ein Blick in die Polizeiliche Kriminalstatistik (PKS) bringt Bedenkliches zu Tage:

**Kindesmisshandlung - Das Hellfeld**

**Fallzahlen pro Jahr nach dem Tätergeschlecht**

Quelle:

Polizeiliche Kriminalstatistik 2001, Tabelle 20, Schlüsselzahl 2231

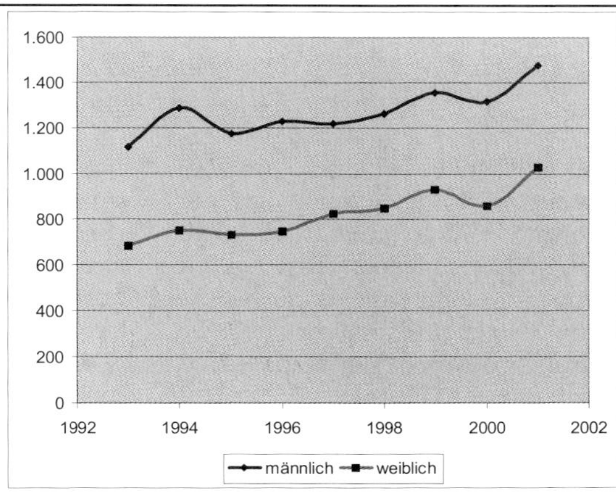


Es werden pro Jahr nur ca. 2.000 Fälle ermittelt. Von einer Aufklärungsquote, die auch nur annähernd der tatsächlichen Opferzahl von 1,4 Millionen Kindern nahe käme, sind wir weit entfernt. Weiter lassen die polizeilichen Zahlen erkennen, dass beide Geschlechter in signifikantem Masse als Täter auftreten.

Kehren wir von den Hellfeldzahlen noch einmal zu den Dunkelfeldzahlen zurück. Hier dargestellt ist die Hochrechnung, mit der der Deutschen Kinderschutzbund die Untersuchung des KFN zu Kindesmisshandlung auf die Gesamtbevölkerung übertrug. Aus der Altersgruppe der Befragten lässt sich schließen, dass noch weitere Opfer hinzuzuzählen sind, die Gewalt im frühkindlichen Alter und daher nicht mehr erinnerbar erfahren haben.

6 Innerfamiliäre Gewalt gegen Kinder u. Jugendliche u. ihre Auswirkungen, Kriminologisches Forschungsinstitut Niedersachsen http://www.kfn.de/fb80.pdf

<u>**Kindesmisshandlung: Das Dunkelfeld**</u>

**Hochrechnung des Deutschen Kinderschutzbundes zum Dunkelfeld bei Kindesmisshandlung (2001):**

*In einer Befragung des Kriminologischen Forschungsinstituts Niedersachsen (veröffentlicht 1997) gaben etwa 69% der 16-20-jährigen an, von ihren Eltern körperlich gezüchtigt worden zu sein. Das gibt eine Gesamtzahl von fast*

***11 Millionen Kindern***
***die körperliche Elterngewalt erlebt haben.***

*Aus derselben Altersgruppe gaben etwa 9% an, von ihren Eltern misshandelt worden zu sein. Umgerechnet auf die Kinderzahl kann man davon ausgehen, dass etwa*

***1,4 Millionen Kinder***
***von ihren Eltern misshandelt werden."***

Weiter fällt an der herangezogenen Untersuchung des KFN auf, dass das Tätergeschlecht wie auch bei anderen Kindesmisshandlungsstudien in Deutschland nicht ermittelt wurde. Man könnte vermuten, dass angesichts der sich in der PKS abzeichnenden Tätergeschlechtsstruktur ein starkes Tabu vor der weiteren Aufhellung dieses Sachverhaltes besteht. Für gezielte Prävention ist dieses Wissen aber Voraussetzung.

Problematisch ist bei der Hochrechnung des Kinderschutzbundes die Differenzierung in "*Elterngewalt*" und "*Misshandlung*". Bei einer konsequenten Anwendung des Strafrechts kann eine Unterscheidung in „*kriminelle*" und „*nicht-kriminelle Gewalt*" nicht gerechtfertigt werden.

Die künstliche Aufteilung in „*erlaubte*" und „*nicht erlaubte*" Gewalt schlug sich auch in dem seit November 2000 geltenden *„Gesetz zur Ächtung der Gewalt in der Erziehung"* nieder. Statt einer Herabsetzung der Interventionsschwelle wie beim Gewaltschutzgesetz bringt es schon mit seinem Titel lediglich einen Appell zum Ausdruck. Bereits im Gesetzentwurf wurde das Konzept mit der Formel *„Hilfe statt Strafe*" benannt und damit begründet, dass man *„die Familie nicht kriminalisieren wolle"*.

Eine Ausnahme bildet inkonsequenterweise das aktuelle Vorhaben der Justizministerin zur strengeren Verfolgung von sexuellem Kindesmissbrauch. Obwohl körperliche Misshandlung vergleichbare traumatische Folgen haben kann, richtet sich die Verschärfung des Verfolgungsdrucks durch Anzeigepflicht für Mitwisser nur gegen diesen Teilbereich der Gewalt gegen Kinder.

Sehr detaillierte Untersuchungen zu Kindesmisshandlung gibt es aus den USA. Man hat dort ein eigenes *Clearing House of Child Abuse and Neglect* eingerichtet, dessen einzige Aufgabe es ist, der Politik Informationen darüber zu liefern.

**Figure 2-3 Victimization Rates by Maltreatment Type, 1995–1999 SDC**

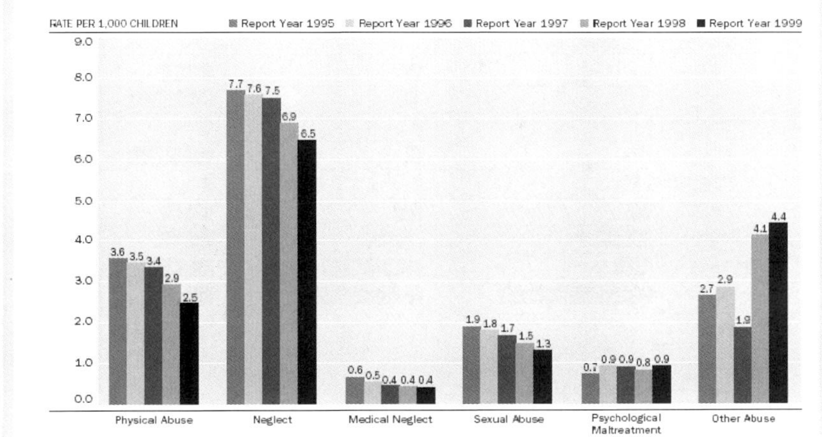


Diese Grafik zeigt vom US-Gesundheitsministerium veröffentlichte Zeitreihen der verschiedenen Kategorien von Kindesmisshandlung[7]. Als verbreitetste Form tritt Vernachlässigung (*Neglect*) auf. Es folgt körperliche Misshandlung (*Physical Abuse*), sexueller Missbrauch (*Sexual Abuse*) und psychische Gewalt (*Psychological Maltreatment*). Solche Zahlen geben wichtige Hinweise für die Schwerpunktsetzung für Gewaltschutzpolitik und präventive Maßnahmen. Auch wenn es für die Bundesrepublik landesspezifische Unterschiede geben mag, wird sich das Bild nicht grundsätzlich unterscheiden.

Der gleiche Bericht des US-Gesundheitsministeriums enthält auch eine Darstellung der Täter-Verteilung: Körperliche Gewalt und Vernachlässigung findet primär durch die Eltern statt und geht mehr von Müttern als von Vätern aus. Bei Alleinerziehenden-Haushalten bzw. in neuen Partnerschaften besteht eine erhöhte Misshandlungsgefahr. Sexueller Missbrauch geht überwiegend von Vätern, von männlichen Verwandten, von neuen Partnern der Mütter oder von Fremden, zu einem Teil aber auch von Müttern aus (siehe die Abbildung auf der nächsten Seite „Figure 3-3").

7 Child Maltreatment 1999, US Department of Health & Human Services http:// www. acf. hhs.gov/programs/cb/publications/cmreports.htm

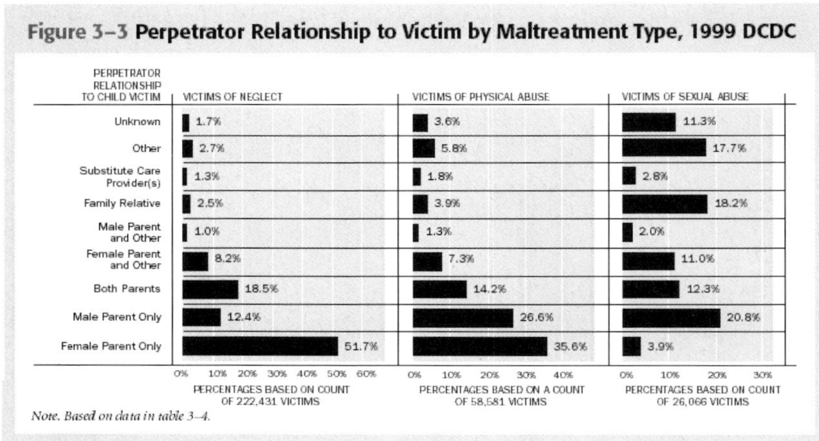


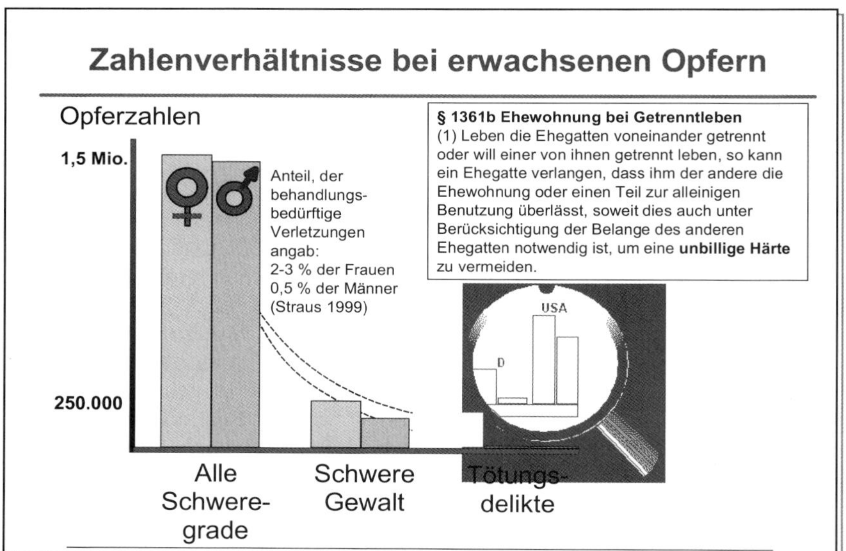


1. Die hier dargestellten Daten stammen aus der bereits zitierten Opferbefragung des KFN und im Fall der Tötungsdelikte aus der PKS bzw. aus

einer Erhebung des amerikanischen Justizministeriums.[8] Die Abbildung zeigt die Verteilung der Opfer in Abhängigkeit von der Schwere der erlebten Gewalt. An der Gruppe der Opfer von Gewalttaten aller Schweregrade zeigt sich die mit der cts feststellbare, so genannte Gleichverteilung (*Gender symmetry*). Deutlich sichtbar ist, dass die Anzahl der Opfer mit der Schwere der Gewalttaten drastisch sinkt. Gleichzeitig damit sinkt der Dunkelfeldanteil, denn Opfer schwerer Gewalt bleiben mit deutlich geringerer Wahrscheinlichkeit unbemerkt. Die Aufklärungsquote bei Mord ist daher sehr hoch. Es ist also nicht zu erwarten, dass bei schwerer Gewalt bisher besonders viele Fälle von der Öffentlichkeit unbemerkt blieben.

2. Erst bei behandlungsbedürftigen Verletzungen, die in maximal 3 Prozent aller Fälle häuslicher Gewalt auftreten, tut sich eine geschlechtsspezifische Schere auf. Bei schwerer Gewalt werden nach Archer zu 60 Prozent Frauen und zu 40 Prozent Männer verletzt. Frühere Untersuchungen von Straus wiesen bei Verletzungen ein Verhältnis von 4:1 bis 6:1 aus. Zu berücksichtigen ist, dass Männer nicht weniger ernst durch schwere Gewalt betroffen sind, sondern seltener. Archer weist darauf hin, das die Schere bei der Behandlungsbedürftigkeit z.T. auf die subjektiv niedrigere Bewertung der Verletzung durch die befragten Männer zurückzuführen ist. Einen wesentlichen Einfluss hat es auch, ob nach *behandlungsbedürftigen Verletzungen* oder nach *tatsächlich in Anspruch genommener Behandlung* gefragt wird.
3. Bei Tötungsdelikten gibt es ausgeprägte landesspezifische Unterschiede. Gerade in den Zentren der Zivilisation, in amerikanischen Städten, erreicht der Anteil männlicher Opfer mit ca. 40 Prozent eine beträchtliche Höhe. Z.T. ist diese Rate auf die dortigen Waffengesetze zurückzuführen, die den Faktor Körperkraft zurücktreten lassen. Gemessen an der Gesamtzahl der Fälle häuslicher Gewalt machen die Tötungsdelikte deutlich weniger als ein Promille aus. Die PKS 2001 weist z.B. jährlich ca. 320 Morde und Totschlagsfälle aus, bei denen das Opfer eine Frau und der Täter ein Bekannter oder Verwandter ist.
4. Juristisch relevant ist die Grenze, ab der in Familien staatlich eingegriffen wird. Mit dem Gewaltschutzgesetz wurde dazu das Kriterium *„schwere Härte"* durch *„unbillige Härte"* ersetzt und damit die Interventionsschwelle deutlich herabgesetzt. Für die Praxis bedeutet dies, dass die Zuweisung der gemeinsamen Ehewohnung an einen der beiden Partner sehr oft in dem Bereich stattfindet, in dem die Initiierung von Tätlichkeiten in etwa gleich hoher Zahl von Frauen wie von Männern ausgeht.

---

8 Spouse Murder Defendants in Large Urban Counties, US Department of Justice, http: // www.ojp.usdoj.gov/bjs/pub/pdf/spmurex.pdf

Welcher Zusammenhang besteht zwischen politischen Maßnahmen gegen Gewalt und der Aufhellung des Dunkelfeldes?

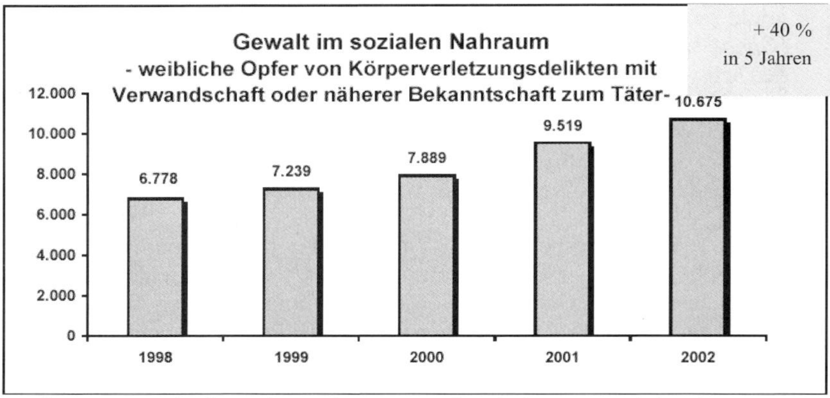


Quelle: Pressemitteilung des Baden-Württembergischen Innenministeriums vom 31. März 2003

Die vom Baden-Württembergischen Innenministerium veröffentlichten Zahlen zeigen, dass sich in den nur 5 Jahren seit Beginn der Gewaltschutzpolitik das Anzeigeverhalten von Frauen drastisch geändert hat. Bei einem Anstieg um 40 Prozent wird der Staat inzwischen in ca. 10.000 Fällen pro Jahr zur Intervention herangezogen. Das Anzeigeverhalten von Männern bei häuslicher Gewalt ist dagegen nach wie vor so gering, dass es in dieser Pressemitteilung keine Erwähnung findet.

Wie also sehen die Maßnahmen aus, die eine solche gleicherart drastische wie einseitige Verhaltensänderung bewirkt haben? Ein wesentlicher Auslöser für das geänderte Anzeigeverhalten in Baden-Württemberg war die Öffentlichkeitsarbeit (siehe die Abb. auf der nächsten Seite): Die mit dem Präventionspreis des LKA (Landeskriminalamt) ausgezeichnete Kampagne *„Rote Karte für Männergewalt"* bewirkte in ihrer Einseitigkeit genau das in den polizeilichen Daten sichtbar werdende Verhalten: Frauen benennen sich als Opfer und rufen zum Schutz den Staat. Männer werden einem Bereich potenzieller Krimineller zugeordnet, der weder Schutz noch Hilfe verdient.

Es muss noch ein zweiter Faktor erwähnt werden: Wenn erst im öffentlichen Bewusstsein ein derartiges Rollenmuster bei häuslicher Gewalt verankert ist, dann droht auch eine verstärkte Polarisierung von juristischer Seite. Die vom Rechtsausschuss des Bundestages bestellte Expertin Doris Kloster-Harz schreibt dazu in ihrem Gutachten zum Gewaltschutzgesetz:

**Präventionspreis 2000 (LKA Baden-Württemberg)**

"Die blauen Augen hat sie von ihrem Vater"

"Rote Karte für Männergewalt"

"Papa macht's doch auch"

„In der Praxis muss man sich gegen die Schwierigkeit der Beweislastsituation gelegentlich mit Tricks und anwaltlicher Erfahrung wehren. Wenn die rechtliche Situation aussichtslos ist, einen Partner aus der Wohnung zu bekommen, (…) halte ich es in der Beratungspraxis durchaus für legitim, mit der betroffenen Ehefrau darüber zu sprechen, ob sie nicht doch eine Möglichkeit sieht, ihren Mann wie ein „HB-Männchen" an die Decke gehen zu lassen, weil sie ihn ja schließlich lange genug kennt und um seine Schwachstellen weiß und ihn durchaus provozieren kann – möglichst mit Zeugen in der Nähe. Aus diesem Grunde besteht eine gewisse Gefahr, dass das Gesetz sich zum modernen Hexenhammer gegen die Männer entwickeln kann."

Die nächste Grafik illustriert, wie es zu dem verzerrten öffentlichen Bewusstsein über häusliche Gewalt kommt. Ausgangspunkt ist nach Straus ein so genannter *klinischer Trugschluss* (*Clinical Fallacy*)[9]. Dies kann z.B. die Übertragung von statistischen Aussagen zu polizeilichen Anzeigezahlen oder Gefängnisinsassen auf die Gesamtbevölkerung sein. Eine solche Verallgemeinerung ist genauso falsch, als würde man z.B. den hohen Mütteranteil bei den Tätern beim *Münchhausen-Stellvertreter-Syndrom*[10] auf alle Mütter übertragen, die sich um ihre Kinder sorgen. Wenn man so etwas aber trotzdem tut und wenn

9 Straus, Murray: "*The controversy over domestic violence by women*, 1999.http://www.vafk.de/gewaltschutz/Dokumente/Kontroverse.html

10 The Muenchhausen-for-Proxy-Syndrome. Meadow 1977.

gleichzeitig ein großes, in etwa zu gleichen Teilen aus Frauen und Männern zusammengesetztes Dunkelfeld zugrunde liegt, dann kommt es zu einer sich selbst bestätigenden Vorhersage (*self-fulfilling prophecy*):

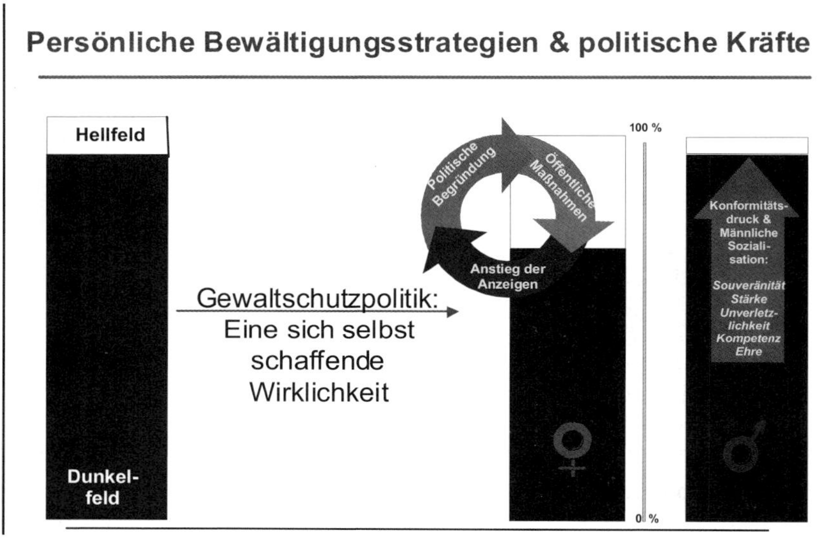


www.Gewaltschutz.de

- Geschlechtsspezifische Gewaltschutzpolitik produziert reale Hellfeldzahlen.
- Die neuen Hellfeldzahlen rechtfertigen wiederum den geschlechtsspezifischen Ansatz und die Aufrechterhaltung der einseitigen Maßnahmen.
- Männer dagegen bleiben aufgrund des traditionellen „*Unverletzbarkeitsdogmas*" und ihrer neuen Stigmatisierung als Täter im Dunkelfeld gefangen.

Der Mechanismus, der das *Outing* männlicher Opfer verhindert, wurde von einer prominenten Autorin beschrieben. Justizministerin Däubler-Gmelin trug in ihrer Rede zum Gewaltschutzgesetz am 8. November 2001 im Bundestag folgendes dazu vor:

„Da wir schon bei der Rechtsgeschichte sind: Hier findet sich auch etwas über Männer, die Opfer ihrer Ehefrauen geworden sind. Hatten Männer sich von ihren Ehefrauen schlagen lassen, so wurden sie dafür von der Obrigkeit bestraft; denn dies wurde als ein Verstoß gegen die göttliche Ordnung angesehen. [Es] wurde als Ehrenstrafe wie in der Stadt Zwickau das Dach des

Wohnhauses abgedeckt, da der Ehemann dessen Schutz nicht mehr würdig war. Eine besonders schimpfliche Strafe war der so genannte Eselsritt: Der Esel galt schon damals als Inbegriff der Dummheit, der Lasterhaftigkeit, Trägheit und Störrigkeit. Der arme Sünder musste einen Ritt auf dem Esel durch die Stadt machen, wobei er dem Gespött der Mitbürgerinnen und Mitbürger ausgesetzt war. Eine besonders demütigende Variante beim Eselsritt war, dass die Person rücklings auf dem Tier sitzen und sich mit den Händen an dessen Schwanz festklammern musste."

Im Mittelalter wurden diese Beschämungsrituale „*Charivaris*" genannt. Die moderne Form dieses Mechanismus wird „*Sekundäre Viktimisierung*" genannt und äußert sich z.B. in der Verspottung von Betroffenen durch Vertreter der Behörden.

Aus dem Bericht der Österreichischen Bundesregierung „*Gewalt gegen Männer*" (2001)[11]: „Es ist eine nach wie vor versteckte Form innerfamiliärer Gewalt und ein Tabuthema innerhalb der öffentlichen Diskussion. Ein wesentlicher Grund für die Tabuisierung ist, dass Gewalt gegen Männer mit den ihnen [den Männern] zugedachten gesellschaftlichen Rollenzuschreibungen

11 Österreichisches Ministerium für soziale Sicherheit & Generationen, „Gewalt in der Familie – Männer als Opfer". 2001 http:// www.bmsg. gv.at/bmsg/relaunch/familie /content / gewalt/downloads/bd_teil3.pdf

nicht konform geht, sondern den ihnen zugeschriebenen Charaktereigenschaften wie Stärke, Überlegenheit und Unabhängigkeit widerspricht. Dies wird etwa daran deutlich, dass Männer ungern zugeben, von der eigenen Partnerin misshandelt worden zu sein. Eher neigen viele dazu, die an ihnen ausgeübte Gewalt zu bagatellisieren. Aus Scham sind sie oftmals nicht bereit, Hilfe Außenstehender anzunehmen. Misshandelte Männer finden selten Glauben bei Polizei und Gericht. Empirische Untersuchungen zeigen jedoch, dass Gewalt gegen Männer existiert. In Befragungen wird deutlich, dass die Raten gewalttätiger Frauen und Männer maximal ein Drittel voneinander abweichen. Einige Untersuchungen konnten dabei eine höhere Rate von Gewalt gegen Männer, andere wiederum eine höhere von Gewalt gegen Frauen nachweisen.“

Das Gewaltschutzkonzept der Bundesregierung hat also zahlreiche Mängel:

1. Die Gewaltschutzpolitik baut nicht auf einem hinreichenden Verständnis des Dunkelfeldes und seines Zusammenhanges mit dem Hellfeld auf und kann daher nicht problemgerecht wirken.
2. Die Gewaltschutzziele sind politisch auf bestimmte Opfer und Tätergruppen eingeengt. Unter Außerachtlassung der Rechtsstaatsprinzipien der *Unschuldsvermutung* und des *Gleichstellungsgrundsatzes* werden einseitig Männer haftbar gemacht.
3. Der Schutz vor Missbrauch des Gewaltschutzgesetzes ist nicht ausreichend. Die Erfahrungen in den neunziger Jahren mit dem *Missbrauch mit dem Missbrauch* zeigen, dass eine an sich wünschenswerte Verstärkung des Verfolgungsdrucks mit einer Verbesserung der Rechtssicherheit einhergehen muss. Nachdem Juristen zum Teil bis zu 40 % falscher Missbrauchsvorwürfe in ihrer Praxis feststellten[12], musste der Bundesgerichtshof 1999 Mindestanforderungen an Glaubwürdigkeitsgutachten vorschreiben.
4. Ein fataler Effekt ist, dass bei Paaren nur einer der Kontrahenten verantwortlich gemacht wird. Hier wird, statt den Weg in die Konfliktbewältigung zu suchen, eine völlig vereinfachende *Schwarz-weiß-* bzw. *Täter-Opfer-Einteilung* vorgenommen. Folge ist eine Projektion aller Schuld auf den Anderen und einhergehend damit Verantwortungsverdrängung
5. Es fehlt ein ursächlicher Ansatz. Kontakt- und Näherungsverbote sind nur Interventionen nach geschehener Gewalt.
6. Neuerdings zeichnet sich eine Verquickung mit dem Sorgerecht ab. Bei Partnergewalt wird z.B. im Familienministerium ein Entzug des Umgan-

12 Sigfried Willutzki, Präsident des Deutschen Familiengerichtstages, 26.3.1994 in der Rheinzeitung sowie Doris Kloster-Harz: Das Gewaltschutzgesetz in der familiengerichtlichen Praxis. Marburg, 28. Mai 2003.

grechts des Vaters erörtert.[13] Damit wird bei einem Vorwurf gegen einen Erwachsen einem Dritten ein Recht genommen, nämlich dem Kind das in der UN Kinderechtkonvention verbriefte Recht auf beide Eltern.

7. Die Etikettierung von Gewalt als kriminellem Verhalten wird nicht konsequent durchgesetzt. Körperliche Gewalt gegen Kinder verdient die gleiche Bewertung wie sexueller Kindesmissbrauch. Gewalt gegen Männer verdient die gleiche Bewertung wie Gewalt gegen Frauen.

## 3. Schutz vor Gewalt

Nach der Darstellung wichtiger Diskrepanzen zwischen Problemlage und derzeitiger Gewaltschutzpolitik möchte ich jetzt Ansätze für ursächlichen Gewaltschutz behandeln. Medienkampagnen sind ein unverzichtbares und zentrales Element zur Veränderung von Verhalten. Im Fall der in der Abbildung dargestellten Kampagne gegen das Schütteln von Babys kann mit relativ geringem Aufwand einem ernsten Problem entgegengewirkt werden.

13 Gesa Schirrmacher, Bundesministerium für Familie, Senioren, Frauen und Jugend: *Sorge- und Umgangsrecht bei häuslicher Gewalt,* http://www.bmfsfj.de/Anlage21075/Text.pdf

Um aber alle Eltern zu vorsichtigem Verhalten zu ermahnen, sollte es eine Selbstverständlichkeit sein, dass solche Kampagnen Mütter wie Väter adressieren. Natürlich muss Gleiches auch für Medienkampagnen gegen Partnergewalt gelten.

## Häusliche Gewalt - Was sind die Gründe?

| | **Zusammenhang („context") bei gewalttätigem Verhalten** | Gewalt erlitten | | Gewalt zugefügt | |
|---|---|---|---|---|---|
| | | Frauen | Männer | Frauen | Männer |
| | Insgesamt: | 130<br>13 % | 155<br>18 % | 106<br>11 % | 85<br>10 % |
| Er / Sie | | | | | |
| A | "... dachte, dies wäre der einzige Weg an den anderen heranzukommen" | 32 % | 43 % | 53 % | 64 % |
| B | "... reagierte darauf, dass etwas Gehässiges oder Herausforderndes gesagt wurde" | 32 % | 44 % | 52 % | 53 % |
| C | "... reagierte auf eine Tätlichkeit" | 12 % | 8 % | 21 % | 27 % |
| D | "... versuchte damit sie / ihn zu hindern, etwas zu tun" | 29 % | 37 % | 33 % | 43 % |
| E | "... versuchte sie / ihn dazu zu bringen, etwas zu tun" | 51 % | 43 % | 26 % | 26 % |
| F | "... vermutete, sie / er würde tätlich werden." | 10 % | 7 % | 17 % | 21 % |
| G | "... gab an, der andere stand unter Alkoholeinfluss" | 45 % | 31 % | 13 % | 35 % |
| H | "... gab an, es läge am ihrem / seinem Charakter" | 44 % | 31 % | 16 % | 27 % |
| I | .... Andere Gründe | 11 % | 6 % | 12 % | 7 % |

Aggression in British Heterosexual Relationships - A Descriptive Analysis (1996)
Michelle Carrado, M.J. George, Elizabeth Loxam, L. Jones and Dale Templar

In einer Vielzahl von Untersuchungen mittels der cts sind die Gründe ermittelt worden, warum es zu ersten Gewalthandlungen kommt. U.a. in einer 1996 von Carrado[14] durchgeführten Untersuchung wurde der situative Kontext abgefragt. Gründe sind gestörte Kommunikation, Kontrollversuche und individuelle Auslöser wie Alkoholneigung oder charakterliche Gründe. Allen Auslösern gemein ist, dass sie bei beiden Geschlechtern in ähnlich häufiger Weise auftreten.

Bei der Frage nach den Grundstrukturen gewalttätiger Beziehungen zeichnet sich ein Trend zur Unterscheidung verschiedener Typen von Gewalt ab.

14 Michelle Carrado, M.J. George/Elizabeth Loxam, L. Jones and Dale Templar (1996): Aggression in British Heterosexual Relationships - *A Descriptive Analysis*.

**Grundstrukturen bei Partnergewalt**

**... nach dem Kontrollverhalten:**

- **Allgemeine Partnergewalt**
- **Partnergewalt zur Kontrolle**
- **Beziehungsterrorismus**
- **Gegenseitige gewalttätige Kontrolle**

(nach Johnson, http://www.ncjrs.org/pdffiles1/nij/sl000474.pdf)

**... nach dem Aggressionsverhalten:**

- **Täter-Opfer-Paare**
- **Täter-Teilnehmer-Paare**
- **2-Akteure-Paare**

(Constance Ohms / Claire Renzetti http://www.Lesben-gegen-Gewalt.de)

- **Mutual intimate partner violence**

(US Institute of Justice)

1. Die klassische Sichtweise nach Johnson[15] unterscheidet neben „*allgemeiner Partnergewalt*" vor allem nach verschiedenen Kontrollstrukturen. Das Anstreben von Kontrolle ist jedoch gerade kein geschlechtsspezifisches Merkmal. Beleg dafür sind die oft heftigen Scheidungsauseinandersetzungen, in denen beide Geschlechter Kontrolle über materielle Güter und Kinder erringen wollen. Ob Gewalt überhaupt als Mittel von Kontrolle gelten kann, ist fraglich. Eher kann angenommen werden, dass der Gewalttätige die Kontrolle nie besessen oder längst verloren hat.
2. Eine neue Charakterisierung der Partnergewalt hervorbringenden Strukturen entstammt der Forschung zur Gewalt in gleichgeschlechtlichen Beziehungen. Bei Ohms/Renzetti werden z.B. für lesbische Beziehungen drei Hauptkonstellationen unterschieden[16], die *Täter-Opfer-*, *Täter-Teilnehmer-* und die *2-Akteure-Konstellation. Täterin* ist, wer die Gewalt initiiert, *Opfer* ist, wer versucht, zu beschwichtigen und zu deeskalieren. Die *Teilnehmerin* weist Merkmale beider Rollen auf. Sie initiiert die Gewalt nicht, ist jedoch auch nicht an einer Deeskalation interessiert, sondern lässt die Partnerin auch schon einmal *„an die Wand laufen"*. Bei den 2-Akteure-Konstellationen verhalten sich beide eskalierend.

---

15 Johnson, M.P.: Patriarchal Terrorism and Common Couple Violence: Two Forms of Violence Against Women. Journal of Marriage and the Family, 1995, Vol 57, pp 283.

16 Constance Ohms/Claire Renzetti http://www.Lesben-gegen-Gewalt.de.

3. Ein analoges Muster hat neuerdings in den USA Einzug in die Aufklärung häuslicher Gewalt gehalten. Man spricht von zweiseitiger Partnergewalt (*Mutual Intimate Partner violence*) und inzwischen läuft bereits eine vom amerikanischen Justizministerium beauftragte Studie dazu.

**U.S. Department of Justice**
Office of Justice Programs
*National Institute of Justice*

# National Institute of Justice

**Solicitation**

*March 2001*

## Context and Consequences of Mutual Intimate Partner Violence

The National Institute of Justice (NIJ) is soliciting proposals for research on the context and consequences of mutual intimate partner violence including research that will further our understanding of gender symmetry in the measurement of intimate partner violence, and the issue of dual arrests or arrests of women offenders.

Women who engage in intimate partner violence have been divided into subgroups (Busey, T. 1993) :
- self defending victims;
- angry victims (fighting back);
- primary aggressors;
- mutually combatant women.

www.ncjrs.org/pdffiles1/nij/sl000474.pdf

Die Abbildung zeigt einen Ausschnitt aus der Ausschreibung zu der genannten Studie. Darin wird die mittels der cts durchgeführten Untersuchungen beobachtete Gleichverteilung (*Gender Symmetry*) mit vier verschiedenen Reaktionstypen bei Frauen erklärt:

- Sich selbst verteidigende Opfer *(self defending victims),*
- In Wut geratene Opfer, die zurückschlagen *(angry victims),*
- Primäre Aggressorinnen *(primary aggressors),*
- Wechselseitig gewalttätige Frauen *(mutually combatant women).*

Die noch ausstehenden Ergebnisse dieser Studie werden bestimmt interessante Aufschlüsse liefern.

Die Machtposition eines Partners ergibt sich aus der Kombination verschiedener beziehungsexterner und -interner Determinanten. Weiterhin ändert sich diese Position mit der biografischen Entwicklung des Einzelnen: Durch Veränderungen wie Arbeitslosigkeit, Schwangerschaft, Krankheit, berufliche Entwicklung usw. unterliegen die Machtpotenziale ständigem Wandel. Eine länger anhaltende Gleichheit der Machtpozentiale beider Partner ist unwahrscheinlich. Wenn es aber den Zustand der Machtgleichheit in einer Partnerschaft nicht gibt – genauso wenig wie übrigens zwischen Eltern und Kindern – dann kann nur die Selbstverpflichtung zur Verantwortung füreinander den Missbrauch von Machtvorteilen verhindern. Erforderlich sind dafür gemeinsam anerkannte menschliche und moralische Werte.

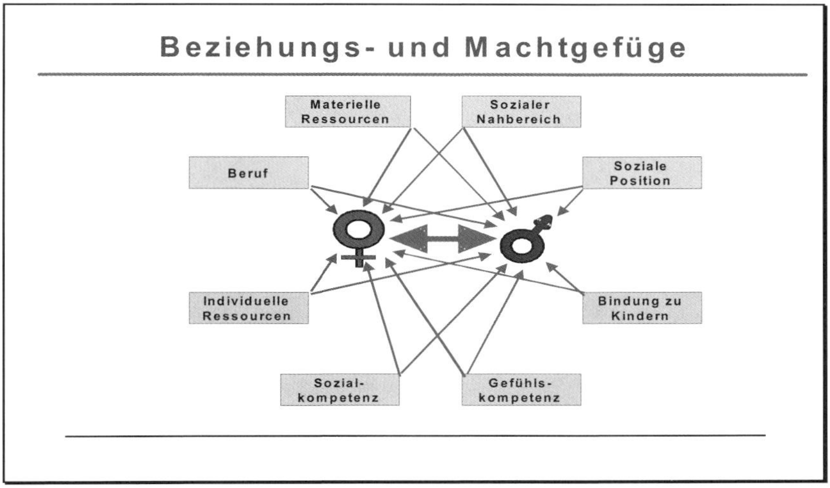


Wenn die Lösung eines Konfliktes misslingt, dann entwickelt sich eine Eskalation. Glasl hat an einem Modell aufgezeigt, in welchen Stufen dies abläuft[17] (siehe Abb. auf der nächsten Seite). Obwohl dieses Modell aus der Konfliktforschung eigentlich für die Auseinandersetzung sozialer Gruppen konzipiert wurde, lässt es sich auch sehr passend auf Partnergewalt anwenden und man kann eine Analogie zur cts feststellen.

Um einen eskalierenden Konflikt zu lösen, ist eine Konfliktbehandlung erforderlich. Mögliche Techniken sind:

- Moderation,
- sozio-therapeutische Prozessbegleitung,
- Vermittlung bzw. Mediation,
- Schiedsverfahren oder Machteingriff.

Voraussetzung ist der Wille zur Konfliktlösung und der hängt entscheidend vom Wert ab, der in der menschlichen Verbindung gesehen wird, um die es geht.

17 Friedrich Glasl (1990): *Konfliktmanagement.*

**Wenn der Kompromiss misslingt:**
**Konflikt-Eskalationsskala**

**I. Debatte / Kontroverse:**
1. Diskussionen - Differenzen werden bewusst
2. Zusammenstöße - Polarisierung beginnt
3. Verhärtung - Standpunkte lassen sich nicht versöhnen

**II. Spiel / Aktionen:**
4. Koalitionsbildung - Verbündete werden geworben
5. Gesichtsverlust - Die Gegenpartei wird öffentlich demontiert
6. Drohungen - Sanktionen werden angedroht

**III. Kampf / Schläge:**
7. Ausgrenzung - Die Gegenpartei wird als "Unmensch" ausgesondert
8. Zerstörungsschläge - Die andere Seite soll am Lebensnerv getroffen werden
9. Totale Konfrontation - Vernichtung um jeden Preis, auch den der Selbstzerstörung (Glasl 1990)

## 4. Leitziele zur Eskalations- und Gewaltprävention bei Medienkampagnen, Schulungen und Beratungen

Angesichts der dargestellten Sachlage können folgende Leitziele ursächlicher Gewaltprävention formuliert werden:

1. Vorrang für Kinderschutz: Selbsterlebte und miterlebte Gewalt erhöht das Risiko, dass Kinder später selbst gewalttätig werden.
2. Gewalt gegen Kinder, Frauen und Männer muss konsequent als Kriminalität etikettiert werden, um Unrechtsbewusstsein zu schaffen. Ausreden wie „*Überforderung*“ o.ä. dürfen nicht gelten.
3. Paare müssen die Mechanismen und Dynamiken ihrer Konflikte verstehen lernen, um sich gemeinsam vor Gewalt zu schützen:
   - Beide Partner müssen die Verantwortung für Gewaltvermeidung gemeinsam wahrnehmen.
   - Es muss die Verletzbarkeit von Männern anerkannt werden, denn auch dies ist eine wichtige Voraussetzung für deeskalierendes Verhalten der Partnerin.
   - Frauen müssen dafür sensibilisiert werden, dass eigenes aggressives Verhalten über die Eskalationsspiralen zu einer Gefährdung für sie selbst wird.
4. Psychische Gewalt darf keine neue „*zivilisierte*“ Form der Aggressionsausübung gegen Partner werden. Es besteht sonst die Gefahr, dass aggressives Verhalten auf eine höhere Ebene verlagert wird und dort den gleichen oder noch mehr Schaden anrichtet.

5. Externe Konfliktprofiteure und Experten in den Reihen der Justiz und der Hilfseinrichtungen, die ihr Geld damit verdienen, dass familiäre Beziehungen durch Eskalation zerstört werden, müssen geächtet werden.
6. Auffangeinrichtungen müssen auch für Kinder und Männer da sein. Auch ein Vater mit seinen Kindern muss einer aggressiven Partnerin ohne körperliche Gegenwehr entgehen können.

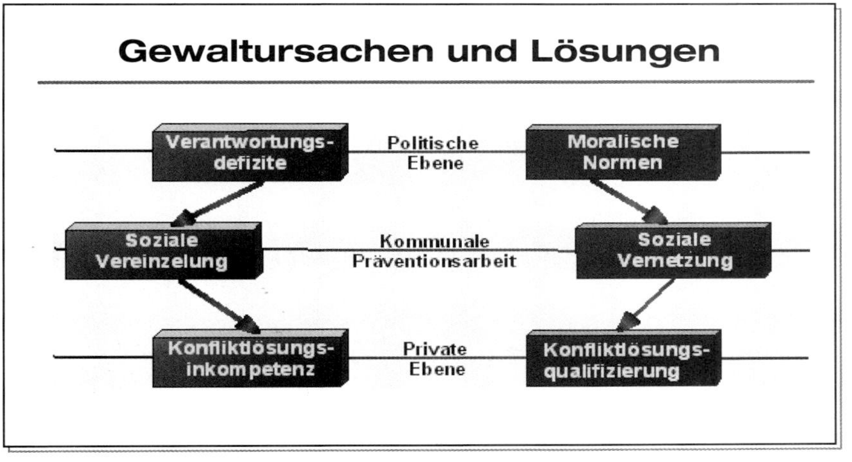


Ursächliche Gewaltprävention erfordert einen mehrschichtigen Ansatz.

- Auf der gesellschaftspolitischen Ebene müssen Normen und Werte so weiter entwickelt werden, dass jegliche Form häuslicher Gewalt als kriminell etikettiert wird.
- Auf kommunaler Ebene müssen vernetzte Institutionen für die heutzutage sehr individualisierten Betroffenen verfügbar sein und sowohl Verhaltensnormen wie auch Konfliktlösungskompetenzen vermitteln. Es gilt, ideologische Schranken zu überwinden und Netzwerke von Vertretern von Müttern, Vätern und Kindern zu schaffen.
- Auf der privaten Ebene ist eine Überwindung alter Tabus und ideologischer Vorstellungen zugunsten eines Wandels hin zu friedlicher Konfliktlösung erforderlich.

Statt eines eigenen Schlusswortes soll Murray Straus, der große Pionier der Erforschung häuslicher Gewalt, zu Wort kommen: "I for one do not intend to give up attempting to advance the **"no violence by anyone"** moral agenda that has informed my research on domestic assaults and spanking children for 30 years" (Murray A. Straus 1999).

# VII Die Autoren

***Ulrich Auer***, geb. 1965; Dipl.-Soz.; Studium der Soziologie, Psychologie und Kriminologie an der LMU-München.
*Arbeitsschwerpunkte:* Methoden der empirischen Sozialforschung, sozial abweichendes Verhalten, Rechtssoziologie.
*Jüngste Veröffentlichungen:* Fegert, J.M./Häßler, F./Schnoor, K./Rebernig, E./König, C./Auer, U./Schläfke, D. (2003): Bestandsaufnahme und Qualitätssicherung der forensisch-psychiatrischen Gutachtertätigkeit in Mecklenburg-Vorpommern bei Mord- und Brandstiftungsdelikten. Norderstedt: Books on demand. – Fegert, J.M./Auer, U./Schnoor, K./König, C./Rebernig, E./ Schläfke, D. (2003): Bestandsaufnahme und Qualitätssicherung der forensisch-psychiatrischen Gutachtertätigkeit in Mecklenburg-Vorpommern bei Sexualstraftaten. Norderstedt: Books on demand (in Vorbereitung).

***Mechthild Bereswill***, geb. 1961; Dr. phil., Diplom-Sozialwissenschaftlerin; Kriminologisches Forschungsinstitut Niedersachsen e.V. und Institut für Soziologie und Sozialpsychologie der Universität Hannover.
*Arbeitsschwerpunkte:* Soziale Kontrolle (Gefängnisforschung); Biografie und Geschlecht; Männerforschung; qualitative Methodologien.
*Ausgewählte Veröffentlichungen:* Forschungsthema Strafvollzug. Baden-Baden 2001, (Hrsg. mit W. Greve). – Feministische Methodologien und Methoden. Lehrbuch zur sozialwissenschaftlichen Frauen- und Geschlechterforschung. Band 2. Opladen 2001 (gemeinsam mit M. Althoff und B. Riegraf). – Jugendstrafvollzug in Deutschland. Grundlagen, Konzepte, Handlungsfelder. Beiträge aus Forschung und Praxis. Bad Godesberg 2002 (Hrsg. mit T. Höynck). – Entwicklung unter Kontrolle? Biographische Entwürfe und alltägliche Handlungsmuster junger Inhaftierter. Baden-Baden (Hrsg. 2003).

***Manuela Boatcă***, geb. 1975; Dr. phil., wissenschaftliche Mitarbeiterin am Lehrstuhl Soziologie II der Katholischen Universität Eichstätt-Ingolstadt.
*Arbeitsschwerpunkte:* Theorien sozialen Wandels, Weltsystemanalyse, Postkolonialismus, Gewaltforschung, Gender Studies.
*Veröffentlichungen:* From Neoevolutionism to World-Systems Analysis. The Romanian Theory of 'Forms without Substance' in Light of Modern Debates on Social Change. Opladen 2003. – Gewalt als Phänomen unserer Zeit. In: Sozialwissenschaften und Berufspraxis, Heft 2/2003, S. 123-134 (mit S. Lamnek). – In Auflösung begriffen? Grenzziehungen als Spiegelbild von Machtstrukturen. In: Bieswanger, M./Boatcă, M./Grzega, J./Neudecker, C./Rinke, S./Strobl, C. (Hrsg): Abgrenzen oder Entgrenzen? Zur Produktivität von Grenzen. Frankfurt a. M. 2003 (im Druck). – Generierung und Verinnerlichung von Stigmatisierungsprozessen. Zum Zusammenspiel von gesellschaftlichen Strukturen und (Selbst)Definitionen. In: Forster, R. (Hrsg.): Soziologie im Kontext von Behinderung. Theoriebildung,

Theorieansätze, Grundbegrifflichkeiten und -phänomene. Bad Heilbrunn (im Erscheinen) (mit S. Lamnek).

***Michael Bock***, geb. 1950, Dr. phil. Dr. jur., Studium der Ev. Theologie (I. Ev.-theologische Dienstprüfung 1975), Soziologie (Promotion 1978 und Habilitation 1985 bei Friedrich Tenbruck) und Rechtswissenschaft (Promotion 1983 bei Hans Göppinger). Seit 1985 Professor für Kriminologie, Jugendstrafrecht, Strafvollzug und Strafrecht in Mainz. Seit 1996 mehrfach Gastprofessor an der Universität Graz und in Kolumbien (Universidad de los Andes, Bogotà; Uninorte, Barranquilla) zu den Themen Jugendkriminalität und Jugendstrafrecht, dort im März 2000 Ernennung zum Honorarprofessor der Cátedra Ciro Angarita por la Infancia.
*Wissenschaftliche Hauptarbeitsgebiete:* Kriminologie, Rechtssoziologie und Wissenschaftsgeschichte.
*Wichtige Publikationen:* Soziologie als Grundlage des Wirklichkeitsverständnisses. Zur Entstehung des modernen Weltbildes. Stuttgart 1980. – Kriminologie als Wirklichkeitswissenschaft, Berlin 1984. – Recht ohne Maß. Die Bedeutung der Verrechtlichung für Person und Gemeinschaft. Berlin 1988. – H. Göppinger, Kriminologie, 5. Aufl., bearbeitet von M. Bock und A. Böhm. München 1997. – Kriminologie. 2. Aufl. München 2000. – Die Intellektuelle Gründung der Bundesrepublik. Eine Wirkungsgeschichte der Frankfurter Schule (zusammen mit C. Albrecht u. a.). 2. Aufl. Frankfurt 2001.

***Klaus Boers****,* geb. 1953; Professor für Kriminologie an der Rechtswissenschaftlichen Fakultät der Universität Münster, Mitherausgeber der „Neuen Kriminalpolitik", Vorsitzender der Regionalgruppe Westfalen-Lippe der DVJJ.
*Arbeitsschwerpunkte:* Kriminologische Längsschnittforschung, Wirtschaftskriminalität, formelle Kontrollprozesse, Kriminalitätseinstellungen und Kriminalprävention, kriminologische Modellbildung .
*Wichtigste oder jüngste Veröffentlichungen:* Kriminalitätsfurcht 1991. – Sozialer Umbruch und Kriminalität in Deutschland 1997 (mit G. Gutsche und K. Sessar). – Vom möglichen Nutzen der Systemtheorie für die Kriminologie 1997. – Wirtschaftskriminologie 2001. Furcht vor Gewaltkriminalität 2002. – Kriminalität und Kausalität 2003. – Wirtschaft und Strafrecht – Wer reguliert wen? 2003 (mit H. Theile und K.-M. Karliczek).

***Kirsten Bruhns***, geb. 1949, Dipl.-Soz., M.A. (Päd). Wissenschaftliche Referentin am Deutschen Jugendinstitut in München (Abt. Geschlechterforschung und Frauenpolitik).
*Arbeitsschwerpunkte* im Bereich Frauen- und Geschlechterforschung. Geschlechtersozialisation, Mädchen in der Kinder- und Jugendhilfe, Mädchen

und Gewalt, Gleichstellungspolitik, Frauenförderung im öffentlichen Dienst.
*Veröffentlichungen:* Gewaltbereitschaft von Mädchen. Wandlungstendenzen des Geschlechterverhältnisses? In: Dackweiler, R.-M./Schäfer, R. (Hrsg.): Gewalt-Verhältnisse. Feministische Perspektiven auf Geschlecht und Gewalt. Frankfurt a.M. 2002, S. 171-197. – „Ich meine, mit Gewalt kannst du dir Respekt verschaffen". Mädchen und junge Frauen in gewaltbereiten Jugendgruppen. Opladen 2002 (mit S. Wittmann). – Mädchenkriminalität – Mädchengewalt. In: Raithel, J./Mansel, J. (Hrsg.): Kriminalität und Gewalt im Jugendalter. Hell- und Dunkelfeldbefunde im Vergleich. Weinheim/München 2003, S. 41-63.

***Jörg M. Fegert***, geb. 1956; Prof. Dr. med.; Ärztlicher Direktor der Klinik für Kinder- und Jugendpsychiatrie/Psychotherapie der Universität Ulm
*Arbeitsschwerpunkte:* Misshandlung, Missbrauch, sozialrechtliche und forensische Fragen bei Kindern und Jugendlichen, Patientenbeteiligung und Informationsrechte von Kindern.
*Jüngste Veröffentlichungen:* Sexueller Missbrauch durch Professionelle in Institutionen. Münster 2002 (mit M. Wolff). – Begutachtung sexuell missbrauchter Kinder. Fachliche Standards im juristischen Verfahren. Darmstadt 2001. – Umgang mit sexuellem Missbrauch. Institutionelle und individuelle Reaktionen. Münster 2001 (mit C. Berger).

***Jürgen Gemünden,*** geb. 1960, Dr. phil., Studium der Rechtswissenschaften in Mainz 1979-985, Studium der Soziologie in Mainz 1984-1995, seit 1988 anwaltlich tätig, seit 1996 in eigener Kanzlei, Lehraufträge an der VFH Wiesbaden für Strafrecht und Kriminologie und der FH Frankfurt, Fachbereich Soziales (ehemals Sozialarbeit) für Recht, Vertretungsprofessur für Recht an der FH Lausitz, Fachbereich Soziales von 1997-1999.

***Hans-Günther Heiland***, geb. 1951; Dr. phil., wissenschaftlicher Angestellter in Lehre und Forschung an der Universität Bremen, Institut für Soziologie (IfS) und Institut für empirische und angewandte Soziologie (EMPAS). Mitglied des Vorstandes der Sektion „Soziale Probleme und soziale Kontrolle" der Deutschen Gesellschaft für Soziologie und zur Zeit geschäftsführender Herausgeber der Zeitschrift „Soziale Probleme".
*Arbeitsschwerpunkte* in den Bereichen Makrosoziologische Theorie, Rechts- und Kriminalsoziologie, Soziale Problemtheorie, Rechtsextremismus und Gewalt.
*Jüngste Veröffentlichung:* Zeit und Studium. Theoretische und empirische Untersuchung zum Zeitbewusstsein und zur Zeitverwendung von Studierenden. Herbolzheim 2002 (mit W. Schulte).

***Dieter Hermann***, Privatdozent für Soziologie am Institut für Kriminologie der Universität Heidelberg, Dr. phil., Diplommathematiker.
*Arbeitsschwerpunkte:* Kriminalsoziologie, Kultursoziologie, Methoden empirischer Sozialforschung und Statistik.
*Neue wichtige Veröffentlichungen:* Das Dunkelfeld in Dunkelfelduntersuchungen - über die Messung selbstberichteter Delinquenz. In: Kölner Zeitschrift für Soziologie und Sozialpsychologie 51, S. 759-766, 1999 (zusammen mit W. Weninger). – Kriminalprävention und Wertorientierungen in komplexen Gesellschaften - Analysen zum Einfluss von Werten, Lebensstilen und Milieus auf Delinquenz, Viktimisierungen und Kriminalitätsfurcht. Mainz 2001 (mit D. Dölling). – Befragungsstudien zur negativen Generalprävention: Eine Bestandsaufnahme. In: Albrecht/Entorf (Hrsg.): Kriminalität, Ökonomie und Europäischer Sozialstaat. Heidelberg u. a. 2003, S. 133-165 (mit D. Dölling). – Werte und Kriminalität. Konzeption einer allgemeinen Kriminalitätstheorie. Wiesbaden 2003.

***Joachim Kersten***, geb, 1948; Prof. für Soziologie an der Hochschule für Polizei Baden-Württemberg, FH Villingen-Schwenningen; Lehre und Forschung an der Northwestern University (1999-2001), University of Melbourne (1986-1991), der Rikkyo University in Tokio (1991/92); Gastprofessuren in Tokio (1993), Maastricht (1993/94) und Sydney (1998).
*Arbeitsschwerpunkte:* Berufskultur der Polizei; Polizei und Demokratie; Gender, Kulturkonflikte, Kriminalität;
*Buchveröffentlichungen zum Tagungsthema:* Jugendstrafe 1980 (mit C. Wolffersdorff). – "Harte Typen-Jahrbuch für Rechts- und Kriminalsoziologie 1997 (Hrsg. mit H. Steinert). – "Geschlossene Unterbringung" 1997 (mit C. Wolffersdorff/V. Sprau). – "Gut und (Ge)schlecht-Männlichkeit, Kultur und Kriminalität". 1997. – "Der Kick und die Ehre". 1999 (mit H.V. Findeisen).

***Barbara Krahé***; Dr. phil., Dipl.-Psych., Professorin für Psychologie an der Universität Potsdam.
*Arbeitsschwerpunkte:* Aggression, insbesondere sexuelle Gewalt, Einfluss von Mediengewalt; Jugendsexualität: sexuelle Skripts im Jugendalter, Aidsprävention; Vorurteilsforschung.
*Neuere Veröffentlichungen:* Sexuelle Aggression. Göttingen, 2002 (mit R. Scheinberger-Olwig). – The social psychology of aggression. Hove, 2001. – "Aggression und Gewalt: Aktueller Erkenntnisstand und Perspektiven künftiger Forschung". In: Zeitschrift für Sozialpsychologie, 2002, 33, 123-142 (mit W. Greve).

***Helmut Kury***, geb. 1941; Wissenschaftlicher Referent am Max-Planck-Institut für ausländisches und internationales Strafrecht, Forschungsgruppe Kriminologie und Prof. für Psychologie an der Universität in Freiburg.
*Arbeitsschwerpunkte:* Strafvollzug, Resozialisierung von Straftätern, Rechtspsychologie, internationale Kriminalitätsentwicklung, Opferforschung, Methodische Probleme kriminologischer Forschung, Kriminalprävention.
*Wichtigste oder jüngste Veröffentlichungen:* Strafeinstellungen. Ein Vergleich zwischen Ost- und Westdeutschland. Freiburg 2002 (mit Obergfell-Fuchs u. Würger). – Gemeinde und Kriminalität. Eine Untersuchung in Ost- und Westdeutschland. Freiburg 2000 (mit Obergfell-Fuchs u. Würger). – International Comparison of Crime and Victimization (Hrsg.): The ICVS. Willowdale/Ontario: de Sitter Publications 2002 (gleichzeitig Sonderheft „IJCC – International Journal of Comparative Criminology", Vol. 2, 2002). – Crime prevention – new approaches. Mainz. (Hrsg. mit Obergfell-Fuchs).

***Siegfried Lamnek,*** geb. 1943; Prof. für Soziologie an der Katholischen Universität Eichstätt-Ingolstadt.
*Arbeitsschwerpunkte:* Methoden der empirischen Sozialforschung, Soziologie des abweichenden Verhaltens und sozialer Probleme (Gewaltforschung), Soziologie als Beruf (Professionalisierung).
*Buchveröffentlichungen:* Qualitative Sozialforschung Band 1: Methodologie, Band 2: Methoden und Techniken. 3. korrigierte Auflage Weinheim 1995. – Theorien abweichenden Verhaltens. 7. Auflage München 1999. – Gruppendiskussion. Theorie und Praxis. Weinheim 1998. – Tatort Sozialstaat: Schwarzarbeit, Leistungsmissbrauch, Steuerhinterziehung und ihre (Hinter)Gründe. Opladen 2000 (mit G. Olbrich und W.J. Schäfer). Tatort Schule: Gewalt an Schulen 1994 – 1999. Opladen 2001 (mit M. Fuchs und J. Luedtke). Querschläger – Jugendliche zwischen rechter Ideologie und Gewalt. Opladen 2003 (mit M. Fuchs und R. Wiederer).

***Karlhans Liebl,*** Prof. Dr., Studium der Soziologie, Politikwissenschaft, Wirtschaftswissenschaft und Recht, Professor für Kriminologie an der Fachhochschule für Polizei Sachsen, Habilitation in Polizeiwissenschaft.
*Letzte Veröffentlichungen:* Empirische Polizeiforschung. Herbolzheim 2000 (Hrsg. mit Thomas Ohlemacher). – Soziologie, Studienbuch. Hilden 2002 (zusammen mit B. Frevel, H.-J. Asmus, H. Groß und J. Lamers). – Aus- und Fortbildung der Polizei und die Problematik der Gewaltlizenz. In: M. Herrnkind/S. Scheerer (Hrsg.): Die Polizei als Organisation mit Gewaltlizenz, Münster 2003, S. 207-220. – Fehler und Lernkultur in der Polizei, Empirische Polizeiforschung V. Pfaffenweiler 2003.

***Helmut Lukesch***, geb. 1946 in Linz/Donau, Studium von Psychologie, Pädagogik und Philosophie an den Universitäten Innsbruck und Salzburg, Dr. phil. 1971, Habilitation durch den Gemeinsamen Ausschuss (Fakultät) der sozialwissenschaftlichen Fachbereiche der Universität Konstanz. Professor für Psychologie (C 4) an der Universität Regensburg seit 1979. Lehrbeauftragter für Pädagogische Psychologie und Theorie der Erziehung an der Universität für Musik und darstellende Kunst „Mozarteum" in Salzburg seit SS 1993. Gastprofessor am Institut für Pädagogik der Universität Salzburg (WS 1993/94).
*Themenschwerpunkte:* Psychologische Diagnostik, Lehr-Lernforschung, quantitative Mediennutzungs- und Medienwirkungsforschung.
*Veröffentlichungen:* 12 Monographien, 8 Herausgeberwerke, 6 Testverfahren, ca. 250 Zeitschriften- und Buchbeiträge.

***Jürgen Mansel,*** geb. 1955, apl. Prof., Dr., Dipl.-soz., Institut für interdisziplinäre Konflikt- und Gewaltforschung, Universität Bielefeld.
*Forschungsschwerpunkte:* Sozialisation, Erziehung und Bildung, Kindheits-, Jugend- und Familienforschung, Kriminologie, Armut und Sozialstrukturanalyse, Gesundheit, Migration.
*Neuere Veröffentlichungen:* Angst vor Gewalt. Eine Untersuchung zu Hintergründen und Folgen von Kriminalität im Jugendalter. Weinheim, München 2001. – Theoriedefizite der Jugendforschung. Standortbestimmung und Perspektiven. Weinheim, München 2003 (Hrsg. mit Griese, H./Scherr, A.). – Gewalt und Kriminalität im Jugendalter. Weinheim/München (Hrsg. mit Raithel, J.). – Familiale Erziehung und Gewalterfahrungen. Hintergründe und Folgen der Viktimisierung. In: Zeitschrift für Familienforschung, 13 (3), S. 26-51. – Emotionales Befinden zwischen Erfahrungen und fremdenfeindlichen Einstellungen. In: Journal für Konflikt- und Gewaltforschung, 5/2003 (1), S. 127-144. (mit Endrikat, K./Schaefer, D.). – Sozialwissenschaftliche Jugendforschung. Jugend, Jugendforschung und Jugenddiskurse – ein Problemaufriss. In: Soziologie, Forum der Deutschen Gesellschaft für Soziologie, 1/2003, S. 97-103 (mit Griese, H.). – Jugendforschung und Sozialisationstheorie. Über Möglichkeiten und Grenzen der Lebensgestaltung im Jugendalter (mit Hurrelmann, K.). In: Mansel, J./Griese, H.M./Scherr, A. (Hrsg.): Theoriedefizite der Jugendforschung. Standortbestimmung und Perspektiven. Weinheim, München 2003, S. 75-90. – Verzerrungsfaktoren im Hell- und Dunkelfeld und die Gewaltentwicklung (mit Raithel, J.). In: Raithel, J./ Mansel, J. (Hrsg.): Gewalt und Kriminalität im Jugendalter. Weinheim, München 2003.

***Dörte Marth,*** Psychologin und Kriminologin, Leiterin des kleinen unabhängigen Instituts „Das Büro Marth" in Hamburg, Spezialistin für interdisziplinäre Themen. Die Liste ihrer bisherigen Aktivitäten und Aufgaben umfasst die Entwicklung einer Lehrgangskonzeption für die Polizei „Männliche Gewalt gegen Frauen", die Arbeit als Referentin in einem Justizministerium, die Konzeptionierung und Umsetzung eines Interventionsprojektes in Fällen der häuslichen Gewalt, die Einführung eines Projektes gegen Frauenhandel, die Überarbeitung eines Buches zu dem Thema „Opferschutz" oder die Tätigkeit für die European Commission oder das Bundeskriminalamt. Für letztere führte sie bis vor Kurzem die Untersuchung „Täter-Opfer-Befragung im Deliktsfeld Geiselnahme" durch.

***Michael Meuser***, geb. 1952; Privatdozent für Soziologie an der Universität Bremen, wissenschaftlicher Mitarbeiter am Essener Kolleg für Geschlechterforschung, Universität Duisburg-Essen.
*Arbeitsschwerpunkte:* Soziologie der Geschlechterverhältnisse, Methoden qualitativer Sozialforschung, Wissenssoziologie, Politische Soziologie, Soziologie des Körpers.
*Veröffentlichungen:* Geschlecht und Männlichkeit. Soziologische Theorie und kulturelle Deutungsmuster. Opladen 1998. – Geschlechterforschung und qualitative Methoden. Opladen 1999 (mit C. Behnke). – Männlichkeit und soziale Ordnung. Neuere Beiträge zur Geschlechterforschung. Opladen 2001 (Hrsg. gemeinsam mit P. Döge). – Körperrepräsentationen. Der Körper und die Ordnung des Sozialen. Konstanz 2002 (Hrsg. mit K. Hahn). – Hauptbegriffe qualitativer Sozialforschung. Opladen 2003 (Hrsg. mit R. Bohnsack und W. Marotzki).

***Joachim Müller***, Marburg, geboren 1958, Diplom-Ingenieur. Tätigkeiten in verschiedenen Managementpositionen in internationalen Unternehmen der Medizintechnik. Fachreferent für Gewaltschutz beim Väteraufbruch für Kinder e.V. Vortrags- und Informationsveranstaltungen zum Thema „Gewalt in der Familie"

***Dietrich Oberwittler,*** geb. 1963: wissenschaftlicher Mitarbeiter am Max-Planck Institut für ausländisches und internationales Strafrecht Freiburg i.Br., Kriminologische Forschungsgruppe.
*Arbeitsschwerpunkte:* Soziologie des abweichenden Verhaltens, insbesondere von Jugendlichen; Stadtsoziologie und sozialökologische Forschungsansätze; historische Sozialforschung.
*Wichtigste Veröffentlichungen:* Von Strafe zu Erziehung? Jugendkriminalpolitik in England und Deutschland, 1850 bis 1920. Frankfurt 2000. – Soziale Lebenslagen und Delinquenz von Jugendlichen. Ergebnisse der MPI-Schulbefragung 1999 in Freiburg und Köln. Freiburg 2001 (gemeinsam mit T. Blank, T. Köllisch und T. Naplava). – Soziologie der Kriminalität (Kölner Zeitschrift für Soziologie und Sozialpsychologie, Sonderheft 43). Opladen (erscheint 2003, Hrsg. mit S. Karstedt). – Juvenile Offending in Neighbourhood Con-

texts: A Multilevel Analysis of Ecological Context Effects. In: European Journal of Criminology (erscheint 2004)

***Ralf Ottermann***, Dr. phil., M.A., geb. 1966 in Frankfurt am Main; Studium der Soziologie, Psychologie und Philosophie an der Johannes Gutenberg-Universität Mainz; dort Lehrbeauftragter sowie wissenschaftlicher Mitarbeiter am Lehrstuhl für Soziologie II der Katholischen Universität Eichstätt-Ingolstadt.
*Arbeitsschwerpunkte:* Soziale Probleme, abweichendes Verhalten und soziale Kontrolle.
*Veröffentlichungen:* Soziologie des Betrugs, Hamburg 2000. – Tatort Familie: Häusliche Gewalt im gesellschaftlichen Kontext, Opladen 2003 (mit S. Lamnek).

***Helge Peters***, geb. 1937; Prof. em. für Soziologie an der Universität Oldenburg.
*Arbeitsschwerpunkte:* Soziologie abweichenden Verhaltens und soziale Kontrolle; Soziologie der Sozialarbeit; Soziologische Theorien.
*Wichtige neuere Veröffentlichungen:* Devianz und soziale Kontrolle. Weinheim, München 1995, 2. Auflage. – Das ist die Gewalt der Männer gegen die Frauen. Pfaffenweiler 1997 (gemeinsam mit B. Menzel und M. Redenius). – Inszenierung: Innere Sicherheit. Daten und Diskurse. Opladen 1998 (Hrsg. mit R. Hitzler). – Soziale Kontrolle. Zum Problem der Nonkonformität in der Gesellschaft. Opladen 2000. – Soziale Probleme und soziale Kontrolle. Wiesbaden 2002 (Hrsg.). – Sexuelle Gewalt – Eine definitionstheoretisch orientierte Untersuchung. Konstanz 2003 (mit B. Menzel).

***Andreas Pöge***, geb. 1973; M.A. (Soz.), Wissenschaftlicher Mitarbeiter im Fachbereich IV – Soziologie der Universität Trier.
*Arbeitsschwerpunkte:* Methoden der Empirischen Sozialforschung, Längsschnittstudien und Sozialstrukturanalyse.

***Ulrike Popp***, geb. 1959; Univ.-Prof. für Schulpädagogik am Institut für Erziehungswissenschaft und Bildungsforschung der Universität Klagenfurt.
*Arbeitsschwerpunkte*: Schulpädagogik und Schulentwicklung, Geschlechtersozialisation, Methoden der empirischen Erziehungswissenschaft, schulische Sozialisations- und Jugendforschung.
*Wichtige Veröffentlichungen*: Geschlechtersozialisation und schulische Gewalt. Geschlechtstypische Ausdrucksformen und konflikthafte Interaktionen von Schülerinnen und Schülern. Weinheim/München 2002. – „Sozialisation" – substanzieller Begriff oder anachronistische Metapher? In: Zeitschrift für Pädagogik (48), S. 898-917. – Quantitative Zugänge zur erziehungswissenschaftlichen Frauen- und Geschlechterforschung. In: Glaser, E./Klika, D./

Prengel, A.: Handbuch Gender und Erziehungswissenschaft (im Erscheinen). – Gewalt an Schulen als "Türkenproblem"? Gewaltniveau, Wahrnehmung von Klassenklima und sozialer Diskriminierung bei deutschen und türkischen Schülerinnen und Schülern. In: Empirische Pädagogik (14), 2000, S. 59-91. – Die sozialen Funktionen schulischer Bildung. In: Handbuch der deutschen Bildungsgeschichte, Bd. VI 1945 bis zur Gegenwart, Erster Teilband Bundesrepublik Deutschland, hrsg. von Chr. Führ und C.-L. Furck, München 1998, S. 265-276.

***Michael Riekenberg***, Prof. für Vergleichende Geschichtswissenschaft/Ibero-Amerikanische Geschichte am Historischen Seminar der Universität Leipzig.
*Arbeitsschwerpunkte:* Geschichte Lateinamerikas; Gewalt in Lateinamerika in vergleichender Perspektive; neue Kulturtheorien.
*Jüngere Veröffentlichungen:* Ethnische Kriege in Lateinamerika. Stuttgart 1997. – Politische und ethnische Gewalt in Südosteuropa und Lateinamerika. Köln/Wien/Weimar 2001. – Gewaltsegmente. Leipzig 2003 (Hrsg. mit W. Höpken).

***Sebastian Scheerer,*** geb. 1950, Professor für Kriminologie an der Universität Hamburg.
*Forschungsgebiete:* Kriminologische Theorie; Theorie der sozialen Kontrolle; Kritik der Strafe, der politischen Gewalt, der Drogenpolitik.
*Veröffentlichungen:* Sucht. Reinbek 1995. – Kritik der strafenden Vernunft. In: Ethik und Sozialwissenschaften 12, 2001. – Die Zukunft des Terrorismus. Lüneburg 2002.

***Nils Schuhmacher,*** geb. 1972; Dipl. Politologe. Z. Zt. Studium am Institut für Kriminologische Sozialforschung in Hamburg.

***Gerlinda Smaus***, geb. 1940, bis 2001 Privat-Dozentin für Soziologie an der Universität des Saarlandes. Seitdem Professorin für Soziologie an der Fakultät für soziale Studien an der Masaryk-Universität in Brno (FSS MU), Tschechische Republik.
*Arbeitschwerpunkte:* Bis 2001 Rechtssoziologie, vor allem Strafrechtssoziologie, zuletzt unter dem Gender-Aspekt. In Brno methodologische Grundlagen der sozialwissenschaftlichen Forschung und Gendertheorien.
*Wichtige, jüngere Publikationen:* Das Strafrecht und die gesellschaftliche Differenzierung. Baden-Baden 1999. – Das Patriarchat und die Kriminologie (mit G. Löschper). Weinheim 1999. – Analisis feminista del derecho penal. In: Bergalli, R. (Hrsg.), Contradicciones entre derecho y control social, Goethe Institut. Barcelona 1998, S. 73-94. – Kulturelle Androgynität am Beispiel der eingeschlechtlichen Institution des Gefängnisses. In: Sofies Fächer. SO-

FIE, Saarländische Schriftenreihe zur Frauenforschung. Band 9, 1998, S. 131-153. – Normative Heterosexualität ohne Gebärzwang: Beitrag der Sexualerziehung und des Bevölkerungsdiskurses zur Auflösung der Geschlechterstruktur. In: Althoff, M./Becker, P./Löschper, G./Stehr, J. (Hrsg.): Zwischen Anomie und Inszenierung. Interpretationen der Kriminalitätsentwicklung, Baden Baden 2002. – „Ich bin ich“ – Feminismus als Avantgarde der Bewegung für Menschenrechte. In: Il diritto e la differenza, “Scritti in onore di Alessandro Baratta”, (a cura di Rafaele de Giorgi), l’Editore Pensa MultiMedia, Lecce, S. 601-619.

***Michael Walter***, geb. 1944 in Lübeck, Studium in München und Hamburg. Promotion: 1970, Habilitation: 1980. Von 1977 – 1984 Prof. an der Universität Hamburg, seit 1984 Prof. an der Universität Köln. Seit 1971 verschiedene Ämter und Tätigkeiten bei der Deutschen Vereinigung für Jugendgerichte und Jugendgerichtshilfen e.V.; Lehr- und Forschungsaufenthalte u.a. an den Universitäten in Berkeley (USA) und Rovaniemi (Finnland). Seit 2002 Vorsitzender des Landespräventionsrates Nordrhein-Westfalen.
*Forschungsgebiete:* Jugendkriminologie und Jugendkriminalrecht, kriminalrechtliche Sanktionen (ambulante Sanktionen und Strafvollzug), allgem. theoretische Fragestellungen (Ausländerkriminalität, Makrokriminalität), Kritik des Strafrechts aus kriminologischer Sicht, Alternativen zum Strafrecht.
*Veröffentlichungen u.a.:* Der Rücktritt vom Versuch als Ausdruck des Bewährungsgedankens im zurechnenden Strafrecht. 1980. – Strafvollzug. Lehrbuch 2. Aufl. 1999. – Jugendkriminalität, eine systematische Darstellung. 2. Aufl. 2001. – (Mit-)Hrsg. der Studien und Materialien zum Straf- und Maßregelvollzug. – (Mit-)Hrsg. der Schriften zum Jugendrecht und zur Jugendkriminologie. – (Mit-)Hrsg. der Kölner Kriminalwissenschaftlichen Schriften. – Veranstaltungen: Kölner Symposien zum Jugendkriminalrecht (zus. mit dem Bundesministerium der Justiz).